最高人民法院民四庭
大连海事大学法学院
大连海事大学海法研究院

组织编写

中国海事案例裁判要旨通纂

海事卷

司玉琢 王彦君 关正义 主编
侯伟 执行主编

①

图书在版编目(CIP)数据

中国海事案例裁判要旨通纂. 全五卷/司玉琢,王彦君,关正义主编. —北京:北京大学出版社,2017.4
ISBN 978-7-301-27514-6

Ⅰ. ①中… Ⅱ. ①司… ②王… ③关… Ⅲ. ①海事仲裁—案例—中国 Ⅳ. ①D925.705

中国版本图书馆 CIP 数据核字(2016)第 216845 号

书　　名	中国海事案例裁判要旨通纂(卷一至卷五) Zhongguo Haishi Anli Caipan Yaozhi Tongzuan
著作责任者	司玉琢　王彦君　关正义　主编
主 持 编 辑	陆建华
责 任 编 辑	王建君　苏燕英　陈　康　田　鹤　方尔琦
特 邀 编 辑	彭先伟
标 准 书 号	ISBN 978-7-301-27514-6
出 版 发 行	北京大学出版社
地　　址	北京市海淀区成府路 205 号　100871
网　　址	http://www.pup.cn　http://www.yandayuanzhao.com
电 子 信 箱	yandayuanzhao@163.com
新 浪 微 博	@北京大学出版社　@北大出版社燕大元照法律图书
电　　话	邮购部 62752015　发行部 62750672　编辑部 62117788
印 刷 者	南京爱德印刷有限公司
经 销 者	新华书店
	730 毫米×1020 毫米　16 开本　196 印张　4038 千字 2017 年 4 月第 1 版　2017 年 4 月第 1 次印刷
定　　价	1980.00 元(全五卷)

未经许可,不得以任何方式复制或抄袭本书之部分或全部内容。
版权所有,侵权必究
举报电话: 010-62752024　电子信箱: fd@pup.pku.edu.cn
图书如有印装质量问题,请与出版部联系,电话: 010-62756370

编纂人员简介

主　编

司玉琢　大连海事大学原校长、教授、博士生导师，国际海事委员会（CMI）提名委员会委员，中国海事仲裁委员会、中国海商法协会顾问，交通运输部法律专家咨询委员会成员，中国香港城市大学、日本青山学院大学客座教授，北京大学海商法研究中心顾问，武汉大学、吉林大学、对外经济贸易大学等高校兼职教授。长期从事海商法教学和科研工作，《中华人民共和国海商法》主要起草人之一，《中国海商法研究》主编。

王彦君　1982年获北京大学法学院法学学士，2001年获美国天普大学法学硕士。先后在加拿大多伦多大学、英国伦敦大学进修国际商法，在最高人民法院从事涉外商事及海事海商审判工作多年，最高人民法院民四庭原副庭长（正厅级）、一级高级法官。中国海商法协会副主席、中国海事仲裁委员会副主任、国家法官学院兼职教授、北京大学海商法研究中心研究员。组织了海事诉讼特别程序法以及海上保险合同、无正本提单放货、船舶碰撞、海事赔偿责任限制、油污民事赔偿责任、货运代理、船舶扣押与拍卖等司法解释的起草工作。此外，还作为中方专家组成员，参加了1974年《海上旅客及其行李运输雅典公约》《国际燃油污染损害民事责任公约》等国际条约草案的谈判工作。

关正义　1982年毕业于吉林大学法律系，1998年和2005年分别获得大连海事大学法学硕士和博士学位。原任辽宁省高级人民法院审判员（正厅级），大连海事法院常务副院长；现任大连海事大学特聘教授、博士生导师，中国海事仲裁委员会仲裁员，辽宁省海商法研究会常务副会长。曾获首届全国审判业务专家和首届辽宁省中青年法律专家称号。著有《民法视野中的海商法制度》《扣押船舶法律制度研究》，编著《英汉海事词典》《海事诉讼文书样本与范例》等作品。发表《海事法与海商法的联系与区别——兼论海商法学的建立与发展》《论海事强制令的独立属性与功能》《对港口货物保管合同中的物权转移与代替交付的认识》《建立我国民事诉讼禁令制度的思考》等数十篇学术论文。

执行主编

侯　伟　海事卷执行主编。1977年生,湖北安陆人,法学博士,武汉海事法院环境资源审判庭负责人。1998年大学毕业后进入武汉海事法院工作,先后从事书记员、审判员工作,历任立案监督庭负责人、南京法庭副庭长、宜昌法庭副庭长,审理了多起重大疑难海事海商案件。在国内外发表多篇学术论文,在法国出版专著一部,主持或参加中国法学会、中国海商法协会多个重大课题,担任法国 SCAPEL 海商法、运输法杂志编委会成员,多次参加国际学术会议并作大会发言。

李晓枫　船舶船员卷执行主编。1982年生,山东烟台人,法学博士,中国外运长航集团法律顾问。2000年至2007年于大连海事大学攻读海商法,2007年硕士毕业考入宁波海事法院,先后分配至舟山庭、海商庭从事审判工作,主审数百起海事、海商纠纷。2011年年底担任中国租船有限公司法律与风险控制部法律顾问,2013年5月调入中国外运长航集团法律部。在职期间攻读大连海事大学国际法学博士,取得博士学位。在《法学杂志》《法律适用》《国际经济法学刊》《中国海商法研究》等 CSSCI 刊物、核心期刊上发表多篇学术论文。

张　虎　海上保险卷执行主编。1984年生,华东政法大学国际法学院讲师、博士后,大连海事大学法学博士,日照仲裁委员会仲裁员。曾任日照钢铁控股集团有限公司涉外法务经理、五矿营口中板有限责任公司法律事务部部长。主持部级项目4项,在 *Marine Pollution Bulletin*、《中国社会科学报》《政治与法律》《法学杂志》等核心刊物发表文章20余篇。

陈敬根　海上货物运输卷执行主编。1973年生,法学博士,上海大学法学院副教授、副编审,上海大学 ADR 与仲裁研究院副秘书长,《产权法治研究》编辑部主任;上海研究院副研究员;中国行为法学会粤港澳台联络处副秘书长,中国国际经济贸易法学研究会理事,中国法学会法学期刊研究会理事,上海法学会自贸区法治研究会理事、航空法研究会理事。主持国家社科基金项目1项、省部级项目7项。发表学术论文26篇。

张　波　综合卷执行主编。甘肃政法学院法学学士、中国政法大学法学硕士、香港城市大学法律硕士,青岛海事法院石岛法庭副庭长。审理海事海商案件逾千件;多次获得嘉奖,荣立个人二三等功,被评为山东省法院先进个人、山东省直机关优秀党员;撰写的裁判文书、调研报告获山东省法院一等奖,相关案例入选最高人民法院"一带一路"典型案例;撰写的论文获中国审判理论研究会海事海商专业委员会2016年年会一等奖;在《涉外商事海事审判指导》《山东审判》《海大法律评论》等发表多篇文章;曾在美国哥伦比亚大学学习并访问多国法院与国际组织。

编　委（以姓氏笔画为序）
付本超　山东省高级人民法院民四庭副庭长
邬先江　宁波海事法院副院长
许绍田　天津海事法院副院长
许俊强　厦门海事法院宁德法庭庭长
孙　光　大连海事法院海商庭庭长
李守芹　青岛海事法院副院长
初北平　大连海事大学法学院院长
荚振坤　上海海事法院副院长
钟　莉　武汉海事法院副院长
侯树杰　大连海事法院副院长
黄伟青　广州海事法院副院长
常中彦　辽宁省高级人民法院民事审判第三庭庭长
简万成　海口海事法院副院长

凡 例

一、分卷情况

《中国海事案例裁判要旨通纂》根据学科体系共分为五卷：海事卷、船舶船员卷、海上保险卷、海上货物运输卷和综合卷。

二、本书结构

1. 章节设置：本书以学科体系为依据，对各卷法律实务问题进行章节划分。
2. 案例结构：本书收录的案例一般由"裁判要旨""基本案情""法院查明事实""法院裁判"等部分构成。

三、本书案例来源

最高人民法院、各地海事法院及上诉审高级人民法院裁判文书。

四、案例选择

由于案例裁判时所依据的法律时有修改，本书尽可能选取在图书出版之前的新法背景下仍然具有指导价值的案例。但是，为保持裁判原貌，案例裁判所依据的法律仍保持与裁判当时一致。

五、裁判要旨编号

收入本书的裁判要旨以学科体系为依据进行编排，以便读者查找。示范如下：

编号	编号含义
No. HS-1.1-1	海事卷，第1.1项标题下，第一个裁判要旨。
No. CB-1.1-1	船舶船员卷，第1.1项标题下，第一个裁判要旨。
No. HX-1.1-1	海上保险卷，第1.1项标题下，第一个裁判要旨。
No. HY-1.1.1-1	海上货物运输卷，第1.1.1项标题下，第一个裁判要旨。
No. ZH-1.1.1-1	综合卷，第1.1.1项标题下，第一个裁判要旨。

六、案例索引

为方便读者查询案例，本书设置了案例索引。

七、主题词索引

为方便读者按主题查询、阅读，本书设置了主题词索引。

总目录

序言　贺　荣 …………………………………………………… *1*
要目 ……………………………………………………………… *3*
CONTENTS ……………………………………………………… *7*
详目 …………………………………………………………… *11*

1. 船舶碰撞损害赔偿纠纷 …………………………………… 001
2. 海上人身损害赔偿纠纷 …………………………………… 119
3. 海上财产损害赔偿纠纷 …………………………………… 208
4. 港口作业损害赔偿纠纷 …………………………………… 243
5. 海上污染以及养殖损害赔偿纠纷 ………………………… 254
6. 共同海损、海难救助 ……………………………………… 329
7. 海事赔偿责任限制纠纷 …………………………………… 367

案例索引 ……………………………………………………… 485
主题词索引 …………………………………………………… 489
后记 …………………………………………………………… 493

序言

贺荣（最高人民法院副院长）

　　为了适应海上运输和对外贸易事业发展的需要，1984年11月14日第六届全国人大代表大会常务委员会第八次会议通过了《关于在沿海港口城市设立海事法院的决定》，设立了大连、天津、青岛、上海、武汉、广州六家海事法院。之后，最高人民法院根据工作需要，先后于海口、厦门、宁波、北海增设四家海事法院。为了方便当事人诉讼，各海事法院根据自身情况，先后设立了包括三沙法庭在内的39个派出法庭，辐射范围涵盖北起黑龙江南至南海诸岛由我国管辖的全部港口、水域和岛礁。截至2014年年底，全国10家海事法院共受理各类海事案件247 761件，审结执结237 857件，结案标的额人民币1 460多亿元；其中审结执结涉外、涉港澳台海事案件66 564件，涉及70多个国家和地区。目前我国已经成为世界上设立海事审判机构最多、受理海事案件数量最多的国家。

　　经过30多年海事司法实践，我国已经积累了较为丰富的海事司法经验，这是我国建设国际海事司法中心，保障国家海洋强国战略实施的基础。为贯彻党的十八大三中全会精神，进一步深化司法公开，最高人民法院全面推进审判流程公开、裁判文书公开、执行信息公开，以增进公众对司法的了解、信赖和监督。在大数据时代背景下，如何将浩如烟海的裁判文书进行收集、分类、整理以及提炼，以方便公众查询，成为今后改进和完善司法公开制度的重要课题。北京大学出版社组织编撰的这套《中国海事案例裁判要旨通纂》，对598个具有典型意义的海事案件进行分类整理，并归纳裁判要旨，这对于总结我国海事司法实践经验，推动海商法理论与实务研究具有积极意义。搜集整理30多年的海事案例工程浩大，编者遇到了很多困难，案例的完整性有待进一步提高。编者采用案例非常注重典型意义，但有些案件的裁判观点随着理论与实践的发展，目前已经有所改变；有些观点还存在分歧。法律是稳定的，但不是一成不变。对于法律观点的争论永远存在，要辩证地看待这个问题。广大读者正是通过对这些案例的慎思明辨，才能全面地了解我国海事审判理论与实践的发展历程。

　　案例的编撰是一个长期系统的过程，但我们已经迈出了艰难的一步，并取得了阶段性成果。在此，我谨对《中国海事案例裁判要旨通纂》的面世表示祝贺，也希望这一工作持之以恒，形成精品，成为我国海事司法实践和海事法律理论研究的重要参考资料。

2016年10月16日

要 目

1. 船舶碰撞损害赔偿纠纷 ··· 001
   1.1 船舶碰撞概念以及构成要件 ······························ 001
   1.2 船舶碰撞诉讼主体资格 ···································· 018
   1.3 船舶碰撞责任主体 ·· 028
     1.3.1 船舶登记所有人的责任 ······························ 028
     1.3.2 船舶光租人的碰撞责任 ······························ 033
   1.4 海上避碰规则 ·· 046
     1.4.1 安全航速的界定和判断 ······························ 046
     1.4.2 狭水道的定义及其界定 ······························ 050
     1.4.3 操纵能力受到限制船舶的界定 ······················ 053
     1.4.4 "驶过让清"的理解和界定 ····························· 058
     1.4.5 锚泊状态渔船在碰撞事故中的责任 ················· 062
     1.4.6 从事水下作业船舶的标志与识别 ··················· 066
   1.5 船舶碰撞证据 ·· 068
     1.5.1 间接证据与碰撞事实 ·································· 068
     1.5.2 船舶碰撞案件新证据 ·································· 074
   1.6 船舶碰撞损害赔偿 ·· 080
     1.6.1 船期损失的计算 ·· 080
     1.6.2 货物增值税税款损失的赔偿 ························· 084
     1.6.3 境外产生律师费的赔偿问题 ························· 087
     1.6.4 违反捕捞许可进行作业的赔偿问题 ················· 099
     1.6.5 码头承租人的索赔权及其与港口经营许可事项的关系 ··· 103
   1.7 船舶碰撞诉讼时效 ·· 110
   1.8 船舶碰撞与优先权 ·· 113
     1.8.1 沉船打捞费是否可以享受船舶优先权 ·············· 113
     1.8.2 内河船是否可以适用关于船舶优先权的规定 ······ 115

2. 海上人身损害赔偿纠纷 ··· 119
   2.1 海上人身损害赔偿责任主体 ······························ 119
     2.1.1 船舶挂靠下的责任主体 ······························ 119
     2.1.2 二人以上共同过失侵权 ······························ 131
     2.1.3 水路旅客运输之承运人和实际承运人的连带责任 ··· 139

2.1.4 雇主责任 …………………………………………………… 142
　2.2 海上人身损害赔偿归责原则 ……………………………………… 147
　　2.2.1 好意施惠同乘时的人身损害责任承担 ……………………… 147
　　2.2.2 违反合同履行中的通知、协助等附随义务的责任 ………… 150
　　2.2.3 运输途中旅客自杀情形下承运人的责任 …………………… 152
　　2.2.4 安全保障义务 ………………………………………………… 155
　　2.2.5 侵权公平责任原则的适用 …………………………………… 162
　　2.2.6 《中华人民共和国民法通则》物件致人损害侵权规定的适用 ………… 168
　　2.2.7 高度危险作业问题 …………………………………………… 175
　　2.2.8 航标维护单位未尽维护义务的过错推定责任 ……………… 179
　　2.2.9 合伙人在从事合伙事务中意外落水死亡的,其他合伙人的责任 ……… 184
　2.3 海上人身损害赔偿 ………………………………………………… 186
　　2.3.1 涉外海上人身伤亡损害赔偿案件最高赔偿额 80 万元的适用 ………… 186
　　2.3.2 受诉法院所在地的确定 ……………………………………… 194
　　2.3.3 人身损害后续手术费用的赔偿 ……………………………… 201
　　2.3.4 雇主承担赔偿责任后向第三人追偿的前提条件 …………… 204

3. 海上财产损害赔偿纠纷 ………………………………………………… 208

4. 港口作业损害赔偿纠纷 ………………………………………………… 243

5. 海上污染以及养殖损害赔偿纠纷 ……………………………………… 254
　5.1 海上污染案件索赔主体 …………………………………………… 254
　5.2 海上污染案件证据规则 …………………………………………… 273
　5.3 海上污染案件的损失赔偿 ………………………………………… 290
　　5.3.1 无涉外因素的船舶油污损害赔偿问题 ……………………… 290
　5.4 养殖不合法的问题 ………………………………………………… 295

6. 共同海损、海难救助 …………………………………………………… 329
　6.1 共同海损 …………………………………………………………… 329
　6.2 海难救助 …………………………………………………………… 337
　　6.2.1 海难救助的认定 ……………………………………………… 337
　　6.2.2 公共主管机关从事或者控制的海难救助问题 ……………… 349
　　6.2.3 海难救助报酬的举证责任 …………………………………… 365

7. 海事赔偿责任限制纠纷 ………………………………………………… 367
　7.1 海事赔偿责任限制的性质、适用程序、时效 …………………… 367
　7.2 海事赔偿责任限制所适用的船舶 ………………………………… 387
　7.3 海事赔偿责任限制适用的主体 …………………………………… 389

7.3.1 承运人是否可以享受海事赔偿责任限制 …………………………… 389
7.3.2 航次承租人可否享受海事赔偿责任限制 …………………………… 392
7.3.3 一个事故一个基金原则 …………………………………………… 399
7.3.4 从事中华人民共和国港口之间运输的船舶责任限制问题 ………… 403
7.3.5 侵犯非合同权利行为造成其他损失的赔偿请求 …………………… 413
7.3.6 "先抵销,后限制"规则的适用 …………………………………… 427
7.3.7 海事赔偿责任限制的举证责任规则 ………………………………… 432
7.3.8 拖带运输方式的责任限制数额计算 ………………………………… 441
7.3.9 海事赔偿责任限制权利的丧失 ……………………………………… 447
7.3.10 "有适用"的问题 ………………………………………………… 467
7.3.11 沉船打捞费用追偿下的责任限制问题 …………………………… 469

案例索引 ……………………………………………………………………… 485
主题词索引 …………………………………………………………………… 489
后记 …………………………………………………………………………… 493

CONTENTS

1. DAMAGES FOR COLLISION OF VESSELS ········· 001

  1.1 Concept and Constitutive Element of Collision ········· 001
  1.2 Title to Sue for Collision ········· 018
  1.3 Subject Party Liable for Collision ········· 028
    1.3.1 Liability of the Ship's Registered Owner ········· 028
    1.3.2 Liability of the Ship's Bareboat Charterer ········· 033
  1.4 Rules for Preventing Collisions at Sea ········· 046
    1.4.1 Definition and Determination of Safe Speed ········· 046
    1.4.2 Definition and Determination Narrow Channel ········· 050
    1.4.3 Definition and Determination of Vessels Restricted in Their Ability to Maneuver ········· 053
    1.4.4 Understanding and Determination of "Past and Clear" ········· 058
    1.4.5 Liability of Anchored Fishing Vessel in Collision Accident ········· 062
    1.4.6 Marks and Identification of Vessels Engaging Underwater Operation ········· 066
  1.5 Proof in Collision Suit ········· 068
    1.5.1 Indirect Evidence and Facts of Collision ········· 068
    1.5.2 New Evidence in Collision Suit ········· 074
  1.6 Damages in Collision Suit ········· 080
    1.6.1 Calculation of Loss of Use ········· 080
    1.6.2 Compensation Due for Loss of Cargo's VAT Tax Return ········· 084
    1.6.3 Compensation Due for Lawyer Fee Incurred Outside of China ········· 087
    1.6.4 Compensation Due for Loss When Fishing Vessel Violated Permit in Fishing License ········· 099
    1.6.5 License for Port Operation of Port's Lessee and Its Title to Sue ········· 103
  1.7 Limitation of Action in Ship Collision Cases ········· 110
  1.8 Ship Collision and Maritime Liens ········· 113
    1.8.1 Whether Maritime Liens Applicable to Wreck Removal Fee ········· 113
    1.8.2 Whether Maritime Liens Applicable to Inland Navigation Vessels ········· 115

2. COMPENSATION FOR PERSONAL INJURIES AT SEA ········· 119

  2.1 Subject Party Liable for Compensation for Personal Injuries at Sea ········· 119
    2.1.1 Subject Party Liable When Vessel Operation Under an Affilliating Relationship ········· 119

2.1.2 Tort Liability by Joint Faults of More Than Two Persons ……………… 131
2.1.3 Joint Liability of Carrier and Actual Carrier in Transport of
       Passengers by Water …………………………………………… 139
2.1.4 Vicarious Liability of Employer ……………………………… 142
2.2 Apportion of Liability for Compensation for Personal Injuries at Sea ……… 147
 2.2.1 Compensation Liability of Personal Injury in Gratuitous Joy-ride ………… 147
 2.2.2 Compensation Liability When Breaching of Auxiliary Obligations of
       Notification and Assistance …………………………………… 150
 2.2.3 Liability of Carrier When Passenger Suicide During Carriage …………… 152
 2.2.4 Obligation of Safety Guarantee ……………………………… 155
 2.2.5 Principle of Fairness in Tort Liability ………………………… 162
 2.2.6 Liability for Damages Caused by Objects as Provided in *General
       Principles of Civil Law of PRC* ……………………………… 168
 2.2.7 Liability of the Tort for the Highly Dangerous Work …………………… 175
 2.2.8 Presumed-fault Liability Principle in Chinese Tort Law and Its
       Application to the Buoys Maintenance Units ……………………… 179
 2.2.9 Liability of Partners When Other Partner Died Due to Drowning
       Accidently …………………………………………………… 184
2.3 Compensation Due for Personal Injuries at Sea ……………………………… 186
 2.3.1 Application of the RMB 800,000 Limitation in Foreign-related
       Personal Injuries at Sea ………………………………………… 186
 2.3.2 Determination of the Place of the Court Where the Lawsuit Was
       Brought To …………………………………………………… 194
 2.3.3 Future Surgical Operation Cost in Personal Injuries Cases ……………… 201
 2.3.4 Precondition for Employer's Recourse Claims After Employer Undertaking
       Compensation Liability ………………………………………… 204

3. DAMAGES FOR PROPERTIES AT SEA ……………………………………… 208

4. DAMAGES FOR PORT OPERATION ………………………………………… 243

5. DAMAGES FOR POLLUTION AT SEA AND MARICULTURE ……………… 254
 5.1 Subject Parties Entitled to Claim in Cases of Marine Pollution …………… 254
 5.2 Rules of Evidences in Marine Pollution Cases ……………………………… 273
 5.3 Compensation for Loss in Oil Pollution from Ship ………………………… 290
  5.3.1 Compensation for Loss in Marine Pollution Cases that have no
       Foreign-related Factors ………………………………………… 290
 5.4 Issue of Illegal Cultivation ………………………………………………… 295

6. GENERAL AVERAGE AND SALVAGE AT SEA … 329

6.1 General Average … 329
6.2 Salvage at Sea … 337
6.2.1 Determination of Establishment of Salvage at Sea … 337
6.2.2 Salvage at Sea Conducted or Controlled by Public Authority
 Under Duty … 349
6.2.3 Burden of Proof Regarding Salvage Reward in Salvage at Sea … 365

7. LIMITATION OF LIABILITY FOR MARITIME CLAIMS … 367

7.1 Nature, Applicable Procedures and Limitation Period of Limitation of
 Liability for Maritime Claims … 367
7.2 Ships to Which the Limitation of Liability for Maritime Claims Applies … 387
7.3 Subject Parties to Which the Limitation of Liability for Maritime
 Claims Applies … 389
7.3.1 Whether Carrier Can Benefit Limitation of Liability for Maritime Claims … 389
7.3.2 Whether Voyage Charterer Can Benefit Limitation of Liability for
 Maritime Claims … 392
7.3.3 Principle of "One Accident, One Limitation" … 399
7.3.4 Issues Relating to Application of Limitation of Liability for Maritime Claims to
 Vessels that Engage in Coastal Transport in China … 403
7.3.5 Claims In Respect of Other Loss Resulting From Infringement of Rights
 Other Than Contractual Rights … 413
7.3.6 Application of Rule Regarding "Offset First, Limitation Second" … 427
7.3.7 Burden of Proof in Limitation of Liability for Maritime Claims … 432
7.3.8 Calculation of the Amount of Limitation of Liability for Maritime Claims in
 Transport by Towage … 441
7.3.9 Loss of Benefit of Limitation of Liability for Maritime Claims … 447
7.3.10 Calculation of the amount of Limitation of Liability for Maritime Claims and
 Issues Relating to "Application" … 467
7.3.11 Limitation of Liability for Maritime Claims regarding Recourse Claim for
 Wreck Removal Fee … 469

TABLE OF CASES … 485
INDEX … 489
AFTERWORD … 493

详 目

1. 船舶碰撞损害赔偿纠纷 …………………………………………… 001
1.1 船舶碰撞概念以及构成要件 …………………………………… 001

1 上诉人王福瑞、许耀新与被上诉人谢庆海船舶碰撞损害赔偿纠纷案【海南省高级人民法院(2005)琼民二终字第9号】……………………………… 001

> **No. HS-1.1-1** 船舶因操纵不当或者不遵守航行规章,虽然实际上没有同其他船舶发生实际接触,但是使其他船舶以及船上的人员、货物或者其他财产遭受损失的,也属于船舶碰撞。 …………………………………………………… 001

2 上诉人南通市江海疏浚打捞有限责任公司与被上诉人嵊泗中昌海运有限公司等船舶碰撞损害赔偿纠纷案【上海市高级人民法院(2011)沪高民四(海)终字第203号】…………………………………………………………… 007

> **No. HS-1.1-2** 船舶虽未与其他船舶发生实际接触,但由于其操纵不当且不遵守航行规章并造成其他两船碰撞引起重大财产损失,构成间接碰撞,应当承担相应赔偿责任。 ……………………………………………………………… 007

> **No. HS-1.1-3** 内河船舶不属于海商法调整的范围,不可以享受海事赔偿责任限制。 ……………………………………………………………………… 007

1.2 船舶碰撞诉讼主体资格 ………………………………………… 018

3 原告南京凯华航运有限公司与被告南通通宁海运有限公司清算组船舶碰撞损害赔偿纠纷案【广州海事法院(2001)广海法事字第61号】……………… 018

> **No. HS-1.2-1** 虽然船舶是由个人购买,但船舶所有人以登记船舶所有人为准,船舶登记所有人有权就船舶在营运过程中产生的损害赔偿纠纷向责任人提起诉讼。 ……………………………………………………………………… 018

> **No. HS-1.2-2** 碰撞船没有及时向主管机关报告现场情况和本船的名称、位置,也没有与他船互通名称、了解他船受损情况,更没有在不危及本船安全情况下对事故水域进行旋回搜索救助遇难船员,而是擅自离开事故现场,应加重其损害赔偿责任。 ……………………………………………………………… 018

> **No. HS-1.2-3** 碰撞一方船舶所有人不是货物的所有人,也没有提供其实际赔付给货物所有人的证据,对其请求对方船东赔偿货物价值损失不予支持。 … 018

4 原告雷双飞等与被告胡志清等船舶碰撞及人身伤亡损害赔偿纠纷案【武汉海事法院(2011)武海法事字第 51 号】·· 024

> **No. HS-1.2-4** 当地海事管理机构及政府部门在山洪来临前发出预警和告知防范措施后,涉案船舶和人员并没有引起足够的重视,没有及早而是怠于采取安全防范措施,以致山洪来临时陷于被动和应对不力的处境,则该事故不属于不可抗力。 ·· 024

> **No. HS-1.2-5** "三无"船舶(无船名船号、无船舶证书、无船籍港),尽管未办理所有权登记手续,但是当地相关部门业已证实原告对该"三无"船舶享有所有权的,原告对其船舶被碰撞导致的损失具有法律上的请求权。 ·· 024

1.3 船舶碰撞责任主体 ·· 028

1.3.1 船舶登记所有人的责任 ·· 028

5 原告深圳迅隆船务有限公司与被告防城港市金湾贸易有限公司、广西海洋运输公司船舶碰撞损害赔偿纠纷案【北海海事法院(2001)海事初字第 002 号】·· 028

> **No. HS-1.3-1** 同一国籍的船舶,不论碰撞发生于何地,碰撞船舶之间的损害赔偿适用船旗国法律。 ·· 028

> **No. HS-1.3-2** 造成碰撞紧迫局面的过失是划分责任大小的主要标准,碰撞紧迫局面下是否适当采取避碰措施是认定责任大小的次要标准。 ·· 028

> **No. HS-1.3-3** 船舶登记在其他公司名下,登记所有人疏于履行代管职责,对所代管船舶碰撞造成的损失应与实际所有人承担连带责任。 ·· 028

1.3.2 船舶光租人的碰撞责任 ·· 033

6 原告上海海事局与被告海南国际海运股份有限公司船舶触碰航标损害赔偿纠纷案【海口海事法院(2000)海事初字第 08 号】·· 033

> **No. HS-1.3-4** 光租期间船舶触碰助航标志或导航设施所造成的损失,船舶所有人抗辩应由光租人承担责任的,法院不予支持。 ·· 033

7 原告舟山通途工程有限公司与被告丹东吉祥船务有限公司、丹东海运有限公司船舶触碰桥梁设施损害赔偿纠纷案【宁波海事法院(2001)甬海事初字第 109 号】·· 035

> **No. HS-1.3-5** 船长是否存在"明知可能造成损失而轻率地作为或不作为",不影响其雇主(即船东)的责任限制权利。被告船舶所有人本人不预知或明知该船会发生走锚并导致触碰事故,可以依法享受责任限制。 ·· 035

> **No. HS-1.3-6** 船舶所有人与船舶经营人之间的关系,不等同于挂靠和被挂靠的关系。对于船舶所有人的触碰责任,船舶经营人不负连带责任。 ········ 035

8 原告杭州湾大桥工程指挥部与被告 SOLEADO PTE.，LTD. 和 AEROMIC SHIPPING(S) PTE.，LTD. 船舶触碰桥梁损害赔偿纠纷案【宁波海事法院(2008)甬海法事初字第 33 号】·· 040

> **No. HS-1.3-7** 船舶管理人负有安全管理义务又未尽此义务,导致船舶与桥梁发生碰撞的,应与船东承担连带责任。由于船舶所有人、管理人未提供双方的管理协议,法院无法确认管理人的管理义务。根据通常经验,法院推定管理人应当对船舶的安全负有管理义务,与船舶所有人承担连带责任。 ········ 040

9 上诉人宁波市鄞州区通顺海运有限公司与被上诉人吴祥仕船舶碰撞损害赔偿纠纷案【浙江省高级人民法院(2010)浙海终字第 192 号】················ 044

> **No. HS-1.3-8** 因重大误解而订立合同及合同显失公平的,只有合同的一方当事人才可向人民法院或仲裁机关申请撤销该合同。 ········ 044

1.4 海上避碰规则 ·· 046

1.4.1 安全航速的界定和判断 ·· 046

10 上诉人赵温鼎与被上诉人烟台海顺旅游服务有限公司、高军海上人身伤害赔偿纠纷案【山东省高级人民法院(2010)鲁民四终字第 22 号】·············· 046

> **No. HS-1.4-1** 安全航速是个相对概念,并无具体速度的限制,而且判断船舶是否以安全航速行驶,必须以发现海上其他船舶、物体或者应当避让的情况为条件。游艇驾驶员由于无法观察到水下赶海者,不存在是否应当避让的情形,判断是否以安全航速行驶对判定游艇碰撞水下赶海者事故案所涉责任没有意义。 ········ 046

1.4.2 狭水道的定义及其界定 ·· 050

11 原告尤兆奇与被告尤庆标、尤庆巨船舶碰撞损害赔偿纠纷案【广州海事法院(2002)广海法初字第 444 号】·· 050

> **No. HS-1.4-2** 尽管碰撞的两艘小型渔船在 300 米宽的水道内行驶有较大的回旋余地,但按照航行惯例,水道为狭水道的,不受具体当事船舶吨位及尺寸大小的影响,否则会导致特定水域可能因船舶大小而适用不同的航行规则,以致航行秩序紊乱。《1972 年国际海上避碰规则》是一切海上航行的船舶所应共同遵守的规则,为了保证该规则执行的普遍性与统一性,对特定水域是否为狭水道的界定必须参照大多数海船的航行情况和海上的航行习惯。 ········ 050

1.4.3 操纵能力受到限制船舶的界定 ·········· 053

⑫ 原告(反诉被告)宁波保税区吉宁国际贸易有限公司与被告(反诉原告) JACKY RICKMERS Schiffahrtsgesellschaft mbH & Cie. KG 船舶碰撞损害赔偿纠纷案【宁波海事法院(2005)甬海法事初字第 67 号】··········· 053

> **No. HS-1.4-3**　船舶解缆离开码头过程中,由两条拖轮暂时予以配合协助,其操纵能力并未受到任何限制。且该离泊船舶显示了航行灯,未显示任何操限号灯。故其主张此时为操纵能力受到限制的船舶,其他船舶应为其让路的理由不能成立。　053

1.4.4 "驶过让清"的理解和界定 ·········· 058

⑬ 原告湛江市天凯贸易有限公司与被告蒋文斌、浙江省三门县宏达船务有限公司船舶碰撞货物损害赔偿纠纷案【宁波海事法院(2004)甬海法事初字第 26 号】··········· 058

> **No. HS-1.4-4**　追越中两船间方位的任何改变,都不能免除追越船让开被追越船的责任,直至最后驶过让清为止。而所谓驶过让清,指追越船必须在领先被追越船足够远的距离,使得保向、保速的被追越船不会因追越船随后的转向或减速操纵行动而处于为难境地。　058

> **No. HS-1.4-5**　海事债权人未申请扣押船舶,不能主张船舶优先权。　058

> **No. HS-1.4-6**　船舶挂靠人向被挂靠人缴纳一定数额的管理费,被挂靠人仅为船舶提供航行通告等服务,不为其配备船员的,在船舶侵权赔偿纠纷案中,并不存在第三人对被挂靠人的信赖关系,不涉及对第三人的信赖利益之保护,故要求被挂靠人承担连带赔偿责任没有事实与法律依据。　058

1.4.5 锚泊状态渔船在碰撞事故中的责任 ·········· 062

⑭ 原告卞雪金等与被告越南造船工业公司海上人身损害赔偿纠纷案【厦门海事法院(2009)厦海法事初字第 31 号】··········· 062

> **No. HS-1.4-7**　渔船虽然处于系泊状态,如未使用适合当时环境和情况的一切有效手段保持正规瞭望,未及早发现碰撞危险的存在,违反了《1972 年国际海上避碰规则》第 5 条规定,应承担一定比例的过错责任。　062

1.4.6 从事水下作业船舶的标志与识别 ·········· 066

⑮ 原告王发等与被告谭河、莫光玉海上人身伤亡损害赔偿纠纷案【广州海事法院(2000)广海法湛字第 25、30、31 号】··········· 066

No. HS-1.4-8 肇事渔船是从事潜水捕螺作业的船舶,应当对用泡沫块作为潜水捕螺作业标志的习惯做法非常了解。在航行中,在通过对方渔船船尾时未保持安全距离,且瞭望不当,未能及早发现并避让海底作业标志,以致本船钩到系于正在潜水作业人员身上的绳索和泡沫块,造成潜水作业人员失踪并被宣告死亡。肇事船舶的过错,是导致潜水作业人员失踪的直接原因,应承担主要责任。潜水进行捕螺作业的船舶,未按规定正确显示号型,仅在潜水人员的上方系一泡沫块作为标志,且在潜水作业中,又疏于瞭望,监护不力,未能及早发现并拦阻肇事渔船靠近本船通过,对事故的发生有过错,应承担次要责任。 ……………………… 066

1.5 船舶碰撞证据 …………………………………………………… 068

1.5.1 间接证据与碰撞事实 ………………………………………… 068

16 再审申请人巴拿马易发航运公司、香港威林航业有限公司与被申请人钟孝源、珠海市政府打击走私办公室船舶碰撞损害赔偿纠纷案【最高人民法院(1996)交提字第4号】 ………………………………………………………… 068

No. HS-1.5-1 船舶碰撞案件,当事人提供的证据都是间接证据的,间接证据应相互印证,相互矛盾的不能认定。原告主张被告船舶是肇事船,应承担相应的举证责任,没有充分的证据支持其主张的,对原告的诉讼请求不予支持。 ……… 068

1.5.2 船舶碰撞案件新证据 ………………………………………… 074

17 上诉人连承辉与被上诉人王建本船舶碰撞损害赔偿纠纷案【山东省高级人民法院(2006)鲁民四终字第86号】 ………………………………………… 074

No. HS-1.5-2 在船舶碰撞案件的审理中,当事人应当在开庭审理前完成举证。当事人在二审中提供的证据不属于新证据的,二审法院不予采纳。 …… 074

No. HS-1.5-3 沿海航区是指距岸或庇护地不超过20海里的海域。虽然所涉受害渔船碰撞事故发生时超过了《小型渔业船舶检验证书》准予航行的区域,但并不能因此认为超出区域航行和碰撞事故存在因果关系。 ……………… 074

1.6 船舶碰撞损害赔偿 ……………………………………………… 080

1.6.1 船期损失的计算 …………………………………………… 080

18 原告陈国为与被告林松全船舶碰撞损害赔偿纠纷案【厦门海事法院(2004)厦海法事初字第037号】 ……………………………………………………… 080

No. HS-1.6-1 船舶因碰撞沉没可以索赔的项目包括:船舶价值损失(直接财产损失),船期损失和事故航次未收取的运费(预期可得利润损失),船上存油损失,船员工资损失和船员个人物品损失。其中船期损失在船舶碰撞前两个航次平均盈利难于准确计算的情况下,宜以船舶的滞期费率和滞期天数作为计算船期损失的依据。 …… 080

1.6.2 货物增值税税款损失的赔偿 ······ 084

⑲ 原告汕头市和发纸业有限公司、中国人民财产保险股份有限公司宁波市海曙支公司与被告上海宝通运输实业有限公司、沈福荣、洞头县东海船务有限公司船舶碰撞损害赔偿纠纷案【宁波海事法院(2006)甬海法事初字第43号】 ······ 084

> **No. HS-1.6-2**　保险人在代位求偿的范围内,可以申请作为共同原告加入诉讼。 084

> **No. HS-1.6-3**　增值税是一种价外税、流转税,符合一定条件可抵扣。但在原告仅能提供增值税发票联,未能提供相应抵扣联或对未能提供抵扣联进行合理解释的情况下,原告主张的税款损失依据不足,对其损失只能认定货价部分。 084

1.6.3 境外产生律师费的赔偿问题 ······ 087

⑳ 上诉人可汗船务私人有限公司与被上诉人王桂花船舶碰撞纠纷案【山东省高级人民法院(2007)鲁民四终字第44号】 ······ 087

> **No. HS-1.6-4**　船舶肇事后逃逸,未采取救助措施,导致对方船舶沉没,其肇事逃逸行为与船舶沉没造成的损失之间有因果关系,逃逸船舶船东应对沉没船舶造成的损失承担全部责任。 087

> **No. HS-1.6-5**　原告委托香港律师追踪船舶,并委托中国律师代为参与诉讼且已经实际支出了律师费,碰撞事故的发生与该项费用的支出有直接的因果关系,原告要求对方承担律师费用,应予支持。 087

> **No. HS-1.6-6**　非经法定的优先权公示催告程序,船舶买家自行在报纸上办理取得船舶所有权的公告,不导致该轮的优先权灭失。法律并未规定船舶优先权的行使须以向(已转移了船舶所有权的)原船舶所有人主张权利为先决条件。新船舶所有人主张应向原所有人请求碰撞赔偿,是对船舶优先权赔偿责任与一般保证责任的混淆,亦背离了船舶优先权制度的立法目的,依法不予支持。 087

㉑ 原告阿尔瑟尔·波斯特玛等与被告广州番禺某某客运有限公司等海上人身损害责任纠纷案【广州海事法院(2010)广海法初字第739号】 ······ 093

> **No. HS-1.6-7**　船舶所有权的取得、转让和消灭,应当向船舶登记机关登记;未经登记的,不得对抗第三人。船舶碰撞产生的赔偿责任由船舶所有人承担,碰撞船舶在光船租赁期间并经依法登记的,由光船承租人承担。 093

1.6.4 违反捕捞许可进行作业的赔偿问题 ······ 099

㉒ 原告陈娇盈与被告钦州市钦州港远顺达船务有限公司船舶碰撞损害赔偿纠纷案【广州海事法院(2009)广海法初字第316号】 ······ 099

> **No. HS-1.6-8** 船舶登记只是船舶所有权变动的公示方法,而不是生效要件,一方已支付渔船价款,且已将渔船实际交付受让人,应认定受让人已取得渔船的所有权并实际控制使用该渔船。在渔业捕捞许可证有效期内,因渔船买卖发生渔船所有人变更的,须按规定向原发证机关重新申请渔业捕捞许可证,且不得违反捕捞许可证关于作业场所、渔具数量的规定进行捕捞。否则,未依法取得捕捞许可证擅自进行捕捞、违反捕捞许可证关于作业场所、渔具数量的规定进行捕捞所获得的收入属于违法所得,其诉请的渔货损失和渔汛损失不应予以保护。······ 099

1.6.5 码头承租人的索赔权及其与港口经营许可事项的关系 ······ 103

[23] 原告青岛利天游艇俱乐部有限责任公司与被告山东省陆海联运总公司、山东远东海运集团有限公司船舶触碰损害赔偿纠纷案【青岛海事法院(2009)青海法海事初字第45号】······ 103

> **No. HS-1.6-9** 码头承租人通过签订租赁合同,对他人所有的涉案码头依法享有占有、使用和收益的权利,是用益物权的主体。在租赁码头期间,码头受到第三人损坏,码头承租人的用益物权受到侵害,第三人应当对用益物权人承担侵权责任,码头承租人作为用益物权人享有索赔权,索赔直接损失和经营损失。 103

> **No. HS-1.6-10** 码头承租人是否办理港口经营许可事项是行政审批的程序,属于行政管理的范畴。虽然码头承租人没有办理港口经营许可事项违反经营范围与船舶经营人形成事实上的合同关系,根据合同法解释的规定,不能因此认定合同无效。码头经营损失可参照船舶经营人曾向码头承租人支付的停泊费的计算方法及标准予以计算。 103

> **No. HS-1.6-11** 依照《中华人民共和国海商法》的规定,光船承租人行使租赁权致第三人利益受侵犯的,由光船承租人独立承担法律责任。 103

1.7 船舶碰撞诉讼时效 ······ 110

[24] 原告福州松下码头有限公司与被告上海港机重工有限公司船舶触碰损害赔偿纠纷案【厦门海事法院(2010)厦海法事初字第14号】······ 110

> **No. HS-1.7-1** 虽然门座式起重机制造商和业主签订的《制造安装合同》约定制造商负责货物交付,以及与之相关的装卸责任和费用,就制造商所租船舶交货过程中发生的碰撞业主码头损害,鉴于制造商并非船舶所有人也非光船承租人,案涉船舶碰撞产生的赔偿责任不应由其承担。船舶碰撞案件诉讼时效为两年,没有证据证明存在因请求人提起诉讼、提交仲裁或者被请求人同意履行义务而中断的事由,请求人的诉请超过诉讼时效,丧失了胜诉权。 110

1.8 船舶碰撞与优先权 ··· 113

1.8.1 沉船打捞费是否可以享受船舶优先权 ······················· 113

㉕ 原告中国船舶燃料供应福建有限公司与被告台州东海海运有限公司船舶碰撞损害赔偿确权案【广州海事法院(2001)广海法初字第 57 号】············ 113

> **No. HS-1.8-1** 船舶碰撞事故造成的沉船进行打捞产生的打捞费是因碰撞事故遭受的损失,根据《中华人民共和国海商法》第 22 条的规定,属于船舶优先权。
> 113

1.8.2 内河船是否可以适用关于船舶优先权的规定 ··············· 115

㉖ 原告冯某某与被告博罗县某某总公司港澳运输公司船舶碰撞损害责任纠纷案【广州海事法院(2011)广海法初字第 403 号】·························· 115

> **No. HS-1.8-2** 内河船不属于《中华人民共和国海商法》第 3 条规定的船舶,不适用《中华人民共和国海商法》关于船舶优先权的规定,因船舶碰撞导致内河船舶损失主张船舶优先权的,法院不予支持。
> 115

2. 海上人身损害赔偿纠纷 ·· 119

2.1 海上人身损害赔偿责任主体 ····································· 119

2.1.1 船舶挂靠下的责任主体 ··· 119

① 原告李海英等与被告林武才等船舶爆炸人身伤亡损害赔偿纠纷案【广州海事法院(2000)广海法事字第 120 号】································ 119

> **No. HS-2.1-1** 船舶所有人将船舶挂靠在船舶公司名下,登记的船舶经营人为被挂靠人。但事故发生前,被挂靠人已与船舶所有人解除挂靠关系,收回已超过有效期的《船舶营业运输证》。被挂靠人也曾到登记机关申请办理变更船舶登记项目,主管机关根据《船舶登记条例》的规定没有受理。虽然船舶证书中记载的船舶经营人仍然是被挂靠人,但没有办理变更手续的责任不在被挂靠人。且事故发生期间,船舶由船舶所有人经营。故法院认定被挂靠人船舶公司不应承担连带赔偿责任。
> 119

② 上诉人烟台华洲企业有限公司与被上诉人烟台港集装箱公司人身伤亡赔偿纠纷案【山东省高级人民法院(2001)鲁经终字第 364 号】···················· 124

> **No. HS-2.1-2** 雇员从事雇佣活动中自身受到损害,雇主承担责任的,法律虽未规定雇主赔偿后可以取得代位求偿权,但从公平原则出发,雇主有向造成损失的第三人主张索赔的权利。
> 124

> **No. HS-2.1-3** 侵权人在装卸大件货物时,其管理人员未能尽到安全管理职责,应对受害人伤亡事故负主要责任。受害人作为具有完全行为能力人,在装卸现场应当预见其进入集装箱可能会发生的后果,由于其疏于防范导致被倒塌货物挤压致死,应对该事故的发生负次要责任。 …… 124

3 原告杨柱华等与被告广州市花都区炭步水上运输公司等水上工伤事故损害赔偿纠纷案【广州海事法院(2003)广海法初字第388号】 …… 128

> **No. HS-2.1-4** 因船员劳务合同纠纷直接向海事法院提起的诉讼,海事法院应当受理,不适用劳动仲裁委员会仲裁前置的规定。 …… 128

> **No. HS-2.1-5** 起诉状上虽然只有代理律师的签名盖章,但原告出具已签名并按指印的《授权委托书》授权代理律师进行诉讼,法院对诉讼代理人资格及其所进行的诉讼行为予以确认。 …… 128

> **No. HS-2.1-6** 船舶虽然挂靠在他人公司名下,但挂靠人以个人的名义聘请船员,该船员劳务合同关系发生在挂靠人和船员之间,与被挂靠人无关,被挂靠人对所涉船员劳务合同关系产生的债务不承担清偿责任。 …… 128

2.1.2 二人以上共同过失侵权 …… 131

4 原告方爱军等与被告陈业山等人身伤亡赔偿纠纷案【广州海事法院(2007)广海法初字第175号】 …… 131

> **No. HS-2.1-7** 二人以上共同过失致人损害,构成共同侵权,应当承担连带责任。受害人对于损害的发生也有过错的,可以减轻侵害人的民事责任。 …… 131

> **No. HS-2.1-8** 船员擅自允许与船舶航行、生产无关的人员上船,并在无任何保护措施的情况下让其在驾驶甲板活动,因此导致他人溺水死亡的,属于在从事雇佣活动中致人损害,该船员的雇主应当承担赔偿责任。 …… 131

5 原告张慧与被告舟山市海峡汽车轮渡有限责任公司、舟山市汽车运输总公司普陀长运公司海上人身伤亡损害赔偿纠纷案【宁波海事法院(2008)甬海法舟事初字第3号】 …… 135

> **No. HS-2.1-9** 轮渡公司没有按规定做到登轮时人车分离以及为运输服务对象提供一个安全的登轮环境,致使大客车挤压受害人,轮渡公司就其安全隐患应对事故负一定的责任。 …… 135

> **No. HS-2.1-10** 摆渡车辆有接受轮渡公司管理和指挥的义务,但是,事故发生时驾驶员并不因轮渡公司工作人员的指挥而丧失或减少对大客车的控制权,驾驶员没有尽到必要的谨慎驾驶的义务,应对挤压旅客的事故承担责任。 …… 135

2.1.3 水路旅客运输之承运人和实际承运人的连带责任 ················ 139

⑥ 原告王才贵等与被告湛江市交通局地方公路管理总站等水上旅客运输人身损害赔偿纠纷案【广州海事法院(2008)广海法初字第25号】············ 139

> **No. HS-2.1-11** 在海上旅客运输合同关系中,作为船舶经营人的承运人以及作为船舶所有权人的实际承运人,均有义务将旅客安全运抵目的地,倘若未适当履行该义务造成旅客人身伤亡的,应连带承担相应的赔偿责任。 139

2.1.4 雇主责任 ················ 142

⑦ 原告王明琼等与被告王泽生、王冬柯海上人身损害赔偿纠纷案【广州海事法院(2011)广海法初字第195号】············ 142

> **No. HS-2.1-12** 没有个体工商户营业执照的,不是依法成立的个体工商户,不能作为劳动法律关系的主体;渔船船主提供一切劳动工具、燃料及提供船员在船上的饮食,有收获则按收获比例分成,没有收获渔工也不需分担已支出的费用,这不符合合伙的共享收益、共负盈亏的特征,不属于合伙关系;雇佣关系,是指受雇人在一定或不特定的期间内,接受雇佣人的指挥与安排,为其提供特定或不特定的劳务,雇佣人接受受雇人提供的劳务并按约定给付报酬的权利义务关系。考察雇佣关系是否成立,关键在于确定雇员是否以提供劳务为内容以及雇员是否受雇主的控制、指挥和监督。 142

> **No. HS-2.1-13** 雇员在从事雇佣活动中致人损害的,只有当雇员对损害的发生有故意或重大过失时,才与雇主一起承担连带赔偿责任。 142

> **No. HS-2.1-14** 雇佣关系是指没有纳入依照法律法规规定应当参加工伤保险统筹的雇佣关系,与《工伤保险条例》调整的劳动关系不是同一性质。雇佣关系下的人身伤害,不应适用《工伤保险条例》计算赔偿数额,而应适用最高人民法院《关于审理人身损害赔偿案件适用法律若干问题的解释》来计算赔偿数额。 142

2.2 海上人身损害赔偿归责原则 ················ 147

2.2.1 好意施惠同乘时的人身损害责任承担 ················ 147

⑧ 原告刘建清等与被告周木平水上人身伤亡损害赔偿纠纷案【广州海事法院(2002)广海法初字第357号】············ 147

> **No. HS-2.2-1** 对人的生命健康权的注意义务,不能因好意施惠而减轻,同意他人搭乘其船舶,就负有保障他人安全到达目的地的义务。 147

2.2.2 违反合同履行中的通知、协助等附随义务的责任·················150

⑨ 原告徐有坚等与被告林敬恒水上事故人身伤亡损害赔偿纠纷案【广州海事法院（2003）广海法初字第73号】···············150

> **No. HS-2.2-2** 当事人应当遵循诚实信用原则，根据合同的性质、目的和交易习惯履行通知、协助、保密等义务。委托方委托作业方向自己船上装沙，在装沙超载导致干舷明显低于核定干舷的情况下，仍继续为委托方船舶装沙，导致船舶沉没。作业方没有履行适当通知的义务，应承担相应的赔偿责任。 150

2.2.3 运输途中旅客自杀情形下承运人的责任·················152

⑩ 原告乔天国等与被告陈兴武等水上旅客运输合同人身伤害赔偿纠纷案【武汉海事法院（2004）武海法商字第127号】···············152

> **No. HS-2.2-3** 旅客跳河自杀，但是承运人应该以谨慎的态度对待开航前和开航后有可能导致事故的各种因素，进而采取相应的措施防止事故的发生。承运人未采取有效措施避免旅客自杀的，应当对事故的发生承担次要赔偿责任。 152

> **No. HS-2.2-4** 精神损害赔偿的请求仅限于侵权行为导致的损害，而受害人家属基于旅客运输合同要求承运人承担民事责任，不能主张精神损害赔偿金。 152

2.2.4 安全保障义务·················155

⑪ 原告刘成易等与被告吴东三海上人身伤亡损害赔偿纠纷案【广州海事法院（2004）广海法初字第104号】···············155

> **No. HS-2.2-5** 被告单方面提供出海作业所需的船舶、燃料、费用、工具和伙食，渔船船员只按渔获收获数量计算报酬，无需承担生产经营亏损的风险，则双方之间不具有共同经营、共负盈亏和风险的法律特征，不属于合伙关系。 155

> **No. HS-2.2-6** 雇主有责任为雇员提供安全的生产条件、生产工具和工作场所，保障雇员的人身安全。相较事故之中死亡的雇员家属而言，雇主有更便利的条件举证证明自己是否尽到保障劳动安全的义务，应由雇主承担证明事故原因的责任。 155

⑫ 原告麦建妹等与被告大连利丰海运集团有限公司海上人身损害责任纠纷案【广州海事法院（2011）广海法初字第476号】···············157

> **No. HS-2.2-7** 船长不知道登轮情况，也未采取足够的安全保障措施，导致已经办理了登轮手续的登轮者在该轮船舱内窒息死亡，船舶实际经营人因此违反了对登轮者的安全保障义务，应对登轮者死亡承担侵权责任。 157

⒔ 原告刘林与被告李应轩、黄建彬水上人身损害赔偿纠纷一案【广州海事法院(2011)广海法初字第113号】…………………………………… 159

> **No. HS-2.2-8** 虽然知道船员在危险位置指挥,并多次警告船员变换站立位置,但在船员没有接受的情况下,船方未采取其他措施,仍然开动船舶导致船员跌落到船舱受伤。船方疏于履行其安全保障义务,应承担相应的赔偿责任。 …… 159

2.2.5 侵权公平责任原则的适用 ……………………………………… 162

⒕ 上诉人周传芳、顾天英与被上诉人胡国余人身损害赔偿纠纷案【山东省高级人民法院(2008)鲁民四终字第36号】……………………… 162

> **No. HS-2.2-9** 自然人之间的雇佣关系,雇员在受雇佣期间的工作之余住在船上,但不能证明是从事雇主指派的看船行为或从事与履行职务行为有关的行为,在此期间被他人致死,认定由雇主承担全部赔偿责任的理由不足,不予支持。但因雇主未在停止出海作业后立即向雇员发放工资,致雇员滞留在打工地并在滞留期间遇害,作为雇主对此应当承担一定的责任,根据公平责任原则,雇主承担50%的责任。 …… 162

> **No. HS-2.2-10** 精神抚慰金仅适用于侵权诉讼,且适用过错责任原则,以雇佣合同关系向雇主主张赔偿责任,雇主对雇员的死亡不存在主观过错,雇主不应承担精神抚慰金的赔偿责任。 …… 162

> **No. HS-2.2-11** 只有在被扶养人丧失劳动能力且又无其他生活来源时才会产生被扶养人生活费,被扶养人在扶养人死亡时年龄均不到50岁,且未提供丧失劳动能力的证据,法院对其主张被扶养人生活费不予支持。 …… 162

⒖ 上诉人孙占杰等与被上诉人孙焕成等海上人身损害赔偿纠纷案【山东省高级人民法院(2009)鲁民四终字第21号】………………… 165

> **No. HS-2.2-12** 就有网无船、有船无网的生产经营者共同出海打鱼,各自自负盈亏的合作生产关系,应认定为不属于帮工关系。有船无网的船主、有网无船者及死者本人均无过错,但各自获得了相应利益,避免了财产损失,则应由相关当事人分担民事责任,并由受益明显者多承担相应补偿额。 …… 165

2.2.6《中华人民共和国民法通则》物件致人损害侵权规定的适用 ……… 168

⒗ 上诉人徐莉、王莲英、吴一玠与被上诉人黄海造船有限公司海上人身损害赔偿纠纷案【山东省高级人民法院(2008)鲁民四终字第80号】 ………… 168

No. HS-2.2-13　《中华人民共和国民法通则》第 126 条中"建筑物或者其他设施以及建筑物上的搁置物、悬挂物发生倒塌、脱落、坠落造成他人损害的",是指物件致人损害,是地上致害物致人损害。建筑物及其他地上物致害责任构成要件之一便是损害事实须与地上致害物行为之间有因果关系。本案受害人在通过码头前往需要安装调试主机的船舶工作之中坠海身亡,连接船体与码头之间的悬梯脱落。但是无人看到受害人登上悬梯,也无人看到受害人与悬梯同时坠入海中。受害人坠海原因不明,没有与地上致害物相联系的证据,不能适用《中华人民共和国民法通则》第 126 条物件致人损害的规定。 …… 168

2.2.7 高度危险作业问题 …… 175

17 原告连云港东硕国际贸易有限公司与被告尤利乌斯海运有限公司海上人身损害责任纠纷案【上海海事法院(2011)沪海法海初字第 8 号】 …… 175

No. HS-2.2-14　雇主承担赔偿责任后,可以向第三人追偿。且死者(雇员)的近亲属在得到雇主赔偿之后,承诺将对第三方的索赔权转让给雇主的,雇主作为死者(雇员)所在单位具有诉讼主体资格。 …… 175

No. HS-2.2-15　涉案装卸货物为煤炭,虽然货舱内聚集的一氧化碳等有毒气体可能会导致人窒息,但煤炭物理性质相对稳定,并不属于易燃、易爆或剧毒物质,装卸煤炭作业亦不会对周围环境构成高度危险,故涉案煤炭装卸作业不构成法律意义上的高度危险作业。非本船船员以外的其他人员上船后在货舱窒息死亡的,不适用无过错责任原则。 …… 175

2.2.8 航标维护单位未尽维护义务的过错推定责任 …… 179

18 原告刘葱绸等与被告温州海光航标技术工程有限公司、上海海事局温州航标处海上人身伤亡损害赔偿纠纷案【宁波海事法院(2008)甬海法温事初字第 6 号】 …… 179

No. HS-2.2-16　国家为保障船舶通航安全而设立的渔业助航标志,该构筑物因维护、管理瑕疵致人损害的,由所有人或者管理人承担赔偿责任,但能够证明自己没有过错的除外。 …… 179

2.2.9 合伙人在从事合伙事务中意外落水死亡的,其他合伙人的责任 …… 184

19 原告朱珠莲、庄永奶、颜美香、庄乐丹、庄晓丹诉被告张孚喜海上人身伤亡损害赔偿纠纷案【宁波海事法院(2011)甬海法温事初字第 3 号】 …… 184

No. HS-2.2-17　合伙人在从事合伙事务中意外落水死亡,其他合伙人无过错的,依法不承担过错赔偿责任。但根据《中华人民共和国侵权责任法》第 24 条和最高人民法院《关于个人合伙成员在从事经营活动中不慎死亡其他成员应否承担民事责任问题的批复》的规定,其他合伙人应按实际情况对死亡合伙人遗属予以适当补偿。 …… 184

2.3 海上人身损害赔偿 …………………………………………………… 186

2.3.1 涉外海上人身伤亡损害赔偿案件最高赔偿额 80 万元的适用 …………… 186

⑳ 原告宋秀英等与被告伊母莱特航运公司、绿洲航运管理公司海上人身伤亡损害赔偿纠纷案【广州海事法院(2000)广海法汕字第 42 号】…………………… 186

> **No. HS-2.3-1** 涉外海上人身伤亡损害赔偿案件,应当依照最高人民法院《关于审理涉外海上人身伤亡案件损害赔偿的具体规定(试行)》的规定,每人最高赔偿额为人民币 80 万元。　　　186

㉑ 原告俞小洪与被告巴拿马古德吉尔航运股份有限公司海上人身损害赔偿纠纷案【宁波海事法院(1999)甬海事初字第 55 号】…………………… 190

> **No. HS-2.3-2** 外国籍船舶进出我国港口,必须由主管机关指派引航员引航。对外轮进出国内港口实行强制引航制度,由于船方没有尽到《1974 年国际海上人命安全公约》规定的义务,对引航员登船安全防范措施没有尽到谨慎处理,致使引航软梯断裂而使引航员遭受严重伤害,且船方不能证明引航员对引航软梯断裂及自身受伤害有过错,船方应负赔偿责任。　　　190

> **No. HS-2.3-3** 即使船方和港务局的共同侵权行为成立,共同侵权者应负连带责任,也不妨碍受害人选择任何一方要求其赔偿全部损失。　　　190

> **No. HS-2.3-4** 1992 年施行的最高人民法院《关于审理涉外海上人身伤亡案件损害赔偿的具体规定(试行)》规定了涉外人身伤亡的最高赔偿限额为 80 万元。但是,从 1992 年至 1999 年,我国的物价指数发生了重大变化,医疗费用也是增加迅速。而且,1993 年施行的《中华人民共和国海商法》对海上人身伤亡的最高赔偿限额有专门的规定。因此法院应根据受害人的实际损失判令赔偿数额。　　　190

2.3.2 受诉法院所在地的确定 …………………………………………… 194

㉒ 上诉人天津开行海运有限公司与被上诉人于新珍等海上人身损害赔偿纠纷案【山东省高级人民法院(2010)鲁民四终字第 9 号】…………………… 194

> **No. HS-2.3-5** 船员在已是一公司的正式职工,双方存在劳动合同关系的情况下,又临时到另一公司工作,但未签订劳动合同,法院认定就此临时工作不存在劳动合同关系。因公司不能为其缴纳社会保险,其不能从保险基金中享受各种待遇,法院判决该公司对其死亡按最高人民法院《关于审理人身损害赔偿案件适用法律若干问题的解释》关于雇佣关系的规定予以赔偿。　　　194

> **No. HS-2.3-6** 最高人民法院《关于审理人身损害赔偿案件适用法律若干问题的解释》第 29 条规定的按照受诉法院所在地上一年度城镇居民人均可支配收入或者农村居民人均纯收入标准计算人身伤亡的各种损失,海事法院的主要办事机构(总部住所地)所在地即为受诉法院所在地。　　　194

㉓ 上诉人陈婉风等与被上诉人蔡文林等海上人身损害赔偿纠纷案【福建省高级人民法院(2010)闽民终字第555号】 …………………………………… 198

> **No. HS-2.3-7** 渔船转让之中受让人未付清全款,双方未办理船舶过户登记手续,但登记不是船舶转让的生效要件,登记与否对船舶转让行为是否具有对抗效力产生影响,并不影响船舶所有权的转移。渔船船舶实际所有人担任船长驾驶船舶时发生碰撞,其应对碰撞事故承担责任。船舶转让人非船舶所有人,不应承担赔偿责任。 198

> **No. HS-2.3-8** 厦门海事法院系专门法院,并非依据行政区划设立的地方法院。死者为东山县铜陵镇居民,原审判决以福建省有关经济统计数据计算"受诉法院所在地"的赔偿金额是正确的。 198

2.3.3 人身损害后续手术费用的赔偿 ………………………………… 201

㉔ 原告陈学君与被告庄文强海上人身损害赔偿纠纷案【上海海事法院(2010)沪海法海初字第48号】 …………………………………… 201

> **No. HS-2.3-9** 雇主对于雇员在从事雇佣活动过程中遭受的人身损害应承担赔偿责任,该赔偿责任系属无过错责任,即雇主即使对损害事故的发生不存在过错也须向雇员承担赔偿责任。 201

> **No. HS-2.3-10** 原告虽提供鉴定意见书对后续手术费用进行了评估,但该意见中未明确该费用必然会发生,且评估出的费用仅是预估的费用,原告对后续治疗费的必然发生举证不足,法院对该项请求不予支持,原告可待后续治疗费用实际发生后另行起诉。 201

2.3.4 雇主承担赔偿责任后向第三人追偿的前提条件 …………………… 204

㉕ 上诉人陈永金等与被上诉人陈喜兵等人身伤亡损害追偿纠纷案【浙江省高级人民法院(2010)浙海终字第94号】 …………………………………… 204

> **No. HS-2.3-11** 雇佣关系以外的第三人造成雇员人身损害的,雇主承担赔偿责任后,可以向第三人追偿。 204

> **No. HS-2.3-12** 通常情况下的追偿诉讼要求责任主体在履行完毕其义务后才具备行使追偿权的资格,以杜绝责任主体未履行完毕其义务而先行使追偿权、实现不当获利的可能。但结合本案特殊情况,在雇主支付了部分款项的前提下,考虑执行程序的需要,法院贯彻便利诉讼的原则,认为已经具备对全部款项行使追偿权的条件。 204

3. 海上财产损害赔偿纠纷 …………………………………………… 208

1 原告山东潍坊国际海运公司、幸运海航运有限公司与被告云浮硫铁矿企业集团公司船舶损害赔偿纠纷案【广州海事法院(1999)广海法事字第 115 号】… 208

> **No. HS-3-1** 船舶沉没遭受损害应归类为对船舶所有权的侵害。船舶所有人与该损害有直接利害关系,其提起诉讼是适格的原告。光船承租人通过租约仅获得了船舶的占有、使用和收益的权利,对该船不具处分权,其诉讼请求不应支持。 208

> **No. HS-3-2** 硫铁矿货物托运人没有按照有关规定履行有关项目的测试义务,并将测试文件交给承运人,具有违法性,在主观上有过错。但适运水分不明只是可能危及船舶航行安全的因素,承运不明适运水分的硫铁矿并不必然导致船舶沉没,索赔人必须举证证明承运的硫铁矿超过适运水分与船舶沉没之间有因果关系。索赔人如无法证明托运人托运货物测试文件的过失行为与船舶沉没之间存在因果关系,应当承担举证不能的后果。 208

2 原告翁才泉与被告柯俊金海上财产损害赔偿纠纷案【广州海事法院(2003)广海法初字第 367 号】………………………………………… 214

> **No. HS-3-3** 紧急避险中的危险是由自然原因引起的,紧急避险人可不承担民事责任,但不能采取不当的措施或超过必要的限度。没有采取不当的措施或超过必要的限度,受害人要求补偿的,可以责令受益人适当补偿。 214

3 原告浙江海洋工程有限公司与被告舟山东鸿水产有限公司船舶损害水下设施赔偿纠纷案【宁波海事法院(2004)甬海法事初字第 7 号】………… 216

> **No. HS-3-4** 海底输水管道施工工程虽然已经发布了航行通告,但航行通告对过往船只的告知效力是推定的。海底输水管道施工审批意见和航行通告规定了施工期间,警戒船应保持 24 小时警戒(包括施工船夜间不施工时)。相比航行通告的推定效力,警戒船在保证海底水管施工安全方面的作用却是实际的。因警戒船不在施工现场,致使海底水管在船舶起锚时损坏,则海底水管的施工人应承担主要责任,船舶承担次要责任。 216

4 上诉人东方海外货柜航运有限公司与被上诉人福清朝辉水产食品贸易有限公司海上货物运输合同纠纷案【福建省高级人民法院(2009)闽民终字第 616 号】……………………………………………………………… 219

> **No. HS-3-5** 货物损坏事故系承运人经谨慎处理仍未发现的船舶潜在缺陷和船长驾驶船舶过失的,承运人免责,无需承担赔偿责任。 219

5 上诉人杨振兴、陈光明、林光辉与被上诉人福州开发区顺利建材有限公司码头设施损害赔偿纠纷案【福建省高级人民法院(2010)闽民终字第 7 号】…… 228

> **No. HS-3-6** 各采砂船在被侵权人码头前沿水域或其临近水域进行违法采砂作业,违法采砂侵权行为相互结合、共同作用,导致码头砂体流失、水深增大,最终整体失稳而坍塌。造成码头的坍塌后果并非单一采砂船的侵权行为所致,客观上也无法分清各采砂船之间的过失大小或者原因力比例。因此,各采砂船的采砂行为对于损害结果的发生均存在因果关系,并直接结合导致码头坍塌事故的发生,各采砂船的采砂行为构成共同侵权,各侵权责任人应对损害后果承担连带赔偿责任。 228

6 原告舟山市华盛船务有限公司与被告福建省泉州市华耀玻璃有限公司、黄立新海上货物运输合同纠纷案【厦门海事法院(2011)厦海法商初字第 186 号】…………………………………………………………… 237

> **No. HS-3-7** 船舱内的货物随船沉没,船舶和货物为一个整体的沉没物,影响航行安全的是船舶,而不是船上装载的货物,强制打捞义务人是船舶所有人或经营人,而不是沉没货物的货主。发生船舶沉没事故不意味着运输合同的终止,并不免除承运人的前述义务,在发生事故后船东将货物打捞上来并交给沉没货物的货主也属于履行运输合同义务的行为。货物所有人有权获得起捞货物,而不必支付打捞费用。在货物具有打捞价值且船东能打捞货物的情况下,船东负有法定义务,应当采取打捞货物的减损措施。船东在海事赔偿责任限制基金之外另行付出的货物打捞费并未超出其义务范围,沉没货物的货主取得船东设立的基金赔偿款项的同时,受领运输合同项下残损货物而未支付货物打捞费的行为不构成不当得利。 237

4. 港口作业损害赔偿纠纷 …………………………………………………… 243

1 原告湛江华洋石油有限公司与被告广西曜慧船务有限公司、邱锦彪船舶触碰港口设施损害赔偿纠纷案【广州海事法院(2001)广海法湛字第 12 号】…… 243

> **No. HS-4.1-1** 输气臂的所有权情况无需办理产权登记,根据合法占有输气臂的事实,法院推定由占有者所有,有权就船舶触碰输气臂的损失提起诉讼。 243

2 原告佛山市电化总厂诉被告南海国际货柜码头有限公司港口作业损害赔偿纠纷案【广州海事法院(2002)广海法初字第 10 号】…………………… 246

> **No. HS-4.1-2** 就港口作业提起侵权之诉,索赔人应该举证证明其对货物具有所有权。所涉货物买卖合同约定交货地点为原告厂内,没有对所有权转移问题作出特别约定。货物受损之后,尚未办理进口手续,仍存放在码头集装箱堆场,故交付货物尚未完成。所涉提单为记名提单,原告并非提单载明的收货人。根据《中华人民共和国合同法》第 133 条的规定,标的物的所有权自标的物交付时起转移,原告尚未取得受损货物所有权的,无权就损失主张权利。 246

3 原告江津市津洲轮船有限公司与被告涪陵港务管理局港埠公司等港口作业船舶损害赔偿纠纷案【武汉海事法院（2005）武海法商字第 152 号】············· 249

> **No. HS-4.1-3** 船舶在建造质量上和结构强度上存在固有缺陷，并且该缺陷导致该轮的总纵强度不足，以致在受到不均匀的载货时甲板边板发生断裂，最终导致船体出现中垂、折断沉没。港口经营人将货舱前部的矿石移至货舱中部的作业方式，虽然有利于其充分利用铲车的机械作用提高卸载效率，但这一方式不可避免地导致船舶中部的负荷增大，最终导致船舶在多种原因的作用下，断裂沉没。对此事故，船舶所有人应承担事故主要责任，而港口经营人应承担次要责任。 249

5. 海上污染以及养殖损害赔偿纠纷·· 254

5.1 海上污染案件索赔主体·· 254

1 原告广东省海洋与渔业局与被告南通天顺船务有限公司、扬州育洋海运有限公司、天神国际海运有限公司、中国船东互保协会油污损害赔偿纠纷案【广州海事法院（2001）广海法初字第 89 号】············· 254

> **No. HS-5.1-1** 船舶溢油污染海域的，海洋综合管理与渔业工作职能部门可依法向责任人提出民事损害赔偿诉讼。 254

> **No. HS-5.1-2** 船舶碰撞导致受损船舶抢滩、搁浅至漏油，均是碰撞后紧接着发生的系列后续事件，均起因于碰撞双方的过失。其间除了碰撞双方的航行过错外，没有其他过错介入。因此，漏油所造成的污染损失是船舶碰撞所造成的财产损失，应由碰撞船舶按照过失比例承担赔偿责任。 254

> **No. HS-5.1-3** 光船租赁未经登记的不得对抗第三人，光租人和船舶所有人应对船舶碰撞对第三人造成的损失承担连带赔偿责任。 254

> **No. HS-5.1-4** 《中华人民共和国海事诉讼特别程序法》第 97 条并没有将所规定的油污损害赔偿责任主体"承担船舶所有人油污损害责任的保险人"限定为"承担漏油船所有人油污损害责任的保险人"，故非漏油船的船东互保协会以其非漏油船轮所有人的油污损害责任的保险人为由，提出其不应负赔偿责任的抗辩，没有法律依据，不能成立。 254

2 原告广州市番禺区人民检察院与被告卢平章水域污染损害赔偿纠纷案【广州海事法院（2009）广海法初字第 247 号】············· 266

> **No. HS-5.1-5** 检察机关作为国家的法律监督机关，其检察权包括保护国家财产和资源免遭违法行为侵害，以及在国家财产和资源遭受违法行为侵害时有权代表国家提起诉讼，并将受偿的款项如数上交国库。 266

③ 原告中华人民共和国宁波海事局与被告杰斯航运有限公司沉船损害赔偿纠纷案【宁波海事法院(2009)甬海法事初字第31号】 ………………………… 270

> **No. HS-5.1-6** 沉船所有人应当承担该轮碰撞沉没导致的溢油清除、设置警戒标识等应急处置费用和该轮沉船强制打捞清除费用。海事局在沉船所有人不积极采取有效措施的情况下,依法组织实施了清污和打捞的行为,产生的费用应由沉船所有人承担。海事局组织的参与清污的船舶及人员较多,让所有参与人员及单位向沉船所有人主张权利将增加诉讼成本,故法院准许海事局作为主管单位和组织者代位行使索赔权利。 270

5.2 海上污染案件证据规则 ………………………………………………… 273

④ 原告林位吉与被告卢仁友、阎锡明、谢国伦养殖水产污染损害赔偿纠纷案【宁波海事法院(2001)甬海事初字第74号】 ……………………… 273

> **No. HS-5.2-1** 因环境污染引起的损害赔偿诉讼,对索赔人提出的侵权事实,由污染行为人举证否认其行为构成侵权。污染行为人举证其投放茶籽饼的数量并提供有关专家的意见,认为其使用茶籽饼清塘排水的行为不会造成原告养殖鱼类的死亡,即索赔人的损失并非其侵权所致。索赔人没有证据推翻该否认,法院认定污染行为人不承担赔偿责任。 273

⑤ 上诉人黄祖强与被上诉人青岛华金苑针织股份有限公司养殖损害赔偿纠纷案【山东省高级人民法院(2005)鲁民四终字第44号】 …………… 278

> **No. HS-5.2-2** 污染受害人聘请的鉴定人在水质取样时未通知排污人到场,形式上不合法,其鉴定报告对排污人的责任认定部分,法院不予采信。但这并不能免除排污人关于污染受害人所遭受的损失与其没有因果关系的举证责任。 278

5.3 海上污染案件的损失赔偿 ……………………………………………… 290

5.3.1 无涉外因素的船舶油污损害赔偿问题 ………………………………… 290

⑥ 再审申请人烟台海上救助打捞局与被申请人山东荣成龙须岛渔业总公司船舶油污损害赔偿纠纷案【最高人民法院(2002)民四提字第3号】 …………… 290

> **No. HS-5.3-1** 《中华人民共和国海洋环境保护法》和《中华人民共和国海商法》分别作为调整海洋污染和海上运输关系、船舶关系的特别法律,就油轮造成油污损害引起的民事赔偿纠纷,应当优先于《中华人民共和国民法通则》予以适用。 290

> **No. HS-5.3-2** 无涉外因素的国内沿海及2 000吨以下油轮,其油污民事责任赔偿不适用《1969年国际油污损害民事责任公约》,而应当依照《关于不满300总吨船舶及沿海运输、沿海作业船舶海事赔偿限额的规定》确定责任限额。 290

5.4 养殖不合法的问题 …………………………………………… 295

7 原告日照市盛华水产集团公司与被告天津航道局、日照港务局水域污染损害赔偿纠纷案【青岛海事法院(2000)青海法海事初字第41号】………… 295

> **No. HS-5.4-1** 依照1986年《中华人民共和国渔业法》和《中华人民共和国海上交通安全法》的规定,县级以上地方人民政府根据国家对水域利用的统一安排,可以将规划用于养殖业的全民所有的水面、滩涂,确定给全民所有制单位和集体所有制单位从事养殖生产,核发养殖使用证,确认使用权,取得使用权的单位,可以将上述水面承包给集体单位或个人。未经主管机关(港务监督机构)批准,不得在港区、锚地、航道、通航密集区以及主管机关公布的航路内设置、构筑设施或者进行其他有碍航行安全的活动。地方人民政府将先前已被上级政府或主管部门划定为港界内的水域确权给他人用于海上养殖并核发海滩涂养殖使用证,违反《中华人民共和国渔业法》的规定,养殖户据此在港界内的水域从事养殖生产也不符合法律规定,其从事养殖而使用水面的权利不能视为合法权利,不受法律保护,对其养殖物因港口工程建设污染受到的损害不予赔偿。 295

8 原告卫振仁等与北海恒通海轮集团有限公司船舶触碰养殖物损害赔偿纠纷案【北海海事法院(2004)海事初字第012号】………………………… 302

> **No. HS-5.4-2** 未取得主管部门颁发的海域使用许可证和养殖证进行用海养殖的属非法养殖,虽然该养殖行为的违法性并不影响请求保护已有养殖物及养殖设施的财产权,但养殖物增值部分不应列入赔偿的范围。 302

9 原告洪基宽等与广西合浦西场永鑫糖业有限公司海域渔业污染损害赔偿纠纷案【北海海事法院(2005)海事初字第006号】……………………… 305

> **No. HS-5.4-3** 环境污染案件,加害人应就法律规定的免责事由及其行为与损害结果之间不存在因果关系承担举证责任。 305

> **No. HS-5.4-4** 《中华人民共和国海域使用管理法》和《中华人民共和国渔业法》均为全国人大常委会通过且正在实施有效的法律,任何公民和法人从事海水养殖必须在取得海域使用权证的同时还须取得养殖证。 305

> **No. HS-5.4-5** 原告虽交纳了部分海域使用金,但交纳海域使用金并不等于取得了海域使用权,还须持有地方人民政府核发的海域使用权证,这是法律强制性规定,无论政府或是公民、法人,都必须无条件执行。 305

> **No. HS-5.4-6** 未取得海域使用权证和养殖证非法从事用海养殖的,对索赔的苗种损失和收益损失,只能就苗种损失给予适当补偿。 305

⑩ 上诉人长岛长通旅运有限公司与被上诉人唐家安海上养殖损害赔偿纠纷案【山东省高级人民法院(2006)鲁民四终字第 50 号】…………………… 311

> **No. HS-5.4-7**　船舶在雾航中未进行有效瞭望,没有使用安全航速,误入合法养殖区,造成养殖区物资和产品损失,船舶所有人应依法对养殖户承担损害赔偿责任。养殖户未依法申请发布航行通告,对本次事故的发生具有一定过错,双方按比例分担责任。　311

⑪ 上诉人蓬莱市乾源海水养殖有限公司、赵竹海与被上诉人烟台经济技术开发区大季家街道办事处山后初家居民委员会等海上养殖损害赔偿纠纷案【山东省高级人民法院(2008)鲁民四终字第 115 号】…………………… 314

> **No. HS-5.4-8**　船舶登记所有人每年从船舶经营人处收取固定的租金,有一定的收益,而且船舶所有权的转移是以登记为要件,未经登记不得对抗善意第三人,船舶登记所有权人也应当对船舶进入养殖区造成的损失承担赔偿责任。　314

> **No. HS-5.4-9**　单位和个人使用国家规划确定用于养殖业的全民所有的水域、滩涂的,应当申请核发养殖证。原告未提交其已取得养殖许可的相关证据,只能就其养殖物的直接损害主张权利,对于养殖物的增值部分主张权利的,法院不予支持。　314

⑫ 上诉人万中华与被上诉人龙口港集团有限公司海产养殖侵权纠纷案【山东省高级人民法院(2010)鲁民四终字第 98 号】…………………… 320

> **No. HS-5.4-10**　海域使用权证书到期后被当地的渔业主管部门收回未再换发新的证书,此后当地政府也未再收取海域使用金,原持证人对其原养殖区已不再享有海域使用权。尽管当地政府主管部门口头同意其可以在原养殖区域内继续养殖并给予其适当补贴,但因其未进行登记并且其养殖行为违反了《中华人民共和国港口法》第 37 条"禁止在港口水域内从事养殖、种植活动"的规定,应不受法律保护。　320

> **No. HS-5.4-11**　对养殖户所指认养殖区的养殖物进行的现场勘验、鉴定,并对其损失进行的估算的司法鉴定,不属于全国人民代表大会常务委员会《关于司法鉴定管理问题的决定》第 2 条规定的需对鉴定人和鉴定机构实行行政登记管理制度的司法鉴定业务范围。鉴定机构的鉴定资质,并不以其列入司法行政管理部门编制的司法鉴定机构名册为必要条件。但是鉴定人之一的专业资质为船舶检验,与海产养殖物损失鉴定的专业性差距较大,法院对其鉴定资质不予认定。　320

6. 共同海损、海难救助……………………………………………… 329

6.1 共同海损 ……………………………………………………… 329

① 原告中国人民保险公司河北省分公司与被告塞浦路斯瓦塞斯航运有限公司海难救助费用分摊追偿纠纷案【宁波海事法院(1996)甬海商初字第 207 号】………… 329

No. HS-6.1-1 承运人未尽谨慎处理使船舶载货过多,开航时不适航而搁浅,应对不适航所引起的货方损失承担责任。船舶开航时的不适航导致救助行为的发生,使得货方为此分摊了巨额的救助费用,货方有权向被告追偿。 ……… 329

No. HS-6.1-2 对于货方分摊的救助费用、救助方律师费、救助担保加保费、国外律师费、国内律师代理费、诉讼保全费等费用,有过失的承运人应予以赔偿。 ……… 329

② 原告海南华联轮船公司与被告广西国际合作经贸公司、中国人民保险公司广西壮族自治区分公司共同海损分摊纠纷案【北海海事法院(2000)海商初字第054号】………… 333

No. HS-6.1-3 承运人未能在船舶开航前和开航当时谨慎处理使船舶处于适航状态,由于承运人不可免责的过失而导致的共同海损损失,当然应由其自行承担,而不能将该损失转嫁给非过失方。 ……… 333

6.2 海难救助 ……………………………………………………………………… 337

6.2.1 海难救助的认定 ……………………………………………………………… 337

③ 原告广州海上救助打捞局与被告J03B号提单项下货物的所有人等救助报酬纠纷案【广州海事法院(2000)广海法汕字第89、90、91号】………… 337

No. HS-6.2-1 尽管碰撞损害情况并未导致船舶处于危险状态,但因其主机出现故障,如不及时拖航至港口,该轮及其船载货物在当时阵风最高可达8级的气象情况下仍有可能发生沉没的危险。受害船舶船东与救助打捞局在拖轮拖带事故船舶之前,虽未就本次拖航费用达成一致意见,亦未明确将本次拖航定性为救助性拖航,但双方就处于危险状态的事故船舶及其船载货物拖航至安全地带事宜达成协议,法院认定拖航为救助行为,救助合同成立,事故船舶的船东及船载货物的货主应支付救助报酬和施救拖轮的护航费。 ……… 337

No. HS-6.2-2 因救助方在救助作业中所用的时间不长、支出的费用不高和承担的风险不大以及事故船舶及其船载货物所面临的危险程度较轻等实际情况,法院认定救助人请求以获救财产价值3%计算的救助报酬明显过高,改为以获救财产价值的1%计算救助报酬。 ……… 338

④ 上诉人东方之光海运有限公司与上诉人莱州市安达船运代理有限公司海难救助纠纷案【山东省高级人民法院(2004)鲁民四终字第8号】………… 341

No. HS-6.2-3 船舶是否已发生危险并构成被救助的对象,最终应由法院根据船舶的搁浅状况依据法律规定作出判断。基于船舶在航道搁浅,经过几次借助拖轮和船舶主机动力均不能脱浅的基本事实,法院判定船舶发生搁浅后,已丧失自救能力,必须借助外力才能够脱浅,船舶依靠自身力量不能移动时,即发生现实危险,已成为海难救助的对象,救助人的行为系海难救助行为。 ……… 341

> **No. HS-6.2-4** 诉讼费和律师费是当事人因诉讼而支出的费用,不属于《中华人民共和国海商法》规定的确定救助报酬应考虑的范畴。律师费不是必要的支出,法院不予支持。 …… 341

6.2.2 公共主管机关从事或者控制的海难救助问题 …… 349

5 中华人民共和国汕头海事局诉中国石油化工股份有限公司广东粤东石油分公司救助合同纠纷案【广州海事法院(2005)广海法初字第182号】 …… 349

> **No. HS-6.2-5** 海事局作为防止船舶污染海域的海事行政主管机关,在船舶发生碰撞事故致使其装载的货油发生泄漏以及未泄漏的货油可能造成海洋环境重大污染损害时,有权强制采取避免或者减少污染损害的措施,包括与打捞局签订合同,以抽取货油,避免或减少污染损害。其委托打捞局所实施的强制抽油措施属于救助行为,取得救助效果后,海事局有权获得不超过获救货物价值的救助报酬。 …… 349

6 原告中华人民共和国汕头海事局与被告信盈海运有限公司、信成(香港)海运有限公司海难救助报酬纠纷案【广州海事法院(2007)广海法初字第352号】 …… 355

> **No. HS-6.2-6** 海事局作为海事行政主管机关,对其从事或者控制的救助作业,有权享受《中华人民共和国海商法》规定的关于救助作业的权利和补偿。 …… 355

> **No. HS-6.2-7** 海事局的公务船舶虽然没有直接从事拖带作业,但是其在事故中成功救助遇险船员,并在整个救助过程中从事了搜救、值守、监管、护航和指挥工作,对成功救助遇险船舶起到了不可或缺的作用,其行为属于救助行为。 …… 355

> **No. HS-6.2-8** 在救助过程中,遇险船舶对海事局的救助行为没有作出明确而合理的拒绝救助的意思表示,则该救助行为符合自愿原则。 …… 355

> **No. HS-6.2-9** 救助报酬应由获救船舶或其他财产的所有人承担,海事局请求船舶经营人承担连带责任,没有法律依据。 …… 355

6.2.3 海难救助报酬的举证责任 …… 365

7 原告广州海上救助打捞局与被告大连顺诚船务有限责任公司海难救助报酬纠纷案【广州海事法院(2001)广海法深字第30号】 …… 365

> **No. HS-6.2-10** 救助人主张海难救助报酬,有责任提供相应的证据证明被救助人有义务支付救助报酬。在未提供证据证明双方签订了海难救助合同,也不能证明双方达成协议,被救助人同意支付救助报酬的情况下,其主张不应支持。 …… 365

7. 海事赔偿责任限制纠纷 …………………………………………………… 367

7.1 海事赔偿责任限制的性质、适用程序、时效 ………………………… 367

1 烟台集洋集装箱货运有限责任公司申请海事赔偿责任限制案【青岛海事法院（2001）青海法海事初字第49号】………………………………… 367

> **No. HS-7.1-1** "海事赔偿责任限制"是一种与民法损害赔偿制度相悖的特殊赔偿制度，并不属于普通民法上的抗辩权，其本质上是为了限制损害赔偿，而不是拒绝损害赔偿，并不以请求权的提出为前提，可以作为在赔偿责任确定之后的救济手段来行使。责任人申请海事赔偿责任限制，应该通过提起独立之诉的形式进行，即责任人申请海事赔偿责任限制可以独立起诉，也可以在债权人向其提出的海事索赔诉讼中提出申请海事赔偿责任限制的反诉。责任人即使未在其被债权人提起的索赔诉讼一审判决作出前提出海事赔偿责任限制的申请，也不能视为其放弃主张限制海事赔偿责任。 367

> **No. HS-7.1-2** 海事法院审理海事赔偿责任限制申请案件，应适用民事诉讼法第一审普通程序的有关规定，并以民事判决的形式作出裁决结果。 367

> **No. HS-7.1-3** 《中华人民共和国海商法》第四章仅调整国际海上货物运输，审理沿海运输的承运人是否对托运人的货损承担责任时不能适用《中华人民共和国海商法》第四章的有关规定。但作为规定海事赔偿责任限制制度的《中华人民共和国海商法》第十一章，适用于所有海上运输引起的责任限制纠纷，国内多式联运经营人有权依法限制其在海运区段产生的责任。航次租船人、船舶期租人能享受海商法上的责任限制，多式联运经营人也应该能享受该责任限制。 367

> **No. HS-7.1-4** 船舶经营人分为技术上的船舶经营人和商业上的船舶经营人，船舶经营人应该包括直接从事船舶营运的船舶所有人、船舶承租人以及与船舶营运有关且承担船舶营运引起的有关责任的其他任何自然人或法人。多式联运合同项下的承运人接受委托后，将沿海运输区段的运输交由船舶所有人运输，从事了与沉没船舶营运有关的行为，因船舶沉没，其对托运人承担了货物灭失的责任，故其可作为船舶经营人依法享受海事赔偿责任限制。 367

> **No. HS-7.1-5** 依照《中华人民共和国海商法》第212条规定的"一次事故一个限额"的原则，虽然船舶经营人没有实际在任何法院设立海事赔偿责任限制基金，但因船舶所有人已经设立海事赔偿责任限制基金，故从法律上应视为船舶经营人也已设立该责任限制基金。 368

> **No. HS-7.1-6** 向法院请求限制海事赔偿责任应该受到诉讼时效制度的约束，申请海事赔偿责任限制的诉讼时效应为两年，从申请人被依法裁决（包括仲裁裁决）承担有关海事赔偿责任时起算。 368

2 再审申请人广州海运（集团）有限公司与被申请人安徽省皖江轮船运输公司、芜湖长江轮船公司船舶碰撞损害赔偿案【最高人民法院（2001）民四提字第3号】…… 380

> **No. HS-7.1-7** 在能见度正常的情况下,划江横越船舶负有让路义务,横越不当造成紧迫局面危险的责任大于疏忽瞭望、避碰措施不及时等过失的责任。横越不当构成碰撞根本诱因的,应承担船舶碰撞的主要责任。 ………380

> **No. HS-7.1-8** 船舶碰撞互有过失的,对碰撞造成的财产损失,各自根据其过错责任比例承担民事责任,相互对他人不承担连带赔偿责任。 ………380

> **No. HS-7.1-9** 船舶所有人对请求其承担责任的有关海事赔偿请求可以依据《中华人民共和国海商法》的规定主张限制赔偿责任,但应向法院提出书面申请。负有责任的当事人不提出海事赔偿责任限制申请的,法院应当视为责任人放弃该项权利。 ………380

7.2 海事赔偿责任限制所适用的船舶 ………387

3 南通市江海疏浚打捞有限责任公司申请设立海事赔偿责任限制基金案【上海市高级人民法院(2011)沪高民四(海)限字第1号】………387

> **No. HS-7.2-1** 《中华人民共和国海商法》第十一章"海事赔偿责任限制"中的"船舶"概念与第三条中的"船舶"概念一致,即适用"海事赔偿责任限制"章节的"船舶"应以属于第3条中的"船舶"范围为前提。内河船舶不属于《中华人民共和国海商法》第3条中的"海船"范畴,不可以享受海事赔偿责任限制。 ………387

7.3 海事赔偿责任限制适用的主体 ………389

7.3.1 承运人是否可以享受海事赔偿责任限制 ………389

4 中国人民财产保险股份有限公司东莞市分公司与营口经济技术开发区广海物流有限公司、福州明发船务有限公司海上保险合同代位求偿纠纷案【厦门海事法院(2010)厦海法商初字第36号】………389

> **No. HS-7.3-1** 承运人如不具备海商法意义上的船舶所有人身份的,其无权享受海事赔偿责任限制。 ………389

7.3.2 航次承租人可否享受海事赔偿责任限制 ………392

5 华泰财产保险股份有限公司北京分公司与浙江中远国际货运有限公司温州分公司、浙江中远国际货运有限公司海上货物运输合同纠纷案【上海海事法院(2010)沪海法商初字第349号】………392

> **No. HS-7.3-2** 依据《中华人民共和国海商法》的立法精神,光船租赁、定期租船和航次租船或以其他合法方式进行租赁的承租人均属于"船舶承租人"范畴。航次承租人,且承担整船运输的承运人义务,可以享受海事赔偿责任限制。 ………392

> **No. HS-7.3-3** 原告请求判令按贷款利率计付赔偿款项利息的诉请合理,且鉴于中国人民银行自 2000 年 9 月 21 日开始改革我国外币利率管理体制,放开外币贷款利率,根据商业银行的普遍做法,贷款利率以判决生效之日伦敦银行同业拆借利率收盘价为基础再上浮 3% 计算。利息起算时间应从原告首次向被告主张之日即起诉之日起计算为宜。 …… 392

7.3.3 一个事故一个基金原则 …… 399

⑥ 原告长葛市康业废旧物资有限公司与被告泰州市生松船务有限公司、洋浦中良海运有限公司船舶碰撞损害赔偿纠纷案【上海海事法院(2007)沪海法商初字第 549 号】…… 399

> **No. HS-7.3-4** 承运人须对全程运输负责,对货物在运输过程中发生的损失承担损害赔偿责任。当承运人和实际承运人均负有赔偿责任的,应在该项责任范围内承担连带责任。 …… 399

> **No. HS-7.3-5** 当一个事故发生后,只要当事船舶责任方中的一个责任人设立了基金,无论该基金是为多个责任人共同设立还是为一个责任人单独设立,其他与该船舶有关的责任人均可以共同享受该基金设立后的利益。 …… 399

7.3.4 从事中华人民共和国港口之间运输的船舶责任限制问题 …… 403

⑦ 福建省轮船总公司申请设立海事赔偿限制基金案【厦门海事法院(2007)厦海法限字第 3 号】…… 403

> **No. HS-7.3-6** 船舶执行中国港口之间空放预备航次途中发生事故,空放虽然也可归于运输活动的范畴,但该预备航次是为了从事中国与外国港口之间的货物运输进行准备,其直接目的和任务均不在于"从事中华人民共和国港口之间的运输"。因此不适用交通部《关于不满 300 总吨船舶及沿海运输、沿海作业船舶海事赔偿限额的规定》,船舶所有人对事故的责任限额应按《中华人民共和国海商法》规定的标准计算。 …… 403

> **No. HS-7.3-7** 因发生燃油泄露而引发的赔偿责任限制不适用《1992 年国际油污损害民事责任公约议定书》之规定,责任人可以依《中华人民共和国海商法》第十一章的规定,对碰撞事故包括油污所致的赔偿请求提出责任限制。 …… 403

⑧ 中海发展股份有限公司申请设立海事赔偿责任限制基金案【上海市高级人民法院(2008)沪高民四(海)限字第 1 号】…… 407

> **No. HS-7.3-8** 判断船舶是否系"从事中华人民共和国港口之间的运输的船舶",应根据船舶发生海事事故时所正在从事的航次性质来确定,而不应以船舶适航证书上所记载的可航区域确定。船舶具备在近海航行的能力,但如事故发生时,该轮所从事的航次为中华人民共和国港口之间的运输,则其责任限额应该依照交通部《关于不满 300 总吨船舶及沿海运输、沿海作业船舶海事赔偿限额的规定》来计算。 …… 407

⑨ 中海发展股份有限公司货轮公司申请设立海事赔偿责任限制基金案【上海市高级人民法院(2009)沪高民四(海)限字第 1 号】 ………………………… 409

> **No. HS-7.3-9** 判断船舶是否系"从事中华人民共和国港口之间的运输的船舶",不应以船舶适航证书上所记载的可航区域以及船舶有能力航行的区域来确定。涉案事故发生时船舶从事的是中华人民共和国港口之间的运输,且船舶经主管机关核定的经营范围为"国内沿海及长江中下游各港间普通货物运输"的,其海事赔偿限额应依据交通部《关于不满 300 总吨船舶及沿海运输、沿海作业船舶海事赔偿限额的规定》来计算。 409

⑩ 上海中化思多而特船务有限公司申请设立海事赔偿责任限制基金案【上海海事法院(2011)沪海法限字第 2 号】 ……………………………………………… 411

> **No. HS-7.3-10** 船舶营业运输证载明的核定经营范围为"国内沿海及长江中下游成品油船、化学品船运输",且事故时从事的系中华人民共和国港口之间的运输,则其海事赔偿责任限制数额应该依照交通部《关于不满 300 总吨船舶及沿海运输、沿海作业船舶海事赔偿限额的规定》来计算。 411

7.3.5 侵犯非合同权利行为造成其他损失的赔偿请求 ……………… 413

⑪ 原告福州吉丰船务有限公司与被告大护商船株式会社船舶碰撞损害赔偿纠纷案【青岛海事法院(2009)青海法海事初字第 46 号】 ………………… 413

> **No. HS-7.3-11** 沉船所有人因未及时按照约定支付打捞、清除费用而产生的违约金等费用,属于其自行扩大的损失,与碰撞事故并无直接的因果关系,不应获得赔偿。沉船方作为责任人对于残骸的打捞、清除费用的海事请求,不能享受海事赔偿责任限制。但其承担责任后,向对方船舶的责任人进行追偿,对方船舶的责任人可享受海事赔偿责任限制。 413

> **No. HS-7.3-12** 船载货物损失、船员工资及遣散费用均属于《中华人民共和国海商法》第 207 条第 1 款第(三)项规定的侵犯非合同权利行为造成其他损失的赔偿请求,属于限制性债权。 413

7.3.6 "先抵销,后限制"规则的适用 ……………………………………… 427

⑫ 原告东部火灾海上保险株式会社与被告瑞克麦斯热那亚航运公司、瑞克麦斯轮船公司船舶碰撞损害赔偿纠纷案【上海海事法院(2007)沪海法海初字第 22 号】 …………………………………………………………………………… 427

> **No. HS-7.3-13** 享受责任限制的人就同一事故向请求人提出反请求的,双方的请求金额应当相互抵销,赔偿限额仅适用于两个请求金额之间的差额。 427

7.3.7 海事赔偿责任限制的举证责任规则 ……………………………… 432

⑬ 原告上海波蜜食品有限公司与被告上海海华轮船有限公司水路货物运输合同纠纷案【厦门海事法院(2004)厦海法商初字第408号】…………… 432

> **No. HS-7.3-14** 关于海事赔偿责任限制的举证责任的一般原则,赔偿请求人应负责举证证明其损失是由于"故意或者明知可能造成损失而轻率地作为或者不作为造成的"。在原告初步完成其举证的情况下,即应由被告提出相反证据,证明自己不存在"故意或者明知可能造成损失而轻率地作为或者不作为造成"的行为,或证明自己虽有故意或明知行为,但与损害后果之间无因果关系。不能证明的,责任人便不能限制赔偿责任。 432

7.3.8 拖带运输方式的责任限制数额计算 ……………………………… 441

⑭ 上海信达机械有限公司与上海港复兴船务公司海上货物运输合同纠纷案【上海海事法院(2010)沪海法商初字第1221号】………………… 441

> **No. HS-7.3-15** 货物被装载于舱面时,承运人免责仅指单纯因舱面货特殊风险引起损失免责,并不意味着免除其应当履行的保证船舶适航及管理货物等义务。拖带运输中,船长在收到风力大于适航证书允许风力气象预报的情况下,轻率决定开航导致途中遭遇超过安全航行限制的风力而发生事故,承运人不能援引舱面货免责。 441

> **No. HS-7.3-16** 拖带运输方式的沿海运输,特点是拖轮加驳船,两船是一个整体,缺少任何一个都不能构成有效的运输。因此,海事赔偿责任限制应当将两轮加起来一起计算更为合理。 441

7.3.9 海事赔偿责任限制权利的丧失 …………………………………… 447

⑮ 原告琼海龙大橡胶贸易有限公司与被告湛江市沧海船务有限公司、广州市港信航务实业有限公司船舶碰撞货损赔偿纠纷案【广州海事法院(2003)广海法初字第247号】…………………………………………… 447

> **No. HS-7.3-17** 船舶虽然配员不当,但事故发生时配员不当和碰撞事故没有因果关系的,不能认为损失是责任人故意或明知可能造成损失而轻率地作为或不作为造成的,不影响其享受海事赔偿责任限制权利。 447

> **No. HS-7.3-18** 虽然已经设立了海事赔偿责任限制基金,不能再扣押责任人的船舶,但是否具有船舶优先权与是否实现船舶优先权是两个不同的法律问题,不能因无法实现船舶优先权而否定原告依法享有的权利。 447

> **No. HS-7.3-19** 船舶优先权应当通过法院扣押产生优先权的船舶行使,满1年不行使的,其船舶优先权消灭。 447

⑯ 原告中交第二航务工程勘察设计院与被告华通海运有限公司等船舶触碰损害赔偿纠纷案【武汉海事法院(2005)武海法事字第30号】 …………… 454

> **No. HS-7.3-20** 光船承租人承担相应的侵权责任,是基于其对船舶的经营、管理、控制行为与其在营运过程中造成的财产损失具有法律上的因果关系。因此,船舶触碰码头的侵权责任应由光船承租人负担。 454

> **No. HS-7.3-21** 海事赔偿责任限制主体在事故中有重大过失的,丧失责任限制权利。 454

⑰ 上诉人福建省泉州市丰泽船务有限公司与被上诉人南京兴安航运有限公司船舶碰撞损害赔偿纠纷案【福建省高级人民法院(2009)闽民终字第655号】…… 459

> **No. HS-7.3-22** 船舶所有人是最低安全配员的责任人,其不仅有为船舶配备合格船员、履行安全配员的法定义务,而且对船员的配备情况也应当是知情的。船舶没有履行最低安全配员的法定义务,而碰撞事故的发生又与船舶船员不适任、配员严重不足有因果关系,则该事故属于责任人的故意或者明知可能造成损失而轻率地作为或者不作为造成,责任人无权依照规定限制赔偿责任。 459

⑱ 原告祝峰与被告福州明发船务有限公司海上货物运输合同纠纷案【厦门海事法院(2010)厦海法商初字第6号】 …………………………………… 464

> **No. HS-7.3-23** 责任人丧失海事赔偿责任限制的条件为:经证明,损失是由于责任人的故意或者明知可能造成损失而轻率地作为或者不作为造成的。船舶海损事故是恶劣海况和船舶操纵不当,以及该轮未充分考虑集装箱船舶装载特点所致。但这些原因不足以认定责任人对本起海损事故存在"故意或明知"的主观过错,不影响责任人享受海事赔偿责任限制。 464

7.3.10 "有适用"的问题 ………………………………………………… 467

⑲ 上诉人中国人民财产保险股份有限公司厦门市分公司与被上诉人泉州安盛船务有限公司等申请设立海事赔偿责任限制基金纠纷案【福建省高级人民法院(2010)闽民终字第111号】 ………………………………………… 467

> **No. HS-7.3-24** 《关于不满300总吨船舶及沿海运输、沿海作业船舶海事赔偿责任限额的规定》第5条规定中的"有适用",应理解为"有申请适用"。 467

7.3.11 沉船打捞费用追偿下的责任限制问题 ………………………… 469

⑳ 原告(反诉被告)广西钦州市桂钦船务有限责任公司与被告(反诉原告)厦门鸿祥轮船有限公司船舶碰撞损害赔偿纠纷案【宁波海事法院(2007)甬海法事初字第17号】 ……………………………………………………………… 469

> **No. HS-7.3-25** 碰撞一方追偿的打捞清障费,对于碰撞对方而言属于限制性债权;海事赔偿责任限制应当先冲抵后限制。在冲抵之时,对非限制性债权应予剔除。 ……469

> **No. HS-7.3-26** 在设立海事赔偿责任限制基金的情况下,船舶优先权不再适用。船舶灭失的,船舶优先权消灭。 ……469

21 上诉人大连东方国润海运有限责任公司与被上诉人南京康瑞水陆联运有限公司船舶碰撞损害赔偿纠纷案【浙江省高级人民法院(2011)浙海终字第23号】…… 475

> **No. HS-7.3-27** 船舶碰撞案中沉船所有人与第三人约定的沉船打捞费用,对没有沉没的另一方船舶所有人而言,依然属于限制性债权。在非沉船船舶所有人已经设立海事赔偿责任限制基金的情况下,其支付与沉船船东的预付打捞费,依法可以请求返还。 ……475

22 原告黄某某、惠州市某某船务有限公司与被告洞头县某某海运有限公司船舶碰撞损害责任纠纷案【广州海事法院(2012)广海法初字37号】…… 479

> **No. HS-7.3-28** 《中华人民共和国海商法》第207条规定的可以限制赔偿责任的海事赔偿请求不包括因沉没、遇难、搁浅或者被弃船舶的起浮、清除、拆毁或者使之无害提起的索赔,或者因船上货物的清除、拆毁或者使之无害提起的索赔。由于船舶碰撞致使责任人遭受前款规定的索赔,责任人就因此产生的损失向对方船舶追偿时,被请求人主张依据《中华人民共和国海商法》第207条的规定限制赔偿责任的,人民法院应予支持。 ……479

案例索引 …… 485
主题词索引 …… 489
后记 …… 493

1. 船舶碰撞损害赔偿纠纷

1.1 船舶碰撞概念以及构成要件

1 上诉人王福瑞、许耀新与被上诉人谢庆海船舶碰撞损害赔偿纠纷案
案例来源:海南省高级人民法院(2005)琼民二终字第9号
主题词:船舶碰撞　实际接触　间接碰撞　同类船舶平均每月净收益

> **裁判要旨**
>
> **No. HS-1.1-1**　船舶因操纵不当或者不遵守航行规章,虽然实际上没有同其他船舶发生实际接触,但是使其他船舶以及船上的人员、货物或者其他财产遭受损失的,也属于船舶碰撞。

一、基本案情

上诉人(原审被告):王福瑞

上诉人(原审被告):许耀新

被上诉人(原审原告):谢庆海

海口海事法院一审查明:"琼临高11102"(以下简称"11102")船为原告谢庆海所有,于1996年8月下水,船体材料为木质,登记尺度为长13.20米、宽3.20米、深1.30米,配置8.82千瓦主机一台,15公斤有杆铁锚2支及其他属具,系从事流制网作业的渔船,置有相应的网具。2003年3月5日,该船收到强风预报后从渔场返航调楼港,于当晚在港内文合巷口对开处抛锚避风,船上未留人值守看护。"琼临高11079"(以下简称"11079")船登记为被告王福瑞所有,由被告许耀新与其合伙经营,其船体材料为木质,登记尺度为长24.50米、宽5.00米、深2.65米。设计吃水2.10米,配置180.9千瓦主机一台,航速8节,系从事灯光围捕作业的渔船。得知强风预报后,该船于2003年3月6日03:20时许从北纬20°00、东经109°25处返往调楼港避风。抵港后,"11079"船于当日04:40时前后在港内泊船的过程中,其螺旋桨刮断了"11102"船的锚缆,致使该船漂流至港池外丁字码头南侧三角地段的石滩处触浅。05:25时前后,原告谢庆海发现船舶失踪,寻至06:20时,见其船已触滩进水、网具散落而欲施救,但因当时风浪过大且众人极力劝阻,无法接近船舶施救。海口海事法院还查明,"11102"船造价约3.4万元,可使用年限约15年,所置网具原价约1.62万元。与该船同类型的渔船在上述海损事故发生后的数月内,可以通过捕捞生产获得每月约4 000元的净收益。

二、一审裁判

海口海事法院一审认为,依照最高人民法院《关于审理船舶碰撞和触碰案件财产损害赔偿的规定》第 16 条所解释的含义,本案应属船舶碰撞赔偿纠纷。依照我国法律的规定,原告谢庆海有权就其船舶受到侵害而遭受的损失,向应当承担过错责任的当事人提出索赔请求。被告王福瑞、许耀新否定其船舶剐断原告渔船锚缆的事实而提出的抗辩理由,未得到庭审认证结论的支持,不予采纳。"11079"船在调楼港内泊船作业过程中,未按《中华人民共和国渔港水域交通安全管理条例》第 6 条的要求,未尽到《1972 年国际海上避碰规则》第 7 条第(一)项以及第 8 条第(一)项、第(四)项规定的注意义务,以致其螺旋桨剐断了已锚泊在先的"11102"船的锚缆,具有过错。依照《中华人民共和国海商法》第 168 条、第 170 条以及《中华人民共和国民法通则》第 35 条第 2 款、第 106 条第 2 款的规定,"11079"船所有人及其合伙经营人许耀新应当承担由此过错造成的"11102"船所有人谢庆海船舶财产损失的连带赔偿责任。原告谢庆海将"11102"船锚泊于调楼港避风而未留人在船妥善看护,是其管理船舶的过失,由此错失了在其船舶缆断漂流时抛下备用锚或开机寻泊避险,减小损害程度的机会;而且没有证据显示其在海况条件转好时采取了减小损失的措施,其不作为导致了财产损失扩大,也具有过错。依照《中华人民共和国民法通则》第 131 条的规定以及最高人民法院《关于审理船舶碰撞和触碰案件财产损害赔偿的规定》第 1 条第 2 款的规定,原告谢庆海对自身过错造成的损失或者使损失扩大的部分,无权请求他人予以赔偿。

因没有证据显示"11102"船及其网具已作打捞修补或回收残值处理,故应按全损认定其价值损失。依照最高人民法院《关于审理船舶碰撞和触碰案件财产损害赔偿的规定》第 8 条的规定,由其船舶造价按使用年限 15 年折旧至事故发生当月,扣除其造价 44.2% 的折旧,计算认定"11102"船舶价值损失 18 972 元;所置网具按原价扣除其 50% 的折旧,计算认定其网具价值损失 8 100 元。扣除因原告自身管理船舶和施救的过错使损失扩大不予赔偿的部分,被告按"11079"船的过错程度,应对该两项损失承担 12 995 元的赔偿责任。原告谢庆海所主张的因其渔船受损而造成渔汛损失的赔偿请求,符合最高人民法院《关于审理船舶碰撞和触碰案件财产损害赔偿的规定》第 1 条第 1 款的规定,应予支持。依照该规定第 10 条的规定,以事故发生后数月内同类渔船平均每月净收益 4 000 元为准,按两个月期间计算其预期可得利益损失 8 000 元。扣除因原告管理船舶过错不予赔偿的部分,被告应按"11079"船的过错程度,对该项损失承担 4 800 元的赔偿责任。

综上判决如下:
(1)被告王福瑞、许耀新应于本判决生效之日起 10 日内向原告谢庆海连带赔偿人民币 17 795 元;
(2)对原告谢庆海的其他诉讼请求不予支持。

三、上诉与答辩

上诉人王福瑞、许耀新不服上述判决,上诉称:

1. 原审对于"11079"船于2003年3月6日04:40时前后在调楼港靠泊过程中剐断"11102"船锚缆的认定,缺乏事实根据。理由有三:

(1) 对于本案的三段缆绳是否是同一条缆绳,经原审法院委托有鉴定资质的机构进行鉴定,结果仍不能认定是同一条缆绳。

(2) 原审认定"11079"船于2003年3月6日04:20时前后已经到达调楼港池的推算,缺乏科学依据。

(3) 被上诉人提供的证据不足以证明"11079"船于2003年3月6日04:40时前后在调楼港靠泊过程中剐断"11102"船锚缆的事实,原审认定"11079"船存在过错,没有事实根据。

2. 被上诉人对于其损失未能提供证据予以证明,原审判决仅依据上诉人找来的证人证词就认定该船及船上物品的价值,参照同类型船只的收入来认定被上诉人的收入,不能令人信服。

请求二审法院撤销原审判决,驳回上诉人的诉讼请求。上诉人许耀新在二审预审中提供了调楼镇调楼居委会出具的一份关于调楼港港池水深情况的证明材料。

被上诉人谢庆海答辩称:

(1) 自己所属的"11102"船被漂走是因上诉人的"11079"船的螺旋桨绞断"11102"船的锚缆所造成的,上诉人应承担损害赔偿的主要责任。第一,被上诉人所属渔船被绞断的锚缆是经新盈渔监、调楼派出所、调楼居委会干部和双方当事人在场之下于上诉人所属的渔船螺旋桨轴心上提取的。第二,被上诉人所属渔船被绞断锚缆的三段缆绳分别是从上诉人渔船的螺旋桨轴心、上诉人渔船尾部正中约15米处、被上诉人铁锚根上和被上诉人的渔船头部锚缆根上提取的,而且经临高渔监、调楼镇政府、调楼居委会干部和当地有经验的船长进行综合分析,认为三段缆绳所用旧网的网目大小一致、胶丝材料粗细一致、股结直径大小同等,一致认为三段缆绳是同一根缆绳。原审庭审时,新盈渔监有关人员也出庭作证。第三,临高渔监已作出事故认定和拒绝调解处理的意见,认定"11102"渔船的漂走,是由于"11079"船的螺旋桨绞断锚缆所造成。第四,一审法院在庭审期间,查证被答辩人渔船于事发当天凌晨03:20时左右从北纬20°00东经109°25返港,当时距调楼港入口处约7.8海里,以航速8节返回,经当庭对证海军卫星拍摄图证实,"11079"船应是当天04:20时左右到达调楼港,而且据当天潮汐表推算,当天调楼港潮高超过2.20米,有足够水深让吃水深2.10米的"11079"船慢速行驶。因此,足以认定"11079"船于2003年3月6日04:40时前后在调楼港靠泊过程中有剐断"11102"船锚缆的事实。

(2) "11102"船损失的事实是清楚的,证据是充分的,各种损失的款项都有证人证词、书面证据足以认定。但原审法院在认定责任事故赔偿问题上主次责任不清,且折旧船舶的价值数额差距较大,诉讼费用分担不合理,请求二审法院对该部分予以改判。

四、二审裁判

二审庭审中,双方当事人没有提交新证据。二审查明的事实与一审查明的事实一致。海南省高级人民法院认为:本案的争执焦点有二:一是"11079"船是否于 2003 年 3 月 6 日 04:40 时前后在调楼港靠泊过程中剐断"11102"船的锚缆,导致"11102"船漂至港外搁浅触损,这是当事人争执的主要焦点;二是对"11102"船的价值、损失的确定及双方当事人责任大小的认定。

关于第一个焦点。双方在一审中都提供了若干证据材料,原审法院根据当事人申请也调取了若干证据材料。其中经一审当庭质证,当事人不持异议的有:

(1) 谢庆海提供的有关"11102"船损坏情况及渔监人员现场勘查的照片和临高县公安局调楼边防派出所《关于对 11079 号渔船调查取证经过报告》所证明的"11102"船在调楼港外南三角处石滩上触浅受损的事实及从"11079"船螺旋桨上采集到一段用旧渔网编织的缆绳的事实;

(2) 刘文豪、王出勤、王朝灵、杨河等人关于"事后从调楼港池内、距离'11079'船尾约 15 米处捞起'11102'船带断缆的铁锚"的证词。

(3) 临高渔港监督询问王建丰、王建华的笔录。关于"其各自的船舶当晚出现走锚,但缆绳未断,未致漂出港外"的陈述,上述证据可以认定这样几个事实:首先,"11102"船由于其锚缆被剐断而随风漂至港外受损;其次,其他小船虽也有走锚,但缆绳未断;再次,"11102"船带断缆的铁锚是在距"11079"船尾约 15 米处捞上来的,且"11079"船的螺旋桨上卷有一段用旧网织的缆绳。

其他证据当事人互有异议,但根据这些证据表述的内容及双方当事人均确认的事实,可作如下分析:

(1) 将许耀新提供的《船舶碰撞案件调查表》、许耀新提交给渔监的《报告》、"11079"船的《渔业船舶渔捞和起重设备证书》《渔业船舶检验记录》以及临高渔监询问许耀新的两份笔录综合起来,可以证实:"11079"船是灯光船,其捕捞方式是灯光围捕作业。其航速为 8 节,设计吃水 2.10 米。该船为避强风,于 2003 年 3 月 6 日凌晨 03:20 时许从北纬 20°00′、东经 109°25′返航,根据海军卫星图显示,该位置距调楼港入口处约 7.8 海里,航向东南偏东,风向偏北。依该船速度,可于当日 04:20 时前后抵达调楼港。许耀新所称其船航速 5 节的辩解,既无证据证明,也不符合该船回港避风应以较高航速行驶的常理。其辩解不能成立。

(2) 王福瑞、许耀新提供的邱青善、王清荣、王国实、符亮明、柯锦川、王海权、王必加等人的证词虽然对"11079"船入港池内下锚时间的表述不一致,但却肯定了同一个事实,即"11029"船在 3 月 6 日的某个时间确实进入调楼港池内下锚。许耀新本人所作的"11079"船05:10时到港,因水浅无法直接靠舶的陈述不足以采信。关于调楼居委会在2005年3月3日出具"港池内高低不平,当港池最深处水位为1米,其他水位达不到1米"的证明,该居委会既不是港池深浅的专业测量单位,又没有经过任何实地勘测,这样的证明,显然不具有证明作用,不予采信。

(3)王出权3月16日的证明与王出勤的证词、临高渔监工作人员询问王出勤的询问笔录在表述的内容、时间上相互矛盾,不具证明效力。

(4)王超群2003年3月14日的证明、王永建3月12日的证明及王良全、邱景奇3月16日的证明陈述所见"灯光船"驶到文合巷对开处靠泊的时间与"11079"船可抵港的时间及船舶的特征能吻合。且王超群、王永建给王福瑞、许耀新出具的加注内容的材料说明许耀新曾经与王超群、王永建进行过对质取得两人的签名,但其加注的内容不足以否定其在前面所作的陈述,因此,对于王超群3月14日的证明,王建丰3月12日的证明,王良全、邱景奇3月16日的证明所表述的内容应予以采信。

(5)渔港监督的事故认定书和拒绝调解处理书,对许耀新、谢庆海均已承认卷在"11079"船螺旋桨上的锚绳是"11102"船的锚绳并已签名确认的叙述不当。对"三段缆绳是同一条缆绳"的结论,缺少一些必要内容,例如缆绳取得及保管方式、鉴定人员及鉴定方式、分析方法及分析数据等作为支持其结论的依据。因为,仅凭事故认定书和调解处理书不足以认定在"11079"船螺旋桨上采集到的锚缆就是"11102"船的锚缆。一审重审中,此三段缆绳虽交多个鉴定机构鉴定,均因时间间隔过长,送检物已发生物理变化或技术手段的原因而未成。但是,将三段缆绳的粗细、用料、编法等表征以及渔港监督的三位参与现场调查或海事处理的工作人员出庭所作说明与《临高渔港监督取证笔录》、渔港监督的事故认定书和调解处理书以及证人刘文豪、王出勤、王朝灵、杨河等4人的证言综合起来分析,可以基本确定螺旋桨上采集的缆绳与捞捕失锚所带缆绳"归同"的指向性。边防派出所的《调查报告》所称:未发现有人将缆绳绕在"11079"船车叶上的调查结果,应当予以采信。

海南省高级人民法院认为,本案虽没有直接证据,但众多间接证据的组合能够证明"11079"船于2003年3月6日04:40时前后在调楼港靠泊过程中剐断"11102"船锚缆的事实存在,应当予以认定。

关于第二个焦点。谢庆海提供了以下证据:

(1)"11102"船的渔业船舶所有权证、国籍登记申请表及小型渔船检验证书(副本)、小型渔业船舶检验申请及检验记事表各一份,证明"11102"船的所有人为谢庆海。该船体材料为木质,由调楼个人船厂建造,下水日期为1996年8月等。

(2)王群的书面证明一份,证明谢庆海的"11102"船与其所有的"11083"船大小接近,均由武连村木匠张茂竹于1999年所造。

(3)王良全、王群、王永建等人关于渔船配置捕鱼网具价格的证明。

(4)杨玉华、邱景奇、王建丰以及王群、王良全、王永建等人关于"11109""11096"

"11107"三艘船与谢庆海的"11102"船的吨位、马力相似,配备网具相同,且2003年3月前后捕捞生产月收入4 000—5 000元的证明。一审法院调取了谢庆海提交给渔港监督的《海事报告》一份,证明此次海损船壳价值2.9万元,机器及安装费5 000元,网具1.44万元,起杆绳1 800元,尚待验证折价。一审时张茂竹曾出庭就该船的建造时间、建造费用和使用年限作证。

海南省高级人民法院认为,上述证据虽不能直接证明"11102"船的损失价值,但对同类渔船及网具的原价的确定有参考价值。谢庆海在《海事报告》中提到的价值与其他证据材料无实质冲突,王福瑞、许耀新也未直接提出异议。因此,可作为认定"11102"船造价及所置网具原价的根据。证人张茂竹出庭作证,称该类使用年限为15年左右,双方当事人对此不持异议,可以作为计算"11102"船折旧率的依据。至于网具的使用年限,双方在3—5年的范围内争执不一,原审法院考虑到网具修补和使用强度各异,且谢庆海未提出一次性全部更新数十张网具及更新时间的证据,因此,按平均折旧50%认定,是比较公平的。杨玉华、邱景奇、王建丰及王群、王良全、王永建等人对与"11102"船同类型渔船从事捕捞生产所得月收入的证明,有调楼居委会签章佐证,王福瑞、许耀新未提异议,应予采信,并依此认定该类渔船在事故发生后的数月内可以捕捞生产获得每月4 000元的净收入。上诉人在上诉中只是笼统地对此提出异议,并没有相应证据佐证,不予采纳。另外,在"11102"船触损的责任上,谢庆海本人也承认,2003年3月5日"11102"船在调楼港内文合巷对开处抛锚后,船上未留人值守看护。因此,其本人也存在疏于管理的过失。因船上无人,错失了在锚缆被剐断后及时施救的机会,且在海况好转后其也没有采取减少损失的措施,导致了损失的扩大。对此,谢庆海无权请求他人予以赔偿。原审法院根据"11079"船和"11102"船各自的过错大小,确定"11079"船主承担三项损失(船体折旧损失+网具折旧损失+耽误捕捞生产损失)共计17 795元的赔偿责任是比较公允的。至于谢庆海在上诉答辩中要求对原审判决予以部分改判的要求,根据《中华人民共和国民事诉讼法》第151条的规定,二审只针对上诉请求的有关事实和适用法律进行审查。谢庆海对一审判决未提出上诉,只是针对王福瑞、许耀新上诉而提出答辩要求部分改判,因此,不属于二审审理的范围,不予审理。

综上所述,原审判决认定事实基本清楚,适用法律基本正确,程序合法,应予维持。根据《中华人民共和国民事诉讼法》第152条第1款、第153条第1款第(一)项之规定,判决如下:

驳回上诉,维持原判。

2 上诉人南通市江海疏浚打捞有限责任公司与被上诉人嵊泗中昌海运有限公司等船舶碰撞损害赔偿纠纷案

案例来源:上海市高级人民法院(2011)沪高民四(海)终字第203号
主题词:船舶碰撞　实际接触　间接碰撞　交叉相遇

> **裁判要旨**
>
> **No. HS-1.1-2**　船舶虽未与其他船舶发生实际接触,但由于其操纵不当且不遵守航行规章并造成其他两船碰撞引起重大财产损失,构成间接碰撞,应当承担相应赔偿责任。
>
> **No. HS-1.1-3**　内河船舶不属于海商法调整的范围,不可以享受海事赔偿责任限制。

一、基本案情

上诉人(原审被告):南通市江海疏浚打捞有限责任公司(以下简称南通疏浚公司)

被上诉人(原审原告):嵊泗中昌海运有限公司(以下简称中昌公司)

被上诉人(原审原告):中国太平洋财产保险股份有限公司舟山中心支公司(以下简称太保舟山公司)

被上诉人(原审原告):中华联合财产保险股份有限公司舟山中心支公司(以下简称中华联合舟山公司)

上海海事法院一审认定:2007年12月20日,中昌公司所属的"中昌118"轮第83航次装载OHY-S矿石自马迹山码头驶往上海宝钢码头。当日21:04时左右,该轮沿宝山水道进口航行平61号浮标,航速13节左右。过61号浮标后,"中昌118"轮船员看到66号浮标下游有一艘浮吊船,动态未明,遂用雷达跟踪其动态。21:14时,"中昌118"轮通过雷达观察确定在吴淞口警戒区有一正在穿越航道的船,并使用VHF(高频通话)联系未果。随后,"中昌118"轮为安全避让浮吊船相继采取了减速、左舵10度、左满舵等措施,最终因船艏大幅度向左偏转以约9.7节的速度驶入宝山航道的出口航道。与此同时,案外人中海发展股份有限公司(以下简称中海公司)所属的"福州"轮自石洞口一厂空载航行至丹东途经宝山航道。21:13时,"福州"轮沿宝山航道出口航行时发现66号浮标上游附近航道外有一浮吊船由南向北呈穿越趋势,21:15:15时,浮吊船在距"福州"轮船艏0.3海里左右安全穿过。21:16时,"福州"轮看到距其0.3海里有一进口船突然大角度左转从进口航道由北向南横穿过来。21:19时左右,两船发生碰撞。"福州"轮船艏撞击"中昌118"轮右舷第5舱中前部,"中昌118"轮右舷第5舱大量进水。随后,"中昌118"轮利用余速向前冲滩,坐沉于66号浮标上游0.3海里航道外侧。

"福州"轮船舶所有人是中海公司,船籍港上海,船舶种类为散货船,船舶型长185.50米、型宽23.20米、型深14.20米,总吨位16499吨,净吨位8605吨,属海上船舶。"中昌118"轮船舶所有人中昌公司,船籍港舟山,船舶种类为散货船,船舶型长177.97米、型宽30.40米、型深16.20米,总吨位25 905吨,净吨位14 506吨,属海上船舶。"稳强2"轮船舶所有人是南通疏浚公司,船籍港南通,船舶种类为起重船,船舶型长54.30米、型宽15.80米、型深3.60米,总吨位1 083吨,净吨位324吨,属内河船舶。

原审庭审中,各方当事人对宝山海事处出具的水上交通事故责任认定书记载的内容均无异议。各方当事人确认本案船舶航行适用《长江上海段船舶定线制规定》及《1972年国际海上避碰规则》。各方确认中海公司所属的"福州"轮和中昌公司所属的"中昌118"轮系《长江上海段船舶定线制规定》中载明的大型船舶,且在本案事故发生时处于适航状态;南通疏浚公司所属的"稳强2"轮系《长江上海段船舶定线制规定》中载明的小型船舶。

2010年8月,上海海事大学接受上海瀛泰锦达律师事务所的委托,组织上海海事大学商船学院副院长、教授、博士生导师、船长肖英杰为项目负责人,副教授吴善刚、船长顾维国等二十余名专家学者组成项目组,以"中昌118"轮船舶所有权登记证书、海上船舶检验证书簿,"福州"轮船舶国籍证书、海上船舶检验证书簿,"稳强2"轮船舶所有权登记证书、船舶国籍证书、内河船舶检验证书簿,"中昌118"轮水上交通事故报告书,"福州"轮水上交通事故报告书,宝山海事处水上交通事故责任认定书,一审法院从上海海事局调取的VTS海图扫描件等为分析资料,制作了"中昌118"轮、"稳强2"轮和"福州"轮三轮事故仿真模拟试验报告。模拟试验结论如下:

(1)事故概述:三艘当事船同时在狭窄弯曲的水域会船,任意一方的错误操作都可能会严重干扰他船的正常航行,构成其他船舶的紧迫局面,导致碰撞等事故的发生。

(2)事故水域船舶航行适用的规则:本起事故发生的水域处于"长江上海段船舶定线制水域的警戒区",根据规定,该处水域适用上海海事局《长江上海段船舶定线制规定》,也适用《1972年国际海上避碰规则》。

(3)碰撞分析。经过数据及资料分析,"中昌118"轮满载从马迹山驶往上海宝钢码头,当时海况良好(东南风4—5级,涨潮,流速约2节,顺风顺流);在正常情况和不受干扰的条件下,在61号灯浮处至与"福州"轮碰撞及坐滩处(66号灯浮上游0.3公里),以13节航速航行过该段航道仅需不足15分钟,"中昌118"轮出现偏离航线至宝山航道延伸线中线的航迹属于反常。造成"中昌118"轮反常航行是由于其受到了严重干扰,本次事故中"稳强2"轮从66号灯浮下游自南向北航行,按照当时良好的能见度条件和从66号灯浮和61号灯浮之间的距离等客观条件,"稳强2"轮保持正确的瞭望应能在航行开始即发现"中昌118"轮,从而采取正确的航行方法。此外,造成"中昌118"轮与"福州"轮碰撞的原因在于"中昌118"轮进入宝山航道延伸线的靠近出口航道一侧,并继续向西一侧航行而致,这是碰撞形成的客观原因。这可以从碰撞发生时,"福州"轮是以近乎垂直角度撞击"中昌118"轮右轮舷5号舱得到验证,并据此造成"福州"轮球鼻艏部重创。而造成"中昌118"轮偏离其原有航行线路,逼近及驶入出口航道的操纵行为是"中昌118"轮在21时14分时采取的左满舵。此次操纵正是为应对与"稳强2"轮形成的紧迫局面,其时"稳强2"轮实施大幅度右转并压向"中昌118"轮右舷。让清"稳强2"轮后,"中昌118"轮已距离"福州"轮不足400米,并难以立即停止继续向出口航道方向航行的趋势,碰撞发生。

(4) 模拟试验数据分析。① 根据模拟试验距离变化分析,"中昌118"轮采取的向左转向,迅速增大了与"稳强2"轮的距离,避免了两船的碰撞。② 根据其他避让方法模拟研究分析,在当时情况下,"中昌118"轮采取向右转向、保速保向、倒车和停车倒车和停车倒车左满舵抛右锚,都很难避免与"稳强2"轮发生碰撞。③ 在事故发生航段,进出口船舶通航密集,"稳强2"轮当时没有保持正规的瞭望,对周围船舶航行状况不了解,并没有做好应对航行过程中可能出现的紧迫局面的准备。"稳强2"轮选择在进出口都有很多船接近时自南向北穿越航行,时机不恰当,明显妨碍了其他沿着航道延伸线航行的船舶的正常通行。"稳强2"轮这一行为显然不符合海员通常做法,也没有充分注意运用良好的船艺。同时,在与"中昌118"轮形成交叉相遇局面时,作为该局面中让路船的"稳强2"轮没有遵守《1972年国际海上避碰规则》第16条规定及早采取让路的行动,也未按照《1972年国际海上避碰规则》第15条规定采取避免横越他船前方的措施。

一审法院另查明,涉案船舶碰撞事故发生后,"中昌118"轮因此遭受的实际损失如下:

1. 对"中昌118"轮施救、守护、打捞等费用的损失

涉案船舶碰撞事故发生后,上海沪淞打捞疏浚工程有限公司根据上海吴淞海事处指挥中心的通知,于2007年12月20日晚,调派"吴捞5号""吴捞9号"两艘打捞工程船赶赴现场对"中昌118"轮进行施救守护,产生船舶使用费、人工费、燃料费等各项费用共计人民币450 000元。与此同时,上海浦江打捞疏浚工程有限公司于事故发生当日晚21:45时派出"浦江一号""浦江二号""浦江三号""浦江六号"轮先后赶赴现场,封堵油舱出气孔,对附近水域应急布设吸油砖并由上述四艘工程船对"中昌118"轮进行看护,直至2007年12月25日晚22时离开现场,共计产生施救费用人民币450 000元。在"中昌118"轮坐沉于长江宝山水道后,上海海事局上海航标处为确保附近水域船舶通航安全,紧急派遣航标船前往事故现场设置四座沉船标。此后,上海航标处又根据沉船的位置对附近的灯浮进行了调整,为此产生了航标船工作费、航标租用维护费等费用共计人民币460 000元。中昌公司为打捞"中昌118"轮分别安排了如下前期工作并支付了费用:中昌公司与上海海平水上安全技术咨询服务有限公司签订了安全技术服务合同,后者租用宝钢拖轮对"中昌118"轮打捞作业进行现场水上安全技术服务,为此产生技术服务费人民币220 000元。中昌公司委托交通部上海打捞局打捞业务处对"中昌118"轮进行探摸测量、船位固定,后者派遣"沪救捞62"轮、"盐拖518"轮、潜水队从事了"中昌118"轮探摸测量、船位固定工作,为此产生了工程费人民币500 000元。2007年12月27日,中昌公司与交通部上海打捞局签订了"中昌118"轮部分货物卸载协议,后者负责采用非正常方法打开"中昌118"轮第4、第5舱的舱口盖,并将舱内矿砂卸载到中昌公司提供的驳船上,该卸载费用为人民币3 200 000元。同时,中昌公

与上海高强水下工程有限公司签订运输协议，后者将从"中昌118"轮卸载下来的铁矿砂驳运至南通姚港港务公司，该运输包干费为人民币450 000元。此后，中昌公司为"中昌118"轮起浮后确定合适冲滩地以安全移位劈滩，委托上海海测技术工程公司对吴淞口69号灯浮北侧附近水域水深进行了测量并制图，为此产生测量费人民币35 000元。

中昌公司在完成打捞前期工作后，于2008年1月3日与交通部上海打捞局（以下简称上海打捞局）签订"中昌118"轮应急救助打捞合同，后者将"中昌118"轮起浮后，使该轮在两对800吨浮筒的抬浮下稳定漂浮于水面48小时，就地交船给中昌公司，由中昌公司负责该难船的安全及其善后工作，该方案的打捞费用为人民币32 000 000元。同年2月4日，上海打捞局按照合同规定，将"中昌118"轮交付中昌公司。由于"中昌118"轮打捞起浮后仍在沉船位置锚泊固定，该位置处于主航道且水流湍急，中昌公司经上海海事局批准委托上海打捞局对"中昌118"轮进行移位、拖航、劈滩等工作。期间，中昌公司与交通部上海打捞局工程船队（以下简称打捞局工程船队）签订了租船协议。同时，由于"中昌118"轮起浮后几乎完全丧失自浮能力，如不加以守护及浮筒加持，则可能再次发生沉没危险，中昌公司遂继续委托上海打捞局对"中昌118"轮进行起浮后的守护工作直至其安全进坞。上述打捞后续费用共计人民币18 106 000元。上述"中昌118"轮施救、守护、打捞等费用共计人民币55 871 000元。

2. "中昌118"轮修理费的损失

（1）"中昌118"轮临时修理费。"中昌118"轮被打捞出水后，其实际船况较之此前探摸的情况进一步恶化，中昌公司在多方联系临时修理船舶厂家的同时，为保证船舶起浮后的安全以及满足"中昌118"轮进坞临时修理的条件，开展了多项工作，并产生了相关费用。

2008年2月10日，中昌公司与上海顺杰船务有限公司签订了船舶修理合同，后者对"中昌118"轮进行海损加固及封舱工程，以防止该轮发生断裂的风险，该项修理费为人民币3 692 400元。同年2月22日，中昌公司与上海佳船工程设备监理有限公司签订技术服务协议，后者出具了《"中昌118"轮破舱后卸货、进坞技术评估报告》，对该轮剩余20 000吨货物可靠的卸货顺序，对该轮带浮筒拖带工况校核及海上拖带的可行性，对该轮进坞工况校核研究不带浮筒或带浮筒进坞的可行性提供了方案及技术数据，为此产生了技术服务费人民币180 000元。为满足"中昌118"轮进坞的吃水要求，中昌公司委托打捞局工程船队卸载了第1至第3舱的货物，共计产生卸载费人民币1 370 736元。同时，中昌公司与上海宝江航运有限公司签订了包运租船合同，由后者将卸载的货物（矿粉）驳运至宝钢码头，为此产生驳运费人民币259 590元。货物卸载后，"中昌118"轮的吃水仍未达到进坞的要求，中昌公司遂与上海伟龙船舶修理服务有限公司签订清舱协议。后者负责清除该轮生活区一、二层所有房间及走廊内淤泥及机舱内各层残留淤泥、舱底浮油及淤泥，为此产生清舱费人民币110 000元。此后，中昌公司为增加"中昌118"轮自浮能力，减少该轮尾部吃水，遂委托打捞局工程船队对"中昌118"轮第4舱破口进行探摸、测量，产生费用人民币190 000元。随后，打捞局工程船队又对"中昌118"轮第4舱破口实施了封堵,产生费用人民币2 500 000元。与此同时,中昌公司与上海顺杰船务有限公司签署了航修协议,后者配合打捞局工程船队制作工作平台,搭建脚手架;提供并预制封堵第4舱所需的钢板,对第4舱出水后封堵结构进一步加强,对第5舱破损处露出水线部分进行加固,为此产生费用人民币1 658 828元。

2008年6月16日,中昌公司与上海佳船工程设备监理有限公司签订技术服务补充协议,后者向中昌公司提供了"中昌118"轮第4舱封堵船舶状态及强度水平评估报告、"中昌118"轮封堵后进九华山船坞的数据分析报告、"中昌118"轮进船坞的安全分析报告,产生费用人民币180 000元。此后,中昌公司根据中海长兴船舶修理要求委托上海昊康水下工程有限公司对"中昌118"轮第4货舱前部起至船尾部水下部分进行水下录像检查,产生费用人民币45 000元。同时,为避免污染船坞,中昌公司与上海伟龙船舶修理服务有限公司签订清舱协议,后者对"中昌118"轮生活区、机舱内所有房间、墙壁等设施进行清洁,产生清舱费人民币434 540元。

2008年6月15日,中昌公司与上海蓝捷海上安全技术咨询服务公司订立两份技术服务协议,后者分别对"中昌118"轮进坞安全技术和临时修理方案提供咨询评审报告,为此产生咨询服务费人民币278 000元。同年6月24日,中昌公司向"中昌118"轮船舶建造商TSUNEISHIHOLDINGSCORPORATION支付了1 000美元(按当日汇率折合人民币6 883.60元)用于购买船舶构造的保密资料。

2008年7月25日,中昌公司与打捞局工程船队签署"中昌118"轮拖航及现场收尾工作合同,后者将"中昌118"轮从避台点长江宝山北锚地东侧拖航移位至中海长兴九华山浮船坞下游码头。"中昌118"轮进坞后,打捞局工程船队对该轮舷旁压载舱进行水下开洞放水,提供移动式发电机、抽水泵、空压机保持船舶浮力直至"中昌118"轮安全停在浮船坞上。随后,打捞局工程船队拆除设施撤离。上述工作共计产生费用人民币1 806 700元。

2008年8月16日,中海长兴完成了"中昌118"轮临时修理的全部工作,中昌公司确认最终修理费为人民币24 090 549元。

(2)"中昌118"轮修理费。"中昌118"轮在中海长兴临时修理后,为安全拖回舟山进行永久性修理,中昌公司与上海令庆船务工程有限公司签订拖航合同,后者派三艘拖轮将"中昌118"轮从中海长兴船厂拖至宝钢原料码头卸完剩余货物,为此产生拖航费人民币280 000元。

2008年8月17日,中昌公司与打捞局工程船队签订救助拖航合同,后者负责将"中昌118"轮从宝钢原料码头拖至舟山六横岛船厂码头,为此产生拖航费人民币1 103 850元。根据中昌公司与打捞局工程船队的合同约定,拖航编队到达虾峙门水道进口处时,中昌公司应委托两艘全回转拖轮协助编队通过虾峙门水道。为此,中昌公司委托了舟山港海通轮驳有限责任公司派遣两艘拖轮协助拖航编队通过虾峙门水道,产生拖轮费人民币253 900元。期间,由于自虾峙门水道途经马峙锚地到达最终目的地舟山市鑫亚船舶修造有限公司(以下简称鑫亚公司)的码头沿途船舶通航密集,中昌公司遂委托舟山市海安技贸有限责任公司派遣巡逻艇护航,产生费用人民币30 000元。

2008年8月19日,中昌公司与上海佳船工程设备监理有限公司签订了"中昌118"轮修理工程监理协议,后者对该轮修理工程进行监理,产生监理费人民币900 000元。同年8月31日,中昌公司通过招、投标及多方谈判,最终确定鑫亚公司作为"中昌118"轮的承修方,并与之签订船舶修理合同。

2009年4月10日,中昌公司与鑫亚公司就"中昌118"轮的修理费用达成结算协议,中昌公司确认最终修理费为人民币67 380 000元。上述"中昌118"轮临时修理及相关费用、永久修理及相关费用共计人民币106 750 976.60元。

(3)"中昌118"轮的船期损失。根据"中昌118"轮的航海日志、轮机日志以及运输合同,舟山安达会计师事务所(以下简称安达事务所)出具的审计报告确定,"中昌118"轮的船期损失天数,即自事故发生日(2007年12月21日)至修理完毕出厂投入营运(2009年4月9日)的时间共为475天。安达事务所依据"中昌118"轮2007年最后两个航次和2009年最初两个航次的航次收入以及航次运输成本计算出"中昌118"轮日均航次净利润为人民币67 288.71元。以单日航次净利润人民币67 288.71元乘以船期损失475天,计算出"中昌118"轮营运船期损失人民币31 962 137.25元。中昌公司确认按照人民币31 962 100元计算。

(4)"中昌118"轮防污、清污损失。"中昌118"轮在本次碰撞事故中船上部分燃油泄漏,上海海事局立即启动应急处置方案,为此产生了应急处置、调查处理、水域监测、油污清除等相关费用。2008年7月7日,中昌公司与油污处理代表方北京中英衡达海事顾问有限公司上海分公司(以下简称中英衡达上海公司)在上海海事局的见证下签署了和解协议书,中昌公司向中英衡达上海公司支付人民币5 000 000元作为解决本次溢油事故的全部和最终方案。此外,"中昌118"轮从锚泊位置被拖带至中海长兴船务的过程中,中昌公司委托上海东安海上溢油应急中心有限公司实施了防污、清污作业,为此产生费用人民币1 200 000元。以上两项防污、清污费用共计人民币6 200 000元。

综上,"中昌118"轮因本次船舶碰撞共计发生上述第1—4项损失合计人民币200 784 076.60元。一审法院还查明,中昌公司就"中昌118"轮向中华联合舟山公司投保沿海内河船舶一切险,保险价值人民币160 000 000元。2007年7月31日,中华联合舟山公司与太保舟山公司签署确认函,由太保舟山公司承保保险价值的49%,中华联合舟山公司承保保险价值的51%。两家保险公司分别向中昌公司出具了沿海内河船舶保险单,保险期限从2007年8月1日至2008年7月31日,太保舟山公司的保险金额为人民币78 400 000元,中华联合舟山公司的保险金额为人民币81 600 000元。"中昌118"轮出险后,太保舟山公司分别于2008年1月18日、8月5日、12月17日以及2009年12月18日向中昌公司赔付了保险款合计人民币21 707 000元;中华联合舟山公司分别于2008年3月6日、8月11日、12月17日以及2010年1月15日向中昌公司赔付了保险款合计人民币22 593 000元。原审庭审后,中昌公司、太保舟山公司及中华联合舟山公司确认由于两家保险公司仅对涉案船舶碰撞事故进行了部分赔付,故请求对南通疏浚公司的诉请合并受偿,但合并后的诉请金额不超过中昌公司首次诉请的金额人民币 92 165 135.18 元。三者在受偿后将自行分配赔偿款。

二、一审裁判

上海海事法院一审审理认为,本案系船舶碰撞损害赔偿纠纷。"中昌118"轮为安全避让"稳强2"轮与"福州"轮在长江上海段宝山航道出口航道内发生碰撞这一基本事实已经由宝山海事处在水上交通事故责任认定书中予以确认。从涉案船舶碰撞事故发生的诱因来看,"中昌118"轮为安全避让"稳强2"轮而偏离原航行路线。根据现已查明的事实,"稳强2"轮在长江上海段宝山进出口航道外的吴淞口警戒区穿越长江,该警戒区域系长江上海段宝山进出口航道的延伸区域,进出口船舶通航密集,"稳强2"轮在该区域航行过程中应当严格遵守《长江上海段船舶定线制规定》,即在吴淞口警戒区内航行的船舶应当依次遵守以下避让规则:小型船舶避让大型船舶。南通疏浚公司在"稳强2"轮海事事故调查表中称,其在穿越航道时在约3海里的范围内没有发现大型船舶,该陈述与碰撞当时的事实不符,进而证明了"稳强2"轮在穿越航道时疏于瞭望。正因为"稳强2"轮在整个穿越过程中疏于瞭望,其未尽谨慎驾驶的责任,在与大型船舶相遇时亦未采取任何避让措施。同时,"稳强2"轮在与"中昌118"轮形成交叉相遇局面时,未遵守《1972年国际海上避碰规则》第16条规定及早采取让路的行动;在两船交叉相遇致有碰撞危险时,也未按照《1972年国际海上避碰规则》第15条规定给位于本船右舷的他船让路或采取避免横越他船前方的措施。"稳强2"轮在本案航行过程中上述违规行为构成了"中昌118"轮为安全避让"稳强2"轮而采取相应措施最终造成与"福州"轮碰撞的直接诱因。因此,根据法律规定,"稳强2"轮在本案中虽未与其他船舶发生碰撞,但由于其操纵不当且不遵守航行规章并造成他船碰撞引起重大财产损失,其应当承担相应的赔偿责任。

本案船舶碰撞事故中,"中昌118"轮虽然是为安全避让"稳强2"轮与"福州"轮发生碰撞,但其未使用安全航速,未保持特别谨慎驾驶,避让措施不当均是造成本次碰撞事故的直接原因。本案事故发生时正值涨潮时段,大量船舶乘潮进口,进出口船舶通航密集,"中昌118"轮在该区域航行过程中应当严格遵守《长江上海段船舶定线制规定》第13条"船舶进、出和航行于警戒区时,应当特别谨慎地驾驶"的规定。但"中昌118"轮以约13节航速在该区域全速航行,其在21:14时通过雷达观察确定在吴淞口警戒区内有一正在穿越航道的船,在使用 VHF 协调避让措施未果的情况下,没有采取有效措施降低航速。"中昌118"轮在与"稳强2"轮相距约0.3海里时,"中昌118"轮采取了减速、左舵10度等避让措施,但由于航速过快且错过了最佳避让时机,遂又紧急采取了左满舵,使船艏大幅度向左偏转,最终仍以约9.7节的速度驶入宝山航道出口航道。同样由于速度过快,不能及时将船位恢复到进口航道,而在与"福州"轮形成紧迫危险后又无法将船完全停住而形成碰撞。因此,"中昌118"轮未严格遵守《1972年国际海上避碰规则》第6条"安全航速"的规定,是本次事故发生的重要原因之一。同时,"中昌118"轮为避免与"稳强2"轮发生碰撞而采取左满舵的避让措施又导致其与"福州"轮形成新的紧迫局面直至发生碰撞的后果。在吴淞口警戒区这一通航密度很高的区域,"中昌118"轮单用转向这一避让措施导致另一紧迫局面的形成并发生碰撞,其违反了《1972年国际海上避碰规则》第8条第3款的规定,这是事故发生的又一原因。因此,中昌公司应对涉案船舶碰撞事故承担相应赔偿责任。案外人中海公司所属的"福州"轮在即将进入吴淞口警戒区时,没有对警戒区内及其附近船舶的航行情况进行仔细观察和分析,没能及时发现并考虑到在警戒区内进口航行的"中昌118"轮与横越本船船艏的"稳强2"轮构成碰撞危险时,可能会采取一些影响本船正常航行的避让措施,也没能安排专人守听VHF,并对本船航路前方警戒区内船舶间有关航行安全的通话情况进行分析和判断,以便尽早对局面作出反应。"福州"轮没有严格遵守《长江上海段船舶定线制规定》第13条"船舶进、出和航行于警戒区时,应当特别谨慎地驾驶"的规定,这是本次事故发生的原因之一。因此,案外人中海公司对本次船舶碰撞事故也应承担一定比例的责任。

综合本案船舶碰撞事故中中昌公司、南通疏浚公司及案外人中海公司的过失程度以及船舶碰撞实际发生的情况,一审法院认为,中昌公司应当承担40%的责任,南通疏浚公司应当承担45%的责任,案外人中海公司在本次碰撞事故中应当承担15%的责任。基于中昌公司实际损失人民币200 784 076.60元,南通疏浚公司应当向中昌公司赔偿经济损失人民币90 352 834.47元。中昌公司关于利息损失的请求于法无悖,但其自船舶碰撞之日开始计算利息损失缺乏依据,根据本案案情,自中昌公司起诉之日即2009年11月12日开始计算利息损失较为合理,该项损失可按照中国人民银行同期人民币活期存款利率计算至判决生效之日止。

一审法院另认为,关于中昌公司诉请的上海华润大东船务工程有限公司临时应急加固费用,中昌公司未提交有效证据证明该费用的实际发生,故不能证明构成其损失的事实,该诉请缺乏事实依据,一审法院不予支持。关于中昌公司诉请的其委托上海蓝捷海上安全技术咨询服务公司对"中昌118"轮以当时状况拖带至长兴岛船厂进坞修理的安全性出具评估报告产生的费用以及实施该报告所述方案产生的钢缆绳费用,因该评估报告最终未被中海长兴认可,"中昌118"轮亦未按照该评估报告设计的方案进坞,故中昌公司上述两项诉请与本案碰撞事故并无必然的因果关系,一审法院不予支持。关于中昌公司诉请的因处理"中昌118"轮碰撞事故而发生的水上交通费用,因证据不能显示与本案具有关联性,一审法院不予支持。关于中昌公司诉请"中昌118"轮因躲避2008年第7号热带台风"海鸥"所产生的测量、移位、防台费用,该系列费用的产生具有偶然性,并非处理本次事故必然发生的费用,故与本次事故没有必然的因果关系,一审法院不予支持。关于中昌公司诉请其为"中昌118"轮进坞临时修理购买的油污责任险、财产一切险、团体人身险,因购买保险是中昌公司为保护自身利益采取的手段,由此产生的费用并非处理本次事故必须发生的费用,故该诉请与本案不具有关联性,一审法院不予支持。关于中昌公司诉请因委托上海铖铭贸易有限公司帮助临时修理厂商而产生技术咨询费,因中昌公司寻求第三方提供咨询服务的费用并非处理本次事故必须发生的费用,故该诉请与本案不具有关联性,一审法院不予支持。关于中昌公司诉请其为处理本次碰撞事故支付的律师费,因聘请律师是当事人更有效维护自身权利而采取的法律手段,但该维权费用并非处理本次事故必须发生的费用,故该诉请与本案不具有关联性,一审法院不予支持。关于中昌公司诉请委托上海佳船工程设备监理有限公司对"中昌118"轮修理工程进行监理,产生监理费人民币1 050 000元,但中昌公司提交的监理协议记载监理费为人民币900 000元,中昌公司对其多支付的人民币150 000元不能说明理由,亦未提交相应证据予以佐证该费用发生的合理性,故一审法院对中昌公司主张监理费中多支付的部分不予支持。关于中昌公司诉请为修理"中昌118"轮自支物料费用和修理费,因中昌公司已经将"中昌118"轮的永久性修理委托鑫亚公司完成,其并无证据证明上述费用产生与本案碰撞事故具有必然的因果关系,一审法院不予支持。关于中昌公司诉请其为协调处理本次事故而支出的差旅费、船员工资、伙食费,因中昌公司提交的证据不能证明上述费用的产生与本案的关联性,且其中的大部分费用(包括船员工资、伙食费)可计提于船舶运营成本,并在中昌公司主张的船期损失中已经有所体现,故一审法院不予支持。一审法院还认为,中昌公司关于"稳强2"轮不适航的主张并未提供相应的证据予以佐证,故缺乏事实依据,一审法院不予采信。南通疏浚公司关于其可以享受海事赔偿责任限制的主张,因"稳强2"轮系内河船舶,不属于《中华人民共和国海商法》调整的范围,因此南通疏浚公司的该项抗辩缺乏事实和法律依据,一审法院亦不予采信。

综上,一审法院判决:

(1)南通疏浚公司应在判决生效之日起10日内向中昌公司、太保舟山公司、中华联合舟山公司赔偿经济损失人民币90 352 834.47元,并赔偿利息损失(自2009年11月12日起按照中国人民银行同期人民币活期存款利率计算至判决生效之日止);

(2)对中昌公司、太保舟山公司、中华联合舟山公司的其他诉讼请求不予支持。

三、上诉与答辩

上诉人南通疏浚公司不服原审判决,上诉称:

(1)中昌公司、太保舟山公司及中华联合舟山公司在原审中诉请南通疏浚公司赔偿的金额超过人民币1亿元,根据相关法律规定,原审法院对本案不享有管辖权,应当将本案移送上海市高级人民法院一审。

(2)本案与(2009)沪海法海初字第60号案件都基于同一碰撞事实,由于(2009)沪海法海初字第60号案件先于本案审理,导致在本案完成举证前,碰撞事实部分证据基本都已披露,违反了《中华人民共和国海事诉讼特别程序法》第八章有关证据开示程序的规定。

(3)南通疏浚公司在原审中申请设立海事赔偿责任限制基金,但原审法院没有停止本案的审理,属于程序违法。

（4）中昌公司、太保舟山公司及中华联合舟山公司在本案中未能举证证明"稳强2"轮与"福州"轮之间存在间接碰撞的事实，一审法院在未认定间接碰撞事实的前提下审理本案，并判令南通疏浚公司应承担侵权赔偿责任，缺乏事实和法律依据。据此，请求二审法院撤销原判，依法改判驳回中昌公司、太保舟山公司及中华联合舟山公司的诉讼请求，或者将本案发回重审。

被上诉人中昌公司答辩称：

（1）原审法院依法享有本案的管辖权。

（2）与本案涉及同一碰撞事实的（2009）沪海法海初字第60号案件早于本案审理，与碰撞事实相关的证据已经在（2009）沪海法海初字第60号案件中出示并质证，故原审法院审理本案的程序合法，不存在违反法定证据开示程序的问题。

（3）南通疏浚公司在原审中申请设立海事赔偿责任限制基金，在一、二审法院均裁定驳回其申请后，原审法院继续审理本案并作出判决，合乎法律规定。

（4）本案中的碰撞事实已经在（2009）沪海法海初字第60号案件中详细审理，间接碰撞事实已经为前案所认定，原审法院据此认定南通疏浚公司的责任，有事实和法律依据。据此，请求二审法院驳回上诉，维持原判。

太保舟山公司答辩认为，原审判决正确，请求二审驳回上诉，维持原判。其具体答辩意见与中昌公司基本相同。

中华联合舟山公司答辩认为，原审法院审理程序合法、适用法律正确，其认同中昌公司和太保舟山公司的答辩意见，请求二审法院驳回上诉，维持原判。

四、二审裁判

二审庭审中，南通疏浚公司在二审庭审中提交了六组材料：

（1）两张《VTS截屏图》打印件和两页船舶事故报告复印件，南通疏浚公司称系从上海宝山海事处调取了这些材料，但材料上没有加盖海事部门公章。其主张这些材料所证明的情况与原审法院认定碰撞事实所依据的《VTS截屏图》存在矛盾，欲据此证明原审法院认定碰撞事实依据有误。

（2）大连海事大学吴兆麟教授等人出具的《关于"稳强2"轮是否涉嫌与"福州"轮、"中昌118"轮构成间接碰撞的技术咨询报告》，据此证明"稳强2"轮与"福州"轮、"中昌118"轮之间不存在间接碰撞关系。

（3）南通疏浚公司在原审中提交的《补充代理意见》及附件，据此证明中昌公司因本案事故遭受的经济损失数额。

（4）"证据清单"及"补充证据清单"、原审卷宗的目录复印件，据此证明原审法院审理程序违法。

（5）上海意简保险评估有限公司就碰撞损失出具的《评估报告》，以及2010年9月15日的一份EMS单据，证明南通疏浚公司曾向原审法院提交了该份《评估报告》，但其当时明确不作为证据，仅作为补充质证意见。

(6)《海事审判精要》一书的节选,欲证明原审法院在证据开示等方面违反了法律规定。

中昌公司质证认为:第(1)组材料上没有加盖海事部门公章,船舶事故报告也是不完整的,对其真实性不予认可。第(2)组材料咨询报告南通疏浚公司于原审中已提交法院,后其自行撤回,故不属于二审中的新证据。第(3)组材料《补充代理意见》及附件已经在原审中提交,不能作为二审中的新证据提交。第(4)组材料"证据清单"及"补充证据清单"、原审卷宗的目录复印件,不属于证据范畴,不予质证。第(5)组材料中的《评估报告》南通疏浚公司在原审中已经向法院明确不作为证据提交,故在二审中亦不能作为新证据再次提交。第(6)组材料不属于二审中的新证据。太保舟山公司与中华联合舟山公司的质证意见与中昌公司的质证基本相同。

上海市高级人民法院认证认为:第(1)组材料两张《VTS 截屏图》打印件和两页船舶事故报告复印件上,没有加盖海事部门公章,故对其真实性无法认定。第(2)组材料咨询报告南通疏浚公司已向原审法院提交,但其后于 2010 年 12 月 20 日向原审法院要求收回该份材料,故该材料不属于二审中的新证据。第(3)组材料《补充代理意见》及附件南通疏浚公司已经在原审中提交,并已归入原审卷宗,故不能作为二审中的新证据。第(4)组材料中的"证据清单"及"补充证据清单"南通疏浚公司已在原审中提交法院,并已经被归入原审卷宗,不能作为二审中的新证据;原审卷宗的目录系从原审卷宗中复印而来,不能证明原审程序违法,上海市高级人民法院不予采纳。第(5)组材料中的 EMS 单据记载的内容与《评估报告》不能对应,且南通疏浚公司在原审中系将《评估报告》作为补充质证意见予以提交,该材料亦已被归入原审卷宗,故该组材料不能作为二审中的新证据提交。第(6)组材料系书籍的节选,不属于民事诉讼中的证据范畴,不能作为证据提交。

中昌公司、太保舟山公司及中华联合舟山公司在二审中未提交新的证据材料。上海市高级人民法院经审理查明,原审判决认定的事实清楚,应予确认。上海市高级人民法院另查明,就涉案碰撞事故,南通疏浚公司于 2010 年 9 月 17 日向原审法院申请设立海事赔偿责任限制基金,原审法院于 2010 年 12 月 16 日以(2010)沪海法限字第 5 号民事裁定驳回南通疏浚公司的申请。南通疏浚公司提起上诉,上海市高级人民法院于 2011 年 1 月 20 日以(2011)沪高民四(海)限字第 1 号民事裁定维持了原裁定。

上海市高级人民法院认为,本案系船舶碰撞损害赔偿纠纷。南通疏浚公司上诉认为,本案中没有证据表明"稳强 2"轮与"中昌 118"轮和"福州"轮发生了间接碰撞,其不应承担赔偿责任。二审法院认为,"稳强 2"轮在穿越航道时的违规行为导致了"中昌 118"轮为安全避让"稳强 2"轮而采取相应措施,最终造成"中昌 118"轮与"福州"轮发生直接碰撞的事实,已经为(2011)沪高民四(海)终字第 96 号民事判决[系(2009)沪海法海初字第 60 号案件的二审判决]所认定,即"稳强 2"轮在穿越航道过程中疏于瞭望,未尽谨慎驾驶的责任,在与大型船舶相遇时未采取任何避让措施;在与"中昌 118"轮形成交叉相遇局面时,未遵守《1972 年国际海上避碰规则》第 16 条规定及早采取让路的行动;在两船交叉相遇致有碰撞危险时,也未按照《1972 年国际海上避碰规则》第

15条规定给位于本船右舷的他船让路或采取避免横越他船前方的措施。虽然南通疏浚公司在本案中否认"稳强2"轮与"中昌118"轮和"福州"轮发生了间接碰撞,但未提交有效证据加以证明。南通疏浚公司另认为一审法院在审理本案所涉的船舶碰撞事故时违反了法定的证据开示程序,但涉案船舶碰撞事故与(2011)沪高民四(海)终字第96号案件所涉船舶碰撞事故相同,相关碰撞证据的开示、质证程序在(2009)沪海法海初字第60号案件中已经完成,故一审法院在本案审理过程中无必要重复进行开示、质证程序,其审理程序并无不当。

南通疏浚公司认为一审法院对本案不享有管辖权,但中昌公司、太保舟山公司及中华联合舟山公司三者诉讼请求金额之和为人民币92 165 135.18元及相应利息损失,并未超过人民币1亿元,南通疏浚公司关于一审法院不享有管辖权的主张缺乏法律依据。南通疏浚公司还认为其在本案一审过程中提出设立海事赔偿责任限制基金的申请,一审法院应当中止本案审理。经查,一审法院于2010年12月16日以(2010)沪海法限字第5号民事裁定驳回南通疏浚公司的申请,二审法院亦于2011年1月20日以(2011)沪高民四(海)限字第1号民事裁定维持了原裁定,故一审法院继续审理本案并无不当。

综上所述,"稳强2"轮与"中昌118"轮和"福州"轮发生了间接碰撞,南通疏浚公司应就其过失承担相应责任,赔偿中昌公司因船舶碰撞遭受的经济损失。南通疏浚公司的上诉理由缺乏事实和法律依据,二审法院对其上诉请求不予支持。一审法院认定事实清楚,判决结果正确,应予维持。依照《中华人民共和国民事诉讼法》第153条第1款第(一)项、第158条之规定,判决如下:

驳回上诉,维持原判。

1.2 船舶碰撞诉讼主体资格

3 原告南京凯华航运有限公司与被告南通通宁海运有限公司清算组船舶碰撞损害赔偿纠纷案
案例来源:广州海事法院(2001)广海法事字第61号
主题词:船舶碰撞　向主管机关报告　加重损害赔偿责任

裁判要旨

No. HS-1.2-1　虽然船舶是由个人购买,但船舶所有人以登记船舶所有人为准,船舶登记所有人有权就船舶在营运过程中产生的损害赔偿纠纷向责任人提起诉讼。

No. HS-1.2-2　碰撞船没有及时向主管机关报告现场情况和本船的名称、位置,也没有与他船互通名称、了解他船受损情况,更没有在不危及本船安全情况下对事故水域进行旋回搜索救助遇难船员,而是擅自离开事故现场的,应加重其损害赔偿责任。

No. HS-1.2-3　碰撞一方船舶所有人不是货物的所有人,也没有提供其实际赔付给货物所有人的证据,对其请求对方船东赔偿货物价值损失不予支持。

一、基本案情

原告：南京凯华航运有限公司

被告：南通通宁海运有限公司清算组

原告南京凯华航运有限公司诉称：2001年4月18日01:00时，原告所属"四通888"轮被被告所属"通宁3"轮碰撞。碰撞前，两船呈追越局面，"通宁3"轮是追越船，"四通888"轮是被追越船。碰撞发生后，"通宁3"轮倒车将其船头从插入"四通888"轮的船体中退出，没有进行任何施救，离开现场，致使"四通888"轮大量进水随即沉没。本次事故造成"四通888"轮5人失踪，船货全损。请求判令被告赔偿原告损失4 250 000元。庭审时，原告变更诉讼请求为请求判令被告赔偿船舶损失912 000元、船期损失100 500元、运费损失403 660元、船员工资损失15 000元、船员遣返费用、船载货物损失1 082 066元、船上物品损失98 400元、交通及住宿费损失22 275元、船员物品损失19 600元、人身伤亡费用715 592元及从2001年6月13日起至实际付清之日止银行同期贷款的利息。

被告南通通宁海运有限公司清算组辩称："四通888"轮没有保持正规瞭望，盲目驾驶，对紧迫局面的形成负有责任。作为被追越船，"四通888"轮没有保向保速，而是突然转向，其错误转向的行为导致了本次碰撞事故的发生。因此，原告应对本次事故承担50%的责任。原告请求的货物损失，因货物所有权人不是原告，原告的该项主张没有依据，不能成立。原告的其他请求，证据不足，不能认定，请求法院依法判决。

二、法院查明事实

广州海事法院认定以下事实："四通888"轮是一艘钢质货船，总吨495吨，1995年12月18日在浙江英华船舶修造厂建造完工。其登记的船舶所有人、经营人是原告，原告取得该轮所有权的日期为1997年2月21日。从深圳海事局调取的"通宁3"轮《船舶所有权登记证书》表明，该轮是一艘钢质货船，总吨194吨，登记的船舶所有人为南通通宁海运有限公司。根据该轮的《船舶检验证书》记载，该轮于2000年7月21日在南通港进行了检验，证书有效期至2001年6月5日。对上述证据及事实，原、被告均没有异议，合议庭予以确认。根据被告提供的《处罚决定书》和《关于成立南通通宁海运有限公司清算组的决定》的记载，1997年6月18日，南通通宁海运有限公司成立，其股东为游金发和孙绍雄。1999年12月16日，江苏省南通工商行政管理局以没有按规定参加年检为由作出《处罚决定书》，吊销该公司《企业法人营业执照》。2001年4月28日，游金发和孙绍雄决定成立南通通宁海运有限公司清算组。

深圳海事局对"四通888"轮生还的船长、水手进行调查所作的笔录表明，2001年4月17日06:30时，"四通888"轮装载831吨瓷砖从佛山小塘码头开航，计划开往江阴。18日01:20时航行至深圳大鹏湾海域，航向70度，航速7节。当时能见度为1—2海里,驾驶台由船长和两名水手值班。约 3 分钟后,船长首次发现来船,来船在其右舷约 150 度相距十几米。船长立即叫左满舵,刚产生舵效时,来船船艏以 30 度夹角插入"四通 888"轮后舱的右舷,碰撞地点为 22°16.18′N、114°33.78′E。碰撞发生后,"四通 888"轮立即减速并回舵,而来船立即倒车,将其船艏从"四通 888"轮货舱中退出。两船分开后,海水大量涌入"四通 888"轮货舱。"四通 888"轮船长用探照灯照射来船,发现来船船名为"通宁 3",并立即用高频呼叫,要求"通宁 3"轮救助,"通宁 3"轮没有进行救助,离开了现场。约 3—5 分钟后,"四通 888"轮沉没,全船 7 名船员全部落水。07:00 时,船长林友红、水手林友义被"运泰 568"轮救起,其余 5 人林华、严玉顺、林吓灯、林友谋、林友强失踪。根据船长的陈述,"四通 888"轮是由船长在内的 7 个船员合伙购买,挂靠在南京凯华航运有限公司名下。该轮船长、轮机长、大副持有《海船船员适任证书》,但大副持有的是不满 200 总吨近岸航区船长的《海船适任证书》。

深圳海事局对"通宁 3"轮除船长外的其余 8 名船员进行调查的笔录表明,2001 年 4 月 17 日 13:30 时,"通宁 3"轮装载 150 余吨布角料从广州大干围码头开航,准备开往浙江龙港。18 日 00:00 时经过深圳大鹏湾海域,由大副和两名水手值班,航向 74 度,航速 8 节。当时海面有轻雾,"通宁 3"轮没有鸣放雾号。约 01:30 时,大副发现其左前方和右前方均有船只,相距均为 100 米左右。左前方的船舶显示 1 盏白灯,右前方的船舶显示红灯和白色桅灯。发现前方船舶,"通宁 3"轮仍保向保速航行。当两船相距 10 余米时,突然发现左前方船的绿灯,大副立即用慢车,接着用空车、倒车,但很快"通宁 3"轮船头左侧与对方船舶右舷驾驶台前发生碰撞,碰撞夹角约为 45 度。碰撞发生后,大副立即用左舵,在倒车的作用下,两船很快分开。这时船长上了驾驶台,船长指示船舶慢车前进,水手到船头进行检查。水手经检查,发现船艏尖舱有裂缝,已经有海水流入。由于艏尖舱是夹层,补漏困难,因此没有补漏,采取用 2 个水泵抽水的方式排水。大副认为本船损伤很轻,他船应该没有太大问题,且没有看见他船有发出求救焰火信号,因此,"通宁 3"轮没有在事故水域旋回搜索,继续航行。19 日 10:00 时,本航次货物的发货人电话告诉 18 日深圳水域发生了海难事故。20 日 06:00 时,船长电话向浙江龙港航管所报告了海事经过。19:00 时,按船员的意见,"通宁 3"轮抵达浙江耙槽港。根据船员的陈述,该轮由包括船长在内的 9 名船员购买,挂靠在南通通宁海运有限公司名下。接受深圳海事局调查的 8 名船员承认均没有取得港务监督部门颁发的有效适任证书,其轮机长甚至不识字。被告没有提供船长的适任证书。

原、被告对深圳海事局调取的调查笔录均没有异议,合议庭对上述笔录所证明的事实予以确认。至于原告提供的"四通 888"轮船长签名的《海事过程》以及原告律师对该轮生还船长、水手所作的调查笔录,其内容与深圳海事局的调查笔录记载的内容基本相同,相同的内容,广州海事法院予以确认。但在原告律师所作的调查笔录中,有船长陈述"通宁 3"轮航向为 40°的记载。在深圳海事局向"四通 888"轮船长进行调查时,其没有作这样的陈述,且该陈述与"通宁 3"轮当班大副、水手的陈述不一致,因此合议庭对该陈述不予采信。原告提供了"四通888"轮本航次配备船员的名单,其中船长、大副、轮机长均有适任证书,但大副持有的是200总吨以下的船长适任证书,而该轮的总吨为495吨,即对该航次而言大副没有持有合格有效的适任证书。

关于"四通888"轮的船舶价值。根据原告提供的2000年9月11日中国人民保险公司上海分公司签发的《沿海内河船舶保险单》的记载,该轮的保险金额为1 200 000元。原告提供的南京船舶交易市场出具的《旧船价格评估书》记载:根据"四通888"轮的船舶资料及南京地区的旧船交易行情,依照我国现行的法规规定,综合评估该船价格为900 000—920 000元。原告在提供上述《旧船价格评估证书》时还提供了南京船舶交易市场的《市场登记证》,该登记证表明南京船舶交易市场有船舶评估服务的资格。被告认为船舶的保险金额不是船舶的实际价值,原告没有提供评估机构的评估资格证书,不应确认。合议庭认为,鉴于"四通888"轮已经沉没,考虑原告提供的《沿海内河船舶保险单》和《旧船价格评估书》等证据的实际情况,酌情认定该轮的实际价值为900 000元。

关于"四通888"轮本航次载货的数量及价值问题。原告提供的《运输协议》《水路货物运单》《国内水路、陆路货物运输保险单》等证据证明,"四通888"轮本航次承运了11个托运人托运的瓷砖831吨,应收运费40 366元,已预收运费2 000元。其中部分货物价值为987 576元。被告对上述证据的真实性没有提出异议,但认为货物价值应以买卖合同或发票为准,保险单上的保险金额不是货物的实际价值。合议庭认为,原告仅提供货物的保险单,不足以证明货物的实际价值,因此,对本案货物的价值不予确认。原、被告对尚未收取的运费金额没有异议,但原告没有提供因无法履行运输合同而节省的费用的证据,尚未收取的运费并不等同原告的运费损失,对原告的运费损失,也不予确认。

关于其他损失。原告为了证明其船期损失,提供了"四通888"轮幸存船长、水手出具的《2001年"四通888"轮1—3月历经港口、航次时间表及运费情况》。根据该份材料,"四通888"轮2001年2月19日至4月17日3个月的运费收入为301 000元。被告认为原告没有提供其成本支出,不能认定其船期损失。合议庭认为被告的异议理由成立,对该部分损失不予认定。原告还请求船上物品损失,但没有提供充分的证据,被告不予认可,合议庭不予确认。原告还请求船员死亡赔偿费用以及船员财产损失,但没有提供证据。合议庭认为涉及船员的损害赔偿,船员家属已另案起诉,本案不予审理。

关于原告请求的幸存船员的船员工资损失。原、被告同意按幸存船员2个月的工资予以认定。但原告没有提供相应证据,合议庭酌情认定为船长每月工资为3 000元,水手每月工资为1 500元,即船员工资损失为9 000元。原告请求为处理本次事故支付的交通费、住宿费以及船员遣返费等费用,被告同意据实结算。原告提供的票据(交通费14 108.8元,住宿费4 190元,餐饮费1 933元)共计20 231.8元,除餐饮费不予认定外,对其他费用 18 298.8 元,合议庭予以确认。

2001 年 4 月 23 日,原告向广州海事法院提出申请,请求扣押被告所属"通宁 3"轮,责令被告提供 4 250 000 元担保。24 日,广州海事法院裁定扣押了"通宁 3"轮,并责令被告限期提供担保。被告没有在规定的期限内提供担保。5 月 7 日,原告提出拍卖船舶申请。28 日,广州海事法院裁定拍卖该轮。7 月 12 日,"通宁 3"轮被公开拍卖,成交价为 210 000 元。案件审理过程中,原告还请求广州海事法院到深圳海事局调查收集证据并保全"通宁 3"轮的《航海日志》等有关资料。广州海事法院通知原告预交调查费用 4 000 元、扣船申请费 5 000 元、执行费 20 000 元、拍卖船舶费用 50 000 元。广州海事法院要求原告预交的有关费用,原告仅支付了 10 000 元,其余费用包括诉讼费用 46 050 元均申请缓交。船舶被拍卖后,广州海事法院应从拍卖费用中支付船舶停泊费 800 元、验船费 7 200 元、验船师、拍卖师劳务费 2 000 元、看船费 20 600 元、公告费 25 940 元、拍卖手续费 10 500 元。

三、法院裁判

广州海事法院认为,本案是一宗船舶碰撞损害赔偿纠纷。虽然"四通 888"轮和"通宁 3"轮均是由个人购买,但其登记的船舶所有人分别是南京凯华航运有限公司和南通通宁海运有限公司,根据《中华人民共和国海商法》第 9 条的规定,船舶所有人应是南京凯华航运有限公司和南通通宁海运有限公司,因此,南京凯华航运有限公司有权作为原告就"四通 888"轮在营运过程中产生的损害赔偿纠纷向责任人提起诉讼。南通通宁海运有限公司在本案事故发生前已被吊销营业执照,根据《中华人民共和国民法通则》第 40 条的规定,法人终止,应当依法进行清算,停止清算范围外的活动。但其没有成立清算组,仍然从事经营活动,对因经营活动造成他人的损失,应承担赔偿责任。根据最高人民法院《关于贯彻执行〈中华人民共和国民法通则〉若干问题的意见(试行)》第 60 条清算组"负责对终止的企业法人的财产进行保管、清理、估价、处理和清偿"的规定,事故发生后,南通通宁海运有限公司成立了清算组,该清算组应负责清偿南通通宁海运有限公司的债权债务。

"四通 888"轮和"通宁 3"轮本航次均没有按规定配备足够的合格船员,尤其是"通宁 3"轮,除船长无法查明外,其他所有船员既没有持有合格的职务证书,也没有经过相应的专业技术训练,严重违反了《中华人民共和国海上交通安全法》第 6 条、第 7 条的规定,两船均为不适航船舶。在碰撞事故发生前,两船在同一航线上行驶,"四通 888"轮在前,航向为 70 度,航速较慢,"通宁 3"轮在后,航速较快、夜间航行,"通宁 3"轮只能发现左前方船舶即"四通 888"轮的白灯(应是尾灯),而看不到红、绿舷灯。根据《1972 年国际海上避碰规则》第 13 条第 2 款的规定,应该认定"通宁 3"轮是追越船,"四通 888"轮是被追越船。"四通 888"轮夜间航行,没有保持正规瞭望,以致两船在距离十几米时才发现他船,其行为严重违反了《1972 年国际海上避碰规则》第 5 条的规定。由于在两船距离很近时才发现来船,"四通888"轮无法对紧迫局面作出充分的估计和正确的判断,后面采取避免碰撞的措施失去了依据,违反了《1972年国际海上避碰规则》第17条的规定。"四通888"轮疏忽瞭望和采取不当的避碰行为与本次碰撞事故的发生有关。原告是"四通888"轮的船舶所有人,应对此次碰撞事故承担相应的责任。"通宁3"轮作为追越船,没有保持正规的瞭望,没有及早发现对方船舶,其行为违反了《1972年国际海上避碰规则》第5条的规定。同时,"通宁3"轮没有使用安全航速,违反了《1972年国际海上避碰规则》第6条的规定。由于配备的船员不合格,以致在船员只看到对方船舶尾灯时还没有意识到自己是追越船,是让路船,也没有正确判断碰撞危险,更没有履行让路船的义务及早宽裕地让清他船,而是错误地保向保速。"通宁3"轮一系列错误的认识和行为严重违反了《1972年国际海上避碰规则》第13条、第16条的规定,导致紧迫局面的形成和碰撞事故的发生,应对此次碰撞事故承担主要责任。碰撞事故发生后,"通宁3"轮没有及时向主管机关报告现场情况和本船的名称、位置,也没有与他船互通名称、了解他船受损情况,更没有在不危及本船安全的情况下对事故水域进行旋回搜索救助遇难船员,而是擅自离开事故现场。其行为严重违反了《中华人民共和国海上交通安全法》第36条、第37条的规定,导致5名船员失踪。根据《广东省水上交通事故处理规定》第7条的规定,对发生交通事故后逃离现场的"通宁3"轮加重损害赔偿责任。综合分析事故前后两船的过错,根据有关法规的规定,合议庭认为"四通888"轮对本次碰撞事故及其损失承担10%的责任,"通宁3"轮承担90%的责任。

本次事故原告遭受的损失包括船舶价值损失、运费损失、船期损失、船上物品损失、船员工资损失、船员遣返费用以及原告为处理本案事故支付的交通费、住宿费。其中,原告请求的运费损失、船期损失、船上物品损失,证据不足,不予认定。原告请求被告赔偿船舶价值损失、船员工资损失、船员遣返费用以及原告为处理本次事故支付的交通费、住宿费及其利息的主张合理,应予支持。上述损失共计928 296.8元,按责任比例分担,被告应赔偿原告经济损失835 468.92元及其利息。至于原告请求被告赔偿的货物价值损失,因原告不是货物的所有人,也没有提供其实际赔付给货物所有人的证据,因此,原告要求被告赔偿货物价值损失的主张,没有依据,不予支持。关于原告要求被告支付船员的死亡补偿费和船员物品损失的主张,因原告与失踪的船员没有人身关系,无权代表失踪的船员家属就船员的人身权利产生的侵权纠纷提起诉讼,且失踪的船员家属已另案起诉,原告的这一主张没有事实和法律依据,不予支持。

综上,根据《中华人民共和国海商法》第169条第1款、第2款的规定,判决如下:
被告南通通宁海运有限公司清算组以南通通宁海运有限公司的资产为限赔偿原告南京凯华航运有限公司835 468.92元及其利息。

4 原告雷双飞等与被告胡志清等船舶碰撞及人身伤亡损害赔偿纠纷案

案例来源:武汉海事法院(2011)武海法事字第51号

主题词:海上人身伤亡损害 "三无"船舶 请求权 不可抗力

> **裁判要旨**
>
> **No. HS-1.2-4** 当地海事管理机构及政府部门在山洪来临前发出预警和告知防范措施后,涉案船舶和人员并没有引起足够的重视,没有及早而是怠于采取安全防范措施,以致山洪来临时陷于被动和应对不力的处境,则该事故不属于不可抗力。
>
> **No. HS-1.2-5** "三无"船舶(无船名船号、无船舶证书、无船籍港),尽管未办理所有权登记手续,但是当地相关部门业已证实原告对该"三无"船舶享有所有权的,原告对其船舶被碰撞导致的损失具有法律上的请求权。

一、基本案情

原告:雷双飞、汪美莲、雷建新、雷双燕、雷宏宽

被告:胡志清、杨福安、陈仁望

原告诉称:原告雷双飞的水泥小吊机船(以下简称小吊机)和案外人彭宇的修理囤船绑在一起固定停泊在巴河内河,被告胡志清、杨福安的修理囤船停泊巴河内河装卸公司码头旁。原告船舶与该两被告的船舶间距约20米,两被告的船舶位于原告船舶上游。2009年6月30日11:00时许,巴河内河降大雨,水流湍急,导致被告陈仁望所属驳船走锚,碰撞胡志清、杨福安的修理囤船,造成该修理囤船拴船钢缆绷断,与正在修理的其他船舶一起被河水冲向下游,撞击原告雷双飞的小吊机,致使原告船体受损。该小吊机经抢救未果沉没,包括船上的备件设施损失共计人民币(以下均为人民币)70 290元。原告雷双飞的父亲雷桂松在抢救小吊机过程中被急流冲入长江溺水身亡,后于2009年7月5日在阳新富池镇被打捞起来。本次事故造成雷双飞船舶损失及雷桂松身亡,给原告造成经济损失和精神损害。被告事发前几天已明知会下大雨和发生山洪,却因过于自信而未加强船舶安全防范,对因此造成原告损失应承担民事侵权责任。为此,原告请求法院判令被告赔偿:① 因雷桂松死亡的打捞费、安葬费、死亡赔偿金等一切费用合计117 393元;② 原告雷双飞的船舶损失70 290元。庭审时,原告将诉讼请求变更为:① 赔偿原告因雷桂松死亡的经济损失117 393元(包括尸体打捞费9 500元、运尸费1 200元、火化费1 130元、安葬费14 046元、死亡赔偿金80 290元、处理善后事宜误工费2 000元、交通费1 000元、精神损害抚慰金25 000元);② 赔偿原告雷双飞财产损失69 540元(包括船舶损失67 040元、打捞费损失2 500元);③ 诉讼费用由被告负担。

武汉海事法院鉴于原告变更诉讼请求,在庭审时征询被告陈仁望是否需要重新指定举证期限,陈仁望表示不需要,并当庭进行答辩称:涉案事故的发生系巴水河突发山

洪所致。陈仁望所属驳船在洪水来临前已牢固锚泊，因不可抗力的洪水冲击而走锚，即便如此，也未直接碰撞原告雷双飞的小吊机。据了解小吊机属"三无"船舶，未经船舶检验部门检验，安全设备欠缺，没有抵御水上风险的能力。小吊机断缆漂移后，经过较长时间施救才沉没；期间，原告父亲雷桂松冒险对小吊机实施堵漏，且不听他人要其上岸的劝说仍执意施救，最终落水身亡。综上，原告船舶沉没及其父亲死亡与被告陈仁望船舶走锚没有因果关系。请求法院驳回原告对被告陈仁望的诉讼请求。

二、法院查明事实

武汉海事法院认定如下事实：2009年2月，原告雷双飞将所属的小吊机系挂在冯庆成水泥修理囤船上的近岸一侧，从事装卸货物及其他相关作业。小吊机仅用两根钢丝绳固定，一根系在冯庆成修理囤船上，另一根系在当地水厂废弃的沉井上，没有采取抛锚及其他措施固定。冯庆成与彭宇、冯金舟共有该修理囤船（以下简称冯庆成修理囤船），其停靠位置在长江支流——巴水河流域内原浠水二轮公司水域。距该修理囤船上游约40米的巴河搬运站水域停靠着胡志清、杨福安共有的水泥修理囤船（以下简称胡志清修理囤船）。以上船舶均属"三无"船舶（无船名船号、无船舶证书、无船籍港）。同年6月28日，被告陈仁望经营的"鄂浠水拖2228"船队进巴河港装载黄砂。次日，船队满载黄砂驶至巴水河南家湾水域准备出港，因驳船等待签证及准备船员生活物资，遂就地近岸抛锚。南家湾水域在巴河搬运站水域上游，过水断面较狭窄。"鄂浠水拖2228"船队由一艘拖船即"鄂浠水拖2228"轮、两艘分节驳船即"鄂浠水驳0316""鄂浠水驳0317"组成。船队锚泊之后，拖船离开船队驶至冯庆成修理囤船旁修理，两艘驳船仅留有1名船员负责值班。

2009年6月28日至29日，湖北省浠水县地方海事处根据其上级部门和当地气象部门预测提示，按浠水县人民政府统一安排，与该县巴河镇人民政府有关人员一起对停靠在巴水河两岸所有船舶发出山洪预警，要求所有船舶在安全水域加强锚泊固定，留足船员值班，撤出闲杂人员。2009年6月30日09：00时许，巴河内河发生山洪，洪水下泄。当日09：30时许，重载黄砂的"鄂浠水驳0316""鄂浠水驳0317"两艘驳船受洪水影响走锚向下游漂移。当日10：00时许，两艘驳船漂移至巴河搬运站水域，与停靠于胡志清修理囤船旁修理尾系的"鄂浠水货2556"轮船艏右舷碰擦，接着驳船绕过"鄂浠水货2556"轮船艏继续向下游漂移，但驳船与"鄂浠水货2556"轮双方艏锚链绞缠在一起，造成胡志清修理囤船受到的外拉力增大。见此情况，该修理囤船工作人员即解开或砍断与该拖船之间连接的缆绳，随后"鄂浠水货2556"轮与该两艘驳船向下游漂移。在此之前，冯庆成妻子还提醒胡志清修理囤船的工作人员采取安全措施，让停靠其囤船旁的其他船舶离开，但未得到回应，工作人员亦未采取相关安全措施。因胡志清修理囤船旁还系挂其他几艘船舶，再加上洪水冲击和增加的外拉力影响，该囤船两根领水缆绳绷断并走锚，在洪水推动下和与其相连接的船舶一起漂向下游，碰撞冯庆成修理囤船，并挤压在冯庆成修理囤船上，导致该囤船与坡边连接的钢丝绳被拔取，囤船定位锚链绷断。在冯庆成修理囤船被碰撞时,系挂在该囤船的雷双飞小吊机船身亦被撞了一个窟窿。当天小吊机没有人员值班。随即冯庆成修理囤船掉头,并与小吊机一起向下游漂移 60 米左右至原浠水二船厂水域,并与走锚后停泊在此水域的"鄂浠水驳 0316""鄂浠水驳 0317"两艘驳船碰擦。当日 10∶30 时许,走锚船舶均恢复锚泊状态。

原告父亲雷桂松得到小吊机遇险情况后,与原告伯父一起带着棉絮赶到现场堵窟窿,冯庆成修理囤船也发电为该小吊机抽排进到舱内的水。当日下午 17∶30 时许,本次山洪主洪峰到达巴河港。小吊机窟窿被堵住后,雷桂松见舱门处进水,又从冯庆成囤船上拿来旧棉絮欲继续堵漏,而此时小吊机开始向河心倾斜,冯庆成把雷桂松往囤船上拉,但雷桂松不肯,仍要堵舱门。不久,小吊机与囤船连接的钢丝绳断开,小吊机向河心翻覆,雷桂松亦随之落入水中被冲走。小吊机翻覆过程中,还撞破冯庆成囤船船身。同年 7 月,雷桂松尸体在长江阳新县富池水域被打捞起来,并在当地火化。原告为搜寻雷桂松及为打捞、搬运、火化雷桂松尸体等事宜支出费用 17 330 元。小吊机沉没后,原告雷双飞请李湘如组织力量打捞,但仅打捞起来少量船用设备,雷双飞为此支付李湘如打捞费用 2 500 元。随着水位退去,小吊机残体沉搁于巴水河沙滩边,经造船专业单位海通船业公司估算,小吊机直接损失为 67 040 元。

三、法院裁判

武汉海事法院认为,本案系因船舶碰撞引起的损害赔偿纠纷。涉案海损事故发生的起因是长江支流巴水河暴发山洪,但山洪不是发生海损事故的关键因素。之所以作如此界定,是因为本次山洪并不是不可预见,洪水可能带来的危害也不是不可克服。庭审认定的事实表明,当地海事管理机构及政府部门在山洪来临前发出预警和告知防范措施后,涉案船舶和人员并没有引起足够的重视,没有及早而是怠于采取安全防范措施,以致山洪来临时陷于被动和应对不力的处境。不难看出,涉案海损事故属水上责任事故,故此法院有必要就涉案海损事故的发生各方应负担的过错责任作出评判。

"鄂浠水拖 2228"船队获悉山洪预警后依然在狭窄的南家湾水域锚泊,且锚泊后船队中具有动力的拖船离开船队,而将无动力的两艘驳船停泊锚地,只留 1 名船员值班,以致驳船在受到洪水冲击走锚时没有动力支持,面临碰撞紧迫局面时没有足够的船员来应对,该船队的行为违反了《中华人民共和国内河交通安全管理条例》第 11 条、第 24 条第 3 款,以及《中华人民共和国内河避碰规则》第 25 条第 2 款的规定。"鄂浠水拖 2228"船队走锚的驳船虽然没有与原告小吊机直接碰撞,但小吊机走锚漂移系因驳船与他船碰撞导致他船走锚再发生后续碰撞所致,由此可以认定驳船与小吊机构成间接碰撞。尽管原告小吊机走锚几个小时后在洪水中与系挂的囤船恢复了锚泊状态,但其尚未脱离在洪水中的危险态势,其安全威胁随时存在,之后遭遇主洪峰而沉没。据此,可以判定小吊机沉没与驳船间接碰撞存在因果关系,该次间接碰撞是导致小吊机沉没的主要原因,"鄂浠水驳 0316""鄂浠水驳 0317"两艘驳船应负本次小吊机沉没事故的主要责任,即 60% 的过错责任。被告陈仁望为包括该两艘驳船在内的"鄂浠水拖

2228"船队的经营人,应对其过错责任负责。

　　胡志清修理囤船属"三无"船舶,其工作人员获悉当地海事管理机构发出的山洪预警后,没有对所属囤船系靠设施进行加固,亦没有让停靠修理的其他船舶离开,客观上增加了本囤船系泊设备的负荷,以致在受到洪水和他船碰撞形成的合力冲击时不能避免断缆走锚漂移,与原告小吊机及其系挂的船舶碰撞,造成小吊机船体受损和系挂缆绳绷断,小吊机走锚后遭遇主洪峰沉没。该修理囤船行为违反了《中华人民共和国内河交通安全管理条例》第7条、第8条、第11条的规定,是导致原告雷双飞小吊机沉没的次要原因,应负本次事故的次要责任,即25%的过错责任。被告胡志清、杨福安作为该修理囤船共有人,应对其过错责任负责。小吊机亦属"三无"船舶,其系挂他船从事装卸货物作业,仅用两根钢丝绳而没有采取其他更为牢固的方式固定,不能抵御突然增加的外来风险,事故发生前未安排船员值班,导致在受到他船碰撞及洪水冲击断缆走锚,也没有足够的人员力量来处置危险局面,其行为违反《中华人民共和国内河交通安全管理条例》第7条、第8条、第24条的规定,是导致自身沉没的又一原因,应负本次事故的次要责任,即15%的过错责任。原告雷双飞作为小吊机的所有人,应对该船的过错责任负责。

　　雷桂松系原告直系亲属,在原告小吊机处于危险状态时,采取施救措施以期减少损失的行为本无可厚非,且值得肯定。但雷桂松具有完全民事行为能力,在主洪峰来临并严重危及船舶和其自身安全又无其他可靠的外援力量时,能感知到凭自身力量抢救小吊机其自身生命安全会受到威胁,并可能无法保障,此时应首先顾及自身生命安全,主动放弃对财产的施救行动。再则,其再次施救小吊机时现场其他人亦要求并拉其离开,而雷桂松不接受,继续冒险施救,以致落水身亡。雷桂松落水身亡系其对自身在洪水中实施抢救行为的安全危险过于忽视所致,本案被告对其身亡并没有过错,即雷桂松死亡不能归责于本案被告。原告认为雷桂松施救行为属紧急避险的主张不能成立,即便雷桂松该行为属于紧急避险,因其抢救财产不是被告财产,故被告对其遭受人身伤亡的损失不负有赔偿或补偿义务,故原告向被告主张雷桂松人身伤亡损失的请求武汉海事法院不予支持。

　　被告陈仁望在庭审质证时提出,小吊机未在船舶登记机关办理登记,原告雷双飞便无权主张该船损失。对此,武汉海事法院认为,《中华人民共和国物权法》第24条规定:"船舶、航空器和机动车等物权的设立、变更、转让和消灭,未经登记,不得对抗善意第三人。"但该条款中的"第三人"并不是指所有第三人,而是指主张物权变动效力不存在的第三人。登记产生物权对抗效力,但物权非经登记不能对抗的法律效果,必须有第三人主张时始能发生,并非因未登记的事实而自然发生。涉案小吊机无人对其主张所有权,且当地相关部门业已证实原告雷双飞对涉案小吊机享有所有权,因此,尽管雷双飞未办理小吊机的所有权登记手续,亦不能因此否认该小吊机由雷双飞所有。据此,法院确认雷双飞对小吊机遭受的损失具有法律上的请求权。原告雷双飞主张小吊机损失(包括打捞小吊机支出的费用),法院予以支持,并以上述确定的过错责任判定被告予以赔偿。依上述评判理由,胡志清和杨富安亦同样享有涉案修理囤船(胡志清修理囤船)的所有权。

依照《中华人民共和国民法通则》第 106 条第 2 款、《中华人民共和国民事诉讼法》第 128 的规定,判决如下:

(1)被告陈仁望赔偿原告雷双飞船舶(包括打捞船舶)损失 41 724 元,于本判决生效之日起 7 日内一次性付清;

(2)被告胡志清、杨福安共同赔偿原告雷双飞船舶(包括打捞船舶)损失 17 385 元,于本判决生效之日起 7 日内一次性付清;

(3)驳回原告雷双飞其他关于船舶(包括打捞船舶)损失的诉讼请求;

(4)驳回原告雷双飞、汪美莲、雷建新、雷双燕、雷宏宽关于雷桂松死亡赔偿的诉讼请求。

1.3 船舶碰撞责任主体

1.3.1 船舶登记所有人的责任

5 原告深圳迅隆船务有限公司与被告防城港市金湾贸易有限公司、广西海洋运输公司船舶碰撞损害赔偿纠纷案

案例来源:北海海事法院(2001)海事初字第 002 号

主题词:船舶碰撞　紧迫局面　责任划分　代管船舶　连带责任

裁判要旨

No. HS-1.3-1　同一国籍的船舶,不论碰撞发生于何地,碰撞船舶之间的损害赔偿适用船旗国法律。

No. HS-1.3-2　造成碰撞紧迫局面的过失是划分责任大小的主要标准,碰撞紧迫局面下是否适当采取避碰措施是认定责任大小的次要标准。

No. HS-1.3-3　船舶登记在其他公司名下,登记所有人疏于履行代管职责,对所代管船舶碰撞造成的损失应与实际所有人承担连带责任。

一、基本案情

　　原告:深圳迅隆船务有限公司
　　被告:防城港市金湾贸易有限公司(以下简称金湾公司)
　　被告:广西海洋运输公司(以下简称海运公司)

　　原告深圳迅隆船务有限公司诉被告金湾公司、海运公司船舶碰撞损害赔偿纠纷一案,原告诉称,2000 年 9 月 7 日晚 21:00 时,原告所属"迅隆二号"客船从香港港澳码头开出,当其驶入北航道后,发现一小型货船(被告属下"雄昌一号")从其右舷前方驶来,

遂迅速采取避让措施,鸣笛一声,紧急减速停车,但两船仍于21:06时相撞。此碰撞事故是因为"雄昌一号"轮未保持正规瞭望、未采取安全航速行驶、未选择恰当时机穿越航道、在存在碰撞危险时未采取有效避让措施所致,被告船舶严重违反了国际海上避碰规则的有关规定,故其对该海事事故应承担全部责任。事故发生后,"迅隆二号"轮及时向香港海事处报告,并于9月8日申请中国船级社(CCS)检验。该碰撞事故造成"迅隆二号"轮海损修理费用、船期损失等共计3 066 002.10港元,为此请求法院判令被告赔偿原告上述损失,并承担本案诉讼费用。被告金湾公司辩称,船舶碰撞属实,但原告在航道内高速航行,疏于瞭望,应负主要责任,被告方仅负次要责任。原告修船费用中不属于碰撞损失的部分,如主螺旋桨修理、新换窗帘毛毯等费用应予剔除,原告方的间接损失不在赔偿之列,被告只应按碰撞责任比例分摊合理的碰撞损失。被告海运公司辩称,我司既不是"雄昌一号"轮的船东,也不是该轮的经营人,且该轮船员并非我司所派。因此,我司对该碰撞纠纷不承担任何责任。

二、法院查明事实

北海海事法院经审理查明,2000年9月7日21:00时,原告所属"迅隆二号"客船载35名旅客,由船长梁泽文操舵,大副张四安和船员郑东负责夜视仪和雷达监测,轮机员范冬本监测机器,驶离香港中环港澳码头,开往深圳蛇口。"迅隆二号"轮离开码头后即驶入维多利亚港北航道,沿该航道由东南向西北以真航向320°、航速30节(该船具有香港政府航道管理机关准其在航道内以30节航速航行的"航速豁免证书")驶近四号浮标附近。被告所属"雄昌一号"轮由二副苏伟成操舵,船长高应光负责控制车速,水手翁兆金进行雷达观测,于20:35时载运锑锭自香港葵涌货柜码头去锚地待泊。当时香港地区海面天气状况良好,东北风4级,轻浪,能见度3—5海里。21:07时,于东经114°7′30″、北纬22°9′12″附近,"迅隆二号"轮发现其右舷正横前约0.4海里处的"雄昌一号",随即鸣长笛一声并操左满舵避让,但尚未发生舵效即被"雄昌一号"轮撞中其右舷第18至23号肋骨间。自原告船舶发现"雄昌一号"轮至两船相撞,相隔约20秒。"雄昌一号"轮自述系以真航向220°、航速4—5节航行,当发现"迅隆二号"轮黄色灯及红绿舷灯后约10秒钟即发生碰撞。据香港海事处雷达监测显示图表反映,两轮在碰撞前均没有明显的减速和避让行动。碰撞之后,"迅隆二号"轮被特许以慢速将船内脚部受伤乘客送返港澳码头医治。当夜,"迅隆二号"轮被拖轮拖至香港友联船厂有限公司(以下简称友联船厂)停靠和修理。

2000年9月8日,原告委托中国船级社并会同"迅隆二号"轮保险人华安财产保险公司委托的中国检验有限公司(该司转委托香港海事公证行有限公司进行实地检验)对该轮碰撞损伤进行检验,并分别形成了书面检验报告。经各方当事人当庭确认,中国检验有限公司编号为NO2000BS2256号检验报告为可证明"迅隆二号"轮海损的书面证据。该报告称:"迅隆二号"轮损坏处均在其第18号至23号肋骨跨度之间,表明"雄昌一号"轮是以近90°角撞击"迅隆二号"的18号至20号肋骨部位,所有被撞损的项目均在该轮水线以上。该报告列述"迅隆二号"轮损坏项目计8项30余处,估计全部修理费用需135万港元。此后,原告委托中国船级社对"雄昌一号"轮检验,因该轮船长高应光拒绝验船师登船,检验未果。但该船长及其水手翁兆金等在香港海事处调查中,承认自己未受过或仅在两天左右的较短时间内受过雷达观测训练,并缺乏操船的基本常识;船长高应光在海事调查报告中称,"'雄昌一号'轮左船头轻微擦伤油漆"。

2000年9月8日至10月15日,"迅隆二号"轮在友联船厂进行修理,其间适逢"国庆"假期,原告决定中止修理而将该轮投入营运,该轮遂于9月30日至10月8日期间离开友联船厂,从事"国庆"期间营运。该轮在友联船厂修理期间,即9月8日至9月29日、10月9日至10月15日,原告为维持蛇口至香港航线间正常营运,曾两次租用他公司客船顶替"迅隆二号"轮。原告向法庭提交其支付友联船厂拖船费、船舶修理费、修船期间的租船费、港口使费、燃油及润滑油费、支付中国船级社验船费、安排碰撞受阻旅客食宿交通费、处理碰撞事故的交通及通讯费、海事调查费、法律咨询费、律师费等有关票据总计3 066 002.10港元。其中包括:碰撞事故后,支付"迅隆二号"轮拖轮拖带费45 745港元、救生筏专修费73 020港元;友联船厂对该轮修理费用总计1 500 880港元,包括修船项目中坞修工程主螺旋桨修理、海损工程费中更换救生筏释放器及连接绳、客舱内换新窗帘及购新毛毯、轮机部分维修费、"国庆"期间临时复航增支费及由此增加停靠码头和系泊服务费等计151 402.50港元;因2000年9月8日至9月29日、10月8日至15日租用他公司客船顶替"迅隆二号"营运,分别支付船舶租金600 000港元和190 911港元,并支付租船期间船舶消耗的燃油费391 708港元、润滑油费9 894.80港元、港口使费119 017港元;委托中国船级社检验船舶,支付检验费32 100港元;安排因碰撞受阻旅客的食宿和交通,支付费用15 638.30港元;为处理碰撞事故,支付交通、通讯费15 020港元、海事调查费2 931港元、法律咨询费5 000港元及律师费64 137港元。

另查明,"迅隆二号"轮为铝合金高速双体客运船,于1998年8月在挪威建造,船长38米、宽11.20米、深3.90米,总吨531吨,净吨159吨,功率3 152千瓦。所有权证书取得时间为1998年8月14日,所有权人为原告。"雄昌一号"轮系干货船,船籍港广西壮族自治区防城港,1988年建于越南,船长53.55米、宽7.63米、深3.20米,总吨298吨,净吨176吨,功率224千瓦。该船拥有两套船舶证明文件,其中一套《中华人民共和国船舶所有权登记证书》(取得所有权日期为1996年6月12日)、《中华人民共和国船舶国籍证书》(证书有效期为1996年6月12日至2001年6月12日),登记的船舶所有权人均为被告金湾公司,船舶所有人的法定代表人均为翁兆金;另一套证明文件,即《中华人民共和国船舶国籍证书》(证件有效期为1997年11月21日至2002年11月20日)和数份《航行港澳船舶证明》(证件有效期分别为1997年5月31日至2000年5月30日、1997年9月18日至2000年9月17日、2000年5月30日至2002年9月30日等),登记的船舶所有权人和经营人均为被告海运公司。金湾公司系翁兆金名下的私营企业,因船舶个体营运者不能越境从事海洋运输,该公司遂于1997年11月20日与海运公司签订了一份船舶代管协议书,约定:"雄昌一号"轮所有权属金湾公司,海运公司同意金湾公司以其名义办理船舶登记、营运证等申办运输所需手续,海运经营范围:中国沿海区域(包括香港、澳门),中国至越南;代管期限 1997 年至 1998 年;海运公司作为代管方每年收取船舶所有人、经营人管理费 3 万元。此后,"雄昌一号"轮如约以海运公司名义注册并取得在中国香港、越南航线从事海上运输的经营许可,但未依约向海运公司交付代管费用。合同约定的代管经营期满后,海运公司既未向有关部门申请撤销"雄昌一号"以其名义申领的海洋运输许可及相应证件,也未公开声明解除其同金湾公司的代管关系。金湾公司始终以海运公司名义进行海上营运,但海运公司未对该轮实际履行监管责任。

三、法院裁判

北海海事法院认为,本案系船舶碰撞损害赔偿纠纷。两被告为广西域内两船公司,原告向北海海事法院提起船舶碰撞损害赔偿之诉,北海海事法院依法具有管辖权。海事虽发生在香港水域,但原被告双方均为中国内地当事人,且船籍港均在中国内地,根据《中华人民共和国海商法》第 273 条第 3 款"同一国籍的船舶,不论碰撞发生于何地,碰撞船舶之间的损害赔偿适用船旗国法律"之规定,本案应适用《1972 年国际海上避碰规则》和中华人民共和国的有关法律。"雄昌一号"轮的实际所有人即被告金湾公司并无从事越境海洋运输的资质,将船舶挂靠在他人名下取得法律上的有关资格后,并不能当然地在客观上或在事实上使船舶具备法定的适航条件。该船舶上至船长、下至值班水手,均无从事海洋运输的专业技能和基本知识,不能熟练使用船上雷达进行标绘或与其相当的系统观察,不熟悉甚至不了解国际海上避碰规则所规定的船舶瞭望、船舶穿越狭水道或航道的航行规则。当其准备横越航道时,未对该航道内船舶的航行动态及有关情况进行周密的观察和了解,即其疏于用视觉、听觉及适合当时环境和情况下的一切手段保持正规瞭望,以至于未能尽可能早地发现在航道内高速行驶的"迅隆二号"轮;而当其贸然横越航道并发现"迅隆二号"时,距离两船相撞仅有 10 秒钟左右的时间,显然,此时碰撞的紧迫局面业已形成。根据《1972 年国际海上避碰规则》第 5 条以及第 9 条第 4 款"船舶不应穿越狭水道或航道,如果这种穿越会妨碍只能在这种水道或航道以内安全航行的船舶通行"的规定,"雄昌一号"轮疏于瞭望,且不应该在有他船在航道内航行时横越该航道,因而其对碰撞紧迫局面的形成应负主要的过失责任。"迅隆二号"轮尽管具有香港政府航道管理机关准其在航道内以 30 节航速航行的"航速豁免证书",但这决不意味着其有权在任何时间、任何情况下都可以该航速在航道内高速航行。在视线比白天差的晚间、在维多利亚港北航道如此繁忙的水域,"迅隆二号"轮应该因应时间、地点等条件的变化而采用安全航速航行,其不分时间、地点地一味高速航行,实际上是对自身船舶及他船之航行安全采取的一种极不负责任的放任态度,即其对海事的发生存有过失之心理状态。"迅隆二号"轮发现被告船舶时,两船相距约 0.4 海里,在此之前虽保持了瞭望,但并未发现对方船舶,这亦说明其瞭望存有疏漏或不周之处,是为过失。0.4 海里的距离相对于以 30 节航速前进的船舶而言,已无充分的空间距离和足够的时间让其采取有效的避碰措施,因而可以认定在此之前碰撞紧迫局面已经形成,"迅隆二号"轮对该局面的形成负有一定的过失责任。在碰撞紧迫局面下,"迅隆二号"轮称自己鸣长笛一声以提醒对方,但避碰规则针对此情况要求立即用号笛鸣放至少五声短而急的声号,及可用至少五次短而急的闪光来补充,因而其鸣放长笛一声的措施是不够的。虽"迅隆二号"轮采取了左满舵的紧急避碰措施,但客观上未产生避碰效果,被被告船舶以几乎近90°夹角撞击致损。很显然,高速行进中的船舶在如此短的距离和时间内,已无采取有效避碰措施的可能;有关证据亦显示,事实上两船至碰撞为止均未采取变更行进路线或减速的避碰明显行动。根据造成碰撞紧迫局面的过失是划分责任大小的主要标准、碰撞紧迫局面下是否适当采取避碰措施是认定责任大小的次要标准之原则,并根据《1972年国际海上避碰规则》第5条、第6条、第7条、第8条、第9条、第34条之规定,综合碰撞紧迫局面的形成、是否采取紧急避碰措施及该措施是否适当、有效等情况全面考察,原、被告船舶对碰撞事故的发生互有过失,而又以被告所属"雄昌一号"轮的过失为大,应负本次事故70%的责任;原告所属"迅隆二号"轮的过失为次,应负本次事故30%的责任。被告金湾公司关于原告船舶应负主要碰撞责任的抗辩,与法庭查明的碰撞案件事实相悖,因而其抗辩不成立。

"迅隆二号"轮在友联船厂共用去修理费1 500 880港元,但因碰撞所致的船舶损失均在该轮的水线以上,因而其水线以下主螺旋桨修理、轮机部分维修以及更换救生筏释放器及连接绳、换新窗帘及购新毛毯不属于对碰撞损失的修复或修理,故有关费用不得计入船舶碰撞损失的修理费用;该轮在"国庆"期间临时复航而导致的增支费,系原告自行决定将修理中的船舶投入营运而新增加的费用,并非船舶碰撞的必然结果,不应计入碰撞损失修理费中;因复航而增加的停靠码头和系泊服务费,乃是船舶营运过程中的成本开支,亦不得计入碰撞修理费。上述三项不应计入碰撞损失修理费的费用计151 402.50港元,应从友联船厂修理费中扣除,即"迅隆二号"轮碰撞修理费为1 349 477.50港元,该费用可按碰撞责任比例予以保护。碰撞事故发生后,原告支付拖轮拖带费45 745港元、救生筏专修费73 020港元、船舶检验费32 100港元、受阻旅客食宿交通费15 638.30港元,此系处理碰撞事故而发生的必然费用,原告要求赔偿,北海海事法院依法予以支持。原告于2000年9月8日至9月29日租用客船顶替"迅隆二号"营运,支付船舶租金600 000港元,该租金可视为"迅隆二号"轮的船期损失,应由碰撞责任方承担相应赔偿责任。原告船舶于"国庆"期间投入营运,即表明船舶已修复至可使用的程度,其后再进船厂修理应为不必要,故10月8日至15日原告再次租用客船顶替而支付的租金190 911港元,北海海事法院不予支持。原告诉求赔偿租船期间消耗的船用燃油费391 708港元、润滑油费9 894.80港元、港口使费119 017港元,因其系船舶营运过程中正常的成本开支,与碰撞损失无关,北海海事法院亦不予支持。关于为处理碰撞事故而支付交通、通讯费15 020港元、海事调查费2 931港元、法律咨询费5 000港元及律师费64 137港元,因原告未充分举证,北海海事法院不予支持。

综上,原告船舶碰撞修理费损失及其他可予保护的经济损失共计2 115 980.80港元,"雄昌一号"轮应承担其中的70%,即1 481 186.56港元的赔偿责任。

"雄昌一号"轮属被告金湾公司所有,故其应对该轮的碰撞损害承担第一性的赔偿责任。被告海运公司虽不是该轮事实上的所有权人,但其同意并协助金湾公司将"雄昌一号"轮登记在海运公司名下,此行为使其成为法律上的船舶所有人,享有法律规定的对船舶进行占有、使用、收益和处分的权能,同时当船舶发生对他人的侵权行为时,亦应依法以所有人的身份承担相应的赔偿损失、恢复原状等法律责任。另外,海运公司的上述行为,客观上使本无境外海上运输经营权的金湾公司得以从事港澳间的海上运输活动,而海运公司名为"代管""雄昌一号"轮,实则对该轮是否具有航运资质和能力不闻不问,从未实际履行过管理之责,因而其对疏于履行代管职责具有主观上的过错和客观上的失职。当代管合同期限届满后,海运公司又不及时申请撤销"雄昌一号"轮以其名义申领的越境运输许可及有关证件,亦未公开声明解除该代管关系,而金湾公司始终以其名义进行境外营运。缘此,可以认定二被告以其行为变更了代管合同的履行期限,至事故发生为止,"雄昌一号"轮仍在海运公司代管之下。鉴于海运公司是"雄昌一号"轮法律上的所有人,并对该轮有代管责任,因而对该轮碰撞侵权行为所造成的损害,海运公司应依法承担连带赔偿责任。

根据《中华人民共和国海商法》第169条"船舶发生碰撞,碰撞的船舶互有过失的,各船按照过失程度的比例负赔偿责任""互有过失的船舶,对碰撞造成的船舶以及船上货物和其他财产的损失,依照前款规定的比例负赔偿责任"和《中华人民共和国民法通则》第130条"二人以上共同侵权造成他人损害的,应当承担连带责任"之规定,判决如下:

(1)被告防城港金湾贸易有限公司赔偿原告深圳迅隆船务有限公司船舶碰撞修理费损失及其他经济损失1 481 186.56港元,被告广西海洋运输公司对此承担连带责任,于判决生效之日起10日内清偿;

(2)驳回原告的其他诉讼请求。

1.3.2 船舶光租人的碰撞责任

6 原告上海海事局与被告海南国际海运股份有限公司船舶触碰航标损害赔偿纠纷案
案例来源:海口海事法院(2000)海事初字第08号
主题词:船舶碰撞　光船租赁　责任主体

裁判要旨

No. HS-1.3-4 光租期间船舶触碰助航标志或导航设施所造成的损失,船舶所有人抗辩应由光租人承担责任的,法院不予支持。

一、基本案情

原告:上海海事局
被告:海南国际海运股份有限公司(以下简称国际海运公司)
原告上海海事局诉称,被告国际海运公司所属"长升1"号轮于1999年7月15日触碰原告所辖的位于上海长江口北槽航道的265号航标,"长升1"号轮在向上海海事局吴淞监督站递交的海事报告中确认了上述海损事故事实;触碰事故发生后,原告上海海事局下属的上海海上安全监督局上海航标区亦向上海海事局吴淞监督站递交海事报告,报告触碰事故发生后所采取的措施和事故造成的损失情况,并提出要求肇事船舶的船东赔偿损失的请求。但肇事船舶"长升1"号轮的船东即本案被告国际海运公司至今未向原告支付本次海损事故造成的损失共计人民币43 473.43元。请求法院依法判令被告国际海运公司向原告支付航标损失赔偿金人民币43 473.43元及其利息,本案案件受理费由被告国际海运公司承担。

被告国际海运公司辩称,"长升1"号轮触碰265号航标的事故责任不应由被告承担。事故发生前,被告已与福州广宇船务有限公司(以下简称广宇公司)签订光船租赁合同,将"长升1"号轮光租给广宇公司,光租合同中约定:在光租租期内,"长升1"号轮使用、营运过程中发生赔偿事故的责任归责为由广宇公司承担。"长升1"号轮触碰265号航标的事故发生于光租期间,因此该事故的赔偿责任应由广宇公司承担。

二、法院查明事实

海口海事法院经审理查明并确认如下法律事实:1999年7月15日约18:04时,被告国际海运公司所属的"长升1"号轮于上海长江口北槽航道触碰原告上海海事局所辖的265号航标。事故发生后,1999年7月16日,原告上海海事局下属的上海海上安全监督局上海航标区亦向上海海事局吴淞监督站递交海事报告,确认:"长升1"号轮触碰265号航标,对该航标造成损坏,致该航标一节长链断裂。事故发生后,原告上海海事局下属的上海海上安全监督局上海航标区已派船对该航标进行了现场修复,并为此支出了相应费用。1999年7月20日,"长升1"号轮向上海海事局吴淞监督站递交了海事报告,报告中对265号航标被"长升1"号轮触碰事实予以确认。以上事实有船舶资料、海事报告书、航道电子扫描记录以及庭审笔录存卷为证。

三、法院裁判

海口海事法院认为,被告国际海运公司所属的"长升1"号轮触碰原告上海海事局所辖的265号航标,致该航标受损,被告国际海运公司作为"长升1"号轮的船舶所有人,应对"长升1"号轮触碰265号航标所造成的损失承担相应的责任,其提出的该海损事故发生于"长升1"号轮光租期间,责任应由光租承租人承担的抗辩理由不能成立,海口海事法院不予支持。诉讼中,被告国际海运公司未举出足以减轻或免予承担相应责任的其他证据,故被告国际海运公司应对该海损事故负全部赔偿责任。有关损失认定方面,对于器材损失,原告上海海事局以其提供的上海航标厂价格表作为计损依据,其中长链损失,原告上海海事局提供了相关购买发票和运费发票,但购买发票和运费发票反映的价格高出上海航标厂的价格表所列价格,故应以上海航标厂的价格表中列明的长链一节价格人民币5 232元作为计价标准来认定损失,本案长链的损失数量为一节,损失数额应为人民币 5 232 元;其中卸扣损失,以上海航标厂的价格表中列明的每个卸扣价格人民币 341 元认定,本案卸扣的损失数量为两个,损失数额应为人民币 682 元;对于原告上海海事局依据(91)沪监计字第 327 号《上海港航标外来事故处理办法》所规定的航标器材运输组装费为航标器材费×11% 的计算方法为标准,提出本案航标器材运输费损失数额为人民币 650 元的请求,该项请求被告国际海运公司未提出异议且未违反法律法规规定,海口海事法院予以支持;对于原告上海海事局依据交水发(1999)133 号《沿海港口水工建筑及装卸机械设备安装工程船舶机械艘(台)班费用定额》及上海海上安全监督局上海航标区于 1999 年 6 月作出的《关于索赔工作中船舶台班费用定额的说明》中的计费标准和修复航标实际支出的事实,提出本案台班费损失数额为人民币 32 957.30 元的请求,该项请求被告国际海运公司未提出异议且未违反法律法规规定,海口海事法院予以支持;对于原告上海海事局提出管理费损失应为器材损失和台班费数额的 10% 的请求,因台班费构成中已包括管理费项目,故以台班费为基数而请求的管理费,海口海事法院不予支持;对以航标器材损失费为基数而请求的管理费,海口海事法院予以支持,但应依据(91)沪监计字第 327 号《上海港航标外来事故处理办法》所规定的航标管理费为航标器材费×5% 的标准计算,该管理费的损失数额为人民币 328.20 元;原告上海海事局提出的利息请求符合法律规定,应予支持。依据《中华人民共和国民事诉讼法》第 130 条、《中华人民共和国海事诉讼特别程序法》第 116 条、《中华人民共和国民法通则》第 117 条第 2 款、《中华人民共和国海上交通安全法》第 23 条的规定,判决如下:

(1) 被告国际海运公司应于本判决生效之日起 10 日内向原告上海海事局支付赔偿款人民币 39 849.50 元;

(2) 被告国际海运公司应依第 1 项的款额向原告上海海事局支付利息,按中国人民银行同期活期存款利率从 1999 年 7 月 15 日计至实际支付之日止。

7 原告舟山通途工程有限公司与被告丹东吉祥船务有限公司、丹东海运有限公司船舶触碰桥梁设施损害赔偿纠纷案

案例来源:宁波海事法院(2001)甬海事初字第 109 号
主题词:船舶碰撞　船舶经营人　连带责任

> **裁判要旨**
>
> **No. HS-1.3-5**　船长是否存在"明知可能造成损失而轻率地作为或不作为",不影响其雇主(即船东)的责任限制权利。被告船舶所有人本人不预知或明知该船会发生走锚并导致触碰事故,可以依法享受责任限制。
>
> **No. HS-1.3-6**　船舶所有人与船舶经营人之间的关系,不等同于挂靠和被挂靠的关系。对于船舶所有人的触碰责任,船舶经营人不负连带责任。

一、基本案情

原告:舟山通途工程有限公司(以下简称通途公司)

被告:丹东吉祥船务有限公司(以下简称吉祥公司)

被告:丹东海运有限公司(以下简称海运公司)

原告通途公司诉称,2001年10月20日下午4时,被告吉祥公司所属和海运公司经营的"明月"轮停泊在定海响礁门大桥与上游涨次船厂码头之间准备修理,由于"明月"轮操作不当发生走锚,加之潮水退潮和起锚的原因,致使船体打横,结果船身中后部横向与响礁门大桥5号桥墩碰撞,造成5号桥墩的13根桩中有12根桩受到严重损伤,产生明显开裂,其中3根桩下桩身存在明显裂痕。请求法院判令两被告连带赔偿原告经济损失11 745 384元,其中包括:桥墩修复费用10 121 209元,大桥工程延期损失1 624 175元。

被告吉祥公司和海运公司共同辩称:

(1) 原告对本案触碰事故及损失和费用的发生也有过失,应当承担相应的责任。

(2) 原告方的检测报告和修复方案不合理,不应予以认定。

(3) 原告不能证明5号桥墩损坏与本案"明月"轮触碰之间存在因果关系,从而应当依法承担举证不能的败诉后果。

(4) 桥墩的实际修复费用赔偿标准的确定,应以由原、被告双方代表共同主持的或者由原、被告双方代表共同参与的在法院主持或监督下的招标方式公开、公平和公正地确定。

(5) 原告索赔间接费用1 624 175元缺乏证据和依据,也不合理。

(6) 被告有权享受海商法规定的海事赔偿责任限制。

(7) 原告要求两被告承担连带赔偿责任没有法律和事实依据。

二、法院查明事实

宁波海事法院认定事实如下:"明月"轮为吉祥公司所有,海运公司是该轮的船舶经营人,该轮船籍港大连,船长81.15米、宽15米、深6.8米,船舶总吨位为2 453吨,净吨1 080吨,主机功率970千瓦。2001年10月20日下午,"明月"轮从宁波镇海放空到舟山定海船舶三厂进行航修,当时由船长孙秋生当班。15时25分到达定海响礁门大桥西南侧水域,因船长对该水域情况不熟悉,船厂派职工曾养兴乘小船于15时25分登上"明月"轮。15时40分"明月"轮在曾养兴的指引下从该大桥主桥孔(即3号桥门)通过,15时50分"明月"轮在桥东北侧水域,距桥墩0.23里,船厂码头左前方约0.11里处抛左锚,锚链4节水面,该处水深27米,船长感到底质为石砾,观察到船正在走锚,即采用微进及前进一并起锚;16时锚离底,用前进三左满舵掉头,想出桥孔。当时偏北风4—5/6级,落潮,流向东北往西南,流速约4节,视线良好,无其他来往船舶。在距岸线约0.21海里,距大桥约0.17海里处,采用停车并全速倒车。由于潮流流速快,发现倒车无效时,采用右满舵掉头,但掉头已来不及。16时05分停车,潮流将船横向压向5号桥墩。左舷船中前与5号桥墩发生触碰。后采用右舵微倒车,船首向右偏转,"明月"轮尾前首后顺流从4号桥孔通过,16时20分在大桥西南水域抛锚。"明月"轮触碰响嚎门大桥5号桥墩后,双方当事人曾就索赔事宜进行磋商,但无结果。经通途公司申请,宁波海事法院依法对"明月"轮实施扣押。之后,中国人民保险公司大连分公司向宁波海事法院提供了人民币700万元的担保函,宁波海事法院解除对该轮的扣押。2001年11月29日,原告通途公司向宁波海事法院提起诉讼。

三、法院裁判

宁波海事法院认为:

1. 双方当事人的过错及责任比例

原告认为,被告在明知禁航区情况下仍然让"明月"轮驶入并锚泊在禁航海域,致使"明月"轮触碰海上固定物(即响嚎门大桥5号桥墩),应当对此负全部过错责任。被告抗辩:

(1)原告作为施工作业者没有证据证明其已依据《中华人民共和国水上水下施工作业通航安全管理规定》取得了施工许可证。

(2)没有证据证明其架设桥梁符合通航安全要求。

(3)原告也没有按照规定在有关的明显处显示号灯、号型和进行警戒。

(4)原告的巡逻船在"明月"轮驶入之前和进出桥墩过程中,一直未作出任何反应。被告进而认为,原告对本案触碰事故及损失和费用的发生也有过失,应当承担相应的责任。原告对被告的前三项抗辩未作说明。关于第四项抗辩,原告认为,响嚎门大桥所跨海域很大,巡逻艇也有间休,对巡逻是否及时是由港监部门来执行,并不能由原告决定,原告支付了有关巡逻费用就已经尽到了相关义务。

宁波海事法院认为,驾驶船舶是船长的法定责任,安全驾驶是船舶驾驶员的职责要求。根据《中华人民共和国海商法》第39条的规定,船长的上述职责不因引航员引领船舶而解除。船长应根据当时当地的天气、潮汐、泊位和自身船舶的状况拟定锚泊方案,并应根据实际情况及时加以调整,以妥善停泊、确保自身船舶和他人财产的安全。"明月"轮船长选择锚地不当,在船舶发生走锚后又没有运用良好的船艺,也没有根据当时环境适时调整船速,导致该轮触碰响嚎门大桥5号桥墩,造成原告的财产损失,构成了对原告的侵权。船长操纵船舶过失是本次事故发生的主要原因,船长作为船舶所有人的受雇人,其在驾驶船舶中发生的船舶侵权行为应当由其雇主承担侵权的民事责任。

关于施工许可证以及桥梁架设是否符合通航安全要求问题。原告提供了舟山港务监督发布的舟监航(2001)年04号航行通告以及舟山市计划委员会《关于同意成立中外合作舟山通途有限公司及建设经营响嚎门大桥项目建议书的批复》,从而可以推定施工已经取得港监部门的许可以及符合通航安全要求。关于原告是否按照《中华人民共和国水上水下施工作业通航安全管理规定》第 17 条第 1 款的要求,"施工作业的……须按有关规定在明显处昼夜显示规定的号灯、号型。施工作业者在施工作业期间应按照港监确定的安全要求,设置必要的安全作业区或警戒区,设置有关标志或配备警戒船。在现场作业船舶或警戒船上配备有效的通信设施,施工作业期间指派专人警戒,并在指定的频道上守听"。宁波海事法院认为,原告委托海事部门的船舶来完成此项工作,不能免除或减轻原告作为施工作业者根据上述规定应当承担的责任,被告提供的证据表明原告对于过往船舶疏于警戒。事故发生前后,原告方未能按照规定的要求在有关明显处显示禁止船舶进入或穿越桥墩的警示,原告方的警戒船也未能按照规定的要求在"明月"轮驶入之前或当时进行正常警戒并阻止"明月"轮进入和锚泊在危险水域。并且,原告报请舟山港务监督发布的《航行通告》中只是比较笼统地提及"施工地点在舟山海区富翅门水道中段即舟山里钓山潘家至富翅门岛陈家间水域范围内",而没有标明施工地点准确的经纬度和禁航水域的范围,故不能明确事发前"明月"轮锚泊的位置是否属于可航水域。据此,宁波海事法院认为原告对本次事故的发生也存在过失。综合分析事故前后原、被告双方的过错,宁波海事法院认为原告通途公司对本次碰撞事故及其损失承担 20% 的责任,"明月"轮承担 80% 的责任。根据四航院的鉴定报告,上述可以认定的损失共计为 795 万元,按照责任比例分担,被告吉祥公司应赔偿原告经济损失 636 万元。

2. 关于被告是否存在明知可能造成触碰事件而轻率地进入并靠泊在禁航水域,以及被告能否享受责任限制

本案在审理过程中被告提出海事赔偿责任限制申请,请求准予其依照《中华人民共和国海商法》第十一章等有关规定准予其就"明月"轮触碰事故引起的全部赔偿请求限制其责任,责任限制金额为 493 151 计算单位(折合人民币约 5 058 250 元)。被告认为,根据《中华人民共和国海商法》的规定,"明月"轮属于《中华人民共和国海商法》第 3 条和第十一章下的"船舶",原告就其本次事故所提出的全部损害赔偿请求属于《中华人民共和国海商法》第 207 条第(一)项中的赔偿请求(即"限制性债权"),但不构成《中华人民共和国海商法》第 208 条下的赔偿请求(即"非限制性债权");被告也属于《中华人民共和国海商法》第 204 条规定的责任人。对于本案触碰事故损失的发生,被告作为责任人不存在《中华人民共和国海商法》第 209 条规定的丧失赔偿责任限制权利的任何情形。本次触碰事故完全是"明月"轮船长、原告方以及船厂人员的共同过失或疏忽所致,而两被告本身不存在故意或明知可能造成损失而轻率地作为或不作为的情形。原告认为:① 被告没有将舟监航(2001)第 04 号《航行通告》内容传达到"明月"轮,负有怠于管理之过错责任。② 被告没有根据船员条件、限定航区和水文气象条件妥善管理"明月"轮,同样负有怠于管理之过错责任。③ 被告怠于尽职与触碰事故,二者之间有因果关系。综上,两被告明知可能造成损失而不作为,使"明月"轮碰撞响礁门大桥 5 号桥墩,对造成损失具有严重过错,从而丧失限制赔偿责任的权利。

宁波海事法院认为,根据《中华人民共和国海商法》第十一章的规定,享受海事赔

偿责任限制必须符合以下三个条件：第一，申请人符合海商法规定的可以限制赔偿责任的主体条件；第二，申请人申请限制的债权属于限制性债权；第三，经证明，申请人没有不得享受责任限制的行为。首先，关于责任主体问题，根据《中华人民共和国海商法》第204条的规定，船舶所有人（包括船舶承租人和船舶经营人）可以成为责任限制的权利主体。其次，根据《中华人民共和国海商法》第207条第（一）项的规定，"在船上发生的或者与船舶营运、救助作业直接相关的人身伤亡或者财产的灭失、损坏……以及由此引起的相应损失的赔偿请求"，"责任人可以根据本章规定限制赔偿责任"。显然，申请人申请限制的债权属于上述条文规定的赔偿请求，也即属于"限制性债权"。第三，关于被告是否存在丧失限制赔偿责任的行为，即被告是否存在明知可能造成触碰事件而轻率地进入并锚泊在禁航水域，是被告能否享受责任限制的关键，也是本案争议的焦点之一。本起船舶触碰事故是在"明月"轮在穿越桥墩之后，在抛锚水域中发生船舶走锚失控造成的。原告所称被告怠于管理，不能就此推断出被告明知可能造成损失而轻率地作为或者不作为。并且本案原告起诉的是船东和船舶经营人而非船长及船上其他人员，《中华人民共和国海商法》第209条规定也仅限于责任人本身的行为，而非船长及船上其他人员的行为。因此，船长是否存在"明知可能造成损失而轻率地作为或不作为"，不影响其雇主（即船东）的责任限制权利。再者，原告所称，"被告明知禁止船舶通航"和《中华人民共和国海商法》第209条中的"明知可能造成损失"，是两个不同的概念，不能混为一谈。纵观本案，由于船长不清楚该水域的情况，盲目抛锚，导致走锚和触碰事故的发生，但是，被告本身不预知或明知该船会发生走锚并导致触碰事故。综上，被告可以依法享受责任限制。依照《中华人民共和国海商法》第210条第（二）项的规定，其海事赔偿责任的限额为493 151计算单位，折合人民币为5 314 609.26元。

3. 关于间接损失是否应当保护的问题

宁波海事法院认为，根据《中华人民共和国民事诉讼法》第64条第1款的规定，当事人对自己提出的主张，有责任提供证据。原告没有提供证据证明其索赔的各项间接损失及其金额的必要性和合理性，也没有对其主张和计算标准提供相应的证据和法律依据，故原告的该项诉讼请求不予支持。

4. 关于本案的责任主体问题

原告认为，第一被告吉祥公司系"明月"轮的所有权人，理应对"明月"轮的损害承担全部责任，而第二被告是经营人，根据浙江省高级人民法院《关于审理经济纠纷若干问题的规定》第12条的规定，应该由挂靠人和被挂靠人共同承担经营责任。被告海运公司认为，其仅为"明月"轮的船舶代管人，属于代理人，根据我国代理的有关规定，对本次事故不应承担任何责任。原告主张船舶经营人负担连带责任违反本案船舶代管事实，违背法律，也不符航运惯例，不能成立。对此被告提供了吉祥公司与海运公司之间的船舶代管合同为证。宁波海事法院认为，这份代管合同系二被告之间的内部协议，确定二者之间的关系应当以"明月"轮船舶登记证书上所记载的内容为准，本案被告吉祥公司与被告海运公司之间系属于船舶所有人与船舶经营人之间的关系。在我国的法律体系中,有关"船舶经营人"之说虽在《中华人民共和国海商法》与《中华人民共和国船舶登记条例》中有所涉及,但有关法律法规均未对"船舶经营人"下过定义。当然,宁波海事法院也注意到有关国际公约中对于"船舶经营人"的定义,如《1986年联合国船舶登记条件公约》(我国未加入该公约)规定,船舶经营人是指所有人或光船承租人,或经正式转让承担所有人或光船承租人的责任的其他任何自然人或法人。但此处的"船舶经营人"概念不必然适用于我国的海商法。在法律规定不明的情况下,难以推断出船舶所有人的责任必然可由船舶经营人共同承担的结论。

连带责任是指依照法律规定或者当事人的约定,具有一定民事法律关系的两个或者两个以上当事人对其共同债务、共同民事责任或他人债务、他人的民事责任全部承担或部分承担,并能因此引起其内部债务关系的一种民事责任。可见能够引发连带责任的事由是有限和严格的。本案被告吉祥公司与被告海运公司之间不存在对外承担连带责任的法定事由,并且船舶所有人与船舶经营人之间的关系,也不同于原告所称的挂靠和被挂靠的关系,因为二被告均是独立的法人,所以也不能适用上述浙江省高级人民法院《关于审理经济纠纷若干问题的规定》。再者,本案也不存在被告对外承担连带责任约定事由。所以,原告请求"明月"轮船舶经营人被告海运公司承担连带赔偿责任于法无据,应予驳回。

综上,依照《中华人民共和国民法通则》第106条第2款、第117条第2款、第3款、第131条,《中华人民共和国海商法》第204条第1款、第207条第(一)项以及第210条第(二)项,《中华人民共和国民事诉讼法》第64条第1款,最高人民法院《关于审理船舶碰撞和触碰案件财产损害赔偿的规定》第5条第1款的规定,经宁波海事法院审判委员会讨论,判决如下:

(1) 被告丹东吉祥船务有限公司赔偿原告舟山通途工程有限公司经济损失5 314 609.26元,此款于本判决生效后10日内履行完毕。

(2) 驳回原告舟山通途工程有限公司对被告丹东海运有限公司的诉讼请求。

8 原告杭州湾大桥工程指挥部与被告 SOLEADO PTE., LTD. 和 AEROMIC SHIPPING(S) PTE., LTD. 船舶触碰桥梁损害赔偿纠纷案

案例来源:宁波海事法院(2008)甬海法事初字第33号
主题词:船舶碰撞　船舶管理人　连带责任

裁判要旨

No. HS-1.3-7　船舶管理人负有安全管理义务又未尽此义务,导致船舶与桥梁发生碰撞的,应与船东承担连带责任。由于船舶所有人、管理人未提供双方的管理协议,法院无法确认管理人的管理义务。根据通常经验,法院推定管理人应当对船舶的安全负有管理义务,与船舶所有人承担连带责任。

一、基本案情

原告：杭州湾大桥工程指挥部

被告：SOLEADO PTE., LTD（中文译名：索莱多有限公司）

被告：AEROMIC SHIPPING(S) PTE., LTD（中文译名：爱尔默克航运有限公司）

原告杭州湾大桥工程指挥部起诉称：2006 年 8 月 11 日 12 时左右，新加坡籍"BITUMEN EXPRESS"（沥青快车）轮撞击杭州湾跨海大桥中引桥和北航道桥南墩区结合部 B26、B27、C01 等混凝土承台、墩身及箱梁结构物等处，造成大桥部分结构毁损，连同其后产生的检测费，共造成损失 7 882 157 元。该轮船东是 SOLEADO PTE., LTD.，经营者为 AEROMIC SHIPPING(S) PTE., LTD.。事件发生后，原、被告多次磋商，但未果，故诉请法院判令两被告赔偿原告损失共计 7 882 157 元并承担本案的诉讼费和相关费用。

被告 SOLEADO PTE., LTD. 和 AEROMIC SHIPPING(S) PTE., LTD. 答辩称：① "沥青快车"轮于 2006 年 8 月 1 日 11:30 时在强风流影响下，因走锚擦碰了大桥，船艏桅杆和驾驶台顶部大桅接触大桥的箱梁而卡于桥下，14:30 时，开始退潮，该轮在拖轮帮助下离开大桥。② 根据嘉兴海事局出具的《事故调查报告》及答辩人聘请的上海双希保险公估有限公司出具的检验报告，答辩人不否认由于对乍浦港水文条件不熟悉，"沥青快车"轮船长对事故的发生有一定的责任，但主要责任在于大桥业主严重警戒过失及港区锚地设置不合理所致，恶劣的海况也是事故发生并升级的一个重要原因。③ 上海双希保险公估有限公司出具的检验报告及评估意见认为，船舶在擦碰时并未具备较大的动能，无法对大桥相关结构造成较大的冲击和实质性的破坏。④ 鉴于"沥青快车"轮系走锚后横向漂移与大桥侧向接触，冲击力颇小，主要是接触后在潮流影响下的剐擦引起箱梁表面的擦痕，未对大桥箱梁主体结构造成较大的冲击和实质性破坏，答辩人认为对箱梁进行修复已足够，完全没有必要进行更换。但被答辩人擅自对箱梁进行了更换，导致损失扩大。答辩人仅在箱梁进行修复的范围内承担相应责任。⑤ 被答辩人提出 7 882 157 元的索赔金额，但仅提供了一份罗便士保险公估（中国）有限公司出具的公估报告，缺乏实际支付的凭证、发票及相关合同，鉴于被答辩人不能提供其实际遭受损失的证据，请求法院驳回其诉讼请求。⑥ 答辩人 AEROMIC SHIPPING(S) PTE., LTD. 是"沥青快车"轮的管理人，对此事实海事局业已查清，在船舶触碰纠纷中承担责任的主体只能是船舶所有人或光船承租人，故请求法院同意 AEROMIC SHIPPING(S) PTE., LTD. 退出本案诉讼。

二、法院查明事实

宁波海事法院认为本案争议的焦点主要有以下两点：

1. B27C01-X-L-ZB2 箱梁是更换还是修理

宁波海事法院认为，在庭审过程中，原、被告双方的专家已就碳纤维复合材料贴合加固法在桥梁修复中的作用进行了论证，认为这是一个现行的修复方法，但应用时间尚不够长,在技术上存在争议,对加固效果及使用寿命能否符合初始设计要求,在内地尚未得到实践论证。因此,既然箱梁在被撞后已经受损,其受损程度已不能满足原设计要求,原设计单位也提出整片更换的建议,在没有理想的修复方案情况下,为保证质量起见,而且也存在更换的现实可能性的情况下(箱梁刚架上,尚未合拢连续,存在更换条件,工程尚在施工中,各种机械场地尚在,重置箱梁也有便利条件),采用箱梁整片更换,技术成熟、施工简便,更加符合设计和使用寿命的要求。当然,如果在箱梁已全部合拢或整座桥已全部建造完工使用后发生此类事故,整片更换会变得相当困难,也不太可能实现,有可能会采用碳纤维复合材料贴合加固法进行修复。故在现有条件下,宁波海事法院认为原告采取的箱梁整片更换方法是合理的。

2. 被告主体问题

庭审中,被告 SOLEADO PTE., LTD. 确认其是船东,被告 AEROMIC SHIPPING(S) PTE., LTD. 认为其是管理人,管理人不应对船舶侵权承担赔偿责任,证据为《双希报告一》附件中的船舶规范,原告对此无异议。宁波海事法院认为,船舶侵权的责任主体是船舶所有人,因此船东 SOLEADO PTE., LTD. 作为被告是适格的,当船舶管理人在负有安全管理义务又未尽此义务时,与船东承担连带责任。由于两被告未提供双方的管理协议,宁波海事法院无法确认管理人的管理内容,根据通常经验,管理人会对船舶的安全负有管理义务,故宁波海事法院确认被告 AEROMIC SHIPPING(S) PTE., LTD. 应对本案承担连带责任。

根据本案证据,宁波海事法院确认如下事实:2006 年 8 月 11 日 12 时左右,新加坡籍"BITUMEN EXPRESS"(沥青快车)轮在 30°32.976N、121°03.392E 处触碰正在施工的杭州湾跨海大桥,右舷船体触碰大桥桥墩、驾驶台顶部桅杆等顶碰大桥梁板。12:30 时,嘉兴海事局接到报警后立即进行施救,14:30 时"沥青快车"轮被成功拖离大桥,16:15 时靠妥嘉兴港 1 期 1 号泊位。8 月 18 日,中国再保险(集团)公司为"沥青快车"轮提供了 950 万元人民币的担保。9 月 30 日,原告委托同济检测站对大桥的受损部位和程度进行了检测,出具的《同济检测报告》载明,撞击造成 B27、B26 和 C01 三个承台以及 C01 桥墩墩身混凝土脱落、坏损。其中以 B27 承台混凝土脱落面积最大,所有被撞墩台均未露筋。B27-C01 跨 70 米主梁受撞、顶蹭后梁体平面相对偏位实测值最大为 4.3 厘米,位置在 B27 和 B26 结合处。箱梁翼板局部破损的情况比较严重,翼板破损面面积达到 4.626 平方米,梁板上拱 37.6 厘米,破损口混凝土破碎掉落,预应力筋和构造钢筋严重变形且已经锈蚀。认定事故对杭州湾大桥中引桥和北引桥结合部下游的 B26、B27、C01 三个墩台和一根主梁(即 B27C01-X-L-ZB2)造成了不同程度的损伤。三个墩台和 C01 桥墩的损伤虽不危及结构安全,但目前外观状态不能满足检查和检测标准的有关验收要求。箱梁至少有六束横向预应力已遭破坏,该部分横向预应力筋的单侧锚固点已不复存在,削弱了对应断面箱梁翼板和顶板的刚度,该箱梁的预应力体系已经不能满足原设计要求。

2006 年年底,原告和施工单位对大桥修复提出了修复方案和费用预算。2007 年 3

月15日,大桥设计单位中铁大桥勘测设计院向原告建议箱梁整片更换。2007年3月20日,原告正式确定对受损的B27C01-X-L-ZB2箱梁进行更换。2007年3月30日和5月16日,原、被告双方进行协商并签署了备忘录,被告方不同意更换箱梁。2007年4月29日,小天鹅吊将废梁吊存,5月19日废梁被运回梁场。5月21日完成了新箱梁的架设,至此箱梁更换完成。同时对B26、B27、C01三个墩台也进行了修复。5月26日至7月8日,完成了废梁的销毁。此事故共产生施救费40 272元、检测费用90万元。经罗便士公司评估报废箱梁处理费为3 758 647元(含废箱梁运回低墩区存放费用1 731 013元、废箱梁运回预制梁场费用507 634元、凿除及垃圾清理运输费用等1 520 000元)、新梁制造和安置费2 333 328元,共计6 091 975元,三个墩台修理费1 369 910元,共计8 402 157元,扣除箱梁处理的残值520 000元,事故共造成原告损失7 882 157元。

"沥青快车"轮是一艘油/沥青船,船籍港新加坡,登记船舶所有人为SOLEADO PTE., LTD.,管理人(经营人)为AEROMIC SHIPPING(S)PTE., LTD.。登记总吨为3 305吨,载重吨4 429吨,净吨1 105吨,总长93.55米,型宽16米,型深7.4米,于1982年3月在德国建造。该轮于2006年8月1日11:35时第0615航次,装载3 499.204吨沥青从台湾地区高雄港开航,前往嘉兴乍浦港准备卸货。8月7日,该轮靠泊乍浦1期码头1号泊位卸货。8月11日10:50时,该轮准备引航。11:00时,该轮抵达引航站,船长决定在引航站附近抛锚等待引航员。11:05时,该轮艏向147,位于杭州湾大桥东面约1海里处,距离港区最近泊位约1.5海里处,船长命令抛下右锚。当时,天气状况良好,能见度佳,东南风约5级,阵风7级,涨潮流,流向往西,流速约4—5级。锚地水深9.5米。锚链三节入水后,锚仍未抓牢,此时,船舶走锚,朝右舷方向的杭州湾大桥移动。船长立即命令绞右锚,准备移位,但未成功,在主机全速进车、左满舵及2节锚链入水的情况下,船舶仍不断靠近大桥,船长又下令抛左锚,但仍无法将船止住。最后该轮于11:30时擦碰大桥。直至14:30时,在拖轮帮助下离开大桥。

杭州湾跨海大桥是国道主干线——同三线跨越杭州湾的便捷通道,北起嘉兴市海盐郑家埭,南至宁波市慈溪水路湾,全长36公里。大桥按双向六车道高速公路设计,设计时速为100公里/小时,设计使用年限100年,总投资约118亿元。大桥设南、北两个航道,其中北航道桥为主跨448米的钻石型双塔双索面钢箱梁斜拉桥,通航标准为35 000吨;南航道桥为主跨318米的A型单塔双索面钢箱梁斜拉桥,通航标准3 000吨。除南、北通航桥外其余引桥采用30—80米不等的预应力混凝土连续箱梁结构。涉案的箱梁即为中引桥和北航道桥南高墩区C01至B27的混凝土预应力箱梁,70米×16米×4米,单片重2 200吨。受损桥墩依次为C01、B27、B26。

三、法院裁判

宁波海事法院认为,被告SOLEADO PTE., LTD.所属的由被告AEROMIC SHIPPING(S)PTE., LTD.经营管理的"沥青快车"轮,因走锚而触碰了原告杭州湾大桥工程指挥部正在施工的杭州湾跨海大桥,致使位于中引桥和北航道桥南高墩区C01至

B27 的编号为 B27C01-X-L-ZB2 的 70 米混凝土预应力箱梁和 C01、B27、B26 桥墩受损,"沥青快车"轮的行为已构成对原告的侵权,作为该轮的所有权人和经营人的两被告理应承担侵权的民事责任。两被告认为,事故系原告严重警戒过失及港区锚地设置不合理所致,恶劣的海况也是事故发生并升级的一个重要原因,因此两被告不应承担全部责任。由于事故系被告"沥青快车"轮走锚所致,故两被告此项抗辩,理由不足,不予采信。被告 AEROMIC SHIPPING(S) PTE., LTD. 主张其系船舶管理人,不应承担责任的抗辩,因证据不足,不予支持。原告依据《罗便士报告》主张的损失合理,宁波海事法院予以支持。

综上,依据《中华人民共和国民法通则》第 106 条第 2 款、第 117 条第 2 款的规定,判决如下:

被告 SOLEADO PTE., LTD. 和 AEROMIC SHIPPING(S) PTE., LTD. 共同赔偿原告杭州湾大桥工程指挥部 7 882 157 元人民币,两被告互负连带责任。

9 上诉人宁波市鄞州区通顺海运有限公司与被上诉人吴祥仕船舶碰撞损害赔偿纠纷案

案例来源:浙江省高级人民法院(2010)浙海终字第 192 号
主题词:船舶碰撞　赔偿协议　重大误解　撤销

裁判要旨

No. HS-1.3-8　因重大误解而订立合同及合同显失公平的,只有合同的一方当事人才可向人民法院或仲裁机关申请撤销该合同。

一、基本案情

上诉人(原审原告):宁波市鄞州区通顺海运有限公司(以下简称通顺公司)
被上诉人(原审被告):吴祥仕

宁波海事法院审理查明:2009 年 1 月 4 日 02:58 时许,吴祥仕所有的"宝马 117"轮从峙头载运黄沙开往宁波,在靠泊宁波杨木碶砂场码头过程中,与正在倒车离泊的通顺公司所有的"鄞通顺 31"轮发生碰撞,致通顺公司一船员(戴献炉)落水死亡及两轮轻微受损。事故发生后,双方经协商,"鄞通顺 31"轮侯学顺作为乙方与"宝马 117"轮吴祥仕(甲方)于 2009 年 4 月 23 日签订赔偿协议,约定:甲方确认"1·4"事故乙方共计经济损失为 48 万元(包括死者的丧葬费、被扶养人生活费、死亡补偿费、搜救打捞费,受害人亲属支出的交通费、住宿费、误工费、精神损害抚慰金);甲方赔偿乙方本次事故费用共计 188 000 元(其中 8 000 元赔偿乙方修船),其余部分经济损失由乙方赔偿,死者家属如何赔偿与甲方无关;赔款分两次支付,2009 年 4 月 30 日前支付 15 万元,余款 38 000 元于 2009 年 6 月 5 日前付清等。协议签订后,吴祥仕于 2009 年 6 月 3 日前支付 15 万元,并于该日向侯学顺出具欠条承认欠款 38 000 元。2009 年 5 月 25 日,宁波三江口海事处就涉案事故作出责任认定书,指出本起事故是双方均有过失的人为责任事故,"宝马117"轮过失大于"鄞通顺31"轮,前者应承担事故的主要责任,后者承担次要责任。该认定书出具后,吴祥仕要求支付余款遭拒。通顺公司于2010年5月12日向宁波海事法院起诉,请求判令撤销2009年4月23日所签之赔偿协议,判令吴祥仕赔偿通顺公司各项损失282 000元。

宁波海事法院另查明:2009年4月8日,侯学顺、黄发良、戴献全与死者家属(乙方)签订赔偿协议并于同日支付约定款项。该协议载明:侯学顺(甲方)召集"鄞通顺31"轮其余两名股东(黄发良、戴献全)协商,同意按"鄞通顺31"轮原四位股东股权比例分摊赔偿,赔偿金额为42万元,目前赔款暂由四位股东代付(等保险公司赔偿后按原四位股东股权比例分摊);赔偿款(包括丧葬费、打捞费、家属误工费、精神损失费等按国家规定的费用)待协议经公证认可后一次性付清,乙方此后发生的各种经济费用与甲方无关等。"鄞通顺31"轮船舶所有权登记证书载明,通顺公司为该轮所有权人,该轮无共有、抵押、租赁情形。

二、一审裁判

宁波海事法院审理认为,通顺公司诉请撤销的赔偿协议系吴祥仕与第三人侯学顺所签订,通顺公司未提供证据证明其系该协议的一方主体,故其诉请撤销该协议,无事实与法律依据,不予支持。通顺公司作为碰撞一方船舶"鄞通顺31"轮登记所有权人,就其损失虽可依法向碰撞另一方船舶("宝马117"轮)之所有人(或已登记之光租承租人)请求赔偿,但根据本案事实及表面证据,因通顺公司并非与吴祥仕签订赔偿协议之主体,故其不能当然依据该协议而主张其损失共计48万元,且"鄞通顺31"轮死亡船员已由第三人侯学顺等予以赔偿,通顺公司证据不足以证明侯学顺等人的赔偿与通顺公司所谓损失之间的关系,不能证明通顺公司损失何在;另外,通顺公司主张其对事故仅承担10%之责任,其证据与理由亦不充分,故其诉请吴祥仕赔偿其经济损失,证据与理由均不充分,不予支持。综上,依照《中华人民共和国民事诉讼法》第64条第1款、第130条的规定,判决:

驳回通顺公司的诉讼请求。

案件受理费5 530元减半收取2 765元,由通顺公司负担。

三、上诉与答辩

通顺公司不服原审判决,向浙江省高级人民法院提起上诉称:

(1)双方于2009年4月23日达成的赔偿协议系通顺公司在重大误解下签订,而且该协议显失公平。该协议签订于宁波三江口海事处出具的水上交通事故责任认定书之前,故通顺公司对于双方的责任分担存有重大误解。根据该责任认定书,吴祥仕承担主要责任,而协议书却约定其仅需赔偿188 000元,不到损失的一半。

(2)通顺公司在本案中诉讼主体适格。"鄞通顺31"轮属于通顺公司所有,2009年4月23日赔偿协议虽由侯学顺签字,但其系挂靠在通顺公司名下的该轮的实际经营人,故其应以通顺公司名义参与诉讼。

(3)原审判决以通顺公司主张其对事故仅承担10%的责任,而无证据与理由加以推翻通顺公司的诉请错误。请求二审法院依法改判,支持通顺公司的诉讼请求。

吴祥仕未陈述答辩意见。

四、二审裁判

浙江省高级人民法院经审理查明的事实与原判认定的一致。浙江省高级人民法院认为,通顺公司虽为涉案"鄞通顺31"轮登记所有人,但其在一、二审中均坚持该轮由侯学顺所有并实际经营。并且,在"鄞通顺31"轮与吴祥仕所有的"宝马117"轮发生碰撞事故后,已由侯学顺等对"鄞通顺31"轮上死亡船员予以赔偿。通顺公司未能提供该司已支付相关款项的证据,故其上诉所称的损失并不存在。另外,根据《中华人民共和国合同法》第54条之规定,因重大误解而订立合同及合同订立后显失公平的,只有合同的一方当事人才可向人民法院或仲裁机构申请撤销该合同。本案争议所涉2009年4月23日之赔偿协议的双方当事人为侯学顺及吴祥仕,通顺公司并非该协议的一方当事人。因此,通顺公司亦无权以该协议存在重大误解、协议本身显失公平为由要求撤销该协议。

综上,浙江省高级人民法院认为,"鄞通顺31"轮与吴祥仕所有的"宝马117"轮相撞后,双方达成赔偿协议并已部分履行。通顺公司并未因此遭受损失,且其也并非赔偿协议的签署方,故通顺公司关于涉案赔偿协议存有重大误解、显失公平应予撤销的上诉主张不能成立,浙江省高级人民法院不予支持。原审判决认定事实清楚,适用法律正确,实体处理妥当,依照《中华人民共和国民事诉讼法》第153条第1款第(一)项之规定,判决如下:

驳回上诉,维持原判。

1.4 海上避碰规则

1.4.1 安全航速的界定和判断

⑩ **上诉人赵温鼎与被上诉人烟台海顺旅游服务有限公司、高军海上人身伤害赔偿纠纷案**

案例来源:山东省高级人民法院(2010)鲁民四终字第22号

主题词:海上人身伤亡损害　航道　禁泳区　安全航速

> **裁判要旨**
>
> **No. HS-1.4-1** 安全航速是个相对概念,并无具体速度的限制,而且判断船舶是否以安全航速行驶,必须以发现海上其他船舶、物体或者应当避让的情况为条件。游艇驾驶员由于无法观察到水下赶海者,不存在是否应当避让的情形,判断是否以安全航速行驶对判定游艇碰撞水下赶海者事故案所涉责任没有意义。

一、基本案情

上诉人(原审原告):赵温鼎

被上诉人(原审被告):烟台海顺旅游服务有限公司(原名烟台芝罘永昌海上旅游观光服务有限公司,以下简称海顺公司)

被上诉人(原审被告):高军

青岛海事法院经审理查明:

赵温鼎,男,1957年2月24日生,非农业家庭户口,常住地山东省烟台市。2003年3月1日,原告与烟台国联食品加工有限公司签订无固定期限劳动合同,工种为压缩机工工人。海顺公司原名烟台芝罘永昌海上旅游观光服务有限公司,该公司名称于2007年3月12日变更为现在名称。高军,系"烟游2"号游艇驾驶员。"烟游2"号,船舶登记号为160006000020,船籍港为烟台,船舶种类为游艇,总吨2吨,登记机关为烟台海事局,船舶所有人、经营人为烟台芝罘永昌海上旅游观光服务有限公司,所有权取得日期为2006年4月13日。2006年8月12日下午15:40时左右,南风3—4级,没有浪涌,能见度良好,退潮。赵温鼎在烟台市第一海水浴场游泳区之外的航道上赶海时,被海顺公司所有并经营的、由高军驾驶的"烟游2号"游艇撞伤,构成六级伤残,事实清楚,证据确凿。

二、一审裁判

青岛海事法院认为,本案是一起海上人身伤害赔偿纠纷案件,本案中的焦点问题是责任比例的划分和责任的承担。本案中,赵温鼎远离规定游泳区外围防鲨网500米左右,在水深1.7米的地方,戴着呼吸管、脚蹼扎猛子潜水到海底挖蛤,其扎到海底后,整个身体会被海水全部淹没,而事发时赵温鼎正在海面下平游。据证人邹志明庭审时描述,"扎在水底下,能听到船响的声音,一般偶尔会有船从我头顶上经过""游艇过来后远远看见就先跑了,不往水里面扎,在水里有时候能看见游艇"。可见赵温鼎明知其潜水的地方属于游艇航道,自信可以避免而没有避免事故的发生。加之赵温鼎没有在海面设立任何标志,使得游艇驶来时没有机会发现潜在水面下的赵温鼎,无法提前进行避让。对事故的发生,赵温鼎存在重大过失。高军驾驶"烟游2"号游艇正常行驶于游艇航道上,事发当天能见度好,没有浪涌,坐于船头的游客在事发时完全没有发现海面上有任何异常,可见高军尽了瞭望义务,但却无法发现赵温鼎。游艇行驶到航道的拐弯处,减速拐弯,符合操作规程。只是事发地点就在拐弯处,游艇的速度没有完全降到安全航速。但高军应当提前减速,在到拐弯处时就应已经降到安全航速,以处理突发事件。从上述分析,对事故的发生,赵温鼎负有主要责任,海顺公司负有次要责任。综合全案认定,赵温鼎承担70%的责任,海顺公司承担30%的责任为宜。本案中,高军为"烟游2"号驾驶员,事故发生时驾驶"烟游2"号的行为属于履行职务的行为。海顺公司为"烟游2"号游艇的所有人,根据法律规定,本案的赔偿责任应当由"烟游2号"

的所有人海顺公司承担。被告应当赔付的赔偿金总额为291 279.29 元,按照海顺公司承担30%的比例予以赔偿,赔偿数额为87 383.79 元。扣除高军先行支付的2 万元,海顺公司还应支付赵温鼎67 383.79 元。因本案中高军对赵温鼎不承担损害赔偿责任,故就其预付2 万元的款项,可以另案向海顺公司追偿。本案不予处理。

依据《中华人民共和国民法通则》第119 条、第131 条,最高人民法院《关于审理人身损害赔偿案件适用法律若干问题的解释》第2 条、第8 条、第17 条的规定,判决如下:

(1) 海顺公司于本判决生效之日起10 日内支付赵温鼎海上人身伤害赔偿金67 383.79 元;

(2) 驳回赵温鼎对海顺公司的其他诉讼请求;

(3) 驳回赵温鼎对高军的诉讼请求。

三、上诉与答辩

上诉人赵温鼎不服一审判决上诉称,一审法院认定事故地点是在航道上,而不是在游泳区是没有依据的。海顺公司所称的"航道"没有相关部门批准的证据,没有警示标志,更没有公示过,大家并不知道,"航道"根本就不存在。赵温鼎在清醒后的笔录中称自己游泳时在海上设了浮漂,这和证人邹志明所述相吻合。赵温鼎和同伴在游泳过程中挖蛤,如果没有浮漂,所挖的蛤是无处存放的。高军既没有保持正规的瞭望也没有以安全航速行驶导致赵温鼎受伤,一审法院让赵温鼎承担70%的责任是错误的。

海顺公司和高军答辩称,一审法院认定事故地点在航道上而不是游泳区,证据是充分的,也是客观事实。该航道是历史形成的,并为政府有关部门认定并公示且有公示牌和广播循环广播,以引起广大游泳爱好者的注意,防止发生意外,海事局的调查材料以及在事故发生后到达现场拍摄的照片足以证明事故地点就在游艇航道上。高军以及当时游艇上的10 名游客均没有发现航道内有浮漂,高军完全尽到了瞭望的义务并保持了安全航速,对事故的发生没有任何责任。

四、二审裁判

山东省高级人民法院查明的事实与青岛海事法院查明的事实相同。山东省高级人民法院认为,本案是海上交通事故引起的损害赔偿纠纷,事故责任的认定是当事人争议的主要焦点问题。关于事故责任的认定取决于下述两个方面。

1. 事故地点及该地点对事故责任的影响

当事人在本案中对事发地点作了不同的陈述,赵温鼎陈述,事故发生地点在防鲨网的西侧30—40 米。海顺公司陈述,事故发生地点距浴场西警戒线500 米,距岸边浮桥300 米左右。虽然青岛海事法院自海事局调取的档案显示,事发地点与海顺公司陈述的地点相一致,但由于海事局未对本次事故作出处理意见,因此海事局在本次事故调查所取得的资料应作为本案的参考依据而不是决定性依据。依照当事人的陈述及参照事发区域的地理条件,山东省高级人民法院认为事发地点应在防鲨网西侧40—

500米,距岸边500米的区域内。该事发地域是否存在航道,是否是禁泳区,对于事故责任的认定起着重要作用,证据表明海顺公司取得的营业执照及水路运输许可证均记载,海顺公司的主营为旅客运输,经营范围为烟台山至第二海水浴场距岸不超过1海里旅游运输,事发区域即在其经营范围所限定的区域内。但是在本案的审理过程中,海顺公司未能提供证据证明,该区域范围内设定了航道,也没有证据证明政府主管部门就航道的设立发布过航行通告或设立过禁泳标识。因此该事发区域既是海顺公司船舶的经营区域也是赶海者的活动区域,该事故地点对于当事人的责任认定没有任何关系,青岛海事法院判决认定该区域为航道缺乏事实依据。

2. 赵温鼎与海顺公司是否各自存在过错

作为常识,赶海者尤其是以潜泳方式赶海的人应当知晓,在其活动区域应当设立浮漂等警示标志以保护自己,特别是在本案所处的情况下,赵温鼎赶海地点的东侧是公众海水浴场,其赶海地点处于游艇的经常活动区域,赵温鼎更应当具有谨慎义务。但是,赵温鼎在本次赶海过程中,按其自述,其未设立任何警示标志。即便按照和其共同赶海的同伴邹志明的陈述,两人赶海时先是设立了浮漂,但邹志明上岸时将该浮漂携带上岸,使赵温鼎在无浮漂的状态下继续赶海。无论采用哪一种陈述,赵温鼎都是将自身处于危险状况下,导致本次事故的发生,其对事故的发生负有主要责任。海顺公司所属船舶在其核定批准的区域进行正常的经营活动,该船舶的驾驶人员负有瞭望和谨慎驾驶的义务。但是,由于赵温鼎赶海时未设立浮漂等警示标志,且事发前其在水下,事故的发生也是赵温鼎自水下浮出水面时撞上了船尾,游艇的驾驶人员的瞭望义务不应包括对水下移动物体的观测。因此,赵温鼎主张船舶驾驶人没有尽到瞭望义务没有事实依据。关于安全航速,无论《1972年国际海上避碰规则》还是中华人民共和国交通运输部公布的《游艇安全管理规定》以及《高速客船安全管理规则》中均要求船舶以安全航速航行,但对安全航速的速度标准均未作具体规定。依据《1972年国际海上避碰规则》对安全航速的要求是,每一条船任何时候都应以安全航速行驶,以便能采取适当而有效的避碰行动,并能在适合当时环境和情况的距离以内把船停住。从该规定看,所谓安全航速是个相对概念,并无具体速度的限制,而且判断船舶是否以安全航速行驶必须以发现海上其他船舶、物体或者应当避让的情况为条件。由于本案中,海顺公司的船舶无法观察到水下的赵温鼎,因此,也就不存在海顺公司的船舶是否应当避让赵温鼎的情形。从而,判断海顺公司的船舶是否以安全航速行驶对判断本案的责任没有任何意义。也就是说,由于赵温鼎赶海潜入水下,海顺公司的船舶在正常航行中无法瞭望发现赵温鼎,当碰撞事故发生后,不能以事故船舶是否采用安全航速划分事故责任。但是,原审判决依据海顺公司驾驶员高军自身的陈述,判断其未以安全航速行驶对事故负次要责任后,海顺公司及高军对此均未提出上诉,山东省高级人民法院对于该认定不再变动。

综上所述,原审判决虽对事发地点及该地点的属性认定不清,但依当事人各方的行为对事故责任划分是正确的,原审判决结果应当维持。另外,山东省高级人民法院依据赵温鼎因本次事故成为残疾,加判海顺公司给付赵温鼎一定的精神抚慰金。依据最高人民法院《关于审理人身损害赔偿案件适用法律若干问题的解释》第 18 条、《中华人民共和国民事诉讼法》第 153 条第 1 款第(一)项之规定,判决如下:

(1) 维持青岛海事法院(2006)青海法烟海事初字第 142 号民事判决第一、二、三项。

(2) 海顺公司自本判决生效之日起 10 日内给付赵温鼎精神抚慰金 1 万元。

1.4.2 狭水道的定义及其界定

11 原告尤兆奇与被告尤庆标、尤庆巨船舶碰撞损害赔偿纠纷案

案例来源:广州海事法院(2002)广海法初字第 444 号

主题词:船舶碰撞 小型渔船 狭水道

裁判要旨

No. HS-1.4-2 尽管碰撞的两艘小型渔船在 300 米宽的水道内行驶有较大的回旋余地,但按照航行惯例,水道为狭水道的,不受具体当事船舶吨位及尺寸大小的影响,否则会导致特定水域可能因船舶大小而适用不同的航行规则,以致航行秩序紊乱。《1972 年国际海上避碰规则》是一切海上航行的船舶所应共同遵守的规则,为了保证该规则执行的普遍性与统一性,对特定水域是否为狭水道的界定必须参照大多数海船的航行情况和海上的航行习惯。

一、基本案情

原告:尤兆奇

被告:尤庆标、尤庆巨

原告尤兆奇诉称:2002 年 3 月 27 日 04:00 时左右,被告尤庆标驾驶"粤湛江 17083"渔船在湛江市东海岛民安镇龙现村海面自西向东行驶。同时,原告驾驶"粤湛江 17107"渔船在附近海面自东向西南方向航行,该船上挂有夜航灯。由于"粤湛江 17083"船当时没有灯光,也没有任何航行指示,原告未能及时发现该渔船。"粤湛江 17083"船航速较快,尤庆标驾驶时失神,没有给原告避让。约在两船相距 20 米时,原告才发现"粤湛江 17083"船,然后紧急避让,"粤湛江 17083"船船头撞在"粤湛江 17107"船右舷偏后处,"粤湛江 17083"船船头顺着"粤湛江 17107"船船舷向后滑,将正在船后驾驶的原告碰撞落水,原告在海水中呼救后,被告尤庆标才发现原告落水,遂将原告救起。事后,原告经医院诊断全身多处骨折及挫伤,住院治疗 152 天。8 月 27 日,原告经湛江市公安局法医鉴定为九级伤残。原告因该碰撞事故遭受损失如下:医药费 35 081 元、误工费 4 560 元、护理费 4 560 元、住院伙食费 4 560 元、交通费 1 500 元、伤残费 32 247.64 元、船舶维修费 1 350 元、法医鉴定费 110 元等。尤庆标仅向原告支付了医疗费14 100元,拒绝赔偿原告其他费用。尤庆标应赔偿原告上述费用的70%,以及10 000元精神损害赔偿金(残疾赔偿金),减去尤庆标已付费用14 100元,尤庆标应赔偿原告损失54 933.04元。被告尤庆巨是"粤湛江17083"船的所有人,且与被告尤庆标同为合伙人,应依法对原告的损失负连带赔偿责任。请求法院判令被告尤庆标、尤庆巨连带赔偿原告损失54 933.04元,并承担本案诉讼费。

被告尤庆标、尤庆巨共同辩称:原告所述事故经过与事实不符。事故发生前,尤庆广在被告渔船的船头手持指示灯,被告尤庆标在船后驾驶台上手持指示灯。原告在事故发生前曾同其船舶一起掉进尤乃胜的网门内受伤,已失去了驾驶能力,仍继续驾船航行,直至两船碰撞。在原告住院的152天内,6月1日至8月30日为休渔期,原告剩下的捕捞时间只有91天;而原告所从事的网门捕捞每月只有15天的作业时间,原告在剩下的91天时间里只有46天能实际作业,原告实际误工46天。原告主张的护理费应已包括在住院费中,伙食费应以医院伙食费清单为证,交通费应以车票为证。原告主张的船舶维修费以及其所称的伤残等级均不是事实。原告请求被告尤庆巨负连带责任,亦无依据。

二、法院查明事实

广州海事法院应原告与被告尤庆标的申请,于12月3日向湛江港渔港监督调取了有关的海事调查材料如下:① 湛江港渔港监督询问尤庆标的3份笔录;② 尤庆标的调解申请书;③ 尤庆标的海事报告;④ 湛江港渔港监督询问尤庆广的2份笔录;⑤ 湛江港渔港监督询问尤乃胜的笔录;⑥ 湛江港渔港监督询问尤英耀的2份笔录;⑦ 湛江港渔港监督询问原告的笔录;⑧ 湛江港渔港监督的《碰撞事故调查报告》。经质证,查明有关事实如下:

"粤湛江17107"船,属木质捕捞渔船,由原告所有。该船船籍港为湛江东南港,船舶主尺度为:总长8.5米,宽1.5米,深0.8米。船舶总吨1吨,Ⅲ类航区。1995年7月建造。主机为S195型柴油机,功率8.8千瓦。该船于2001年5月7日经湛江港渔港监督年度检验合格,年度检验有效期至2002年5月6日。"粤湛江17083"船,属木质捕捞渔船,由被告尤庆标所有。该船船籍港为湛江东南港,船舶主尺度为:总长8.0米,宽1.8米,深0.8米。船舶总吨2吨,Ⅲ类航区。1998年10月建造。主机为S195型柴油机,功率8.8千瓦。该船于2001年5月7日经湛江港渔港监督年度检验合格,年度检验有效期至2002年5月6日。被告尤庆巨曾以其作为该船船主的名义,向湛江市公安局民安边防派出所为该船申领《出海船舶户口簿》。

2002年3月27日03:00时左右,原告在湛江市东海岛民安镇龙现村附近水域驾驶"粤湛江17107"船,该船没有显示灯光,在黑夜中闯入该村村民尤乃胜在海上设置的网门,船上的搭架噼啪作响,原告与其船上另一名船员尤英耀点燃灯火,一起用力将船从网门推出,继续航行去卖鱼。因当时天暗,在现场的尤乃胜只知道其网门损害不严重,不知道该船是否受损及原告是否受伤,但听见原告大叫:"不马上来,就不得了。"原告卖完鱼后驾船向龙现村驶回。至 05:00 时许，原告驾驶"粤湛江 17107"船向南顺流行驶至龙现村南溪附近的一条约 300 米宽的平直水道（该水道南北延伸通海，东西为岸，当地称"丹二渔坛海沟"），航速约 6 节，船头有盏照明灯，船员尤英耀在灯下捡鱼。同时，被告尤庆标在该水道驾驶"粤湛江 17083"船向北逆流行驶，航速约 5 节，船上没有航行号灯，另有一名船员尤庆广在船头用手电筒照着捡虾。当时天黑，能见度较差（约 10 至 30 米），海面无风浪，退潮，流向向南，流速较缓。当两船在水道中相对航行至近龙现村南溪入口的对开水域时，原告驾驶"粤湛江 17107"船靠向水道东岸一边航行（即靠本船左舷边水域航行），尤庆标驾驶"粤湛江 17083"船也沿着水道东岸一边航行（即靠本船右舷边水域航行），当两船同在水道东岸边水域当头对遇约 5 至 8 米，接近碰撞时，双方才互相发现。尤庆标开始减速并操舵向右转避让，原告未减速但向左转避让，两船船艏均向水道东岸靠去，终于因无法让清而发生碰撞。"粤湛江 17083"船船头小角度碰到"粤湛江 17107"船右舷中后部，一直擦过"粤湛江 17107"船船艉，将在"粤湛江 17107"船船艉靠右舷驾船的原告碰跌，原告被两船夹住臀部，骨盆多处骨折，跌落海中大声喊叫，抓着"粤湛江 17083"船上的一根绳而被尤庆标救起至"粤湛江 17083"船上。原告落海后，"粤湛江 17107"船仍在打转行驶，在该船上捡鱼的尤英耀看到原告在"粤湛江 17083"船上才知道发生了碰撞事故，而将"粤湛江 17107"船停机。约 08:00 时，尤庆标告知原告家人将其送往医院救治。"粤湛江 17107"船右舷中部及尾部被碰坏，"粤湛江 17083"船船头龙须有碰撞痕迹。原告与被告尤庆标当时均无职务船员证书。在该两船碰撞前后，被告尤庆巨不在"粤湛江 17083"船上。

三、法院裁判

广州海事法院认为，本案是一宗海上船舶碰撞损害赔偿纠纷。在海上航行的船舶应当按照《中华人民共和国海上交通安全法》的规定配备持有合格职务证书的船员，并遵守《1972 年国际海上避碰规则》所规定的驾驶与航行规则以及号灯和号型规则。"粤湛江 17107"船与"粤湛江 17083"船在碰撞前后所行驶的水域为约 300 米宽的通海水道，按照航行惯例，该水道为狭水道。尽管本案碰撞的两艘小型渔船在 300 米宽的水道里行驶有较大的回旋余地，但《1972 年国际海上避碰规则》是一切海上航行的船舶所应共同遵守的规则，为了保证该规则执行的普遍性与统一性，对特定水域是否为狭水道的界定必须参照大多数海船的航行情况和海上的航行习惯，而不受具体当事船舶吨位及尺寸大小的影响，否则会导致特定水域可能因船舶大小而适用不同的航行规则，以致航行秩序紊乱。因此，本案碰撞两船在事故水域首先应当遵循《1972 年国际海上避碰规则》关于狭水道航行的规定。

《1972 年国际海上避碰规则》第 9 条第 1 款规定："船舶沿狭水道或航道行驶时，只要安全可行，应尽量靠近本船右舷的该水道或航道的外缘行驶。"被告尤庆标驾船靠水道东岸即本船右舷水道边缘行驶，符合上述关于狭水道航行的规定；而原告驾船靠水道东岸即本船左舷水道边缘行驶，则明显违反了有关狭水道航行的规定。当两船对遇互见并形成紧迫局面后,原告驾船未减速却向左转向,被告尤庆标减速并向右转向,两船均靠向水道东岸,随即发生了碰撞。原告又明显违反了《1972年国际海上避碰规则》第14条第1款关于两艘机动船对遇有碰撞危险时应各自向右转向的规定。被告尤庆标驾船右转的避让措施正确。按照《1972年国际海上避碰规则》第21条第2款及第23条第3款第(1)项的规定,长度小于12米的机动船在夜间至少应当显示一盏环照白灯和一盏舷灯(装设于船的首尾中心线上)。"粤湛江17107"船长度8.5米,在事故前仅在船头放置一盏照明灯;"粤湛江17083"船的长度为8.5米,在事故前没有显示任何灯光,两船均未按规定显示号灯。原告与被告尤庆标在航行中也均有瞭望疏忽,在能见度不良情况下均未使用安全航速并做好随时操纵的准备,以致两船在互见时已形成碰撞危险,从而未能及早地有效避让,均违反了《1972年国际海上避碰规则》第5条、第8条第1款、第19条第2款关于谨慎瞭望、及早有效避让、以适合能见度不良的安全航速并做好随时操纵准备的规定。原告与被告尤庆标均无证驾驶船舶,违反了《中华人民共和国海上交通安全法》第7条关于船员必须持有合格职务证书的规定。通过分析案情可看出,对于被告尤庆标所具有的航行过失,原告也基本上同样具有;而原告还单方具有违规靠本船左舷狭水道航行和在两船对遇时错误向左转向两大航行过失,且这两大航行过失是导致本案船舶碰撞最主要、最直接的原因。故原告应对碰撞事故负主要责任,即负70%的责任;被告尤庆标对碰撞事故负次要责任,即负30%的责任。

依照《中华人民共和国民法通则》第106条第2款、第119条、第131条的规定,判决如下:

(1)被告尤庆标赔偿原告尤兆奇人身损害5133.48元、船舶修理费405元、精神损害抚慰金2000元(三项赔偿合计7538.48元);

(2)驳回原告尤兆奇对被告尤庆巨的诉讼请求。

1.4.3 操纵能力受到限制船舶的界定

12 原告(反诉被告)宁波保税区吉宁国际贸易有限公司与被告(反诉原告)JACKY RICKMERS Schiffahrtsgesellschaft mbH & Cie. KG 船舶碰撞损害赔偿纠纷案
案例来源:宁波海事法院(2005)甬海法事初字第67号
主题词:船舶碰撞　离泊船　操纵能力受限船　让路船义务

裁判要旨

No. HS-1.4-3　船舶解缆离开码头过程中,由两条拖轮暂时予以配合协助,其操纵能力并未受到任何限制。且该离泊船舶显示了航行灯,未显示任何操限号灯。故其主张此时为操纵能力受到限制的船舶,其他船舶应为其让路的理由不能成立。

一、基本案情

原告(反诉被告):宁波保税区吉宁国际贸易有限公司(以下简称吉宁公司)

被告(反诉原告):JACKY RICKMERS Schiffahrtsgesellschaft mbH & Cie. KG(以下简称杰克公司)

原告吉宁公司起诉称:2005年2月9日,杰克公司所属的"宏光"轮在上海黄浦江军工路码头离泊过程中严重疏于瞭望,未发现并注意到在右侧航道上正常航行的吉宁公司所属的"新世纪"轮,倒车过快,导致尾部左侧撞击"新世纪"轮左舷中后部,造成后者驾驶台几乎全部损坏,其他部位及设备严重损坏。因时值农历大年初一,"新世纪"轮无法就近进厂修理,只能由拖轮拖至宁波大榭开发区船厂有限公司(以下简称大榭船厂)进行修理,产生了巨额修理费用及船期损失共计人民币7 698 364.31元。吉宁公司认为,杰克公司对本次碰撞事故应至少承担90%的责任,请求判令杰克公司赔偿吉宁公司损失人民币6 928 527.88元,并承担碰撞之日起至实际支付之日的利息。

被告杰克公司答辩称:

(1) 本次碰撞事故主要是由于"新世纪"轮的过错造成。事发当时,"宏光"轮有合法的权利进行掉头,"新世纪"轮疏于瞭望,在明知"宏光"轮将要掉头的情况下,未尽到让路船的义务,未能及时采取减速、停车等有效避让措施,是造成本次碰撞的根本原因,应承担主要责任。

(2) 吉宁公司提出的各项索赔损失数额明显不合理。

杰克公司提起反诉称:本次碰撞给杰克公司的"宏光"轮造成了损坏,且吉宁公司违反承诺申请扣押"宏光"轮要求杰克公司重新提供担保,使杰克公司共遭受损失238 201.85美元、23 053.03欧元、5 077.5新加坡元、人民币640 495元,共折合人民币2 809 368元。杰克公司认为,吉宁公司应承担90%的碰撞责任,请求判令吉宁公司赔偿杰克公司人民币2 528 432元,并支付自碰撞之日起至损失实际赔付之日的利息损失。

针对杰克公司的反诉,吉宁公司辩称:杰克公司的反诉请求没有充分证据,其索赔数额存在明显的不合理和重复计算。

二、法院查明事实

综合宁波海事法院认定的证据以及诉讼双方在庭审中的陈述,宁波海事法院确认如下事实:"新世纪"轮为中国籍钢质油轮,1976年建造,长106.6米,宽17.1米,型深8.5米,满载吃水7.25米,总吨3 991吨,净吨2 235吨,主机功率2 800KW,最大航速11节。2005年2月9日中午,"新世纪"轮在上海炼油厂5号泊位装载0号柴油6 292吨,计划开往广州。12:55时备车完毕,用VHF06频道报告吴淞交管中心征得同意后于13:15时起锚开航,开航时开启雷达二台、VHF2台二台,与"宏光"轮所在的军工路码头2号泊位相距2.6海里。13:34时,驶过草临线向交管中心报告船位,距离"宏光"轮1.38海里,前进三,航速约6节,航向对准106号灯浮。13:38时,"新世纪"轮发现"宏光"轮在码头边,并看到两条拖轮在协助,预计将要离泊但未发现其开始行动。13:40时两船相距0.5—0.7海里。13:42时"新世纪"轮与"宏光"轮相距600余米,发现对方船开始顶推船尾呈离码头状态,形成碰撞危险局面,再次呼叫仍无应答,减速至微速前进,以维持舵效,鸣一长声。13:45时,与对方船取得联系,此时两船距离约200米,形成碰撞紧迫局面,本船立即右舵20、停车、倒车、鸣放警示声号,但对方船在尾部拖轮拖带下离码头速度很快,几乎横跨整个航道,13:47时两轮发生碰撞。

"宏光"轮为德国籍集装箱船,2004年建造,长196.87米,宽27.8米,型深16.6米,满载吃水11米,总吨21 932吨,净吨8 588吨,主机功率21 660KW,最大航速17.5节。2005年2月9日中午在上海军工路码头2号泊位装卸集装箱后,计划开往新港。12:00时装卸作业完毕准备起航,悬挂船名旗,显示掉头球,开启航行灯。12:40时引航员顾伟良登船,与船长、大副同上驾驶台。12:45时开航准备就绪。13:24时,"宏光"轮向交管中心报告掉头离泊出口,13:26时发布航行公告,声明将在2号泊位原地掉头离泊,要求有关船舶注意。13:35时单绑准备离泊。13:40时,"宏光"轮解掉尾缆,留首缆及前倒缆,连续鸣放5短声示警。船长发现距约0.5—0.7海里的"新世纪"轮驶近,船速约6节,船长征求引航员意见,引航员回答"它(指'新世纪'轮)会停的"。拖轮开始行动,船尾离开码头。13:45时,"宏光"轮解掉最后一根首缆。发现"新世纪"轮继续逼近,与之取得联系,要求其马上停车倒车。13:46时,"宏光"轮发现产生紧迫局面,"海港1"拖轮反顶,"宏光"轮前进,但未见效。13:47时两轮发生碰撞。

碰撞事故发生时,天气阴有小雨,能见度约0.7海里,北风4—6级,黄浦江涨潮流,流速1—2节。碰撞事故发生后,"新世纪"轮在上海当地油库卸下所装货油,支付货物中转费189 000元(本段货币均为人民币),货物中转过程中油品损耗41 512.59元。因不能继续完成当航次,遭受该航次油耗及港口使费损失15 214.60元。因运输油品延误,吉宁公司赔偿货主延期交货费200 000元。2005年2月12日,"新世纪"轮由大榭船厂的拖轮从上海拖带出港,2月16日进大榭船厂修理,3月19日修理完毕出厂。吉宁公司与大榭船厂的修船合同约定:修理价款为3 800 000元,修理周期60天,每提前一天交船,船方应支付船厂速修费30 000元;另约定船厂将"新世纪"轮从上海拖到宁波的拖轮费为490 000元,洗舱费为350 000元,另加10%的企管费。修船结束后,经结算"新世纪"轮的修理价格为2 529 920元,加上10%企管费252 992元、8%税金202 393元、提前完工费840 000元、拖轮费490 000元、洗舱费350 000元,共计4 665 305元。2005年3月25日,吉宁公司与大榭船厂签订《欠款及分期还款协议》,约定吉宁公司共应支付船厂4 665 305元,于签约后6个月内支付30%,1年内支付60%,2年内付清余款。2005年11月14日,吉宁公司支付大榭船厂2 799 183元,计总价款的60%。因本次碰撞事故,"新世纪"轮遭受船期损失2 352 194.46元,吉宁公司另支付船舶损坏评估费20 800元、律师代理费100 000元,共计7 584 026.65元。

碰撞事故发生后,"宏光"轮到上海锚地抛锚进行了临时检验、评估与修理,支付德国劳埃社两次检验费3 290欧元、临时修理费31 978.50美元,支付天衡公司评估费

3 800 美元。后在新加坡由 Plurotech 公司对集装箱底座进行修理,支付修理费 2 677.50 新加坡元,对螺旋桨和舵叶进行检查,支付检验费 2 400 新加坡元。为本案诉讼,杰克公司支付律师代理费 20 000 美元。此次碰撞事故共造成杰克公司经济损失 3 290 欧元、55 778.50 美元、5 077.50 新加坡元,合计折合人民币 506 445.70 元。

三、法院裁判

宁波海事法院认为,本案系船舶碰撞引起的损害赔偿纠纷,根据《中华人民共和国海商法》第 169 条第 1、2 款的规定,船舶发生碰撞,碰撞的船舶互有过失的,对碰撞造成的船舶以及船上货物和其他财产的损失,各船按照过失程度的比例负赔偿责任。依据《1995 年上海水上安全监督规则》第 4 条的规定,在分析本案各船碰撞责任时应首先根据《1995 年上海水上安全监督规则》的规定,《1995 年上海水上安全监督规则》没有规定的依国际规则办理。据此,宁波海事法院对两船的碰撞责任认定如下:

"宏光"轮装货完毕后拟驶往新港,从系泊状态到解缆、离开码头转向航行出口,构成一个完整的离泊过程。因当时靠泊时船首向为进口,拟利用涨潮流完成出口转向而采用掉头离泊的方式。掉头是离泊操纵中的过程,掉头的目的是为了完成离泊。因此,"宏光"轮当时的状态构成离泊而非掉头。杰克公司认为,按照《1972 年国际海上避碰规则》第 18 条的规定,"宏光"轮正由拖轮拖带作业,是操纵能力受到限制的船舶,"新世纪"轮应为其让路。对此,宁波海事法院认为,"宏光"轮仅系因正在离泊过程中,才由两条拖轮暂时予以配合协助,其操纵能力并未受到任何限制;该轮显示了航行灯,未显示任何的操限号灯,故杰克公司关于"新世纪"轮应作为对操限船的让路船的主张理由不足,宁波海事法院不予采纳。杰克公司主张,根据《1995 年上海水上安全监督规则》第 34 条的规定,大型船舶在指定航段或地点相遇行驶时,应遵守逆水船避让顺水船的规定,"宏光"轮为顺流船,而"新世纪"轮作为逆流船应为其让路。宁波海事法院认为,离泊船应首先遵守《1995 年上海水上安全监督规则》第 39 条所规定的让路义务,何况"宏光"轮的目标航行方向亦为出口,从离泊一开始,其行动目标就是由顺流转为逆流,掉头离泊完成后即与"新世纪"轮同向,亦不存在顺流船为逆流船让路的问题。

综上,"宏光"轮为离泊船,在本案中负让路船义务。根据《1995 年上海水上安全监督规则》第 39 条的规定,船舶离泊时应避免妨碍他船航行,如果有可能妨碍他船正常航行,应当等候他船驶过并鸣放一长一短一长一短的声号,招请他船先行驶过后,再行离泊。13:40 时离泊行动开始前,"宏光"轮船长及引航员均已明确发现"新世纪"轮在距离 0.5—0.7 海里处以 6 节的速度驶近,但未能履行让路船应等候并招请他船先行驶近后再行离泊的义务,在未与他船进行联系并取得行动一致之前,即盲目自信"新世纪"轮会停,而擅自开始采取离泊行动,是造成碰撞危险局面的根本原因。杰克公司也承认,"宏光"轮借助拖轮的帮助在有限的水域内掉头时,按其吃水占据 92% 左右的深水航道,在紧迫局面造成后再要避让就非常困难。因此,"宏光"轮更应严格履行让路船的义务,在确保安全的前提下才能采取离泊行动。根据《1995 年上海水上安全监督规则》第 39 条的规定,船舶离泊时如果有可能妨碍他船正常航行,应当等候他船并鸣放一长一短一长一短的声号招请他船先行驶过后,再行离、靠。很明显,"宏光"轮未能正确鸣放招请他船先行驶过的正确声号,仅鸣放五短声不能使"新世纪"轮明确知晓其将要采取何种行动及行动的时间。在"宏光"轮离泊过程中,船长于 13:40 时发现"新世纪"轮正以 6 节的速度驶近,但船长与引航员均盲目自信"新世纪"轮会停,立即开始离泊操作,在此后的操作过程中,"宏光"轮未能一直密切关注"新世纪"轮的行驶状态,"缆绳解开之后……几分钟后,大副在驾驶台左翼大声喊叫'新世纪'轮正打算从本船船尾通过,引航员听到这个,立即跑到驾驶台左翼"(见船长事后声明)。在长达"几分钟"的时间内"宏光"轮均未能密切注意早已发现的"新世纪"轮的动向,构成瞭望疏忽,违反了《1972 年国际海上避碰规则》第 5 条的规定。当两船存在碰撞危险时,"宏光"轮仅根据不确定的会让协议,直接开始进行离泊行动,没有进一步观测对方船的动向,没有检验核查是否应采取避碰行动并检验该避碰行动的有效性,更没有运用良好的船艺来避免碰撞的发生,违反了《1972 年国际海上避碰规则》第 7 条和第 8 条的规定。

  保持正规瞭望以便及时发现他船及其动态以及本船的有关情况,是及时准确地作出判断与进行避碰决策以及采取实际避碰行动的先决条件。船舶在航行时与交通管理中心进行通讯联系以获得周围船舶的动态,也是保持瞭望的一种有效手段。"宏光"轮于 13:24 时向交管中心报告要掉头离泊,13:26 时发布航行公告,声明将在 2 号泊位原地掉头。而"新世纪"轮显然没有注意到航行公告,违反了《1972 年国际海上避碰规则》第 5 条"每一船舶应注意用视觉、听觉以及适合当时环境和情况下一切有效的手段保持正规的瞭望,以便对局面和碰撞危险作出充分的估计"的规定。"新世纪"轮于 13:38 时看见"宏光"轮有可能掉头出口,仍维持 6 节航速,违反了《1995 年上海海上安全监督规则》第 24 条第 2 款"船舶航经复杂航段,应在不妨碍安全航行的条件下,尽可能地减速行驶",以及《1972 年国际海上避碰规则》第 6 条"每一船舶在任何时候应用安全航速行驶,以便能采取适当而有效的避碰行动,并能在适合当时环境和情况的距离以内把船停住"的规定,未运用良好船艺。虽然 13:38 时"新世纪"轮看到"宏光"轮尚未进行离泊操作,也无从判断"宏光"轮将于何时开始离泊行动,但 13:42 时已经看见"宏光"轮开始进行离泊操作,船尾已经甩开码头,两船仅相距 600 余米,构成碰撞危险。此时,尽管两船距离已接近"新世纪"轮的有效停船距离,该轮也采取了减速、停车等措施,但其幅度不够大,运用良好船艺不够积极、及早,对"宏光"轮的长度估计不足,轻信能从其船尾通过["没想到对方船能够占用航道这么宽(见'新世纪'轮船长的海事局笔录)"],违反了《1972 年国际海上避碰规则》第 7 条、第 8 条的规定。

  综上分析,宁波海事法院认为,两船对碰撞危险均判断不足,均未能运用良好的船艺进行避碰,互有过失。"宏光"轮在离泊前遇有正常航行的船舶,未遵守让路船的义务等待并招请他船先行驶过后再行离泊,此后又疏于瞭望,未能正确判断碰撞危险及采取有效的避碰措施,是发生碰撞事故的主要原因,应对本次碰撞事故负 70% 的责任。"新世纪"轮在对方船造成危险局面后,疏于瞭望,未能保持安全航速,未能积极、及早地运用良好船艺将船停住,应负30%的次要责任。依照《中华人民共和国海商法》第169条第1、2款,最高人民法院《关于审理船舶碰撞和触碰案件财产损害赔偿的规定》第3条、第7条、第9条、第10条、第13条,《中华人民共和国民事诉讼法》第64条第1款、第237条的规定,判决如下:

(1)被告(反诉原告)杰克公司赔偿原告(反诉被告)吉宁公司经济损失人民币5 308 818元;

(2)原告(反诉被告)吉宁公司赔偿被告(反诉原告)杰克公司人民币151 934元;上述两项相抵,被告(反诉原告)杰克公司于本判决生效后10日内支付原告(反诉被告)吉宁公司款项人民币5 156 884元,并支付从2005年2月9日起至实际支付之日的同期银行贷款利息;

(3)驳回原告(反诉被告)吉宁公司的其余诉讼请求;

(4)驳回被告(反诉原告)杰克公司的其余反诉请求。

1.4.4 "驶过让清"的理解和界定

13 原告湛江市天凯贸易有限公司与被告蒋文斌、浙江省三门县宏达船务有限公司船舶碰撞货物损害赔偿纠纷案

案例来源:宁波海事法院(2004)甬海法事初字第26号

主题词:船舶碰撞　追越　驶过让清　让路船义务　船舶挂靠

> **裁判要旨**
>
> **No. HS-1.4-4**　追越中两船间方位的任何改变,都不能免除追越船让开被追越船的责任,直至最后驶过让清为止。而所谓驶过让清,指追越船必须在领先被追越船足够远的距离,使得保向、保速的被追越船不会因追越船随后的转向或减速操纵行动而处于为难境地。
>
> **No. HS-1.4-5**　海事债权人未申请扣押船舶,不能主张船舶优先权。
>
> **No. HS-1.4-6**　船舶挂靠人向被挂靠人缴纳一定数额的管理费,被挂靠人仅为船舶提供航行通告等服务,不为其配备船员的,在船舶侵权赔偿纠纷案中,并不存在第三人对被挂靠人的信赖关系,不涉及对第三人的信赖利益之保护,故要求被挂靠人承担连带赔偿责任没有事实与法律依据。

一、基本案情

原告:湛江市天凯贸易有限公司(以下简称天凯公司)

被告:蒋文斌

被告:浙江省三门县宏达船务有限公司(以下简称宏达公司)

原告诉称:2003年12月,天凯公司与中糖世纪股份有限公司扬州分公司(以下简

称中糖公司)订立《工矿产品购销合同》一份,约定由天凯公司向中糖公司销售白砂糖1 600吨,总价440万元。为履行该购销合同,天凯公司在广西境内以422万元的价格收购了1 600吨白砂糖,于12月9日交由"银冠1"轮实际承运。12月17日凌晨,"银冠1"轮在温州市附近海域与被告蒋文斌所有、被告宏达公司经营的"宏浦38"轮发生碰撞后沉没,1 600吨白砂糖全损。涉案货物的保险人中国人民财产保险股份有限公司防城港市分公司(以下简称保险公司)向天凯公司赔付400万元,天凯公司遭受的其余40万元损失至今未得到赔偿。请求法院判决:

(1) 两被告连带赔偿原告天凯公司货物损失40万元及该款自2003年12月18日至实际赔付之日按照中国人民银行同期贷款利率计算的利息;

(2) 原告天凯公司就40万元货物损失对被告蒋文斌所有的"宏浦38"轮享有船舶优先权。

被告蒋文斌辩称:天凯公司获得保险公司支付的400万元保险赔款后,将该部分索赔权利转让给保险公司,保险公司就400万元货损在北海海事法院以水路货物运输合同纠纷的案由向"银冠1"轮船东郑德豪提起诉讼,因"银冠1"轮依法可享受责任限制,最终由郑德豪赔付1 296 382元调解结案,该赔偿款应视为对全部440万元损失的赔偿。现天凯公司再次就40万元货损向两被告提起船舶碰撞的侵权责任之诉,显属重复起诉,违反了"一事不再理"的民事诉讼基本原则。"银冠1"轮既不适航又严重超载,在航行中违反了追越、瞭望、避让的规定,是发生碰撞事故的主要原因;事故发生后,船长及全体船员擅自离船逃生,不实施自救,又不配合"宏浦38"轮救助,甚至抛锚阻碍救助,是沉船的主要原因。"宏浦38"轮为紧急避让小船而发生意外碰撞事故,没有过错;事故发生后,积极救助,实施拖带也完全正确。因此"银冠1"轮应对本起事故承担全部责任。即便蒋文斌应承担赔偿责任,也可以在202 026单位的特别提款权限额内限制其赔偿责任。

被告宏达公司未提交书面答辩。

二、法院查明事实

天凯公司向宁波海事法院提交了"银冠1"轮和"宏浦38"轮的水上交通事故报告书,宁波海事法院向温州海事局调取了"银冠1"轮与"宏浦38"轮碰撞事故调查报告(以下简称调查报告)。调查报告首先描述了事故经过和救助经过,主要内容为:2003年12月17日03:05时,"银冠1"轮雷达发现其左后方约0.5海里的"宏浦38"轮,并觉得其航速比本船快,但没有与对方联系。03:15时,"宏浦38"轮二副发现前方约2海里处有一艘相对航行的船舶(船名不详),显示红、绿舷灯和一盏桅灯。03:20时,"宏浦38"轮从"银冠1"轮左舷追上,在正横稍前,两船横距约0.1海里。同时,"宏浦38"轮见前方相对行驶的船舶保速保向,即采取减速、闪红灯,并向右转向10°,示意与来船交会红灯。03:23时,"宏浦38"轮二副看到来船突然向左转要横越"宏浦38"轮船艏,为避让来船,二副下令采取右舵25°,船向右转向,让过来船,同时发现"银冠1"轮正在其右前方，立即采取停车、倒车。"银冠1"轮发现"宏浦38"轮大角度转向，并看到"宏浦38"轮的绿色舷灯后，意识到有碰撞危险，立即减速，从前进三降到前进一。03：25时"宏浦38"轮的船艏碰撞"银冠1"轮左舷中部距离驾驶台7—8米处，碰撞角约90°。发生碰撞后，"银冠1"轮船长下令弃船逃生。04：00时，两船船员商定，利用"宏浦38"轮把"银冠1"轮拖到浅滩。"宏浦38"轮驶到"银冠1"轮左舷，由于"银冠1"轮上没有船员，缆绳无法系上；再驶到"银冠1"轮右舷，由于拉缆绳的引绳断裂（此时，救生艇已把"银冠1"轮的几名船员送到船上），缆绳又无法系上。这时，"银冠1"轮船员抛下右锚，导致拖救无法进行。05：00时，"宏浦38"轮放下救生艇，带上风割设备，想割断"银冠1"轮锚链后，继续实施拖救。06：10时，锚链被割断，但"银冠1"轮货舱已进水过多，船体发生左倾。06：30时，"银冠1"轮沉没，1 600吨白砂糖全损。根据上述事故经过和救助经过，调查报告作出以下事故原因分析和责任认定："在能见度良好的情况下，当事双方均违反了《1972年国际海上避碰规则》及有关水上安全监督管理规定。'宏浦38'轮瞭望严重疏忽，未尽追越船义务，未使用安全航速、避让措施不当，应负该起事故的主要责任，主要责任人为当班驾驶员冯延生；'银冠1'轮未使用安全航速，瞭望疏忽，未采取适当措施，自救措施不力，应负该起事故的次要责任，次要责任人为该轮当班驾驶员郑德豪。"

天凯公司质证认为，蒋文斌未在举证期限内证明"宏浦38"轮是一艘适航船舶；"宏浦38"轮作为追越船未履行法定义务是引起紧迫局面的主要原因；"银冠1"轮保持航向和航速并无不当之处；紧迫局面形成后，"宏浦38"轮船员未运用良好的船艺避碰，使碰撞结果最终发生；碰撞发生后，"宏浦38"轮误导"银冠1"轮耽搁了时间，造成货物全损。因此，"宏浦38"轮应对本案船舶碰撞事故承担90%的责任。

被告蒋文斌质证认为，根据调查报告认定的事实，"宏浦38"轮向右转弯以约90度角撞上"银冠1"轮，说明当时"宏浦38"轮已经越过"银冠1"轮且驶过让清，"银冠1"轮处于反追越状态，需承担追越船的瞭望、避让责任，应由其对碰撞事故承担主要责任；"宏浦38"轮为避让前方横行小船撞上"银冠1"轮，属于紧急避险；"银冠1"轮在碰撞事故发生后，既不冲滩自救，又不配合甚至阻碍"宏浦38"轮援救，对由此扩大的损失应自行承担责任；"银冠1"轮船员配备不足，又系超载，属于船舶不适航，也应对碰撞事故承担主要责任。

宁波海事法院认定，"银冠1"轮在"宏浦38"轮开始追越至发生碰撞，一直全速前进，在追越过程中两船横距为0.1海里时，未能充分考虑到碰撞危险的存在，未使用适合当时环境和情况的航速行驶；未进行系统的雷达标绘和观测，未能对存在的碰撞危险作出充分的估计，也未使用规定的信号与对方联系或警告对方，未采取有效的操纵行动避免碰撞。上述行为均违反了《1972年国际海上避碰规则》的相关规定，与碰撞事故的发生存在因果关系。并且，发生碰撞后，该轮船长在未派人检查船体受损情况和采取堵漏措施的情况下，立即下令弃船逃生，由于未采取有效的自救措施，导致事故损失的进一步扩大，违反了《中华人民共和国海上交通安全法》第35条的规定。因此，调查报告认定"银冠1"轮对本起事故承担次要责任是恰当的。

对于被告蒋文斌的四点质证意见,首先,追越中两船间方位的任何改变,都不能免除被告追越船让开被追越船的责任,直至最后驶过让清为止。而所谓驶过让清,指追越船必须在领先被追越船足够远的距离,使得保向、保速的被追越船不会因追越船随后的转向或减速操纵行动而处于为难境地。因此,被告蒋文斌主张"宏浦38"轮已经驶过让清与客观事实不符。其次,"宏浦38"轮由于瞭望严重疏忽致使其未能认识到所处的追越局面,因而未能履行追越船的让路义务;在避让转向他船时,未能根据当时该水域通航环境及时采取有效的避让措施将船停住,以便估计局面以避免碰撞,而是仓促采取大幅度右转向的不当措施,导致与"银冠1"轮构成碰撞局面,故被告蒋文斌关于紧急避险的主张也显然不能成立。再次,关于"银冠1"轮自救不力的问题,调查报告已经作出认定,并作为划分双方责任的依据之一。至于"银冠1"轮的不适航及超载等问题,对事故的发生没有因果关系。因此,调查报告认定"宏浦38"轮对本起事故承担主要责任是正确的。综上,宁波海事法院认定"银冠1"轮与"宏浦38"轮对碰撞事故的过失程度比例为3:7。另查明,"宏浦38"轮为钢质普通货船,总吨位1956吨,净吨位1095吨。船舶国籍证书上登记的船舶所有人为蒋文斌,船舶经营人为宏达公司。"宏浦38"轮实际上与宏达公司为挂靠管理关系,蒋文斌向宏达公司缴纳一定数额的管理费,宏达公司为"宏浦38"轮提供航行通告等服务。

三、法院裁判

宁波海事法院认为,本案碰撞事故发生后,天凯公司投保的1600吨白砂糖全损,货物价值为440万元。天凯公司获得保险公司支付的400万元保险赔款后,将该400万元损失的索赔权利依法转让给保险公司,保险公司先后分别向郑德豪和蒋文斌、宏达公司提起诉讼,要求赔偿。保险公司就400万元损失行使代位求偿权,不影响作为被保险人的天凯公司就未取得赔偿的40万元向第三者请求赔偿的权利。天凯公司根据水路货物运输合同对郑德豪享有合同法上的请求权,根据《中华人民共和国海商法》关于船舶碰撞损害赔偿责任的规定又对蒋文斌享有侵权赔偿的请求权,天凯公司有权择一行使。保险公司就未获得赔偿的40万元损失,选择向蒋文斌提起诉讼,并无不当。被告蒋文斌关于本案系重复起诉的主张,没有事实与法律依据,不予采纳。

按照《中华人民共和国海商法》第169条的规定,船舶发生碰撞,互有过失的船舶,对碰撞造成的船舶以及船上货物和其他财产的损失,依照过失程度的比例负赔偿责任。天凯公司1600吨白砂糖的销售价格为440万元,"宏浦38"轮对碰撞事故的过失程度为70%,"宏浦38"轮应负308万元的赔偿责任。碰撞事故的直接责任人是"宏浦38"轮和"银冠1"轮的船员,"宏浦38"轮船员的雇主为蒋文斌,雇员在从事雇佣活动中造成他人财产损害的,雇主应当承担赔偿责任,蒋文斌应当在308万元的范围内对本案货损负赔偿责任。天凯公司起诉的货物损失为40万元,根据宁波海事法院在(2004)甬海法事初字第29号案中的认定,保险公司可以就未得到赔偿的2703618元货物损失继续主张权利,两者相加,总额已经超过308万元,按比例予以扣减后,天凯公司可就396 956元货物损失向蒋文斌索赔。关于利息的起算日期,应从购销合同约定的付款日期即2003年12月21日起算。

蒋文斌系"宏浦38"轮的所有人,本案货损是与船舶营运直接相关的财产灭失、损坏,按照《中华人民共和国海商法》第204条、第207条第1款第(一)项的规定,蒋文斌可以限制海事赔偿责任。天凯公司关于"宏浦38"轮不适航而丧失责任限制的主张,没有事实和法律依据,宁波海事法院不予采纳。"宏浦38"轮的总吨位为1 956吨,按照《中华人民共和国海商法》第210条、《关于不满300总吨船舶及沿海运输、沿海作业船舶海事赔偿限额的规定》第4条,蒋文斌可就本案碰撞事故的非人身伤亡的赔偿请求在205076单位特别提款权(按判决之日每1单位的特别提款权折合人民币12.6987元计算,总计2 604 198元)限额内限制对本案货损的赔偿责任。蒋文斌关于要求享受责任限制的抗辩,理由充分,予以支持。"宏浦38"轮与宏达公司为挂靠管理关系,宏达公司仅为"宏浦38"轮提供一定服务,未为"宏浦38"轮配备船员;本案系侵权赔偿纠纷,而不涉及合同性质的交易行为,虽然"宏浦38"轮在挂靠期间与他船发生碰撞,但不存在天凯公司对宏达公司的信赖关系,不涉及对天凯公司的信赖利益之保护,故保险公司要求宏达公司承担连带赔偿责任没有事实与法律依据。船舶优先权应当通过扣押当事船舶行使,天凯公司未申请扣押"宏浦38"轮,不符合行使船舶优先权的条件,宁波海事法院对天凯公司要求就40万元货物损失对"宏浦38"轮享有船舶优先权的请求不予支持。

综上,判决如下:

(1)被告蒋文斌于本判决生效后10日内赔偿原告湛江市天凯贸易有限公司货物损失396 956元及该款自2003年12月21日至实际赔付之日按照中国人民银行同期贷款利率计算的利息;

(2)被告蒋文斌可在2 604 198元限额内限制其对本案货损的赔偿责任;

(3)驳回原告湛江市天凯贸易有限公司对被告蒋文斌的其他诉讼请求;

(4)驳回原告湛江市天凯贸易有限公司对被告浙江省三门县宏达船务有限公司的诉讼请求。

1.4.5 锚泊状态渔船在碰撞事故中的责任

14 原告卞雪金等与被告越南造船工业公司海上人身损害赔偿纠纷案
案例来源:厦门海事法院(2009)厦海法事初字第31号
主题词:海上人身伤亡损害 系泊渔船 正规瞭望 过错

裁判要旨

No. HS-1.4-7 渔船虽然处于系泊状态,如未使用适合当时环境和情况的一切有效手段保持正规瞭望,未及早发现碰撞危险的存在,违反了《1972年国际海上避碰规则》第5条规定,应承担一定比例的过错责任。

一、基本案情

原告:卞雪金、陈明善、陈慧霖、陈慧钗

被告:越南造船工业公司 VIETNAM SHIPBUILDING INDUSTRY GROUP(VINASHIN)

原告卞雪金等四人诉称:2009年4月8日12:12时,在马祖列岛东面海域,航行中的"VINASHIN SUN"轮(以下简称"V"轮)与锚泊船"闽连渔0506"轮(以下简称"0506"轮)发生碰撞,造成"0506"轮沉没,11名船员全部落水,其中7名船员死亡,4名船员受伤。原告的亲属陈长福在事故中死亡。根据有关法律规定,被告应承担事故的全部责任,对原告给予赔偿;并应承担为本起事故所进行的搜救打捞和处理善后事宜发生的必要费用。为此,请求法院:

(1)判令被告赔偿死者收入损失、丧葬费以及处理善后事宜等支出800 000元(人民币,下同),并享有船舶优先权;

(2)判令被告赔偿原告安抚费200 000元,并享有船舶优先权;

(3)判令被告赔偿死亡船员的个人生活用品损失10 000元,并享有船舶优先权;

(4)判令被告承担本案的案件受理费、保全费、鉴定评估费等诉讼费用;

(5)保留对未确定的尸体打捞费进行追加的权利,并享有船舶优先权。

被告越南造船工业公司庭审时辩称:第一,原告应就其主体资格承担举证义务。第二,被告应在船舶碰撞责任比例内承担人身损害赔偿责任。第三,原告应就其主张的损失承担举证义务。

二、法院查明事实

厦门海事法院查明:2009年4月5日约05:00时,"0506"轮从福建省连江苔菉开航,11:00时抵达设置定置网水域。4月5—8日在附近水域进行定置网捕捞作业;8日清晨始系泊在定置鱼桩上,挂一黑色锚球。"V"轮本航次系从江苏省连云港空放香港途中。2009年4月8日12:12时,"V"轮与"0506"轮在马祖列岛东面海域发生碰撞事故,造成"0506"轮沉没,船上11名船员中,7名死亡、4名受伤。根据中华人民共和国福建海事局出具的《福建"4·8"越南籍"VINASHIN SUN"轮与"闽连渔0506"轮碰撞事故调查报告》(以下简称《事故调查报告》)记载,经对双方船舶行动及过失分析认为:

1. "V"轮的行动及过失

(1)未能保持正规瞭望,以对局面和碰撞危险作出充分估计。该轮驾驶员未使用适合当时环境和情况的一切有效手段保持正规瞭望。该轮在渔船众多的沿海海域航行,值班驾驶员未能谨慎驾驶船舶,严重疏忽瞭望,接班后未利用目测或雷达观测等手段对周围环境进行有效的系统观测,以致未能对当时局面和碰撞危险作出充分的估计,未及早发现碰撞危险的存在,在碰撞发生前未采取任何避让行动,违反了《1972年国际海上避碰规则》第5条的规定和《STCW78/95公约》第A-VIII2节第3-1部分第13项第1、2款及第29项的规定,是造成本起事故的直接原因。

(2) 未按规定进行交接班。事故发生时间离交接班仅12分钟,三副交接班前已目视到前方3—4海里有几艘渔船,但在交接过程中未将此情况及周围环境详细情况告知二副,以致未能引起二副足够的警惕并谨慎驾驶船舶。在未完全掌握本船附近船舶动态及在值班期间可能遇到的危险的情况下就匆忙接班,违反了《STCW78/95公约》第A-VIII2节第3-1部分第20项、第21项。

(3) 船舶瞭望视线不佳。该轮主甲板舯部的大吊杆及附属结构遮挡了驾驶员中部与船艏的视线,影响驾驶台瞭望视线,且事故当时船舶前后吃水差2.2米,值班人员未能选择最佳瞭望位置,瞭望盲区较大。

2. "0506"轮的过失

未按规定保持瞭望。"0506"轮系处于系泊中,未使用适合当时环境和情况的一切有效手段保持正规瞭望,未及早发现碰撞危险的存在,违反了《1972年国际海上避碰规则》第5条的规定。

《事故调查报告》认定本起事故责任为:

(1) "V"轮未按规定交接班和严重疏忽瞭望,未及早发现碰撞危险的存在,在碰撞发生前未采取任何避让行动,是导致事故发生的主要与直接原因,应负本起事故的主要责任。

(2) "0506"轮未按规定保持瞭望,未及早发现碰撞危险的存在,对本起事故负次要责任。还查明,陈长福系"0506"轮船员,职务是船长,持有渔业船舶职务船员证书,在本起船舶碰撞事故中落水失踪。原告卞雪金、陈明善、陈慧霖、陈慧钗系陈长福的配偶、子女。应卞雪金等四人申请,厦门海事法院于2009年9月25日作出(2009)厦海法特字第3号民事判决书,宣告陈长福死亡。

三、法院裁判

厦门海事法院认为,越南造船工业公司系在越南注册的公司法人,案涉"V"轮的船籍港亦为越南海防,故本案系涉外人身损害赔偿侵权纠纷,根据《中华人民共和国民法通则》第146条第1款的规定,侵权行为的损害赔偿,适用侵权行为地法律。故应以中华人民共和国法律作为处理本案的准据法。本案的争议焦点在于:

1. 原告的索赔主体是否适格

厦门海事法院认为,原告卞雪金、陈明善、陈慧霖、陈慧钗系死亡船员陈长福的配偶和子女,为第一顺序继承人,享有对被告的人身侵权损害赔偿请求权。被告越南造船工业公司未举证本案尚有其他具有共有权利的第一顺序继承人,故本案原告诉讼主体适格,有权提起本案损害赔偿之诉。

2. 被告是否应对陈长福的死亡承担赔偿责任

厦门海事法院认为,本起船舶碰撞事故发生后,福建海事局组织人员对事故进行全面调查,并出具了《事故调查报告》。该报告系国家机关依职权作出,且原、被告对其结论均无异议,故应作为认定两船碰撞责任比例的依据。该报告认定在本起船舶碰撞事故中,"V"轮应负主要责任,"0506"轮应负次要责任。根据已查明事实,"V"轮作为在航船,首先,未能谨慎驾驶船舶,严重疏忽瞭望,未使用适合当时环境和情况的一切有效手段保持正规瞭望,对局面和碰撞危险未作出充分的估计,未及早发现碰撞危险的存在,在碰撞发生前未采取任何避让行动,其行为违反了《1972年国际海上避碰规则》第5条的规定和《STCW78/95公约》第A-VIII2节第3-1部分第13项第1、2款及第29项的规定,是造成本起事故的直接原因;其次,交接班船员在未完全掌握本船附近船舶动态及在值班期间可能遇到的危险的情况下匆忙接班,违反了《STCW78/95公约》第A-VIII2节第3-1部分第20项、第21项;再次,值班人员未能选择最佳瞭望位置,瞭望盲区较大。据此,厦门海事法院认定"V"轮应对船舶碰撞承担90%的过错责任。"0506"轮作为系泊船,未使用适合当时环境和情况的一切有效手段保持正规瞭望,未及早发现碰撞危险的存在,违反了《1972年国际海上避碰规则》第5条的规定。据此,厦门海事法院认定"0506"轮应对船舶碰撞承担10%的过错责任。被告越南造船工业公司作为"V"轮船舶所有人对其船舶碰撞造成陈长福的死亡,应向原告承担人身损害赔偿责任。但根据《中华人民共和国海商法》第169条第1款的规定,船舶发生碰撞,碰撞的船舶互有过失的,各船按照过失程度的比例负赔偿责任。据此,被告越南造船工业公司应对原告卞雪金、陈明善、陈慧霖、陈慧钗诉求的陈长福人身损害赔偿承担90%的赔偿责任。

3. 本案损害赔偿数额的计算

本案属于主体涉外案件,在海上作业过程中因受害人的生命、健康受到侵害所引起的涉外海事赔偿案件,应适用最高人民法院《关于审理涉外海上人身伤亡案件损害赔偿的具体规定(试行)》确定赔偿项目和数额。

依照《关于审理涉外海上人身伤亡案件损害赔偿的具体规定(试行)》的相关条款,本案损害赔偿项目包括收入损失、安抚费、丧葬费、其他必要费用等为:收入损失339 767.60元、安抚费20 000元、丧葬费27 306元、其他必要费用5 000元,四项合计392 073.60元。根据两船碰撞责任比例,被告越南造船工业公司应向原告支付的人身损害赔偿金为352 866.24元。此外,原告主张对"V"轮享有船舶优先权。厦门海事法院认为,依照《中华人民共和国海商法》第22条第1款第(二)项"在船舶营运中发生的人身伤亡的赔偿请求"享有船舶优先权的规定,原告因船舶碰撞事故导致陈长福死亡,由此而取得的请求赔偿的权利,属于《中华人民共和国海商法》规定的具有船舶优先权的海事请求范围,且原告已通过扣押"V"轮行使了该权利,故对原告的该项请求予以支持。依照《中华人民共和国民法通则》第119条,《中华人民共和国海商法》第21条、第22条第1款第(二)项、第169条第1款,最高人民法院《关于审理涉外海上人身伤亡案件损害赔偿的具体规定(试行)》第4条、第5条第1款,《中华人民共和国民事诉讼法》第64条第1款的规定,判决如下:

(1) 被告越南造船工业公司应于本判决生效之日起10日内向原告卞雪金、陈明善、陈慧霖、陈慧钗支付人身损害赔偿金352 866.24元,原告对该赔偿金具有船舶优先权;

(2) 驳回原告卞雪金、陈明善、陈慧霖、陈慧钗的其他诉讼请求。

1.4.6 从事水下作业船舶的标志与识别

15 原告王发等与被告谭河、莫光玉海上人身伤亡损害赔偿纠纷案
案例来源:广州海事法院(2000)广海法湛字第25、30、31号
主题词:海上人身伤亡损害　潜水作业的渔船　习惯做法　过错

> **裁判要旨**
>
> **No. HS-1.4-8**　肇事渔船是从事潜水捕螺作业的船舶,应当对用泡沫块作为潜水捕螺作业标志的习惯做法非常了解。在航行中,在通过对方渔船船尾时未保持安全距离,且瞭望不当,未能及早发现并避让海底作业标志,以致本船钩到系于正在潜水作业人员身上的绳索和泡沫块,造成潜水作业人员失踪并被宣告死亡。肇事船舶的过错,是导致潜水作业人员失踪的直接原因,应承担主要责任。潜水进行捕螺作业的船舶,未按规定正确显示号型,仅在潜水人员的上方系一泡沫块作为标志,且在潜水作业中,又疏于瞭望,监护不力,未能及早发现并拦阻肇事渔船靠近本船通过,对事故的发生有过错,应承担次要责任。

一、基本案情

原告:王发、陈日符、陈刘英、吴秀兴

被告:谭河、莫光玉

四原告诉称:2000年4月13日,原告王发的丈夫陈启明随被告谭河所属"桂北渔58328"号渔船在东经108°53′45″、北纬21°28′52″附近海域进行海上捕螺作业时,被被告莫光玉所属"桂合渔30078"号渔船碰撞后失踪,已无生还迹象。两被告对陈启明的死亡均有过错,应承担连带责任。请求法院判令两被告连带赔偿四原告有关陈启明死亡补偿费、丧葬费等150 000元、寻尸费20 000元、陈日符抚养费10 600元、陈刘英抚养费5 000元、吴秀兴抚养费24 000元。

被告谭河辩称:2000年4月13日上午,其所属"桂北渔58328"号渔船与被告莫光玉所属"桂合渔30078"号渔船在北部湾同一海域进行捕螺作业。当陈启明下海捕螺时,"桂合渔30078"号渔船故意驶入"桂北渔58328"号渔船作业范围,钩住了系于陈启明身上的"号",将陈启明拉离300多米,造成陈启明失踪。"桂合渔30078"号渔船应承担事故的全部责任。原告请求赔偿陈启明死亡补偿费、丧葬费等150 000元,超过了法律规定的计算数额。对吴秀兴的抚养,陈启明的弟弟也有责任,若被告要负赔偿责任,也只能赔偿陈启明应承担的部分。

被告莫光玉辩称:原告和被告谭河没有充分的证据证明"桂合渔30078"号渔船钩到系于陈启明身上的"号",要求"桂合渔30078"号渔船承担事故的全部责任不合理。潜水捕螺是一种危险性作业,即使风平浪静,没有任何碰撞的情况下,发生潜水人员死

亡或失踪的事件也是常有的。陈启明在恶劣的天气条件下潜水作业而发生事故，不足为怪。陈启明系"桂北渔58328"号渔船的船员，被告谭河应承担主要赔偿责任。因"桂合渔30078"号渔船也在附近，该船钩到系于陈启明身上的"号"的可能性也无法排除，被告莫光玉承担一定的赔偿责任也是应该的。另外，原告请求赔偿的数额亦过高。

二、法院查明事实

广州海事法院认定以下事实：被告谭河所属"桂北渔58328"号渔船与被告莫光玉所属"桂合渔30078"号渔船同为木质捕捞船。"桂北渔58328"号渔船长13.3米，宽3.7米，深1.45米，总吨位7吨，总功率36.8千瓦，船籍港广西北海港。"桂合渔30078"号渔船长17米，宽4米，深1.3米，总吨位11吨，额定功率15千瓦，船籍港广西合浦县大风江港。谭河、莫光玉均持有效的未满30总吨以下近岸渔船驾驶证书。2000年4月13日上午，"桂北渔58328"号渔船与"桂合渔30078"号渔船同在北海港西北部位于东经108°53′45″、北纬21°28′52″附近海域进行捕螺作业。当时天气阴天，有小雨。"桂北渔58328"号渔船上包括陈启明共有11人。谭河安排陈启明等7人各带一瓶氧气、一条网袋就近潜水下海捕螺。潜水人员每人身上系一条胶丝绳，绳索另一端连接浮于水面的泡沫块（当地渔民称之为"号"，起救生圈和标记作用）。期间，陈启明曾两次浮上水面更换氧气后又重新潜下海底作业。约12时，莫光玉驾驶"桂合渔30078"号渔船从"桂北渔58328"号渔船船尾约30米处经过，随后，陈启明失踪。"桂北渔58328"号渔船立即追上"桂合渔30078"号渔船，发现该船旁边有一泡沫块浮于水面。"桂北渔58328"号渔船船员谭日保下水寻找，但未找到陈启明。两船人员在附近海域寻至下午5时仍未果，谭河遂向北海市公安局水上边防派出所报案。各方当事人对以上事实无争议，合议庭予以确认。

"桂合渔30078"号渔船是否钩到系于陈启明身上的绳索和泡沫块造成陈启明失踪，是本案争议的焦点。根据两被告的陈述和有关船员的证言，足以认定"桂合渔30078"号渔船经过时钩到了系于陈启明身上的绳索和泡沫块并造成陈启明失踪。另查，陈启明，男，1961年5月18日出生，汉族，住广东省遂溪县界炮镇陈屋村。原告王发系陈启明的妻子，原告陈日符系陈启明的儿子，原告陈刘英系陈启明的女儿，原告吴秀兴系陈启明的母亲。吴秀兴有两个儿子，除陈启明外，另一为陈启明的弟弟陈英俊（1968年4月20日生，汉族，住广东省遂溪县界炮镇陈屋村，务农）。广州海事法院根据原告王发的申请，于2000年9月4日作出（2000）广海法湛字第24号民事判决，宣告陈启明死亡。

三、法院裁判

广州海事法院认为，本案属海上人身伤亡损害赔偿纠纷。广州海事法院已判决宣告陈启明死亡，因此，四原告分别作为陈启明的配偶和直系亲属，有权对陈启明死亡造成的损失请求赔偿。在本案事故发生过程中，"桂北渔58328"号渔船系正在潜水作业的船舶，被告谭河指派陈启明等人潜水进行捕螺作业，本应依照《1972年国际海上避碰规则》第 27 条第 4 款、第 5 款的规定显示两个球体或一个国际信号旗"A"的硬质复制品,以警示来船,并加强瞭望,注意观察周围来船动态。但该船未按规定正确显示号型,仅在潜水人员的上方系一泡沫块作为标志,且在潜水作业中,又疏于瞭望,监护不力,未能及早发现并拦阻"桂合渔 30078"号渔船靠近本船通过,对事故的发生有过错,谭河应承担 40% 的责任。"桂合渔 30078"号渔船也是从事潜水捕螺作业的船舶,被告莫光玉应当对用泡沫块作为潜水捕螺作业标志的习惯做法非常了解。在航行中,特别是在能见度不良的情况下,明知"桂北渔 58328"号渔船正在进行捕螺作业,"桂合渔 30078"号渔船本应与其保持安全距离,正规瞭望,注意海面情况,谨慎驾驶。但该船未尽在航船之责,在通过"桂北渔 58328"号渔船船尾时未保持安全距离,且瞭望不当,未能及早发现并避让海底作业标志,以致本船钩到系于正在潜水作业的陈启明身上的绳索和泡沫块,造成陈启明失踪。"桂合渔 30078"号渔船的上述过错,是导致陈启明失踪的直接原因,被告莫光玉应承担 60% 的责任。

两被告因在事故中均有过错,故依法应对四原告承担连带赔偿责任。

参照国务院《道路交通事故处理办法》第 37 条第(七)项、第(八)项、第(九)项,广东省人民政府《广东省水上交通事故处理规定》,依照《中华人民共和国民法通则》第 106 条第 2 款、第 130 条的规定,判决如下:

(1) 被告谭河赔偿原告王发因陈启明死亡的死亡补偿费 28 216.36 元、丧葬费 1 600 元,赔偿原告陈日符的抚养费 4 240 元,赔偿原告陈刘英的抚养费 2 000 元,赔偿原告吴秀兴的抚养费 4 800 元;

(2) 被告莫光玉赔偿原告王发因陈启明死亡的死亡补偿费 42 324.54 元、丧葬费 2 400 元,赔偿原告陈日符的抚养费 6 360 元,赔偿原告陈刘英的抚养费 3 000 元,赔偿原告吴秀兴的抚养费 7 200 元;

(3) 两被告对上述债务承担连带赔偿责任。

1.5 船舶碰撞证据

1.5.1 间接证据与碰撞事实

[16] 再审申请人巴拿马易发航运公司、香港威林航业有限公司与被申请人钟孝源、珠海市政府打击走私办公室船舶碰撞损害赔偿纠纷案
案例来源:最高人民法院 (1996) 交提字第 4 号
主题词:船舶碰撞　间接证据　举证责任

> **裁判要旨**
>
> **No. HS-1.5-1**　船舶碰撞案件,当事人提供的证据都是间接证据的,间接证据应相互印证,相互矛盾的不能认定。原告主张被告船舶是肇事船,应承担相应的举证责任,没有充分的证据支持其主张的,对原告的诉讼请求不予支持。

一、基本案情

再审申请人(原审上诉人):巴拿马易发航运公司(以下简称易发公司)
再审申请人(原审被告):香港威林航业有限公司
再审被申请人(原审被上诉人):钟孝源
再审被申请人(原审被上诉人):珠海市政府打击走私办公室(以下简称珠海打私办)

广东省高级人民法院二审认定:"汕尾12138"船系钢质拖网渔船,船舶总吨位155吨,船长29米,宽6.6米,型深3.7米,主机功率为662KW+99KW×2。于1992年6月4日在中国汕尾渔港监督办理船舶登记,船舶所有人为钟孝源。1992年11月24日,该船被珠海打私办征用参加海上缉私,改用船名"公边001"。当日02:30时,该船自香洲港起航开往担杆岛水域缉私,船上共有21人,其中武警战士4人,协助人员2人,渔民14人,家属1人。同年11月25日约03:00时,"公边001"船驶抵担杆岛水域。根据"公边001"船当班驾驶员苏祖旺的证词陈述:大约04:00时,雷达观测到后面有几艘船,据报其中一艘可能是从香港开出的走私船,当时"公边001"船航向大约080°,速度7至8节,04:30时航向大约070°,速度转慢,等待走私船到来。当时能见度3—4海里,04:50时"公边001"船定船位北纬22°08′、东经114°31′,见到左边有一艘船开过来,看见船上有一盏绿灯和几盏淡黄色的灯。"公边001"船驶过去拦截来船,开射灯、警灯、鸣笛,用射灯照射来船的甲板和驾驶台,见到对方船驾驶台为白色,甲板上有许多集装箱,来船减速,"公边001"船接近其船头的一刹那,来船突然左转并加速,其左边船头撞向"公边001"船左舷机舱部位,两船互相擦碰,碰撞时间大约在05:00时左右,由于局面紧急,"公边001"船慌忙中没有定位。之后,"公边001"船尾部先进水,大约10分钟后沉没,船上人员全部落水。"公边001"船当班轮机员苏华在1992年12月12日向广州港监陈述:对方船尾有一行外文字母,其中倒数第2个字母为"O"。船员苏旺陈述:对方船尾部外文有一个英文字母"A",大约在中间位置。"公边001"船落水人员中,有15人被美国军舰救起,5人死亡,1人失踪,根据美国军舰与香港海事处和海事救助中心的无线电通话记录,救助从1992年11月25日07:20时开始,07:45时结束,救起位置是北纬22°09′.3、东经114°33′.1。

根据中国人民解放军海军某观通站(以下简称观通站)的观测记录,编号为036批的公安艇在雷达荧光屏上的光点与编号为847批的外国商船的光点发生合批,时间是1992年11月25日05:13时,合批位置是北纬22°09′.9、东经114°31′.5;036批在05:20时光点消失,消失位置是观通站方位65°,距离14海里。根据香港海事处1992年11月25日04:16时至08:00时的雷达观测记录,当天从香港水道开出往东航行的船舶有"易发"轮(TRADEEXPANSION)和另一艘编号为"W500"的船舶,其雷达观测的"易发"轮航迹与观通站记录的847批外国商船航迹基本吻合。"易发"轮是集装箱货轮,总登记吨位11 825吨,船长157.39米,宽22.93米,11月25日05:13时经过光点合批位置。1992年12月2日,张家港海上安全监督局对"易发"轮现场勘查结果表明:

"易发"轮左舷前肩后方至舷梯处水线以上3.5米至5米的范围内,有长约100米断断续续指向船尾方向的擦痕,船中及其后的擦痕尤为明显,擦痕新鲜。勘验人员采集了该轮油漆损伤部位的漆膜样品,经广州市公安局检验,结论为:送检的从"易发"轮提取的油漆中含有与对照样本("汕尾12138"船相同油漆)油漆相同的成分。

香港海事处证实:"W500"是VTC给一艘船命名的一个代码或标号,该标号不能显示一艘船的身份;没有出具过文件证明"W500"是一艘船名为"BARZAN"的船。易发公司向法院提交了参与救助的英国海军"PEACOCK"号船长的证词称,在搜救中通过发现一条新鲜油迹带发现了沉船位置,在北纬22°09′.4、东经114°34′.1。易发公司并提交了香港威信海事工程公司、香港环球电仪地理勘探有限公司对沉船的测量探摸报告及一个船灯灯座,广州港监曾于1993年1月4日发布航海通告指出,在担杆水道存在沉船,位置是北纬22°09′.11、东经114°34′.1。本案碰撞事故造成:钟孝源的船舶沉没、财物灭失、生产损失、处理海事所发生费用的损失等共计人民币2390400元、港币20000元;珠海打私办的财产损失、搜寻死难者费用、海事取证和海事处理等费用的损失共计人民币226420元、港币34276元。

二、一审裁判

广州海事法院一审判决认定:1992年11月25日05:13时,"易发"轮与"公边001"船在北纬22°09′.9、东经114°31′.5发生碰撞,"公边001"船沉没。易发公司违反了《中华人民共和国海上交通安全法》第37条的规定,应对碰撞造成的人身伤亡及财产损失承担全部责任。依照《中华人民共和国民法通则》第106条第2款,第117条第2款、第3款,第146条第1款的规定,判决:

(1)易发公司赔偿钟孝源人民币2390400元、港币20000元,以及两款项利息(从1993年2月23日起至付款之日止,利率按中国人民银行规定的企业同期活期存款利率计算)。

(2)易发公司赔偿珠海打私办人民币226420元、港币34276元,以及两款项利息(从1993年2月23日起至付款之日止,利率按中国人民银行规定的企业同期活期存款利率计算)。

三、二审裁判

广东省高级人民法院二审判决认为:"公边001"船是在我国海域内执行公务的公务船,根据观通站观测资料,对照香港海事处的雷达观测记录,以及"易发"轮本身的航海日志资料,可以认定观通站编号347批的船舶就是"易发"轮。根据观通站的记录及"公边001"船船员证词,编号036批的船舶航迹与"公边001"船基本一致,可以认定编号036批的船舶就是"公边001"船。观通站记录表明"易发"轮与"公边001"船在05:13时发生碰撞,位置在北纬22°09′.9、东经114°31′.5,"公边001"船在05:20时沉没。"易发"轮肇事后继续东行,其船体黑色,驾驶台白色,甲板上装有集装箱,这与"公边001"船船员证词所描述的肇事船特征相符。张家港港务监督所作的勘查证明,"易发"轮左舷有新鲜碰擦痕迹。广州市公安局油漆检验表明,从"易发"轮船体碰擦痕迹处提取的油漆含有"公边001"船油漆的相同成分。以上表明,认定"易发"轮为肇事船是有根据的。易发公司提供的沉船位置、落水人员被救起位置距离光点合批位置和光点消失位置最远处不足3海里。由于局部海流情况复杂,易发公司提供的证据尚不足以推翻一审判决认定的结论。而且,易发公司也不能提供"W500"就是"BARZAN"轮的确凿证据。因此,易发公司否认"易发"轮是肇事船的理由不够充分,对其上诉请求不予支持。一审判决认定事实清楚,适用法律正确,判决易发公司承担赔偿责任正确。判决:

驳回上诉,维持原判。

四、再审申请与答辩

易发公司和威林公司对该终审判决不服,向最高人民法院请求再审称:

(1)原审判决认定事实不清。原审被上诉人向法院提供了假证。观通站"测报材料"和证词称"易发"轮是当时唯一东行的商船,肇事船非"易发"轮莫属,这与事实不符。有充分证据证明:发生海事时还有一艘被香港海事处船舶交管中心(VTC)跟踪代码为"W500"的卡塔尔籍集装箱船"BARZAN"轮,从香港出来向东开往高雄港,且曾于1992年11月25日05:27时在海上与一艘小船相碰,位置就在沉船位置附近。另外,"BARZAN"轮船长的《海事报告书》中报告,该轮11月25日05:27时的船位与香港VTC记录05:27时"W500"的船位一致。"BARZAN"轮船长的《海事报告书》原件存放在高雄市地方法院,是经过该法院公证的有效法律文书。原审第二次庭审中,对方当事人的代理人也不得不承认该文书的真实性。原审判决书对此《海事报告书》竟然只字不提。潮流的运动总是有一定规律的,当时当地的潮流流向西南。"BARZAN"轮发生海事的位置在沉船和落水人员被救起位置的上游方向;而观通站提供的光点合批位置和光点消失位置在落水人员被救起位置的下游约3海里,机舱进水的小船及落水人员是不可能逆水漂流3海里的,这是一个十分简单的道理。原审判决认为,"由于局部海流情况复杂,上诉人提供的证据尚不足以推翻一审判决认定的结论",这个认定违背了科学,不实事求是。

(2)原审判决适用法律错误。"BARZAN"轮船长的《海事报告书》经过法定程序公证,对方没有任何证据推翻这一公证事实,原审法院不将其作为证据采信,违反了《中华人民共和国民事诉讼法》第六章第67条的规定。《中华人民共和国海上交通安全法》是海上交通安全的行政管理法律,没有划分船舶碰撞责任和民事法律责任的规定。原审判决以"易发"轮违反该法第37条的规定,判令"易发"轮承担全部碰撞责任,是严重的适用法律错误。中国是《1972年国际海上避碰规则》的缔约国,因此适用《1972年国际海上避碰规则》。原审法院没有适用该规则来划分碰撞责任,在适用法律上是错误的。"汕尾12138"船是渔船,即使是公务船,也应适用避碰规则。原审法院如此错误适用法律,会开一个危险的先例,造成严重影响。原审法院在没有获取观通站"测报材料"的证据原件或真实复印件的情况下采纳该"证据",在法律上是不允许的。

原审被上诉人钟孝源答辩称:"易发"轮就是肇事船,原审法院对事实的认定是正确的,判决是公正的。高雄地方法院"切结书"公证的《海事报告书》可以证明该《海事报告书》是由该法院提供的,如此而已。该《海事报告书》中没有"与一小船相碰"的陈述。香港海事处始终没有认明代码"W500"是"BARZAN"轮。观通站提供了两目标合批的资料,"合批"即是碰撞,时间是1992年11月25日05:13时,地点是北纬22°09′.9、东经114°31′.5,05:20时光点消失,地点是在合批点的102°方向、距离0.7海里处。美舰救起落水人员的位置是在光点消失处的方位,157°方向、距离0.8海里,"逆水漂流3海里"没有证据。

原审被上诉人珠海打私办答辩称:"公边001"船接近来船时,用探照灯照射来船的甲板和驾驶台,见到对方船驾驶台为白色,甲板上有很多集装箱,船员还看到对方船船尾有一行外文字母。对照"易发"轮从香港薄寮东水道开出往东行驶,肇事后加速东行,其船体黑色,驾驶台白色,甲板上装有集装箱,与船员描述肇事船特征相符。观通站的记录表明,05:13时"公边001"船被"易发"轮撞沉,沉船时间约05:20时。张家港港监对"易发"轮作现场勘查,查明"易发"轮有明显新的碰撞痕迹,广州公安局检验表明,从"易发"轮船体碰擦痕迹处提取的油漆颗粒含有与"公边001"船油漆相同的成分。

五、再审裁判

最高人民法院委托大连海事大学航海学院五位海事专家就本案有关碰撞事实进行了技术鉴定。专家的《技术鉴定报告》认为,根据当时风、流情况可以推定沉船位置应在落水人员被救起位置的东北方向;救起落水人员的位置及"PEACOCK"舰船搜救发现不断溢出新的柴油的沉船位置与当时风、流情况吻合。综合数人关于能见度的陈述,当时的视距在5海里左右;从"汕尾12138"船人员约05:00时以后看见大船灯光到与大船碰撞,需航行18—20分钟左右,因此碰撞时间不应是05:13时,而是更晚的时候。"易发"轮在05:10—05:16时航向不变,与渔民陈述肇事船在碰撞时曾突然向左转向不符;如果是"易发"轮碰撞"汕尾12138"船,船员落水后应能看到一艘大船("BARZAN"轮)从落水人员附近距离不足185米经过,但落水人员都没有陈述看见另一艘大船经过;如果是"易发"轮在北纬22°09′.9、东经114°31′.5碰撞"汕尾12138"船,根据"汕尾12138"船当时用舵情况、余速、碰撞后很快沉没和当时的风、流情况,沉船位置应在碰撞位置西南方向,"汕尾12138"船不可能逆水漂移2.4海里到达现在的沉船位置,因而碰撞位置不可能是北纬22°09′.9、东经114°31′.5。"易发"轮是以14—15节的速度航行,如果是"易发"轮碰撞"汕尾12138"船,应造成"易发"轮船舯左侧明显的凹陷或损坏,但"易发"轮船舯左侧没有损坏。"易发"轮左舷油漆擦痕与"汕尾

12138"船体左舷缘和驾驶台左上缘所能造成的上下两条擦碰痕迹不太相符。香港VTC记录W500("BARZAN")轮经过出事海域时,曾有大幅度向左转向,与"汕尾12138"船船员陈述一致,该轮船长《海事报告书》也予以证实。该轮《海事报告书》报告发生海事的位置在沉船位置的东北方向,符合"汕尾12138"船被碰撞后,船舶在风、流影响下,向下风、流方向漂移的客观规律;"BARZAN"轮较"易发"轮后经过该海域,与"汕尾12138"船人员落水以后的一段时间内没有看见大船经过附近的情况相符。鉴定结论:一是认定"易发"轮是碰撞"汕尾12138"船的肇事船的证据尚显不足。二是不能排除"BARZAN"轮是碰撞"汕尾12138"船的肇事嫌疑船的可能性。

经最高人民法院审判委员会研究认为,本案当事人提供的关于"汕尾12138"船与"易发"轮发生碰撞的证据都是间接证据,间接证据应相互印证,相互矛盾的不能认定。国家海洋局南海海洋信息中心关于1992年11月25日发生海事海域的潮流证明,与中、英版海图、潮汐资料、英国海军"PEACOCK"号舰长的证词等证据相互印证,该潮流证明是科学和客观的,当事人各方对此证据从未提出异议,应予采信。原终审判决认定"局部海流情况复杂"缺乏根据。美国军舰"STARLING"号是救助人,其报告救起落水人员的位置为北纬22°09′.3、东经114°33′.1,是第一手原始证据。美舰在约25分钟时间内救起15名落水人员,说明落水人员相距不远,与落水的武警战士的证词一致,原终审判决对救起落水人员位置的认定正确。根据参与搜救的英国海军"PEACOCK"号舰长的证词,该舰搜寻新沉船的方法是科学的和客观的;当日及发生本次海事前,没有其他船舶在该水域沉没,因而可以认定该沉船即为"汕尾12138"船。

张家港港监对"易发"轮进行现场勘验的勘验笔录和拍摄的"易发"轮照片是客观和及时的,当事人各方对该勘验笔录和照片的证据力均未提出过异议,应作为证据使用。据"汕尾12138"船的"海事报告"和渔民陈述,肇事船的船艏左侧碰撞"汕尾12138"船左舷机舱部位致机舱进水后很快沉没。据专家鉴定分析,在肇事船船艏左侧应当留有明显的碰撞痕迹,但据照片和勘验笔录可以看出:在"易发"轮船艏(左侧)没有擦碰痕迹,更没有明显的凹痕或船体损坏。原审被上诉人亦承认现场勘验时在"易发"轮船艏没有发现碰撞痕迹的事实,此事实应予以认定。"易发"轮船体中部及其后的油漆擦痕,不足以显示是碰撞并致使"汕尾12138"钢质渔船沉没的碰撞痕迹。

广州市公安局对从"易发"轮提取油漆漆膜所作油漆检验报告中,有的对应峰值相差50多个波数,检验报告的结论是"含有与对照样本油漆相同的成分",而不是成分相同。该检验结果不能证明在"易发"轮油漆损伤部位留有的非本船的油漆是"汕尾12138"船的船漆。观通站的"测报材料"中,编号036批光点从合批到消失的航迹,与渔民陈述"汕尾12138"船被碰撞后的航向、航速不符。"汕尾12138"船本次出海航行9个多小时,仅在05:00时左右测了一个船位(概位),没有航向、航速变化的准确时间和记录,观通站据此从雷达荧光屏上众多渔船光点挑出来的记录,带有很大的随意性,不能证明客观事实。原审判决认定编号036批光点轨迹与"汕尾12138"船航迹基本一致不当。香港海事处提供的跟踪记录表明:代码"W500"的船舶05:17时和05:20时先后经过所谓编号 036 批光点合批,位置和光点消失位置附近向东航行,相距不足 1 链。"测报材料"显示发生海事当日 01∶00 至 07∶32 时从香港出来向东航行的外国商船只有一艘,与香港海事处提供的"BARZAN"轮进港情况、VTC 跟踪记录、"BARZAN"轮海事报告等证据相矛盾,"测报材料"关于发生碰撞事故的当时当地的相关船舶动态情况明显与客观事实不符。"测报材料"不是原始记录,也未依法与原始记录进行核对。综上,该"测报材料"在反映船舶碰撞事实上,存在自相矛盾并与其他证据相悖,缺乏真实性和客观性,最高人民法院不予采信。

综合"易发"轮船艏没有碰撞痕迹和损伤,从"易发"轮左舷提取的附着油漆与"汕尾 12138"船的油漆不完全相同。"易发"轮经过出事海域时没有大幅度向左转向和减速,原审被上诉人主张的碰撞位置与沉船和落水人员被救起位置的相对态势不符合当时当地的潮流,在发生海事时还有一艘从香港来的集装箱船经过出事海域向东航行等客观事实,认定"易发"轮是肇事船的证据不足。原审判决认定"易发"轮是肇事船,属认定事实错误,应当予以纠正。原审被上诉人主张"易发"轮是撞沉"汕尾 12138"船的肇事船,应承担相应的举证责任。原审被上诉人不能提供充分的证据支持自己的主张,对原审被上诉人的诉讼请求不予支持。原审判决认定事实不清,适用法律有错误,判决易发公司承担船舶碰撞损害的赔偿责任不当。依照《中华人民共和国民事诉讼法》第 153 条第 1 款第(二)、(三)项之规定,判决如下:

(1) 撤销广东省高级人民法院(1994)粤法经二上字第 147 号民事判决;

(2) 撤销广州海事法院(1994)广海法商字第 10 号民事判决;

(3) 驳回原审被上诉人(一审原告)钟孝源的诉讼请求;

(4) 驳回原审被上诉人(一审原告)珠海打私办的诉讼请求。

1.5.2 船舶碰撞案件新证据

17 上诉人连承辉与被上诉人王建本船舶碰撞损害赔偿纠纷案
案例来源:山东省高级人民法院(2006)鲁民四终字第 86 号
主题词:船舶碰撞 举证时限 沿海航区 因果关系

裁判要旨

No. HS-1.5-2 在船舶碰撞案件的审理中,当事人应当在开庭审理前完成举证。当事人在二审中提供的证据不属于新证据的,二审法院不予采纳。

No. HS-1.5-3 沿海航区是指距岸或庇护地不超过 20 海里的海域。虽然所涉受害渔船碰撞事故发生时超过了《小型渔业船舶检验证书》准予航行的区域,但并不能因此认为超出区域航行和碰撞事故存在因果关系。

一、基本案情

上诉人（原审被告）：连承辉
被上诉人（原审原告）：王建本
原审被告：吴忠坊

青岛海事法院查明："鲁莱渔7002"，属木质双拖渔船，船舶所有人为王建本，该船舶船籍港为羊郡，船舶主尺度为：船长14.61米，型宽3.75米，型深1.41米。主机型号为2135，功率为25KW。船舶总吨为22吨，准许沿海航区，限6级风以下航行作业，从事拖网作业。该船建造完工日期为1999年3月，船籍登记号为YD02BJ980122，船舶检验证书编号为37068200300080。该船于2003年3月24日由山东渔业船舶检验局莱阳检验站进行了换证检验，检验合格；2003年7月10日换发新的船舶检验证书。经莱阳渔港监督检查，该船2003年度年审合格，手续齐全。该船渔业捕捞许可证有效期自2004年1月1日至2004年12月31日。"鲁莱渔7002"渔船所有权证书上记载的持证人为王建本，住莱阳市羊郡镇汪家疃村。莱阳渔港监督出具一份证据证明："鲁莱渔7002"，船舶所有人王建本，登记地址为莱阳市羊郡镇汪家疃村，现住址为山东省文登市泽库镇滩西头村67号。"鲁长渔7014"系钢质捕捞渔船，船籍港龙口，类型拖网渔船，制造厂荣成市大鱼岛造船厂，总长33.38米，船长29.27米，型深2.70米，型宽6.00米，船体材料钢质。总吨116吨，净吨38吨。渔业船舶股份比例登记表记载，"鲁长渔7013/7014"船最大的股份所有人或股东共同推选船舶登记所有人名称：吴忠舫。住址：长岛县砣矶镇井口村，所占股份比是100%。渔业船舶所有权证书登记号码为YQ02OK990163，持证人姓名吴忠舫，持证人地址山东长岛县砣矶镇井口村。

2004年11月26日23：00时，"鲁莱渔7001/7002"对船从文登张家埠港出海作业。出海前船舶证书证件齐全，适航，船上共有船员5人。2004年12月2日03：00时（24小时作业5天），对船开始自南向北在89/6海区拖网，航向360°，显示航行灯、尾灯及拖网号灯。03：51时左右，头船"鲁莱渔7001"船长王建本发现后面有一对钢壳船驶来，欲从对船中间通过，比较危险，遂通过对讲机告诉跟船"鲁莱渔7002"注意。正在值班的"鲁莱渔7002"船船长王永新立即向来船大声呼叫，并招手他船向后倒车，同时令值班水手用探照灯照射来船发出警告信号，但来船没有反应。约04：00时，钢壳船头船从"鲁莱渔7001/7002"中间通过，其跟船船艏撞在"鲁莱渔7002"的船后尾部。王永新在探照灯照射下看到肇事船船号是"鲁长渔7014"，该船没有停船，关灯逃逸。"鲁莱渔7002"船司机王世东亦看见对方船号为"鲁长渔7014"。碰撞发生后，"鲁莱渔7002"迅速进水下沉，不到10分钟只余船艏部分露出水面，遂通知头船施救并用雷达追踪肇事船，同时通知"鲁荣渔水299"帮忙追赶。之后，"鲁莱渔7002"先由"辽大中渔008"拖带至81/8海区，再由闻讯赶来的"中国渔政37502"轮继续拖带，但最终因为进水太多，"鲁莱渔7002"被拖带16小时之后，因为拖绳断裂导致船舶沉没在81/7海区。"鲁莱渔7001"于2004年12月3日06：00时靠泊张家埠渔港。

二、一审裁判

青岛海事法院认为，船舶的经营是多样和多变的，但是船舶所有人保证船舶处于安全航行技术状态的责任是不变的，除非船舶是处于光船租船的情况下，在船舶发生船舶碰撞事故后，就碰撞事故提起的诉讼主体包括船舶所有人或者光船承租人。吴忠坊作为登记船舶所有人应对"鲁莱渔7002"造成的损害承担侵权损害赔偿责任。连承辉虽然未到船籍港办理相关的船舶租赁登记手续，庭审中明确认可自己作为船舶实际经营人的身份，对于王建本将其列为本案共同被告，亦未提出任何异议，对连承辉的主体身份予以认可，吴忠坊和连承辉对"鲁莱渔7002"造成的侵权损害承担连带赔偿责任。

关于吴忠坊的名字问题，吴忠坊提出船舶所有人登记证明申请时，留在船检的身份证中的名字是"吴忠坊"，但是他同时却以"吴忠舫"三字签名。因此，吴忠坊常常使用"吴忠舫"这个别用名。王建本诉状中写的被告为"吴忠舫"，实系笔误，吴忠坊对以"吴忠舫"名字送达的开庭通知书明确表示没有异议。据此，吴忠坊作为本案被告，诉讼主体没有错误。关于吴忠坊和连承辉提出的原告王建本的主体资格问题，"鲁莱渔7002"船的船舶所有权证书是中华人民共和国莱阳渔港监督颁发的，其作为国家职能部门，有权证明"鲁莱渔7002"船舶所有人是谁。因此，莱阳渔监关于"鲁莱渔7002"船舶所有人的登记地址与现住址不一致的证明，应予采信，据此认定王建本是"鲁莱渔7002"船的所有人。

关于吴忠坊和连承辉超过举证期限提交的证据，《中华人民共和国海事诉讼特别程序法》第84条规定：当事人应当在开庭审理前完成举证。设立审理船舶碰撞案件的这一特殊举证规则，可以防止当事人滥用诉讼权利，故意不提供证据拖延诉讼，或者采取向对方当事人突然提出新证据等行为，从而有利于实现诉讼公正，同时也可以避免在允许当事人随时提出证据的情况下容易出现的诉讼程序的浪费和迟滞。因此，与一般民事诉讼对举证时限的要求不同，船舶碰撞案件中当事人举证要求在庭审前全部完成，除有新的证据并有充分理由说明该证据不能在举证期间内提交的以外。本案中，吴忠坊和连承辉于立案1年之久、第三次开庭之后，2006年3月23日又提交证据，并且没有在举证期限内向法院提出准许延期举证的申请，其提交的证据不属于新证据，故不予采纳。根据举证责任的分配原则，当事人对其主张或反驳所依据的事实，在举证期限内不能举证的，自行承担相应的法律后果。吴忠坊和连承辉关于"鲁莱渔7002"超海区、超风级作业的主张，证据不足，理由不充分，不予采信。

关于碰撞责任。碰撞发生时，"鲁莱渔7002"与头船一起拖网作业，为"从事捕鱼的船舶"。"鲁长渔7014"为"在航机动船"，根据《1972年国际海上避碰规则》第18条第1款的规定，"鲁长渔7014"为让路船，在航时应当尽量避让从事捕鱼的"鲁莱渔7002"。然而，在渔船密集海域，"鲁长渔7014"疏于瞭望，对"鲁莱渔7002"发出的探照灯警告信号毫无反应，严重违反了《1972年国际海上避碰规则》第5、6、7、8、16、17条关于"每一船舶在任何时候应用视觉、听觉以及适合当时环境和情况的一切可用的手段保持正规的瞭望，以便对局面和碰撞危险作出充分的估计"等安全规则的规定。并且，吴忠坊和连承辉在举证完成时没有提交任何证据,未能证明"鲁长渔7014"是一条适航船舶,应对碰撞负主要责任。"鲁莱渔7002"虽然在碰撞发生前已经发现了对方船,但是在"鲁长渔7001"提醒后才发现来船并发出灯光信号,可以认定该船在此前疏于瞭望,违反了《1972年国际海上避碰规则》第5条的规定,应对碰撞的发生承担次要责任。

关于王建本主张"鲁长渔7014"碰撞后逃逸的事实是否成立。"鲁莱渔7002"是一个总吨22吨、船长14.61米的木船,"鲁长渔7014"是一个总吨116吨、总长33.38米的钢船,两船质量仅相差5.37倍,两个质量相差不大的船舶发生碰撞,"鲁长渔7014"受碰撞之后,船舶必然会发生震动。并且,碰撞发生在凌晨04:00时左右,"鲁莱渔7002"船采取了探照灯警告信号措施,在夜间灯光刺照,"鲁长渔7014"作为航行船舶,其船员瞭望中应当看到"鲁莱渔7002"船。结合渔监笔录中"鲁莱渔7002"两名船员陈述碰撞发生后"鲁长渔7014""关灯逃逸",对本案各证据与案件的关联程度,各证据之间的联系等方面进行综合分析,应认定"鲁长渔7014"在事发当时知道发生了船舶碰撞这一事实。"鲁长渔7014"船碰撞之后逃逸,违背了《中华人民共和国海商法》第166条、《中华人民共和国海上交通安全法》第37条所规定的船舶碰撞发生后,肇事船舶对受害船负有的不可推卸的救助义务。根据交通部《水上交通事故肇事逃逸处理程序》第7条第(一)项的规定:"对已查实的逃逸船,应责令其承担因肇事逃逸而引起的全部责任。"

王建本在碰撞发生之后,虽然积极采取了各项施救措施,但是"鲁莱渔7002"船被拖带16小时之久,才因为拖绳断裂导致船舶沉没。这一事实足以证明,王建本在施救过程中,未能有效防止损失扩大,导致船舶沉没,存在一定过错。结合国际上的司法实践,确定船舶碰撞损害赔偿范围,应遵循"受损方尽力减少损失原则"。《中华人民共和国民法通则》第131条亦规定,受害人对于损害的发生也有过错的,可以减轻侵害人的民事责任。因此,吴忠坊和连承辉认为王建本措施不当,造成损失扩大的主张,符合法律规定,应予以支持。但是,船舶碰撞的发生和"鲁长渔7014"不予施救显然是导致"鲁莱渔7002"进水沉没的直接和主要原因。吴忠坊和连承辉主张王建本船舶沉没责任应当全部由王建本承担的请求,证据不足,不予采信。综合"鲁莱渔7002"和"鲁长渔7014"两船的碰撞责任及碰撞发生之后施救过程中的过错程度,吴忠坊和连承辉对本次碰撞的损失应承担70%的赔偿责任,王建本承担30%。根据《中华人民共和国民法通则》第106条第2款、第131条和《中华人民共和国海商法》第169条的规定,判决:

吴忠坊与连承辉于判决生效之日起10日内一次性连带赔偿王建本经济损失260 408元。

三、上诉与答辩

上诉人连承辉不服原审判决,向山东省高级人民法院提起上诉称:

(1)"鲁长渔7014"船与"鲁莱渔7002"船根本没有船体接触,不存在船舶碰撞的情况。原审判决仅依据王建本一方的陈述,就认定了肇事船舶为"鲁长渔7014"船,与事实相悖。

(2) 青岛海事法院在没有证据的情况下主观推定损失数额,显然违法。

(3) "鲁莱渔7002"船违章超抗风等级作业、超海区作业及自身自救措施失误是其沉没的根本、真实原因。"鲁莱渔7002"船的船舶技术证书表明,在超过5级风时就不允许出海航行、作业。但当时海面风力达6级。"鲁莱渔7002"船为40马力木质小渔船,其法定核准航行作业海域为三类沿海海区,即距庇护地不超过20海里的海域,而发生事故时所在位置距庇护地超过80海里。同时,"鲁莱渔7002"船受损后没有及时发出求救信号,而是采取长时间拖船的方式致使拖缆断裂,最终导致沉没。连承辉请求撤销原审判决,驳回王建本的诉讼请求或发回重审。

被上诉人王建本辩称:

(1) 原审判决认定"鲁长渔7014"船为肇事逃逸船,证据充分。

(2) 根据"鲁长渔7014"船值班员张树江的笔录,该船在2004年12月2日4时许经过89/6渔区时,与一木船发生碰撞后,没有停船,继续向东北方向航行。该笔录未经张树江签字,是因为张树江在连承辉的授意下,离开渔港监督,一去不回,在此情况下,应当认定该证据的效力。

(3) 上诉状所述并不属实。① 证人王世良从未说过在3点钟就听到碰撞事故发生,其出庭时陈述的事故时间与实际时间的误差,在普通人对时间感知的误差范围之内,也恰恰说明了该证言的真实性。② 证人王世东是在碰撞后来到甲板看到肇事船的,并非在机舱就看到。③ 从证据分类上看,王永新、王世东、王世良的证词均属证人证言,非当事人陈述。

(4) "鲁莱渔7002"船没有超风级、超海区作业。该船的技术证书记载的是"6级风以下,沿海航区作业航行",捕捞许可证核准的作业区域为C1。事发海域当时风力为5—6级,C1海区是指黄渤海海域。王建本认为原审判决认定事实清楚,适用法律正确,请求予以维持。原审被告吴忠坊未向山东省高级人民法院提交书面意见。

四、二审裁判

二审中,连承辉申请证人邢厚玉和连承鹏出庭作证。邢厚玉作证称,其为荣成市天鑫码头调度员,连承辉的船于2004年12月4日靠岸时没有碰撞痕迹。连承鹏出庭作证称,其为"2029"船的船长,2004年12月1日到2日4时与"鲁长渔7014"船一起航行,两船相距0.3至0.4海里,没有看到"鲁长渔7014"船与其他船发生过碰撞。对于证人邢厚玉和连承鹏的证言,王建本认为不属于新的证据,不能作为证据使用。山东省高级人民法院经审理查明:"鲁莱渔7002"船的《小型渔业船舶检验证书》记载:"该船已按《渔业船舶法定检验规则》检验合格,准许航行作业区域为沿海航区,限6级风以下航行。"《渔业船舶法定检验规则》第1.7条规定,沿海航区是指距岸或庇护地不超过20海里的海域。本案所涉事故发生时,"鲁莱渔7002"船距岸和庇护地超过20海里。山东省高级人民法院查明的其他事实与原审判决认定的事实相同。

山东省高级人民法院认为,王建本提交的证据和青岛海事法院从渔港监督调取的证据能够证实"鲁莱渔 7002"船与"鲁长渔 7014"船发生了碰撞。"鲁莱渔 7002"船船长王永新和司机王世东非本案当事人,其就案件事实所出具的证言属证人证言,不属当事人陈述。王永新和王世东均作证称,在事故发生后亲眼看清肇事船舶的船名为"鲁长渔 7014",并立即用对讲机将肇事船的船号告诉"鲁莱渔 7001"船;"鲁文渔 7199"船船长王世良证明在对讲机中听到"鲁莱渔 7002"船船长说肇事船的船号为"鲁长渔 7014";王建本对肇事船舶动态的描述、事故发生的时间、地点等方面均与吴忠坊和连承辉对"鲁长渔 7014"船事故发生当时有关船舶动态的描述基本一致。上述事实可以相互印证,形成完整的证据链。吴忠坊和连承辉未向法院提交海事事故调查表,未能清楚陈述碰撞发生前后及碰撞时"鲁长渔 7014"船的船舶动态及船员状况。综上,青岛海事法院认定碰撞"鲁莱渔 7002"的肇事船舶为"鲁长渔 7014"船是正确的。连承辉在上诉中提出,王世良在其出具的证明书里讲其 12 月 2 日 3 时在对讲机中听到"鲁莱渔 7002"船告诉"鲁莱渔 7001"船发生事故,与其出庭作证时陈述听到事故发生的时间有矛盾。查王世良出具的证明书,相关内容为"12 月 2 日,3 点我与 7001/7002 向北拖网我在对讲听到 7002 告诉 7001 船,被 7014 撞在后腔上";后其出庭作证时陈述听到事故发生的时间为 3—4 点。证明书中对事故时间叙述模糊,与王世良出庭作证时对事故时间的陈述矛盾并不明显,且考虑到事发时为夜间和事故发生后"鲁长渔 7014"赶去救助的急迫状态,山东省高级人民法院认为王世良对事故时间陈述的不一致,并不影响其证言其他部分的证明力。连承辉在上诉中还称,司机王世东陈述,事故发生时该司机所在位置为机舱,而在机舱根本无法看到船舶尾部发生碰撞的情形。查王世东的调查笔录,王世东称碰撞发生时他在机舱值班,还称对方船艏碰在我船的尾部,并未称在机舱里看到碰撞发生,所以王世东陈述的内容并无矛盾之处。王世东称肇事船由南向北偏西航行,虽然与连承辉陈述的"鲁长渔 7014"船系由南向北偏东航行有所差异,但该差异在普通人夜间肉眼观察的正常误差范围之内。关于"鲁长渔 7014"船是否肇事逃逸的问题,原审判决认定"鲁长渔 7014"船在事发当时知道发生了船舶碰撞,但在碰撞后逃逸,证据充分,山东省高级人民法院予以确认。

《中华人民共和国海事诉讼特别程序法》第 84 条规定,在船舶碰撞案件的审理中,当事人应当在开庭审理前完成举证。最高人民法院《关于民事诉讼证据的若干规定》第 41 条第(二)项规定:"二审程序中的新的证据包括:一审庭审结束后新发现的证据;当事人在一审举证期限届满前申请人民法院调查取证未获准许,二审法院经审查认为应当准许并依当事人申请调取的证据。"证人邢厚玉和连承鹏的证言,既不符合上述法律的规定,也不属于司法解释规定的新的证据,山东省高级人民法院不予采纳。关于"鲁莱渔 7002"船的过错。"鲁莱渔 7002"船的《小型渔业船舶检验证书》记载该船"准许航行作业区域为沿海航区,限 6 级风以下航行"。连承辉和吴忠坊主张事发当时风力为 6 级,王建本主张事发当时风力为 5—6 级,双方主张的当时的风力均不超过 6 级,故"鲁莱渔 7002"船不存在超风级作业的情况。"鲁莱渔 7002"船的航行作业区域距岸和庇护地超过 20 海里,不符合该船《小型渔业船舶检验证书》所记载的要求,但连承辉和吴忠坊未能举证证明"鲁莱渔7002"船超海区作业与该船因碰撞所遭受的损失之间的因果关系。碰撞发生后,"鲁莱渔7002"船被拖带16小时后沉没,属王建本施救措施不当,未能有效防止损失扩大,原审判决认定王建本存在一定过错,减轻了连承辉和吴忠坊的责任,处理结果并无不当。船舶碰撞的发生和"鲁长渔7014"不予施救是导致"鲁莱渔7002"沉没的主要原因,"鲁莱渔7002"船未能有效防止损失扩大是该船沉没的次要原因。综合考虑双方过错程度,青岛海事法院判令吴忠坊和连承辉对王建本的损失应承担70%的责任,王建本承担30%的责任是恰当的。综上所述,原审判决认定事实基本清楚,适用法律正确,判决结果应予维持。依照《中华人民共和国民事诉讼法》第153条第1款第(一)项之规定,判决如下:

驳回上诉,维持原判。

1.6 船舶碰撞损害赔偿

1.6.1 船期损失的计算

18 原告陈国为与被告林松全船舶碰撞损害赔偿纠纷案
案例来源:厦门海事法院(2004)厦海法事初字第037号
主题词:船舶碰撞　索赔项目　直接财产损失　预期可得利润损失

> **裁判要旨**
>
> **No. HS-1.6-1**　船舶因碰撞沉没可以索赔的项目包括:船舶价值损失(直接财产损失),船期损失和事故航次未收取的运费(预期可得利润损失),船上存油损失,船员工资损失和船员个人物品损失。其中船期损失在船舶碰撞前两个航次平均盈利难于准确计算的情况下,宜以船舶的滞期费率和滞期天数作为计算船期损失的依据。

一、基本案情

原告:陈国为

被告:林松全

原告诉称:2004年4月29日,原告所属"金富达9"轮装载2 900吨氧化铝从防城开往天津塘沽港,下午约13:00时以航向040°航行,并在雷达上发现被告所属"鱼圣"轮与"金富达9"轮呈交叉相遇状态。"鱼圣"轮作为让路船没有采取避让措施,导致碰撞"金富达9"轮,致"金富达9"轮沉没,造成原告损失约5 500 000元。原告认为被告违反《1972年国际海上避碰规则》的有关规定,存在严重过失,为此,原告请求法院判令被告承担80%的碰撞责任;赔偿原告经济损失4 400 000元及利息(船舶价值3 500 000元;两个月的营运损失1 417 297元;事故航次运费2 900吨×74元/吨=214 600元;船上存油 21 吨×2 950 元/吨=61 950 元;船员工资 40 500 元;船员物品损失 51 000 元,以上损失合计 5 285 347 元,按被告承担 80%的责任计算,应赔偿原告损失 4 228 277.60 元,利息自 2004 年 4 月 30 日起至判决支付之日止,以利率日 0.21‰点一计算);认定原告上述第 2 项的请求具有船舶优先权。

二、法院查明事实

厦门海事法院经审理查明,2004 年 4 月 29 日,原告所属"金富达 9"轮装载 2 900 吨氧化铝从防城开往天津塘沽港,08:00 时"金富达 9"轮船位 25°53.7N、119°57.7E,11:10 时"金富达 9"轮船位 26°16.8N、120°17.7E,"金富达 9"轮 08:00 时—11:10 时的航程为 29.26 海里,平均航速为 9.24 节,航迹向为 37.9°。约 13:00 时,"金富达 9"轮在四霸列岛以东水域航行,此时在雷达屏幕上发现其左舷一回波(即"鱼圣"轮),通过雷达测得两船距离约 6 海里,"金富达 9"轮遂保向保速航行。"金富达 9"轮 13:25 时初见"鱼圣"轮,此时其推算船位为 26°33.247N、120°32.000E,"金富达 9"轮认为其是直航船,仍未采取任何避碰措施。"鱼圣"轮在开往台湾途中约于 2004 年 4 月 29 日约 14:00 时发现"金富达 9"轮开往北方。"金富达 9"轮与"鱼圣"轮大约在 2004 年 4 月 29 日的 14:00 时左右于 26°37.5N、120°35.7E 发生碰撞,"鱼圣"轮船艏碰撞"金富达 9"轮左舷中后部,碰撞导致"金富达 9"轮沉没全损,"金富达 9"轮上救生艇后被"鱼圣"轮救起,后"鱼圣"轮开至福建省连江县黄岐镇。碰撞发生当时风浪不大,能见度良好,气象条件良好。

根据"金富达 9"轮和"鱼圣"轮的航速,"鱼圣"轮实际不可能追越"金富达 9"轮,结合两船的碰撞部位,应认定碰撞前"鱼圣"轮与"金富达 9"轮两船构成交叉相遇势态,且"金富达 9"轮位于"鱼圣"轮的右舷。没有证据表明碰撞发生之前及当时,"鱼圣"轮正在从事捕鱼,其操纵性能严重受到限制。"鱼圣"轮当时在驶往台湾的途中,不构成从事捕鱼的船舶,仍然属于机动船。"金富达 9"轮发现"鱼圣"轮后曾经使用 VHF 进行呼叫,但因商船和渔船所用的 VHF 频道的频率不同,"鱼圣"轮没有回应。"金富达 9"轮并没有采取任何的避让行动,一直保向保速航行。"金富达 9"轮称鸣放声号以引起对方注意,但因无足以认定的证据,无法确认其是否鸣放声号。"鱼圣"轮当班船员廖政来发现"金富达 9"轮的同时即发生碰撞,这说明"鱼圣"轮没有保持正规瞭望,没有及早和正确地判断碰撞危险,也没有采取任何的避让行动。该轮在《船舶海事报告书》中提到的"海事时速率(指发生海事时的船舶航速)3 海里"是否属实以及该轮在碰撞前是否采取了减速措施,因缺乏相应证据,无法加以认定。

三、法院裁判

(1)船舶价值损失。原告主张船舶价值 3 500 000 元。厦门海事法院认为,根据最高人民法院《关于审理船舶碰撞和触碰案件财产损害赔偿的规定》第 8 条的规定,船舶价值损失的计算以船舶碰撞发生地当时类似船舶的市价确定。没有船舶市价的,以原船舶的造价或购置价,扣除折旧计算。原告未提供上述规定中的船舶市价,为此,原告主张的船舶价值损失应按后一种方法计算。2002 年 8 月 15 日,原告从营口市金海洋海运有限公司以 3 000 000 元的价格购得"金海虹 9"轮(后更名为"金富达 9"轮)。根据 2002 年 11 月 30 日福建省光明资产评估有限责任公司出具的"金富达 9"干货船资产评估报告书,"金富达 9"轮当时现值 3 500 000 元。根据中国人民财产保险股份有限公司汕头分公司 2004 年 3 月 29 日出具的沿海内河船舶保险单,上述保险公司承保了"金富达 9"轮,保险价值及保险金额均为 3 500 000 元。因此,可以确认 2002 年 11 月 30 日"金富达 9"轮当时现值 3 500 000 元,至发生事故之日即 2004 年 4 月 29 日,约有一年半时间,宜折旧 10%,"金富达 9"轮折旧后的船舶价值为 3 150 000 元。

(2) 关于船期损失。原告主张,2004 年 3 月 29 日—4 月 11 日,"金富达 9"轮装 2 853 吨氧化铝从防城到天津,运费收入 205 416 元。4 月 11 日—4 月 22 日,"金富达 9"轮装 3 018.222 吨螺纹钢从天津到海口,运费收入 648 917.73 元。上述两航次运费收入合计 854 333.73 元。上述两航次成本开支(3 月 29 日—4 月 22 日,共 25 天):油耗每天 3 吨 × 25 天 × 2 950 元/天 = 221 250 元,工资 40 500 元/月 ÷ 30 天 × 25 天 = 33 750 元,运管费:17 600 元/半年 ÷ 180 天 × 25 天 = 2 444 元,保险费:92 700 元/年 ÷ 365 天 × 25 天 = 6 349.31 元。上述两航次利润:854 333.73 元 − 221 250 元 − 33 750 元 − 2 444 元 − 6 349.31 元 = 590 540.42 元,每天利润 590 540.42 元 ÷ 25 天 = 23 621.62 元。综上,"金富达 9"轮两个月的营运损失为 23 621.62 元 × 60 天 = 1 417 297 元。

厦门海事法院认为,根据最高人民法院《关于审理船舶碰撞和触碰案件财产损害赔偿的规定》第 10 条的规定,船期损失应按事故发生前上两个航次的平均净盈利计算。但原告关于船期损失的计算中,"金富达 9"轮油耗每天 3 吨缺乏依据,仅以 180 天计算船舶半年的运管费不妥,且营运船舶至少还应包括管理费用、船舶折旧等项,原告关于船舶营运成本的计算缺乏依据,不予认定。根据天津市塘沽区椒海船务有限公司与天津开发区津潭船务有限公司签订的航次租船合同(4 月 11 日—4 月 22 日,天津到海口),"金富达 9"轮的滞期费率为 6 000 元/天。在船期损失必然发生,而船舶碰撞前两个航次平均盈利难以准确计算的情况下,宜以船舶的滞期费率和滞期天数作为计算船期损失的依据。为此,厦门海事法院认定,"金富达 9"轮两个月的船期损失为 360 000 元。

(3) 关于事故航次运费损失。事故航次"金富达 9"轮承运 2 900 吨氧化铝从防城港到天津港,每吨运费 74 元,运费总计 214 600 元。

(4) 关于船上存油损失。原告主张,"金富达 9"轮船上存油 21 吨,每吨 2 950 元,故其遭受船上存油损失 61 950 元。厦门海事法院认为,"金富达 9"轮仍有存油 21 吨,但未提供轮机日志、油类记录簿或量油记录簿或任何其他关于存油量的证据材料,即原告关于船上存油损失的事实主张,除其自己的陈述外无其他证据加以证明,根据最高人民法院《关于民事诉讼证据的若干规定》第 76 条的规定,对存油 21 吨的事实不予确认。

(5) 关于船员工资损失。原告主张,"金富达 9"轮船员每月工资总额为 40 500 元。厦门海事法院认为,原告提交的船员工资表中船员的人数与船员个人物品损失表中船员的人数不符,船员工资表无工资发放时间,形式上也不规范,且船员工资表、船员个人物品损失表中船员个人的签字与水上交通事故询问调查笔录中船员个人签字在笔迹上有很大的差异,其真实性不能确认,故对原告主张的"金富达9"轮船员每月工资总额 40 500 元的事实不予认定。

(6) 关于船员个人物品损失。原告主张,其遭受船员个人物品损失 51 000 元。

厦门海事法院认为,原告向厦门海事法院提交的证据材料中无就船员个人物品损失已赔付船员的证据材料,且关于船员物品损失仅有原告单方制作的清单,该清单只能认定为原告方的单方陈述,根据最高人民法院《关于民事诉讼证据的若干规定》第76条的规定,故对原告主张的其遭受船员个人物品损失的事实不予认定。

厦门海事法院认为,"鱼圣"轮没有保持正规瞭望,没有及早和正确地判断碰撞危险,违反了《1972 年国际海上避碰规则》第 5 条、第 7 条的规定。"鱼圣"轮未及早采取让路行动,严重违反了《1972 年国际海上避碰规则》第 15 条、第 16 条的规定,从而导致紧迫局面的发生。在形成紧迫局面和紧迫危险后,也没有采取任何的避让行动,最后导致碰撞的发生,违反了《1972 年国际海上避碰规则》第 8 条的规定。因此,"鱼圣"轮应对本次碰撞事故负主要责任,承担 60% 的碰撞责任。"金富达9"轮作为交叉相遇局面中的直航船,当其发觉让路船显然没有遵照《1972 年国际海上避碰规则》各条采取让路行动时未独自采取行动,且当两船正在形成或已经形成紧迫危险,其应当采取最有助于避碰的行动时,仍然保速保向航行,严重违反了《1972 年国际海上避碰规则》第 17 条第 1 款第(2)项、第 2 款的规定。"金富达9"轮存在瞭望、判断碰撞危险方面的疏忽,违反了《1972 年国际海上避碰规则》第 5 条、第 7 条的规定。因此,"金富达9"轮应对本次碰撞事故负次要责任,承担 40% 的碰撞责任。原告主张被告承担 80% 的船舶碰撞责任,其承担 20% 的碰撞责任缺乏事实依据,厦门海事法院不予支持。

船舶价值损失系船舶碰撞造成的直接财产损失,船期损失、事故航次未收取的运费系原告预期可得利润,本次碰撞事故造成"金富达9"轮沉没全损,原告的上述诉讼请求符合最高人民法院《关于审理船舶碰撞和触碰案件财产损害赔偿的规定》的相关规定,且上述诉讼请求均有事实依据,应予支持。上述损失系"鱼圣"轮在船舶营运过程中因船舶碰撞这一侵权行为所致,原告就此提出的海事赔偿请求依法具有船舶优先权。原告主张的船上存油损失、船员工资损失、船员个人物品损失事实依据不足,厦门海事法院不予支持。原告关于船期损失的主张数额过高,对其多主张部分不予支持。原告关于事故航次运费损失的主张,本应扣除为取得该运费而应发生的费用,但因原告主张船员工资、存油损失等损失均未得到厦门海事法院的支持,为此,对原告主张的事故航次运费损失不宜再扣除为取得该运费而应发生的费用。原告主张利息按日 0.21‰ 计算缺乏依据,厦门海事法院不予支持,其利息宜按同期存款利率计算。

依照《中华人民共和国民事诉讼法》第 130 条、第 64 条第 1 款,《中华人民共和国海商法》第 169 条、第 21 条第 1 款第(五)项的规定,判决如下:

(1) 被告林松全应于本判决生效之日起 10 日内赔偿原告陈国为船舶价值损失

1 890 000 元、船期损失 216 000 元、事故航次运费损失 128 760 元,并支付上述款项自 2004 年 4 月 30 日起至本判决确定的支付之日止,按中国人民银行公布的同期存款利率计算的利息;

(2) 原告的上述债权对"鱼圣"轮具有船舶优先权;

(3) 驳回原告的其他诉讼请求。

1.6.2 货物增值税税款损失的赔偿

⑲ 原告汕头市和发纸业有限公司、中国人民财产保险股份有限公司宁波市海曙支公司与被告上海宝通运输实业有限公司、沈福荣、洞头县东海船务有限公司船舶碰撞损害赔偿纠纷案

案例来源:宁波海事法院(2006)甬海法事初字第 43 号

主题词:船舶碰撞　保险人　共同原告　税款损失

裁判要旨

No. HS-1.6-2　保险人在代位求偿的范围内,可以申请作为共同原告加入诉讼。

No. HS-1.6-3　增值税是一种价外税、流转税,符合一定条件可抵扣。但在原告仅能提供增值税发票联,未能提供相应抵扣联或对未能提供抵扣联进行合理解释的情况下,原告主张的税款损失依据不足,对其损失只能认定货价部分。

一、基本案情

原告:汕头市和发纸业有限公司(以下简称和发公司)、中国人民财产保险股份有限公司宁波市海曙支公司(以下简称保险公司)

被告:上海宝通运输实业有限公司(以下简称宝通公司)、沈福荣、洞头县东海船务有限公司(以下简称东海公司)

原告和发公司诉称:被告宝通公司所属的"宝通海 1"轮于 2006 年 10 月 20 日 12 时左右途经宁波甬江清水浦附近水域时,与承载了原告货物的被告沈福荣所有、被告东海公司经营的"静涛 25"轮发生碰撞,"静涛 25"轮沉没,原告价值 279 174.16 元的涂布纸全损。请求法院判令三被告赔偿原告 279 174.16 元及诉前财产保全费 3 000 元、债权登记费 1 000 元。

原告保险公司诉称:其已向被保险人和发公司支付了保险赔款 195 436.8 元,和发公司诉请的诉前财产保全费、债权登记费计 4 000 元实际由其支付,请求在上述款项范围内代位行使和发公司对三被告的索赔权。

三被告对原、被告各方的主体资格以及和发公司的货物装载于"静涛 25"轮,因"静涛 25"轮与"宝通海 1"轮发生碰撞而沉没的事实无异议,但同时进行了抗辩。

被告宝通公司辩称:根据相关生效判决,宝通公司只需承担 80% 的碰撞责任并有权享受海事赔偿责任限制。

被告沈福荣、东海公司辩称：两原告无证据证明货物全部灭失，以全损起诉证据不足；事故发生后货物遭案外人哄抢，保险公司不应就哄抢货物进行理赔，无权向两被告索赔；原告诉请的财产保全费及债权登记费除 500 元外，其余费用均与两被告无关；两被告有权享受海事赔偿责任限制并根据碰撞责任比例分担赔偿责任。

两原告对"宝通海 1"轮与"静涛 25"轮可按 8:2 的碰撞责任比例承担责任，三被告设立并能享受海事赔偿责任限制基金无异议。原告和发公司对保险公司实际支付了诉前财产保全费、债权登记费无异议。

二、法院查明事实

宁波海事法院对双方争议的两原告的具体损失作如下认定：

（1）原告和发公司的损失。对于装载于"静涛 25"轮的原告和发公司的货物，被告沈福荣、东海公司虽主张并未全部灭失，残值遭案外人哄抢，但不能对其主张提供相应的证据予以证明，应视为涉案货物已全损。对于涉案货物的价值，宁波海事法院根据原告提供的增值税发票联，认定和发公司所购 85.218 吨涂布白板纸的货价为 238 610.40 元，17% 的增值税款为 40 563.76 元，价税合计为 279 174.16 元。因增值税系一种价外税、流转税，符合一定条件确可抵扣，在原告仅能提供增值税发票联，未能提供相应抵扣联或对未能提供抵扣联进行合理解释的情况下，原告主张的税款损失 40 563.76 元依据不足，对其损失只能认定货价部分即 238 610.40 元。

（2）原告保险公司代位行使权利的范围。根据涉案保单及权益转让书，原告和发公司的货物保险金额为 195 489.13 元，保险公司赔付了 195 436.80 元。其中，对于保险金额及赔付金额中是否包含了对增值税款的保险与赔付并不明确，但综合本案及相关案件的保险与赔付情况，应视为保险公司支付的赔款中包含了对增值税款的赔付。因和发公司所主张损失的增值税部分不能得到保护，保险公司代位和发公司主张损失的增值税部分同样不能得到保护，故保险公司取得代位行使权利的范围应为 195 436.80 ÷ 117% = 167 040 元及实际由其支付的债权登记费 1 000 元、诉前财产保全费 3 000 元，共计 171 040 元。

综上，宁波海事法院确认如下事实：2006 年 10 月，原告和发公司从富阳市茂元纸业有限公司购得 85.218 吨涂布白板纸，委托锦龙货代向被告东海公司办理出运事宜，向原告保险公司办理保险事宜，保险金额为 195 489.13 元。被告东海公司接受委托后将货物装船并签发了运单，原告保险公司收取相应保费后签发了国内水路货物运输保险单凭证。2006 年 10 月 20 日 11:20 时，该批货物由被告沈福荣所有、被告东海公司经营的"静涛 25"轮承运，从宁波海洋渔业公司码头起航，计划驶往广东汕头，11:59 时航行至宁波清水浦水域时，与被告宝通公司所属的"宝通海 1"轮发生碰撞沉没。原告和发公司价值 238 610.40 元的货物全损。2007 年 1 月，保险公司向和发公司支付保险赔款人民币 195 436.80 元并取得权益转让书。事故发生后，被告宝通公司于 2006 年 10

月24日向宁波海事法院申请设立海事赔偿责任限制基金,宁波海事法院于2006年12月13日作出(2006)甬海法限字第2号民事裁定书,准许其设立1 975 496元的海事赔偿责任限制基金。被告沈福荣、东海公司于2006年11月30日向宁波海事法院申请设立海事赔偿责任限制基金,宁波海事法院于2007年1月11日作出(2006)甬海法限字第3号民事裁定书,准许其设立979 957元的海事赔偿责任限制基金。期间,和发公司依法向宁波海事法院申请债权登记并对被告宝通公司所属的"宝通海1"轮申请诉前保全,宁波海事法院分别作出(2006)甬海法登字第3—4号、5—8号、甬海法保字第29号民事裁定书予以准许,保险公司因此支付各500元共1 000元债权登记费,3 000元诉前财产保全费。2007年9月29日,宁波海事法院作出(2006)甬海法事初字第50号民事判决,认定被告沈福荣所有、被告东海公司经营的"静涛25"轮在本次碰撞事故中承担20%的过失责任,被告宝通公司所属的"宝通海1"轮承担80%的过失责任。

三、法院裁判

宁波海事法院认为,本案是由于船舶碰撞引起的财产损害赔偿纠纷,碰撞船舶互有过失的,对碰撞造成的船舶以及船上货物和其他财产的损失,各船应按照过失程度的比例负赔偿责任。原告和发公司所有的由"静涛25"轮承运的货物因"静涛25"轮与被告宝通公司所属的"宝通海1"轮发生碰撞而受损,有权向造成其损失的责任人提出索赔。原告就本案选择了对两船三被告提起侵权之诉,三被告作为责任人应承担船舶碰撞侵权责任。原告和发公司价值238 610.40元的货物因"宝通海1"轮与"静涛25"轮发生碰撞而遭受全损,为进行诉前财产保全而由保险公司支付的申请费3 000元,以上损失合计241 610.40元,应由作为"宝通海1"轮所有人、经营人的被告宝通公司承担80%的赔偿责任,由作为"静涛25"轮所有人、经营人的被告沈福荣、东海公司共同承担20%的赔偿责任;由保险公司支付的债权登记费各500元,系诉讼费用,应由被告宝通公司与被告沈福荣、东海公司分别全额负担。其中,保险公司可在171 040元范围内代位行使和发公司对三被告的索赔权,和发公司尚余损失71 570.40元。由于两原告主张的损失系船舶营运中产生的财产赔偿请求,属于限制性债权,而两原告未对三被告设立海事赔偿责任限制基金提出异议,亦未能提出相反证据证明三被告不能享受海事赔偿责任限制,宁波海事法院认定三被告对于本次碰撞事故引起的索赔均可以享受海事赔偿责任限制并可在海事赔偿责任限制基金内对两原告的损失承担赔偿责任。综上,判决如下:

(1)被告上海宝通运输实业有限公司赔偿原告汕头市和发纸业有限公司因船舶碰撞造成的损失57 256.30元,赔偿原告中国人民财产保险股份有限公司宁波市海曙支公司136 532元。

(2)被告沈福荣、东海公司共同赔偿原告汕头市和发纸业有限公司因船舶碰撞造成的损失14 314.10元,赔偿原告中国人民财产保险股份有限公司宁波市海曙支公司34 508元。

(3) 被告上海宝通运输实业有限公司在 1 975 496 元的海事赔偿责任限制基金内,被告沈福荣、东海公司在 979 957 元的海事赔偿责任限制基金内承担赔偿责任;上述第(1)、(2)项的赔偿款在第(3)项的基金分配程序中履行。

(4) 驳回两原告的其余诉讼请求。

1.6.3 境外产生律师费的赔偿问题

20 上诉人可汗船务私人有限公司与被上诉人王桂花船舶碰撞纠纷案
案例来源:山东省高级人民法院(2007)鲁民四终字第 44 号
主题词:船舶碰撞　肇事逃逸　境外必要律师费　船期损失　优先权公示催告

裁判要旨

No. HS-1.6-4　船舶肇事后逃逸,未采取救助措施,导致对方船舶沉没,其肇事逃逸行为与船舶沉没造成的损失之间有因果关系,逃逸船舶船东应对沉没船舶造成的损失承担全部责任。

No. HS-1.6-5　原告委托香港律师追踪船舶,并委托中国律师代为参与诉讼且已经实际支出了律师费,碰撞事故的发生与该项费用的支出有直接的因果关系,原告要求对方承担律师费用,应予支持。

No. HS-1.6-6　非经法定的优先权公示催告程序,船舶买家自行在报纸上办理取得船舶所有权的公告,不导致该轮的优先权灭失。法律并未规定船舶优先权的行使须以向(已转移了船舶所有权的)原船舶所有人主张权利为先决条件。新船舶所有人主张应向原所有人请求碰撞赔偿,是对船舶优先权赔偿责任与一般保证责任的混淆,亦背离了船舶优先权制度的立法目的,依法不予支持。

一、基本案情

上诉人(原审被告):可汗船务私人有限公司[KAGHAN SHIPPING(PRIVATE)LIMITED,以下简称可汗公司]

被上诉人(原审原告):王桂花

青岛海事法院经审理查明:"鲁崂渔 0318"船(以下简称"0318"船),为木质捕捞渔船,船籍港为青岛,青岛市河套船厂 1997 年 1 月 18 日建成;船长 19.3 米,宽 4.6 米,深 1.6 米;主机功率 99.3 千瓦;总吨 37 吨,净吨 12 吨;该船为王桂花 100% 所有;取得所有权日期为 1997 年 4 月 17 日。2005 年 7 月 30 日,中华人民共和国渔业船舶检验局颁发了有效期至 2009 年 6 月 27 日的《渔业船舶安全证书》,载明:"0318"船经检验合格,准许该船从事流刺网作业,装运散装鱼获物,准许该船航行与作业区域为距庇护地不超过 100 海里区域。2005 年 10 月 26 日 03:30 时左右,"0318"船在 36°57′.00N、120°38′.2E 附近海域因碰撞事故沉没。在本事故航次中,"0318"船已按规定配备船员,职务船员皆持有有效的适任证书。2006年9月22日,王桂花在山东渔港监督局青岛分局办理完毕"0318"船的所有权和国籍登记的注销手续,在渔业船舶检验局办理完毕渔业船舶检验证书的注销手续。

巴基斯坦籍"可汗"(原巴拿马籍"胜利")轮,为钢质散货船,建造时间为1986年;船长217.74米,型宽32.2米,型深17.8米;主机功率7785.25千瓦;总吨位36098吨,净吨21824吨;航速13.5节。该船舶所有人原为GOLDEN DROPS NAVIGATION S.A.。2006年1月10日以1500万美元转让给可汗公司,并正式更名为"可汗"轮。2005年11月30日,巴基斯坦国家航运公司自行分别在《DAYLY JAND》《DAILY DAWN》上刊登了可汗公司的买船公告,公示了"可汗"轮为可汗公司所有。该公告称:可汗公司(巴基斯坦航运集团公司成员)取得一艘散装货船,将该轮命名并登记为"可汗"轮,挂巴基斯坦旗。2005年10月24日12:24时,"胜利"轮靠泊青岛港67泊位卸货。10月25日23:16时,"胜利"轮离泊开航。大约10月26日00:00时到达引航站海域,引航员下船,该轮驶往韩国。10月25日下午13:00时左右,"0318"船由青岛崂山区沙子口渔港开航到92渔区9小区收购鱼货。当晚22:30时开始返航沙子口渔港,返航航向328°,航速约9节,当时海上北风4—5级,海面轻浪,视距良好。船长康汝钿在驾驶室值班,大管轮在机舱值班。26日凌晨约01:08时,"0318"船在36°57′N、120°38′.2E处被一艘向东南航行的货船撞击。碰撞事故发生后,肇事船驶离现场,渔船船员没有识别出船号,但发现肇事船船体很大,像座"大山"。"0318"船被撞击后,左舷前舱上方撞出一个洞,大拉被撞断,船体多处裂缝并严重漏水,船长康汝钿立即组织船员进行自救,在排水无效情况下,通过对讲机向他船求救。02:30时,"鲁崂渔0618"船、"鲁崂渔0828"船先后赶到现场营救。虽采取排水、堵漏等措施,但因船体破损严重,进水太多,排水无效,03:30时左右"0318"船在35°57′N、120°42′E附近海域沉没。船上六名船员被"鲁崂渔0618"船救起,并于05:00时到达沙子口渔港。随后王桂花将本次碰撞事故向崂山渔港监督和青岛海事局报告,上述机关对事故进行了调查。2006年9月22日,可汗公司代理人委托雷海出具《专家咨询意见》,认为在2005年10月26日,"胜利"轮自青岛港出港后没有可能与"0318"船在01:10—01:15/01:30时在36°57′N、120°38′E附近海域发生碰撞事故。

王桂花单方统计损失为1206150元,请求赔偿1000000元,包括船体及导航仪器损失361200元等。为查找肇事船舶,王桂花委托山东海师律师事务所于2006年1月25日与香港其礼律师事务所驻上海代表处签订《委托代理合同》,委托香港律师在世界港口范围内调查"胜利"轮的船舶行踪,并在该轮到达中国港口之前通知王桂花,以协助王桂花扣押肇事船舶。依照香港律师提供的信息,王桂花得知"胜利"轮已更名为"可汗"轮,于2006年4月19日再次到达青岛港。据此船舶动态信息,王桂花向青岛海事法院申请扣押"可汗"轮。青岛海事法院于4月21日依法扣押了"可汗"轮,扣船期间可汗公司提供了150000美元的担保。为此,王桂花应向香港其礼律师事务所支付该调查过程中的律师费用9000美元。2006年4月20日,王桂花与山东海师律师事务所签订《委托代理合同》,依照合同约定,王桂花支付律师费 106 000 元。

二、一审裁判

青岛海事法院认为,本案系船舶碰撞损害赔偿纠纷,碰撞事故发生地在中华人民共和国海域,根据《中华人民共和国海事诉讼特别程序法》第 6 条第(一)项的规定,因海事侵权行为提起的诉讼,可由侵权行为地及船籍港所在地的海事法院管辖。本案中,侵权行为地在青岛海事法院辖区、"0318"船的船籍港为青岛港,故该院对该案享有司法管辖权。根据《中华人民共和国民法通则》第 146 条第 1 款之规定,侵权行为的损害赔偿,适用侵权行为地法律,故本案适用中华人民共和国法律。本案中双方争执的焦点问题:第一,"胜利"轮是否与"0318"船发生碰撞;第二,"胜利"轮与"0318"船的碰撞责任;第三,可汗公司在船舶转让后是否应承担法律责任;第四,王桂花损失的认定。

第一,关于"胜利"轮是否与"0318"船发生碰撞,结合对海军某观通站所观测的过往船只、青岛港出港船舶资料、被告《专家咨询意见》,青岛海事法院经海图作业分析,"胜利"轮与"0318"船发生碰撞的事实成立,"胜利"轮就是碰撞"0318"船的肇事船舶。按照两船的航行态势,碰撞前"0318"船的航向是 328°,"胜利"轮的航向为 110°,两船呈交叉相遇状态。在能见度良好的情况下,根据《1972 年国际海上避碰规则》第 15 条的规定,"胜利"轮为让路船,应当主动、及时地对"0318"船采取避让措施,以避免事故的发生。而"胜利"轮并没有采取有效的避让措施,没有保持基本的瞭望,应当承担本次碰撞事故的主要责任。凭对"0318"船船员对碰撞事故发生后的调查,能够得出"0318"船航行时没有保持良好的瞭望的结论,应承担本次碰撞事故的次要责任。

在事故发生以前,"胜利"轮从引航站海域至 01:00 时的船位,其平均速度约为 14.5 节。参照 01:00 时以后的雷达监测记录经海图作业分析,发现"胜利"轮的航速变化不正常:01:00—01:10 时,"胜利"轮平均航速突然降至 10 节,而在此期间恰恰是发生肇事的时间,说明"胜利"轮的驾驶人员在发生事故前后,采取了减速等措施,应当说明其已经意识到与他船发生了碰撞或擦碰等事故。之后,"胜利"轮航速在不断变化:01:10—01:40 时平均航速为 9.6 节,01:40—02:00 时平均航速为 10.5 节,02:00—03:00 时平均航速为 12.2 节,03:00—03:20 时平均航速为 12.6 节。这表明,01:10 时以后,"胜利"轮逐渐加速,离开了现场,该行为显属肇事逃逸行为。《中华人民共和国海商法》第 166 条规定:"船舶发生碰撞,当事船舶的船长在不严重危及本船和船上人员安全的情况下,对于相碰的船舶和船上人员必须尽力施救。碰撞船舶的船长应当尽可能将其船舶名称、船籍港、出发港和目的港通知对方。"中华人民共和国国家海事局关于《水上交通事故肇事逃逸处理程序》第 7 条第(一)项规定:"对已经查实的逃逸船,应责令其承担因肇事逃逸而引起的全部责任。"在碰撞事故发生后,"胜利"轮应立即采取救助措施,并将事故报告海事当局,不得擅自驶离现场。肇事逃逸则应承担因逃逸而引起的全部责任。

第二,"胜利"轮与"0318"船的碰撞责任。本次碰撞事故直接导致"0318"船船体严重受损并严重漏水。事故发生后,"0318"船船员立即采取排水、堵漏等措施进行自救,并通过对讲机向他船求救;02:30时"鲁崂渔0618"船、"鲁崂渔0828"船先后赶到现场进行营救;03:30时左右"0318"船沉没。这能够判定通过船员自救延迟了"0318"船沉没事故的发生时间。假如"胜利"轮在碰撞事故发生时立即采取救助措施,便会减少乃至避免"0318"船沉没事故发生的可能。然而"胜利"轮肇事后逃逸,没有采取任何救助措施,丧失了救助"0318"船的最佳时机,导致"0318"船沉没,直接造成了王桂花损失的扩大。故对本次因船舶碰撞事故导致的"0318"船沉没的损失,"胜利"轮应承担全部赔偿责任。

第三,关于可汗公司在船舶转让后是否应承担法律责任的问题。《中华人民共和国海商法》第21条规定:"船舶优先权,是指海事请求人依照本法第二十二条的规定,向船舶所有人、光船承租人、船舶经营人提出海事请求,对产生该海事请求的船舶具有优先受偿的权利。"第28条规定:"船舶优先权应当通过法院扣押产生优先权的船舶行使。"第26条规定,"船舶优先权不因船舶所有权的转让而消灭"。第29条规定了具有船舶优先权的海事请求,自优先权产生之日起满1年不行使的船舶优先权消灭。本案系因船舶碰撞产生的财产赔偿请求,属于《中华人民共和国海商法》第22条第1款第(五)项规定的船舶在营运中因侵权行为产生的财产赔偿请求的范畴。则王桂花的诉讼请求属于具有船舶优先权的海事请求的范畴。王桂花作为"0318"船的船舶所有人身份在碰撞事故发生之后1年之内向山东省高级人民法院申请扣押船舶的行为,系王桂花行使船舶优先权的行为。依照《中华人民共和国海商法》第26条的规定:"船舶优先权不因船舶所有权的转让而消灭。但是,船舶转让时,船舶优先权自法院应受让人申请予以公告之日起满六十日不行使的除外。"因此,可汗公司在受让"胜利"轮的同时,即承担了与该轮有关的享有船舶优先权的海事债务。可汗公司自行在报纸上办理取得"可汗"轮船舶所有权的公告,非经法定的优先债权的公示催告程序,不导致该轮的优先权的灭失,可汗公司应承担该责任。船舶优先权属于海商法调整的范围,《中华人民共和国海商法》第28条仅对"船舶优先权应当通过法院扣押产生优先权的船舶行使"作出了规定。该规定可以理解为,法律并未规定船舶优先权的行使须以向(已转移了船舶所有权的)原船舶所有人主张权利为先决条件。可汗公司的应向"胜利"轮船东主张权利的抗辩理由,是对船舶优先权赔偿责任与一般保证责任的混淆,亦背离了船舶优先权制度的立法目的,依法不予支持。可汗公司对王桂花提出的享有船舶优先权的海事请求应当承担赔偿责任。

第四,关于王桂花的损失。关于海事调查费用及律师费用:

(1)碰撞事故发生后,肇事船舶逃逸。鉴于无法查询肇事船舶的动态的情势,王桂花与香港律师签约查找船舶动态,并约定向香港律师支付相应律师费用。经审查认为,香港律师依约向王桂花收取9 000美元(折合人民币71 100元)的费用是合理的也是必需的,应予采信。

(2)对自有船舶及其属具等价值王桂花聘请具有相应资质的鉴定机构指派专家进行鉴定与评估,并支付了8 000元的鉴定费用,经核算该费用的收取是合理的,应予采信。

（3）王桂花聘请律师作为诉讼代理人代其参加诉讼并主张权利是合理的也是必需的。2006年4月20日王桂花为聘请诉讼代理律师支出了律师费106 000元，且该费用的收取系《山东省律师服务收费标准》所规定的取费标准范围以内，依法应予支持。

（4）关于渔期损失，根据最高人民法院《关于审理船舶碰撞和触碰案件财产损害赔偿的规定》第10条关于船期损失的计算，"船舶全损的，以找到替代船所需的合理期间为限，但最长不得超过两个月"。王桂花提供的《评估鉴定报告》中对船期损失评估每日利润4 000元，该数据符合当地的渔业行情，该《评估鉴定报告》按60天计算的船期损失共计240 000元，亦符合法律规定，应予支持。

综上，王桂花因本次碰撞事故造成的直接经济损失为516 774元、间接损失为240 000元、船舶动态调查费71 100元、鉴定费用8 000元、律师费106 000元及相应的利息损失（依其各项费用实际发生之次日起，按中国人民银行规定的银行同期贷款利率计算）当由可汗公司承担。依照《中华人民共和国民法通则》第106条第2款、第131条，《中华人民共和国海商法》第21条、第22条、第26条、第28条、第29条、第166条、第169条第1款、第2款及有关法律规定的规定，判决：

（1）可汗公司赔偿王桂花渔船沉没的直接损失人民币265 590元及其自2005年10月27日至应付款之日止的利息损失；

（2）可汗公司赔偿王桂花的鱼货损失人民币251 184元及其自2005年10月27日至应付款之日止的利息损失；

（3）可汗公司赔偿王桂花的生产损失人民币240 000元及其自2005年10月27日至应付款之日止的利息损失；

（4）可汗公司赔偿王桂花船舶动态调查费人民币71 100元；

（5）可汗公司赔偿王桂花鉴定费人民币8 000元及其自2005年6月10日至应付款之日止的利息损失；

（6）可汗公司赔偿王桂花律师费人民币106 000元及其自2006年4月21日至应付款之日止的利息损失；

（7）驳回王桂花的其他诉讼请求。

三、上诉与答辩

可汗公司不服原审判决，提起上诉称：可汗公司不是本案适格的被告。在所谓碰撞事故发生时，"胜利"轮的船东是案外人GOLDEN DROPS NAVIGATION S. A.，即使"胜利"轮发生了碰撞，唯一的侵权人应为该公司。可汗公司没有实施侵权行为，不应承担民事责任。王桂花提交的证据只有当事人自己的船员和青岛市崂山渔港监督的证词。船员和青岛市崂山渔港监督与当事人有利害关系，且证人没有出庭接受质询，其证词不能作为证据。原审判决错误地认定"胜利"轮是碰撞了"0318"船的船舶。碰撞事故的时间和地点只有当事人自己的船员的陈述，且陈述不一致。王桂花没有提供证据排除"0318"船和其他船舶碰撞的可能性。原审判决错误地认定碰撞责任比例分摊。原审判决错误地认定王桂花的损失。关于委托代理合同及收费单据,收费显然超出山东省律师收费规定的标准,并且和索赔的损失没有直接的因果关系,也没有法律依据。原审判决对可汗公司关于王桂花不是适格的原告抗辩没有作出任何判断和认定。王桂花提交的渔业船舶所有权证书签发于 1998 年 8 月 26 日,渔业船舶登记证书签发于 2003 年 8 月 26 日,不能证明王桂花是事发当时的船舶所有人。对可汗公司关于"0318"船船员没有尽到减少损失的义务的抗辩,原审判决没有作出任何判断和认定。

四、二审裁判

山东省高级人民法院认为,本案为船舶碰撞纠纷,碰撞发生地在中华人民共和国海域。根据《中华人民共和国民法通则》第 146 条第 1 款之规定,侵权行为的损害赔偿,适用侵权行为地法律,故应确定中华人民共和国法律为解决本案纠纷的准据法。本案属船舶碰撞纠纷,依照《中华人民共和国海商法》第 22 条第 1 款第(五)项的规定,王桂花的海事请求具有船舶优先权。依照《中华人民共和国海商法》第 26 条的规定,船舶优先权随船转移,不受船舶转让影响。可汗公司在取得"胜利"轮所有权的同时,即承担了随该轮转移的享有船舶优先权的债务。王桂花有权通过法定程序行使其优先权,要求可汗公司承担本案所涉债务。因此,可汗公司是本案适格的被告。

虽然青岛海事局没有认定"0318"船是由于碰撞灭失,也没有认定"胜利"轮是碰撞船舶,但"0318"船船东起诉有关责任方,法院有权对碰撞事故是否发生、"胜利"轮是否是肇事船以及各方责任作出认定。青岛市崂山渔港监督进行调查过程中调查的材料,包括询问笔录,可以作为认定案件事实的证据。王桂花提交的证据和青岛海事法院调取的证据,可以证实"胜利"轮为与"0318"船碰撞的船舶。关于双方责任比例,"胜利"轮没有采取有效的避让措施,没有保持良好瞭望,对碰撞事故的发生负有主要责任;"0318"船没有保持良好瞭望,对碰撞事故的发生负有次要责任。关于"胜利"轮是否构成肇事逃逸,青岛海事法院从"胜利"轮航速的变化上,认定"胜利"轮肇事逃逸,并无不当。关于"0318"船损失的承担,"胜利"轮肇事后逃逸,未采取救助措施,导致"0318"船沉没,其肇事逃逸行为与"0318"船沉没造成的损失之间有因果关系,"0318"船沉没造成的损失应由可汗公司承担全部责任。

关于王桂花的损失数额。王桂花委托律师代其参加诉讼并已经实际支出了律师费,本案碰撞事故的发生与该项费用的支出有直接的因果关系,王桂花要求可汗公司承担上述费用,应予支持。关于船期损失的计算。王桂花提供的《评估鉴定报告》认为,青岛及周边渔业收鲜船舶作业,平均每航次时间为 5 天,每航次的毛利润约 2 万元。从该《评估鉴定报告》可以得出收鲜船出海作业时每日平均利润 4 000 元的结论。在确定本案船期损失时,应考虑"0318"船每两次出海作业之间有一定的间隔,船期损失以按照 40 天计算为宜,山东省高级人民法院将可汗公司应赔偿王桂花船期损失数额变更为 16 万元。王桂花提交的签发于 1998 年 8 月 26 日的"0318"船渔业船舶所有权证书和签发于2003年8月26日的"0318"船渔业船舶登记证书,均记载"0318"船的船舶所有人是王桂花,能够证明王桂花是事发当时的船舶所有人,王桂花有权就"0318"船的损失要求可汗公司赔偿。可汗公司称"0318"船船员没有尽到减少损失的义务,但没有提交证据证实在碰撞发生后,"0318"船沉没前有条件进行财产救助。对可汗公司关于"0318"船船员未对财产进行合理救助的抗辩理由,山东省高级人民法院不予采纳。

综上,上诉人就王桂花的船期损失问题的上诉理由部分成立,山东省高级人民法院予以支持,原审判决应予部分变更;上诉人其他上诉理由没有事实和法律依据,依法不能成立,山东省高级人民法院不予支持。依照《中华人民共和国民事诉讼法》第153条第1款第(一)项、第(三)项之规定,判决如下:

(1) 维持青岛海事法院(2006)青海法日海事初字第16号民事判决第一、二、四、五、六、七项;

(2) 变更青岛海事法院(2006)青海法日海事初字第16号民事判决第三项为:可汗船务私人有限公司赔偿王桂花生产损失人民币16万元及其自2005年10月27日至应付款之日止的利息损失。

21 原告阿尔瑟尔·波斯特玛等与被告广州番禺某某客运有限公司等海上人身损害责任纠纷案

案例来源:广州海事法院(2010)广海法初字第739号
主题词:海上人身伤亡损害　船舶所有权　登记对抗　境外必要律师费

裁判要旨

No. HS-1.6-7　船舶所有权的取得、转让和消灭,应当向船舶登记机关登记;未经登记的,不得对抗第三人。船舶碰撞产生的赔偿责任由船舶所有人承担,碰撞船舶在光船租赁期间并经依法登记的,由光船承租人承担。

一、基本案情

原告:阿尔瑟尔·波斯特玛、爱文·阿莱特·波斯特玛、拉丝尼·博得耶尔·波斯特玛、爱无·本杰明·波斯特玛

被告:广州番禺某某客运有限公司(以下简称莲某某公司)、广东省某某客货运输合营有限公司(以下简称三某公司)、罗某某、广州市某某航运疏浚有限公司(以下简称某某公司)

四原告共同诉称:2009年11月5日,受害人马尔曼·伊莲娜·安娜·玛利亚(Irene Anna Maria Maalman)(以下简称马尔曼)与丈夫阿尔瑟尔·波斯特玛(均为荷兰公民)乘坐莲某某公司所经营的"三某"号双体豪华客轮由香港前往广州番禺,该轮航

行至番禺浮莲岗水道时与"粤广州货0217"轮发生碰撞,造成马尔曼死亡。"三某"轮与"粤广州货0217"轮对碰撞事故均存在过错。三某公司和莲某某公司分别为"三某"轮的所有人和经营人,罗某某和某某公司分别为"粤广州货0217"轮的所有人和经营人,四被告应承担连带赔偿责任。请求判令:四被告连带赔偿四原告收入损失40 079.15 欧元、丧葬费用4 007.92 欧元、安抚费人民币200 000元、律师费5 500 欧元和人民币40 000 元、公证认证费659.50 欧元、翻译费人民币7 345.50 元、邮递费189.02 欧元,合计人民币722 070.49 元(按起诉之日欧元对人民币汇率中间价9.4125 计算),并承担本案诉讼费用。

被告莲某某公司辩称:

(1)"三某"轮在本次事故中不存在过错,不应承担任何碰撞责任。

(2)四原告不能证明与死者的亲属关系,不是本案的适格原告,无权索赔。

(3)四原告的证据不能证明索赔项目及金额的必要性和合理性。被告莲某某公司在举证期限内向广州海事法院提供了船票。

被告三某公司辩称:碰撞事故发生前,"三某"轮就已经转让给莲某某公司,交付后一直由莲某某公司指挥、管理和控制,三某公司已经不是"三某"轮的船舶所有人,不应对涉案事故承担任何责任。

被告罗某某辩称:"粤广州货0217"轮的各项设备都是经过广东省船舶检验局有关部门检验合格的,并不存在任何安全隐患,"三某"轮应承担本次事故的全部责任。

被告某某公司辩称:"三某"轮的驾驶人员判断错误,采取措施不当,在明知有一台机械设备有故障的情况下试图强行加速,改变方向,造成了本次碰撞事故。本次事故的一切法律责任及经济损失、人身赔偿等应当由莲某某公司及三某公司承担。

二、法院查明事实

广州海事法院经审理查明并确认如下法律事实:2009 年6 月12 日,三某公司与莲某某公司签订《"三某"轮高速客船买卖合同》,约定:三某公司以人民币13 756 392 元的价格将其所有的"三某"轮转让给莲某某公司。至涉案事故发生时,双方没有办理船舶所有权变更登记。"三某"轮系铝合金高速客船,船籍港江门,总吨524 吨,净吨175 吨,总长39.90 米,型宽11.50 米,型深3.80 米,登记的船舶所有人和经营人均为三某公司。该轮港澳航线营运证记载的客运航线为广东省各市所属客运口岸至香港、澳门航线。"粤广州货0217"轮系内河水泥散货船,船籍港番禺,总吨164 吨,净吨91 吨,总长33.00 米,型宽7.00 米,型深2.30 米,登记的船舶所有人为罗某某,船舶经营人为某某公司。该轮船艏有一货物输送臂,伸出船艏长度约15 米,加上本船长30 米,实际长度45 米。该输送臂在夜间较难被肉眼发现,雷达回波不能辨认。2009 年11 月5 日,马尔曼(1944 年11 月18 日出生)与丈夫阿尔瑟尔·波斯特玛(均为荷兰公民)乘坐"三某"轮从香港中城驶往广州番禺莲某某客运港。19 时53 分40 秒,"三某"轮在广州番禺浮莲岗水道沙北渡口上游约140 米处与"粤广州货0217"轮发生碰撞,造成马尔曼死亡。

事故发生后,广州海事局出具的《调查报告》对与涉案碰撞事故有关的事实作出如下认定:事故发生时晴天,能见度良好,微风,微退潮。"三某"轮船长初见前方小船时,发现前方3艘小船显示红灯、桅灯,并隐约看到绿灯。当时,该轮沿浮莲岗水道右侧航行,航速约33.5节。"粤广州货0217"轮初见"三某"轮时,沿浮莲岗水道左侧航行,航速6—7节,发现"三某"轮显示红灯、绿灯。据此,可判定两船在接近相反的航向上相遇并构成碰撞危险,根据《中华人民共和国高速客船安全管理规则》第17条的规定,高速客船在港口通航水域航行,应主动让清所有非高速船舶。因此,"三某"轮应主动让清"粤广州货0217"轮,履行让路义务。广州海事局根据船员询问笔录、"三某"轮夜视仪视频录像(含录音)、广州交管中心录像资料进行分析,得出事故经过如下:约19:50时,"三某"轮进入浮莲岗水道,在水道中线稍靠右航行,航向330°,航速约33节。19时50分22秒,该轮与一艘小船会遇各自靠右通过。19时51分15秒,该轮从一艘运砂船左舷追越通过。不久,航行至番龙油库对开水域,船长发现前方有3艘小船,均显示红灯、桅灯,并隐约看到绿灯。随即显示红色闪光灯,前面的两艘小船回应红色闪光灯,确定各自靠右、左舷通过的避让关系。19时53分02秒,与第一艘小船会遇各自靠右通过,横距约20米。19时53分15秒,该轮航行至浮莲岗水道沙北渡口附近水域,与第二艘小船会遇各自靠右通过,横距约20米。通过第二艘小船后,该轮显示绿色闪光灯,要求与前方约350米远的第三艘小船(即"粤广州货0217"轮)右舷会船通过。随即船长用联动操纵方式小角度向左转向,将航向从346°改为355°。19时53分27秒,该轮右喷水器操纵系统故障报警,右主机转速由1850转/分降至1600转/分左右,航速由33.5节逐渐下降,船舶突然向右偏转。船长立即接通喷水器备用操纵系统,接着又断开并返回喷水器主操纵系统,以此方法消除故障报警未果。于是,船长将联动操纵方式转换为独立操纵方式,再次接通并断开喷水器备用操纵系统,故障报警消除。此时,右主机转速降至1400转/分左右,船舶继续向右偏转,船长操纵右喷水器主操纵杆加大右主机转速,并使用左退右进,试图控制船舶原地向左转向。19时53分40秒,右主机转速刚加上来,向左转向的效果还没有显现,该轮左舷下层客舱中部即与"粤广州货0217"轮船艏输送臂碰撞,碰撞夹角约30°,输送臂插入该轮下层客舱,该轮惯性前冲,输送臂自前向后擦剐,剐断下层客舱左走道3根支柱,客舱中部破损,部分座椅被剐翻,一名旅客当场死亡,10人受伤(1人送院后不治死亡),输送臂前部折断、弯曲变形。

2009年11月5日约15:55时,"粤广州货0217"轮装载138吨煤炭离广州港新港西基码头拟驶往广州番禺市桥石岗永隆洗水厂。起航后,该轮驶往附近河涌抛锚候潮。锚泊约1小时后,该轮起锚续航。驾驶员林旺兴在驾驶台值班,1台VHF开启在8频道,航行灯开启,主机转速约1000转/分,航速6—7节。约19:00时,该轮进入浮莲岗水道航行。该轮航行至官涌口附近水域,驾驶员林旺兴发现前方番龙油库对开水域,有一船舶显示左舷红灯、右舷绿灯,并看到该船底与水面之间的底槽,判断其为高速客船(即"三某"轮)。不久,该轮航行至浮莲岗水道沙北渡口上游约 200 米处,驾驶员林旺兴发现高速客船显示绿色闪光灯,知道来船要求各自靠左、右舷会船通过,即显示绿色闪光灯,确认与来船的避让关系,并操左舵 10°—15° 向左转向。当两船相距约 150 米时,驾驶员林旺兴发现高速客船突然向右转向,朝着本船驶来,于是采取操右舵、慢车,但还未及产生效果,该轮船艏输送臂插入高速客船左舷客舱部位,随着惯性,船艏输送臂自前向后擦剐,导致输送臂折断、弯曲变形。

合议庭认为,《调查报告》是作为海事行政主管机关的广州海事局结合相关录音录像资料、勘查记录、船员询问笔录等调查材料进行综合认定后作出的。最高人民法院《关于审理船舶碰撞纠纷案件若干问题的规定》第 11 条规定:"船舶碰撞事故发生后,主管机关依法进行调查取得并经过事故当事人和有关人员确认的碰撞事实调查材料,可以作为人民法院认定案件事实的证据,但有相反证据足以推翻的除外。"各被告虽然在答辩和法庭辩论中对《调查报告》认定的碰撞责任提出异议,但没有提供足以反驳的相反证据。因此,对与涉案碰撞事故有关的事实应当根据《调查报告》予以认定。据此,可以认定"三某"轮与"粤广州货 0217"轮对本次碰撞事故均存在过错。

四原告为证明马尔曼的退休收入,提供了 PGGM 商业操作公司 2009 年度结算报告和 ASR 人寿保险公司 2009 年度结算报告。PGGM 商业操作公司 2009 年度结算报告记载:出生日期 1944 年 11 月 18 日,退休金税无,退休金包括退休金税/国民保险金 3 135 欧元,相关退休金税/国民保险金 1 039 欧元,劳务法定医疗保险金 2 935 欧元,包含附加医疗保险金 202 欧元。ASR 人寿保险公司 2009 年度结算报告记载:出生日期 1944 年 11 月 18 日,支出和折扣:计税退休金 3 651 欧元,工资税/国家保险费 1 050 欧元,健康保险折扣 176 欧元。原告主张上述证据记载的收入为马尔曼 2009 年 1 月 1 日至 11 月 5 日的退休收入,据此计算马尔曼死亡前的年退休收入为 8 015.83 欧元[计算公式:(3 135 + 3 651)÷ 309 × 365 = 8 015.83]。莲某某公司和三某公司提出异议认为,上述证据不能直接证明退休金的金额,作为出具上述证据的第三方机构也不能证明退休金的数额,并且四原告计算的上述收入未扣除相应的税费。合议庭认为,四原告提供了上述证据原件并且办理了公证认证手续,莲某某公司和三某公司虽然提出异议但没有提供相反的证据。因此,根据上述证据可以认定马尔曼死亡前的年退休收入为 8 015.83 欧元。

四原告提供了丧葬费支出证明、律师费支出凭证和发票、公证认证费用凭证、翻译费发票、快递费凭证,以证明四原告因涉案事故产生丧葬费 19 700.74 欧元、律师费 5 500 欧元和人民币 40 000 元、公证认证费 659.50 欧元、翻译费人民币 7 345.50 元、邮递费 189.02 欧元。四原告提供的上述证据记载的丧葬费用为 19 511.72 欧元、律师费 4 027.91 欧元和人民币 40 000 元、公证认证费 659.50 欧元、翻译费人民币 7 345.50 元、邮递费 95.41 欧元。莲某某公司和三某公司提出异议认为,丧葬费支出证明不能证明每一项都是合理的支出,四原告不能证明实际支付了律师费,也不能证明公证费、翻译费、邮递费和本案有关。合议庭认为,四原告提供了上述证据原件并且办理了公证认证手续,莲某某公司和三某公司虽然提出异议但没有提供相反的证据。因此,根据上述证据可以认定四原告因涉案事故产生丧葬费用为 19 511.72 欧元、律师费 4 027.91 欧元和人民币 40 000 元、公证认证费 659.50 欧元、翻译费人民币 7 345.50 元、邮递费 95.41 欧元,对于四原告主张的超出部分缺乏事实依据,不予认定。

三、法院裁判

广州海事法院认为,本案是一宗因船舶碰撞引起的涉外海上人身损害责任纠纷。依照《中华人民共和国海事诉讼特别程序法》第 6 条、《中华人民共和国民事诉讼法》第 29 条关于"因侵权行为提起的诉讼,由侵权行为地或者被告住所地人民法院管辖"的规定,因海事侵权行为提起的诉讼,可以由侵权行为地或被告住所地人民法院管辖。本案的侵权行为地和四被告住所地均在中华人民共和国广东省,属于广州海事法院辖区,因此广州海事法院对本案具有管辖权。本案中发生碰撞事故的两船均为中国国籍,依照《中华人民共和国海商法》第 273 条关于"船舶碰撞的损害赔偿,适用侵权行为地法律。船舶在公海上发生碰撞的损害赔偿,适用受理案件的法院所在地法律。同一国籍的船舶,不论碰撞发生于何地,碰撞船舶之间的损害赔偿适用船旗国法律"的规定,本案应当适用中华人民共和国法律处理实体争议。

根据上述认定的事实,"三某"轮和"粤广州货 0217"轮对本次碰撞事故的发生均存在过失,依照《中华人民共和国海商法》第 169 条第 3 款关于"互有过失的船舶,对造成的第三人的人身伤亡,负连带赔偿责任。一船连带支付的赔偿超过本条第一款规定的比例的,有权向其他有过失的船舶追偿"的规定,"三某"轮和"粤广州货 0217"轮对马尔曼的死亡负连带赔偿责任。两船登记的船舶所有人分别为三某公司和罗某某,依照《中华人民共和国海商法》第 9 条第 1 款关于"船舶所有权的取得、转让和消灭,应当向船舶登记机关登记;未经登记的,不得对抗第三人"的规定和最高人民法院《关于审理船舶碰撞纠纷案件若干问题的规定》第 4 条关于"船舶碰撞产生的赔偿责任由船舶所有人承担,碰撞船舶在光船租赁期间并经依法登记的,由光船承租人承担"的规定,三某公司和罗某某应对马尔曼的死亡负连带赔偿责任,莲某某公司和某某公司不承担赔偿责任。

依照最高人民法院《关于审理涉外海上人身伤亡案件损害赔偿的具体规定(试行)》第 4 条的规定,三某公司和罗某某应连带赔偿四原告收入损失、丧葬费、安抚费和其他必要费用,具体损失认定如下:

(1)收入损失。马尔曼出生时间为 1944 年 11 月 18 日,死亡时间为 2009 年 11 月 5 日,依照《关于审理涉外海上人身伤亡案件损害赔偿的具体规定(试行)》第 4 条第(一)项关于"收入损失是指根据死者生前的综合收入水平计算的收入损失。收入损失=（年收入-年个人生活费）×死亡时起至退休的年数+退休收入×10"的规定和第5条第1款关于"受伤者的收入损失，计算到伤愈为止；致残者的收入损失，计算到70岁；死亡者的收入损失，计算到70岁"的规定，收入损失为40 342.68 欧元（计算公式：8 015.83×5+8 015.83×12÷365=40 342.68）。

（2）丧葬费。依照《关于审理涉外海上人身伤亡案件损害赔偿的具体规定（试行）》第4条第（四）项的规定，丧葬费应以死者生前6个月收入总额为限。马尔曼死亡前的年退休收入为8 015.83 欧元，四原告实际支出的丧葬费用为19 511.72 欧元，四原告可以请求赔偿丧葬费为4 007.92 欧元。

（3）安抚费。安抚费是指对死者遗属的精神损失所给予的补偿。合议庭认为，四原告请求的安抚费人民币200 000元数额过高，酌情认定安抚费为人民币50 000元，超出部分不予支持。

（4）其他必要的费用。四原告因涉案事故产生律师费4 027.91欧元和人民币40 000元、公证认证费659.50欧元、翻译费人民币7 345.50元、邮递费95.41欧元，上述费用均属于四原告因诉讼产生的必要费用，属于《关于审理涉外海上人身伤亡案件损害赔偿的具体规定（试行）》第4条的赔偿范围。

收入损失、丧葬费、安抚费和其他必要费用合计49 133.42欧元和人民币97 345.50元，四原告请求按起诉之日欧元对人民币的汇率中间价折算为人民币，予以支持。中国人民银行授权中国外汇交易中心公布的2010年11月4日（即原告起诉之日）欧元对人民币汇率中间价为1欧元对人民币9.4125元，据此折算，三某公司和罗某某应连带赔偿四原告收入损失、丧葬费、安抚费和其他必要费用共人民币559 814元。综上，依照《中华人民共和国海商法》第9条第1款、第169条第3款，最高人民法院《关于审理船舶碰撞纠纷案件若干问题的规定》第4条，最高人民法院《关于审理涉外海上人身伤亡案件损害赔偿的具体规定（试行）》第4条、第5条和《中华人民共和国民事诉讼法》第64条第1款的规定，判决如下：

（1）被告广东省某某客货运输合营有限公司和罗某某向四原告阿尔瑟尔·波斯特玛、爱文·阿莱特·波斯特玛、拉丝尼·博得耶尔·波斯特玛、爱无·本杰明·波斯特玛连带赔偿收入损失、丧葬费、安抚费和其他必要费用共人民币559 814元；

（2）驳回四原告阿尔瑟尔·波斯特玛、爱文·阿莱特·波斯特玛、拉丝尼·博得耶尔·波斯特玛、爱无·本杰明·波斯特玛的其他诉讼请求。

1.6.4 违反捕捞许可进行作业的赔偿问题

22 原告陈娇盈与被告钦州市钦州港远顺达船务有限公司船舶碰撞损害赔偿纠纷案

案例来源:广州海事法院(2009)广海法初字第316号

主题词:船舶触碰　所有权登记　原告主体资格　捕捞许可证　违法所得

> **裁判要旨**
>
> **No. HS-1.6-8**　船舶登记只是船舶所有权变动的公示方法,而不是生效要件,一方已支付渔船价款,且已将渔船实际交付受让人,应认定受让人已取得渔船的所有权并实际控制使用该渔船。在渔业捕捞许可证有效期内,因渔船买卖发生渔船所有人变更的,须按规定向原发证机关重新申请渔业捕捞许可证,且不得违反捕捞许可证关于作业场所、渔具数量的规定进行捕捞。否则,未依法取得捕捞许可证擅自进行捕捞、违反捕捞许可证关于作业场所、渔具数量的规定进行捕捞所获得的收入属于违法所得,其诉请的渔货损失和渔汛损失不应予以保护。

一、基本案情

原告:陈娇盈

被告:钦州市钦州港远顺达船务有限公司

原告诉称:原告是"琼临高11074"渔船船东。2009年4月13日凌晨3时,"琼临高11074"渔船打鱼回港时,被被告的"泰联鑫"轮碰撞,造成"琼临高11074"渔船沉没。该次事故造成原告渔船损失838 000元,原告购买该渔船后用去的维修费88 600元,渔汛损失按每月9万元、2个月计算为18万元,鱼货损失12万元,手机等财物损失6 500元,工人工资损失75 200元,渔船上网具损失247 050元,原告为处理事故用去的差旅费3 302元,扣除原告购船后将渔船上原有网具卖出所得6万元,原告损失合计1 498 650元。原告主张被告应承担本次事故的主要责任,请求法院判令被告赔偿原告损失的80%即120万元,并由被告承担本案的诉讼费和诉前财产保全申请费。

被告辩称:在本次船舶碰撞事故中,原告应承担事故的主要责任,被告只需承担次要责任;原告向法院起诉要求被告赔偿的损失,大部分没有事实依据,请求法院驳回原告的诉讼请求。

二、法院认定事实

广州海事法院经审理查明并确认如下法律事实:"泰联鑫"轮的有关船舶证书表明,该轮是钢质散货船,船籍港广西钦州,2007年9月25日建造完工,总长140.30米,宽21米,深11.20米,总吨10050吨,净吨5 628吨,主机种类为内燃机,总功率3 300千瓦,船舶所有人及经营人均登记为被告,船舶国籍证书有效期至2012年10月11日。

海事局海上船舶检验报告记载,2008年8月27日及以后诸日,该船在黄埔港进行了年度检验,认为具备适航条件,并签发了海上船舶检验证书簿、海上货船适航证书、海上船舶吨位证书、海上船舶防止油污证书、海上船舶载重线证书,适航证书有效期至2009年9月25日止。事故发生时,该轮实际配员15人,均持有有效的船员适任证书,符合该轮船舶最低安全配员证书要求。"琼临高11074"渔船的有关船舶证书表明,该船是木质捕捞渔船,船籍港海南省临高县调楼港,建成于1996年3月,长26.65米,宽5.60米,深2.65米,总吨74吨,主机1台,类型为EK100,总功率135千瓦,船舶所有人符启能。船舶登记证书有效期至2009年8月26日,所有权登记号码为琼临高981195。该渔船的渔业船舶安全证书、渔业船舶载重线证书、渔业船舶吨位证书、渔业船舶渔捞和起重设备证书等有效期均至2008年12月9日止。该渔船的渔业捕捞许可证由临高县海洋与渔业局于2005年2月19日颁发,编号(琼临高)(2005)第HY-000044号,证书上载明的持证人为符启能,该渔船的主作业类型是刺网,作业方式流刺,作业场所为A类、C3类渔区,作业时限从2005年2月19日至2010年2月18日。渔具名称为流刺网,数量为400张,规格为三至四指网目,捕捞品种为杂鱼。渔业捕捞许可证年度审验登记显示,2006年至2008年该许可证每年均经年审合格,同意作业。事故发生时,"琼临高11074"渔船上有14名船员,其中船长陈法,持有湛江渔港监督处签发的渔业船舶有限航区四等(30吨至未满200总吨)船长职务证书,陈用妙持有湛江渔港监督处签发的渔业船舶有限航区四等(30吨至未满200总吨)大副职务证书,陈国荣持有湛江渔港监督处签发的渔业船舶有限航区四等(90千瓦至未满250千瓦)轮机长职务证书,陈腾持有湛江渔港监督处签发的渔业船舶有限航区四等(90千瓦至未满250千瓦)大管轮职务证书。

湛江海事局对"泰联鑫"轮船员刘用昌、潘家余、易志刚、田波文、刘孟文进行调查所作的笔录表明,2009年4月13日凌晨1时10分,"泰联鑫"轮在装载16 000吨矿砂后从湛江港起航开往南通。起航时驾驶台值班人员有船长刘用昌,负责指挥操纵和瞭望;二副潘家余,负责操车;水手刘孟文,负责操舵;机舱值班人员为二管田波文和机工陈立义。时值吹偏东风4至5级,有雾,能见度约1海里,退潮。船舶离泊时开启了航行灯和驾驶台右侧1台雷达,用6海里、3海里和1.5海里量程交替观测。船长刘用昌陈述,约2时40分,"泰联鑫"轮刚转向进入龙腾航道时,在雷达6海里量程上发现前方3海里处有来船回波,来船沿着航道右侧航行,处于对驶状态。此时"泰联鑫"轮的航向约110°,航速约10节,并沿着计划航线的右侧一点航行。"泰联鑫"轮船长发现来船后,切换到雷达3海里量程继续观测,仍保向保速航行。约2时52分,"泰联鑫"轮将到达31号灯浮时,在雷达上观测到来船在"泰联鑫"轮左前方几度,距离不清楚,船长向水手下令操右舵5°,航向从110°改为115°,船速11节。约3时02分,"泰联鑫"轮驶过31号灯浮附近,与进港船"辽通油9"轮左舷会遇通过,此时在雷达3海里量程上测量到另一来船距离约1海里,在左前方约7至8度,两船处于对驶状态,船长鸣放了一长声,并在驾驶台右侧用闪光灯对来船闪了几下。据二副潘家余陈述,"泰联鑫"轮除鸣放上述声号外,之前没有鸣放其他声号。"泰联鑫"轮将过 30 号灯浮时,船长肉眼可见来船的红、绿灯及很多白色闪光灯,位于本船前方稍偏左方向。船长陈述,"泰联鑫"轮驶过 30 号灯浮时,两船距离约 0.5 海里(据湛江海事局调查分析,此时该轮与来船相距约 0.3 海里),船长下令大角度右舵,接着减速、停车。约 3 时 05 分,"泰联鑫"轮船艏与来船驾驶楼右侧成约 70°夹角碰撞。碰撞发生后,"泰联鑫"轮采用左满舵并全速倒车,后停车,由于惯性作用继续前冲。碰撞分析图显示,"泰联鑫"轮是在经过 30 号灯浮后,在航道右边缘以外与来船发生碰撞的。3 时 08 分,船长向湛江交管中心报告事故情况,3 时 13 分,船长通知大副易志刚放右舷救生艇进行搜救。船长刘用昌陈述,被告对"泰联鑫"轮配有相应的体系文件,但未到船上进行指导业务;大部分船员没有首次上船时的开航前指令;部分船员没有交接记录;除船长、轮机长、二管轮、三管轮外,船舶未按规定对有关人员履职情况进行培训;事故发生当晚无记录夜航命令簿;等等。

湛江海事局对"琼临高 11074"渔船船员原告、陈法、陈腾、陈林祥、林妃柬、陈伍、朱叶煌进行调查所作的笔录表明,"琼临高 11074"渔船在阳江闸坡附近海域从东往西进行了 7 天捕鱼作业后,于 4 月 12 日晚 21 时 30 分从硇洲东约 30 海里处起航开往湛江港,航向西北偏北方向约 280°,沿着湛江港龙腾航道灯浮南侧在航道边缘外航行,渔船右舷逐渐靠近红标,航速约 4.7 节。该渔船使用手提式罗经及 GPS 卫星导航进行导航,并有 1 台甚高频无线电话,用 23 频道与渔船之间联系。航行中该渔船显示红、绿舷灯、桅灯、艉灯,船头显示 4 盏白色闪光网灯。驾驶室值班人员有船长陈法,两名水手陈林祥、林妃柬,机舱 1 名轮机员。在船舶碰撞前 4 至 5 分钟,船长陈法发现来船在渔船北侧对驶而来,后确定来船是"泰联鑫"轮。水手林妃柬述称,其看到来船后,在驾驶台右门使用探照灯向来船闪灯。在碰撞前 2 至 3 分钟,船长看见来船在渔船前方偏右一点对遇航行,保持航速用左满舵避让。在渔船向左转向过程中,右舷驾驶台与来船发生碰撞,碰撞后渔船船艏向右偏转,逐渐贴近来船右舷,并贴着来船右舷从船艉离开,期间渔船上的两名船员爬上来船船艏。其后,"湛港三拖"轮救出渔船上的 11 名船员,船长在清点人数时发现 1 名船员失踪。约 9 时渔船完全沉没,沉没时船艉下沉,船艏上翘。

三、法院裁判

广州海事法院认为,本案为一宗船舶碰撞损害赔偿纠纷。而原告是否"琼临高 11074"渔船的所有人,能否作为渔船所有人行使占有、使用、收益和处分的权利,是本案争议的焦点之一。原告主张其已从符亮光处受让渔船。"琼临高 11074"渔船的登记证书显示该船的登记船主是符启能,但根据调楼居委会和调楼派出所出具的证明,符启能已于 4 年前死亡,故符启能的财产由其继承人继承并有权处分。临高县常住人口信息显示,符启能的妻子是黄不伍,儿子是符日心,两人均为符启能的法定继承人,有权继承符启能的财产。黄不伍出具证明称其已同意其子符日心将该渔船转让给原告,而调楼居委会和调楼派出所均证明符日心又名符亮光,即符亮光有权处分"琼临高11074"渔船。原告从符亮光处受让渔船后,虽没有办理过户登记手续,但依照《中华人民共和国海商法》第9条"船舶所有权的取得、转让和消灭,应当向船舶登记机关登记;未经登记的,不得对抗第三人"的规定,船舶登记只是船舶所有权变动的公示方法,而不是生效要件,原告已支付渔船价款,且符亮光已将渔船实际交付原告,原告已取得渔船的所有权并实际控制使用该渔船。因该渔船碰撞而产生的纠纷,原告作为渔船的所有权人,可以行使权利并承担相应的民事责任。

关于原告诉请的鱼货和渔汛损失。原告的渔船是在阳江闸坡附近海域作业完毕后返航,船上载有鱼货,对于鱼货的价值,原告在调查询问笔录中称为12万元左右,陈法在询问笔录中没有估算鱼货的价值,仅估算了重量,约8吨多,与出庭作证的证人陈国军、陈用妙的证言所称鱼货的种类、重量基本相符,因此可以认定原告的渔船在发生事故时载有鱼货价值约12万元。原告是否持有出海捕捞许可,其鱼货和渔汛损失能否得到法律保护?农业部颁发的《渔业捕捞许可管理规定》第36条规定:"渔业捕捞许可证的申请人应是渔船所有人,申请人在其申请获得批准后成为持证人。持证人对其申请从事的渔业捕捞活动负责,并承担相应的法律责任。"符启能作为"琼临高11074"渔船登记所有人,其向临高县海洋与渔业局申请取得(琼临高)(2005)第HY-000044号渔业捕捞许可证,成为持证人。依照《中华人民共和国渔业法》第23条"国家对捕捞业实行捕捞许可证制度""捕捞许可证不得买卖、出租和以其他形式转让,不得涂改、伪造、变造"的规定,符启能持有的渔业捕捞许可证不得买卖或以其他形式转让给原告。原告受让"琼临高11074"渔船后,要取得从事渔业捕捞的资格,应按照农业部颁发的《渔业捕捞许可管理规定》第28条第3款的规定,在渔业捕捞许可证有效期内因渔船买卖发生渔船所有人变更的,须按规定向原发证机关重新申请渔业捕捞许可证。

本案的证据表明,原告虽然取得"琼临高11074"渔船的所有权,但未按规定向原发证机关重新申请渔业捕捞许可证,其持符启能的渔业捕捞许可证从事渔业捕捞,违反了《中华人民共和国渔业法》的有关规定。(琼临高)(2005)第HY-000044号渔业捕捞许可证只允许使用三至四指网目的400张流刺网进行作业,原告称其渔船上配备了1300张网具,也远远超过渔业捕捞许可证的规定,违反了《中华人民共和国渔业法》第25条的规定。(琼临高)(2005)第HY-000044号渔业捕捞许可证规定的作业场所是A类、C3类渔区,按照《渔业捕捞许可管理规定》第20条的规定:"作业场所核定在B类、C类渔区的渔船,不得跨海区界限作业。作业场所核定在A类渔区或内陆水域的渔船,不得跨省、自治区、直辖市管辖水域界限作业。因传统作业习惯或资源调查及其他特殊情况,需要跨界捕捞作业的,由申请人所在地县级以上渔业行政主管部门出具证明,报作业水域所在地审批机关批准。"(琼临高)(2005)第HY-000044号渔业捕捞许可证是临高县海洋与渔业局颁发的,其规定的作业场所应在海南省管辖水域界限作业,而本案事故发生前原告渔船是在阳江闸坡海域作业,已属跨省管辖水域界限作业。按照《中华人民共和国渔业法》第41条"未依法取得捕捞许可证擅自进行捕捞的,没收渔获物和违法所得,并处十万元以下的罚款;情节严重的,并可以没收渔具和渔船"、第42条"违反捕捞许可证关于作业类型、场所、时限和渔具数量的规定进行捕捞的,没收渔获物和违法所得,可以并处五万元以下的罚款;情节严重的,并可以没收渔具,吊销捕捞许可证"、第43条"涂改、买卖、出租或者以其他形式转让捕捞许可证的,没收违法所得,吊销捕捞许可证,可以并处一万元以下的罚款;伪造、变造、买卖捕捞许可证,构成犯罪的,依法追究刑事责任"的规定,原告未依法取得捕捞许可证擅自进行捕捞、违反捕捞许可证关于作业场所、渔具数量的规定进行捕捞所获得的收入属于违法所得,不应予以保护。故原告请求被告赔偿鱼货损失和渔汛损失,合议庭不予支持。

综上所述,原告因船舶碰撞事故造成的损失额为649 116元,由其自行承担20%的损失即129 823元,被告赔偿原告损失的80%即519 293元。依照《中华人民共和国海商法》第169条第1、2款之规定,判决如下:

(1)被告钦州市钦州港远顺达船务有限公司赔偿原告陈娇盈船舶碰撞损失519 293元;

(2)驳回原告陈娇盈的其他诉讼请求。

1.6.5 码头承租人的索赔权及其与港口经营许可事项的关系

23 原告青岛利天游艇俱乐部有限责任公司与被告山东省陆海联运总公司、山东远东海运集团有限公司船舶触碰损害赔偿纠纷案

案例来源:青岛海事法院(2009)青海法海事初字第45号
主题词:船舶触碰　码头承租人　港口经营许可　码头经营损失　索赔权

> **裁判要旨**
>
> **No. HS-1.6-9** 码头承租人通过签订租赁合同,对他人所有的涉案码头依法享有占有、使用和收益的权利,是用益物权的主体。在租赁码头期间,码头受到第三人损坏,码头承租人的用益物权受到侵害,第三人应当对用益物权人承担侵权责任,码头承租人作为用益物权人享有索赔权,索赔直接损失和经营损失。
>
> **No. HS-1.6-10** 码头承租人是否办理港口经营许可事项是行政审批的程序,属于行政管理的范畴。虽然码头承租人没有办理港口经营许可事项违反经营范围与船舶经营人形成事实上的合同关系,根据合同法解释的规定,不能因此认定合同无效。码头经营损失可参照船舶经营人曾向码头承租人支付的停泊费的计算方法及标准予以计算。
>
> **No. HS-1.6-11** 依照《中华人民共和国海商法》的规定,光船承租人行使租赁权致第三人利益受侵犯的,由光船承租人独立承担法律责任。

一、基本案情

原告：青岛利天游艇俱乐部有限责任公司（以下简称利天公司）
被告：山东省陆海联运总公司（以下简称陆海公司）
被告：山东远东海运集团有限公司（以下简称远东公司）

原告利天公司诉称，2009年1月，陆海公司拥有并为远东公司所承租的"泰海"轮停泊在原告所经营的码头。2009年1月19日，气象台发布天气预报告知本月22—23日受冷空气影响，青岛近海将有大风天气。原告及码头分别将天气预报事宜告知两被告，要求其轮离泊进锚地防风，以避免码头与船体造成损伤，但两被告未予理睬。22日夜间，大风刮起至23日凌晨"泰海"轮开始碰撞码头，到下午两点时船体出现倾斜至最终船体侧卧码头，右船舷底部沉于海底。由于被告没有及时采取适当措施，造成该轮在倾斜过程中给码头造成损伤，另由于该船一直横卧码头，造成原告经营损失，上述损失共计270万元。原告就该损失找二被告协商未果，特诉至法院，请求判令被告赔付码头及码头经营损失270万元。原告于2010年9月7日当庭将诉讼请求变更为1 959 832.33元。

被告陆海公司答辩称：

（1）原告未提供证据证明其与码头之间的利害关系，对码头的损失不具有索赔权，因此原告对此案无诉权。

（2）原告未提供证据证明直接损失和经营损失，以及损失与事故间的因果关系。

（3）"泰海"轮事故发生后，被告陆海公司立即联系码头方协调解决相关事宜，码头方无人出面协商解决。并且，被告陆海公司安排打捞时，多次遭到阻挠。由于码头方阻挠打捞所导致的损失以及码头方未尽减少损失义务所导致的扩大损失，被告陆海公司不承担任何责任，并保留将对因此给被告陆海公司造成的损失进行索赔的权利。

补充答辩意见：第一，原告无权就码头的直接损失主张权利。原告系码头的承租人，主张码头直接损失主体不适格，码头受损产生的损害赔偿权利是专属于码头所有人的实体权利，仅能由所有权人主张，原告在无相关授权的情况下，无权代表码头所有人主张码头的直接损失。第二，原告不具有码头经营资质，无权向被告主张码头经营损失。第三，码头方未提供足够的安全靠泊设施系致损的重要原因。第四，由于码头方阻挠打捞，导致船舶打捞工作无法进行，由于打捞时间延长导致的损失应由码头方自行承担。第五，船舶打捞完毕后，码头方应立即进行修理，以避免损失扩大。第六，被告陆海公司是船舶所有权人，将船舶光租给被告远东公司，按照法律规定，应由光船承租人承担相应的责任。

远东公司的答辩意见同被告陆海公司的答辩意见。在上述答辩意见的基础上，补充如下答辩意见：第一，码头的损失不是由于被告远东公司造成的，因此被告远东公司不应该承担码头损失的赔偿义务。第二，出具码头损失评估报告的单位不具有相关资质，且报告评估的法律依据是错误的。

二、法院查明事实

青岛海事法院认定以下事实:2008年6月1日,青岛市团岛污水处理厂作为合同甲方,与作为合同乙方的本案原告利天公司签订《码头租赁续签协议》,约定双方实施第一期码头租赁协议后,依据码头经营周期、使用原则以及维护需要,双方继续第二期租赁协议,利天公司继续租赁青岛市团岛污水处理厂码头,自2008年6月1日起至2011年6月1日止。2008年6月2日,青岛市团岛污水处理厂与利天公司又签订了《码头租赁续签协议之补充协议》,约定:"……二、在乙方租赁期间,如码头发生破损、毁坏等事宜均由乙方负责,如因第三方原因对码头造成的损坏也由乙方就该码头损失对责任人主张权利……"2008年6月2日,青岛市团岛污水处理厂与利天公司就上述协议及补充协议签署了《码头交接函》,青岛市团岛污水处理厂将其所属位于青岛市团岛三路8号码头(码头长418米)及传达室2间、供水、供电、配套设施一并交付利天公司。2009年1月8日18:00时,"泰海"轮停靠上述协议所涉的青岛市团岛污水处理厂码头,船舶停靠码头确认书由船长贾进学签字。原告提交《告知函》一份,于2009年1月19日对"泰海"轮和"4808厂7 000吨6号"轮出具内容为"现贵轮停泊我团岛港务码头,根据海事部门天气预报,自1月22日起将有小雪,北风8—9级,阵风11级。届时请贵轮做好相应防雨抗风准备,采取相应措施,建议贵轮离泊进锚地防风,避免码头与船体造成损伤"的《告知函》。该《告知函》由青岛市团岛港务服务有限公司和原告天利公司加盖公章,有"董斌"和"杨××"(具体姓名无法辨认清楚)于2009年1月19日在该《告知函》上签字。原告称该《告知函》系原告对"泰海"轮和"4808厂7 000吨6号"轮出具,沿用了青岛市团岛港务服务有限公司《告知函》的格式,在《告知函》上签字的"董斌"是4808厂的工作人员,"杨××"是"泰海"轮船员。原告和两被告均称无法确认"杨××"的姓名。

原告提交2009年《发文登记簿》第4页载明:发文日期"1月19日";顺序号"090119";发往单位"泰海";文件标题"告知函(大风)";份数"1";外收发签字"杨××"。该《发文登记簿》由原告利天公司加盖公章。原告当庭陈述,2009年1月23日14:00时,"泰海"轮与码头发生碰撞,16时左右发生船体倾斜,17:40时船体侧卧码头,右舷底部沉于海底,位置图显示水深5.2米。被告陆海公司和被告远东公司对原告描述的沉船过程没有异议。被告远东公司委托连云港市大力水下工程有限公司于2009年3月18日至2009年3月29日对"泰海"轮组织进行了水下抽油作业,有效工作日为5天。根据连云港市大力水下工程有限公司出具的《"泰海"轮水下清障打捞完工报告》,"泰海"轮残骸于2010年2月8日下午被打捞出水,至此"泰海"轮清障打捞工程全部结束。原告提交2009年3月25日开具的盖有原告利天公司财务专用章的山东省青岛市服务业统一发票,该发票记载客户名称为"泰海"轮,收费项目为停泊费,金额为24 848元。该发票后附有收费明细表,明细表记载船名"泰海"轮,停泊时间为1月8日—1月23日共15天,停泊费74.8米×15元×15天=16 830元,系解费260元,生活垃圾费50元×15天＝750元,电费3 140度×2.2元＝6 908元,接电服务费100元,费用合计24 848元,该明细表没有船东确认签字,只在供电明细一栏有"宋顺令"签字。原告称"宋顺令"是当时"泰海"轮看守船的船员,被告远东公司对此未予否认。

青岛市交通运输委员会港航管理局针对青岛海之诺律师事务所的询证出具《询证复函》答复,"以'青岛利天游艇俱乐部有限责任公司'名称企业,未在我局办理港口经营许可事项"。另查明,据"泰海"轮《船舶国籍证书》记载:船舶所有人为陆海公司,船舶经营人为远东公司,尺度总长73.8米。在"登记项目的变更"一栏记载:船舶所有人从山东省济南海河联运总公司变更为陆海公司,变更日期为2007年5月30日;船舶承租人从山东远东国际海运有限公司变更为远东公司,变更日期为2008年7月17日。

原告于2009年7月8日向青岛海事法院提出评估鉴定申请,青岛海事法院委托青岛振青资产评估有限责任公司对涉案码头致损原因、受损程度及修复费用进行了评估鉴定。其中水下部位由青岛振青资产评估有限责任公司聘请青岛龙港船舶工程有限公司进行勘察,并出具水下目视检测报告。青岛振青资产评估有限责任公司依据该报告得出码头水下部位受损状况,据以进行修复费用的计算。青岛振青资产评估有限责任公司于2010年4月2日出具资产评估报告书,对致损原因和受损程度作出了结论,并作出码头修复费用为人民币1 381 694.33元、修复工期根据国家水利工程工期定额和现市场工期综合考虑为45天的结论。青岛龙港船舶工程有限公司的检测报告中附有中国船级社给潜水员王伟波颁发的水下无损检测人员资格证书和中国船级社给青岛龙港船舶工程有限公司颁发的资格证书。《资产评估报告书》附有中华人民共和国财政部给青岛振青资产评估有限责任公司颁发的资产评估资格证书,资格证书中评估资产范围包括固定资产、流动资产、无形资产、递延资产、长期投资、企业破产及其他资产的整体或单项资产评估。报告中还附有中华人民共和国财政部给注册资产评估师战丕跃、陈世然颁发的资格证书。

原告于2010年3月23日向青岛龙港船舶工程有限公司交纳探摸检测费32 000元,由青岛龙港船舶工程有限公司开具收据。原告于2010年4月13日向青岛振青资产评估有限责任公司交纳评估费64 800元,由青岛振青资产评估有限责任公司开具发票。中华人民共和国财政部令第22号《资产评估机构审批管理办法》第4条规定,"资产评估的范围主要包括:各类单项资产评估、企业整体资产评估、市场所需的其他资产评估或者项目评估";《资产评估准则——不动产》第19条规定:"对于水利工程、码头、桥涵、道路等不动产,注册资产评估师应当根据不动产的价值特性和资产特点,通过设计概算、工程图纸、竣工决算资料、定额标准等技术资料,结合对不动产的现场查看,了解不动产的结构、工程量、工程费用分摊、建设周期以及收益等情况。"

三、法院裁判

青岛海事法院认为,本案争议的焦点为:① 原告是否具有涉案码头索赔权的主体资格;② 在打捞"泰海"轮过程中原告是否存在过错;③ 出具资产评估报告书的鉴定人是否具有鉴定资质;④ 原告是否有权主张经营损失及经营损失的计算依据;⑤ 涉案码头的损失数额;⑥ 承担责任的主体。

1. 关于原告是否具有码头索赔权的主体资格

原告利天公司与青岛市团岛污水处理厂签订的《码头租赁续签协议》及《码头租赁续签协议之补充协议》,是作为平等主体签订的,体现合同当事人的真实意思表示,合法有效,对合同双方均有约束力,合同双方均应依照合同的约定全面、及时履行合同约定的义务。两被告针对上述补充协议提出,原告还应对青岛市团岛污水处理厂有权出租码头、原告定期维护修整码头和支付管理费予以证明。两被告提出的这三点均属合同双方履行合同义务的范畴,并不影响合同的合法性和有效性。两被告对青岛市团岛污水处理厂有权出租码头提出质疑,应举证证明,两被告对此没有提出相反的证据。因此,对两被告上述三点抗辩,青岛海事法院不予支持。

原告是否具有码头索赔权的主体资格从法律规定和合同约定两方面进行分析。

第一,法律规定。《中华人民共和国物权法》第 117 条规定,对他人所有的不动产或者动产依法享有占有、使用和收益权利的人是用益物权人。《中华人民共和国侵权责任法》规定,侵害民事权益,应当承担侵权责任,民事权益包括用益物权。本案中,原告利天公司通过签订租赁合同,对他人所有的涉案码头依法享有占有、使用和收益的权利,是用益物权的主体。在原告租赁码头期间,码头受到第三人损坏,原告的用益物权受到侵害,第三人应当对用益物权人承担侵权责任。也就是说,原告作为用益物权人享有索赔权。

第二,合同约定。原告与青岛市团岛污水处理厂签订的协议中约定,租赁期间如码头发生破损、毁坏等事宜均由利天公司负责,因第三方原因对码头造成的损坏由利天公司就码头损失对责任人主张权利。该约定确定了因第三方原因导致码头毁损索赔权由利天公司行使,原告利天公司依据合同的约定取得索赔权。综合以上两方面,原告利天公司具有码头索赔权的主体资格,有向码头的侵权人索赔的权利。

被告远东公司提出抗辩称,在大风来临之前,原告没有尽到告知义务。对此原告提交了《告知函》和《发文登记簿》,以该两份原件证据证明其履行了告知义务。被告仅当庭称无法辨认清楚"杨××"的姓名,对其为"泰海"轮签名的身份没有否认也没有提出相反的证据。通过上述证据,足以证明原告已尽告知义务,对被告远东公司的上述抗辩,青岛海事法院不予支持。

关于在打捞"泰海"轮过程中原告是否存在过错。两被告称在安排打捞"泰海"轮过程中多次遭到码头方阻挠,并提交打捞公司出具的《"泰海"轮抽油、打捞过程说明》称其在打捞过程中多次遭到"码头方人员"阻挠。打捞公司并未具体说明也未提交证据证明实施阻挠的"码头方人员"就是原告利天公司,两被告也没有提交其他证据证明是原告利天公司对打捞工作进行阻挠,因此被告提出抗辩称原告阻挠打捞存在过错,青岛海事法院不予支持。

2. 关于出具资产评估报告书的鉴定人是否具有鉴定资质

青岛海事法院委托了青岛振青资产评估有限责任公司进行评估,出具《资产评估报告书》,由注册资产评估师战丕跃、陈世然签字。码头水下部位受损状况由青岛龙港船舶工程有限公司出具《水下目视检测报告》,由潜水员王伟波签字。青岛振青资产评估有限责任公司持有中华人民共和国财政部颁发的资产评估资格证书,资格证书中评估资产范围包括固定资产、流动资产、无形资产、递延资产、长期投资、企业破产及其他资产的整体或单项资产评估。注册资产评估师战丕跃、陈世然持有中华人民共和国财政部颁发的资格证书。中华人民共和国财政部令第 22 号《资产评估机构审批管理办法》规定,"对于水利工程、码头、桥涵、道路等不动产,注册资产评估师应当根据不动产的价值特性和资产特点,通过设计概算、工程图纸、竣工决算资料、定额标准等技术资料,结合对不动产的现场查看,了解不动产的结构、工程量、工程费用分摊、建设周期以及收益等情况"。由此,注册资产评估师有资格对码头等不动产进行评估,并且本案中评估的方法也符合《资产评估机构审批管理办法》的规定。青岛龙港船舶工程有限公司持有中国船级社颁发的资格证书,王伟波持有中国船级社颁发的水下无损检测人员资格证书。被告提出鉴定人不具备鉴定资质并且出具的报告有失客观的抗辩,青岛海事法院不予支持。综上,出具资产评估报告书的鉴定人具有鉴定资质,出具的《资产评估报告书》青岛海事法院予以认可。

3. 关于原告是否有权主张经营损失

《中华人民共和国民法通则》第 117 条第 2、3 款规定,损坏国家的、集体的财产或者他人的财产的,应当恢复原状或者折价赔偿。受害人因此遭受其他重大损失的,侵害人并应当赔偿损失。该条规定了具体的财产损失包括直接损失也包括间接损失,"其他重大损失",包括财产的间接损失。间接损失就是可得利益的丧失,即应当得到的利益因受侵权行为的侵害而没有得到。如侵害他物权,使他物权人未能对标的物进行用益,造成的财产利益损失,就是间接损失。本案中原告主张的经营损失就属于间接损失。最高人民法院《关于审理船舶碰撞和触碰案件财产损害赔偿的规定》规定,请求人可以请求赔偿对船舶碰撞或者触碰所造成的财产损失,船舶碰撞或者触碰后相继发生的有关费用和损失,为避免或者减少损害而产生的合理费用和损失,以及预期可得利益的损失。综上,原告合法使用的码头因侵权造成损坏,有权主张直接损失和经营损失。被告远东公司提出抗辩称原告不具有码头经营资质,无权向被告主张码头经营损失,并提交青岛市交通运输委员会港航管理局出具的答复,称以原告名称企业未办理港口经营许可事项。原告依据租赁合同获得涉案码头收益的权利,是否办理港口经营许可事项是行政审批的程序,属于行政管理的范畴,被告远东公司经营的"泰海"轮曾停靠涉案码头并已经向原告缴纳过停泊费,通过该具体行为对原告利用码头进行收益的权利表示认可,在原告经营码头获取收益方面与原告形成事实上的合同关系。虽然原告没有办理港口经营许可事项违反经营范围与被告远东公司形成事实上的合同关系,根据合同法解释的规定,不能因此认定合同无效。因被告远东公司经营的船

船舶触碰・码头承租人・港口经营许可・码头经营损失・索赔权

舶停靠原告经营的码头使原告获取经营收益,该行为系双方约定,并不违反法律规定。综上,原告主张经营损失,青岛海事法院予以支持。

4. 关于经营损失的计算依据

原告提交"泰海"轮在事故发生前停靠码头的收费发票及收费明细,"泰海"轮于2009年3月25日向原告缴纳停泊费24 848元,虽然所附的收费明细没有被告的确认,但该明细的计算方法及金额与发票的金额能够吻合,两者之间能够相互佐证,且对于"泰海"轮向原告缴纳停泊费的计算方法,作为"泰海"轮经营人的被告远东公司未能举证证明。因此,原告主张经营损失的计算依据,青岛海事法院予以支持,即参照停泊费的计算方法,按照每天每米15元计算。

5. 关于涉案码头的损失数额。

(1) 原告主张的直接损失,《资产评估报告书》对码头修复费用进行评估鉴定,为人民币1 381 694.33元。

(2) 原告主张的经营损失,自事故发生之日2009年1月23日起至"泰海"轮打捞出海时间2010年2月8日共381天,加《资产评估报告书》中评估鉴定的45天修复工期,共426天。码头每天每米收费15元,"泰海"轮船长73.8米,经营损失共计471 582元。

(3) 评估费,原告向青岛龙港船舶工程有限公司交纳探摸检测费32 000元,由青岛龙港船舶工程有限公司开具收据;向青岛振青资产评估有限责任公司交纳评估费64 800元,由青岛振青资产评估有限责任公司开具发票。被告提出抗辩对32 000元收据形式上提出异议,该32 000元系原告支付的探摸检测费,属于船舶触碰后相继发生的有关费用,已经实际发生。原告主张评估费共计96 800元,青岛海事法院予以支持。

综上,涉案码头的损失数额共计1 950 076.33元。

6. 关于承担责任的主体。《中华人民共和国海商法》第144条规定:"光船租赁合同,是指船舶出租人向承租人提供不配备船员的船舶,在约定的期间内由承租人占有、使用和营运,并向出租人支付租金的合同。"承租人行使租赁权致第三人利益受侵犯的,由承租人独立承担法律责任。因此,本案中,应由"泰海"轮的光船承租人被告远东公司承担对原告的赔偿责任。

综上,原告利天公司通过签订租赁合同对涉案码头享有占有、使用、收益的权利,并且取得码头损坏的索赔权。被告远东公司经营的"泰海"轮停靠原告经营的码头,事故发生前,原告已对该轮履行了恶劣天气告知义务,"泰海"轮因碰撞码头对原告合法使用的码头造成损坏,并由有合法资质的鉴定人对码头的致损原因、受损程度及修复费用进行了评估鉴定,出具了《资产评估报告书》,被告远东公司光租被告陆海公司的船舶,根据法律规定,应由光租人远东公司对原告的损失予以赔偿。依照《中华人民共和国民法通则》第117条、《中华人民共和国海商法》第144条的规定,判决如下:

(1) 被告山东远东海运集团有限公司向原告青岛利天游艇俱乐部有限责任公司赔偿船舶触碰码头损失共计1 950 076.33元,上述款项,被告山东远东海运集团有限公司应于本判决生效之日起 10 日内付清。

(2) 驳回原告青岛利天游艇俱乐部有限责任公司对被告山东省陆海联运总公司的诉讼请求。

1.7 船舶碰撞诉讼时效

24 原告福州松下码头有限公司与被告上海港机重工有限公司船舶触碰损害赔偿纠纷案

案例来源:厦门海事法院(2010)厦海法事初字第 14 号
主题词:船舶触碰　诉讼时效　时效中断

> **裁判要旨**
>
> **No. HS-1.7-1**　虽然门座式起重机制造商和业主签订的《制造安装合同》约定制造商负责货物交付,以及与之相关的装卸责任和费用,就制造商所租船舶交货过程中发生的碰撞业主码头损害,鉴于制造商并非船舶所有人也非光船承租人,案涉船舶碰撞产生的赔偿责任不应由其承担。船舶碰撞案件诉讼时效为两年,没有证据证明存在因请求人提起诉讼、提交仲裁或者被请求人同意履行义务而中断的事由,请求人的诉请超过诉讼时效,丧失了胜诉权。

一、基本案情

原告:福州松下码头有限公司(以下简称松下码头)
被告:上海港机重工有限公司(以下简称上海港机)
原告松下码头诉称,2005 年 2 月 26 日,原告向被告上海港机购买三台 16T-35M 门座式起重机,双方签订有一份《制造安装合同》。该合同就货物品质、价款及其支付、交货时间及违约责任等均作了明确约定。上述合同生效后,原、被告双方均已实际履行。因原告购买上述起重机系用于自建码头的装卸之用,因此,其安装调试的时间与码头的建设进度直接相关。为此原告根据合同第 6 条第(2)款的约定,要求将交货期推迟至 2006 年 10 月 30 日,对此被告也予以确认,其交货船舶于 2006 年 11 月 17 日抵达原告码头。但在靠岸时撞坏了原告码头设施,其中包括橡胶护舷 8 个及护轮坎 6 米,对此事实有被告的安装人员及被告租赁的船公司经理等相关人员的签名确认。原告为修复上述设施共支出费用 1 510 000 元(人民币,下同),该笔费用应由被告承担。本案讼争前,原、被告双方已就上述损害赔偿进行过多次协商,被告对其侵权事实予以确认并同意赔偿,但主张其赔偿额应从未付货款中直接抵扣,对此原告也无异议。但因被告迟延交货(被告此次并未完成交货任务,直至次年 3 月才又将货物运抵原告码头),原告主张被告应按合同约定支付原告违约金,为此双方几经协商终未达成一致。此后,被告于2009年4月向福州市中级人民法院提起诉讼,要求原告支付剩余货款及相应利益。对此原告提出反诉,其反诉请求包括要求被告支付迟延交货违约金及赔偿其交货船撞坏原告码头设施的损失1 510 000元等。为此,请求法院判令:

(1)被告赔偿其交货船撞坏原告码头设施损失1 510 000元;

(2)本案诉讼费用全部由被告承担。

被告上海港机辩称:

(1)被告诉讼主体不适格。首先,被告为切实履行与原告签订的《制造安装合同》,保证及时将产品发运至用户码头,于2006年3月与江苏泛洲船务有限公司(以下简称江苏泛洲)签订了《拖运合同》《租船施工合同》,委托江苏泛洲进行产品运输。被告与江苏泛洲之间为海上货物运输合同关系,被告为托运人、江苏泛洲为承运人。原告诉求中所称的交货船舶亦为江苏泛洲所有,被告并非碰撞船舶的所有人或实际经营人。其次,本案中的码头损害系船舶靠泊码头时由于风浪、涌浪原因造成船舶左右摇摆撞击码头形成的损害。从损害的结果看,为承运人在靠泊时所致,被告认为相关责任应由船舶所有人(承运人)承担。同时根据《中华人民共和国民法通则》《中华人民共和国海商法》的规定,该触碰行为已造成他人财产损失属于侵权行为,相关责任应由侵权人承担。另外最高人民法院《关于审理船舶碰撞纠纷案件若干问题的规定》中明确规定,关于船舶碰撞产生的赔偿责任由船舶所有人承担。被告既非发生触碰行为船舶的所有人或实际经营人,也未实施任何侵害行为,被告无须就本案中的损失承担赔偿责任。最后,原告要求被告承担赔偿责任无法律依据和事实依据,从原告的起诉状来看,其起诉的主要依据是《制造安装合同》,认为在履行该合同过程中,交货船舶碰撞了其码头设施从而造成损害。但由于碰撞行为是事实行为而非基于合同约定违约行为,因此碰撞责任应当属于侵权责任而非违约责任,而被告不是碰撞船舶的实际经营人或所有人。因此,被告认为,原告针对被告提起的诉讼没有法律依据,请求法院驳回原告诉讼请求。

(2)原告要求赔偿的主张已超过法律规定的诉讼时效,依法不应支持。从原告诉状中可以看出,涉案船舶触碰码头事故发生于2006年11月17日,依据《中华人民共和国海商法》第261条的规定,有关船舶碰撞的请求权,时效期间为两年,自碰撞事故发生之日起计算;松下码头至今才向法院提起诉讼,其要求赔偿的主张早已超过法律规定的诉讼时效。因此,被告认为其主张依法不应支持。

此外,原告在起诉书中阐述,"原、被告双方已就上述损害赔偿进行多次协商,被告对其侵权事实予以确认并同意赔偿",就该节事实被告认为原告所述不实,从原告所提供的相关证据看,并无被告同意赔偿之说。为此请求法院依法驳回其诉讼请求,依法维护被告的合法权益。

二、法院查明事实

厦门海事法院经审理查明,2005年2月26日,松下码头与上海港机签订《制造安装合同》。约定松下码头向上海港机购买三台16T-35M门座式起重机,合同总价22 530 000元;交货地点为松下码头,交货时间为合同生效后9个月交钥匙。2006年3月26日、3月30日,被告与江苏泛洲分别签订了《租船施工合同》《拖运合同》,上海港机就租用江苏泛洲的浮吊及拖轮运输三台16T-35M门座式起重机等事项进行约定。其中江苏泛洲负责提供适航的350吨浮吊及相应拖轮,并配备足够的合格船员。2006年11月17日、11月19日,运载门机的船舶两次靠泊原告7万吨级散杂货码头时,不同程度损坏原告码头有关设施:橡胶护舷8个,护轮坎等长约6米。江苏泛洲江伟华,被告公司何应茂、应建明,原告公司李文豹、王长斌等人在相关损坏码头设施情况的确认函上签字。2006年12月5日,原告与广州海宁橡胶护舷有限公司签订《橡胶护舷购销合同》,约定购买橡胶护舷8套,金额为1 000 000元。2007年3月14日,被告与江苏泛洲签订补充协议,就运费、吊装费及无法按照正常程序卸船造成的损失等事项进行约定。2007年5月16日,原告与中交第三航务工程勘察设计院有限公司松下工程项目部签订原告1号泊位橡胶护舷、护轮坎修复、码头面层修复工程协议书。2009年3月6日,被告向福州市中级人民法院提起诉讼,要求原告支付剩余货款及相应利益。对此原告于2009年7月8日提出反诉,其反诉请求包括要求被告支付迟延交货违约金及赔偿其交货船撞坏原告码头设施的损失1 510 000元等。2009年12月14日,福州市中级人民法院判决案涉诉请移送厦门海事法院。2010年2月25日原告向厦门海事法院起诉。

三、法院裁判

厦门海事法院认为,本案是一起船舶触碰损害赔偿纠纷,本案的争议焦点为:一是被告主体是否适格;二是原告的主张是否超过法定诉讼时效。

1. 关于被告主体是否适格

原告认为,根据合同的约定,被告的交货义务包括货物的装卸,因为原告要求被告负责把货物交给原告。至于被告让谁来交货,与原告无关,且货物的装卸责任和费用也是由被告来承担。本案是发生在交货船舶靠岸交货时。被告与江苏泛洲应安全把货物运到目的港的约定只是一个合同的基本条款。被告认为,本案是船舶碰撞损害赔偿纠纷,根据最高人民法院2005年《第二次全国涉外商事海事审判工作会议纪要》第129条的规定,本案是海上侵权案件,根据以上的证据可以看出侵权主体是船舶,码头的损失是船舶在靠岸过程中造成的,是由船舶造成的,对于侵权造成的损失应该由侵权人承担,侵权人是江苏泛洲公司,因此被告主体不适格。厦门海事法院认为,根据最高人民法院《关于审理船舶碰撞纠纷案件若干问题的规定》第4条的规定,船舶碰撞产生的赔偿责任由船舶所有人承担,碰撞船舶在光船租赁期间并经依法登记的,由光船承租人承担。案涉船舶系被告租用自江苏泛洲,被告并非船舶所有人也非光船承租人,因此案涉船舶碰撞产生的赔偿责任不应由被告承担。

2. 关于原告的主张是否超过法定诉讼时效

原告认为,本案存在诉讼时效中断的情形,因为从被告的证据可以看出,原告与被告对损失的赔偿问题多次协商未果才导致诉讼以及反诉,而诉讼时效的立法目的是保障诉讼秩序正常进行,应从维护当事人权益角度去解释。根据有关司法解释,被告此前在福州市中级人民法院庭审中并未对诉讼时效作抗辩,在本案中亦不能就此提出抗辩。被告认为,即便按原告在福州市中级人民法院提出反诉的时间即2009年7月8日计算,原告也已经超过了两年的诉讼时效,而且原告也没有提供证明诉讼时效中断的证据。

厦门海事法院认为,根据《中华人民共和国海商法》第261条的规定,有关船舶碰撞的请求权,时效期间为两年,自碰撞事故发生之日起计算。本案碰撞事故发生之日为2006年11月19日,因此本案时效起止时间为2006年11月19日至2008年11月20日。从原告提供的证据来看,均不能证明其在诉讼时效期间存在《中华人民共和国海商法》第267条规定的因请求人提起诉讼、提交仲裁或者被请求人同意履行义务而中断的事由,因此本案原告诉讼请求超过诉讼时效,丧失了胜诉权。综上,根据《中华人民共和国海商法》第261条、第267条及最高人民法院《关于审理船舶碰撞纠纷案件若干问题的规定》第4条的规定,判决如下:

驳回原告福州松下码头有限公司的诉讼请求。

1.8 船舶碰撞与优先权

1.8.1 沉船打捞费是否可以享受船舶优先权

25 原告中国船舶燃料供应福建有限公司与被告台州东海海运有限公司船舶碰撞损害赔偿确权案

案例来源:广州海事法院(2001)广海法初字第57号
主题词:船舶碰撞　沉船打捞　船舶优先权

> **裁判要旨**
>
> **No. HS-1.8-1** 船舶碰撞事故造成的沉船进行打捞产生的打捞费是因碰撞事故遭受的损失,根据《中华人民共和国海商法》第22条的规定,属于船舶优先权。

一、基本案情

原告:中国船舶燃料供应福建有限公司
被告:台州东海海运有限公司
原告诉称:1999年3月24日,原告所属"闽燃供2"轮在珠江水域与被告所属"东海209"轮发生船舶碰撞事故,"闽燃供2"轮沉没。为了防止和减少对环境的污染损害和财产损失及维护其他船舶的航行安全,原告与广州救助打捞局签订了打捞协议。广州救助打捞局于1999年4月2日完成打捞作业。碰撞事故发生后,被告申请了海事赔偿责任限制,并设立了基金。原告申请了债权登记,其申请的债权包括"闽燃供2"轮的救助打捞费1 912 272元。打捞完成后,原告与广州救助打捞局就打捞费用多次进行协商,于2001年3月达成了《结算协议书》,原告共向广州救助打捞局支付打捞费960 000元。请求法院按碰撞责任比例判令被告赔偿原告打捞费损失288 000元,并确认上述债权具有船舶优先权,可以在被告设立的海事赔偿责任限制基金中受偿。庭审时,原告变更诉讼请求为判令被告赔偿打捞费损失264 000元。

被告辩称:事故发生后,被告于1999年4月7日向法院申请了海事赔偿责任限制,并设立了海事赔偿责任限制基金。本案与(1999)广海法事字第47、61案属于同一性质的案件,根据法律规定,两案的判决结果应该进行冲抵。同时,原告的诉讼请求是属于被告能够享受海事赔偿责任限制的范围。请求判令原告的债权在被告设定的海事赔偿责任限制基金中受偿。

二、法院查明事实

广州海事法院认定以下事实:1999年3月24日02:26时,原告所属"闽燃供2"轮与被告所属"东海209"轮在广州港8号浮上游附近发生碰撞,"闽燃供2"轮沉没。同日,原告向广州救助打捞局出具《委托书》,委托其对"闽燃供2"轮进行打捞。3月27日,原告委托广州救助打捞局在救助工程结束后将"闽燃供2"轮拖至广州文冲船厂。4月2日,"闽燃供2"轮被打捞出水并被安全拖到指定地点。5月11日,广州救助打捞局制作《"闽燃供2"轮打捞计费清单》《"闽燃供2"轮救助打捞过程简介》,要求原告支付打捞费1 912 272元。5月25日,原告向广州救助打捞局支付打捞费80 000元。2001年3月27日,原告与广州救助打捞局就打捞费事宜签订了一份《结算协议书》,约定原告再向广州救助打捞局支付880 000元。3月28日,广州救助打捞局出具收款收据,承认收到了上述打捞费。

1999年4月10日,原告以台州东海海运有限公司为被告提起船舶碰撞损害赔偿纠纷。5月31日,被告提出反诉。广州海事法院依法受理上述两案,案号分别为(1999)广海法事字第47、61号。10月8日,广州海事法院对该两案作出判决,判令原告对碰撞事故承担70%的责任,被告承担30%的责任,原、被告的债权、债务冲抵后,原告赔偿被告经济损失236 490元。判决后双方均没有上诉,该判决已发生法律效力。原告为打捞"闽燃供2"轮共支付打捞费用960 000元,其中80 000元在(1999)广海法事字第47、61号案中已经作出处理。另外880 000元在审理上述两案时尚未确定,因此,该两案没有作出处理。庭审时,被告对原告向广州救助打捞局支付的880 000元打捞费没有异议。

1999年4月7日,被告申请海事赔偿责任限制。6月25日,广州海事法院以(1999)广海法事字第46号民事裁定书裁定准许被告的海事赔偿责任限制申请,同意被告设立海事赔偿责任限制基金,并公告要求有关债权人在规定的期限内向广州海事法院申请债权登记,原告在公告期限内进行了债权登记。

三、法院裁判

广州海事法院认为,原告的起诉是在被告就碰撞责任申请海事赔偿责任限制,设立海事赔偿责任限制基金,原告申请债权登记之后提出的,本案诉讼符合《中华人民共和国海事诉讼特别程序法》第 116 条"债权人提供其他海事请求证据的,应当在办理债权登记以后,在受理债权登记的海事法院提起确权诉讼"的规定,是一宗确权诉讼案件。鉴于本案纠纷是与广州海事法院受理的(1999)广海法事字第 47、61 号案因同一个船舶碰撞事故造成的,而广州海事法院在上述两案的判决书中判令原告承担 70% 的碰撞责任,被告承担 30% 的碰撞责任,该判决已经发生法律效力。因此,本案原、被告双方的碰撞责任应按上述两案已经发生法律效力的判决来确认。关于原告在本案中的损失,虽然原告为打捞"闽燃供 2"轮共支付打捞费 960 000 元,但是其中 80 000 元已在(1999)广海法事字第 47、61 号案中作出处理。因此,本案原告只能请求被告按碰撞责任比例赔偿上述两案没有作出处理的打捞费用,即有权请求被告赔偿 264 000 元,被告也负有赔付的义务。本案碰撞事故是原、被告所属船舶在营运过程中发生的,原告请求因此次碰撞事故遭受的损失,根据《中华人民共和国海商法》第 22 条的规定,该请求具有船舶优先权。本案碰撞事故发生后,被告申请了海事赔偿责任限制,设立了海事赔偿责任限制基金,原告已按广州海事法院公告的要求在被告设立的海事赔偿责任限制基金中进行了债权登记。因此,原告关于其对被告的债权具有船舶优先权,请求在被告设立的海事赔偿责任限制基金中受偿的主张,符合法律规定,予以支持。综上,根据《中华人民共和国海商法》第 169 条第 1 款、第 2 款,第 22 条第 1 款第(五)项,第 210 条,《中华人民共和国海事诉讼特别程序法》第 116 条的规定,判决如下:

被告台州东海海运有限公司赔偿原告中国船舶燃料供应福建有限公司船舶打捞费 264 000 元,该债权具有船舶优先权,在被告设立的"东海 209"轮海事赔偿责任限制基金中受偿。

1.8.2 内河船是否可以适用关于船舶优先权的规定

26 原告冯某某与被告博罗县某某总公司港澳运输公司船舶碰撞损害责任纠纷案

案例来源:广州海事法院(2011)广海法初字第 403 号

主题词:船舶碰撞　内河船舶　船舶优先权

> **裁判要旨**
>
> **No. HS-1.8-2**　内河船不属于《中华人民共和国海商法》第 3 条规定的船舶,不适用《中华人民共和国海商法》关于船舶优先权的规定,因船舶碰撞导致内河船舶损失主张船舶优先权的,法院不予支持。

一、基本案情

原告:冯某某

被告:博罗县某某总公司港澳运输公司(以下简称某某公司)

原告冯某某诉称:"粤阳江98639"渔船是原告于2006年向他人购买所得,原告与妻子罗某某雇用两个渔民出海打鱼。2011年5月1日晚19:30时左右,"粤阳江98639"渔船停船抛锚在深圳宝安机场珠江口附近沿海海面(东经113°43.747′、北纬22°38.591′)等待作业起网。"粤惠州货9332"轮没有按航道行驶,突然撞向"粤阳江98639"渔船。当时该渔船停泊在渔业区(不是航道),抛锚等待起网,无法避让,被"粤惠州货9332"轮从船头一直撞向船尾。"粤阳江98639"渔船立即沉没,船上人员全部落海,3人获救,罗某某溺水死亡。海难发生后,经广州沙角海事处(以下简称沙角海事处)介入调查,渔船被打捞出海,渔船全损,已无法维修。事故造成原告渔船价值损失134 458元,船员工资、遣返费损失30 000元,船上财产损失105 217元,渔汛损失16万元以及评估费1 414元。沙角海事处认定"粤惠州货9332"轮应负全部责任。被告是"粤惠州货9332"轮的船舶所有人和船舶经营人,应向原告赔偿全部损失。请求判令:

(1)被告赔偿原告渔船价值损失134 458元,船员工资、遣返费30 000元,船上财产损失105 217元,渔汛损失160 000元,合计429 675元,以及渔船价值损失134 458元和船上财产损失105 217元的利息(利息自2011年5月1日起计算至付清之日止按照中国人民银行同期同类贷款利率计算)。

(2)原告的上述请求对"粤惠州货9332"轮享有船舶优先权。

(3)由被告负担本案诉讼费用。

被告博罗县某某总公司港澳运输公司辩称:

(1)"粤惠州货9332"轮并未碰撞"粤阳江98639"渔船。

(2)原告在航道违法捕鱼,假设碰撞属实,其在沉船之前既未依法亮灯,也未处于锚泊状态。

(3)原告主张的损失不合理。请求驳回原告全部诉讼请求。

二、法院查明事实

沙角海事处出具的《调查报告》,对与涉案碰撞事故有关的事实作出如下认定:船员情况:"粤惠州货9332"轮上有8人,均持有有效的适任证书和服务簿,配员符合船舶最低安全配员证书的要求。"粤阳江98639"渔船上有4人,分别是原告、罗某某、冯菜某、梁某某。天气海况:晴,能见度3海里;偏南风4级,涨潮。碰撞事实:"粤惠州货9332"轮的船员声称他们在事故发生过程中未有察觉任何的异常声响或船体晃动。"粤阳江98639"渔船的船员则声称本船在锚泊过程中见到了一艘自卸砂船碰撞了本船,但碰撞发生时没有见到砂船的船名。事故发生后的第二日2011年5月2日上午,经调查人员现场勘查,发现"粤惠州货9332"轮船艏左锚有白色油漆,船艏偏左位置接近水面处有约 1 米长的蓝色油漆擦痕,与"粤阳江 98639"渔船的船体油漆相符;另外输送带底座有一约 3 米的擦痕。经勘查,"粤惠州货 9332"轮的船员认为本船确与"粤阳江 98639"渔船发生了碰撞。事故时间:广州交管中心录像资料显示事发水域附近有一回波在正常航行中,19:24 时突然减速,其减速前后的动态与"粤惠州货 9332"轮大副的描述相符,认定该回波为"粤惠州货 9332"轮,认定事故发生时间为该回波减速的时间,即 19:24 时。事故地点:广州交管中心录像资料显示,"粤惠州货 9332"轮回波突然减速时的地点为北纬 22°38.04′、东经 113°44.03′,认定该地点为事发地点。事故原因分析和责任判定:"粤惠州货 9332"轮疏于瞭望,在事故前没有发现锚泊中的"粤阳江 98639"渔船,在不知对方船存在的情况下碰撞锚泊船,该轮疏忽瞭望体现在:

(1) 超高装载,且航行中未将卸沙带放平,阻挡了驾驶员的视线。"粤惠州货 9332"轮超高装载河砂,且在航行过程中没有把卸沙带放平,致使该轮驾驶台向前瞭望时,在船艏部位形成一个视觉盲区,严重影响了值班驾驶员的正常瞭望。值班大副张某某在这种情况下,没有主动采取有效措施消除视觉盲区带来的消极影响,导致事故前完全没有发现处于本船正前方的锚泊渔船"粤阳江 98639"船。

(2) 驾驶台值班人员不足。事故发生前,在 19:00 时水手到驾驶台顶放桅杆后,驾驶台实际只有大副 1 人,既要操车、舵,又要通过视觉、电子海图、雷达进行瞭望,加上当时通航密度较大,大副疲于应付,不能做到正规瞭望。"粤阳江 98639"渔船在 30LD 锚地正常锚泊,在事故中无过失。沙角海事处综合上述情况认定,本次事故是一起由于船员过失而导致的责任事故,事故的直接原因是"粤惠州货 9332"轮疏忽瞭望,在事故前没有发现锚泊的"粤阳江 98639"渔船;"粤阳江 98639"渔船处于正常锚泊状态,事故中无过失;因此,"粤惠州货 9332"轮应负事故的全部责任。

三、法院裁判

广州海事法院认为,本案是一宗船舶碰撞损害责任纠纷。本次碰撞是由于"粤惠州货 9332"轮的过错造成,该轮应承担全部碰撞责任。被告作为该轮的船舶所有人和经营人,是"粤惠州货 9332"轮船员的用人单位,依照《中华人民共和国侵权责任法》第 34 条第 1 款关于"用人单位的工作人员因执行工作任务造成他人损害的,由用人单位承担侵权责任"的规定,被告应当向"粤阳江 98639"渔船的所有人原告承担侵权赔偿责任。

关于原告请求赔偿的渔船价值损失,船上财产损失,船员工资、遣返费损失和渔汛损失。最高人民法院《关于审理船舶碰撞和触碰案件财产损害赔偿的规定》第 3 条的规定,"船舶全损的赔偿包括:船舶价值损失;未包括在船舶价值内的船舶上的燃料、物料、备件、供应品,渔船上的捕捞设备、网具、渔具等损失;船员工资、遣返费及其他合理费用"。《关于审理船舶碰撞和触碰案件财产损害赔偿的规定》第 4 条规定:"船上财产的损害赔偿包括:船上财产的灭失或者部分损坏引起的贬值损失……"原告请求赔偿的上述四项损失属于上述规定的赔偿范围。涉案事故给原告造成渔船价值损失,船上财产损失、船员工资、遣返费损失和渔汛损失分别为 134 458 元、95 417 元、14 000 元、10 000 元。因此,被告应向原告赔偿上述损失合计 253 875 元。

关于原告请求赔偿的渔船价值损失和船上财产损失的利息。依照《关于审理船舶碰撞和触碰案件财产损害赔偿的规定》第 7 条关于"除赔偿本金外,利息损失也应赔偿"的规定,被告应赔偿原告渔船价值损失和船上财产损失的利息。《关于审理船舶碰撞和触碰案件财产损害赔偿的规定》第 13 条规定:"利息损失的计算:船舶价值的损失利息,从船期损失停止计算之日起至判决或者调解指定的应付之日止;其他各项损失的利息,从损失发生之日或者费用产生之日起计算至判决或调解指定的应付之日止;利息按本金性质的同期利率计算。"渔船价值损失 134 458 元的利息从船期损失停止计算之日即 2011 年 5 月 16 日起计算,船上财产损失 95 417 元的利息从损失发生之日即 2011 年 5 月 1 日起计算,利息均按照中国人民银行同期人民币流动资金贷款利率计算至本判决确定的支付之日止。

关于原告的上述请求对"粤惠州货 9332"轮是否享有船舶优先权。"粤惠州货 9332"轮为内河船,不属于《中华人民共和国海商法》第 3 条规定的船舶,不适用《中华人民共和国海商法》关于船舶优先权的规定。因此,原告主张其上述请求对"粤惠州货 9332"轮享有船舶优先权没有事实和法律依据,不予支持。

综上,依照《中华人民共和国侵权责任法》第 3 条、第 6 条第 1 款、第 34 条第 1 款和《中华人民共和国民事诉讼法》第 64 条第 1 款的规定,判决如下:

(1) 被告博罗县某某总公司港澳运输公司向原告冯某某赔偿渔船价值损失 134 458 元,船上财产损失 95 417 元,船员工资、遣返费损失 14 000 元和渔汛损失 10 000 元,合计 253 875 元,以及渔船价值损失和船上财产损失的利息(渔船价值损失 134 458 元的利息从 2011 年 5 月 16 日起计算,船上财产损失 95 417 元的利息从 2011 年 5 月 1 日起计算,均按照中国人民银行同期人民币流动资金贷款利率计算至本判决确定的支付之日止)。

(2) 驳回原告冯某某的其他诉讼请求。

2. 海上人身损害赔偿纠纷

2.1 海上人身损害赔偿责任主体

2.1.1 船舶挂靠下的责任主体

1 原告李海英等与被告林武才等船舶爆炸人身伤亡损害赔偿纠纷案

案例来源：广州海事法院（2000）广海法事字第 120 号
主题词：船舶修理　爆炸　人身伤害　船舶挂靠　连带责任

> **裁判要旨**
>
> **No. HS-2.1-1**　船舶所有人将船舶挂靠在船舶公司名下，登记的船舶经营人为被挂靠人。但事故发生前，被挂靠人已与船舶所有人解除挂靠关系，收回已超过有效期的《船舶营业运输证》。被挂靠人也曾到登记机关申请办理变更船舶登记项目，主管机关根据《船舶登记条例》的规定没有受理。虽然船舶证书中记载的船舶经营人仍然是被挂靠人，但没有办理变更手续的责任不在被挂靠人。且事故发生期间，船舶由船舶所有人经营。故法院认定被挂靠人船舶公司不应承担连带赔偿责任。

一、基本案情

原告：李海英、钟远锋、钟锦芳、钟孔珊、钟亚连、吴秀英、钟金全

被告：林武才、梧州市桂东船务公司（以下简称桂东公司）、梧州市航务管理处（以下简称梧州航管处）、梧州市交通实业发展公司（以下简称交通公司）、周天文

原告李海英、钟远锋、钟锦芳、钟孔珊、钟亚连、吴秀英、钟金全诉称：2000 年 3 月 2 日，被告周天文、林武才将在江门市溶剂厂卸完 500 吨甲醇的"桂东油 05"轮驶往广州市海珠区海心沙码头。3 月 4 日，该轮停靠在海心沙码头，被告周天文请修理工对该船锚机进行修理。修理工进行明火作业，"桂东油 05"轮发生爆炸，导致多人死亡。钟金德不幸在这次爆炸事故中身亡。造成此次事故的原因是由于船长周天文违反有关规定，在没有对曾装过甲醇的"桂东油 05"轮船舱进行清舱、除气、测爆的情况下，指令修理工进行明火作业，引燃残余甲醇气体。周天文应对此次爆炸事故产生的后果承担赔偿责任。林武才作为"桂东油 05"轮的船舶所有人，也应对此次爆炸事故产生的后果承担赔偿责任。桂东公司是该轮的挂靠单位，对此次爆炸事故产生的后果应承担连带赔偿责任。桂东公司注册资金为 36 万元，实际投入 20 万元，因此，桂东公司应在 20 万元内

承担直接的赔偿责任。被告梧州航管处在桂东公司成立时出资 36 万元,因此,梧州航管处应在 36 万元内承担赔偿责任。交通公司在桂东公司成立时注资 5 万元,同时书面承诺担保桂东公司的 20 万元注册资金,因此,交通公司应在 25 万元内承担赔偿责任。钟金德是原告家庭的经济支柱,钟金德的死亡给原告家庭造成经济上的困难。根据有关规定,原告请求五被告连带赔偿死亡补偿费、丧葬费、误工费、交通住宿费、被抚养人生活费、精神损失等共计 433 325 元。庭审时,原告变更诉讼请求为 173 551.90 元。

被告林武才辩称:本次事故是由于船长周天文、轮机长陈水柱、大管轮钟金德、修理工黄远贵等人违章操作造成的。首先,修理工黄远贵是周天文、陈水柱、钟金德请来的;其次,陈水柱、钟金德经过油轮专业培训合格,熟悉油船安全守则,应当知道油轮明火作业的危险性,但他们不仅没有制止,反而主动协助修理工进行明火作业;最后,当船长周天文担心明火作业有危险,交代黄远贵不要再作业,到船尾找林武才商量时,陈水柱、钟金德无视船长的指示,允许黄远贵再次明火作业,导致本次爆炸事故的发生。因此,上述四人应对本次事故造成的后果承担赔偿责任。另外,原告的诉讼请求没有事实依据和法律依据,明显不合理,请求法院依法判决。

被告桂东公司辩称:

(1) 被告桂东公司与被告林武才之间的挂靠关系已终止。1999 年 3 月,被告林武才因交不起挂靠管理费而将营运证交回被告桂东公司转梧州航管处,并报停航及要求脱离挂靠关系。1999 年 9 月,被告桂东公司向被告林武才发出终止挂靠关系的通知。从此,"桂东油 05"轮与被告桂东公司不再存在任何权利义务关系,"桂东油 05"轮的责任与被告桂东公司无关。

(2) 本次爆炸事故是因船员、修理工违规操作引起,根据有关法律规定,应由过错人分别承担相应的法律责任。请求法院驳回原告对桂东公司的诉讼请求。

被告梧州航管处辩称:被告桂东公司已于 1999 年与"桂东油 05"轮解除了挂靠关系,双方不再存在任何权利义务关系,"桂东油 05"轮的责任应由其船舶所有人承担,与桂东公司无关。桂东公司既然不承担"桂东油 05"轮的责任,其投资人梧州航管处更不应承担任何责任。况且,桂东公司是具有独立法人资格的公司,即使承担责任,也是以其公司财产独立地对外承担民事责任,与其投资单位梧州航管处无关。另外,本案事故是由于船员、修理工违章作业引起的,事故造成的后果应由责任人承担。原告请求被告梧州航管处承担赔偿责任,没有事实和法律依据。请求法院驳回原告对被告梧州航管处的诉讼请求。

被告交通公司辩称:被告交通公司 1993 年投资设立的桂东公司已于 1999 年进行了变更登记,被告桂东公司的投资主体已变更为被告梧州航管处。"桂东油 05"轮爆炸事故发生于 2000 年,与被告交通公司无关。桂东公司是依法设立的企业法人,能独立承担民事责任,被告交通公司不可能为具有独立承担民事责任的法人承担赔偿责任。本案事故是由于船员、修理工违章作业引起的,事故造成的后果应由责任人承担。请求法院驳回原告对被告交通公司的诉讼请求。

被告周天文没有答辩,也没有提供证据。

二、法院查明事实

根据合议庭确认的证据,结合广州海事法院已经生效的(2000)广海法事字第45号民事判决书认定的事实,合议庭认定本案事实如下:根据"桂东油05"轮船舶所有权登记证书记载:"桂东油05"轮是一艘钢质油船,船舶所有人为被告林武才,取得所有权的日期为1998年11月26日。根据该船国籍证书登记中记载:"桂东油05"轮船舶所有人为被告林武才,船舶经营人为被告桂东公司,发证日期为1998年11月26日,有效期至2003年11月25日。本次船舶爆炸事故发生之前,有关该船的船舶所有人和经营人没有办理变更登记。该船持有有效的《内河船舶临时证书》《内河船舶检验证书簿》《内河船舶适航证书》《内河船舶载重线证书》《内河船舶散装运输化学品适装证书》《内河船舶防止油污证书》和《内河船舶最低安全配员证书》。被告周天文持有内河船舶三等船长适任证书,梧州港务监督在证书上签注"油轮专业训练合格"。根据梧州港务监督2000年6月出具的证明,陈水柱、钟金德分别于1997年6月24日、1994年5月3日参加油轮专业训练及考试,其《船员服务簿》《适任证书》签注合格。

广州市公安消防局2000年3月31日出具的《火灾原因认定书》记载:2000年3月4日17时40分,停靠于海珠区振兴大街26号广州港务局河南港务公司沥窖分公司码头(以下简称沥窖码头)边的"桂东油05"轮发生爆炸,该船的船体被严重损坏,船体的部分残骸飞向岸边的停车场,造成停放在停车场的一批待销车辆不同程度的损坏,爆炸造成3人死亡,2人受伤。广州市公安消防局认定火灾原因是:广西籍焊工黄远贵进行风焊作业过程中明火引燃船舱内残留甲醇挥发的气体而发生爆炸。

已经发生法律效力的广州市海珠区人民法院(2000)海刑初字第572号刑事判决书查明如下事实:被告周天文受雇于"桂东油05"轮并担任该轮船长职务。2000年3月2日上午,该船到江门溶剂厂卸下500吨甲醇后,未及时清洗船舱残留的甲醇气体,也没有进行除气、测爆。3月2日晚,在未经广州港监部门批准和指定的情况下,擅自将该船违章驾驶至沥窖码头停靠。3月4日下午,被告周天文与被告林武才商量后,请无上岗资格证的焊工黄远贵上船用风焊切割的方法修理锚机。而黄远贵在修理时用明火作业,引发船舱剧烈爆炸,致黄远贵及船员陈水柱、钟金德当场死亡,船员胡劲启被炸成重伤。根据周天文在广州港务监督所作的海损事故查询记录和原"桂东油05"轮水手的陈述,修理锚机时,轮机长陈水柱、大管轮钟金德协助黄远贵修理。被告林武才确认"桂东油05"轮所有船员由其雇用,其以自己的名义从事"桂东油05"轮本次事故前装运甲醇航次及以后的经营活动,被告桂东公司并不知情。

另查明,被告桂东公司与被告林武才于1993年10月20日签订《关于船舶加入梧州市桂东船务公司的协议》。该协议约定:被告林武才将其所有的"桂东油05"轮挂靠被告桂东公司,但该船所有权不变,船舶经营也由被告林武才负责,由被告林武才按每月每载重吨向被告桂东公司支付企业管理费1.5元。1999年3月,被告桂东公司将

"桂东油05"轮的《船舶营业运输证》收回。该证件记载的使用期限为1999年6月20日,船舶所有人和经营人均为被告桂东公司。4月被告林武才不再向被告桂东公司支付管理费。9月22日,被告桂东公司通知被告林武才终止挂靠关系,被告林武才于2000年1月3日签收了上述通知。根据梧州港航监督处2001年2月12日出具的证明,桂东公司曾于1999年9月至10月到梧州港航监督处咨询"桂东油05"轮与其解除挂靠关系,如何办理该船变更手续等事宜。梧州港航监督处根据《船舶登记条例》的规定告诉桂东公司,船舶登记项目的变更应由船舶所有人提出申请,登记机关方可受理。桂东公司未取得船舶所有人的委托,登记机关不能受理变更登记申请。至今,"桂东油05"轮未到梧州港航监督处办理变更登记手续。1993年2月16日,被告交通公司作为开业主办单位为设立桂东公司向梧州市工商行政管理局(以下简称梧州工商局)提供了《验证资金申请表》《资金担保证明》《验资证明书》和《领导管理责任书》等企业登记文件。根据上述文件记载,被告交通公司现金投资5万元,实物投资"钢质货轮"折价15万元。2月20日,梧州工商局批准设立了桂东公司,性质为企业法人,注册资金20万元。1999年1月8日,被告交通公司、梧州航管处分别向梧州工商局出具证明,提出桂东公司筹建时原定由交通公司投资,但当时由于该公司资金紧缺,无法投入,因此,20万元注册资金实际上由梧州航管处投入。同日,被告梧州航管处给梧州港口运输联合总公司(以下简称港联公司)出具一份《委托书》,要求港联公司将其欠梧州航管处1995年至1997年的水路运输管理费16万元直接付给被告桂东公司。1999年1月12日,港联公司向桂东公司支付16万元。1998年10月8日、1999年1月12日,被告桂东公司向被告梧州航管处分别出具了收到10万元、16万元投资款的收款收据。根据桂东公司应诉时提供的企业法人营业执照记载,该公司的注册资金为36万元,发照日期为1999年1月21日。2000年11月13日,梧州工商局出具的企业工商登记资料记载,桂东公司出资人变更为梧州航管处,出资36万元。根据广西航管局出具的收取梧州航管处缴纳的1995年至1997年水路运输管理费的收据和广西航管局于2000年11月7日出具的证明,被告梧州航管处已按时足额缴纳1995年至1997年水路运输管理费。

根据七原告提供的结婚证、户口簿、残疾人证和广西藤县南安水运公司和藤县公安局水上派出所的证明证实:钟亚连、吴秀英是死者钟金德的父亲、母亲,钟金全是钟金德的哥哥,没有配偶和子女;上述3人没有其他生活来源,由钟金德生前实际扶养;钟亚连、吴秀英共有5个子女,其中,钟金全属残疾人,残疾等级为三级。李海英与钟金德于1992年4月2日结婚,婚后育有3个子女,即原告钟远锋、钟锦芳、钟孔珊。原告为办理死者钟金德的丧事,支付交通费410元、住宿费90元。

三、法院裁判

广州海事法院认为,本案是一宗人身伤亡损害赔偿纠纷。根据交通部《运输船舶消防管理规定》第16条的规定,船舶明火作业实行审批制度;船舶在港口停泊时明火作业由港务监督部门审批,向公安消防监督机构备案;明火作业操作人员必须持证上岗。"桂东油05"轮违反上述规定,对卸完甲醇的船舶未经清洗、除气、测爆和确认没有可燃气体的情况下,未经主管部门批准,雇请无证人员在船上进行风焊明火作业,致使船舶发生爆炸。被告林武才作为船舶所有人、被告周天文作为船长对船舶的安全管理负有直接责任,应对其过错行为导致本次事故发生承担主要责任,占90%。死者钟金德是"桂东油05"轮的大管轮,其职责应负责船舶机器的维修保养,且钟金德经过油轮专业培训,理应知道对卸完甲醇的船舶进行明火作业前应报港务监督部门批准,同时还应对船舱进行清洗、除气、测爆,在确认没有可燃气体的情况下,方可进行明火作业。在不具备前述条件下进行明火作业,作为该船大管轮的钟金德有权予以制止,但钟金德不仅没有予以制止,也没有提出异议,相反,还协助修理工黄远贵进行作业。钟金德在本次事故中存在过错,也应承担相应责任,占10%。由于被告周天文是由被告林武才雇请担任"桂东油05"轮船长职务,其过错行为属于管理船舶的职务行为,被告林武才应对被告周天文的过错给他人造成的损害承担民事责任。七原告请求被告周天文承担其人身伤亡损害赔偿,没有法律依据,不予支持。

由于被告林武才没有向被告桂东公司支付挂靠管理费,被告桂东公司于1999年3月向被告林武才收回《船舶营业运输证》,且该证件在本次事故发生时已超过有效期。本次事故发生之前,被告桂东公司也向被告林武才发出终止挂靠关系的通知,被告林武才确认收到,应当认定被告桂东公司与被告林武才之间的挂靠关系已解除。桂东公司在决定解除与林武才的挂靠关系后,曾到梧州港航监督处申请办理变更"桂东油05"轮的登记项目,但梧州港航监督处根据《船舶登记条例》的规定没有受理。因此,"桂东油05"轮的船舶证书中记载的船舶经营人仍然是桂东公司,但没有办理变更手续的责任不在桂东公司。况且,本次事故发生期间,"桂东油05"轮由被告林武才经营。因此,七原告请求被告桂东公司承担连带赔偿责任,没有事实和法律依据,不予支持。鉴于被告桂东公司没有赔偿责任,而且桂东公司是依法设立的企业法人,应独立承担民事责任。被告梧州航管处作为该公司的投资人,不应为其承担民事责任。被告交通公司在事故发生时,已不是该公司的投资人,更无需为其承担民事责任。七原告请求被告梧州航管处、交通公司承担连带赔偿责任,没有事实和法律依据,不予支持。

根据《中华人民共和国民法通则》第131条的规定,受害人对于损害的发生也有过错的,可以减轻侵害人的民事责任。本案死者钟金德在事故中有过错,七原告请求的人身伤亡损害赔偿应扣减10%。依据《中华人民共和国民法通则》第106条第2款、第119条和第131条的规定,判决如下:

(1)被告林武才向原告李海英、钟远锋、钟锦芳、钟孔珊、钟亚连、吴秀英赔偿死亡补偿费63 486.81元;

(2)被告林武才向原告李海英、钟远锋、钟锦芳、钟孔珊、钟亚连、吴秀英、钟金全赔偿丧葬费3 600元、误工费378元、交通费369元、住宿费81元;

(3)被告林武才赔偿原告钟远锋生活费9 540元;

(4) 被告林武才赔偿原告钟锦芳生活费 11 790 元;
(5) 被告林武才赔偿原告钟孔珊生活费 14 580 元;
(6) 被告林武才赔偿原告钟亚连生活费 2 700 元;
(7) 被告林武才赔偿原告吴秀英生活费 2 700 元;
(8) 被告林武才赔偿原告钟金全生活费 10 800 元;
(9) 驳回原告李海英、钟远锋、钟锦芳、钟孔珊、钟亚连、吴秀英、钟金全对被告桂东公司、梧州航管处、交通公司、周天文的其他诉讼请求。

2 上诉人烟台华洲企业有限公司与被上诉人烟台港集装箱公司人身伤亡赔偿纠纷案
案例来源:山东省高级人民法院(2001)鲁经终字第 364 号
主题词:集装箱装卸作业　人身伤害　侵权　安全管理义务

裁判要旨

No. HS-2.1-2　雇员从事雇佣活动中自身受到损害,雇主承担责任的,法律虽未规定雇主赔偿后可以取得代位求偿权,但从公平原则出发,雇主有向造成损失的第三人主张索赔的权利。

No. HS-2.1-3　侵权人在装卸大件货物时,其管理人员未能尽到安全管理职责,应对受害人伤亡事故负主要责任。受害人作为具有完全行为能力人,在装卸现场应当预见其进入集装箱可能会发生的后果,由于其疏于防范导致被倒塌货物挤压致死,应对该事故的发生负次要责任。

一、基本案情

上诉人(原审原告):烟台华洲企业有限公司(以下简称华洲公司)
被上诉人(原审被告):烟台港集装箱公司(以下简称集装箱公司)
经审理查明:2000 年 3 月 21 日上午,华洲公司为出口一批集成材,派本单位报关员王丽华等人随货前往集装箱公司。集装箱公司在上午为其完成了部分装货作业。当天下午 2 时左右,集装箱公司理货员林建成、叉车司机张大磊继续为华洲公司装货。应王丽华要求,理货员林建成进入集装箱内检查箱内空间,以便其他货物的装运。此时叉车司机张大磊已按林建成的指示停止装卸作业,并拉动了叉车的手刹车并将叉刀放置紧贴集装箱底部,叉车并未熄火,叉刀上仍留有货物并已伸入集装箱内。在林建成进入集装箱后,王丽华突然跟着进入集装箱右侧空当(距离箱门约 1 米处),此时叉车上的部分货物发生倾斜,王丽华被倒塌的货物挤压在集装箱右壁。事故发生后,集装箱公司立即组织人员将王丽华从集装箱内倒塌的货物中救出,并送往医院进行抢救。王丽华因脑衰竭、呼吸循环衰竭与挤压综合征,经抢救无效于 2000 年 4 月 1 日上午死亡。王丽华死亡事故发生后,烟台市安全生产委员会办公室、烟台市劳动局、烟台港公安局派人到现场进行了调查,并成立了事故联合调查小组。2000年4月13日,联合调查小组制作了"伤亡事故调查责任书",该责任书认定:

(1)集装箱公司有关集装箱场地安全管理规定都很明确,在烟港集安(1996)3号文《关于印发〈重申集装箱作业安全操作规程〉的通知》中明确规定:机械拆装大件货物时,非作业人员严禁入内。在《集装箱场地安全管理规定》中规定,现场理货员负责拆装箱现场的安全管理。集装箱公司在安全管理制度方面是完善的。

(2)在王丽华要求进集装箱查看箱内空间时,集装箱公司理货员林建成曾告诫王丽华,不许她进入集装箱内,并远离叉车作业区域。所以,现场管理人员尽到了管理责任。

(3)集成材倒塌的原因是其包装存在一定的缺陷,外包装所用板条规格、强度不统一,完成包装的集成材堆码起来后,稳定性差,容易产生重心偏移而倒塌。另外,按正常作业情况,应将六件集成材全部堆好后,同时推托进集装箱。王丽华要求先装左侧四件,右侧留出通道装小包装货物,这样就给集成材留下倒塌的空间,也是造成倒塌的一个原因。

(4)事故发生前,王丽华站在箱门外左侧,站位是安全的。但在货物即将倒塌的瞬间,突然擅自进入集装箱内,造成事故的发生,对此事故负全部责任。

二、一审裁判

青岛海事法院认为,集装箱公司对作业现场有完备的管理规范,事发现场所处的二类控制区允许货主入内且由现场理货员负责安全管理。本案现场理货员林建成在进入集装箱检查装货空间之前已明确告诫王丽华不得入内,因此,林建成已尽到了安全管理职责。王丽华作为职业报关员到集装箱场站装运货物,应当在规定的工作范围及工作区域内进行工作,并服从现场理货员的指挥。在林建成进入集装箱后,王丽华紧跟着擅自闯入,以致叉车司机张大磊也来不及制止,招致倒塌货物砸伤致死。王丽华作为一个有完全行为能力的人,应当预见其行为的后果,但却疏于防备,导致损害结果的发生,王丽华对其行为应承担后果。叉车司机张大磊的操作没有证据证明系违章操作,而且张大磊如何操作并不构成王丽华死亡的必然结果。王丽华的死亡关键在于其不服从管理,擅自闯入集装箱的事实导致了其死亡的后果。事后专门针对王丽华死亡事故而成立的"3·21"联合调查组,对事故进行了客观公正的调查,并作了详细缜密的分析。调查小组依法律程序由专业人员组成,其作出的应由王丽华个人承担责任的调查结论具有权威性,应予采信。因此,无论是华洲公司以自己的名义向集装箱公司请求已支付给王丽华家属的工伤补偿金及医疗费等相关费用,还是以王丽华家属的名义请求人身伤亡赔偿,都没有充分的事实根据与法律依据。集装箱公司在本案中没有过错,不应承担民事责任。依照《中华人民共和国民法通则》第106条的规定,判决:

驳回烟台华洲企业有限公司的诉讼请求。案件受理费4130元由华洲公司承担。

三、上诉与答辩

华洲公司不服原审判决,上诉称:

(1) 集装箱公司内部的装卸场地安全管理规定并未对外明示告知,且集装箱公司的现场管理人员未尽到安全管理责任。事故发生前,王丽华的站位确是在集装箱门口很近的地方,约有1米处。我方司机李明站在距箱3米处、鹿道泉、王晓成站在距箱5米处,上述人员的站位均违反了集装箱公司的安全操作规程。因此,王丽华的死亡与集装箱公司理货员疏于场地安全管理有着直接的因果关系。

(2) 集装箱公司方在装卸货物过程中,违章操作,直接导致货物倒塌,进而发生事故,应对此次事故负全部责任。集装箱工作人员没有按要求梯形码货,为集成材倒塌留下空间。另外,集装箱公司的叉车司机在发生事故时叉车叉刀仍在货箱下面没有抽出来,由此导致货箱稳定性差,为事故发生留下隐患;事故发生时,叉车并未熄火,可导致叉车活动以致货物倒塌。华洲公司认为,集装箱公司的理货员对作业现场未尽到安全管理职责,且在装箱作业中违章操作,致货物倒塌,导致王丽华死亡,集装箱公司应对事故发生负全部责任。请求二审法院撤销原判,依法改判集装箱公司承担事故的全部赔偿责任。

被上诉人集装箱公司辩称:

(1) 华洲公司不具有诉讼主体资格,我方与华洲公司之间没有任何法律关系存在。华洲公司依照劳动法规,向死者家属支付相关费用的行为,是履行法律规定的义务。在实际支付后,其亦不能想当然地就具有本案的代位追偿权。

(2) 事故调查小组的调查责任书客观、真实地反映了事故存在,其定性由王丽华负全责是合理的,有事实和法律依据。

(3) 我方装箱场地安全作业管理的规章制度是健全、完善的,我方的管理人员也是尽职尽责的。

(4) 我方人员装卸货物操作正当,没有违章操作行为。

(5) 货物倒塌的主要原因是货物包装不合理所致,但货物倒塌并不是导致王丽华死亡的直接原因。

四、二审裁判

山东省高级人民法院认为,本案是一起因华洲公司职工在集装箱公司装卸场地发生伤亡事故引起的索赔纠纷案件。双方当事人争执的主要问题有两个:一是集装箱公司在装卸管理过程中是否存在过错,即是否应对此次事故承担责任,主要涉及集装箱公司在装卸现场是否设立了明显警示标志、林建成是否告知过王丽华不准进入集装箱、叉车司机是否存在违章操作以及调查责任书是否应作为本案的定案依据;二是华洲公司的诉讼主体资格问题。

集装箱公司主张事故发生时在装卸场地设有警示标志的证据不足。虽然在二审开庭中集装箱公司提交了照片,但未能讲明该警示标志牌是何时安装的。山东省高级人民法院让其庭后提供证据,但至今未能提供。山东省高级人民法院对此不予认定。王丽华事故发生后,有关部门对事故现场人员进行了调查,集装箱公司的理货员林建成称其告知过王丽华"你不要进去,我进去看看"。集装箱公司的叉车司机张大磊则称林建成告知王丽华的是"离远一点"。而其他在场人员在被调查时均否认听见林建成告知王丽华不准进入集装箱。因张大磊的身份与集装箱公司有一定的利害关系,加之其听到的内容与林建成也不一致,故对其证言不应采信。因此,对林建成在进入集装箱前已告知王丽华不能进入集装箱一事,因证据不足,山东省高级人民法院不予认定。关于货物倒塌的原因,华洲公司认为是集装箱公司的叉车司机违章操作所致。经查明,虽然货物倒塌时叉车并未熄火,且叉刀也未从货箱下取出,但并无证据证明货物倒塌是叉车开动所致。该主张仅是华洲公司的分析意见,山东省高级人民法院对此不予采纳。

事故调查小组的调查责任书仅是集装箱公司提供的一份证据,该责任书依据林建成和张大磊的陈述认定林建成在进入集装箱前告知了王丽华不准进入集装箱,且据此进一步认定集装箱公司的管理人员尽到了管理责任。前面已述,林建成和张大磊的证言因与集装箱公司有一定的利害关系,山东省高级人民法院认为这一认定是不公正的,不应予以采纳。另因王丽华不是集装箱公司的职工,这一认定涉及两个单位的利益,该调查责任书没有向双方当事人合法送达,因此对华洲公司没有约束力。

关于华洲公司的诉讼主体资格问题,根据山东省高级人民法院《关于审理人身损害赔偿案件若干问题的意见》的规定,"雇员在按照雇佣合同从事雇佣活动中自身受到损害的,应以雇主为被告承担赔偿责任,雇员有过错的,视其过错程度,可以减轻雇主的赔偿责任;如损害是由雇主以外的第三人造成的,受害人可以要求雇主承担责任,也可以请求第三人承担赔偿责任"。该规定虽然未进一步规定雇主赔偿后可以取得代位求偿权,从公平原则出发,在无法律明确规定的情况下,应认为华洲公司在支付人身伤亡赔付后对所造成的经济损失有向集装箱公司主张索赔的权利。因此,在主体上,华洲公司起诉集装箱公司并无不当。

综上所述,山东省高级人民法院认为,集装箱公司在装卸大件货物时其管理人员未能尽到安全管理职责,在其开始装箱作业时仍有多名非作业人员滞留在集装箱和叉车附近,为发生人身伤亡事故留下了隐患。另外,事故现场也没有明显的警示标志,集装箱公司应对王丽华伤亡事故负主要责任,应赔偿华洲公司因此所造成的经济损失91 683.60元。王丽华作为具有完全行为能力的人,在装卸现场应当预见其进入集装箱可能会发生的后果,由于其疏于防范,导致被倒塌货物挤压致死,应对该事故的发生负次要责任。因王丽华到集装箱公司场地系职务行为,在本案中其应承担的责任后果应由华洲公司承担。华洲公司部分上诉有理,山东省高级人民法院予以支持,青岛海事法院判决认定事实有误,判决不当,应予纠正,依照《中华人民共和国民法通则》第5条、第106条,《中华人民共和国民事诉讼法》第153条第1款第(三)项之规定,判决如下:

(1)撤销青岛海事法院(2000)青海法烟海事初字第38号民事判决。

(2)烟台港集装箱公司赔偿华洲公司因王丽华死亡事故造成的经济损失91 683.60元,于本判决生效后10日内一次付清,逾期则按有关规定加倍支付迟延履行期间的债务利息。

3 原告杨柱华等与被告广州市花都区炭步水上运输公司等水上工伤事故损害赔偿纠纷案

案例来源:广州海事法院(2003)广海法初字第388号

主题词:船员劳务合同纠纷　仲裁前置　船舶挂靠

> **裁判要旨**
>
> **No. HS-2.1-4**　因船员劳务合同纠纷直接向海事法院提起的诉讼,海事法院应当受理,不适用劳动仲裁委员会仲裁前置的规定。
>
> **No. HS-2.1-5**　起诉状上虽然只有代理律师的签名盖章,但原告出具已签名并按指印的《授权委托书》授权代理律师进行诉讼的,法院对诉讼代理人资格及其所进行的诉讼行为予以确认。
>
> **No. HS-2.1-6**　船舶虽然挂靠在他人公司名下,但挂靠人以个人的名义聘请船员,该船员劳务合同关系发生在挂靠人和船员之间,与被挂靠人无关,被挂靠人对所涉船员劳务合同关系产生的债务不承担清偿责任。

一、基本案情

原告:杨柱华、覃永英、麦桂绪、麦桂玲

被告:汤伟煊、林雪颜

被告:广州市花都区炭步水上运输公司(以下简称运输公司)

原告杨柱华、覃永英、麦桂绪、麦桂玲诉称:原告杨柱华、覃永英之女,麦桂绪、麦桂玲之母杨水兰系被告运输公司的船员,在"穗炭运机73"轮上担任水手工作。2001年7月6日约23:00时,"穗炭运机73"轮在广州港西基码头遇台风翻沉,全部船员随沉船落水,杨水兰失踪,至今下落不明。2003年8月9日,杨水兰被依法宣告死亡。杨水兰因工死亡,依据工伤保险法规的有关规定,被告运输公司和被告汤伟煊、林雪颜应向原告支付丧葬费、遗属抚恤金、供养亲属生活补助费。请求法院判令:被告汤伟煊、林雪颜支付死者杨水兰的丧葬费9 486元、遗属抚恤金75 888元、供养亲属生活补助费180 234元,被告运输公司对上述费用承担连带赔偿责任,三被告并承担本案诉讼费用。原告在起诉状中原告之一的名字为"覃永兰",但提交的证据户口簿上记载的名字为"覃永英"。原告诉讼代理人承认"覃永兰"是笔误,"覃永英"才是杨水兰的母亲,并补充提交了广西藤县公安局太平派出所的证明,记载覃永英系杨水兰的母亲。

被告运输公司辩称:原、被告之间的纠纷,实质是劳动纠纷,原告的损失依法应当首先由劳动仲裁委员会或劳动行政部门受理。在本案起诉状中,提起诉讼的只有代理人冯建成、林伟的签名和确认,其与本案无直接的利害关系,无权代理原告起诉被告。运输公司不是本案的适格主体,其属下的全部船舶均是采用挂靠形式管理,运输公司对其管理的船舶只是收取少量的挂靠费,而实际产权所有人均为挂靠者本人。"穗炭运机73"轮就是以这种形式挂靠到运输公司的,该轮实际所有人为汤伟煊、林雪颜夫妇。该轮出资购买、经营管理、聘请员工等都是由汤伟煊、林雪颜二人负责,其经营收益也归汤伟煊、林雪颜夫妇所有,汤伟煊、林雪颜夫妇是"穗炭运机73"轮的实际所有人及经营者。请求法院驳回原告对运输公司的诉讼请求,或由汤伟煊、林雪颜承担直接赔偿责任和本案诉讼费用。

被告汤伟煊、林雪颜辩称:原、被告之间的纠纷实质是劳动纠纷,原告的损失依法应当首先由劳动仲裁委员会受理。杨水兰是被告聘请的大副,杨水兰的损失应当通过劳动仲裁委员会或劳动行政部门进行审理。本案属劳动争议案件,根据相关法律规定,当事人一方不能直接以人身损害赔偿直接向人民法院起诉。同时,在本案的起诉状中,只有原告的电脑打印名字及代理人冯建成、林伟的签名和确认,不能明确反映原告的真实意思表示,原告是否提起诉讼请求在起诉状中不能反映出来。诉讼代理人与本案没有直接的利害关系,代理人不能代表原告直接提起民事诉讼。汤伟煊是"穗炭运机73"轮的船主,该船是挂靠运输公司的,但该船的购船资金、经营收入、经营风险全部由汤伟煊承担,由运输公司收取管理费。杨水兰是由汤伟煊个人聘请的,杨水兰的劳动报酬由汤伟煊支付。汤伟煊聘请杨水兰,不是劳动法调整的适格主体,因此杨水兰的死亡不适用工伤的规定。汤伟煊、林雪颜本着人道主义的立场,同意给予死者适当的补偿。

二、法院查明事实

广州海事法院查明,死者杨水兰,女,汉族,1969年11月14日出生,住广西壮族自治区藤县太平镇德胜街150号,身份证码是45242319691114××××,系原告杨柱华、覃永英之女,原告麦桂绪、麦桂玲之母,在"穗炭运机73"轮上担任水手。杨水兰与麦庆来是夫妻。"穗炭运机73"轮船长29.5米,宽6.2米,型深1.85米,总吨106吨,净吨37吨,载货吨168吨,主机功率94.1KW,船籍港五和,船体材质为钢质,是被告汤伟煊、林雪颜夫妇出资建造并实际经营管理,挂靠在运输公司名下。2000年6月,汤伟煊、林雪颜夫妇雇用杨水兰和麦庆来夫妇驾驶船舶从广州至东莞运送货物,每航次报酬700元,包括运输费、柴油费和人工费。2001年7月4日,第四号台风"尤特"位于汕尾东南方约100公里的海面上,中心最大风力12级,17:00时广州港内升挂1号风球,23:00时升挂2号风球,严禁船舶出港。7月5日18:30时广州港内升挂3号风球。7月6日15:50时,广州港降下3号风球,改挂2号风球,在港船舶仍不得离港。7月6日下午,杨水兰和麦庆来驾驶"穗炭运机73"轮在花都区人民砖场装载了大石,17:00时开船要运往东莞袁家涌水泥三厂。《花都市人民砖厂石场发货通知单》记载该船本航次装载大石170吨,略高于该船载货吨168吨。船上除杨水兰和麦庆来外,还有麦庆来的朋友吴桂林,杨水兰的8岁儿子麦桂标、11岁女儿麦桂玲。约22:00时,该船驶经东圃桥上游水警码头对开河面时,风浪较大。"穗炭运机73"轮停车一会儿后又继续开航行驶。23:00时,该船航行至距西基码头对开约200米时,风浪很大,货舱进水。麦庆来在驾驶室操舵,杨水兰在船尾向船外泼水,吴桂林在船尾观察情况,两小孩在驾驶台睡觉。后风浪太大,货舱进水太多,船头首先进水,船体倾斜沉没。吴桂林落水后见到麦桂玲在水中沉浮,就抓住麦桂玲游向附近的"广驳429"船,"广驳429"船及时救起了吴桂林和麦桂玲。麦桂标落水后其尸体后来被打捞到,杨水兰和麦庆来失踪。2003年3月10日,杨柱华、覃永英、麦桂绪、麦桂玲向广州海事法院申请宣告杨水兰死亡。8月9日,广州海事法院作出(2003)广海法特字第4号民事判决书,宣告杨水兰死亡。被告汤伟煊、林雪颜委托广东粤兴律师事务所律师王桂荣及其律师助理黄学辉为诉讼代理人,在本案开庭审理后撤销了王桂荣和黄学辉的代理权,另行委托广东源通律师事务所律师颜戈刚为诉讼代理人。

三、法院裁判

广州海事法院认为,本案为水上工伤事故损害赔偿纠纷。在本案庭审过程中,被告运输公司和汤伟煊、林雪颜对原告代理律师冯建成、林伟是否经过四名原告授权提出异议,认为起诉状上只有代理律师的签名盖章,没有四名原告的签名盖章。原告杨柱华作为麦桂绪、麦桂玲的法定代理人,向广州海事法院出具已签名并按指印的《授权委托书》,授权冯建成和林伟代理进行本案诉讼。覃永英也向广州海事法院提交了已按指印的《授权委托书》,授权冯建成和林伟代理进行诉讼。滕县太平镇德胜街居民委员会和广西壮族自治区藤县太平水运四公司共同向广州海事法院出具证明,证明覃永英无文化,其所按指印属实。法院对冯建成和林伟的诉讼代理人资格及其所进行的诉讼行为予以确认。

汤伟煊、林雪颜夫妇雇用杨水兰和麦庆来夫妇驾驶船舶从广州至东莞运送货物,每航次报酬700元,包括运输费、柴油费和人工费。杨水兰作为被告汤伟煊、林雪颜雇用的船员,在被告汤伟煊、林雪颜所有的"穗炭运机73"轮工作,双方就此成立了船员劳务合同关系。被告运输公司和汤伟煊、林雪颜称其与杨水兰之间的劳动纠纷应当首先由劳动仲裁委员会或劳动行政部门受理,原告不能直接以人身损害赔偿直接向法院起诉。原告杨柱华、覃永英分别为杨水兰的父亲和母亲,麦桂绪、麦桂玲分别为杨水兰的儿子和女儿,是死者杨水兰第一顺序的法定继承人。根据《中华人民共和国民事诉讼法》第108条的规定,上述四原告作为杨水兰的利害关系人,有权向被告提起诉讼,原告的起诉符合法律规定,应予受理。根据最高人民法院《关于适用〈中华人民共和国海事诉讼特别程序法〉若干问题的解释》第8条的规定,因船员劳务合同纠纷直接向海事法院提起的诉讼,海事法院应当受理。对被告运输公司和汤伟煊、林雪颜关于本案应由劳动仲裁委员会受理的主张不予支持。

被告汤伟煊、林雪颜所有的"穗炭运机73"轮虽然挂靠在运输公司名下,但被告汤伟煊、林雪颜夫妇是以个人名义聘请杨水兰、麦庆来夫妇驾驶船舶,该船员劳务合同关系发生在汤伟煊、林雪颜夫妇和杨水兰、麦庆来夫妇之间,与运输公司无关,被挂靠者运输公司对该船员劳务合同关系产生的债务不承担清偿责任。对原告要求运输公司承担连带责任的诉讼请求,不予支持。

依照《中华人民共和国劳动法》第73条、《广东省社会工伤保险条例》第30条的规定,判决如下:

(1) 被告汤伟煊、林雪颜向原告杨柱华、覃永英、麦桂绪、麦桂玲支付其亲属杨水兰的丧葬费9 486元、遗属抚恤金75 888元。

(2) 被告汤伟煊、林雪颜向原告杨柱华、覃永英、麦桂绪、麦桂玲一次性给付从2003年8月10日至12月22日的生活补助费5 258元,从2003年12月23日起每月支付生活补助费共1 186元,至被供养人失去供养条件为止。若被扶养人可供扶养的情况发生变化,按照《广东省社会工伤保险条例》第30条的规定作相应调整。

(3) 驳回原告杨柱华、覃永英、麦桂绪、麦桂玲对被告运输公司的诉讼请求。

2.1.2 二人以上共同过失侵权

4 原告方爱军等与被告陈业山等人身伤亡赔偿纠纷案
案例来源:广州海事法院(2007)广海法初字第175号
主题词:共同侵权　共同过失　连带责任

> **裁判要旨**
>
> **No. HS-2.1-7**　二人以上共同过失致人损害,构成共同侵权,应当承担连带责任。受害人对于损害的发生也有过错的,可以减轻侵害人的民事责任。
>
> **No. HS-2.1-8**　船员擅自允许与船舶航行、生产无关的人员上船,并在无任何保护措施的情况下让其在驾驶甲板活动,因此导致他人溺水死亡的,属于在从事雇佣活动中致人损害,该船员的雇主应当承担赔偿责任。

一、基本案情

原告:方爱军、方林、方园、陈国英
被告:陈业山、陈沛鑫

四原告共同诉称:2006年12月11日,匡小琴应"粤汕头货2081"船船员李建和的邀请到该船上玩耍。晚上8时许,当李建和驾驶"粤汕头货2081"船航行至韩江西溪下陈村河段时,舵把碰撞到停泊在旁边的被告陈沛鑫所有的挖砂设施的锚绳,致使舵把弹起,将站在船上的匡小琴打落水中,匡小琴溺水死亡。李建和系被告陈业山的雇员,其在从事雇佣活动中致使匡小琴溺水身亡;李建和在长达几个月的时间里经常邀请匡小琴上船玩耍,陈业山未能尽到管理义务。因此,被告陈业山应当承担匡小琴溺水死亡的主要责任。被告陈沛鑫在挖砂设施停航时未开启信号灯,也应对此次事故承担一定的责任。请求判令二被告向原告方支付丧葬费、死亡赔偿金、尸体火化费、被抚养人生活费、亲属办理后事的交通费、住宿费、误工费、伙食补助费,以及精神损害抚慰金,以上各项共计242 851.25元,并承担本案诉讼费。

被告陈业山辩称：

（1）匡小琴上船玩耍不属于李建和的职务行为。

（2）匡小琴不顾陈业山的制止，擅自进入陈业山的船舶，且其不识水性，自身存在严重过错，该过错与本案事故存在直接的因果关系，应当由匡小琴自己承担主要责任。

（3）被告陈沛鑫的挖砂设施未开启灯光，锚绳横跨江面，致使"粤汕头货2081"船舵叶被锚绳缠绕而引发匡小琴落水，陈沛鑫和李建和应当按各自过错承担责任。

（4）原告主张的赔偿项目重复、金额夸大。请求驳回原告诉讼请求。

被告陈沛鑫辩称：

（1）本案的事实不清，事故责任未明。

（2）挖砂设施的所有人和经营人是陈雁明，不是陈沛鑫。

（3）即使依照汕头澄海海事处出具的事故调查报告，挖砂设施的所有人是陈沛鑫，经营人是陈雁明。而本案是侵权纠纷，工人为陈雁明雇用，本案事故与陈沛鑫无关。

（4）即使陈沛鑫是挖砂设施的所有人，因该设施的作业工人已经尽到谨慎的义务，陈沛鑫也不应承担责任。本案事故是由"粤汕头货2081"船操作不当造成的。

（5）原告方的索赔数额夸大，缺乏依据，关于精神损害赔偿抚慰金的索赔不符合有关司法解释的规定。

二、法院查明事实

广州海事法院查明：

1. 关于本案事故的经过

本案事故发生后，汕头市公安局上华派出所于2006年12月11日、12日对事故进行了调查。汕头澄海海事处于12月18日、19日对事故进行了调查，并于2007年1月10日出具《"粤汕头货2081"船与挖砂设施碰撞事故调查报告》。汕头澄海海事处认定本案事故经过如下：事故当时东北风3—4级，多云，气温15—22摄氏度，流向西溪上游至下游，流速约0.1米/秒，能见度良好。2006年12月11日19：40时，"粤汕头货2081"船空船从新津河外砂下埔桥上沙场起航开往潮安县江东装沙。当时李建和驾驶船舶，陈锐君在船舱睡觉，船上还有匡小琴。匡小琴不识水性，且不是船上驾驶或作业人员。12月11日17：40时，挖砂设施从潮安昆三村出发开往韩江西溪下陈村河段进行挖沙作业。18：00时，挖砂设施到达韩江西溪下陈村河段抛锚，挖砂设施上有作业人员王勇和刘小平。挖砂设施横向锚泊在河中，尾部有锚绳连到河中央的沙洲上面。约18：30时，该挖砂设施开始进行挖沙作业，但没有悬挂相应的警示灯号。12月11日20：50时，"粤汕头货2081"船到达韩江西溪下陈村河段，准备绕过正在锚泊作业的挖砂设施。挖砂设施上的作业人员王勇发现后，用手电筒照射对方，示意该船不要从尾部通过。"粤汕头货2081"船减速从挖砂设施的尾部通过，船尾舵叶钩住挖砂设施的锚绳，导致"粤汕头货2081"船摇晃，舵杆打到正在船尾甲板上晾衣服的匡小琴，匡小琴落水。匡小琴落水后，李建和立即停车，叫醒陈锐君一同下水施救，并要求挖砂设施协助救人。王勇开了一艘小船帮忙寻找。李建和报警并电话联系"粤汕头货2081"船所有人陈业山,王勇电话联系挖砂设施所有人。21:40时,王勇锯断挖砂设施尾部的锚绳,启动机器离开现场。澄海"110中心"接到报案后,指令汕头市公安局上华派出所和汕头澄海海事处到现场开展施救工作,陈业山派小艇协助施救,未能发现落水者匡小琴的踪迹。12月16日,匡小琴的尸体在出事现场附近水域被找到,经汕头公安局澄海分局法医尸检鉴定为溺死。

上述事实与李建和、王勇、陈锐君、刘小平在汕头市公安局上华派出所的笔录、汕头澄海海事处的笔录及水上事故报告书的陈述,可以相互印证,法院对汕头澄海海事处认定的本案事故经过予以确认。被告陈沛鑫对汕头澄海海事处对挖砂设施尾部有锚绳连到沙洲上、作业没有悬挂相应的警示灯号的认定,以及对挖砂设施上作业人员王勇、刘小平的陈述有异议,但未能提供任何相反证据,法院对其异议不予采信。被告陈业山认为匡小琴擅自潜入陈业山所有的"粤汕头货2081"船,但对匡小琴与李建和相识的事实予以确认。

2. 关于本案事故原因

事故调查报告对事故原因分析如下:

(1)"粤汕头货2081"船的过失。① 该船驾驶员在对挖砂设施未有全面了解的情况下,不走主航道而抄近路从挖砂设施尾部通过,导致舵叶钩住挖砂设施的锚绳,船摇晃,舵杆打到在船尾甲板上晾衣服的人员而落水溺水;② 该船驾驶员疏忽瞭望,对挖砂设施的警告未引起重视,未能及时改走主航道;③ 该船船员擅自带无关人员上船,并在无任何保护措施的情况下让其在驾驶甲板上活动。

(2)挖砂设施的过失。① 挖砂设施锚泊不当,在通航水域锚泊挖沙作业,锚索过长;② 锚泊挖沙作业时没有悬挂相应警示灯号。事故调查报告对事故责任认定如下:"粤汕头货2081"船违反了《内河交通安全管理条例》第6条、第9条、第15条的规定,疏忽瞭望,在对挖砂设施动态不明情况下不走主航道,而抄近路从挖砂设施尾部通过,应负主要责任;挖砂设施违反了《内河交通安全管理条例》第7条、第24条的规定,锚泊未按规定显示信号,应负次要责任。

3. "粤汕头货2081"船及挖砂设施的概况

"粤汕头货2081"船原船名为"粤澄海货0162",船籍港汕头,属自卸沙船(内河),总吨77吨,主机功率99.3千瓦,长33.4米,宽6.6米,钢质船,所有人和经营人均为陈业山,持有有效的船舶适航证书及船舶防止油污证书。本航次船员2人,驾驶员李建和持有内河船员四等二副证书,水手陈锐君无持证。

挖砂设施主机功率22马力,操作人员2人,王勇和刘小平均为受雇人员,均没有相应的资格证书。该设施未持有合格的检验证书,未经海事管理机构依法登记并持有登记证书。关于挖砂设施的所有人,原告方依据汕头澄海海事处的调查报告,主张挖砂设施的所有人为陈沛鑫;被告陈沛鑫对汕头澄海海事处的认定有异议,主张该挖砂设施的所有人为陈雁明,其依据是王勇在汕头澄海海事处接受调查时所填写的水上交通

共同侵权·共同过失·连带责任

事故报告书及刘小平所作的陈述,并主张其在澄海海事处所签的确认书是代陈雁明所签,但未能提供相关证据。汕头澄海海事处的事故调查报告认定挖砂设施的所有人为陈沛鑫,经营人为陈雁明。被告陈沛鑫于 2006 年 12 月 15 日在汕头澄海海事处签名确认"兹有一挖砂带(图片如下),现经本人辨认,确系本人所有",确认人签名为"陈沛鑫(代)"。挖砂设施上的作业人员王勇、刘小平于 2006 年 12 月 12 日在汕头市公安局上华派出所所作的笔录中均称,其不清楚挖砂设施的所有人是谁。王勇于 2006 年 12 月 15 日所填水上交通事故报告书称挖砂设施的所有人/经营人为陈雁明;刘小平于 2006 年 12 月 18 日在汕头澄海海事处所作笔录中称,出事挖砂设施属陈雁明所有,其受陈雁明所雇到挖砂设施上工作。法院认为,王勇、刘小平在汕头澄海海事处所作的挖砂设施所有人是陈雁明的陈述,与该二人之前在汕头市公安局上华派出所所作的陈述矛盾,对该二人的陈述均不予确认。汕头澄海海事处经过调查,在事故调查报告中认定挖砂设施的所有人为陈沛鑫,经营人为陈雁明。陈沛鑫在汕头澄海海事处也自行确认挖砂设施系其所有,被告陈沛鑫在庭审中对此有异议但未能提供推翻其自认行为的证据,因此,法院对事故调查报告关于挖砂设施所有人为陈沛鑫的认定予以采信。

三、法院裁判

本案是一宗船舶碰撞挖砂设施引起的人身伤亡损害赔偿纠纷,原告方作为死者匡小琴的近亲属,有权对匡小琴的死亡赔偿提起诉讼。根据查明的事实,"粤汕头货 2081"船驾驶员李建和疏忽瞭望,在对挖砂设施未有全面了解的情况下,不走主航道而抄近路从挖砂设施尾部通过,违反了《内河交通安全管理条例》第 15 条的规定;船员李建和擅自带与船舶航行、生产无关的人员匡小琴上船,并在无任何保护措施的情况下让其在驾驶甲板上活动,违反了《内河交通安全管理条例》第 9 条第 2 款的规定。挖砂设施未经检验和登记,其作业人员不具备相关适任证书,违反了《内河交通安全管理条例》第 7 条的规定;挖砂设施锚泊不当,在通航水域锚泊挖沙作业,锚索过长,作业时没有悬挂相应警示灯号,违反了《内河交通安全管理条例》第 24 条的规定。匡小琴作为与"粤汕头货 2081"船驾驶或作业无关的人员,擅自登船,且不识水性,在没有任何保护措施的情况下在驾驶甲板上活动,对其溺水死亡的发生也有一定过错。由于"粤汕头货 2081"船和挖砂设施的上述过失行为,以及匡小琴本人的过失,直接结合造成了"粤汕头货 2081"船船尾舵叶被挖砂设施的锚绳钩住,导致在"粤汕头货 2081"船上的匡小琴溺水死亡。

根据最高人民法院《关于审理人身损害赔偿案件适用法律若干问题的解释》第 9 条第 1 款关于"雇员在从事雇佣活动中致人损害的,雇主应当承担赔偿责任;雇员因故意或者重大过失致人损害的,应当与雇主承担连带赔偿责任。雇主承担连带赔偿责任的,可以向雇员追偿"的规定,"粤汕头货 2081"船的所有人陈业山、挖砂设施所有人陈沛鑫应对其所雇船员或作业人员在从事雇佣活动中致使匡小琴溺水死亡承担赔偿责任。《中华人民共和国民法通则》第 130 条规定:"二人以上共同侵权造成他人损害的,

共同侵权・共同过失・连带责任

应当承担连带责任。"《关于审理人身损害赔偿案件适用法律若干问题的解释》第3条第1款规定:"二人以上共同故意或者共同过失致人损害,或者虽无共同故意、共同过失,但其侵害行为直接结合发生同一损害后果的,构成共同侵权,应当依照民法通则第一百三十条规定承担连带责任。"据此,"粤汕头货2081"船的所有人陈业山与挖砂设施的所有人陈沛鑫应当对其雇员的过失造成匡小琴溺水死亡承担连带赔偿责任。匡小琴作为与"粤汕头货2081"船驾驶或作业无关的人员,擅自登船,且不识水性,在没有任何保护措施的情况下在驾驶甲板上活动,对其溺水死亡的发生也有一定过错,依照《中华人民共和国民法通则》第131条关于"受害人对于损害的发生也有过错的,可以减轻侵害人的民事责任"的规定,可以减轻侵害人陈业山和陈沛鑫的民事赔偿责任,由受害人匡小琴承担10%的责任。

综上,根据《中华人民共和国民法通则》第106条、第130条、第131条的规定,判决如下:

(1)被告陈业山、被告陈沛鑫连带赔偿原告方爱军、方林、方园、陈国英因匡小琴死亡的死亡赔偿金84 429元、丧葬费6 398元;

(2)被告陈业山、被告陈沛鑫连带赔偿原告方林被扶养人生活费3 452元、方园被扶养人生活费5 281元、陈国英被抚养人生活费16 311元;

(3)被告陈业山、被告陈沛鑫连带赔偿原告方爱军、方林、方园、陈国英为办理匡小琴丧葬事宜支付的交通费、住宿费、误工费、伙食补助费共计3 746元;

(4)被告陈业山、被告陈沛鑫连带赔偿原告方爱军、方林、方园、陈国英精神损害抚慰金5 000元;

(5)驳回原告方爱军、方林、方园、陈国英的其他诉讼请求。

5 原告张慧与被告舟山市海峡汽车轮渡有限责任公司、舟山市汽车运输总公司普陀长运公司海上人身伤亡损害赔偿纠纷案
案例来源:宁波海事法院(2008)甬海法舟事初字第3号
主题词:人身伤害　侵权　安全保障义务

> **裁判要旨**
>
> **No. HS-2.1-9**　轮渡公司没有按规定做到登轮时人车分离以及为运输服务对象提供一个安全的登轮环境,致使大客车挤压受害人,轮渡公司就其安全隐患应对事故负一定的责任。
>
> **No. HS-2.1-10**　摆渡车辆有接受轮渡公司管理和指挥的义务,但是,事故发生时驾驶员并不因轮渡公司工作人员的指挥而丧失或减少对大客车的控制权,驾驶员没有尽到必要的谨慎驾驶的义务,应对挤压旅客的事故承担责任。

一、基本案情

原告:张慧

被告:舟山市海峡汽车轮渡有限责任公司(以下简称轮渡公司)

被告:舟山市汽车运输总公司普陀长运公司(以下简称长运公司)

原告张慧诉称:2007年9月30日18:30时左右,原告购买了被告轮渡公司的白峰至鸭蛋山的客运票,在登上被告轮渡公司所属的"通达1"号轮渡时,在门洞夹角处被被告长运公司所属的牌号为浙L630××的大客车挤伤。随后,原告被送至宗瑞医院。次日,转至舟山市中医院骨伤联合医院住院治疗。原告于同年12月10日出院,出院诊断为:右臂丛神经损伤,左耻骨上下支骨折,左足母趾末节基部骨折,并医嘱1个月后门诊复查,必要时行右臂丛神经探查松解术。原告认为被告轮渡公司没有按规定做到登轮时人、车分离,而被告长运公司驾驶员没有认真观察情况,做到谨慎驾驶,直接导致原告受伤;原告受伤系两被告共同侵权所致。故原告诉至法院,请求判令两被告共同赔偿原告医疗费13 638.88元、住院伙食补助费1 725元、床位费462元、院前急救费540元、误工费25 000元、护理费2 915元、营养费5 000元、交通费669元、精神抚慰金5 000元及其他损失46.60元等合计54 996.48元。

被告轮渡公司提交书面答辩状并在庭审中承认原告所述受伤及治疗情况是事实,但辩称:

(1)原告有权选择违约或侵权为诉由,如以违约则不能主张精神损害抚慰金。既然原告以侵权起诉,则由于两被告并不存在侵权的意思联络,两被告的行为也不属于无意思联络的侵权行为的直接结合而造成损害结果的行为。故原告的损害并非两被告的共同侵权,而纯属长运公司驾驶员的重大过错所造成,应由长运公司承担赔偿责任。

(2)其没有按规定做到登轮时人、车分离是事实,但当时为国庆节前夕,客流量非常大,客观上不可能做到人、车分离登轮。船舱内有四车道,其工作人员对大客车打了向右的手势,是让大客车靠右停放于第二车道,并非让大客车即时向右转向。驾驶车辆的主动权仍然控制在大客车驾驶员手中,驾驶员仍然应负谨慎驾驶的义务。由于驾驶员没有谨慎驾驶,被告长运公司应对本次人员伤害事故负主要责任。

(3)对于原告提出的赔偿标准和数额,被告轮渡公司提出:误工费25 000元太高。其认可原告的年收入为6万元及原告因伤误工的时间为住院时间加上医院建议休息的两个月,同时主张,收入证明只证明了原告的年收入,并没有证明原告因伤误工所减少的收入,应按2006年宁波城镇居民支配标准计算。精神损害抚慰金5 000元偏高,因对原告的伤害不是故意造成的。营养费5 000元应出具医院证明。其他项目予以确认。

(4)事故发生后,轮渡公司已经预付给原告19 000元,该款应在轮渡公司的赔偿范围内予以扣除。

被告长运公司提交书面答辩状并在庭审中亦承认原告所述受伤及治疗情况是事

实,但辩称:

(1) 其没有对原告构成侵权,其与被告轮渡公司系运输合同关系,其车辆有接受船方安全运输服务的权利和服从船方指挥的义务。原告受伤系由于被告轮渡公司没有遵守上下船时人、车应分离的规范,且在"浙L630××"大客车进入船舱时错误指挥所致,故应由轮渡公司承担本案的全部赔偿责任。

(2) 其所属的"浙L63033"号大客车作为轮渡公司运输服务对象,大客车驾驶员听从轮渡公司工作人员指挥,将车开上渡轮。轮渡公司工作人员指挥大客车向右,驾驶员向右打了方向盘,将原告挤伤。事故发生时,大客车已经有2/3进入船舱。大客车的宽度为2.55米,而船舱门洞宽度才3.4米,两边间隙剩下平均不到0.45米,客车向哪边偏转,都必然造成一边间隙缩小,故挤伤原告并非驾驶员谨慎所能避免。况且当时天色已晚,看不清车旁车后情况。驾驶员没有打手机或其他违法行为,长运公司不应负任何责任。

(3) 原告应当预见到当时的危险情形,仍然进入危险区域,本身也有过错。

(4) 对误工费、营养费的抗辩认同被告轮渡公司的意见,同时主张由于原告受伤不是重大伤害,精神损害抚慰金不应计算,而住院伙食补助费应按每天15元的标准计算,其他没有异议。

二、法院查明事实

宁波海事法院确认如下事实:

2007年9月30日国庆节前夕,往返于宁波、舟山之间的客流量较大,被告轮渡公司没有按规定将旅客与车辆按先后次序分开登轮。原告及被告长运公司所属的"浙L630××"大客车为被告轮渡公司运输的服务对象。原告于当日18:30时左右登上被告所属的"通达1"号轮,准备进入船舱,而大客车驾驶员在被告轮渡公司工作人员的指挥下将大客车缓慢开进船舱,被告轮渡公司工作人员在大客车前方指挥大客车进舱,当大客车车身大约2/3进入船舱时,被告轮渡公司工作人员打了一个向右的手势,驾驶员即将大客车方向盘打右前进。原告当时处于渡轮的门洞与船舱宽敞处的交界处,被大客车后轮之后的车体将其向船体挤压并受伤。大客车驾驶员听到原告受伤后发出的尖叫声,立即紧急停车。事后原告即被送往宗瑞医院救治,次日,转至舟山市中医院骨伤联合医院住院治疗,并于2007年12月10日出院。舟山市中医院骨伤联合医院分别于2007年12月10日、2008年1月9日出具《诊断证明书》,处理意见均为原告休息1个月。

另查明,原告为宁波银行股份有限公司天源支行正式员工,年收入为6万元左右。事故发生后,被告轮渡公司共预付原告19 000元。

三、法院裁判

根据当事人各方的起诉与答辩,本案的争议焦点在于以下两个方面,宁波海事法院归纳并认定如下：

1. 本案事故发生的原因与责任分担

宁波海事法院认为，原告受伤系两被告的共同过错行为所致，根据最高人民法院《关于审理人身损害赔偿案件适用法律若干问题的解释》第3条第1款的规定，两被告对原告的人身伤害构成了共同侵权，应互相承担连带责任。

首先，在本案中，被告轮渡公司没有按规定做到登轮时人、车分离以及为运输服务对象提供一个安全的登轮环境，这一过错对被告长运公司所属的"浙L630××"大客车挤压原告受伤构成了重大的安全隐患，是事故发生的前提条件，被告轮渡公司因此应对事故负一定的责任。对于被告轮渡公司提出的当时客流量非常大，客观上不可能做到人、车分离，以此为由要求免除或减轻责任的主张，宁波海事法院认为，客流量的大小不能免除或减轻被告轮渡公司保证安全的责任，其仍应按规定将步行旅客与车辆分开，先后登轮。故该主张理由不足，宁波海事法院不予采纳。

其次，过渡车辆有接受轮渡公司管理和指挥的义务，事故发生时，指挥人员的向右手势，使驾驶员产生了右向前进的反应。同时，事故发生时驾驶员并不因工作人员的指挥而丧失或减少对大客车的控制权，驾驶员没有尽到必要的谨慎驾驶的义务。被告长运公司的大客车司机的不谨慎驾驶和被告轮渡公司的工作人员对车辆的错误指挥的结合是本次事故的直接原因，两被告均应对各自过错负相应责任。对于被告轮渡公司提出的其工作人员打出向右的手势，是仅示意大客车靠右停放于第二车道，并不构成对大客车的指挥的主张，与事实不符，理由不足，宁波海事法院不予采纳。

而被告长运公司辩称，原告在本次事故中具有过错，因证据与理由均不足，宁波海事法院不予采纳。

综观全案，被告轮渡公司的综合过错较大，应该对原告的人身伤害承担65%的赔偿责任，被告长运公司的过错相对较小，应该对原告的人身伤害承担35%的赔偿责任。

2. 原告可得的赔偿款数额及两被告各自应承担的数额

宁波海事法院认为，对于医疗费13 638.88元、院前急救费540元、护理费2 915元、床位费462元、交通费669元及其他损失46.60元，因有相应的单据等证据在案证明，且各方当事人对这些项目及数额均没有异议，宁波海事法院予以直接认定。对于住院伙食费，依照最高人民法院《关于审理人身损害赔偿案件适用法律若干问题的解释》第23条第1款的规定，宁波市国家机关一般工作人员的出差伙食补助标准为每人每天15元，故被告长运公司的抗辩意见成立，宁波海事法院核定原告的住院伙食补助为1 035元（15元/天×69天）。对于误工费，由于原告有固定收入，应按照其实际减少的收入计算，故宁波海事法院对被告轮渡公司关于原告的误工损失按2006年宁波城镇居民支配标准计算的主张不予采纳。根据原告的年收入及原告的误工时间，并结合其他证据，宁波海事法院酌定原告的误工费为20 000元。对于营养费，宁波海事法院根据原告的受伤情况及医院的诊断，酌定营养费为500元。对于精神损害抚慰金，宁波海事法院根据原告身体健康所遭受的侵害，造成肉体的伤痛及精神的损害的实际情况及其他因素,酌定为1 000元。

根据以上认定,原告因本次事故造成的人身伤害的各项赔偿款总计为40 806.48元,被告轮渡公司应承担26 524.21元(40 806.48元×65%),扣除其已支付的19 000元,尚应支付原告7 524.21元;被告长运公司应承担并支付原告14 282.27元(40 806.48元×35%)。

综上,宁波海事法院认为,原告诉请部分合法有理,宁波海事法院对原告赔偿请求的合理部分予以支持。两被告应对原告的人身伤害损失按确定比例支付各自应负部分,并互相承担连带赔偿责任。依照《中华人民共和国民法通则》第106条第2款、第130条,最高人民法院《关于审理人身损害赔偿案件适用法律若干问题的解释》第3条第1款、第17条第1款、第18条第1款、第19条第1款、第20条、第21条第1款和第2款、第22条、第23条第1款、第24条,最高人民法院《关于确定民事侵权精神损害赔偿责任若干问题的解释》第1条第1款第(一)项、第10条第1款,《中华人民共和国民事诉讼法》第64条第1款之规定,判决如下:

(1) 被告舟山市海峡汽车轮渡有限责任公司赔偿原告张慧医疗费、住院伙食补助费、床位费、院前急救费、误工费、护理费、营养费、交通费、精神损害抚慰金及其他费用共计7 524.21元;

(2) 被告舟山市汽车运输总公司普陀长运公司赔偿原告张慧医疗费、住院伙食补助费、床位费、院前急救费、误工费、护理费、营养费、交通费、精神损害抚慰金及其他费用等共计14 282.27元;

(3) 两被告对上述赔款互相承担连带赔偿责任;

(4) 驳回原告张慧的其他诉讼请求。

2.1.3 水路旅客运输之承运人和实际承运人的连带责任

6 原告王才贵等与被告湛江市交通局地方公路管理总站等水上旅客运输人身损害赔偿纠纷案

案例来源:广州海事法院(2008)广海法初字第25号
主题词:水路旅客运输　船舶经营人　船舶所有权人　连带赔偿责任

裁判要旨

No. HS-2.1-11　在海上旅客运输合同关系中,作为船舶经营人的承运人以及作为船舶所有权人的实际承运人,均有义务将旅客安全运抵目的地,倘若未适当履行该义务造成旅客人身伤亡的,应连带承担相应的赔偿责任。

一、基本案情

原告:王才贵(系死者杨槐之妻)、杨永界(系死者杨槐之子)、杨永汉(系死者杨槐

之子)、杨永英(系死者杨槐之子)

被告:湛江市交通局地方公路管理总站(以下简称公路管理总站)、湛江市霞山区特呈岛渡口所(以下简称特呈岛渡口所)。

原告诉称:2007年7月29日,杨槐乘坐"特机802"船,从湛江特呈岛到湛江霞山区海滨码头。由于两被告对"特机801"船管理不善,该船安全防护措施缺失,导致杨槐途中落水身亡。请求法院判令两被告连带赔偿四原告物质损害赔偿金95 801.95元、精神损害抚慰金30 000元,并承担本案的诉讼费。

两被告辩称:其已尽法律上的管理义务,死者杨槐具有完全民事行为能力,其落水身亡系个人行为,两被告对此无法预测和控制,不应对此承担责任。公路管理总站另外辩称,其仅是受委托管理涉案船舶,并非《中华人民共和国海商法》意义上的船舶所有人,不应对原告的损失承担法律责任。

二、法院查明事实

广州海事法院经审理查明并确认如下法律事实:死者杨槐出生于1931年8月13日,城镇居民,退休干部,小学文化程度,已婚。原告王才贵系杨槐的妻子,原告杨永界、杨永汉、杨永英系杨槐、王才贵夫妇的儿子。杨槐生前曾于2007年6月1日至9日在广东医学院附属医院住院治疗继发性贫血、慢性肾功能不全等病。2007年7月29日早晨,杨槐一个人搭乘张国富的摩托艇从湛江霞山海滨码头到对岸的特呈岛,杨槐因头晕,让张国富的摩托艇开慢一点。平时5分钟的行程,结果用时20分钟。到特呈岛后因杨槐没有足够的现金付摩托艇费,张国富未收杨槐费用。约08:05时,杨槐乘坐"特机802"船从特呈岛返回霞山海滨码头,其登船时由船上工作人员搀扶上船并安排座位坐下。据在船上过渡的许团在法庭上作证证实,杨槐上船后,被安排坐在船前部右边的座位上,当时还有一个老太婆坐在一起聊天。约08:15时,船行至油轮锚地处,不知何因,杨槐从右边的座位上站起来,绕过许团的粤G367××汽车后从船的左边落海,许团即第一个呼叫有人落海的人。随后,船上工作人员立即开展救生工作,但最后证实杨槐已溺水身亡。经查,在"特机802"船的两侧,均有绞锚机,该处没有固定的栏杆,而用活动的铁链连接。该处未设立警示标志。

三、法院裁判

广州海事法院认为,本案是一宗水上旅客运输人身损害赔偿纠纷。杨槐与被告特呈岛渡口所之间成立了事实上的水路旅客运输合同关系,该合同合法有效。杨槐系该旅客运输合同的旅客,而特呈岛渡口所为该合同之承运人,双方当事人得依法享有权利,并应承担相应义务。作为承运人之特呈岛渡口所,有义务将旅客安全运抵目的地,倘若未适当履行该义务造成旅客人身伤亡的,应承担相应的赔偿责任。根据国家法定船舶登记机关签发的船舶证书的记载,被告公路管理总站是"特机802"船的所有权人。公路管理总站作为船舶所有权人,即是该旅客运输合同的实际承运人,亦负有安全运

水路旅客运输・船舶经营人・船舶所有权人・连带赔偿责任

输旅客的义务,其未适当履行该义务造成旅客人身伤亡的,亦应承担相应的赔偿责任。根据《中华人民共和国海商法》第 123 条"承运人与实际承运人均负有赔偿责任的,应当在此项责任限度内负连带责任"的规定,被告公路管理总站和特呈岛渡口所应对杨槐的死亡承担连带赔偿责任。公路管理总站关于船舶只是根据政府指令登记在名下,实际上不享有对船舶占有、使用、收益、处分的权利的抗辩理由,与法律规定不符,该抗辩理由不能成立。

由于事发船舶绞锚机处有一开口,而该处没有警示标志,且在杨槐向该位置靠近时,被告没有及时提醒并加以阻止,这是造成杨槐落海的主要原因,因而被告应承担主要责任。杨槐已经 76 岁高龄,且有病在身,他育有三个健康成年子女。根据法律,其子女对杨槐有监护的法定义务。在杨槐外出,尤其是搭乘摩托艇、渡船等具有高度危险的交通工具在海上旅行时,其子女更应随身搀扶、妥为照料,以免发生不测。驾驶摩托艇的张国富师傅尚且知道老人头晕,要将摩托艇开慢很多,而其三个健康成年子女竟然没有一个人在其身边尽法定的监护义务,是为过失。其子女对杨槐的死亡除了因未履行监护义务而应在内心深感愧疚和深深自责之外,还应当承担一定的法律责任。杨槐上渡船后,船方已安排座位让其坐下,而杨槐却在船舶航行途中擅离座位,横穿船舱,走向不安全的地方,以致遭遇不测,杨槐对该不幸事件的发生也有一定的责任。综上,被告应承担杨槐死亡事件 51% 的责任,原告方面应承担 49% 的责任。

死者杨槐出事时年龄已超过 75 岁,根据最高人民法院《关于审理人身损害赔偿案件适用法律若干问题的解释》第 27 条、第 29 条的规定,死亡赔偿金按 5 年计算,当地城镇居民人均可支配收入为每年 16 015 元,5 年共计 80 075 元;丧葬费按 6 个月当地职工平均工资计算,当地职工平均工资为每年 28 025 元,故丧葬费共 14 012.50 元。四原告办理丧事支出交通费 420 元,误工损失共 914.70 元,通讯费 245.05 元。死亡赔偿金是对死亡者家庭整体减少的收入的赔偿,而精神损害赔偿是对死者家属精神的抚慰,两者并不矛盾,故原告精神损害抚慰金的诉请予以支持;考虑到杨槐已 76 岁高龄,患病在身,尤其是子女未尽到监护责任等因素,被告酌情给予 5 000 元的精神损害抚慰金为宜。以上赔偿金额总计为 100 667.25 元,两被告连带承担 51% 的责任,即 51 340.30 元。

根据《中华人民共和国海商法》第 114 条第 3 款、第 115 条第 1 款和第 123 条之规定,判决如下:

(1) 被告湛江市交通局地方公路管理总站、湛江市霞山区特呈岛渡口所连带赔偿原告王才贵、杨永界、杨永汉、杨永英死亡赔偿金、丧葬费、交通费、误工费、通讯费、精神损害抚慰金共计 51 340.30 元;

(2) 驳回原告王才贵、杨永界、杨永汉、杨永英的其他诉讼请求。

2.1.4 雇主责任

7 原告王明琼等与被告王泽生、王冬柯海上人身损害赔偿纠纷案

案例来源：广州海事法院（2011）广海法初字第 195 号

主题词：雇佣关系　合伙关系　人身伤害

> **裁判要旨**
>
> **No. HS-2.1-12**　没有个体工商户营业执照的，不是依法成立的个体工商户，不能作为劳动法律关系的主体；渔船船主提供一切劳动工具、燃料及提供船员在船上的饮食，有收获则按收获比例分成，没有收获渔工也不需分担已支出的费用，这不符合合伙的共享收益、共负盈亏的特征，不属于合伙关系；雇佣关系，是指受雇人在一定或不特定的期间内，接受雇佣人的指挥与安排，为其提供特定或不特定的劳务，雇佣人接受受雇人提供的劳务并按约定给付报酬的权利义务关系。考察雇佣关系是否成立，关键在于确定雇员是否以提供劳务为内容以及雇员是否受雇主的控制、指挥和监督。
>
> **No. HS-2.1-13**　雇员在从事雇佣活动中致人损害的，只有当雇员对损害的发生有故意或重大过失时，才与雇主一起承担连带赔偿责任。
>
> **No. HS-2.1-14**　雇佣关系是指没有纳入依照法律法规规定应当参加工伤保险统筹的雇佣关系，与《工伤保险条例》调整的劳动关系不是同一性质。雇佣关系下的人身伤害，不应适用《工伤保险条例》计算赔偿数额，而应适用最高人民法院《关于审理人身损害赔偿案件适用法律若干问题的解释》来计算赔偿数额。

一、基本案情

原告：王明琼、叶银成、杨树香、叶明琼、叶明桃

被告：王泽生、王冬柯

五原告诉称：原告的亲属叶朝科在湛江市硇洲岛工作长达 5 年，从事海上作业也有 3 年之久。2010 年 3 月 2 日，叶朝科到被告王泽生所属的"粤港 00306"渔船上工作，与被告王泽生确立了劳动合同关系。2010 年 3 月 24 日，叶朝科随渔船出海作业时落入海中，由于船长王冬柯及船员周斗平、农良胜等没有采取有效救助措施，致使叶朝科溺死，尸体也未捞回。原告到硇洲岛向有关部门要求妥善处理叶朝科后事，一直未得到解决。被告王泽生作为叶朝科的雇主，有责任保障受雇人员的人身安全。被告王泽生未履行管护之责，致使叶朝科在工作中死亡，应负赔偿责任。被告王冬柯作为渔船的船长和驾驶员，在天气恶劣的情况下要求叶朝科出海，而且其在叶朝科出事后没有及时施救，在驾驶渔船时也存在重大过错，应对叶朝科的死亡承担连带赔偿责任。被告王泽生为叶朝科向广东省渔业互保协会投保，受益人为叶朝科的近亲属，广东省渔

业互保协会应向原告理赔。请求法院判令：

（1）被告王泽生赔偿给五原告死亡赔偿金 394 657.20 元、丧葬费 22 682.50 元、交通费 10 000 元、住宿费 750 元、误工费 4 250 元，赔偿给原告叶银成被扶养人生活费 3 910 元，原告杨树香被扶养人生活费 7 038 元，上述费用合计为 443 287.70 元；

（2）被告王冬柯对前述第（1）项赔偿费用承担连带赔偿责任；

（3）五原告成为被告王泽生为叶朝科向广东省渔业互保协会投保保险的理赔主体；

（4）两被告承担本案的诉讼费用及财产保全费用。

两被告辩称：叶朝科与被告王泽生之间不存在劳动关系，而是由叶朝科提供劳力、王泽生提供工具的合伙关系。原告主张的赔偿数额过高，不符合当地实际情况。叶朝科在劳动过程中死亡，其赔偿金额应按照《工伤保险条例》，以当地职工上一年度月平均工资计算，丧葬费为 6 个月工资，交通费、住宿费等则没有规定要赔偿。

二、法院查明事实

广州海事法院查明，死者叶朝科出生于 1956 年 4 月 29 日，其妻王明琼；女儿叶明琼、儿子叶明桃，均已成年；叶朝科父亲叶银成，生于 1934 年 5 月 19 日，母亲杨树香，生于 1938 年 10 月 10 日；叶朝科有三个兄弟，分别为叶朝光、叶朝奎、叶朝永，已成年。叶朝科及其近亲属的户口均为粮农户口。长宁县坪上村村民委员会出具证明称：叶朝科家一直是该村特困户，叶银成、杨树香年老多病，需要儿子供养，家庭无正常经济收入，只靠外出打工收入。长宁县民政局在该证明上盖章确认情况属实。根据气象部门发布的强风警报，2010 年 3 月 24 日受冷空气影响，阳江到湛江港口海面、雷州半岛东西部海面从夜间起转偏北风 6 级，阵风 7 到 8 级，湛江港和雷州半岛东西部沿海从 24 日起升挂强风信号 1 号风球。东海渔港监督 2010 年 4 月 13 日出具的《关于"粤湛江 00306"船员失踪情况的调查报告》记载的事故经过如下：2010 年 3 月 23 日，叶朝科随"粤湛江 00306"渔船从硇洲港出发，前往硇洲东南方向海域渔场作业。被告王泽生没有随船出海，被告王冬柯负责驾驶渔船，随船人员还有农良胜、周斗平、苏忠志等。24 日下午船员进行放笼作业时，叶朝科不慎落海。被告王冬柯立即驾驶船舶转向施救，因船舶惯性较大，掉头返回原航线需时较长，叶朝科已沉入海里。被告王冬柯立即起机收笼搜寻，并呼叫附近渔船参加搜救，但未再发现叶朝科。因天气原因，渔船搜寻 2 至 3 个小时后，放弃搜救回港。此次事故造成叶朝科失踪，没有导致其他直接经济损失。

东海渔港监督在事故发生后，立即展开调查，查明"粤湛江 00306"渔船为被告王泽生所有，船舶登记证书编号为粤东海（2004）第 YD100002 号；打捞许可证编号为（粤东海）船捕（2009）HY-100285 号；船舶检验证书编号为 440800A97129（2009 年 8 月 20 日检验）；被告王泽生持有未满 30 总吨船长证书，证书编号为 C09-81051451；被告王冬柯持有未满 45 千瓦轮机长证书，证书编号为 C09-81055167。船舶登记的作业方式为刺

网,现实际从事笼捕作业,船上有救生浮1件,救生圈2个,救生衣5件,船员5人。东海渔港监督的调查报告认定事故原因如下:

(1) 船员无证上岗违章操作、操作失误是导致事故的主要原因。失踪船员叶朝科是四川籍农民,未经过任何专业技术训练,不熟悉航海知识、作业技术操作不规范,海上基本生存的能力很差;

(2) 船员安全生产意识差。船上有足够的救生设备(救生浮1件、救生圈2个、救生衣5件),但叶朝科及船上其他船员贪图工作方便,不穿救生衣作业,不重视自我保护,致使叶朝科落海后在较短时间内失去了等待救助的时机;

(3) 渔船船长王泽生没有随船出海,由轮机长王冬柯代驾渔船出海,认定为无证驾驶;

(4) 驾驶员未能使用安全航速,在船员落海的第一时间未能将船停止并施救;

(5) 驾驶员未能熟练掌握渔船的舵效和惯性,以致在操纵渔船转向时耽误了较多时间,错过了最佳的救助机会。

被告王泽生于2009年4月20日向广东省渔业互保协会购买了甲种互助保险,被保险人之一为叶朝科,保额为5万元,有效期从2009年4月21日零时起至2010年4月21日24时止。2010年3月8日,被告王泽生再次为叶朝科购买了广东省渔业互保协会的甲种互助保险,保额为5万元,有效期从2010年3月9日零时起至2011年3月9日24时止。保单背面第3条互保责任条款第一点写明:"甲种险:会员在互保有效期内,因工作遭受意外伤害造成身亡或伤残的,协会依照下列约定给予补偿:1. 会员因意外伤害死亡的,协会给付全部互保金额;2. 会员因意外伤害伤残的,协会按照《人身意外伤残补偿比例表》,予以补偿。"叶朝科失踪后,五原告于2010年4月28日向法院申请宣告叶朝科死亡。法院于2010年9月28日作出(2010)广海法特字第4号民事判决,宣告叶朝科死亡。2010年5月26日,五原告向法院申请诉前财产保全,法院作出(2010)广海法保字第62-4号民事裁定书,准许五原告的申请,冻结被保险人叶朝科在广东省渔业互保协会所获保险金6万元并扣押被告王泽生、王冬柯所属的"粤湛江00306"渔船,允许其经营使用,但不得转让、出卖、抵押。

关于叶朝科与两被告之间法律关系的事实。根据事故发生后硇洲司法所工作人员对被告王冬柯和船员苏中智、周斗平、农良胜的询问笔录表明,"粤湛江00306"渔船上的船员工资按收获的6%分成。庭审中被告王泽生述称,船员出海作业所需的船舶、网具、燃料均由其提供,船员在船上的吃、住也由船主负责,如出海作业有收获则船员按收获分成,如无收获则无分成。被告王泽生与被告王冬柯为父子关系,被告提供了硇洲镇南港村民委员会出具的证明,称被告王泽生雇请被告王冬柯为其驾驶渔船,渔船的一切费用及在出海作业时的生活费用均由被告王泽生负责支付,被告王泽生按纯收入的40%分成给被告王冬柯。关于叶朝科经常居住地及其每月工资收入的事实。原告主张叶朝科已到硇洲岛打工五六年,且其月工资收入有2 000余元,但其提供的证据为三个证人的证言,直接提及叶朝科居住地为硇洲岛镇上的,仅为叶朝科之弟叶朝光的证言；三个证人均未到庭，其证词不能单独作为定案依据。至于原告提供的汇款凭条，也未显示汇款人是谁，无法证明原告的主张。

三、法院裁判

广州海事法院认为，本案为一宗海上人身损害赔偿纠纷。原、被告争议的焦点在于死者叶朝科与两被告之间的法律关系，两被告应承担的法律责任以及其应赔偿的数额。五原告选择以侵权之诉请求两被告承担责任，必须证明两被告存在过错以及五原告亲属叶朝科的死亡与两被告的过错之间存在因果关系。

五原告主张叶朝科与被告王泽生之间存在劳动合同关系，被告则认为其与叶朝科是合伙关系。《中华人民共和国劳动法》第2条第1款规定："在中华人民共和国境内的企业、个体经济组织（以下统称用人单位）和与之形成劳动关系的劳动者，适用本法。"劳动部《关于贯彻执行〈中华人民共和国劳动法〉若干问题的意见》第1条规定："劳动法第二条中的'个体经济组织'，是指一般雇工在七人以下的个体工商户。"被告王泽生没有工商行政管理部门颁发的个体工商户营业执照，不是依法成立的个体工商户，故不能作为劳动法律关系的主体，本案不是劳动法律关系。本案查明的事实表明，叶朝科出劳力，被告王泽生提供一切劳动工具、燃料及提供船员在船上的饮食，有收获则按收获比例分成，没有收获叶朝科也不需分担已支出的费用，这不符合合伙的共享收益、共负盈亏的特征，因此叶朝科与被告王泽生之间也不是合伙关系。而雇佣关系，是指受雇人在一定或不特定的期间内，接受雇佣人的指挥与安排，为其提供特定或不特定的劳务，雇佣人接受受雇人提供的劳务并按约定给付报酬的权利义务关系。考察雇佣关系是否成立，关键在于确定雇员是否以提供劳务为内容以及雇员是否受雇主的控制、指挥和监督。本案中叶朝科在被告王泽生所属的渔船上工作，按照被告王泽生或其指定管理渔船的人的指示从事劳动，虽然其报酬是按劳动成果分成，但这仅是双方约定的报酬的支付方式，不影响双方雇佣关系的成立，因此应认定叶朝科与被告王泽生之间是雇佣关系。

在民事诉讼中，诉讼主体在不违反法律规定的情况下，在起诉时可以自由地确定请求司法保护的范围和选择保护的方法。在雇员从事雇佣活动中遭受人身损害的，存在雇主承担雇员工伤的赔偿责任和民事侵权赔偿竞合的情况。现五原告以侵权为由提起侵权损害赔偿之诉，在法律没有对劳动者及其亲属以雇主的侵权造成劳动者的伤亡损害为由提起诉讼作出限制性规定的情况下，法院应当尊重当事人的选择，在当事人请求的范围内审理案件。东海渔港监督的调查报告显示，叶朝科作为具有完全民事行为能力人，明知出海作业具有一定的危险性，但其未经任何专业技术训练即出海作业，在海上作业时又贪图工作方便，不穿救生衣，疏于关注自身安全，并最终酿成事故，对事故的发生具有重大过失。被告王泽生没有严格审查叶朝科的船员资格，也没有证据表明其雇佣叶朝科后对他进行了相关的岗前培训和安全生产教育，且其作为持有船长证书的合格船员，在船员从事危险性较高的工作时，没有随船出海，没有临场加以监督和指导，反而委任了没有船长资格证书的轮机长王冬柯驾驶船舶，致使后者在船员遇险后没能及时运用熟练的船艺予以救助，错过了最佳的救助机会，导致损害后果的发生，因此被告王泽生对事故的发生也有过错。根据最高人民法院《关于审理人身损害赔偿案件适用法律若干问题的解释》第2条第2款的规定，在雇主无过错责任归责原则下，受害人有重大过失的，可以减轻赔偿义务人的赔偿责任。结合本案案情，被告王泽生应对本次事故承担90%的责任，叶朝科自行承担10%的责任。被告王冬柯没有驾驶船舶的资质，但其仍轻率地接受被告王泽生的指派驾船出海，在叶朝科落海后，因其未能熟练掌握渔船的性能，未能使用安全航速，致使未能及时救助叶朝科，客观上未能阻止损害结果的发生，对造成叶朝科失踪死亡的后果也有一定的责任。

鉴于两被告之间也是雇佣关系，依照最高人民法院《关于审理人身损害赔偿案件适用法律若干问题的解释》第9条第1款"雇员在从事雇佣活动中致人损害的，雇主应当承担赔偿责任；雇主因故意或者重大过失致人损害的，应当与雇主承担连带赔偿责任。雇主承担连带赔偿责任的，可以向雇员追偿"的规定，被告王冬柯在从事雇佣活动时造成他人损害的，由其雇主被告王泽生承担赔偿责任，只有在被告王冬柯对损害的发生有故意或重大过失时，才与雇主一起承担连带赔偿责任。本案查明的事实表明，叶朝科落海不是由于被告王冬柯不善于驾驶船舶引起的，叶朝科落海后未能及时得到救助虽然也与被告王冬柯不能熟练驾驶船舶有关，但导致叶朝科等待救助的时机缩短的原因更多是因为叶朝科没有采取一定的自我保护措施。至于五原告所称被告王冬柯坚持在恶劣的天气出海，从原告提供的两份天气预报的内容看，均预测从24日夜间起有强风，而"粤湛江00306"渔船是在23日即出海，从正常人的自我保护意识推断，被告王冬柯也不可能在明知有危险的情况下采取危害自身安全的行为，因此五原告该主张不能成立，其要求被告王冬柯承担连带责任的依据不足，法院不予支持。

叶朝科为农村户口，五原告主张叶朝科的死亡赔偿金应按城镇居民收入标准计算，则必须举证证明叶朝科已在城镇居住1年以上并有固定收入。本案中五原告提供的未经出庭接受质询的三证人证言，不能单独证明原告所主张的事实，且证人证明的也仅是叶朝科到硇洲岛工作生活了五六年，硇洲岛作为一个行政区域，既包括城镇也包括农村，五原告所举证据不能充分证明叶朝科经常居住地和主要收入来源地均为城市的事实，因此其要求按城镇居民标准计算残疾赔偿金的主张，法院不予支持。

两被告认为叶朝科在劳动过程中死亡，应适用《工伤保险条例》计算赔偿费用。前述已认定叶朝科与被告王泽生之间为雇佣关系，本案的雇佣关系是指没有纳入依照法律法规规定应当参加工伤保险统筹的雇佣关系，与《工伤保险条例》调整的劳动关系不是同一性质，且二者的赔偿义务主体、主张权利的途径等均不相同，本案的雇佣关系不属于该条例的调整范围，应适用最高人民法院《关于审理人身损害赔偿案件适用法律若干问题的解释》计算赔偿数额。

依照《中华人民共和国民法通则》第106条，最高人民法院《关于审理人身损害赔偿案件适用法律若干问题的解释》第17条第3款、第18条、第27条、第28条、第29条

的规定,判决如下:

(1) 被告王泽生向原告王明琼、叶银成、杨树香、叶明琼、叶明桃赔偿因叶朝科死亡产生的死亡赔偿金、丧葬费、被扶养人生活费、交通费、误工费等费用 153 687.15 元;

(2) 驳回原告王明琼、叶银成、杨树香、叶明琼、叶明桃的其他诉讼请求。

2.2 海上人身损害赔偿归责原则

2.2.1 好意施惠同乘时的人身损害责任承担

8 原告刘建清等与被告周木平水上人身伤亡损害赔偿纠纷案

案例来源:广州海事法院(2002)广海法初字第 357 号

主题词:人身伤害 好意施惠 减轻赔偿

> **裁判要旨**
>
> **No. HS-2.2-1** 对人的生命健康权的注意义务,不能因好意施惠而减轻,同意他人搭乘其船舶,就负有保障他人安全到达目的地的义务。

一、基本案情

原告:刘建清、刘义宗、袁素、袁玖芳

被告:周木平

原告刘建清、刘义宗、袁素、袁玖芳诉称:2002 年 5 月 2 日,被告周木平违章驾驶船舶搭载原告刘建清的丈夫袁大成,从中山市横门西三围前往西二围,途中发生沉船事故,袁大成溺水身亡。请求判令被告周木平赔偿原告刘建清、刘义宗、袁素、袁玖芳 118 000 元(其中死亡补偿费 80 996.3 元、刘义宗生活费 3 600 元、袁素生活费 9 600 元、袁玖芳生活费 10 800 元、刘元魁、钟学秀、刘元成生活费 12 000 元,以及交通费 1 004 元)。

被告周木平辩称:周木平在中山市横门西三围(一个小岛)承包中山市围垦总公司种养服务部的土地。该处土地的承包人都购买船舶为生产和生活提供便利,并非作为营运工具。周木平 3 年前购买了遇难船,平时注意维护保养。该船长 8 米,宽 1.6 米,深 0.75 米,动力为 12 马力,载重 3 000 斤,即至少可以搭载 20 名成人。事故发生时船上共有 5 名成人和 1 名儿童,没有超载,没有事故隐患,处于适航状态。周木平曾要求海事局办理船舶证书,但海事局以周木平承包的土地属围垦公司为由,要求以围垦公司的名义办理船舶证书,不同意周木平以个人名义申办。所以该船并非无牌非法营运船。2002 年 5 月 2 日,周木平一家 3 口从中山回西三围,袁大成刚巧要到岛上看望其弟,便要求搭船。周木平碍于老乡情面,只好让其上船,没有收取任何费用。开船时天气晴朗,能见度高,吹轻微南风,远望海浪也不高。航行途中突遇1米高的风浪,船舶瞬间就沉没了,属于意外事故。事故发生后,周木平给刘建清、刘义宗、袁素、袁玖芳支付了尸体打捞费、丧葬费及部分生活费,已尽老乡应有的情意和道义。对袁大成因事故溺水死亡,周木平没有任何过错,依法应免除责任。请求驳回刘建清、刘义宗、袁素、袁玖芳的诉讼请求。

二、法院查明事实

广州海事法院经审理查明并确认如下事实:2000年12月,周木平与中山市围垦总公司签订《承包土地合同书》,承包耕种中山市围垦总公司在西三围的部分垦地,为方便生产和生活,购买了一只木质农用小机艇,该艇没有进行登记,没有船名。中山市围垦总公司制定的《横门垦区安全管理规定》规定,"耕户的农用船艇只能用于生产自用,而且不得超载行驶(不超3人)","遇大雾天气或4级以上风浪不准行驶农用船艇"。袁大成也在横门垦区承包了土地。2002年5月2日,周木平驾驶上述农用小机艇从横门渔港返回西三围。其时袁大成为到西三围探望其弟,搭乘周木平的船。周木平没有收取袁大成的乘船费用。该艇当时还有杨明言、周木平之妻、女等共6人。该艇航行至横门西水道西二围与西三围之间涌口对开水域时,因风浪大,水从船头涌入船舱,造成该船沉没,船上6人全部落水。周木平、杨明言等3人被过往船舶救起,袁大成和周木平的妻子陈德翠溺水死亡,周木平的女儿失踪。事故发生后,周木平支付了袁大成的丧葬费用,并且借给刘建清11 000元作为生活费用。

中山海事局出具的《水上交通事故调查报告》认为,该船为乡镇农用船舶,未配备安全救生措施,按规定只能在非主航道水域运载自用农业生产物资,船上不得载客。周木平为包耕民工,没有船员适任证书,不具备驾驶员资质,没有充分估计到气候条件恶劣的潜在危险,违章载人,冒险航行。周木平应承担事故的全部责任。原告刘建清是袁大成之妻,原告刘义宗、袁素是袁大成之子,袁玖芳是袁大成之女,刘元魁是刘建清之父,钟学秀是刘建清之母,刘元成是刘建清之叔父。刘建清、刘义宗、袁素、袁玖芳提交的云阳县千丘乡蓼叶村民委员会出具的证明记载:袁大成家共有8人,其中60岁以上老人3人,未成年小孩3人。妻子刘建清长期病重不能劳动;父亲刘元魁年老多病,长期患风湿性心脏病和肺气肿;叔父刘元成是聋哑残疾人;上述人员均是袁大成的扶养对象。云阳县千丘乡人民政府、云阳县公安局江口派出所分别在该证明上批注"情况属实"并加该公章。周木平认为,有关扶养人和被扶养人的关系以及是否丧失劳动能力应由县级人民政府鉴定并出具证明,云阳县千丘乡蓼叶村民委员会出具的证明不具有证据效力。对此法院认为,认定残疾等级和扶养关系不属村委会的职权范围,云阳县千丘乡蓼叶村村民委员会没有认定残疾等级和扶养关系的资格,其出具的上述证明不应采信。

三、法院裁判

广州海事法院认为,本案是一宗水上人身伤亡损害赔偿纠纷。周木平准许袁大成无偿搭乘其船舶,是一种好意施惠行为,双方已形成好意同乘关系。但对人的生命健康权的注意义务,不能因好意施惠而减轻,周木平同意袁大成搭乘其船舶,就负有保障袁大成安全到达目的地的义务。周木平的船艇为农用船舶,未配备安全救生措施,周木平没有船员适任证书,不具备驾驶员资格,按规定该船只能在非主航道水域运载自用农业生产物资,不得载客。周木平明知该船不能载客而同意袁大成搭乘,侵害了袁大成的生命健康权,导致袁大成因水上交通事故而死亡,应承担民事责任,赔偿原告刘建清、刘义宗、袁素、袁玖芳的损失。但袁大成生前也在横门垦区承包耕地,应该知道《横门垦区安全管理规定》,应当知道当地的农用船舶不能载客,其仍要求搭乘周木平的船艇,本身也有过错。而且,袁大成在免费搭乘受益的同时,也应当承担相应的风险。故可以适当减轻周木平的赔偿责任。因此,对袁大成因水上交通事故而死亡,周木平应承担60%的民事责任。

袁大成出生于1963年3月11日,于2002年5月2日死亡,死亡时为39周岁。根据《广东省水上交通事故处理规定》和国务院颁布的《道路交通事故处理办法》的规定,死亡补偿费应按照交通事故发生地平均生活费计算,补偿10年。《广东省二〇〇一年度道路交通事故损害赔偿计算标准》规定的年人均生活费为8 016.91元,袁大成死亡的死亡补偿费应为80 169.10元,周木平承担60%的赔偿责任,即48 101.46元,周木平已作为借款支付刘建清、刘义宗、袁素、袁玖芳11 000元,尚应支付刘建清、刘义宗、袁素、袁玖芳37 101.46元。原告刘义宗系死者袁大成之长子,在袁大成死亡时为13周岁零10个月;原告袁素系死者袁大成之次子,在袁大成死亡时为9周岁零8个月;原告袁玖芳系死者袁大成之女,在袁大成死亡时为8周岁零2个月。原告刘义宗、袁素、袁玖芳均为死者袁大成生前与其妻刘建清实际抚养的人,死者袁大成生前应承担对原告刘义宗、袁素、袁玖芳1/2的抚养义务。根据《道路交通事故处理办法》第37条第9款的规定,对不满16周岁的人抚养到16周岁。因此,原告刘义宗的被抚养年限为2年零2个月,原告袁素的被抚养年限为6年零4个月,原告袁玖芳的被抚养年限为7年零10个月,按交通事故发生地居民生活困难补助标准计算。根据《广东省二〇〇一年度道路交通事故损害赔偿计算标准》规定的居民生活困难补助标准200元/月计算,周木平应当支付原告刘义宗生活费1 560元、支付原告袁素生活费4 560元、支付原告袁玖芳生活费5 640元。刘建清、刘义宗、袁素、袁玖芳请求周木平赔偿交通费用,因其没有提交实际支出的证据,故不予支持。刘元魁、钟学秀、刘元成没有作为当事人参加本案诉讼,如其认为对周木平具有海事请求权,应另行起诉。原告刘建清、刘义宗、袁素、袁玖芳无权索赔他人的生活费。故原告刘建清、刘义宗、袁素、袁玖芳要求周木平赔偿刘元魁、钟学秀、刘元成生活费的诉讼请求应予驳回。

依照《中华人民共和国民法通则》第106条第2款、第131条的规定,判决如下:

(1) 被告周木平赔偿原告刘建清、刘义宗、袁素、袁玖芳因其亲属袁大成死亡的死亡补偿费37 101.46元。

(2) 被告周木平赔偿原告刘义宗生活费1 560元、原告袁素生活费4 560元、原告袁玖芳生活费5 640元。

（3）驳回原告刘建清、刘义宗、袁素、袁玖芳的其他诉讼请求。

2.2.2 违反合同履行中的通知、协助等附随义务的责任

⑨ 原告徐有坚等与被告林敬恒水上事故人身伤亡损害赔偿纠纷案

案例来源：广州海事法院（2003）广海法初字第73号

主题词：诚实信用原则　通知义务　相应的赔偿责任

裁判要旨

No. HS-2.2-2 当事人应当遵循诚实信用原则，根据合同的性质、目的和交易习惯履行通知、协助、保密等义务。委托方委托作业方向自己船上装沙，在装沙超载导致干舷明显低于核定干舷的情况下，仍继续为委托方船舶装沙，导致船舶沉没。作业方没有履行适当通知的义务，应承担相应的赔偿责任。

一、基本案情

原告：徐有坚、徐学禹、李星洲、钟水妹

被告：林敬恒

原告徐有坚、徐学禹、李星洲、钟水妹诉称：2002年11月20日，在南海九江三白沙头左右航标上100米水域，被告所有的"顺杏工511"船在向原告所有的"贵港富顺211"船装沙时，由于"顺杏工511"船未备有适航船舶证书和适任船员，导致错误操作与装载，致使"贵港富顺211"船沉没，李伟凤及徐一帆溺水死亡。作为李伟凤的亲属，因此遭受了重大的精神损害。原告认为，李伟凤的死亡完全是由于被告所有的"顺杏工511"船不适航和不适任船员的错误操作、装载引起的，被告应当承担90%的责任。据此，请求法院判令被告按照90%的责任承担死亡补偿费291 390元、丧葬费4 000元、精神损害赔偿费50 000元、李星洲的生活费45 600元、钟水妹的生活费45 600元、徐学禹的生活费24 000元及其利息。

二、法院查明事实

广州海事法院查明如下事实："贵港富顺211"船是一艘钢质干货船，系原告徐有坚所有，总吨位170吨，净吨位95吨，船长33米，主机功率75.70千瓦，型宽6.8米，型深2.33米，核定干舷350毫米。船籍港广西贵港，船舶适航期至2002年11月8日。最低安全配员为船长1人，驾驶员1人，轮机长1人，水手1人。事故航次，船上有驾驶员冼振友、轮机员李伟凤、水手谭秋生、水手李伟娟，船长徐有坚不在船上。船上另有李伟凤的儿子徐一帆和冼振友的女儿。"顺杏工511"船是一艘抓斗式工程船，系被告林敬恒所有，总吨137吨，船长26米，船宽9米，型深1.5米，特种机械马力183.75千

瓦。船籍港是顺德,未配备持证船员。作业过程中,吊机手没有相关的机械操作上岗证,未办理"水上水下施工作业许可证"。"内河适航证书""内河船舶载重证书""内河船舶防止油污证书"均过期。"贵港富顺211"船船员李伟凤系原告徐有坚的妻子、徐学禹的母亲、李星洲和钟水妹的女儿,1973年8月4日出生,2002年11月20日在涉案事故中溺水死亡。原告徐学禹生于1996年10月2日,事故发生时6岁零1个月。原告李星洲生于1951年10月25日,事故发生时满51岁。原告钟水妹生于1951年11月21日,事故发生时不满51岁。上述事实得到当事人各方的共同确认,广州海事法院予以认定。

佛山海事局作出的粤海事佛〔2002〕265号文《关于"贵港富顺211"船翻沉事故的调查报告》载明:2002年11月19日下午,"贵港富顺211"船由中山开往九江。约22:30时,右舷靠泊在三白沙头左右通航浮标上100米的"顺杏工511"采沙工程船,开始装沙。20日零时左右,"贵港富顺211"船当班驾驶冼振友向"顺杏工511"船吊机手挥手口头表示不装了。水手谭秋生到船尾解尾缆,冼振友走上驾驶楼,准备启动主机开航。当谭秋生解开尾缆时,"贵港富顺211"船的右舷围板突然变形向右凸出,船货舱上的河沙向右舷一侧移动,"贵港富顺211"船随即向右舷倾斜,"顺杏工511"船吊机手林喜能马上把抓斗摆过来在"贵港富顺211"船的货舱前挡板靠右后1米位置抓了半斗沙,试图减载抢救。但尚未来得及抓第二斗,"贵港富顺211"船即向右舷倾覆翻沉。"贵港富顺211"船货舱围板是在原围板的基础上焊接加高而成的,超过了原围板高度,且围板及其扶强材结构不符合规范要求,强度不够。"贵港富顺211"船装完沙时,干舷仅有50—60毫米。且装上船的河沙没有铺平,在围板变形处,沙堆垒得最高,高出围板60—70厘米。

三、法院裁判

广州海事法院认为,虽然本案当事人没有就双方之间的法律关系作出书面约定,但根据当事人履约的事实行为,可以认定当事人之间存在委托作业合同关系。

作业过程中,"贵港富顺211"船满载后的干舷为50—60毫米,远低于核定的干舷350毫米,致使船舶重心抬高,稳性降低,存在重大的安全隐患,是造成事故的主要原因;"贵港富顺211"船货舱围板超过了原围板高度,是在原围板的基础上焊接加高而成的,而且围板及其扶强材结构不符合规范要求,强度不够,导致货舱围板向右舷凸出、破裂,河沙向右舷一侧移动,造成船舶向右舷倾斜翻沉,是事故发生的直接原因;围板变形之处,沙堆过高,致使围板局部过分受力而变形,因此,未能合理配载和装载货物,也是船舶倾侧的重要原因。"贵港富顺211"船应当对事故的发生承担主要责任。

当事人没有就合同具体内容作出约定,应当根据法律的一般规定认定当事人之间的权利义务关系。《中华人民共和国合同法》第60条规定,"当事人应当按照约定全面履行自己的义务。当事人应当遵循诚实信用原则,根据合同的性质、目的和交易习惯履行通知、协助、保密等义务"。在"贵港富顺211"船干舷明显低于核定的干舷即超载的情况下,"顺杏工511"船没有履行适当通知的义务,仍继续为之装沙,是"贵港富顺

211"船产生安全隐患的原因之一;河沙未能合理铺平,围板变形处沙堆过高,货物装载明显不合理,在未约定配载义务和配载明显不合理的情况下,"顺杏工511"船应当协助"贵港富顺211"船做好配载工作,但其未能履行协助义务,致使沙堆高出围板60—70厘米,是事故发生的一个重要原因。总之,"顺杏工511"船未能对"贵港富顺211"船明显存在的安全问题采取适当措施,未能合理、谨慎地进行装沙作业,应对事故的发生承担次要责任。鉴于"贵港富顺211"船和"顺杏工511"船的有关船舶证书过期以及"贵港富顺211"船船员配备不足、"顺杏工511"船船员和吊机手没有适任证书,结合两船在事故中的过失,法院认为,"贵港富顺211"船应对事故的发生承担70%的责任,"顺杏工511"船应当承担30%的责任。

根据《中华人民共和国民法通则》第106条和《中华人民共和国合同法》第60条第2款的规定,判决如下:

(1) 被告林敬恒赔偿原告徐有坚、徐学禹、李星洲、钟水妹25 489.89元、原告徐学禹抚养费3 570元、原告李星洲扶养费4 560元、原告钟水妹扶养费4 560元及其自2002年11月20日起至本判决书确定的付款之日止,按中国人民银行同期流动资金贷款利率计算的利息;

(2) 驳回原告的其他诉讼请求。

2.2.3 运输途中旅客自杀情形下承运人的责任

⑩ 原告乔天国等与被告陈兴武等水上旅客运输合同人身伤害赔偿纠纷案

案例来源:武汉海事法院(2004)武海法商字第127号

主题词:人身伤害赔偿　旅客跳河自杀　承运人　次要赔偿责任

裁判要旨

No. HS-2.2-3　旅客跳河自杀,但是承运人应该以谨慎的态度对待开航前和开航后有可能导致事故的各种因素,进而采取相应的措施防止事故的发生。承运人未采取有效措施避免旅客自杀的,应当对事故的发生承担次要赔偿责任。

No. HS-2.2-4　精神损害赔偿的请求仅限于侵权行为导致的损害,而受害人家属基于旅客运输合同要求承运人承担民事责任,不能主张精神损害赔偿金。

一、基本案情

原告:乔天国、乔小华、乔亮、袁兴兰

被告:陈兴武、秦龙忠、秦光友

原告乔天国、乔小华、乔亮、袁兴兰诉称,2004年5月23日,原告乔天国与其妻黄仕碧乘坐被告陈兴武、秦龙忠、秦光友三人共有的"隆武"号客渡船从忠县洋渡码头驶向忠县任家镇老鹳村。在船离码头约100米处时,由于船上货物装载不当,客货混装,船舶稳性不好等原因,导致黄仕碧从船头无护栏的甲板右舷掉入长江。乔天国虽然及时跳入江中救助其妻,但由于"隆武"号客渡船人员配备不齐,并且没有采取必要的救助措施,最终导致黄仕碧落水死亡。现要求被告陈兴武、秦龙忠、秦光友连带赔偿因黄仕碧死亡给原告造成的经济损失计人民币(以下均为人民币)120 008 元,其中死亡赔偿金 44 300 元,丧葬费 6 220 元,被扶养人生活费 7 915 元,尸体打捞费 600 元,交通费 3 678 元,误工费 6 000 元,精神损害抚慰金 50 000 元,住宿、生活、电话和邮资等费用 1 295 元。

被告陈兴武、秦龙忠、秦光友未提交书面答辩状,但在庭审中辩称,黄仕碧是因自杀而跳江死亡,被告不存在过错,并且在黄仕碧跳水后,被告方已尽了救助义务。所以,被告对原告的损失不应承担赔偿责任。

二、法院查明事实

武汉海事法院查明以下事实:2004 年 5 月 23 日,乔天国与其妻黄仕碧到忠县洋渡镇赶集。赶完集后,因不小心购买的玉米抛洒在码头上,两人为此发生争执。10:00 时许,"隆武"号客渡船准备开航。由于抛洒在岸上的玉米没有清理完毕,"隆武"号客渡船所有人陈兴武及其他乘船人员即帮助乔天国夫妇清扫。清扫完毕后,乔天国夫妇将装玉米的包裹放在"隆武"号客渡船的船头中间,黄仕碧坐在包裹上。10:07 时许,"隆武"号客渡船离开码头。开航后,乘船的其他三十多位乘客均进入船舱,唯有乔天国夫妇仍在船头,并且仍时有争吵。因争吵,导致部分乘客走出船舱,站在船头围观。10:10 时许,黄仕碧突然跳入江中,乔天国及其他一位旅客伸手去拉却未拉住。黄仕碧落水后,乔天国立即跳入江中施救。由于部分乘船旅客拥上船头,"隆武"号客渡船因顾忌可能造成乘客落水,没有紧急掉头实施救助。同时,由于乘客在一定程度上出现混乱,船员不能及时进入船舱将救生衣和救生圈扔入江中,导致最后的救助措施不能及时采取。最后,乔天国被停泊在码头的"宝珠 1 号"船救起,而其妻黄仕碧则失踪。2004 年 6 月 11 日,重庆市忠县新生派出所出具"死亡注销证明",确认黄仕碧在事故中落水死亡。另查明,袁兴兰是黄仕碧的母亲,乔天国与黄仕碧属夫妻关系,乔亮和乔小华是乔天国和黄仕碧的共同子女。黄仕碧 1963 年 11 月 2 日出生,乔小华 1983 年 3 月 29 日出生,乔亮 1993 年 7 月 1 日出生。庭审中,原告没有提供有效的证据证明袁兴兰的年龄以及劳动能力等情况。"隆武"号客渡船属陈兴武、秦龙中和秦光友共同所有,各占 33.33% 的股份。

三、法院裁判

武汉海事法院认为,原告乔天国、乔小华、乔亮和袁兴兰是黄仕碧的直系亲属,在黄仕碧死亡后,有权向责任人要求赔偿。被告陈兴武、秦龙中和秦光友共同所有"隆武"号客渡船,主要从事客渡运输,其经营资质符合法律规定。虽然没有证据证明黄仕碧在乘船前购买了船票,但其是在"隆武"号客渡船航行过程中落水死亡,所以黄仕碧与被告之间已形成事实旅客运输合同法律关系。被告有义务保证黄仕碧及其他乘客在乘船过程中的人身安全。

本案争议的焦点在于,黄仕碧的死亡是因其自杀行为所致还是因被告未尽承运义务所致。原告虽然主张黄仕碧不存在自杀行为,但是,依据原告的申请,武汉海事法院从海事机关最初调取的事故目击证人所作的陈述分析判断,黄仕碧死亡的直接原因在于其跳江自杀。在庭审过程中,原告亦未提交有效的证据材料否定海事机关依职权对目击证人所作的调查笔录,以证明黄仕碧的死亡非因其自杀行为所致。所以,原告认为黄仕碧的死亡非因其自杀所致的主张武汉海事法院不予支持。原告应该为黄仕碧自杀死亡所导致的经济损失承担主要责任。

被告作为承运人,应该以谨慎的态度对待开航前和开航后有可能导致事故的各种因素,进而采取相应的措施防止事故的发生。但是,被告明知黄仕碧与其丈夫乔天国在上船前因发生争吵而情绪偏激,被告却以消极的态度允许其上船。在黄仕碧上船后,并没有采取相应的措施要求其进入船舱,而是让其坐在船头,导致黄仕碧直接跳入江中,丧失了乔天国及其他乘客制止其自杀行为的可能。此外,在黄仕碧跳入江中后,由于被告的临危措施不当,导致船上乘客出现混乱,结果使可能采取的诸如船舶紧急掉头、抛救生衣、救生圈等应急措施没有及时采取,进而丧失了与乔天国一道救助黄仕碧的可能。被告的上述行为是导致黄仕碧死亡的另一原因,应对所造成的经济损失承担一定责任。在现阶段有关水上旅客死亡的赔偿数额没有一个统一标准的情况下,从维护当事人合法权益出发,原告要求参照最高人民法院《关于审理人身损害赔偿案件适用法律若干问题的解释》确定事故损失的主张,武汉海事法院予以采信。但是,对于具体的损失数额,原告必须有相关的证据加以证明。由于原告不能举证证明被赡养人袁兴兰的具体年龄及劳动能力,所以就该部分赡养费的请求武汉海事法院不予支持。同时,原告不能举证证明尸体打捞费支出的"收条"出具人的真实身份,并且没有其他证据证明该项费用实际发生,所以,该部分请求武汉海事法院同样不予支持。至于精神抚慰金的请求问题,根据最高人民法院《关于确定民事侵权精神损害赔偿责任若干问题的解释》的规定,精神损害赔偿的请求仅限于侵权行为导致的损害,而本案原告是基于旅客运输合同要求被告承担民事责任,所以,原告要求被告赔偿精神损害抚慰金的请求,武汉海事法院不予支持。原告所主张的交通、误工、住宿、生活、电话和邮资等项费用,在事故发生后不可避免地会实际发生,但受主客观条件的限制,原告并不能提交全面有效的证据来证明这些费用的实际数额,所以,应该根据原告提交的证据材料并结合具体情况,公正客观地确定这部分损失。根据最高人民法院《关于审理人身损害赔偿案件适用法律若干问题的解释》以及原告提交的有效证据材料,并结合案件的具体情况,武汉海事法院认定因黄仕碧死亡所导致的经济损失如下:被扶养人生活费 6 332 元,死亡赔偿金 44 333 元,丧葬费 6 220 元,交通费、住宿费、误工费、生活费和电话费 2 372 元,总计 59 257 元。

根据《中华人民共和国合同法》第 291 条、第 301 条、第 302 条和《中华人民共和国民事诉讼法》第 128 条之规定,判决如下:

人身伤害赔偿·旅客跳河自杀·承运人·次要赔偿责任

（1）被告陈兴武、秦龙忠、秦光友连带赔偿原告乔天国、乔小华、乔亮、袁兴兰因黄仕碧死亡所造成的经济损失 11 851.40 元,在本判决生效后 10 日内一次付清。

（2）原告乔天国、乔小华、乔亮、袁兴兰自行承担因黄仕碧死亡所造成的经济损失 47 405.60 元。

（3）驳回原告乔天国、乔小华、乔亮、袁兴兰的其他诉讼请求。

2.2.4 安全保障义务

11 原告刘成易等与被告吴东三海上人身伤亡损害赔偿纠纷案

案例来源:广州海事法院(2004)广海法初字第 104 号

主题词:雇佣关系　合伙关系　人身伤害　劳动安全保障义务

> **裁判要旨**
>
> **No. HS-2.2-5**　被告单方面提供出海作业所需的船舶、燃料、费用、工具和伙食,渔船船员只按渔获收获数量计算报酬,无需承担生产经营亏损的风险,则双方之间不具有共同经营、共负盈亏和风险的法律特征,不属于合伙关系。
>
> **No. HS-2.2-6**　雇主有责任为雇员提供安全的生产条件、生产工具和工作场所,保障雇员的人身安全。相较事故之中死亡的雇员家属而言,雇主有更便利的条件举证证明自己是否尽到保障劳动安全的义务,应由雇主承担证明事故原因的责任。

一、基本案情

原告:刘成易、许养金、何娟、何志朋

被告:吴东三

四原告共同诉称:四原告为死者何准敦的亲属。2004 年 3 月 20 日上午,被告吴东三雇佣何准敦出海抓螺,造成何准敦溺水死亡。被告提供船排及下海工具,必须保障雇员在作业过程中的人身安全,被告未妥善履行其应负的安全保障义务,应依法承担损害赔偿责任,请求法院判令被告向四原告支付丧葬费 4 000 元、死亡补偿费 89 880 元、被赡养人和被抚养人生活费 30 275.49 元、误工费 1 028.26 元、其他费用 2 801 元等合计 131 072.75 元,并承担本案的诉讼费用和其他费用。

被告辩称:被告与何准敦之间并非雇佣关系,而是合作关系;何准敦在风浪加大时擅自下海,其弟何强敦没有尽到为死者拉绳的义务,应对本次事故的发生负主要过错责任,被告已提供了安全设备,对本次事故只应承担次要责任。

二、法院查明事实

广州海事法院查明本案事实如下:2004 年 3 月 20 日,被告吴东三提供船排、下海工具及燃料等费用,安排何准敦、何强敦、彭勇兵、黎效生等 7 人到吴东三承包的螺场捉螺,其中何准敦、彭勇兵为下水工,何强敦、黎效生等5人为船面工,双方口头约定船面工报酬为35元1天,下水工每捉1斤螺得6分钱,吴东三亦得6分钱,如果抓不到螺吴东三不用付钱给下水工。下水工下水时通过一根吸气管连接船排上的供氧设备进行呼吸,下水工装螺的网袋上绑有一条绳,船面工可以通过拉绳将下水工拉出水面。船排到达螺场后,何准敦下海捉了一网袋螺又第二次下海,这时风浪加大将下水工的吸气管拉紧,何强敦于是用绳将何准敦从水下拉起,何准敦在海面挣扎一会儿后又向下沉没。船排人员将船排开回码头后,何强敦找其叔何皮聪当天将尸体打捞出海。死者何准敦家庭成员有母亲刘成易、妻子许养金、女儿何娟和儿子何志朋,即本案的四名原告。

三、法院裁判

广州海事法院认为,本案为一宗海上人身伤亡损害赔偿纠纷。被告吴东三与死者何准敦口头约定,由被告提供船排和下海工具及燃料等费用安排何准敦到船排上做下水工,每捉1斤螺何准敦得6分钱,吴东三亦得6分钱,如果抓不到螺吴东三不用付钱。根据双方权利义务的约定,何准敦只按采螺数量计算报酬,无需承担其他义务,可以确认双方系采螺作业劳务雇佣合同关系。被告辩称双方系合作、合伙关系,而根据《中华人民共和国民法通则》第二章第五节和相关司法解释的规定,参加合伙的个人应具备共同出资、经营,共负盈亏和风险等特征。本案中被告单方面提供出海作业所需的船舶、燃料、费用、工具和伙食,何准敦只按采螺收获数量计算报酬,无需承担生产经营亏损的风险,何准敦与被告之间不具有共同经营、共负盈亏和风险的法律特征,不符合合伙的相关法律规定。

被告吴东三作为雇主有责任为雇员提供安全的生产条件、生产工具和工作场所,保障雇员的人身安全。何准敦在被告指定的海域,使用被告提供的氧气设备等工具进行水下作业,并在此过程中溺水死亡。由于四原告于事故发生时不在现场,其在客观上难以举证证明事故发生的原因,而被告作为雇主,较之四原告了解事故原因方面处于更优越的地位,有更便利的条件举证证明自己是否尽到保障雇员劳动安全的义务。依据最高人民法院《关于民事诉讼证据的若干规定》第7条关于人民法院可以根据公平原则和诚实信用原则,综合当事人举证能力等因素确定举证责任的承担的规定,首先确定被告应对自己是否尽到劳动安全保障义务进行举证,承担证明事故原因的责任。被告没有提供有效的证据证明其在事故发生前为何准敦选择了安全的工作场所、提供了合格的供氧设备,船排上没有足以保障作业安全的救生设备,同时也没有证据证明何准敦在下水作业前身体有不适的情况,没有证据表明何准敦系因其自身的过错或身体素质上的原因而溺水死亡的。因此,本案应认定被告未尽到劳动安全保障义务,具有过错,导致何准敦溺水死亡。被告辩称何强敦没有尽到拉绳的义务,没有证据证明何强敦在本次事故中具有过错,且何强敦亦为被告雇佣的人员,即使何强敦有过错,被告亦应承担雇主的相应责任。

被告吴东三作为雇主对其雇员何准敦在从事雇佣活动中遭受的人身伤害,应当承

担损害赔偿责任。依据《中华人民共和国民法通则》第 119 条的规定,判决如下:

(1) 被告吴东三赔偿原告刘成易、许养金、何娟、何志朋死亡补偿费 89 880 元(由四原告共同享有);

(2) 被告吴东三赔偿原告刘成易、许养金、何娟、何志朋丧葬费 3 500 元(由四原告共同享有);

(3) 被告吴东三赔偿原告刘成易生活费 8 000 元;

(4) 被告吴东三赔偿原告何娟生活费 4 776 元;

(5) 被告吴东三赔偿原告何志朋生活费 17 500 元;

(6) 被告吴东三赔偿原告许养金误工费 216.5 元、交通费 444 元、住宿费 500 元、伙食补助费 900 元。

12 原告麦建妹等与被告大连利丰海运集团有限公司海上人身损害责任纠纷案

案例来源:广州海事法院(2011)广海法初字第 476 号

主题词:人身损害　安全保障义务　船舶实际经营人　侵权责任

> **裁判要旨**
>
> **No. HS-2.2-7**　船长不知道登轮情况,也未采取足够的安全保障措施,导致已经办理了登轮手续的登轮者在该轮船舱内窒息死亡,船舶实际经营人因此违反了对登轮者的安全保障义务,应对登轮者死亡承担侵权责任。

一、基本案情

原告:麦建妹(系死者温建良配偶)、温伟钦(系死者温建良女儿)、温伟珍(系死者温建良女儿)

被告:大连利丰海运集团有限公司

三原告共同诉称:2010 年 7 月 16 日,原告麦建妹的丈夫温建良经被告经营的"远丰海"轮工作人员许可,办理了登轮手续后,在该轮水手长的带领下登上该轮并进入船舱。由于船舱缺少有效的管理及安全警示保护措施,温建良与该轮水手长在该轮船舱窒息死亡。2010 年 7 月 20 日,被告与原告麦建妹协商一致,由被告先行垫付 20 万元给原告麦建妹。此后,被告未再支付任何款项。被告作为船舶实际经营人负有确保温建良人身财产安全的责任,应对温建良的死亡承担损害赔偿责任。请求判令被告赔偿原告丧葬费 20 387.50 元,死亡赔偿金 431 494.4 元,精神损害赔偿金 5 万元,交通费 2 000 元,被抚养人生活费 33 715.02 元和 92 716.3 元,共计 630 313.23 元,扣除被告已支付的 20 万元,被告应赔偿原告 430 313.23 元;并承担本案诉讼费用。

被告辩称:

(1) 被告不是涉案船舶的所有人和经营人,不是本案的适格被告。

（2）温建良登轮未经过船长同意，也未办理登轮手续，温建良对自己的死亡也存在过错。

（3）温建良为农村户口，在没有证据证明其在城市连续居住满1年且有固定收入的情况下，应按农村居民标准计算赔偿金额。

（4）原告请求的精神损害赔偿金过高，交通费用没有依据。

二、法院查明事实

广州海事法院经审理查明并确认如下事实：受害人温建良，男，1974年7月12日出生，广东省东源县人，农业户口。温建良与麦建妹是夫妻关系，有婚生子女两人，分别为温伟钦，1996年3月17日出生；温伟珍，2003年3月6日出生。2010年7月16日7时50分，温建良在被告实际经营的"远丰海"轮办理登轮登记手续后，登上该轮。同日，温建良与该轮水手长杨勇在该轮7号舱内窒息死亡。至事故发生时，"远丰海"轮船长不清楚温建良登轮情况。7月18日10时，原告麦建妹带领亲属11人登上"远丰海"轮，其中包括原告温伟钦和温伟珍。7月20日17时，原告麦建妹与被告就温建良死亡事件达成初步处理意见，由被告先行垫付20万元给原告麦建妹，本次事件由双方通过法律途径解决。另查明，受害人温建良于2009年11月20日办理广州市常住人口暂住证，期限为6个月。根据广州市流动人口信息登记表显示，温建良来广州市的日期为1998年12月3日，暂住事由为务工，服务单位为庙头市场，填表人为温建良。广州港公安局新沙派出所对原告麦建妹的询问笔录表明，原告麦建妹和温建良曾在庙头市场做买卖活鸡生意，因原告麦建妹身体不好，2007年以后就不再做了；对于温建良之后从事什么工作，原告麦建妹不清楚。又查明，"远丰海"轮的船舶所有人为清远市远峰投资有限公司。2009年10月23日，被告就光船租赁"远丰海"轮事宜与清远市远峰投资有限公司达成协议。协议约定被告承租期限为6个月，即2009年11月15日至2010年5月5日。2010年5月5日，双方就船舶的光船租赁达成补充协议，一致同意将租赁日期延长两个月，终止日期为2010年7月5日。2010年6月21日，双方就解除光船租赁协议达成一致，同意提前解除双方的光船租赁事项。庭审中，被告确认发生涉案人身伤亡事故时，该轮由被告实际经营。再查明，广州市2010年度农村居民年人均纯收入为7 890.25元，广州市2010年度在岗职工年平均工资为45 687元，广州市2010年度农村居民人均年生活消费支出为5 515.58元。

三、法院裁判

广州海事法院认为，本案是一宗海上人身损害责任纠纷。温建良办理登轮登记手续后，登上"远丰海"轮并进入船舱。后温建良与该轮水手长杨勇在该轮船舱内窒息死亡。根据《中华人民共和国海商法》第35条第3款"船长应当采取必要的措施，保护船舶和在船人员、文件、邮件、货物以及其他财产"的规定，"远丰海"轮船长应当保障包括温建良在内的船上人员和临时上船人员的安全。然而，"远丰海"轮船长不知道温建良登轮的情况,也未采取足够的安全保障措施,导致温建良在该轮船舱内窒息死亡。因此,被告作为"远丰海"轮的实际经营人,违反了对温建良的安全保障义务,对温建良的死亡存在过错。根据《中华人民共和国侵权责任法》第6条关于"行为人因过错侵害他人民事权益,应当承担侵权责任"的规定,被告应对温建良的死亡承担侵权责任。关于被告提出的温建良上船未经过船长同意,擅自登轮,对自己的死亡存在过错的主张。广州海事法院认为,从查明的事实看,温建良已办理了登轮手续,不属于擅自登轮,被告的主张没有事实依据,不予支持。

关于赔偿标准的认定问题。温建良为农业户口,原告主张温建良事发之时已经连续在城镇居住满1年,应按照城镇居民的标准赔偿各项损失。被告则认为原告提供的证据并不能证明温建良已经连续在城镇居住满1年,应按农村居民标准赔偿。广州海事法院认为,根据广东省高级人民法院、广东省公安厅《关于〈道路交通安全法〉施行后处理道路交通事故案件若干问题的意见》第27条关于"受害人的户口在农村,但发生交通事故时已在城镇居住一年以上、且有固定收入的,在计算赔偿数额时按城镇居民的标准对待"的规定,原告有义务证明受害人温建良死亡时在城镇居住1年以上、且有固定收入。但从现有证据看,原告提交的暂住证、证明和广州市流动人员信息登记表等均不能证明温建良已经连续在城镇居住满1年且有固定收入的事实。因此,本案应按照农村居民标准确定赔偿数额。

依照《中华人民共和国侵权责任法》第6条、第16条、第22条,最高人民法院《关于审理人身损害赔偿案件适用法律若干问题的解释》第22条、第27条、第28条、第29条,以及《中华人民共和国民事诉讼法》第64条第1款的规定,判决如下:

(1)被告大连利丰海运集团有限公司赔偿原告麦建妹、温伟钦、温伟珍死亡赔偿金、丧葬费、精神损害赔偿金等共计70 096.23元;

(2)驳回原告麦建妹、温伟钦、温伟珍的其他诉讼请求。

13 原告刘林与被告李应轩、黄建彬水上人身损害赔偿纠纷一案

案例来源:广州海事法院(2011)广海法初字第113号
主题词:人身损害　安全保障义务　相应的赔偿责任

> **裁判要旨**
>
> **No. HS-2.2-8** 虽然知道船员在危险位置指挥,并多次警告船员变换站立位置,但在船员没有接受的情况下,船方未采取其他措施,仍然开动船舶导致船员跌落到船舱受伤。船方疏于履行其安全保障义务,应承担相应的赔偿责任。

一、基本案情

原告:刘林

被告:李应轩

被告:黄建彬

原告刘林诉称:原告受雇于李应轩,在李应轩经营的吊机船上从事指挥吊机作业工作。2009年12月8日8时许,原告在黄建彬所属的"粤都城8799"轮上指挥吊机作业时,由于"粤都城8799"轮操作失误,致使原告跌落到该轮船舱,造成原告右踝胫骨下端粉碎性骨折,左踝胫骨下端挫裂性骨折。事故发生后,原告分别在东莞市中医院和广西容县中西医结合骨科医院(以下简称容县医院)就医。事故造成原告以下损失:医疗费33 484.51元、误工费9 600元、住宿费6 300元、住院伙食补助费2 100元、营养费1 260元、残疾赔偿金25 599.20元、精神损害抚慰金1万元、伤残鉴定费730元。原告在东莞市中医院治疗期间,李应轩向原告赔付了35 561元(其中包括黄建彬赔付的6 000元),并与原告达成了一份赔偿协议(以下简称《赔偿协议1》)。该协议是李应轩利用原告不懂法和急于用钱医治胁迫原告签订的,其中约定双方权利义务的条款应予撤销。请求判令:

(1)撤销原告与被告李应轩就本次事故赔偿达成的《赔偿协议1》;

(2)被告黄建彬向原告赔偿医疗费、误工费、住宿费、住院伙食补助费、营养费、残疾赔偿金、精神损害抚慰金和伤残鉴定费共53 512.71元。

被告李应轩辩称:

(1)李应轩与原告之间不存在雇佣关系,并且原告现在依据侵权关系要求"粤都城8799"轮船主黄建彬承担赔偿责任,李应轩不是本案适格的被告。

(2)李应轩与刘林于2010年1月4日签订的《赔偿协议1》是双方真实意思表示,合法有效。

(3)原告在本次事故中有重大过错,但事故主要责任在船方,应按照过错大小分配责任。

(4)原告请求赔偿误工费、住宿费、营养费没有事实依据,请求赔偿精神损害抚慰金没有法律依据。

被告黄建彬辩称:

(1)原告不具备在船上指挥作业的相关资质和在船上作业的安全知识。当"粤都城8799"轮需要移动时,原告应当知悉,该轮船员也曾多次告知原告不要站在货舱口,但原告不听劝阻。

(2)船方只是负责将货主的货物从起运港运至目的港,当船舶抵达目的港后,船方的运输责任结束,其他装卸作业与船方无关。

(3)船方已向原告支付了6 000元。

(4)东莞市深联造纸有限公司将没有证照的码头承包给李应轩经营,李应轩使用无牌照的水上抓斗作为卸货工具,并雇佣没有相关资质的原告指挥卸货,应当由原告本人及其雇主承担相应的责任。

二、法院查明事实

李应轩提供了收据。东莞市中医院住院收费收据、伙食费收据、东莞市中医院门诊收费收据、护工收费收据、水垫费收据、腋拐费发票,以证明其已向原告赔偿 36 025.50 元(不包括 4 500 元工资)。被告提供的上述证据记载的费用如下:补偿 5 000 元、伙食费 1 500 元、东莞市中医院医疗费 28 175.10 元和 274.40 元、护工费 886 元、水垫费 60 元、腋拐费 130 元,合计 36 025.50 元。原告主张李应轩向其赔付了 35 561 元(其中包括黄建彬赔付的 6 000 元)。法院一致认为,上述费用 36 025.50 元均发生在原告受伤后至 2010 年 1 月 4 日之间,而原告与李应轩于 2010 年 1 月 4 日在《赔偿协议 1》中对李应轩的赔偿金额已经进行了确认,李应轩已支付的赔偿数额应根据《赔偿协议 1》确定,因此可以认定除 4 500 元工资外李应轩向原告赔偿了 35 561 元(其中包括黄建彬赔付的 6 000 元)。

三、法院裁判

广州海事法院认为,原告没有提供证据证明《赔偿协议 1》是原告受李应轩的胁迫签订的,其请求撤销《赔偿协议 1》没有事实依据,不予支持。但上述《赔偿协议 1》和《赔偿协议 2》没有经过司法确认,各方当事人在协议中确定的赔偿金额不能作为本案判决的依据。根据《赔偿协议 1》和《赔偿协议 2》的记载及当事人陈述,造成本次事故的原因是:原告在危险位置指挥,"粤都城 8799"轮多次警告原告变换站立位置,原告都没有接受,并且"粤都城 8799"轮船员操作船过快引起船与吊机发生碰撞,导致原告掉到货舱。依照《中华人民共和国海商法》第 35 条第 3 款关于"船长应当采取必要的措施,保护船舶和在船人员、文件、邮件、货物以及其他财产"的规定,"粤都城 8799"轮船长对在其船上的工作人员应承担安全保障义务。该轮虽然知道原告在危险位置指挥,并多次警告原告变换站立位置,但在原告没有接受的情况下,船方未采取其他措施,仍然开动船舶,并且在操作船舶上存在过错,是造成本次事故的主要原因。原告在危险位置指挥,虽经船方多次警告变换站立位置,但原告并未接受,原告对其自身人身损害的发生也存在一定的过失。

依照最高人民法院《关于审理人身损害赔偿案件适用法律若干问题的解释》第 11 条第 1 款关于"雇员在从事雇佣活动中遭受人身损害,雇主应当承担赔偿责任。雇佣关系以外的第三人造成雇员人身损害的,赔偿权利人可以请求第三人承担赔偿责任,也可以请求雇主承担赔偿责任。雇主承担赔偿责任后,可以向第三人追偿"的规定,原告在从事雇佣活动中遭受人身损害,可以请求造成雇员人身损害的侵权人承担赔偿责任。依照《关于审理人身损害赔偿案件适用法律若干问题的解释》第 9 条第 1 款关于"雇员在从事雇佣活动中致人损害的,雇主应当承担赔偿责任"的规定,黄建彬作为"粤都城 8799"轮的实际所有人和实际经营人,对其船员在船舶经营活动中致人损害的,应当承担赔偿责任。依照《中华人民共和国民法通则》第 131 条关于"受害人对于损害的发生也有过错的,可以减轻侵害人的民事责任"的规定,酌情认定黄建彬应承担 60% 的赔偿责任。

原告因伤致残,其请求赔偿的医疗费、误工费、住宿费、住院伙食补助费、营养费、残疾赔偿金属于《关于审理人身损害赔偿案件适用法律若干问题的解释》第 17 条第 1款、第 2 款规定的赔偿范围,精神损害抚慰金属于最高人民法院《关于确定民事侵权精神损害赔偿责任若干问题的解释》规定的赔偿范围。关于原告主张赔偿的各项损失,包括医疗费、误工费、住宿费、住院伙食补助费、营养费、残疾赔偿金、精神损害抚慰金、伤残鉴定费,上述各项损失合计 78 223.71 元,黄建彬应对上述费用承担 60% 的赔偿责任,即 46 934.23 元。扣除原告已获得的赔偿 35 561 元,黄建彬应向原告赔偿损失11 373.23 元。

综上,依照《中华人民共和国民法通则》第 106 条第 2 款、第 119 条、第 131 条,最高人民法院《关于审理人身损害赔偿案件适用法律若干问题的解释》第 9 条第 1 款、第 11条第 1 款,最高人民法院《关于确定民事侵权精神损害赔偿责任若干问题的解释》第 8条第 2 款和《中华人民共和国民事诉讼法》第 64 条第 1 款的规定,判决如下:

(1)被告黄建彬向原告刘林赔偿损失 11 373.23 元;
(2)驳回原告刘林的其他诉讼请求。

2.2.5 侵权公平责任原则的适用

14 上诉人周传芳、顾天英与被上诉人胡国余人身损害赔偿纠纷案
案例来源:山东省高级人民法院(2008)鲁民四终字第 36 号
主题词:人身损害　雇佣关系　职务行为　公平责任原则

裁判要旨

No. HS-2.2-9　自然人之间的雇佣关系,雇员在受雇佣期间的工作之余住在船上,但不能证明是从事雇主指派的看船行为或从事与履行职务行为有关的行为,在此期间被他人致死,认定由雇主承担全部赔偿责任的理由不足,不予支持。但因雇主未在停止出海作业后立即向雇员发放工资,致雇员滞留在打工地并在滞留期间遇害,作为雇主对此应当承担一定的责任,根据公平责任原则,雇主承担50% 的责任。

No. HS-2.2-10　精神抚慰金仅适用于侵权诉讼,且适用过错责任原则,以雇佣合同关系向雇主主张赔偿责任,雇主对雇员的死亡不存在主观过错,雇主不应承担精神抚慰金的赔偿责任。

No. HS-2.2-11　只有在被扶养人丧失劳动能力且又无其他生活来源时才会产生被扶养人生活费,被扶养人在扶养人死亡时年龄均不到 50 岁,且未提供丧失劳动能力的证据,法院对其主张被扶养人生活费不予支持。

一、基本案情

上诉人(原审原告):周传芳

上诉人(原审原告):顾天英

被上诉人(原审被告):胡国余

青岛海事法院认定,胡国余所属"鲁龙渔4494"渔船,木壳,150马力,其自任船长。二上诉人之子周长宽经其叔父周传箭介绍,于2006年7月5日与胡国余口头订立雇佣协议,在胡国余船上干杂工,每月打工费1000元。同年7月,屠纪球、李伟也同胡国余口头协议在其船上干杂工,三雇工随胡国余的船出海作业。经龙口市公安局刑事侦查大队证实,2006年12月1日,周长宽在胜利码头被屠纪球致死。胡国余称周长宽的死亡时间为2006年12月2日凌晨2时许,但未提交足以推翻该书证的他证,青岛海事法院未予认定。2006年12月8日,周传箭与胡国余签订协议,确认周长宽的打工时间为2006年7月5日起至12月1日止。据龙口市公安局刑事侦查大队技术中队书证确认的死亡时间认定周长宽受害死亡时仍系胡国余的雇工。周长宽的尸体是在2006年12月2日白天在其渔船前舱被别的船发现。经周传芳申请,龙口市公安局对涉案犯罪嫌疑人屠纪球是否具备刑事责任能力进行了司法鉴定。龙口市公安局2007年1月6日出具了龙公(刑)鉴通字(2007)0007号鉴定结论通知书,结论为屠纪球系精神分裂症,无刑事责任能力。

二、一审裁判

青岛海事法院认为,本案的争议焦点是,屠纪球作为无刑事责任能力人杀害周长宽,作为周长宽雇主的胡国余是否应负雇主责任,向周长宽的法定继承人承担死亡赔偿责任。二上诉人选择基于雇佣合同向胡国余主张权利,即胡国余在与周长宽的雇佣合同期间存在违约,导致周长宽的死亡,依约应承担赔偿责任。本案胡国余与周长宽所订系口头协议,二上诉人举证仅证明了双方约定打工费1000元/月,其他并未涉及。二上诉人所称胡国余违约,无法证明胡国余是违反何具体约定,其主张该院不予支持。另二上诉人仅凭周长宽尸体在船上被发现,未能充分证明周长宽遇害时是为雇主利益从事的看船行为,故胡国余作为雇主亦不应承担违约责任。依照《中华人民共和国民事诉讼法》第64条的规定,判决驳回周传芳、顾天英对胡国余的诉讼请求,案件受理费3101元,由周传芳、顾天英负担。

三、上诉与答辩

上诉人周传芳、顾天英不服一审判决上诉称:周长宽是在雇佣期间被胡国余的另一雇员在工作场所伤害致死,雇主对此应承担赔偿责任。上诉人主张的是人身损害赔偿,而青岛海事法院以合同关系审理,属于适用法律错误。原审判决漏列了船舶的共同所有人胡国连,根据法律规定应当追加其为当事人,并应承担责任。要求撤销原判,依法改判或发回重审。

被上诉人胡国余辩称:周长宽之死是他杀,系刑事案件,雇主对此无法预料,且周长宽是在晚上睡觉之后被杀。每年11月底停止捕捞作业后,船靠岸停泊无需人照看,周长宽睡在船上不是从事雇佣工作,其所受侵害不是在从事雇佣活动期间,侵害周长宽生命权的也不是被上诉人,被上诉人没有过错,不应当承担责任。青岛海事法院认定事实清楚,适用法律正确,要求维持原审判决。

四、二审裁判

山东省高级人民法院查明,二上诉人均未提供本人丧失劳动能力的相关证据,也未有证据证明胡国连为"鲁龙渔4494渔船"的共同所有人。2006年11月28日,胡国余停止出海作业。查明其他事实同青岛海事法院认定事实。山东省高级人民法院认为:本案的争议焦点是胡国余作为雇主是否应对周长宽的死亡承担赔偿责任。双方对胡国余与周长宽之间存在雇佣关系没有异议,应予确认。2006年12月8日,周传箭在代周长宽领取工资的协议中确认,周长宽的雇佣期间是自2006年7月5日至2006年12月1日(即公安机关确认的周长宽死亡时间)。从另一个角度讲,周长宽与胡国余对雇佣期间事前未作明确约定,周传箭所签代领工资的协议只是在周长宽死后形成,故应当认定为周长宽的雇佣期间系到周长宽死亡时止。龙口市公安局刑事侦查大队技术中心中队出具证明,证明周长宽系于2006年12月1日致死,因此应当认定周长宽系在雇佣期间被害。

周长宽除了在渔船干杂工外,对于工作之余的安排双方说法不一,上诉人虽主张周长宽住在船上系受雇主指派看船,但未能提供证据予以证明,被上诉人对此亦不予认可,因此不能认定周长宽住在船上是从事雇主指派的看船行为或从事与履行职务行为有关的行为。上诉人主张应当由雇主承担全部赔偿责任的理由不足,山东省高级人民法院不予支持。被上诉人在2006年11月28日即停止出海作业,但其并未立即向雇员发放工资,致雇员滞留在打工地,周长宽在滞留期间遇害,作为雇主对此应当承担一定责任。根据公平责任原则,由被上诉人承担50%的责任为宜。

上诉人主张应由被上诉人赔偿140 012元,其中包括精神抚慰金5 000元及被扶养人生活费31 440元。精神抚慰金仅适用于侵权诉讼,且适用过错责任原则。本案是以雇佣合同关系向雇主主张赔偿责任,雇主对周长宽的死亡不存在主观过错,其不应承担精神抚慰金的赔偿责任,上诉人要求赔偿精神抚慰金5 000元不应予以支持。只有在被扶养人丧失劳动能力且又无其他生活来源时才会产生被扶养人生活费,二上诉人系周长宽的被扶养人,年龄均不到50岁,其未提供丧失劳动能力的证据,故对二上诉人主张的被扶养人生活费不予支持。被上诉人对死亡补偿金87 360元、丧葬费11 402元无异议,对此应予确认。住宿费810元及交通费4 000元系处理周长宽后事期间所发生的必要费用,应当计入赔偿范围。故扣除精神抚慰金及被扶养人生活费后为103 572元,根据公平责任原则由雇主胡国余承担50%的责任,因此胡国余应补偿上诉人51 786元。上诉人主张胡国连为"鲁龙渔4494"渔船的共有人,胡国连应当为周长宽的共同雇主,但其未能提供证据予以证明,对于其主张漏列当事人不应予以支持。

综上所述,原审判决有所不当,应予改判,依据《中华人民共和国民事诉讼法》第

153条第1款第(二)项、《中华人民共和国民法通则》第132条之规定,判决如下:

（1）撤销青岛海事法院(2007)青海法烟海事初字第66号民事判决。

（2）胡国余于本判决生效后10日内补偿周传芳、顾天英死亡补偿金、丧葬费、住宿费、交通费共计51 786元。

15 上诉人孙占杰等与被上诉人孙焕成等海上人身损害赔偿纠纷案

案例来源:山东省高级人民法院(2009)鲁民四终字第21号

主题词:人身损害　帮工关系　过错　责任分担

裁判要旨

No. HS-2.2-12　　就有网无船、有船无网的生产经营者共同出海打鱼,各自自负盈亏的合作生产关系,应认定为不属于帮工关系。有船无网的船主、有网无船者及死者本人均无过错,但各自获得了相应利益,避免了财产损失,则应由相关当事人分担民事责任,并由受益明显者多承担相应补偿额。

一、基本案情

上诉人(原审被告):孙占杰、孙陈涛、孙红日、孙伍臣、孙举歧、孙胜建、任延江、孙常卫

被上诉人(原审原告):孙焕成、武霞、王凤翠、孙宛怡、孙建超、孙举生

青岛海事法院原审经审理查明:经询问孙同明、王凤翠、武霞、孙宛怡,孙同明起诉选择合同之诉。死者孙庆华所在当地渔船作业合作方式比较特殊:为节省雇工和费用,有船有网的人和有网没船的人采用结合合作方式,有网没船的人把其网放在有船有网人的船上,一起出海打鱼,各人网中的渔获归各人,一起出海完成打鱼作业,"船长安排的活你得干",各自不付对方的费用、工资和油钱。这种作业方式仅仅是共同出海打鱼,各自自负盈亏。本案中的有网没船的孙建超、孙举生、孙庆华就分别与有船有网的孙占杰、孙红日、孙焕成合作生产。据原审法院的调查笔录可认定以下事实:2007年5月23日,八船主与孙建超、孙举生、死者孙庆华同乘任延江所属的渔船分别摆渡到各自所有的八船上,期间由具驾船资格的被告孙建超驾船。同乘船的孙举生与孙建超、死者孙庆华驾船返航途中,遇风浪船翻,孙庆华死亡。孙庆华无船员适任资格证,发生海事时未穿救生衣。原审另查明,本案中孙宛怡是死者孙庆华之女,未成年,其母亲武霞是其法定监护人。本案中王凤翠是孙庆华之母,残疾人;孙同明是孙庆华的父亲,已年满60周岁;二人没有生活能力,也无生活来源,二人另有扶养人女儿孙艳妮。再查明,孙举歧与孙胜建系父子关系,孙胜建为聋哑人。青岛市2006年度职工年平均工资为18 235元、农村人均消费性支出为4 203元、农村人均纯收入为6 546元。以上事实,皆有证据附卷,足以认定。

二、一审裁判

原审法院认为,本案的焦点问题是:死者孙庆华的出海行为与八名船主被告形成何种法律关系;八名船主是否要承担法律责任;孙庆华死亡赔偿金的计算方式。八名船主的出海目的是为看护在风浪中各自所属的渔船是否安全,并将各自的渔船开到安全的位置。而任延江所属小渔船,孙建超无法独立驾驶返航,必须在他人协助下才能完成。本案中未有证据表明孙庆华出海系为收拾渔网而上小船。任延江所属小船运送八名船主到各自的大船上是一个来回的连续过程,意即孙庆华是为八名船主的各自利益,完成整个出海过程,是连续的而并非割裂的。孙庆华与八名船主间并未事先商定工作关系,而是在临时急迫情况下,为八名船主的利益而作出的决定。孙庆华的行为是为八名船主的各自利益受到保护而作出的,形成了事实上的帮工关系,符合帮工的法律特征。在帮工期间死亡应由被帮工人进行赔偿。因八名船主的受维护利益较接近,就孙庆华应得到的赔偿总额应平均承担各自的赔偿责任。因孙胜建系聋哑人,属限制行为能力人,其行为由监护人其父孙举歧承担相应的法律责任。船主所称由于孙庆华无船员适任资格证,发生海事时未穿救生衣,孙庆华本身具有过错。考虑当时情况紧急,加之法律对此并无明确规定,原审法院不予支持。

具体的赔偿额。按照受诉法院所在地青岛市 2006 年度职工平均工资 18 235 元、农村人均消费性支出 4 203 元、农村人均纯收入 6 546 元计算,死亡补偿费为 6 546 元计算 20 年共 130 920 元,丧葬费为 6 个月的职工平均工资计 9 117.45 元,被扶养人生活费,因被扶养人是多人,依照农村人均消费性支出 4 203 元计算共计 84 060 元,前述损失共计 224 097.45 元。四原告的其他请求,于法无据,原审法院不予支持。故八名船主应各自承担 28 012.18 元。依照《中华人民共和国民法通则》第 107 条、最高人民法院《关于审理人身损害赔偿案件适用法律若干问题的解释》第 14 条的规定,判决:

(1)孙焕成、孙占杰、孙陈涛、孙红日、孙伍臣、孙举歧、孙常卫、任延江各向孙同明、王凤翠、武霞、孙宛怡支付经济损失 28 012.18 元,限判决生效之日起 10 日内付清;

(2)驳回孙同明、王凤翠、武霞、孙宛怡的其他诉讼请求;

(3)孙建超、孙举生、孙胜建不承担法律责任。

三、上诉与答辩

上诉人孙占杰等不服原审判决上诉称:

(1)原审查明事实错误。死者孙庆华与孙焕成之间存在特别合伙关系,孙庆华出海的目的是到孙焕成的船上拾锚,回来时孙焕成将死者送到小船上。孙建超自己有驾船资格,不需要孙庆华的帮助,故孙庆华与上诉人之间不存在帮工关系。

(3)原审法院审理程序违法,足以影响案件的公正审理。主审法官在被上诉人代理人在场、未立案的情况下分别对上诉人做了调查笔录,具有明显的偏向性。请求二审法院查明案件事实撤销原判,依法改判。

被上诉人辩称,原审判决事实清楚,适用法律正确,请求二审法院依法驳回上诉人的上诉,维持原判决。

四、二审裁判

二审期间,武霞、王凤翠、孙宛怡的代理人向法庭出具孙同明的火化证一份,证明孙同明已于2008年9月20日死亡,对于孙同明死亡的事实,当事人不持异议,山东省高级人民法院予以确认。上诉人提交文登市小观镇孙家村出具的证明用以证明打鱼时的特别合伙关系,文登市小观镇司法所丁英信出具的证明说明调解过程中上诉人、被上诉人表述的出海、收拾渔具等过程,用以证明出海系为各自的利益所为。上诉人质证认为,司法所的证明应为证人证言,出具人员未出庭质证,不应采信,而村委会对于渔民日常打鱼行为无知悉权亦无控制权,无证明能力。山东省高级人民法院认为,司法所丁英信的证明,因丁英信未出庭,不符合证据形式,不予认证;村委会不能证明是否知悉本案相关事实,且作为证人证言其出具人未出庭作证,故亦不予认定。山东省高级人民法院二审查明的其他事实与原审查明的一致。山东省高级人民法院认为,本案的焦点问题是死者孙庆华与"八名船主"及孙建超、孙举生之间系何法律关系。

根据原审调查笔录等证据,无直接证据证实本案中死者孙庆华与孙建超、孙举生共同帮助"八名船主",即帮工人与被帮工人无法明确区分。基于原审认定的"合作生产"事实,应当认定八名船主与孙建超、孙举生、死者孙庆华共同出海系为预防各自损失而相互结合的行为,鉴于当事人之间业已形成的渔船作业合作方式,不能认为"有网无船"的死者孙庆华、孙建超、孙举生出海无个人利益。本案中,恶劣气候意外造成翻船事故,孙庆华死亡,八名船主及孙建超、孙举生、死者孙庆华本人均无过错,但各自获得了相应利益,避免了财产损失。根据《中华人民共和国民法通则》第132条之规定,当事人对造成损害都没有过错的,可以根据实际情况,由当事人分担民事责任。故本案孙庆华死亡造成的损失应由八名船主和孙建超、孙举生合理分担。原审认定被上诉人与上诉人之间为帮工法律关系证据不足,予以纠正。上诉人主张孙庆华与孙焕成有特殊合伙关系,仅依照孙焕成指令行事,从而应当由孙焕成承担全部赔偿责任,因没有相应的证据支持,山东省高级人民法院不予采信。但事故过程中,基于孙庆华与孙焕成合作生产的事实,与其他人相比,应认定孙焕成受益明显,由此,孙焕成亦应多承担相应的补偿额。

关于损害数额计算和分担份额的问题。因孙同明已于2009年9月20日死亡,其扶养费应相应减少,孙同明的扶养费计算16个月即2802元,损失总额224097.45元相应调整为184869.45元。因孙同明、王凤翠、武霞、孙宛怡放弃对孙建超、孙举生主张实体权利,放弃的后果不应由其他当事人承担,而应由权利人自行承担36973.89元,剩余数额为147895.56元,由孙焕成和其他七名船主共同分担。鉴于孙庆华与孙焕成"合作生产"的实际情况,由孙焕成分担147895.56元的20%较为合理,孙焕成应分担

29 581.56 元,其他七名船主共同平均分担 118 314 元(1 478 953.56 元 – 29 581.56 元),即孙占杰、孙陈涛、孙红日、孙伍臣、孙举歧、孙常卫、任延江分别承担 16 902 元。上诉人无证据证明主审法官审理程序违法,且本案审理程序中无影响本案公正审理的事实,山东省高级人民法院对上诉人的该项主张不予采信。综上,原审判决认定法律关系不正确,应予纠正。依照《中华人民共和国民事诉讼法》第 153 条第 1 款第(三)项之规定,判决如下:

(1) 维持青岛海事法院(2007)青海法烟海事初字第 65 号民事判决第二、三项,驳回王凤翠、武霞、孙宛怡的其他诉讼请求;孙建超、孙举生、孙胜建不承担法律责任;

(2) 变更青岛海事法院(2007)青海法烟海事初字第 65 号民事判决第一项,孙焕成向王凤翠、武霞、孙宛怡支付经济损失 29 581.56 元,孙占杰、孙陈涛、孙红日、孙伍臣、孙举歧、孙常卫、任延江分别向王凤翠、武霞、孙宛怡支付经济损失 16 902 元,限判决生效之日起 10 日内付清。

2.2.6 《中华人民共和国民法通则》物件致人损害侵权规定的适用

16 上诉人徐莉、王莲英、吴一玠与被上诉人黄海造船有限公司海上人身损害赔偿纠纷案

案例来源:山东省高级人民法院(2008)鲁民四终字第 80 号
主题词:人身损害　物件致人损害侵权责任　无过错责任

裁判要旨

No. HS-2.2-13 《中华人民共和国民法通则》第 126 条中"建筑物或者其他设施以及建筑物上的搁置物、悬挂物发生倒塌、脱落、坠落造成他人损害的",是指物件致人损害,是地上致害物致人损害。建筑物及其他地上物致害责任构成要件之一便是损害事实须与地上物致害行为之间有因果关系。本案受害人在通过码头前往需要安装调试主机的船舶工作之中坠海身亡,连接船体与码头之间的悬梯脱落。但是无人看到受害人登上悬梯,也无人看到受害人与悬梯同时坠入海中。受害人坠海原因不明,没有与地上致害物相联系的证据,不能适用《中华人民共和国民法通则》第 126 条物件致人损害的规定。

一、基本案情

上诉人(原审原告):徐莉、吴一玠、王莲英
被上诉人(原审被告):黄海造船有限公司(原山东省黄海造船有限公司,以下简称黄海公司)
青岛海事法院原审查明:受害人吕卫东,男,1971 年 7 月 1 日生,生前住上海市浦东新区利津路 555 弄 15 号 301 室,系非农家庭户口。徐莉,系受害人吕卫东之配偶。

王莲英,系吕卫东之母亲。吴一玠,系吕卫东之父亲。徐莉、吴一玠、王莲英均系非农家庭户口。黄海公司为中海油田股份有限公司承建的两艘8000HP油田守护船的船舶主机等进口设备系中海油田股份有限公司自行向丹麦曼恩B&W柴油机有限公司上海代表处(以下简称曼恩公司)购买,黄海公司负责安装,曼恩公司负责调试。吕卫东系曼恩公司的工程师,被曼恩公司派往黄海公司处调试该两艘船的船舶主机。2005年2月22日上午07:30时左右,吕卫东及其同事王振业到达黄海公司。王振业先去船上工作。吕卫东去黄海公司的经营处发传真。07:45时左右,王振业通过悬梯到达中海油689号油田守护船,开始调试主机推进系统。07:55时左右,吕卫东离开经营处。08:10左右,黄海公司职工王新胜到该船检查安全时,发现码头通往该船的悬梯失踪,遂即找吊车打捞。08:30时左右,王新胜在码头等吊车时发现距悬梯大约4米处的海面有一具浮尸。09:00时,浮尸被打捞上岸,经确认死者系吕卫东。07:45时至08:30时左右现场无任何目击证人。经山东省荣成市公安局石岛分局法医尸检,认定吕卫东系溺水死亡,排除外力机械性暴力打击致死。吕卫东身上未穿救生衣及防滑鞋。

黄海公司的涉案码头南端距中海油689号油田守护船北缘的距离为5米,悬梯长8米,两边有护廊,悬梯南端没有固定,有两块与悬梯成90度的铁板,长度为21厘米,悬梯北端有一个可以在码头上活动的滚子。悬梯两端均无牢固的固定装置,存在安全隐患。山东省荣成市安全生产监督管理局出具的《伤亡事故调查报告书》对上述事故发生经过及事故现场情况予以确认,并认定:"因无现场目击证人,吕卫东坠海的原因无法确定。……吕卫东临水作业前未穿戴救生衣及佩戴必要的劳动防护用品,是事故发生的直接原因。曼恩公司未按规定对职工进行安全教育培训,未按规定配备劳动防护用品;黄海公司安全管理不到位,未督促外来工作人员按规定佩戴劳动防护用品,是事故发生的主要原因。这是一起由于未按规定配备、使用防护用品而导致的责任事故。吕卫东临水作业前未穿戴救生衣及佩戴必要的劳动防护用品,对事故发生负直接责任。曼恩公司未按规定对职工进行安全教育培训,未按规定配备劳动防护用品,对事故负主要责任;黄海公司安全管理不到位,未督促教育外来工作人员按规定佩戴劳动防护用品,对事故负管理责任。"山东省荣成市安全生产监督管理局据此责令黄海公司及曼恩公司进行整改,并对黄海公司处以罚款1万元的行政处罚,对曼恩公司处以罚款3万元的行政处罚。

事故发生后,黄海公司于2005年2月22日09:41时向曼恩公司传真称:"我们很沉痛地向贵公司通知,贵公司的服务工程师吕卫东先生于2005年2月22日上午登船时不幸落海身亡。"黄海公司于2005年2月25日向曼恩公司传真告知相应的整改措施,并要求其尽快派工程师前往调试,并于2005年3月7日08:41时再次传真告知,荣成市人民政府事故调查小组经调查无法确认为生产安全事故,但应认定为因工死亡,表示愿意补偿87 308元。山东省气象台气象科技服务中心出具的证明载明:石岛2005年2月21日极大风速9.6 m/s,时间19:28。2月22日极大风速16.1 m/s,时间11:10。荣成2005年2月21日极大风速8.4 m/s,时间16:24。2月22日极大风速15.4 m/s,时间 16:57。黄海公司确认吕卫东调试主机的地点为船舶机舱内,涉案的悬梯系其提供,涉案厂区系其所有并实行封闭管理,事故发生时所涉悬梯没有经过安全检验,事故发生时安全员未在现场。黄海公司陈述从经营处步行到达涉案的悬梯处抄近道约需五六分钟,顺着汽车公路走约需 10 分钟。黄海公司未提交关于吕卫东死于自杀或其他原因的证据,未提交其已经向吕卫东告知悬梯存在安全隐患、督促吕卫东佩戴劳动防护用品及救生衣的证据,没有提交其在涉案悬梯或工作场所设立危险警示标志的证据,也没有提供工作人员登船需要办理登船手续并由黄海公司工作人员陪同的证据。徐莉等人陈述从经营处步行到达涉案的悬梯处约需 10 分钟,吕卫东生前会游泳。徐莉等人未提交吕卫东经过安全培训合格的证据。徐莉系上海沪东造船集团职工医院的医生,徐莉为处理吕卫东的后事,误工 11 天,误工损失为 6 237.81 元,其中工资损失 1 577.81 元、奖金损失 4 660 元。另查明,2005 年上海市城市居民家庭人均可支配收入为 18 645 元,2005 年上海市职工年平均工资为 26 823 元。2005 年青岛市城市居民人均可支配收入为 12 920 元,2005 年青岛市在岗职工平均工资为 16 015 元。徐莉等三人原审中的委托代理人孙峰于 2006 年 2 月 6 日 12:16 时通过国内特快专递邮件从上海向青岛海事法院寄交起诉状等资料(国内特快专递邮件详情单的编号为 EO254963475CN),该邮件于 2006 年 2 月 8 日 10:25 时由青岛海事法院签收,立案庭于 2006 年 2 月 12 日收到。

二、一审裁判

青岛海事法院认为,本案属于海上作业导致的人身伤亡损害赔偿纠纷。本案当事人争议的主要焦点为:吴一玠、王莲英是否本案的适格主体;受害人吕卫东坠海与悬梯脱落有无因果关系;黄海公司是否应对吕卫东的死亡承担侵权赔偿责任,如应承担,则应承担的责任比例为多少;徐莉等原告的诉讼请求是否超过诉讼时效。

关于吴一玠、王莲英的主体资格。公证机关出具的公证文书,在没有相反证据推翻的情况下,应当确认其效力。徐莉等人提交的西安市公证处于 2006 年 1 月 6 日出具的公证书载明,吕卫东系吴一玠、王莲英的儿子。虽然公证书中陈述的吕卫东与吴一玠、王莲英的住所地均不一致,但我国户籍管理中存在近亲属之间的户籍登记所在地、实际住所地均不一致的客观现状,黄海公司虽然认为吴一玠、王莲英不是适格主体,但并未提交证据予以推翻公证书的效力。徐莉作为吕卫东的配偶对吴一玠、王莲英与吕卫东的近亲属关系亦予以认可,因此,法院对公证书的效力予以采信。吴一玠、王莲英作为吕卫东的父亲、母亲,与本案存在利害关系,是本案适格的原告,有权主张相应的权利。

关于悬梯脱落与吕卫东坠海有无因果关系。结合荣成市安全生产监督管理局出具的《伤亡事故调查报告书》以及双方当事人的当庭陈述,07:30 时左右,吕卫东与王振业即到黄海公司。王振业 07:45 时到达悬梯,并顺利上船,其间花费约 15 分钟。因调查报告未提及王振业开始去登船的具体时间和地点,无法认定其所走路线及所需时间,综合考虑当事人双方关于道路的陈述,法院推定从黄海公司的经营处步行至悬梯处约需 10 分钟。由于王振业顺利登上了船,可以认定在约 07:45 时王振业登上船进入机舱以前悬梯尚未脱落坠海。鉴于 08:10 时有人发现悬梯已经脱落,则悬梯脱落的时间至多可能在约 07:45 时至 08:10 时之间。吕卫东 07:55 时离开经营处前往船舶,到达悬梯处时应为约 08:05 时。由于约 08:10 时王新胜发现悬梯坠落后,在现场等吊车至 08:30 时发现尸体的过程中没有发现有人落海,可以推定吕卫东不是在 08:10 时至 08:30 时之间坠海的,因此,可以推定,吕卫东坠海最大可能发生在约 08:05 时至约 08:10 时之间。由于现场并无人目击事故发生的过程,悬梯脱落坠海与吕卫东落海存在数种可能。徐莉等三人主张吕卫东系从悬梯上随悬梯脱落坠海,但未提交证据予以证明。黄海公司主张吕卫东系在码头边缘坠海,也未提交证据予以证明。因此,根据现有证据,无法确定悬梯脱落坠海的具体时间,也无法确定吕卫东坠海的具体时间与具体地点,不能认定悬梯脱落坠海与吕卫东坠海存在因果关系。徐莉等三人认为,黄海公司在事故发生后向曼恩公司传真告知吕卫东在"登船时"死亡,表明吕卫东系在登船过程中死亡。但从现有证据看,现场并无目击证人,因此,这不构成黄海公司的自认。徐莉等三人的主张没有事实依据,不予采信。黄海公司称吕卫东系在到达悬梯前从码头边缘失足坠海也没有相应的证据予以证明,不予采信。

关于黄海公司应否承担侵权责任以及承担责任的比例。吕卫东系为自己的雇佣单位曼恩公司工作,并非黄海公司的工作人员或雇佣人员,并非为黄海公司工作,作为专业的船舶机械调试人员,应当经过安全培训合格后上岗,严格按照安全生产操作规程工作,并应具备超出常人的危险判断能力。黄海公司作为悬梯的提供者以及生产场所的所有者、管理者,负有提供安全合格的生产设施并进行安全管理的义务。尽管黄海公司提供的悬梯存在安全隐患,未设立安全警示标志,亦未向吕卫东告知危险及如何采取安全防范措施,黄海公司的安全人员未在现场,悬梯脱落与吕卫东坠海又处在同一时间段,但无法认定黄海公司疏于管理的行为与吕卫东坠海死亡之间存在直接的因果关系。因此,黄海公司不应对吕卫东的死亡承担侵权赔偿责任。由于吕卫东系在黄海公司的工作场所内死亡,依照公平原则,黄海公司应对吕卫东的死亡进行必要的补偿。综合考虑本案的实际情况,补偿数额参照侵权造成死亡情形下所计算的赔偿额的 40% 为宜。

徐莉等三人主张,根据《中华人民共和国民法通则》第 126 条以及最高人民法院《关于审理人身损害赔偿案件适用法律若干问题的解释》第 16 条第 1 款的规定,黄海公司应举证证明自己对工作场所和悬梯的安全管理和维护没有过错进行举证,黄海公司没有举证证明自己没有管理过错,应由黄海公司承担侵权责任。法院认为,根据《中华人民共和国民法通则》第 126 条的规定:"建筑物或者其他设施以及建筑物上的搁置物、悬挂物发生倒塌、脱落、坠落造成他人损害的,它的所有人或者管理人应当承担民事责任,但能够证明自己没有过错的除外。"根据最高人民法院《关于审理人身损害赔偿案件适用法律若干问题的解释》第 16 条第 1 款的规定,道路、桥梁、隧道等人工建造的构筑物因维护、管理瑕疵致人损害的,由所有人或管理人承担赔偿责任,但能够证明自己没有过错的除外。上述规定仅适用于建筑物或其他设施以及建筑物上的搁置物、悬挂物发生倒塌、脱落、坠落致人损害或者道路、桥梁、隧道等人工建造的构筑物因维护、管理瑕疵致人损害的情形。本案所涉的悬梯并不属于其所规定的建筑物或其他设施以及建筑物上的搁置物、悬挂物或道路、桥梁、隧道等人工建造的构筑物的范畴。况且,根据上述规定可知,只有在建筑物或其他设施以及建筑物上的搁置物、悬挂物发生倒塌、脱落、坠落致人损害或者道路、桥梁、隧道等人工建造的构筑物因维护、管理瑕疵致人损害的情况下,即建筑物或其他设施以及建筑物上的搁置物、悬挂物发生倒塌、脱落、坠落或道路、桥梁、隧道等人工建造的构筑物的维护、管理瑕疵与损害结果存在因果关系,如它的所有人或管理人不能举证证明自己没有过错,则由其承担赔偿责任。本案中,并无证据证明黄海公司的管理瑕疵与吕卫东坠海死亡之间存在因果关系。综上,本案不应适用前述法律规定,徐莉等三人的主张不成立,不予采信。

关于本案的诉讼时效。因本案属于人身伤害赔偿纠纷案件,应当适用1年的诉讼时效,从原告知道或应当知道自己的权利受侵害之时起算。吕卫东于2005年2月22日死亡,本案诉讼时效应从2005年2月22日起算。起诉是指公民、法人或者其他组织,认为自己所享有的或者依法由自己管理、支配的民事权益受到侵害或者与他人发生争议,以自己的名义请求法院通过审判给予司法保护的诉讼行为。起诉并不以法院是否受理或者当事人是否交纳诉讼费为标准,徐莉等三人向法院递交起诉状等资料即视为起诉。本案中,徐莉等三人于2006年2月6日向法院提交诉状,法院于2006年2月8日收到起诉状,应当视为徐莉等三人于2006年2月8日提起诉讼,徐莉等三人的诉讼请求并未超过1年的诉讼时效。黄海公司关于徐莉等人的诉讼请求超过诉讼时效的辩解没有事实和法律依据,不予采纳。综上,依照《中华人民共和国民法通则》第119条的规定,判决:

(1) 黄海公司补偿徐莉、吴一玢、王莲英154 524.60元。

(2) 黄海公司补偿徐莉误工损失2 495.12元。上述款项黄海公司应于本判决生效之日起10日内付清。如果黄海公司未按本判决指定的期间履行给付金钱义务,应当依照《中华人民共和国民事诉讼法》第232条的规定,加倍支付迟延履行期间的债务利息。

(3) 驳回徐莉、吴一玢、王莲英的其他诉讼请求。

三、上诉与答辩

上诉人徐莉、吴一玢、王莲英不服原审判决,提起上诉称:

(1) "无目击者"不能作为认定侵权事实的根据。事故发生时,安监局人员并不在现场,"无目击者"是被上诉人的说法,不能用来证明被上诉人的主张。

(2) 事故现场被被上诉人掌控,上诉人到达现场时,现场已被被上诉人整改,上诉人不可能有直接证据证明发生时的状况。现实是损害事实存在,人与梯在同一时间内全部坠入海中。结合其他事实,不难认定是由于悬梯脱落致使吕卫东坠入海中的事实。

(3) 被上诉人在2005年2月22日上午9时41分事故发生的第一时间发给曼恩公司的传真是最接近事实和最为可信的。传真上的"上船时",被上诉人辩解为指上船的整个过程,这不是人们的语言习惯。比如说"登机时""上车时",指的是登上飞机、踏上车厢短暂的一小段时间,没有人将乘坐飞机到北京、乘坐公交车到火车站的整个过程叫做"登机时"或"上车时"。如果像被上诉人所说的整个过程,吕卫东还没有到码头又与坠海有什么关系?事故就是发生在吕卫东走在悬梯的几秒钟内。其他的地点都不可能发生坠海的事情,被上诉人的辩解没有根据。

(4) 吕卫东到码头的目的是上船工作,悬梯是唯一通道。悬梯两侧有护栏,人与梯都坠入海中。情形一:如果像被上诉人所说吕卫东在距悬梯4米处坠海,这就是说放着悬梯不走,而要从距离悬梯4米处往海里跳,为什么?情形二:在吕卫东到码头岸边之前悬梯已经脱落坠海,吕卫东不可能腾云驾雾过海,他将止步停在岸上。情形三:吕卫东迈步踏上悬梯时,悬梯是架好的,踏上悬梯后需要几秒钟时间在悬梯上行走,就在这几秒种内的一刹那船体移动,悬梯脱落,再训练有素的人也无法对付这突如其来的状况:悬梯靠船舷的一端有与悬梯成90度角的铁板挂在船舷上,悬梯搭在岸上的一端有轮子可以滚动,首先脱离岸边下坠。吕卫东的前额有擦伤,说明吕卫东在悬梯上往船上走,突然悬梯从身后脱落成倾斜状态坠海,人的身体失去支撑,由于人行走的惯性身体前倾下落,下落过程中,前额撞到悬梯平板上而擦伤。这是唯一的真实过程。

(5) 在事故发生的前后45分钟,码头上无人,这就是被上诉人所说的无目击者。安全员王祖宝岗位在哪里?如果他的岗位不是在码头岸边,被上诉人在本案中提出他干什么?如果说他的岗位是监督码头安全,工作时间离岗45分钟就是渎职,发生事故就是杀人,是犯罪。这恰恰说明被上诉人的头脑里没有安全意识。因此造成事故,就要对事故负全部责任。

(6) 庭审中被上诉人回答提问时说系船的缆绳使船到岸边的距离比悬梯的长度要长。悬梯曾多次脱落坠海,为打捞方便悬梯上绑有供打捞使用的绳子。缆绳系的超过悬梯长度,使得悬梯屡次坠海,被上诉人尚不以为鉴,可见被上诉人忽视安全,疏于管理到何种程度。

(7) 举证倒置问题。原审判决书认为悬梯不属于《中华人民共和国民法通则》第126条规定的范畴。《中华人民共和国民法通则》第126条规定"建筑物或者其他设施……"悬梯是船体与码头之间的活动桥梁,船在码头作业,或靠岸建造施工,凡是有人要上船、下船,悬梯是必不可少的唯一设施,它有所有人,也有管理人。被上诉人要有证据证明自己没有过失,否则要承担举证不能的后果。

(8) 被上诉人自述受到曼恩公司的胁迫进行整改发出的传真,如果没有问题何以怕胁迫?没有错误何以要整改?可见被上诉人自认有错,有错就要负责。

(9) 被上诉人发现有人落水,在不具备任何鉴别能力的情况下主观臆断,谎报浮尸。被上诉人的叙述是先捞的梯子后捞的人,延误了救捞和抢救,未向"120"报警。可见被上诉人对生命的漠视。被上诉人怎能没责任。本案不适用公平原则,而是责任事故。

(10)由于客观原因,上诉人不可能收集到直接证据来证明自己的主张。根据《中华人民共和国民事诉讼法》第64条的规定,上诉人申请法庭帮助调查收集。

请求:
(1)撤销原判,判令被上诉人负全部侵权责任。
(2)本案费用由被上诉人承担。

被上诉人黄海公司未提交书面答辩状,庭审中辩称,被上诉人尊重服从原审判决。

四、二审裁判

山东省高级人民法院查明的事实与一审判决认定的事实基本相同。山东省高级人民法院认为,当事人争议的焦点归纳起来有两点:一是案件事实问题,吕卫东是否从悬梯上坠海;二是法律适用问题,本案是否属于《中华人民共和国民法通则》第126条规定的情形。关于吕卫东坠海地点问题,上诉人在上诉中提出了十个方面的分析意见,但没有提出直接证据证明吕卫东是从悬梯上坠海。被上诉人抗辩吕卫东登船时悬梯脱落与悬梯同时坠海导致溺水身亡的过程系上诉人主观臆断,既无人看到吕卫东登上悬梯,也无人看到吕卫东与悬梯同时坠入海中。从查明的事实看,2005年2月22日07:30时左右,吕卫东与王振业到黄海公司。王振业约于07:45时到达悬梯,上船工作,说明07:45时悬梯尚未脱落坠海。吕卫东于07:55时离开经营处前往船舶,步行约10分钟到悬梯处。08:10时黄海公司的王新胜发现悬梯脱落,悬梯脱落的时间约在07:45时至08:10时之间。自07:45时至08:10时这个时间段里,悬梯何时脱落没有人看见。吕卫东于08:05时至08:10时之间何时何地坠海没有人看见。现有的证据不能断定吕卫东是从悬梯上坠海。对于吕卫东坠海的事实,荣成市安全生产监督局的事故调查报告已确认:"因无现场目击证人,吕卫东坠海的原因无法确定。"所以,上诉人关于吕卫东乃从悬梯上坠海的理由,没有证据支持,山东省高级人民法院不予采纳。

关于本案是否适用《中华人民共和国民法通则》第126条规定的问题。《中华人民共和国民法通则》第126条中"建筑物或者其他设施以及建筑物上的搁置物、悬挂物发生倒塌、脱落、坠落造成他人损害的",是指物件致人损害,系地上工作物致人损害。建筑物及其他地上物致害责任构成要件之一便是损害事实须与地上物致害行为之间有因果关系。本案中,吕卫东坠海原因不明,没有与地上致害物相联系的证据;另一方面,吕卫东系在工作过程中死亡,属于因工死亡,故本案不适用《中华人民共和国民法通则》第126条的规定。青岛海事法院没有采纳上诉人适用该法律条文的主张并无不当。在海上或船上作业较陆地上作业而言,有着特殊的危险性,故对在海上或船上作业的人员,要进行熟悉和基本安全培训。本案中,吕卫东系专业船用柴油机调试师,他的工作场所主要在船上,其工作单位曼恩公司有义务对其进行熟悉和基本安全培训,故对海上船舶作业的安全性,吕卫东具有在陆地作业的人员所不具有的判断力。对于吕卫东坠海事故,正如荣成市安全生产监督管理局在《伤亡事故调查报告书》中认定的:这是一起由于未按规定配备、使用防护用品而导致的责任事故。曼恩公司未按规定对职工进行安全教育培训,未按规定配备劳动防护用品;黄海公司安全管理不到位,未督促外来工作人员按规定佩戴劳动防护用品,是事故发生的主要原因。吕卫东临水作业前未穿戴救生衣及佩戴必要的劳动防护用品,是事故发生的直接原因。对于事故责任,荣成市安全生产监督管理局在《伤亡事故调查报告书》中确认:吕卫东临水作业前未穿戴救生衣及佩戴必要的劳动防护用品,对事故发生负直接责任。曼恩公司未按规定对职工进行安全教育培训,未按规定配备劳动防护用品,对事故负主要责任;黄海公司安全管理不到位,未督促教育外来工作人员按规定佩戴劳动防护用品,对事故负管理责任。所以,吕卫东坠海事故,曼恩公司、黄海公司及吕卫东个人均有过错,均应承担相应责任。按照《中华人民共和国民法通则》第 131 条的规定:"受害人对于损害的发生也有过错的,可以减轻侵害人的民事责任。"一审判决在分担责任时考虑吕卫东对事故负直接责任、曼恩公司负主要责任、黄海公司负管理责任的情况,确定由黄海公司承担 40% 的比例,并无不当。

综上所述,上诉人上诉理由没有证据支持,山东省高级人民法院不予采纳。原审判决认定事实基本清楚,适用法律正确,处理得当,应予维持。根据《中华人民共和国民事诉讼法》第 153 条第 1 款第(一)项、《中华人民共和国民法通则》第 131 条的规定,判决如下:

驳回上诉,维持原判。

2.2.7 高度危险作业问题

17 原告连云港东硕国际贸易有限公司与被告尤利乌斯海运有限公司海上人身损害责任纠纷案

案例来源:上海海事法院(2011)沪海法海初字第 8 号
主题词:人身损害 高度危险作业 雇主向第三人追偿

裁判要旨

No. HS-2.2-14 雇主承担赔偿责任后,可以向第三人追偿。且死者(雇员)的近亲属在得到雇主赔偿之后,承诺将对第三方的索赔权转让给雇主的,雇主作为死者(雇员)所在单位具有诉讼主体资格。

No. HS-2.2-15 涉案装卸货物为煤炭,虽然货舱内聚集的一氧化碳等有毒气体可能会导致人窒息,但煤炭物理性质相对稳定,并不属于易燃、易爆或剧毒物质,装卸煤炭作业亦不会对周围环境构成高度危险,故涉案煤炭装卸作业不构成法律意义上的高度危险作业。非本船船员以外的其他人员上船后在货舱窒息死亡的,不适用无过错责任原则。

一、基本案情

原告：连云港东硕国际贸易有限公司

被告：尤利乌斯海运有限公司（Universe Shipping Ltd.）

原告诉称：2010年2月14日6时许，原告装卸工人李中仁在被告所有的停泊于连云港码头的"Consul Poppe"轮上进行煤炭装卸作业时中毒窒息死亡。同年3月2日，原告与死者妻子陈苗苗、母亲王步兰和儿子李威达成《李中仁死亡善后处理协议》，共支付赔偿金人民币854 227元，死者近亲属已将对船方的索赔权让与原告。根据船载货物性质、事件发生和施救经过及法医学检验报告，李中仁死亡系"Consul Poppe"轮卸货前未进行通风，舱室内有毒气体积聚，氧含量过低中毒窒息所致，原告作为用人单位已先行赔偿，有权向被告追偿。据此，原告请求依照最高人民法院《关于审理涉外海上人身伤亡案件损害赔偿的具体规定（试行）》判令被告赔偿人民币800 000元及该款项自2010年3月2日起至判决生效之日止按中国人民银行同期贷款利率计算的利息损失。

被告辩称：

(1) 关于诉讼主体，公民的生命健康权是专属权，原告作为死者所在单位不具有诉讼主体资格，无权提出人身损害索赔；根据最高人民法院《关于审理人身损害赔偿案件适用法律若干问题的解释》第11条的规定，原告亦无权就其向死者近亲属支付的工伤保险赔偿金向被告追偿。

(2) 关于责任承担，涉案船载货物煤炭不属危险货物，其装卸作业不属"对周围环境有高度危险的作业"，故不应适用无过错责任的归责原则；死者擅离职守违规进入船舱，应对事故承担全部责任；原告作为死者所在单位未尽安全教育培训和监督之责，应对事故承担一定的责任；涉案船舶供装卸工人作业的场所是安全的，被告对事故发生无任何过错，不应担责。

(3) 关于赔偿数额，原告与死者近亲属签订的赔偿协议中约定的赔偿数额为人民币854 227元无任何计算依据；原告与死者之间属劳动关系，应根据《工伤保险条例》向死者近亲属支付工伤保险赔偿金，该款项不能向被告追偿，应从原告支付给死者近亲属的赔偿金数额中扣除；原告主张的丧葬费等赔偿数额无证据支持。

二、法院查明事实

上海海事法院经审理查明并确认如下法律事实：2010年2月13日18时45分，"Consul Poppe"轮靠泊连云港58号泊位。20时30分，原告公司的装卸工人上船卸载所运煤炭。14日0时至4时该船陆续卸1号、4号和7号货舱。6时，装卸工人换班时发现应该在7号货舱指挥吊车的工作人员李中仁失踪，后经寻找发现其仰卧于6号货舱人孔下方。7时，港口当地医生赶到事发地点，经对李中仁检查、急救，最后确认其已经死亡。死者李中仁，男，汉族，1978年1月1日出生，生前住连云港市灌云县鲁河乡后腰村，系原告聘用的装卸工人。2009年全年，原告向其支付工资总额33 888元。

2010年1月和2月,原告分别向其支付工资2934元和4473元。2010年2月14日凌晨,李中仁被安排在"Consul Poppe"轮上指挥7号货舱卸货。李中仁的第一顺序继承人分别为:母亲王步兰,1943年10月4日出生;妻子陈苗苗,1978年8月18日出生;儿子李威,1998年4月28日出生。2010年3月2日,原告与死者的上述三位近亲属达成赔偿协议,约定:根据《工伤保险条例》及其他法律、法规的规定,经双方协商,由原告向死者近亲属支付人民币854 227元,后者将对船方或第三方的索赔权让与前者,且不得再向任何单位提出任何要求。后者于当日收到上述全部款项。

另查明,涉案船舶"Consul Poppe"轮由被告所有,挂马耳他国旗,船籍港瓦莱塔。该轮系1995年造散货船,36 074总吨。事发前,"Consul Poppe"轮正执行自印尼至连云港的67 289吨散煤的运输航次。煤炭属于国际海事组织《固体散装货物安全操作规则》和我国国家标准GB16993-1997《防止船舶货舱及封闭舱缺氧危险作业安全规程》认定的易造成缺氧窒息事故的非危险货物品种。上述两个文件及国家标准GB8958-2006《缺氧危险作业安全规程》对人员进入装运煤炭货物的船舱作业均规定有一定的安全操作规程,其要求不仅针对装卸工人,也针对船舶所有人或实际管理人、经营人。行程中,船方每日监测一氧化碳、甲烷浓度及每个舱内的温度,但因为天气不好而未采取通风。又查明,李中仁被发现死亡时呈仰卧状,右腿搁在人孔下方梯子上,其外套被摆放于"Consul Poppe"轮6号货舱人孔外附近甲板上。经法医检验,李中仁死亡符合缺氧特征,排除他杀可能。6号货舱人孔盖上印有"Restricted Area"的字样,但根据被告提供的照片显示,该字样已十分模糊。还查明,原告在庭审中确认李中仁系原告员工,但未替原告办理工伤保险,故在其赔付给死者近亲属的人民币854 227元中包含了《工伤保险条例》规定的一次性工亡补助金人民币124 603元。此外,原告认为被告除应赔付死者收入损失外,还应赔付丧葬费人民币16 403元、安抚费人民币50 000元、交通费人民币10 000元、食宿费人民币20 000元、误工费人民币20 000元,合计赔付数额以人民币800 000元为限。

三、法院裁判

上海海事法院认为,本案被告系境外法人,涉案纠纷系涉外侵权责任纠纷,处理该纠纷应适用侵权行为地法律,涉案损害事故发生在中华人民共和国境内,故本案应适用中华人民共和国法律。

本案原、被告的争议焦点为:一是原告是否具备诉讼主体资格,即原告是否有权就涉案人身损害向被告索赔;二是被告应否对事故造成的受害人死亡的结果承担赔偿责任,其责任比例为多少;三是如被告需承担责任,则其应赔偿数额以及原告在赔付劳动者李中仁后可以向被告追偿的数额。

关于原告的诉讼主体资格。原告与李中仁的劳动关系依法成立,原告作为用人单位在人身损害事故发生后,向受害人李中仁的近亲属先行赔付了人民币854 227元。李中仁的母亲王步兰、妻子陈苗苗和儿子李威亦承诺将对船方及其他第三方的索赔权让与原告,且依据最高人民法院《关于审理人身损害赔偿案件适用法律若干问题的解释》第 11 条第 1 款的规定,原告有权在承担赔偿责任后向对事故损害负有赔偿义务的侵权人即本案被告行使追偿权。被告认为原告并非受害人近亲属故无权索赔的主张缺乏法律依据,上海海事法院不予采纳。

关于事故损害的赔偿责任。上海海事法院认为,所谓高度危险作业是指从事高空、高压、易燃、易爆、剧毒、放射性、高速运输工具等对周围环境有高度危险的作业,其特征在于:对周围环境有危险;该危险程度须为高度危险,仅一般危险不在其列。涉案装卸货物为煤炭,煤炭虽然是一种可燃物质,但其物理性质相对稳定,并不属于易燃、易爆或剧毒物质,装卸煤炭作业亦不会对周围环境构成高度危险,故涉案煤炭装卸作业不构成法律意义上的高度危险作业,不适用无过错责任原则。被告所有的"Consul Poppe"轮靠泊连云港码头进行卸货作业,接受连云港港口方面提供的卸货服务,并准许包括李中仁在内的原告员工登轮指挥卸货,理应负有提供安全作业场所、保证登轮人员安全和妥善监管之义务。被告作为专业从事海上运输的商主体既然在运输全程对载运煤炭的货舱进行一氧化碳等有毒气体的监测,则必然明知未经通风的货舱因煤炭大量堆积可能造成货舱内氧气含量过低,未配备氧气设备进入会引发窒息危险。被告对于上述存在危险的场所,特别是在非本船船员以外的其他人员上船后,应采取有效措施杜绝任何人员擅自进入,例如完全锁闭未通风货舱人孔或派船员在现场监督作业等。而本案被告并未提供证据证明其已采取类似措施确保登轮人员的安全,故其对事故损害的发生具有一定的过错,应承担相应的赔偿责任。原告方(死者李中仁)的工作岗位是在 7 号货舱指挥吊机卸货,其却擅离岗位擅自通过人孔进入未处于作业状态的 6 号货舱,其作为一名装卸工人违反了安全生产的常识性操作规则,对自身的损害同样具有过错,应承担相应责任。综合本案情况,上海海事法院认为,原告方应对本次事故承担主要责任即 60% 的责任,被告应对事故承担次要责任即 40% 的责任。

关于被告的赔偿数额。因被告系境外法人,故本案中引发海上人身损害责任的法律事实具有涉外因素,原告请求依据《关于审理涉外海上人身伤亡案件损害赔偿的具体规定(试行)》计算赔偿数额并无不当。依据《关于审理涉外海上人身伤亡案件损害赔偿的具体规定(试行)》的规定,李中仁 2009 年全年收入为人民币 33 888 元,其退休收入酌情按该收入的 1/2 计算,则李中仁死亡的收入损失为人民币(33 888 − 33 888 × 25%)× 28 + 33 888 × 50% × 10 = 881 088 元。原告虽主张丧葬费,但未提供丧葬费支出的凭证,上海海事法院认为丧葬费系必然发生的费用,原告虽无证据证明其具体数额,但结合当地群众生活水平,可酌情支持人民币 5 000 元。关于死者近亲属的安抚费,上海海事法院酌情支持人民币 40 000 元。原告还主张死者近亲属的交通、食宿和误工等费用,因原告未能证明上述费用的实际发生并提供支出费用的凭证,上海海事法院不予支持。据此,按《关于审理涉外海上人身伤亡案件损害赔偿的具体规定(试行)》计算得出涉案李中仁死亡的赔偿总额为人民币 926 088 元,被告承担 40% 的责任即人民币 370 435.20 元。而原告实际赔付死者近亲属人民币 854 227 元,原告自认其中包含了根据《工伤保险条例》赔付的一次性工亡补助金人民币 124 603 元,该费用系原告未替死者办理工伤保险而自行赔付部分,故原告实际按海上人身损害责任赔偿的数额为人民币 729 624 元,该数额也已超过了被告应承担的人民币 370 435.20 元。综上所述,原告有权要求被告赔偿损失人民币 370 435.20 元及相应的利息损失。原告按银行贷款利率主张利息损失缺乏证据支持,上海海事法院酌情按中国人民银行同期人民币活期存款利率支持其主张。

综上,依照《中华人民共和国民法通则》第 119 条、第 131 条,最高人民法院《关于审理涉外海上人身伤亡案件损害赔偿的具体规定(试行)》第 1 条、第 2 条第 1 款、第 4 条,《中华人民共和国民事诉讼法》第 64 条第 1 款的规定,判决如下:

(1) 被告尤利乌斯海运有限公司(Universe Shipping Ltd.)于本判决生效之日起 10 日内向原告连云港东硕国际贸易有限公司支付人民币 370 435.20 元及该款项的利息损失(按中国人民银行同期人民币活期存款利率计算自 2010 年 3 月 2 日起至本判决生效之日止);

(2) 对原告连云港东硕国际贸易有限公司的其他诉讼请求不予支持。

2.2.8　航标维护单位未尽维护义务的过错推定责任

18 原告刘葱绸等与被告温州海光航标技术工程有限公司、上海海事局温州航标处海上人身伤亡损害赔偿纠纷案

案例来源:宁波海事法院(2008)甬海法温事初字第 6 号

主题词:人身损害　渔业助航标志　维护、管理瑕疵

裁判要旨

No. HS-2.2-16　国家为保障船舶通航安全而设立的渔业助航标志,该构筑物因维护、管理瑕疵致人损害的,由所有人或者管理人承担赔偿责任,但能够证明自己没有过错的除外。

一、基本案情

原告:刘葱绸、周泉泉、周周龙、周宗喜、管松华

被告:温州海光航标技术工程有限公司(以下简称海光公司)、上海海事局温州航标处(以下简称温时航标处)

五原告起诉称:周相平系"浙玉渔 07016"渔船船主。2008 年 4 月 3 日,周相平携船员王世龙、朱永中驾驶"浙玉渔 07016"轮从玉环县鲜迭港出发到 218-3 海区作业。2008 年 4 月 6 日凌晨 3 时返航途中经洞头草屿时,遇雾且草屿航标灯因故未发光导致该船触礁沉没,周相平遇难,其余两名船员获救。被告海光公司作为草屿灯桩改建后的维护单位,在草屿灯桩未发光导航 1 个多月的情况下,未履行维护义务,导致周相平

合法驾驶船舶返航途中触礁沉没死亡,应承担直接的赔偿责任。被告温州航标处作为监督、管理机构,未履行法定的监督、管理职责,应承担连带赔偿责任。原告刘葱绸、周泉泉、周周龙、周宗喜、管松华作为周相平的第一顺序继承人,根据《中华人民共和国海上交通安全法》《海区航标动态通报管理办法》《中华人民共和国航标条例》《沿海航标管理办法》、最高人民法院《关于审理人身损害赔偿案件适用法律若干问题的解释》和《中华人民共和国民事诉讼法》的相关规定,提起诉讼,请求判令:

(1)被告海光公司赔偿丧葬费 15 427 元、死亡补偿金 165 300 元、被扶养人生活费 36 505 元,合计 217 232 元;

(2)被告温州航标处负连带责任;

(3)本案诉讼费用由被告海光公司承担。

庭审中,五原告以周相平系城镇居民为由将第(1)项诉讼请求中的死亡补偿金变更为 411 480 元,并增加请求赔偿精神抚慰金 40 000 元,合计请求赔偿金额变更为 513 412 元。

被告海光公司答辩称:

(1)五原告将海光公司列为被告主体不符。① 海光公司既无主观过错,也未实施违法行为;② 海光公司仅与两电力公司、温州渔监之间存在民事合同关系,两电力公司、温州渔监如需对五原告损失负责,也应在其赔偿以后再依据合同约定与海光公司分担责任。

(2)周相平人身损害事故系其自身过错所致。① "浙玉渔 07016"轮属于"三无船舶",没有合格的船舶证书和检验证书,船舶未配备 GPS、雷达等导航设备,船舶不适航;② "浙玉渔 07016"轮船员没有合格的适任证书,船员不适任;③ 发生事故的当天天气状况不良,有浓雾,不适合船舶出航;④ "浙玉渔 07016"轮船员不懂,也未使用良好船艺,出事海域尚有"一"灯标以及"——"浮标。

(3)对于航标灯故障有可能导致的船舶海损事故。① 五原告要求航标主管部门承担民事赔偿责任的法律依据不足;② 依照国家有关规定,航标主管部门在航标管理中即使存在错误导致船舶发生海损事故,也不承担民事赔偿责任;③ 对于无人值守的航标,管理部门的职责是在得知航标出现故障后应及时维修恢复,公用航标灯正常的发光率要求也只有 99.6%,而不可能做到 100%,因此发生故障属于正常范围,非主管部门疏忽或过错所致;④ 本案损失与主管部门的管理行为没有任何因果关系;⑤ 国内与国外均无先例要求航标主管部门对海损损失承担民事赔偿责任。

被告温州航标处支持海光公司的答辩意见,另答辩称:其代表国家依法对公共干线的航标进行监管与维护,渔业航标不属于其管理范围,将其列为被告是错误的。

二、法院查明事实

宁波海事法院查明以下事实:

"浙玉渔 07016"轮为周相平所有,系木质渔业捕捞船。2004 年 3 月 20 日经边防登记,边防登记证书有效期至 2008 年 3 月 20 日止,登记的船上人员为船长周相平和轮机长刘胡水,但未在渔业主管机关登记。对此项事实,五原告提供:台州边防登记的"浙玉渔07016"轮船舶基本情况和船上人员情况。两被告质证认为:船舶应取得相应的船舶证书。宁波海事法院经审查认定:该两份证据真实,予以采用。

草屿灯桩系渔业航标,编号2699(渔),位于洞头县鹿西岛(27°59.7′N、121°14.1′E),灯高27.3米,射程7海里,主管机关为温州渔监。东北相距1海里外,有南爿山和北爿山灯桩,射程各为4海里和7海里,西北方向为Y8和Y9号浮标。2006年3月8日,两电力公司(甲方和乙方)、温州渔监(丙方)、海光公司(丁方)签订协议书,将该灯桩改建成三级灯塔,于2006年5月20日前完成;灯塔改建完成后,交丁方日常维护,丙方监督丁方履行灯塔维护责任,甲、乙双方每年支付丁方日常维护费6万元;丁方健全、落实灯塔维护管理制度,保证航标处于良好的使用状态,及时更换到期或损坏的灯塔原、器件,如因更换工作不到位造成航标效能失常,造成的损失由丁方负责;丙、丁方发现航标损坏、失常应当及时通报甲、乙方,并采取临时措施,以不影响船舶进港,加强航标的安全保护工作,保证航道畅通和船舶航行安全;航标灯日常维护过程中,丁方应采取必要的安全防护措施,消除事故隐患。对此项事实,五原告提供:草屿灯桩维护协议书;被告海光公司提供:航标节选表、省海洋与渔业局的批文和海图。经质证,双方对证据的真实性无异议,宁波海事法院予以采用。至于被告海光公司提出的周相平非航标维护协议当事人的质证异议,与事实争议无关。

2008年4月6日凌晨,"浙玉渔07016"轮从渔区返航,船上共三名船员,周相平、王世龙及另一名江西籍船员。周相平驾驶渔船以正常马力航行,有雾,能见度100多米,未看到周围有航标灯或者其他船舶。凌晨3点左右,"浙玉渔07016"轮在鹿西东臼离草屿灯塔100多米处触礁沉没。台州海上搜救中心于当天7时45分接报,后转报温州海上搜救中心。两名船员获救,周相平失踪,其尸体于2008年4月20日被东屏镇渔民发现,并被其家属认领。事故发生后,玉环县渔业主管部门曾找过王世龙谈话,但未对事故作出调查结论。2008年5月6日,温州海事局出具"关于'浙玉渔07016'渔船事故的情况说明",称该轮在洞头草屿雾航时,因设备简陋,船位偏离安全水域,船体触上附近礁石沉没,系渔船单方事故,温州海事局只负责搜救工作,有关事故调查工作应由当地渔港监督部门进行。对此项事实,五原告提供:温州、台州海事部门的情况说明,并申请证人王世龙出庭陈述证言。经质证,两被告对两份情况说明无异议,宁波海事法院予以认定。对证人陈述,两被告异议认为:证人与死者存在利害关系,未持合格的船员证书,航海知识缺乏;证人对事故发生经过陈述不清,如事故地点,也是事后才知道的;即使草屿灯桩不发光,还有其他灯桩和浮标,船舶如果按照其他浮标和灯桩航行,也不会偏离航线的。

宁波海事法院经审查认为,证人身份与五原告申请书记载存有细微差别,但已经当庭合理解释,两被告未提供反驳证据,所作陈述,予以采用。

此外,五原告为证明渔船因草屿灯桩未发光而触礁的事实,还提供:① 珠港镇陈屿办事处出具的证明;② 大麦屿经济开发区管理委员会出具并经玉环渔港监督盖章确认的事故经过情况说明；③ 社区证明；④ 黄云平等13人出具的证明。被告海光公司为证明其不负民事责任、航标正常发光率按要求为99.6%以及草屿灯桩材料和配件均在使用寿命内，提供：① 交通部3个批复和海区航标作业管理规则；② 蓄电池、灯器、太阳能板、电源控制器使用寿命材料（购置合同、厂家说明书、质保书等）。经质证，两被告异议认为：出证明的单位非现场目击者或者事故调查主管部门，玉环渔港监督未参与事故调查，证人未出庭作证，不符合法律规定；五原告异议认为：被告海光公司提供的证据与本案无关。宁波海事法院经审查认为，五原告提供的该4份证据，两被告的异议成立，所涉事故原因以及草屿灯桩1个多月未发光的事实尚缺乏其他事故调查材料予以佐证，其余内容与双方当事人陈述以及其他已经认定的书证相符；被告海光公司提供的交通部批复以及海区航标作业管理规则，属规范性文件，与事实争议无关，灯器使用寿命的相关材料，不能直接说明灯桩实际工作状态，不予采用。

海光公司经温州海事局指挥中心通知后，于2008年4月7日下午，对因灯器故障而熄灭的草屿灯桩进行检查维修。对此项事实，被告海光公司提供：温州海事局的值班记录和航标抢修报表。经质证，五原告异议认为：证据系单方制作，真实性有异议。宁波海事法院经审查认为，该两份证据系应五原告申请经宁波海事法院通知后，由被告海光公司提供，予以采用。

另查明，周相平系城镇居民户口，出生于1958年5月6日，与妻子刘葱绸育有二子，均已成年。其父母分别出生于1934年和1939年。除周相平外，周宗喜、管松华另还有一子一女。对此项事实，五原告提供：身份证复印件、户口簿和派出所证明、社区证明两份、海光公司的工商登记材料、周相平的户籍证明。经质证，两被告异议认为：社区证明不具证明力。宁波海事法院经审查认为，社区证明与户口簿及派出所证明相符，结合当事人陈述，上述证据可予认定。

三、法院裁判

宁波海事法院认为，本案系五原告以航标维护单位未尽维护义务致渔船触礁沉没造成周相平死亡为由提起的民事侵权纠纷，应按海上人身伤亡损害赔偿纠纷处理。

（1）关于事故责任。最高人民法院《关于审理人身损害赔偿案件适用法律若干问题的解释》第16条规定，道路、桥梁、隧道等人工建造的构筑物因维护、管理瑕疵致人损害的，由所有人或者管理人承担赔偿责任，但能够证明自己没有过错的除外。草屿灯桩系国家为保障船舶通航安全而设立的渔业助航标志，属于前述司法解释第16条所规范的构筑物，并适用过错推定原则。本案能否适用前述司法解释确定两被告的民事责任，需确认具备如下条件：一是草屿灯桩的所有人或管理人；二是灯桩所有人或管理人因维护、管理瑕疵致人损害；三是所有人或管理人不能证明自己无过错或者依法可免除赔偿责任。

关于第一项，草屿灯桩改建前系渔业公用标，由温州渔监依法行使管理职权。2006年改建后，由两电力公司按年支付维护费用，交海光公司日常维护，温州渔监对维护工作予以监督,应确定海光公司系管理人。被告温州航标处非涉案灯桩法定主管机关,也非维护单位,与本案争议无关。

关于第二项,五原告陈述草屿灯桩在事故发生前不发光已逾1个月,但无相应的有效证据。事故发生于2008年4月6日,海光公司接温州海事局通知后于次日对草屿灯桩进行维修,依通常生活经验,基本可以判断事故发生时草屿灯桩处于不发光状态,至于何时开始不发光则不得而知。据此确定,草屿灯桩的维护管理存有瑕疵。

关于第三项,"浙玉渔07016"轮未经渔业主管部门登记,所持边防部门颁发的证书已过期,五原告也未举证船上人员持有相应的适任船员证书,船舶设施简陋,只凭目视导航,违反了《中华人民共和国海上交通安全法》的相关规定;返航过程中,在能见度不良的情况下,仍以通常航速航行,致使船舶偏离安全水域,触礁沉没,违反了《1972年国际海上避碰规则》第4条关于瞭望的规定和第6条关于安全航速的规定。事故未经渔业主管部门调查并作出结论,但根据船员王世龙的当庭陈述,结合温州海事局出具的事故情况说明分析,"浙玉渔07016"轮设备简陋,缺少助航仪器,雾航中在目视看不到周围物标又无法确定船位的情况下,过分依赖处于熄灭状态的草屿灯桩导航,并以不适合于当时环境的航速航行,自身过错相当明显,也是导致触礁沉没的直接原因和主要原因。草屿灯桩射程7海里,如果正常发光,即使因雾致海上能见度不良时,来往船舶仍可借其进行导航,尤其对经常往来该海域、助航仪器不良、主要靠目视导航的渔船而言,作用更甚。至于草屿灯桩东北方向的南爿山灯桩和北爿山灯桩以及西北方向的Y8和Y9号灯浮,离事故地点距离较远,且射程不足,导航作用显然不如草屿灯桩显著。据此应当确定,"浙玉渔07016"轮在草屿灯桩附近海域触礁沉没与该灯桩当时不发光在结果上具有一定程度的因果关系。各被告主张,草屿灯桩系无人值守灯桩,根据有关规定,航标主管部门每6个月对灯桩巡检一次,其已尽到了法定的维护管理责任,期间也未接到灯桩不发光的报告。《中华人民共和国航标条例》第9条规定:"航标管理机关和专业单位分别负责各自设置的航标的维护保养,保证航标处于良好的使用状态。"草屿灯桩2006年经改建后,已不等同于其他普通公用航标。海光公司作为企业法人,是在每年另行收取6万元维护费用的条件下具体从事灯桩日常维护工作的,应当尽到更加谨慎的维护义务。尽管日常维护费用由两电力公司承担,周相平也非该灯桩维护协议当事人,但并未因此改变该灯桩仍用为往来船舶助航的渔业公用航标性质,不影响"浙玉渔07016"轮在航行该水域时可靠使用该灯桩进行导航。无论航标法定主管机关依法应如何行使职责,不影响海光公司在收取航标维护费用的情况下负有应当积极谨慎维护草屿灯桩使之处于正常工作状态的义务。草屿灯桩在涉案事故发生时未处于良好的工作状态,被告海光公司作为草屿灯桩的维护单位,其陈述和证据,不足以证明其在维护灯桩过程中没有过错,应推定存在过错。至于交通部20世纪50年代的三个批复,系部门规章,内容涉及航标部门及其工作人员因航标过失不承担货损等财产损失,并未明确规定对由此产生的海上人身损害,航标维护单位不承担赔偿责任,不得援引作为免除责任的法律依据。

人身损害・渔业助航标志・维护、管理瑕疵

（2）关于损害赔偿。周相平因渔船触礁沉没死亡,根据最高人民法院《关于审理人身损害赔偿案件适用法律若干问题的解释》第 17 条第 1 款和第 3 款、第 27 条、第 28 条和第 29 条的规定,经五原告计算,丧葬费、死亡补偿金和被扶养人生活费三项,共为人民币 463 412 元,可予采信。事故主要因周相平自身过错直接造成,精神损害抚慰金,不予计算。根据本案查明的事故原因、过错程度、损害结果及其因果关系,结合海光公司在维护草屿灯桩中的收益情况,酌情由被告海光公司在年维护费 6 万元的范围内对五原告承担赔偿责任。

综上,五原告要求被告海光公司赔偿损失的诉讼请求,有理部分予以支持,超过部分,不予保护;其要求温州航标处承担连带责任的诉讼请求,于法无据,予以驳回。被告海光公司关于其与五原告之间不存在侵权法律关系,其不存在过错,并可依法免除民事损害赔偿责任的抗辩,缺乏证据和理由,不予采信。被告温州航标处关于涉案灯桩非其管辖,其不对五原告承担赔偿责任的抗辩有理,予以采纳。温州渔监已与五原告另行达成和解协议,五原告也撤回了对温州渔监的起诉,其是否应对海光公司负连带责任,本案中不再审查,其与海光公司就草屿灯桩维护问题有争议的,可另行解决。依照《中华人民共和国民事诉讼法》第 64 条第 1 款,《中华人民共和国民法通则》第 126 条、第 131 条,《中华人民共和国航标条例》第 9 条,最高人民法院《关于审理人身损害赔偿案件适用法律若干问题的解释》第 16 条第 1 款第（一）项、第 17 条第 3 款的规定,判决如下:

（1）被告温州海光航标技术工程有限公司应在本判决生效后 10 日内赔偿原告刘葱绸、周泉泉、周周龙、周宗喜、管松华损失共计人民币 6 万元;

（2）驳回原告刘葱绸、周泉泉、周周龙、周宗喜、管松华的其他诉讼请求。

2.2.9　合伙人在从事合伙事务中意外落水死亡的,其他合伙人的责任

19 原告朱珠莲、庄永奶、颜美香、庄乐丹、庄晓丹诉被告张孚喜海上人身伤亡损害赔偿纠纷案

案例来源:宁波海事法院(2011)甬海法温事初字第 3 号
主题词:人身损害　合伙人　合伙事务　适当补偿

> **裁判要旨**
>
> **No. HS-2.2-17**　合伙人在从事合伙事务中意外落水死亡,其他合伙人无过错的,依法不承担过错赔偿责任。但根据《中华人民共和国侵权责任法》第 24 条和最高人民法院《关于个人合伙成员在从事经营活动中不慎死亡其他成员应否承担民事责任问题的批复》的规定,其他合伙人应按实际情况对死亡合伙人遗属予以适当补偿。

一、基本案情

原告:朱珠莲、庄永奶、颜美香、庄乐丹、庄晓丹

被告:张孚喜

5原告起诉称:死者庄忠荣与被告张孚喜合伙出资拥有"元沙岗008"船。2011年4月19日早上7时左右,庄忠荣与张孚喜共同出海作业时,在元觉小北岙村青山海域作业时庄忠荣遇难身亡。死者家属连日搜索直至10日以后才最终在灵昆海域发现死者遗体,并由灵昆派出所出面交给死者家属。事发以后死者家属屡次联系被告,希望其在乡政府组织的调解下能与死者家属达成调解方案,给予死者家属一定的经济补偿。但被告屡屡推卸责任,拒不支付经济补偿。由此,请求判令被告:

(1) 赔付死亡补偿金和被扶养人生活费281 993元、丧葬费30 650元、误工费5 000元、交通费1 000元、精神损害抚慰金30 000元,共计333 318元;

(2) 承担本案诉讼费用。

原告为支持其诉讼请求提供了:双方身份材料及"元沙岗008"船来源、庄忠荣出海作业时遇难身亡、遗体火化和庄忠荣父母无经济收入的相关证明。

被告张孚喜答辩称:

(1) 原告主张的损失计算方式不符合规定,其中死者次女的生活费应由其父母双方分担;被告对死者的死亡无过错,不适用精神损害赔偿;误工费和交通费过高。

(2) 5原告诉请被告赔偿,但在诉状中陈述要求补偿,两者自相矛盾,本案不存在赔偿问题。

(3) 事故发生后,被告一直在协助政府部门搜寻死者遗体,也尽自己所能答应村干部配合调解,给予补偿,但调解期间死者家属无理取闹,甚至砸碎被告家中门窗,最终使调解陷入困境。原告方已经获得保险金,没有理由要求额外的经济补偿。

(4) 经济补偿应根据被告的经济状况和当地实际情况综合考虑。被告已50多岁,本次事故后难以出海作业,妻子一直患有严重疾病,无承担经济补偿的能力。要求驳回5原告的诉讼请求。

被告为支持其答辩理由提供了:渔业互保协会雇主责任互保凭证、互保费专用收据、雇主责任互保条款和渔船互保条款及用以证明其家中财产被砸损坏的照片。

二、法院查明事实

宁波海事法院认定下列事实:

"元沙岗008"船由庄忠荣与被告张孚喜于2006年共同购入并从事近海蟹笼作业,份额均等,已经当地街道办事处登记。2011年4月19日7时许,庄忠荣与张孚喜共同出海在元觉小北岙村青山海域作业时,庄忠荣遇难。经搜寻,其遗体于2011年4月28日在灵昆海域被发现。经调查,双方确认庄忠荣因意外落水溺水死亡。事故经元觉街道办事处多次调解,未能达成调解协议。"元沙岗008"船至今处于闲置状态,双方庭审中均同意今后可协商连船带网整体变现,所得价款由双方平分;如不能整体变现的,网具先由双方平分,船只待另行处理后再平分所得价款。

另认定:庄忠荣与朱珠莲育有两女,其父母共有6名子女。

还认定:"元沙岗008"船已加入浙江省渔业互保协会。庄忠荣死亡后,其家属已领取保险赔款12万元。

三、法院裁判

宁波海事法院认为,庄忠荣与张孚喜以共有的"元沙岗008"船自2006年起共同从事近海蟹笼作业,构成个人合伙关系。庄忠荣在从事合伙事务中,意外落水死亡,被告张孚喜无过错,依法不承担过错赔偿责任。但根据《中华人民共和国侵权责任法》第24条和最高人民法院《关于个人合伙成员在从事经营活动中不慎死亡其他成员应否承担民事责任问题的批复》的规定,被告张孚喜应按实际情况对庄忠荣遗属予以适当补偿。综合因庄忠荣死亡造成5原告的经济损失、双方对事故的发生均无过错、渔船已参加渔业互保以及渔船收入情况等因素,酌情由被告补偿5原告7万元。原告的诉讼请求以此为限予以支持,超过部分不予保护。被告关于损失计算以及其不负过错赔偿责任的抗辩有理,予以采纳。此后,"元沙岗008"船可由双方按庭审中确认的方式协商处理。庄忠荣生前与张孚喜既为近邻,也系同伴,同舟共济,患难与共,实属不易。现庄忠荣出海生产作业意外落水死亡,张孚喜予其遗属适当补偿体恤,合法、合情、合理。悲剧已发,逝者不能复生,冲突再起,徒令生者不宁,既于事无补,也有伤和睦,实不足取。解纷息诉,相谅相让,斯是至理。

综上,依照《中华人民共和国侵权责任法》第24条和最高人民法院《关于个人合伙成员在从事经营活动中不慎死亡其他成员应否承担民事责任问题的批复》的规定,判决如下:

(1) 被告张孚喜应在本判决生效后10日内补偿原告朱珠莲、庄永奶、颜美香、庄乐丹、庄晓丹共7万元。

(2) 驳回原告朱珠莲、庄永奶、颜美香、庄乐丹、庄晓丹的其他诉讼请求。

2.3 海上人身损害赔偿

2.3.1 涉外海上人身伤亡损害赔偿案件最高赔偿额80万元的适用

[20] 原告宋秀英等与被告伊母莱特航运公司、绿洲航运管理公司海上人身伤亡损害赔偿纠纷案

案例来源:广州海事法院(2000)广海法汕字第42号
主题词:涉外海上人身伤亡　最高赔偿额

> **裁判要旨**
>
> **No. HS-2.3-1**　涉外海上人身伤亡损害赔偿案件,应当依照最高人民法院《关于审理涉外海上人身伤亡案件损害赔偿的具体规定(试行)》的规定,每人最高赔偿额为人民币80万元。

一、基本案情

原告：宋秀英、王正万、向仕妹、王羲娟、王羲霞、王羲花

被告：伊母莱特航运公司（EMARAT SHIPPING LIMITED，以下简称伊母莱特公司）

被告：绿洲航运管理公司（OASIS SHIP MANAGEMET LLC，以下简称绿洲公司）

6 原告诉称：2000 年 4 月 2 日，"惠来 41599"渔船在捕鱼回港途中遭受"迪拜钻石"（DUBAI DIAMOND）轮碰撞，渔船上 5 名船员落水，其中王天亮已死亡。被告伊母莱特公司为"迪拜钻石"轮的船舶所有人，被告绿洲公司为"迪拜钻石"轮的经营人，两被告对原告构成共同侵权，应对原告的损失承担连带责任。请求判令两被告赔偿原告：

（1）因王天亮死亡造成的收入损失 902 400 元；

（2）王天亮的个人财产损失 5 210 元；

（3）丧葬费 19 200 元；

（4）寻尸费、交通食宿费 15 500 元；

（5）精神损失费 200 000 元；

（6）利息损失 48 375 元。

上述赔偿额扣除被告伊母莱特公司已支付的 150 000 元后，两被告尚应赔偿原告 1 040 685 元，并承担本案诉讼费。

被告伊母莱特公司辩称：

（1）本案碰撞事故完全是由于"惠来 41599"轮的过失或过错引起的，"迪拜钻石"轮没有任何责任。

（2）原告诉讼请求中的各项赔偿额的计算没有事实和法律依据。有关赔偿应按照《道路交通事故处理办法》的规定处理。

绿洲公司辩称：绿洲公司不是"迪拜钻石"轮船东，对原告所称的碰撞事故和王天亮死亡一事不负任何责任。其他答辩理由与伊母莱特公司相同。

二、法院查明事实

广州海事法院认定以下事实：

1. 关于原告提供的《劳动合同书》的真实性

该合同记载，王天亮于 1999 年 8 月 12 日与"惠来 41599"渔船船长张汉金签订上述劳动合同，受聘到"惠来 41599"渔船打工，每月工资 3 200 元；合同有效期从 1999 年 8 月 12 日起至 2002 年 8 月 12 日止；合同双方分别由王天亮和张汉金署名，王天亮加按了指模。被告对该证据的真实性提出异议，认为王天亮的工资与事实不符，合同是虚假的，并提供了广东省统计局信息中心出具的关于惠来县 1999 年农民人均年收入为 2 703.53 元、汕头市 1999 年城镇居民年人均可支配收入为 8 583.39 元的证明作为反证。同时，两被告申请广州海事法院将上述劳动合同提交司法鉴定，并请求传唤雇主张汉金出庭作证。庭审中，张汉金作为证人出庭作证，确认其与王天亮签订上述合同

的事实,并证实合同是由他人代王天亮签名的,并由王天亮本人亲自在合同上加按指模。渔监惠来大队出具的证明记载,该县多数渔船的船东采用合同形式雇佣船员,船员工资约为2 800元至3 500元,王天亮月工资为3 200元属实。合议庭认为,两被告提供的由广东省统计局出具的两份证明与上述《劳动合同书》的真实性没有关联;在合同上加按指模的王天亮已死亡,被告又未提供证明上述合同虚假的证据,其主张将合同提交司法鉴定缺乏依据;作为上述合同一方当事人的张汉金已出庭证明合同的真实性,惠来渔监大队作为渔船的行政主管机关出具的证明可以作为旁证,被告没有相反的证据予以推翻,应认定上述《劳动合同书》的真实性。

2. 关于原告人身伤亡损失的赔偿范围和数额

依照最高人民法院《关于审理涉外海上人身伤亡案件损害赔偿的具体规定(试行)》的规定,此次碰撞事故中死者的人身伤亡赔偿包括收入损失、安抚费、丧葬费和其他必要费用。

(1) 收入损失。原告主张按照《劳动合同书》的约定确定。王天亮每月收入损失为3 200元,并将退休年龄计算到60岁,60岁至70岁的退休收入按王天亮生前月工资年收入的70%乘以10计算。被告提出异议,认为原告在收入损失的计算中将退休年龄计算至60岁与实际情况不符;农业人员不存在退休收入,原告以其所称月收入3 200元来计算退休收入不合理。合议庭认为,收入损失应根据死者生前的综合收入平均计算。死者王天亮生前收入每月工资3 200元,扣除王天亮个人生活费(按年收入30%计算)后,计算出其在60岁以前的收入损失为564 480元;以死者王天亮生前月工资收入的70%计算退休损失,计算至70岁的退休收入损失为268 800元。收入损失共计833 280元。

(2) 安抚费。6原告主张精神损失赔偿20万元。两被告提出异议,认为我国法律尚无明文规定精神损失,虽然法院可以酌情考虑安抚费,但原告所主张的20万元太高。惠来县神泉镇神渔村民委员会出具的证明记载,宋秀英因丧夫悲伤过度、精神痴呆。经查:宋秀英以农为业,经济主要来源依靠王天亮,现负担全家6口人的生活,经济极其困难;王正万、向仕妹现年分别64岁、65岁,已基本丧失劳动能力,晚年丧子给其造成严重的精神痛苦;王羲娟、王羲霞、王羲花年仅18岁、11岁、8岁,幼年失去父亲的抚养,造成其今后成长所面临的心理创伤。合议庭认为,王天亮的死亡给其6位遗属造成严重的精神痛苦,对死者遗属补偿安抚费每人10 000元,共60 000元。

(3) 丧葬费。王天亮尸体找到后,原告称其按当地渔民风俗为死者设冢安葬,为此主张丧葬费19 200元。原告提供了购买地皮费11 500元、棺材费5 100元、运尸费2 600元的"零星支出证明"白条。两被告提出异议,认为原告提供的支付丧葬费的证据不充分,请求丧葬费缺乏依据。合议庭认为,原告提供的证据是白条,两被告均没有提供相反的证据予以反驳,应予确认。原告请求的丧葬费数额没有超出死者生前6个月的收入总额,应予认定。

(4) 其他必要的费用。为寻找王天亮尸体,6原告主张其支出了寻尸费12 000元及奔丧食宿、交通费3 500元。原告提供的由渔监惠来大队出具的证明记载,为寻找失踪的3名船员,"渔监968"轮、两艘快艇及4艘渔船到事故现场搜寻,发现并打捞了王天亮、吴四川的尸体,收取费用共计4万元已付给搜寻的船艇。原告提供的由惠来渔监大队向张汉金出具的收据记载,张汉金向惠来渔监大队支付了寻尸费4万元(其中12 000元为寻找王天亮尸体的费用)。原告提供的"零星支出证明"白条记载,张汉金为宋秀英支付交通食宿费3 500元。两被告提出异议,认为渔监对事故现场进行搜寻属行政行为,不应另行收费,且各项费用支付的证据不充分,不足以采信。合议庭认为,寻找尸体、遗属的交通、食宿等费用的发生是必要的,原告提供的寻尸费、交通食宿费证据所证明为寻找王天亮尸体而支出的费用共计15 500元合理,应予认定。

3. 关于原告请求的财产损失

原告请求赔偿死者吴四川出海时携带手表1块、金项链1条共计金额5 210元的证据不足,合议庭不予认定。关于原告请求的利息损失。6原告请求人身伤亡赔偿的利息损失48 375元缺乏法律依据,合议庭不予认定。

三、法院裁判

广州海事法院认为,本案属船舶碰撞引起的涉外人身伤亡损害赔偿纠纷,侵权行为实施地及损害结果发生地均在中国境内,应适用中国法律处理。

依据《中华人民共和国海商法》第169条第3款的规定,对于船舶碰撞造成第三人的人身伤亡赔偿,互有过失的船舶应负连带赔偿责任。作为死者王天亮遗属的6原告有权就王天亮的死亡选择向"迪拜钻石"轮的船舶所有人请求人身伤亡损害赔偿。伊母莱特公司作为"迪拜钻石"轮的船舶所有人,应当对碰撞事故造成王天亮死亡承担赔偿责任。原告认为被告绿洲公司作为"迪拜钻石"轮的经营人,应承担"迪拜钻石"轮碰撞事故责任的理由不充分,不予支持。

本案的主体具有涉外因素,应当依照最高人民法院《关于审理涉外海上人身伤亡案件损害赔偿的具体规定(试行)》的规定,确定损害的赔偿范围和数额。两被告主张按照国务院《道路交通事故处理办法》规定处理的理由不成立,不予支持。6原告依法应获得的人身伤亡损害赔偿金额合计为927 980元,但涉外海上人身伤亡损害赔偿的最高赔偿额为800 000元,故确认死者王天亮的死亡赔偿额为800 000元。6原告已收取被告伊母莱特公司提供的现金担保150 000元,应在死亡赔偿额中作相应扣减。依照《中华人民共和国海商法》第169条第3款的规定,判决如下:

(1)被告伊母莱特航运公司向原告宋秀英、王正万、向仕妹、王羲娟、王羲霞、王羲花支付王天亮死亡赔偿金650 000元;

(2)驳回6原告对被告绿洲航运管理公司的诉讼请求。

21 原告俞小洪与被告巴拿马古德吉尔航运股份有限公司海上人身损害赔偿纠纷案

案例来源:宁波海事法院(1999)甬海事初字第 55 号
主题词:人身伤害　引航员　涉外海上人身伤亡　最高赔偿额

> **裁判要旨**
>
> **No. HS-2.3-2**　外国籍船舶进出我国港口,必须由主管机关指派引航员引航。对外轮进出国内港口实行强制引航制度,由于船方没有尽到《1974 年国际海上人命安全公约》规定的义务,对引航员登船安全防范措施没有尽到谨慎处理,致使引航软梯断裂而使引航员遭受严重伤害,且船方不能证明引航员对引航软梯断裂及自身受伤害有过错,船方应负赔偿责任。
>
> **No. HS-2.3-3**　即使船方和港务局的共同侵权行为成立,共同侵权者应负连带责任,也不妨碍受害人选择任何一方要求其赔偿全部损失。
>
> **No. HS-2.3-4**　1992 年施行的最高人民法院《关于审理涉外海上人身伤亡案件损害赔偿的具体规定(试行)》规定了涉外人身伤亡的最高赔偿限额为 80 万元。但是,从 1992 年至 1999 年,我国的物价指数发生了重大变化,医疗费用也是增加迅速。而且,1993 年施行的《中华人民共和国海商法》对海上人身伤亡的最高赔偿限额有专门的规定。因此法院应根据受害人的实际损失判令赔偿数额。

一、基本案情

原告:俞小洪

被告:巴拿马古德吉尔航运股份有限公司(Goodhill Navigation, S. A., Panama,以下简称古德航运公司)

原告俞小洪诉称:1999 年 3 月 29 日上午,宁波港务局下属的非独立核算经营单位宁波港引航管理站根据被告古德航运公司所属并经营的"春天商人"轮(SPRING TRADER)船长的请求,指派本人及沈勇二引航员为其提供引水服务。3 月 29 日 10:34 时,我们乘坐的"甬港引 1 号"艇从"春天商人"轮左边过船尾后平稳抵靠该轮的右舷。当时海面风平浪静,"春天商人"轮的驾驶台前部右侧放置引航软梯,软梯处于"甬港引 1 号"艇左舷中后侧,其末端略高出艇舷舷墙。"甬港引 1 号"艇经船方确认靠妥后,沈勇先上软梯至 2.5 米左右,本人随后平稳踏上软梯后,该引航软梯却突然断裂,沈勇从高处摔落到本人身上,软梯砸向沈勇头部后落入海中,本人则重重跌压在"甬港引 1 号"艇的舷墙上,当场昏迷。"甬港引 1 号"艇根据宁波港务局指令立即返航并派人将原告送往医院急救。后本人经宁波、上海、北京等著名医院抢救治疗,现病情虽基本得到控制,但系外伤性 T11、12 脱位等器质性致残,已确诊为终身截瘫,完全丧失生活自理能力,并且即使继续长期住院治疗仍很有可能诱发其他肾肝内脏器官病变。"春天商人"轮软梯断裂导致本人身体伤残的事故完全是由于被告及其所属的"春天商人"轮违反《1974 年国际海上人命安全公约》等有关法律规定与良好船艺的基本要求、装备及保养软梯不合格并且又未遵循引航软梯所特需的相应操作规程等一系列重大过失所直接导致,理当承担全部赔偿责任。为此,诉请法院,要求判令被告承担因其所属的"春天商人"轮引航软梯断裂造成原告受伤致残的收入损失、医疗费、继续治疗费、护理费、残疾用具费、交通费、住宿费、精神损失费、营养费、律师费等经济损失 680 万元人民币(以下均指人民币),承担本案的全部诉讼费用与法律费用。该案在审理过程中,原告的诉讼请求变更为 7 593 761.30 元。

被告古德航运公司辩称:原告在攀登引航软梯过程中,由于引航软梯末端被宁波港务局下属宁波港引航管理站所属的"甬港引 1 号"艇靠船一侧的轮胎靠把压到"春天商人"轮船舷上,又被引航艇自重下拉,引航软梯受到由此产生的意外拉力影响发生断裂,致使正在登梯的原告和另一位引航员跌到引航艇左舷侧受伤。引航软梯断裂的原因有诸多方面,其中,"甬港引 1 号"艇操作不当是本次事故的根本原因。因此,应将宁波港务局作为本案的被告,故请求宁波海事法院依法追加宁波港务局为本案的共同被告。原告提供的证据材料所证明的损失与索赔的金额不能完全对应,数次提供的损失证据前后不一,自相矛盾,许多损失项目于法无据。就其诉讼请求总额来看,显然与最高人民法院《关于审理涉外海上人身伤亡案件损害赔偿的具体规定(试行)》第 7 条关于"海上人身伤亡损害赔偿的最高限额为每人 80 万元人民币"的规定相悖。请求法院依法裁判。

二、法院查明事实

宁波海事法院认定以下事实:

1999 年 3 月 28 日,中国外轮代理宁波公司受被告古德航运公司的委托,向宁波口岸主管机关提出被告所属的国际航行船舶"春天商人"轮[1989 年建造,钢质杂货船,注册港口巴拿马,注册船东 GOODHILL NAVIGATION, S. A. ,租船人 EASTERN CAR LINER,长 115.02 米,宽 19.20 米,深(上层甲板)13.40 米,夏季吃水 7.368 米,总吨 7 624 吨,净吨 2 843 吨,载重吨 8 242 吨,工作航速 13.8 节,最大航速 16.45 节]进宁波港装货申请。经宁波口岸主管机关准允,该轮计划于 1999 年 3 月 29 日到宁波港集装箱码头装货。1999 年 3 月 29 日上午,"春天商人"轮与宁波港务局联系,定于 10:30 时左右在北仑电厂码头附近海域接引航员上船引航。10:34 时,原告俞小洪和沈勇乘坐的"甬港引 1 号"艇驶抵北纬 29°58′、东经 121°50′海域,从"春天商人"轮左舷过船尾后并靠该轮的右舷驾驶台前部放置引航软梯处。当时,该海域偏东风 5.6 米/秒,轻浪,高潮过后 1 小时。先由沈勇登引航软梯,在其登上 2.5 米左右,然后由原告登上该软梯。此时,该引航软梯的绳索却突然断裂,沈勇从高处摔落到业已登梯的原告身上,使原告跌压在"甬港引 1 号"艇的舷墙上而受伤。事故发生后,"甬港引 1 号"艇即返航护送原告到市三院抢救。1999 年 4 月 11 日,经市三院出院诊断为 T11—12 压缩性骨折、脱位、截瘫,双侧胸腔积液,右第七、八肋骨骨折,右肾挫伤。1999 年 4 月 12 日至 2000 年

1月26日,原告先后转到长征医院、鄞县人民医院、李惠利医院、北京博爱医院等医院住院治疗,但由于医疗条件的限制无法治愈,出院后需长期服用抗炎药物、定期体检,以防止并发症的发生。2000年7月7日,原告经宁波市劳动鉴定委员会鉴定为二级伤残,生活不能自理,大部分依赖护理。宁波海事法院确认,原告为治疗已发生的医疗费、残疾用具费、护理费、营养费、差旅费等计291 082.10元,继续治疗费为1 686 400.80元,出院后护理费240 320元,收入损失为1 367 778.63元。

三、法院裁判

宁波海事法院认为,根据《中华人民共和国海上交通安全法》第13条的规定,本案中被告所属的"春天商人"轮系外国籍船舶,进出我国宁波港,必须由主管机关指派引航员引航。对外轮进出国内港口实行强制引航制度,被世界各国普遍采纳,也符合《联合国海洋法公约》的立法精神。按照1995年《国际航行船舶进出中华人民共和国口岸检查办法》第6条的规定,船方或其代理人应当在船舶预计抵达口岸前,填写《国际航行船舶进口岸申请书》,报请抵达口岸的港务监督机构审批。本案中被告的船舶代理人中国外轮代理宁波公司向宁波港务监督提交了《国际航行船舶进口岸申请书》,表明愿意接受强制引航。原告受宁波港务局指派,乘坐"甬港引1号"艇驶向"春天商人"轮之时,原告开始执行引航任务。原告是在"甬港引1号"艇靠拢"春天商人"轮后,踏上了被告所属船舶的引航软梯且在攀登过程中,由于被告没有尽到《1974年国际海上人命安全公约》第五章第17条规定的义务,对引航员登船安全防范措施没有尽到谨慎处理,致使原告因被告所属的"春天商人"轮的引航软梯断裂而遭受严重伤害,且被告不能证明原告对引航软梯断裂及自身受伤害有过错,故被告应对原告所遭受的损害负责。被告抗辩,原告受伤时,宁波港务局所属的"甬港引1号"艇尚未将原告送至被告的"春天商人"轮,即宁波港务局与被告之间的合同尚未开始履行的理由不足,不予支持。假使,如被告古德航运公司认为原告受伤是由于宁波港务局的共同侵权行为所致的抗辩理由成立,根据《中华人民共和国民法通则》第130条的规定,作为共同侵权者应负连带责任。但这并不妨碍原告根据《中华人民共和国民法通则》第87条的规定,有权选择任何一方要求其赔偿全部损失,当然连带责任的一方赔偿全部损失后有权要求其他负有连带义务的人偿付他应当承担的份额。本案原告选择向被告古德航运公司要求因伤害而遭受的全部损失予以赔偿,符合法律规定,应予准许。至于宁波港务局是否构成对原告的共同侵权并不影响本案的审理,故对被告对此的抗辩不予支持。

根据《中华人民共和国民法通则》第119条的规定,侵害公民身体造成伤害的,应当赔偿医疗费、因误工减少的收入、残疾者生活补助费等费用。本案原告受伤后虽经治疗,但终身截瘫,今后仍需继续治疗,继续治疗费用是必需的,属该法条规定的赔偿范围。因而,原告由于该起事故而产生的医疗费用、护理费用、差旅费用、收入损失及继续治疗费用等诉请的合理部分予以支持。而《关于贯彻执行〈中华人民共和国劳动法〉若干问题的意见》第53条规定,劳动法中的"工资"是指用人单位依据国家有关规定或劳动合同的约定,以货币形式直接支付给单位劳动者的劳动报酬,一般包括计时工资、计件工资、奖金、津贴和补贴、延长工作时间的工资报酬以及特殊情况下支付的工资等。单位支付给劳动者个人的社会保险福利费用、劳动保护方面的费用及按规定未列入工资总额的各种劳动报酬等虽不属于工资范围,但均是劳动收入范围。综上,本案中原告的工资、津贴、船岸差、伙食补贴、三产奖、引航特别奖、速遣奖、冷饮费、口岸办奖等均属其劳动收入,应予以保护。

对于原告主张人民币100万元的精神损失费的请求,《中华人民共和国民法通则》和《中华人民共和国海商法》虽没有明确对精神损害赔偿作出规定,但目前,在我国司法实践中,《中华人民共和国民法通则》第119条所规定的侵害公民身体造成伤害的赔偿范围事实上已包括了精神损害赔偿。而且,《关于确定民事侵权精神损害赔偿责任若干问题的解释》(法释〔2001〕7号)明确规定了精神损害可予以赔偿。鉴于本案原告是二级引航员,年仅38岁,就遭受终身截瘫,不能享受健康人的正常生活,且要承受肉体上和精神上的双重痛苦。精神损害难以用金钱计算其损失价值,但予以适当的金钱赔偿,可以抚慰受害人的感情,平复其精神创伤。综上,本案中原告有权请求精神损害赔偿,根据原告职业和伤残程度、当地生活水平以及被告的履行能力等综合因素,认定被告赔偿原告的精神损失费为10万元。

原告方为索赔成功而支出的合理的律师费理应予以支持,由于原告没有提供约定律师费的合同及实际支付的相应证据,故不予保护。

1992年施行的《关于审理涉外海上人身伤亡案件损害赔偿的具体规定(试行)》,是最高人民法院根据《中华人民共和国民法通则》,结合当时的物价水平、工资收入等情况作出最高赔偿限额为80万元的司法解释应是合理的,对各级法院审理涉外海上人身伤亡案件均有指导意义。但是,从1992年至1999年,我国的物价指数发生了重大变化,医疗费用也是增加迅速。而且,1993年施行的《中华人民共和国海商法》对海上人身伤亡的最高赔偿限额有专门的规定。综上,就本案而言,原告的损失已远远超过了80万元的限额,被告应根据实际损失予以赔偿。

综上,依照《中华人民共和国民法通则》第142条、第146条第1款、第106条第2款、第119条,《中华人民共和国民事诉讼法》第243条规定,判决:

(1)被告巴拿马古德吉尔航运股份有限公司(Goodhill Navigation,S. A.,Panama)赔偿原告俞小洪医疗费、差旅费、护理费、营养费、继续治疗费、收入损失、精神损失费等经济损失计人民币3 685 581.53元。此款于本判决生效之日起10日内履行完毕。

(2)驳回原告俞小洪的其余诉讼请求。

2.3.2 受诉法院所在地的确定

22 上诉人天津开行海运有限公司与被上诉人于新珍等海上人身损害赔偿纠纷案

案例来源:山东省高级人民法院(2010)鲁民四终字第9号
主题词:人身伤害　雇佣关系　受诉法院所在地

> **裁判要旨**
>
> **No. HS-2.3-5**　船员在已是一公司的正式职工,双方存在劳动合同关系的情况下,又临时到另一公司工作,但未签订劳动合同,法院认定就此临时工作不存在劳动合同关系。因该公司不能为其缴纳社会保险,其不能从保险基金中享受各种待遇,法院判决该公司对其死亡按最高人民法院《关于审理人身损害赔偿案件适用法律若干问题的解释》关于雇佣关系的规定予以赔偿。
>
> **No. HS-2.3-6**　最高人民法院《关于审理人身损害赔偿案件适用法律若干问题的解释》第29条规定的按照受诉法院所在地上一年度城镇居民人均可支配收入或者农村居民人均纯收入标准计算人身伤亡的各种损失,海事法院的主要办事机构(总部住所地)所在地即为受诉法院所在地。

一、基本案情

上诉人(原审被告):天津开行海运有限公司(以下简称开行公司)

被上诉人(原审原告):于新珍、李艺、李式和、葛梅香

青岛海事法院认定:2008年1月20日,开行公司所有并经营的"上源"轮在东营海域遇大风沉没,该轮大副李卫东在事故中失踪。2008年8月16日,该院依法作出(2008)青海法烟宣字第9号民事判决书,宣告李卫东死亡。开行公司与李卫东之间没有签订过劳动合同。开行公司在庭审中陈述,李卫东在开行公司工作期间,有另外一单位为其缴纳社会保险费用,所以开行公司无法再为其缴纳社会保险。另查明,李卫东,男,汉族,生于1967年11月10日,生前住烟台市芝罘区福源路202号内5号,户籍关系在烟台市公安局幸福派出所,属城镇居民。李式和系李卫东之父,生于1940年12月2日,属农业户口;葛梅香系李卫东之母,出生于1940年10月25日,属农业户口;李式和与葛梅香有3个儿子:长子李存青,生于1965年4月21日;二子李卫东;三子李卫革,生于1970年4月4日。于新珍系李卫东之妻,李艺系李卫东之女,属城镇居民。开行公司对于新珍、李艺、李式和、葛梅香主张的丧葬费10709元、被扶养人李式和的生活费18944元、被扶养人葛梅香的生活费18549.33元没有异议。涉案事故发生后,于新珍、李艺、李式和、葛梅香为处理相关事宜支出差旅费3449.3元,开行公司已支付相关费用5000元。于新珍、李艺、李式和、葛梅香请求法院判令开行公司赔偿人身伤亡损失483931.63元,并由开行公司承担本案诉讼费、保全费等有关费用。

二、一审裁判

青岛海事法院认为,本案系海上人身损害赔偿纠纷,双方争议的焦点问题有两个:一是开行公司的赔偿责任问题;二是开行公司的赔偿数额问题。

关于开行公司的赔偿责任问题。于新珍、李艺、李式和、葛梅香主张,李卫东与开行公司之间是雇佣关系。开行公司主张,虽然双方没有签订劳动合同,开行公司也没有为李卫东缴纳社会保险费用,但双方存在事实劳动关系,李卫东享受劳动保险待遇,本案应先进行劳动仲裁。青岛海事法院认为,本案属于船舶遇险沉没造成船员伤亡而引发的海上人身损害赔偿纠纷,山东省高级人民法院在(2008)鲁民辖终字第229号民事裁定中也对此作出了认定。李卫东与开行公司之间既没有签订劳动合同,开行公司也没有为李卫东缴纳过社会保险费用,而且开行公司也认可有另一单位为李卫东缴纳社会保险费用,该单位与李卫东之间应存在劳动合同关系。一个人不可能与两个单位同时存在劳动合同关系,因此,应认定开行公司与李卫东之间为雇佣合同关系。根据最高人民法院《关于审理人身损害赔偿案件适用法律若干问题的解释》第11条第1款之规定,李卫东受雇期间因开行公司所属船舶遇险沉没而死亡,开行公司作为其雇主依法应承担相应的人身损害赔偿责任。

关于赔偿数额问题。对于新珍、李艺、李式和、葛梅香主张的丧葬费10 709元、被扶养人李式和的生活费18 944元、被扶养人葛梅香的生活费18 549.33元开行公司没有异议,应予支持;关于死亡赔偿金,根据最高人民法院《关于审理人身损害赔偿案件适用法律若干问题的解释》第29条的规定,按照受诉法院所在地青岛市2007年城镇居民可支配收入标准17 856元计算20年,数额为357 120元;关于被抚养人李艺的生活费,根据最高人民法院《关于审理人身损害赔偿案件适用法律若干问题的解释》第28条的规定,按照青岛市2007年城镇居民人均年生活消费支出标准13 376元,从2008年8月16日计算至满18周岁再除以2,数额为46 816元;加上差旅费3 449.30元,以上总计455 587.63元。对于于新珍、李艺、李式和、葛梅香主张的精神损害抚慰金,青岛海事法院认为此项请求缺乏事实和法律依据,因此不予支持。

综上,开行公司应赔偿于新珍、李艺、李式和、葛梅香总额455 587.63元。扣除开行公司已支付的5 000元,开行公司还应赔偿450 587.63元。依照《中华人民共和国民法通则》第106条的规定,判决:

(1)开行公司于本判决生效之日起10日内一次性再向于新珍、李艺、李式和、葛梅香赔付450 587.63元;

(2)驳回于新珍、李艺、李式和、葛梅香的其他诉讼请求。

三、上诉与答辩

上诉人开行公司不服原审判决,上诉称:

(1) 青岛海事法院认定事实错误，上诉人与李卫东系劳动关系而非雇佣关系。根据《中华人民共和国劳动合同法》的规定，企业与自然人间的关系可能是劳动关系和承揽关系，而不可能是雇佣关系，雇佣关系只存在于自然人与非企业之间。当前劳动合同关系包括固定期限合同、无固定期限合同、以完成一定工作任务为期限的合同，三种合同关系已经包括了除承揽关系之外的企业与自然人间的所有劳动关系。企业与自然人间的承揽关系是自然人作为承揽人向企业交付工作成果，而不接受企业的管理。本案中，李卫东与上诉人间的关系很明显是自然人与企业间的关系，李卫东接受企业的管理，提供劳动，双方是劳动关系，而非承揽关系，雇佣关系更是无从谈起，应适用劳动关系方面法律调整。

(2) 青岛海事法院认定雇佣关系的事实不存在。首先，上诉人为李卫东上不上保险、签不签劳动合同都不影响劳动关系的成立。保险、劳动合同是确立劳动关系的要件之一，并不是全部要件，不能说没有上保险就不成立劳动关系。上诉人认为只要企业用工，就形成了劳动关系，至于社会保障问题是劳动关系确立后对职工权益的保障，而不是认定劳动关系成立的依据。其次，上诉人认为可能有其他单位为李卫东上保险不属于自认事实。当事人自认的事实应该是其自身经历或知道的，而李卫东是否由其他单位上了保险，上诉人无从知晓，也没有办法调查。故对李卫东可能由其他单位上了保险的假设是没有能力进行考证的，也就不应成为自认的事实，目前李卫东是否由其他单位缴纳了社会保险尚属待证事实。第三，原审判决认为一个人不能与两个单位同时存在两个劳动合同关系而推导出上诉人与李卫东是雇佣关系错误。根据《关于实施〈工伤保险条例〉若干问题的意见》第1条的规定："职工在两个或两个以上用人单位同时就业的，各用人单位应当分别为职工缴纳工伤保险费。职工发生工伤，由职工受到伤害时其工作的单位依法承担工伤保险责任。"一个人可以同时在两个单位就业，并成为其职工，同时享受工作待遇。

(3) 上诉人与李卫东系劳动关系而非雇佣关系，青岛海事法院事实认定错误，法律适用当然错误。

(4) 劳动争议案件适用劳动仲裁前置程序，本案属于劳动争议纠纷，应先劳动仲裁，故青岛海事法院无管辖权。

被上诉人于新珍、李艺、李式和、葛梅香辩称：

(1) 青岛海事法院认定上诉人与李卫东之间是雇佣关系正确。首先，2007年底，李卫东受上诉人临时雇佣在上源轮担任大副，上诉人既未与其签订劳动合同，亦没有按劳动合同的要求履行应负的义务，也就是说，李卫东与上诉人之间的关系不具备劳动关系应具备的必备要件，不成立劳动关系，只成立雇佣关系。并且，李卫东生前与中国水产烟台海洋渔业公司签订劳动合同，劳动关系一直存续至其失踪、死亡。在未与原用人单位解除劳动合同的情况下，李卫东不可能与上诉人建立劳动关系。其次，上诉人引用《中华人民共和国劳动合同法》的相关规定说明李卫东与其只能成立劳动关系,忘记了其雇佣李卫东时《中华人民共和国劳动合同法》尚未生效,不能适用于本案的事实。再次,上诉人雇佣李卫东时为减轻负担,不与其签订劳动合同并承担缴纳社会保险金等义务;沉船事故发生后,为减轻对李卫东失踪、死亡的赔偿责任,又极力主张与其是劳动关系,此种行为法律不容。

(2)原审判决在正确认定上诉人与李卫东之间是雇佣关系的前提下,依据最高人民法院《关于审理人身损害赔偿案件适用法律若干问题的解释》的规定确定上诉人的赔偿责任,适用法律正确。

(3)山东省高级人民法院的生效裁定已经确认了青岛海事法院对本案的管辖权,上诉人以此为由提起上诉,理由不成立。总之,原审判决认定事实清楚,证据充分,适用法律正确,程序合法。上诉人的上诉理由不成立。二审法院应驳回上诉。

四、二审裁判

山东省高级人民法院查明:李卫东生前系中国水产烟台海洋渔业公司的职工,两者之间存在劳动关系,其他事实与青岛海事法院认定的事实基本一致。山东省高级人民法院认为,本案双方争议的焦点是李卫东与开行公司之间工作的性质。开行公司主张两者之间存在劳动关系,主要理由是用人单位系企业,个人与企业之间只能是劳动关系,雇佣关系只发生在自然人与非企业之间。被上诉人认为《中华人民共和国劳动合同法》生效前,个人与企业只有签订劳动合同才能是劳动关系,李卫东与中国水产烟台海洋渔业公司之间存在劳动关系,李卫东与上诉人之间没有劳动合同,就不存在劳动关系。李卫东生前是中国水产烟台海洋渔业公司的正式职工,存在劳动合同关系。中国水产烟台海洋渔业公司给李卫东缴纳社会保险费,李卫东按规定享受职工的各种待遇。而李卫东临时到开行公司工作,开行公司不能为李卫东缴纳社会保险费,李卫东就不能从保险基金中享受各种待遇。李卫东与开行公司之间没有签订劳动合同,就不存在劳动合同关系,开行公司对李卫东的死亡应按最高人民法院《关于审理人身损害赔偿案件适用法律若干问题的解释》的规定予以赔偿。故青岛海事法院关于上诉人与李卫东之间不存在劳动关系的认定并无不当。关于管辖权问题,山东省高级人民法院已裁定驳回了开行公司的主张。

综上所述,上诉人上诉理由不成立,山东省高级人民法院不予采纳。原审判决认定事实清楚,适用法律正确,处理得当,应予维持。根据《中华人民共和国民事诉讼法》第153条第1款第(一)项的规定,判决如下:

驳回上诉,维持原判。

23 上诉人陈婉风等与被上诉人蔡文林等海上人身损害赔偿纠纷案

案例来源:福建省高级人民法院(2010)闽民终字第555号
主题词:人身伤害　船舶过户登记手续　赔偿责任　受诉法院所在地

裁判要旨

No. HS-2.3-7　渔船转让之中受让人未付清全款,双方未办理船舶过户登记手续,但登记不是船舶转让的生效要件,登记与否对船舶转让行为是否具有对抗效力产生影响,并不影响船舶所有权的转移。渔船船舶实际所有人担任船长驾驶船舶时发生碰撞,其应对碰撞事故承担责任。船舶转让人非船舶所有人,不应承担赔偿责任。

No. HS-2.3-8　厦门海事法院系专门法院,并非依据行政区划设立的地方法院。死者为东山县铜陵镇居民,原审判决以福建省有关经济统计数据计算"受诉法院所在地"的赔偿金额是正确的。

一、基本案情

上诉人(原审原告):陈婉风、黄维一、黄剑源
上诉人(原审被告):林文龙
被上诉人(原审被告):蔡文林
原审被告:东山县铜陵镇第九渔业公司(以下简称第九渔业公司)

厦门海事法院原审查明:"1988"轮登记所有人为被告蔡文林。2009年8月1日,被告蔡文林与被告林文龙口头协议约定:蔡文林将该轮以140万元的价格转让给林文龙经营,2009年燃油补贴款由蔡文林领取,该船此后发生所有事务由林文龙负责,与蔡文林无关。因林文龙仅支付1/3购船款项,故该轮尚未向登记机关办理过户手续。"10184"轮(边防部门发证)系死者黄顺来所有并驾驶。船体为泡沫木板综合结构,主推进器为小挂机。黄顺来,男,1954年7月生,系原告陈婉风之夫,原告黄维一、黄剑源之父。原告黄维一在东山本地捕鱼为业,原告黄剑源在厦门顺丰快递公司工作。2009年8月20日下午,"1988"轮离开澎湖港返回东山港。8月21日凌晨4时30分左右,该轮航行至东山东门屿前门以南海域,当班驾驶的船长被告林文龙及大副黄迎春发现挂机木筏倒扣在海面,随后经搜寻发现死者黄顺来尸体,经召集其他在舱内休息的船员,把尸体打捞上船。林文龙同时电话联系其二哥,由其二哥汇报第九渔业公司并向东山县城关边防派出所报案。当日5时50分左右,铜陵"善堂"将尸体从"1988"轮上接走,用小船送到南门码头停尸亭。

二、一审裁判

厦门海事法院认为,本案是一起船舶碰撞引起的海上人身伤亡损害赔偿纠纷。被

告林文龙驾驶的"1988"轮与黄顺来驾驶的"10184"轮发生碰撞,导致黄顺来死亡。其中小挂机船未配备并显示任何号灯进行夜航,违反了《1972年国际海上避碰规则》第23条规定;未取得任何合法有效的船舶证书,违反了《中华人民共和国渔港水域交通安全管理条例》第13条的规定;驾驶员黄顺来未持有渔业船舶职务船员证书,违反了《中华人民共和国渔港水域交通安全管理条例》第14条的规定;当时两船态势为交叉相遇,小船为让路船,但未采取有效的避让措施,违反了《1972年国际海上避碰规则》第17条的规定;小挂机船应对事故负主要责任。"1988"轮进港时还采用全速行驶,违反了《1972年国际海上避碰规则》第6条关于安全航速的规定;未保持正规瞭望,没有及时发现小挂机船,违反了《1972年国际海上避碰规则》第5条的规定;"1988"轮应对事故负次要责任。考虑到"10184"轮无号灯夜航在航道生产作业,即使"1988"轮保持正规瞭望也很难及时发现,是导致碰撞的主要原因,因此原审法院酌定"10184"轮对事故承担70%的碰撞责任,"1988"轮承担30%的碰撞责任。

根据最高人民法院《关于审理船舶碰撞纠纷案件若干问题的规定》第4条的规定,船舶碰撞产生的赔偿责任由船舶所有人承担。本案中被告蔡文林虽然是"1988"轮的登记所有人,但其在事故前已经将船转让给被告林文龙,且已实际交付被告林文龙。虽然因为被告林文龙未付清全款,双方未办理过户登记,不能对抗善意第三人。但根据《中华人民共和国物权法》的规定,"1988"轮所有权已经转移给了被告林文龙。因此原告主张被告蔡文林与林文龙是"1988"轮的共有人与法律规定不符。被告林文龙是"1988"轮的实际所有人,且在本次事故中担任船长驾驶"1988"轮,在其当班时发生碰撞,应对"1988"轮营运过程中发生的事故承担责任。被告蔡文林非船舶所有人,对"1988"轮营运没有支配权也没有利益,不应承担本次事故的赔偿责任。被告蔡文林、林文龙在申请追加第九渔业公司为共同被告时,声称"1988"轮系挂靠第九渔业公司,并提供第九渔业公司收取费用的凭证。但经庭审,原告及被告蔡文林、林文龙均无法提供挂靠关系的其他证据,而收款凭证写明系服务费。因此原审法院认为认定"1988"轮挂靠第九渔业公司证据不足。原告主张被告第九渔业公司对事故承担连带赔偿责任不予支持。因原审法院系专门法院,并非依据厦门市的行政区划设立的地方法院,且死者生活、劳动均在东山县,三原告均为东山县铜陵镇居民,原告主张按厦门市2008年度统计数据计算不妥,应按福建省2009年度有关统计数据计算。由于死者黄顺来在本次事故中负主要责任,根据《中华人民共和国民法通则》第131条的规定,可以减轻被告林文龙的赔偿责任。被告林文龙承担30%的赔偿责任。据此,判决如下:

(1)被告林文龙应于判决生效之日起10日内赔偿原告陈婉风、黄维一、黄剑源丧葬费4 299.9元、死亡补偿费117 462元、精神损害赔偿金15 000元、财产损失4 245元;

(2)被告林文龙应于判决生效之日起10日内赔偿原告陈婉风生活费26 902元;赔偿原告黄维一交通费60元、误工损失491.05元;赔偿原告黄剑源误工损失454.39元;

(3)驳回三原告其他诉讼请求。

如果未按本判决指定的期间履行给付金钱义务,应当依照《中华人民共和国民事诉讼法》第229条的规定,加倍支付迟延履行期间的债务利息。

本案案件受理费 7 142 元,原告陈婉风、黄维一、黄剑源负担 3 092 元,被告林文龙负担 4 050 元;保全费 1 520 元,原告陈婉风、黄维一、黄剑源负担 239 元,被告林文龙负担 1 281 元。

三、上诉与答辩

原审宣判后,陈婉风、黄维一、黄剑源不服,向福建省高级人民法院提起上诉称:

(1) 原审酌定受害人黄顺来驾驶的"10184"号轮承担本案 70% 的民事赔偿责任明显过高,且有违客观公平公正。

(2) 原审判决采用福建省 2009 年的相关经济统计数据作为本案各项赔偿的计算标准,是适用法律错误。本案受理法院所在地是厦门市,其审理的人身损害赔偿案件的赔偿标准依法应采用厦门市相应的经济统计数据。根据最高人民法院《关于审理人身损害赔偿案件适用法律若干问题的解释》第27条、第28条和第29条的规定,原审以福建省 2009 年的相应经济统计数据作为本案民事赔偿计算标准明显不当。而且,该解释第35条亦明确"上一年度"是指一审法庭辩论终结时的上一统计年度。本案原审开庭审理时间是 2010 年 3 月 10 日,故本案应采用厦门市 2009 年的相关经济统计数据作为本案各项赔偿的计算标准。

(3) 原审判决认定林文龙为肇事渔船的所有权人,并判令由林文龙独自承担本案民事赔偿责任缺乏事实和法律依据。

四、二审裁判

福建省高级人民法院认为:首先,关于蔡文林与林文龙之间关于船舶买卖的口头协议问题。上诉人陈婉风、黄维一、黄剑源在原审提交的证据清单中明确记载,提供《渔业船舶登记证书》和执法大队 2009 年 9 月 28 日对蔡文林所作的《海事调查询问笔录》,证明蔡文林与林文龙达成口头转让协议,林文龙虽未办理变更登记手续但已支付部分转让款,可见上诉人陈婉风、黄维一、黄剑源对于蔡文林与林文龙之间就"1988"号轮已达成买卖协议没有异议。至于口头买卖协议的内容,应以蔡文林和林文龙一致的陈述为准。原审根据蔡文林在《海事调查询问笔录》中陈述的,且林文龙无异议的内容,查明的事实应予确认。关于蔡文林是否应承担赔偿责任,根据最高人民法院《关于审理船舶碰撞纠纷案件若干问题的规定》第4条的规定,"船舶碰撞产生的赔偿责任由船舶所有人承担",本案蔡文林虽然是"1988"号轮的登记所有人,但其在事故前已经将船转让给林文龙,且已实际交付林文龙,对此上诉人陈婉风、黄维一、黄剑源也予以确认。《中华人民共和国物权法》第24条规定:"船舶、航空器和机动车等物权的设立、变更、转让和消灭,未经登记,不得对抗善意第三人。"本案也存在因林文龙未付清全款,双方未办理船舶过户登记手续。但《中华人民共和国物权法》第24条规定中的登记不是船舶转让的生效要件,登记与否对船舶转让行为是否具有对抗效力产生影响,并不影响本案"1988"号轮所有权的转移。故原审判决认定"1988"号轮所有权已经转移给林文龙是正确的。林文龙是"1988"号轮的实际所有人,且在本次事故中担任船长驾驶"1988"号轮,在其当班时发生碰撞,其应对"1988"号轮营运过程中发生的碰撞事故承担责任。蔡文林非船舶所有人,不应承担本次事故的赔偿责任。原审判决采纳福建省2009年的相关经济统计数据作为赔偿计算标准是否正确。根据最高人民法院《关于审理人身损害赔偿案件适用法律若干问题的解释》第17条、第18条、第27条、第28条、第29条的规定,相关赔偿项目的计算标准是以受诉法院所在地上一年度的经济统计数据为准,原审法院系专门法院,并非依据厦门市的行政区划设立的地方法院,且死者生活、劳动均在东山县,陈婉风、黄维一、黄剑源均为东山县铜陵镇居民,原审判决以福建省有关经济统计数据计算相关的赔偿金额是正确的。综上所述,判决如下:

驳回上诉,维持原判。

2.3.3 人身损害后续手术费用的赔偿

24 原告陈学君与被告庄文强海上人身损害赔偿纠纷案
案例来源:上海海事法院(2010)沪海法海初字第48号
主题词:人身伤害 雇佣活动 无过错责任 后续手术费费用 另行起诉

裁判要旨

No. HS-2.3-9 雇主对于雇员在从事雇佣活动过程中遭受的人身损害应承担赔偿责任,该赔偿责任系属无过错责任,即雇主即使对损害事故的发生不存在过错也须向雇员承担赔偿责任。

No. HS-2.3-10 原告虽提供鉴定意见书对后续手术费用进行了评估,但该意见中未明确该费用必然会发生,且评估出的费用仅是预估的费用,原告对后续治疗费的必然发生举证不足,法院对该项请求不予支持,原告可待后续治疗费用实际发生后另行起诉。

一、基本案情

原告:陈学君

被告:庄文强

原告诉称:2009年8月,原告经人介绍至被告庄文强经营的"苏赣渔01829号"渔船负责起网机工作。同年9月29日上午10时左右,渔船在海上作业,起网机起网时网绳将原告的左手压伤,头部碰伤。被告随即将原告送至射阳县人民医院治疗,该院认为伤势严重又转送盐城同洲手外科医院(以下简称同洲医院)进行手术。同洲医院诊断为左手绞压伤,头皮挫裂伤。后经盐城市射阳县人民医院司法鉴定所(以下简称射阳司法鉴定所)鉴定:原告陈学君因渔船作业致左手绞压伤,遗留双手丧失功能5%以上,不足20%,构成十级伤残;左尺骨远端切除,左上肢不能负重,构成八级伤残。另外,原告二次手术费用尚需4 000元。事发后,被告除给付14 000元外,未支付任何赔偿费用。为此,原告请求判令:

(1)被告向原告赔偿医疗费、误工费、护理费、二次手术费、精神损害赔偿金、残疾赔偿金等共计75 234.70元;

(2)被告承担本案案件受理费。庭审中,原告明确其第一项诉讼请求包括医疗费14 469.20元,二次手术费4 000元,误工费18 500元,护理费4 222.50元,交通费505元,住宿费30元,住院伙食补助费735元,营养费675元,残疾赔偿金48 824元,鉴定费1 576元,精神损害抚慰金5 000元,并据此将第一项诉讼请求金额变更为84 536.70元。

被告辩称:原告至被告船上工作前,向被告表示其具有起网机操作经验,但实际从未从事过起网机操作;事发当天,原告违章操作,经被告本人及船员姜龙泉劝阻,仍然坚持错误的操作方法,致使发生事故;事发后,被告已向原告支付27 056元,原告称其仅收到14 000元不符合事实。

二、法院查明事实

上海海事法院经审理查明并确认如下法律事实:2009年8月,被告雇佣原告在"苏赣渔01829号"渔船上担任起网机手,约定工资为18 000元/半年。同年9月29日,原告在海上操作渔船起网机时左手不慎被机器绞伤,并致头部碰伤。事故发生后,被告安排小艇送原告上岸,并送入射阳县人民医院救治,后转入同洲医院治疗。同洲医院入院诊断为:"1. 左手绞压伤(左拇指动脉神经离断,左拇指末节、第二掌骨粉碎性骨折,左手第一掌骨、尺骨茎突骨折);2. 头皮挫裂伤。"同年9月29日至11月12日期间,同洲医院对原告头部和左手进行了4次手术。同年11月13日,原告出院。同洲医院的出院诊断较入院诊断增加了一项左远尺桡关节脱位,并在出院医嘱中记明左前臂必要时手术治疗。同年11月26日,原告再次入同洲医院手术,手术名称为左尺骨远端切除术,术中切除左尺骨远端约4厘米。同年11月29日,原告出院。

2010年3月31日,射阳司法鉴定所对原告作出医学鉴定:原告在渔船捕鱼作业时被起网机损伤致左拇指动脉神经离断,左拇指末节、第二掌骨粉碎性骨折、左手第一掌骨、尺骨茎突骨折,左远尺桡关节脱位诊断明确;上述损伤经手术、修复、内固定、抗感染等治疗,现骨折已愈合;左远尺桡关节脱位因治疗需要行尺骨远端切除4厘米。原告自述左上肢不能负重。本次法医学检查左手丧失功能36%,双手丧失功能5%以上,不足20%。上述损伤与被鉴定人在捕鱼时损伤存在直接因果关系。鉴定意见认为,依据江苏省高级人民法院《人体损伤致残程度鉴定标准(试行)》的规定:原告因在渔船作业时致左手绞压伤,遗留双手丧失功能在5%以上,不足20%,构成十级伤残;左尺骨远端切除,左上肢不能负重构成八级伤残。此外,鉴定意见还认为,原告在同洲医院治疗期间发生的医疗费用合理,误工期限从伤后算至评残前日止,护理期限为2.5个月,营养期限为3个月,二次手术行左拇指及左手背皮瓣修整术约需医疗费4 000元。

人身伤害・雇佣活动・无过错责任・后续手术费用・另行起诉

原告在同洲医院支出的医药费总额为14 469.20元,伤残鉴定费为1 576元,另支出交通费505元,住宿费30元。被告对上述费用均无异议。原告在庭审中自认已收到被告支付的医疗费用14 000元。另查明,原告及其妻子均系江苏省农村居民。被告自认系"苏赣渔01829号"渔船的所有人,但其买入该船后一直未办理船舶过户登记手续,事故发生时该船无船检证书,无捕捞证。

三、法院裁判

上海海事法院认为,本案系海上人身损害赔偿纠纷,原、被告对于双方之间存在雇佣关系以及原告在从事雇佣活动过程中遭受人身损害的事实均无异议。被告虽辩称原告违章作业致事故发生,但未能提供相关操作规程,应对此承担举证不能的法律后果。且依据最高人民法院《关于审理人身损害赔偿案件适用法律若干问题的解释》(法释〔2003〕20号)第11条之规定,雇主对于雇员在从事雇佣活动过程中遭受的人身损害应承担赔偿责任,该赔偿责任系属无过错责任,即雇主即使对损害事故的发生不存在过错也须向雇员承担赔偿责任。而本案被告所经营的船舶未经船舶检验、无捕捞许可,船舶本身不具备安全生产的条件;渔船起网机手这一工种具有较强的专业性和较高的危险性,但无证据显示被告在雇佣原告从事此项工作之前,曾对原告的工作能力予以考察或进行必要的岗位培训指导,在被告发现并认为原告的操作存在危险的情况下也未予以有效的制止。由此可见,被告对本次事故的发生存在明显的过错。综上,法院认为,被告应对原告所遭受的人身损害承担全部赔偿责任,原告诉请被告赔偿医疗费、误工费、残疾赔偿金等依法有据,应予支持。

关于赔偿费用的数额。原告在诉请中系按照《江苏省2009年国民经济和社会发展统计公报》公布的数据计算,被告对此无异议。法院认为原、被告均系江苏省农村居民,在本案中以江苏省公布的统计数据计算赔偿数额于法不悖,可予准许。被告对原告主张的医疗费14 469.20元、交通费505元、住宿费30元、住院伙食补助费735元、营养费675元、鉴定费1 576元均无异议,法院予以认可。关于误工费,被告认可雇佣原告工资为半年18 000元,即每月3 000元,自2009年9月29日受伤至2010年3月31日定残,共计6个月零2天,据此误工费应为18 200元。关于护理费,按鉴定意见,护理期限为2.5个月。原告提出按城镇居民收入标准每日56.30元计算,法院认为缺乏相应依据。鉴于被告在质证意见中自认系原告妻子在进行护理,而原告妻子系江苏省农村居民,故法院认为按2009年度江苏省农村居民人均纯收入8 004元/年为标准计算2.5个月较为合理,即1 667.50元。

关于残疾赔偿金。定残时原告未满60周岁,残疾赔偿金应计算20年。按鉴定意见,依江苏省高级人民法院《人体损伤致残程度鉴定标准(试行)》的规定,原告的受伤程度被分别认定为构成八级和十级伤残,但原告的基本损伤为手损伤,而根据江苏省高级人民法院《人体损伤致残程度鉴定标准(试行)》第3.2.23条规定:"如一处(种)损伤涉及本标准两个以上条款的,应适用级别高的条款定级",故原告应最终被定

人身伤害・雇佣活动・无过错责任・后续手术费费用・另行起诉

为八级伤残,按 8 004 元/年(2009 年度江苏省农村居民人均纯收入)×20 年×30%(八级伤残)计算得出残疾赔偿金 48 024 元。

关于后续治疗费,即原告主张的二次手术费。依据最高人民法院《关于审理人身损害赔偿案件适用法律若干问题的解释》第 19 条第 2 款之规定:"医疗费的赔偿数额,按照一审法庭辩论终结前实际发生的数额确定。器官功能恢复训练所必要的康复费、适当的整容费以及其他后续治疗费,赔偿权利人可以待实际发生后另行起诉。但根据医疗证明或者鉴定结论确定必然发生的费用,可以与已经发生的医疗费一并予以赔偿。"原告所提供的鉴定意见书中仅是对后续手术费用进行了评估,意见中未明确该费用必然会发生,且评估出的费用仅是一个预估的费用。故法院认为,原告对后续治疗费的必然发生举证不足,在本案中对该项请求不予支持,原告可待后续治疗费用实际发生后另行起诉。

关于精神损害抚慰金。综合本案被告的过错程度、造成的后果、承担责任的经济能力等情况,法院酌情支持赔偿原告 2 000 元。上述各项费用合计 87 881.70 元,扣除被告已支付的 14 000 元,为 73 881.70 元。

综上所述,依照《中华人民共和国民法通则》第 106 条、最高人民法院《关于审理人身损害赔偿案件适用法律若干问题的解释》第 11 条第 1 款、《中华人民共和国民事诉讼法》第 64 条第 1 款之规定,判决如下:

(1)被告庄文强应在判决生效之日起 10 日内赔偿原告陈学君医疗费、误工费、护理费、交通费、住宿费、住院伙食补助费、营养费、残疾赔偿金、鉴定费、精神损害抚慰金等计人民币 73 881.70 元;

(2)对原告陈学君的其他诉讼请求不予支持。

2.3.4 雇主承担赔偿责任后向第三人追偿的前提条件

25 上诉人陈永金等与被上诉人陈喜兵等人身伤亡损害追偿纠纷案
案例来源:浙江省高级人民法院(2010)浙海终字第 94 号
主题词:人身伤害　雇员人身损害　雇主　追偿

裁判要旨

No. HS-2.3-11　雇佣关系以外的第三人造成雇员人身损害的,雇主承担赔偿责任后,可以向第三人追偿。

No. HS-2.3-12　通常情况下的追偿诉讼要求责任主体在履行完毕其义务后才具备行使追偿权的资格,以杜绝责任主体未履行完毕其义务而先行使追偿权、实现不当获利的可能。但结合本案特殊情况,在雇主支付了部分款项的前提下,考虑执行程序的需要,法院贯彻便利诉讼的原则,认为已经具备对全部款项行使追偿权的条件。

一、基本案情

上诉人(原审被告):陈永金、周林朋、王子敬

被上诉人(原审原告):陈喜兵、张春冬

原审被告:台州市椒江新民修造船厂(以下简称新民船厂)、李顺杏、项才权

宁波海事法院审理查明:2006年4月,陈喜兵、张春冬合伙购买了"浙洞渔1222、1223"两船,租赁新民船厂的场地进行修造,并向新民船厂购买电焊气体及用电。陈喜兵、张春冬将修船的电工工程承包给陈永金,将冷作工程承包给了李顺杏、项才权。陈永金叫其徒弟周林朋与王子敬做工。同年4月22日,周林朋、王子敬为在船舶钢板上凿洞以穿挂电线,擅自违规使用电枪,结果电枪的火星落到乙炔上引发火灾,何林富等人被烧伤。2006年5月2日,何林富以与陈喜兵、张春冬存在雇佣关系为由提起索赔诉讼,法院判决陈喜兵、张春冬向何林富赔偿前期医疗费173 856.62元。陈喜兵、张春冬履行完判决书规定的义务后,向各原审被告提出追偿之诉,该案经浙江省高级人民法院二审终审,判决由新民船厂承担15%的责任;周林朋、王子敬承担15%的责任(陈永金承担连带责任);李顺杏、项才权承担40%的责任。2008年8月,何林富又起诉陈喜兵、张春冬要求支付后期医疗费及误工费、残疾赔偿金等损失共计610 348.40元。2008年12月19日,该院作出(2008)甬海法台事初字第25号民事判决,判决陈喜兵、张春冬向何林富赔偿经济损失322 310元,负担诉讼费6 130元。陈喜兵、张春冬未能履行该生效判决所确定的义务,因何林富申请,该院立案强制执行[执行案号(2009)甬海法台执字第13号]。至2009年8月19日止,陈喜兵、张春冬仅履行了4万元的支付义务。

陈喜兵、张春冬为此诉至宁波海事法院,请求对(2008)甬海法台事初字第25号民事判决确定的经济损失322 310元,按浙江省高级人民法院在前案中确定的相同责任比例,请求判令新民船厂支付陈喜兵、张春冬经济损失49 353元;周林朋、王子敬支付49 353元,陈永金承担连带责任;李顺杏、项才权支付131 608元。

二、一审裁判

宁波海事法院认为,根据法律规定,雇员在从事雇佣活动中遭受人身损害,雇主应当承担赔偿责任。雇佣关系以外的第三人造成雇员人身损害的,雇主承担赔偿责任后,可以向第三人追偿。因何林富受伤,陈喜兵、张春冬作为雇主承担赔偿责任后,有权向其认为有过错的雇佣关系以外的第三人即本案各原审被告追偿,各方当事人间的责任比例应按浙江省高级人民法院(2008)浙民四终字第47号民事判决予以认定,数额则以该院(2008)甬海法台事初字第25号民事判决的认定为准。

本案当事人间的争议在于陈喜兵、张春冬在尚未实际支付赔款前是否有权向第三人追偿,对此宁波海事法院认为,因该院作出的(2008)甬海法台事初字第25号民事判决业已生效,且已进入执行程序,履行该生效判决系陈喜兵、张春冬确定的义务,故陈

喜兵、张春冬的赔偿责任已经确定,陈喜兵、张春冬有权就该确定的损失向有关责任方提出追偿。况且,本案中陈喜兵、张春冬自身亦存在经济困难的情况,难以一次性全额支付何林富的经济损失,如果机械地将该法律规定理解为只有雇主全部履行完毕才有权向第三人追偿或只能追偿已实际履行的相应部分损失,则在雇主无能力全部履行时将永远无法向第三人追偿,或在分期履行时需由雇主提起多次诉讼,此既与尽速救济急需医疗费的受害人的立法本意相违背,亦不符合诉讼"两便"原则。因此,陈永金、周林朋、王子敬关于陈喜兵、张春冬因未履行判决义务而无权追偿的抗辩,理由不足,该院不予采纳。依照《中华人民共和国民事诉讼法》第 130 条,《中华人民共和国民法通则》第 35 条,最高人民法院《关于审理人身损害赔偿案件适用法律若干问题的解释》第 9 条、第 11 条第 1 款的规定,宁波海事法院于 2009 年 10 月 16 日判决:

(1) 台州市椒江新民修造船厂支付陈喜兵、张春冬款项 49 266 元;

(2) 周林朋、王子敬共同支付陈喜兵、张春冬款项 49 266 元,陈永金承担连带责任;

(3) 李顺杏、项才权共同支付陈喜兵、张春冬款项 131 376 元,并互负连带责任;上述款项,各于本判决生效后 10 日内履行完毕;

(4) 驳回陈喜兵、张春冬的其他诉讼请求。

如未按本判决指定的期间履行给付金钱义务,应当依照《中华人民共和国民事诉讼法》第 229 条之规定,加倍支付迟延履行期间的债务利息。

本案案件受理费 4 750 元、公告费 600 元,由新民船厂负担 1 330 元,陈永金、周林朋、王子敬负担 1 330 元,李顺杏、项才权负担 2 690 元。

三、上诉与答辩

陈永金、周林朋、王子敬不服原审判决,共同向浙江省高级人民法院提起上诉称:原审判决认为陈喜兵、张春冬的赔偿责任已经确定,有权就该确定的损失向有关责任方提出追偿是违反法律规定的;认定陈喜兵、张春冬自身存在经济困难缺乏证据证实;原审判决曲解了"诉讼两便原则",从而损害了陈永金、周林朋、王子敬的合法权益。请求撤销原判,改判驳回陈喜兵、张春冬的诉讼请求。

陈喜兵、张春冬质证中答辩称:原审判决从公平和有利于执行的角度出发,对法律的理解是准确的,这将有利于对何林富的赔偿。请求驳回上诉,维持原判。原审被告新民船厂、李顺杏、项才权未提出答辩。

四、二审裁判

当事人对于本案一审法院认定的事实无异议,浙江省高级人民法院对该事实予以认定。针对当事人的上诉理由及答辩意见,本案争议焦点是:陈喜兵、张春冬行使追偿权的条件是否具备。对于浙江省高级人民法院归纳的争议焦点,双方当事人均无异议。针对争议焦点,浙江省高级人民法院分析认定如下:

最高人民法院《关于审理人身损害赔偿案件适用法律若干问题的解释》第11条第1款规定:"雇员在从事雇佣活动中遭受人身损害,雇主应当承担赔偿责任。雇佣关系以外的第三人造成雇员人身损害的,赔偿权利人可以请求第三人承担赔偿责任,也可以请求雇主承担赔偿责任。雇主承担赔偿责任后,可以向第三人追偿。"司法解释并未规定只有履行完毕赔偿责任后,才可以向第三人追偿。故陈永金、周林朋、王子敬主张陈喜兵、张春冬只有向何林富实际支付赔款后,才有权提起追偿之诉,缺乏法律依据,其主张不能成立。

通常情况下的追偿诉讼要求责任主体在履行完毕其义务后才具备行使追偿权的资格,之所以如此要求,是为杜绝责任主体未履行完毕其义务而先行使追偿权,从而实现不当获利的可能。但根据本案案情,何林富因工作中被烧伤先后两次起诉其雇主陈喜兵、张春冬,陈喜兵、张春冬分别被判决承担前期医疗费173 856.62元及经济损失322 310元,判决均已生效。陈喜兵、张春冬履行完第一次判决确定的义务后,提出追偿之诉,该案经浙江省高级人民法院二审终审,判决由新民船厂承担15%的责任;周林朋、王子敬承担15%的责任(陈永金承担连带责任);李顺杏、项才权承担40%的责任。现何林富对陈喜兵、张春冬第二次诉讼中判决确定的赔偿款通过强制执行仅得到部分履行。宁波海事法院作为执行该案的法院,根据执行中发生的情况,认为本案中陈喜兵、张春冬自身亦存在一定的经济困难,难以一次性全额支付何林富的经济损失,作为审理中的一种考量,并无不当。这种考量不构成本案追偿诉讼的要件事实,不存在缺乏证据证实问题。原审判决对陈喜兵、张春冬的追偿诉讼予以准许,虽然确定了陈喜兵、张春冬对上诉人陈永金、周林朋、王子敬及原审被告新民船厂、李顺杏、项才权相应的追偿权利,但通过其后的执行,能够更好地实现对最终权利人何林富的保护,可以防止陈喜兵、张春冬通过追偿诉讼不当获利的发生,也未损害陈永金、周林朋、王子敬及原审被告新民船厂、李顺杏、项才权的相应权利,贯彻了便利诉讼的原则。故浙江省高级人民法院认为陈喜兵、张春冬具备行使追偿权的条件。

浙江省高级人民法院认为,根据法律规定,雇佣关系以外的第三人造成雇员人身损害的,雇主承担赔偿责任后,可以向第三人追偿。因何林富受伤,陈喜兵、张春冬作为雇主在被判决承担赔偿责任后,有权向其认为有过错的雇佣关系以外的第三人即本案上诉人陈永金、周林朋、王子敬及原审被告新民船厂、李顺杏、项才权追偿。宁波海事法院依据浙江省高级人民法院(2008)浙民四终字第47号民事判决认定的各方当事人间的责任比例,结合该院(2008)甬海法台事初字第25号民事判决认定的赔偿数额确定各方当事人间的赔偿责任,判决并无不当。陈永金、周林朋、王子敬关于陈喜兵、张春冬不具备行使追偿权条件的上诉理由不能成立,浙江省高级人民法院不予支持。原审判决认定事实清楚,适用法律正确。依照《中华人民共和国民事诉讼法》第153条第1款第(一)项之规定,判决如下:

驳回上诉,维持原判。

3. 海上财产损害赔偿纠纷

1 原告山东潍坊国际海运公司、幸运海航运有限公司与被告云浮硫铁矿企业集团公司船舶损害赔偿纠纷案

案例来源:广州海事法院(1999)广海法事字第115号

主题词:船舶沉没　船舶所有人　光船承租人　诉讼主体资格

> **裁判要旨**
>
> **No. HS-3-1**　船舶沉没遭受损害应归类于对船舶所有权的侵害。船舶所有人与该损害有直接利害关系,其提起诉讼是适格的原告。光船承租人通过租约仅获得了船舶的占有、使用和收益的权利,对该船不具处分权,其诉讼请求不应支持。
>
> **No. HS-3-2**　硫铁矿货物托运人没有按照有关规定履行有关项目的测试义务,并将测试文件交给承运人,具有违法性,在主观上有过错。但适运水分不明只是可能危及船舶航行安全的因素,承运不明适运水分的硫铁矿并不必然导致船舶沉没,索赔人必须举证证明承运的硫铁矿超过适运水分与船舶沉没之间有因果关系。索赔人如无法证明托运人托运货物测试文件的过失行为与船舶沉没之间存在因果关系,应当承担举证不能的后果。

一、基本案情

原告:山东潍坊国际海运公司(以下简称山东公司)

原告:幸运海航运有限公司(PROSPERITY OCEAN INTERNATIONAL SHIPPING COMPANY LIMITED,以下简称幸运海公司)

被告:云浮硫铁矿企业集团公司(以下简称云浮公司)

原告山东公司、幸运海公司诉称:山东公司是"幸运海"轮的船舶所有人,幸运海公司是该船的光船承租人,幸运海公司又将该船交给山东公司经营和管理,故山东公司既是该船的所有人又是该船的经营人和管理人。1997年8月22日,"幸运海"轮装载被告托运的5 783吨散装硫铁矿离开黄埔港,计划驶往韩国昂山港。8月23日约00:00时,当船舶航行至深圳大亚湾附近海域,由于货物发生位移,导致船舶倾斜,船舶经采取调整压舱水、择地抛锚、抢滩等措施,仍不能继续阻止船舶倾斜,船长于08:10时宣布弃船。船员离船时船舶左倾40°。船员离船后,该轮约于09:30时沉没。本次事故致原告遭受如下损失:因船舶泄漏部分燃油和润滑油,两原告被广东省渔业协会索赔渔业资源、捕捞生产、水产养殖等损失和调查费用总计4 370 080元及相关利息,经协商最终由原告赔偿1 400 000元;为处理前项索赔,两原告聘请青岛海洋大学生命学院对索

赔方的调查报告进行分析评估,支付咨询费8 000元;事故致海面油污,根据惠州港务监督的指示,两原告委托惠东县创辉水工工程有限公司(以下简称惠东工程公司)对沉船进行水下探摸以确定污染源,支付探摸工程费65 000元;为防止及清除污染,两原告根据惠州港务监督的指示对沉船进行堵漏、对海面油污进行清理及现场监护,向惠州港务监督支付清污管理费1 300 000元(包括紧急堵漏工程费165 000元、清污工程费600 000元、油污现场监护费490 000元);根据惠州港务监督发出的限期打捞通知,两原告委托惠东工程公司、惠州市船舶服务公司、惠东县城市建设综合开发集团公司进行沉船清障工作,支付清障费2 000 000元;事故发生后,两原告多次派代表处理善后工作,支付事故处理费35 000元;为遣返船员,支付船员住宿费17 846.80元。以上两原告共支付费用4 825 846.80元。被告托运的硫铁矿在散装运输时具有易流态化的特性,属于具有海运危险性质的货物。被告托运的货物含水率过高,导致船舶在航行过程中货物发生流态化,直接造成船舶沉没。根据提单条款约定及有关法律规定,由于承运此类危险货物而给承运人造成的任何损失,均由托运人承担赔偿责任,两原告遭受的上述损失和费用完全是由于被告(托运人)的过错所致。另一方面,被告在托运货物时,没有将有关货物的含水率、适运水分限的检验证书或数据,以及货物的危险性质和预防危险的方法提供或告知船方,由此造成的后果应由被告承担赔偿责任。综上,被告的行为对两原告构成了侵权,请求法院判令被告赔偿两原告经济损失4 825 846.80元及其从1999年7月19日起至实际支付之日止中国人民银行1年期贷款利率的利息。

云浮公司辩称:山东公司是"幸运海"轮的船舶所有人,其将该轮以光船租船形式出租给幸运海公司,没有任何证据证明山东公司是该轮的经营人和管理人。幸运海公司在光船租赁经营后,又将该轮租给津洋船务有限公司(以下简称津洋公司),被告于1997年7月18日与津洋公司签订航次租船合同,被告仅与津洋公司存在法律关系。两原告均没有诉讼主体资格。本航次运输的提单背面条款规定适用《海牙规则》,《海牙规则》规定的诉讼时效是1年。该事故发生在1997年8月23日,原告于1999年8月20日提出诉讼,超过了诉讼时效,已丧失了胜诉权。"幸运海"轮沉没是由于遭遇台风,加上没有采取适当的措施所致,与托运人没有任何关系。托运人履行了基本义务,已经告知船方货物的大概含水量,并告知船方遇恶劣天气时应停止航行。此外,由于原告的有关赔偿费用没有发票,对原告的损失不予承认。

二、法院查明事实

广州海事法院认定以下事实:1997年8月22日,"幸运海"轮装载被告托运的5 783吨散装硫铁矿离开装货港中国黄埔港,驶往卸货港韩国昂山(ONSAN)港,23日09:30时当该轮航行至深圳大亚湾附近海域,遇强风、巨大浪,船舶左右摇摆剧烈,船长决定冲滩。该轮冲滩搁浅后,在北纬22°36′、东经114°44′沉没。山东公司是"幸运海"轮船舶所有人,其将该轮光船租赁给幸运海公司。两原告均为独立的法人。双方当事人对上述事实没有争议,予以确认。

关于船舶是否适航的争议。两原告提供"幸运海"轮船体入级、"幸运海"轮轮机入级、货船构造安全、国际防止油污、货船设备安全、货船无线电安全、国际载重线、国际吨位、最低安全配员等证书的复印件,并提供了上述证据的副本原件,主张"幸运海"轮在该航次开航前及开航当时适航。被告认为,上述证书只是表明船舶的一种状态,不足以证明船舶适航,而且有关证书均未提供原件,对其真实性无法予以确认,不能作为证明原告主张事实的证据。广州海事法院认为,上述证书是航行国际航线船舶的必备证书,原件应配备于船上,因该轮沉没而无法提供原件合乎情理。原告已提供了该证书的副本原件予以印证,可以认定该轮已取得了上述证书,上述船舶证书是证明船舶在开航前和开航当时适航的初步证据。因此,在被告没有提供相反证据予以推翻的情况下,可认定该轮在开航前和开航当时是适航的。

关于船舶沉没原因的争议。两原告提供了"幸运海"轮航海日志、海事声明和海事报告的复印件,主张本案货物流态化是"幸运海"轮沉没的原因。"幸运海"轮航海日志记载:1997年8月22日20:00时强风、大浪;20:10时风力增至7至8级,大涌、巨浪;22:00时船舶左右横摇剧烈,并有左倾趋势;23:00时疾风、巨浪、大涌,船舶横摇剧烈,甲板大量上浪;23日00:00时船舶左倾,大副、水手长、木匠下货舱检查发现货物移位并有自由液面;04:00时大风、狂浪、长涌,船舶左倾7°。航海日志记载的内容中,值班驾驶员对"并有自由液面"的记载划线予以删除。海事声明记载:"幸运海"轮第45航次装硫铁矿5 783吨,于1997年8月22日12:25时由黄埔驶往韩国昂山,由于遭受13号强热带风暴影响,使"幸运海"轮于8月23日08:00时在大亚湾发生货移,直至翻沉;期间"幸运海"轮采取了反向压水、改向、坐滩等措施,最后还是无能为力;由于不可抗拒的自然因素,"幸运海"轮对由此引起的船舶、货物的灭失及其他损害不负责任。海事报告记载:8月22日20:10时始,由于13号强热带风暴影响,风力增大至7至8级,并有4至5米涌浪,船舶摇摆剧烈,有左倾现象;23:43时船长决定驶近岸航行并通知机舱备车;23日00:00时船舶左倾3°,大副、水手长、木匠下舱检查,发现货物移位,即通知机舱往第二、三压载舱右压水调整,同时改向驶向大亚湾;00:30时左倾7°,继续压水;02:35时抛左锚于大亚湾;02:50船舶左倾7°,停止压水(右压水舱已满);05:45时船偏左至11°且继续左倾较快,船长、轮机长、大副决定抢滩;06:25时抛双锚,船底部分触底;08:10时船左倾35°,已无力自救,发SOS,船长下弃船令;08:10时1号艇筏放下;08:20船左倾40°,全体船员乘艇筏离船;08:40时被边防小艇接上岸,船长立即与公司、港监取得联系,并密切注视船舶;09:30时左倾87°,船舶翻沉。

该海事声明及海事报告均于1997年8月23日书面发布,由"幸运海"轮船长签名,大副、二副和三副签名见证。海事声明还送交惠州港务监督局备查及海事签证。原告认为,本次航行中该轮所遇最大风力为8级,该轮完全可以抵御,8级热带风暴不是船舶沉没的原因;运输途中货物发生了位移,从左倾3°至35°发展到40°,是由于货物发生流态化造成了船舶倾斜沉没。被告对两原告提供的证据形式和内容均没有异议,但否定货物流态化是船舶沉没的原因。被告提供海事声明、海事报告以及共同海损宣布等证据,主张遭遇9713号台风是"幸运海"轮沉没的原因。共同海损宣布记载:"幸运海"轮离黄埔港后,于8月22日23:00时受到9713号台风影响,船舶横摇剧烈,造成货物移位,船舶抢滩后倾覆;事故是不可抗力的大风浪所致,船东宣布,船舶及所载货物损失为共同海损。两原告对该证据所记载的内容没有异议。被告认为,被告已经告知船方货物的特性,并要求采取防范措施,但由于"幸运海"轮冒险航行,遭遇了热带风暴,导致船舶沉没。广州海事法院认为,双方当事人对对方提供的证据均没有异议,对上述证据记载的内容应予以采信。上述证据证明,因受9713号强热带风暴影响,船舶在航行中遇到7至8级的大风、狂浪、长涌,船舶横摇剧烈,甲板大量上浪,货物位移,船舶出现左倾,由于压舱水措施无法调整船舶的平衡,船长决定冲滩,船舶抢滩搁浅后左倾逐步严重,至左倾35°时,船长决定弃船,弃船后船舶从左倾40°到87°,最终倾覆沉没。船长及相关船员和船东分别在海事声明、海事报告、共同海损宣布中均认为船舶沉没是由于不可抗力所致。上述气象情况导致货物位移尚属正常现象,货物发生位移不能等同于货物发生了流态化。两原告提供的证据仅有对货物发生位移的描述,而没有任何关于货物发生流态化的描述,在航海日志中仅有的一处"并有自由液面"的记载被值班驾驶员删除,加以校正,这反映了当时的事实是只发生了货物位移,并不存在自由液面。根据两原告的证据不能证明货物发生了流态化,更不能证明船舶沉没是货物流态化造成的。因此,对两原告主张的货物流态化是"幸运海"轮沉没的原因,不予认定。

关于货物检验的争议。被告提供商检证书,以证明其履行了货物申请检验。商检证书记载:申报重量为5 783吨,检验结果为硫42.14%、铁37.72%、二氧化硅12.80%、砷0.014%、铜0.015%、含水量9.24%、尺寸-65目至+400目54%。两原告认为,对商检证书的真实性没有异议,但该检验结果中的货物含水量不是适运水分限,被告没有对货物适运水分限进行检验。被告承认没有对货物适运水分限进行检验,但认为其已经申请了货物检验。广州海事法院认为,尽管被告对货物申请了检验,但该检验仅仅是对货物品质的检验,该检验没有货物适运水分限的内容,应认定被告对货物适运水分限没有进行检验。

关于本案货物是否危险货物的争议。被告提供广州港务监督致被告的函,交通部危险货物运输咨询中心致广州港务监督的函,广东省重化工业厅的证明等证据,以证明精选硫铁矿是一种普通的化工产品,在性质上不同于法律上所界定的具有燃、爆、毒、腐、放等化学特性的危险货物。广州港务监督致被告的函称:"贵司向我局查询的精选(浮选)黄铁矿(俗称硫铁矿)有关海上运输事宜,经我局向交通危险货物运输中心咨询,其复函见附件。"该附件是交通部危险货物运输咨询中心1996年8月30日致广州港务监督的函,该函称:"关于贵局查询精选(浮选)黄铁矿有关海上运输事宜,现答复如下:1.硫铁矿属《国际海运危险货物规则》补充本中《固体散货安全操作规则》(英文简称BC Code)附录A中所列物质。不属于《国际海运危险货物规则》中所列1至9类危险货物。2.根据BC Code,本物质在运输途中因船舶摇摆、振动会产生易流动性。

3. 船舶装运本物质时,船方应根据其含水率及本船的特性确定装载及平舱方法或决定是否装运。"1996 年 6 月 16 日广东省重化工业厅安全环保处出具证明,该证明的内容为:"硫铁矿是普通化工产品,其物理、化学性能稳定;在中华人民共和国国标 GB12268-90《危险货物品名表》中没列有硫铁矿。我厅历年来也没有将硫铁矿作为危险物品进行管理。"两原告认为,交通部危险货物运输咨询中心函件与本案没有关系,在《国际海运危险货物规则》中已经列明哪些货物属危险货物;广东省重化工业厅安全环保处的证明没有把国标危险货物的名单列出来,在陆地运输不是危险货物并不代表在海运不是危险物品,应该把本案货物列为海运危险物品。广州海事法院认为,本案所涉货物硫铁矿,属危险货物与否,不是案件的事实问题,而是一个法律问题。因此,对于本案货物是否危险货物的定性,应从法律规定,而无须当事人举证证明。上述有关单位否定硫铁矿是危险货物,也是其对有关法律、法规理解的结果,该有关单位的"函"和"证明"的内容不能作为硫铁矿是否危险货物定性的依据。

两原告对山东公司是"幸运海"轮的经营、管理人的主张没有提供证据证明。对两原告的该项主张不予认定。

三、法院裁判

广州海事法院认为,两原告明确依据侵权的法律关系向被告请求损害赔偿,而幸运海公司是在圣文森特注册的法人。因此,本案属涉外船舶损害赔偿纠纷。"幸运海"轮在黄埔港装货并在广东省惠州市大亚湾海域沉没,而两原告主张船舶损害是被告侵权行为所致,据此,可以认定侵权行为地在中国。根据《中华人民共和国民法通则》第 146 条第 1 款关于"侵权行为的损害赔偿,适用侵权行为地法律"的规定,本案实体处理应适用中华人民共和国法律。"幸运海"轮沉没遭受损害应归类于对船舶所有权的侵害。山东公司系该轮的船舶所有人,与该损害有直接利害关系,其提起诉讼,符合《中华人民共和国民事诉讼法》第 108 条第(一)项的规定,山东公司是本案适格的原告。幸运海公司通过租约仅获得了船舶的占有、使用和收益的权利,对该轮不具处分权。本案的损失不是基于船舶占有、使用、收益方面的损失,因此,对幸运海公司的诉讼请求应予驳回。侵权纠纷的时效应当适用《中华人民共和国民法通则》第 135 条关于两年诉讼时效的期间规定。"幸运海"轮于 1997 年 8 月 23 日沉没,山东公司于 1999 年 8 月 20 日向法院提起诉讼,山东公司在诉讼时效期间内提起诉讼,本案诉讼时效未过。被告关于本案应适用《海牙规则》1 年诉讼时效的主张无理,不予支持。

中国政府已于 1982 年 10 月 1 日正式批准远洋运输货物执行《国际海上危险货物运输规则》,而本案货物是远洋运输货物,因此,《国际海上危险货物运输规则》应在本案中适用。《国际海上危险货物运输规则》补充本《固体散货安全操作规则》附录 A(易流态化货物名称表)将黄铁矿(俗称硫铁矿)收录其中,并要求托运人在货物装运前必须提供有关拟运货物的充分资料,对货物的下述各项物理和化学性质进行测试:含水量、流动水分点和适运水分限;静止角等。测试后托运人应向船长提交所试货物的相应试验证书。中华人民共和国交通部《海运精选矿粉及含水矿产品安全管理暂行规定》第1条规定,托运人应向承运船舶提供下列证明文件:"(1)含水率:平均含水率、成流含水率;(2)静止角;(3)货物的物化性能(吸湿、氧化、自燃或挥发毒性气体);(4)积载因数"。第9条规定:"凡使用一般货船装运水选精矿粉和被水湿浸过的矿产品,精选矿粉和矿产品的含水率不得超过可运含水率。一般可按含水率不超过8%的标准执行,超过此标准的,可不予承运。"中华人民共和国交通部发布《关于执行〈海运精选矿粉及含水矿产品安全管理暂行规定〉的通知》中明确:"含水精选矿粉以及大量含水的散矿货物,在海上运输时产生矿、水游离现象,当矿粉及矿产品含水率达到或超过百分之八时,矿粉及含水矿产品受船舶航行摇摆、振动后,会在货物面上产生大量泥水而形成一个自由液面,降低船舶稳性,甚至导致船舶倾侧、翻沉,以往国内外在海运中均发生过这类事故,教训是深刻的。"可见,法律、法规将硫铁矿定性为在散装运输、并在超过适运水分限时具有易流态化的特性,对船舶航行安全构成威胁的物质。

山东公司主张被告的侵权行为导致其损害,应承担赔偿责任。因为山东公司遭受的是船舶所有权损害,这种侵权损害法律没有作出特别规定,所以不是特殊侵权,应归类于《中华人民共和国民法通则》第106条第2款关于"公民、法人由于过错侵害国家的、集体的财产,侵害他人财产、人身的,应当承担民事责任"规定的一般侵权,适用过错归责原则,遵循谁主张谁举证的举证责任分担原则。因此,山东公司应对其主张承担举证责任,举证证明被告的行为对其构成了侵权,即被告托运本案货物的行为具有民事违法性、被告的民事违法行为造成了山东公司的损害、被告的民事违法行为与山东公司的损害之间存在因果关系、被告有过错。被告作为托运人在托运硫铁矿货物时没有按照《国际海上危险货物运输规则》和《海运精选矿粉及含水矿产品安全管理暂行规定》的有关规定履行货物有关项目的测试义务,并将测试文件交给承运人。被告对拟运的硫铁矿货物不履行测试义务的行为具有违法性。被告作为专业的硫铁矿产品公司,应当、也能够预见不履行测试义务在适运水分限不明的情况下会对承运船舶航行安全构成威胁,被告在主观上有过错。"幸运海"轮沉没导致山东公司支付渔业损失赔偿费、专家咨询费、沉船探摸费、紧急堵漏费、油污清除费、船舶监护费、船舶残骸清除费、事故处理费等共4 773 252元。可见,山东公司已经证明被告行为的违法性、被告有过错、存在损害事实等构成侵权的其中三要件。

承运不明适运水分限的硫铁矿并不必然导致船舶沉没,适运水分限不明只是可能危及船舶航行安全的因素。本案船舶沉没的原因可能是:承运的硫铁矿超过了适运水分限、货物积载不当(比如没有平舱)、气象和海况、船舶操纵或采取措施不当等因素。山东公司必须对其主张的因果关系举证加以证明。本案货物的适运水分限不明是不争的事实,但将承运本案货物确定为船舶沉没原因,也是不妥当的。商检证书所示的货物含水率是货物品质的成分,它与适运水分限没有直接的关系,适运水分限是根据具体货物而测试出来的适合于运输的最大含水量。事实证明,"幸运海"轮在航行中发生的左倾从3°至7°,最大也仅为11°,但船舶搁浅后,左倾加剧至35°,弃船后左倾更为严重,达到了40°、87°,最终导致船舶倾覆沉没。正如共同海损宣布中所述"船舶抢滩后倾覆",事实表明,搁浅是船舶沉没的直接原因。可见,船舶在风浪中采取的冲滩措施,对"幸运海"轮沉没起到了决定性的作用。被告没有提供托运货物测试文件的过失行为与船舶沉没没有必然的因果关系。山东公司没有举证证明被告的民事违法行为与损害事实存在因果关系,应当承担举证不能的后果,对山东公司的诉讼请求应予驳回。依照《中华人民共和国民事诉讼法》第108条第(一)项、《中华人民共和国民法通则》第106条第2款的规定,判决如下:

驳回原告幸运海公司、山东公司的诉讼请求。

2 原告翁才泉与被告柯俊金海上财产损害赔偿纠纷案

案例来源:广州海事法院(2003)广海法初字第367号

主题词:紧急避险　超过必要的限度　适当补偿

> **裁判要旨**
>
> **No. HS-3-3**　紧急避险中的危险是由自然原因引起的,紧急避险人可不承担民事责任,但不能采取不当的措施或超过必要的限度。没有采取不当的措施或超过必要的限度,受害人要求补偿的,可以责令受益人适当补偿。

一、基本案情

原告:翁才泉

被告:柯俊金

原告诉称:2002年8月5日,原告机排与被告机排连结停靠在港区内,因台风来临,被告用刀砍断捆绑原告机排的绳索,致使原告机排漂移撞损。原告请求法院判令被告赔偿原告机排损坏的损失12 000元。

被告辩称:在台风来临的紧急情况下,被告为避免自己的机排受损,只能砍断捆绑在自己机排上的原告机排绳索,但被告没有砍断该机排的锚索;被告砍断绳索后,又重新将其捆绑在另一边的机排上。原告机排是因台风过后翻侧,20多天后才吊上岸,并在岸上暴晒1年而损坏的,因此被告不应承担原告机排损坏的民事责任。

原告提供了以下证据:① 南澳县后宅镇山顶村村委会证明1份;② 南澳县青澳渡假区山岗村村委会证明1份;③ 南澳县隆澳边防派出所询问笔录1份;④ 南澳县气象局气象证明1份;⑤ 原告购买机排用发动机设备(金额980元)的收据1份;⑥ 原告机排现状照片4张。被告在庭审中对上述证据的真实性无异议。被告于8月26日向广州海事法院申请调取南澳县隆澳边防派出所就本案纠纷事件的询问笔录,广州海事法院予以准许,并于9月8日调取了相关的询问笔录共计9份、32页。原、被告双方在庭审中对该证据的真实性无异议。被告于8月26日向广州海事法院申请通知证人陈风炉出庭作证,广州海事法院予以准许。证人庭审时作证称:台风来临时码头有40多条机排捆绑排列着,事发时其正在码头看管机排。当日中午1时许,原告机排发生了漂移,其看见被告同其儿子一起将原告的机排重新绑好;其看见黄健壮下水帮忙抢救机排而溺水;被告机排在下午4点因风浪大、船未捆绑好而翻覆,经过20多天后才捞起。

二、法院查明事实

经过开庭审理,原、被告双方对下列事实无异议:

(1) 被告于2002年8月5日中午1时许台风来临时,在南澳县后宅镇码头机排停泊处自己的机排上,用刀砍断了捆绑在自己机排上的原告机排的绳索。

(2) 原告发现后即叫黄健壮下水帮忙抢救机排,不料黄健壮却溺水而死亡。因抢救死者,原告没有及时处理自己的机排。

(3) 风浪中原告机排最终于下午4时许漂移翻覆,经过20多天后被吊上岸,基本全损。

广州海事法院对以上事实予以确认。关于被告在砍断绳索后是否将原告机排重新捆绑固定的问题,原、被告双方存在争议。经审查,证人证言、广州海事法院调取证据中陈永忠、黄潮忠等的询问记录均证明被告协同他人将机排重新捆绑固定,而原告称在现场的黄潮四和黄金泉能证明其说法的主张证明力不足。因此,对被告在砍断绳索后将原告机排重新捆绑固定的主张予以采信。另查明,机排属于小型船舶的一种,一般由渔民自购原材料雇请帮工完成制造。庭审中证人称一般配备五六匹马力发动机的机排价值约在5 000元到6 000元之间,原告在庭审中称其机排价值7 000元。因原告无法提供其机排价值的证据,且认定其实际价值应扣除合理的损耗,广州海事法院确认原告机排价值为6 000元。庭审中,原告称其请求赔偿损失的计算依据为机排损失7 000元、其他费用损失5 000元,共计12 000元。因其未提供相关证据加以证明,对超出6 000元范围的请求不予支持。

三、法院裁判

广州海事法院认为,本案是机排(船舶)损害赔偿侵权纠纷。根据民法关于侵权民事责任以及紧急避险的有关规定,综合本案认定的事实,被告砍断原告机排绳索的行为构成紧急避险。依照《中华人民共和国民法通则》第129条的规定,如果危险是由自然原因引起的,紧急避险人可不承担民事责任,但不能采取不当的措施或超过必要的限度;被告砍断绳索后又重新将原告机排捆绑固定,表明被告并没有采取不当的措施或超过必要的限度。依照最高人民法院《关于贯彻执行〈中华人民共和国民法通则〉若干问题的意见(试行)》第156条的规定,因紧急避险造成他人损失的,如果险情是由自然原因引起,行为人采取的措施又无不当,则行为人不承担民事责任。受害人要求补偿的,可以责令受益人适当补偿。在本案中,原告的财产因险情受到了损失,而被告的财产因紧急避险行为而免受了损失,因此原告作为受害人有权要求作为受益人的被告进行适当补偿。

综上,依据《中华人民共和国民法通则》第129条和最高人民法院《关于贯彻执行〈中华人民共和国民法通则〉若干问题的意见(试行)》第156条的规定,判决如下:

被告柯俊金向原告翁才泉补偿1 200元。

3 原告浙江海洋工程有限公司与被告舟山东鸿水产有限公司船舶损害水下设施赔偿纠纷案

案例来源:宁波海事法院(2004)甬海法事初字第7号
主题词:船舶损害水下设施　海底输水管道　航行通告　警戒船　过错责任

裁判要旨

No. HS-3-4 海底输水管道施工工程虽然已经发布了航行通告,但航行通告对过往船只的告知效力是推定的。海底输水管道施工审批意见和航行通告规定了施工期间,警戒船应保持24小时警戒(包括施工船夜间不施工时)。相比航行通告的推定效力,警戒船在保证海底水管施工安全方面的作用却是实际的。因警戒船不在施工现场,致使海底水管在船舶起锚时损坏,则海底水管的施工人应承担主要责任,船舶承担次要责任。

一、基本案情

原告:浙江海洋工程有限公司

被告:舟山东鸿水产有限公司

原告浙江海洋工程有限公司诉称:2003年11月,原告与舟山市自来水有限公司签订了敷设沈家门至马峙海底输水管道施工承包合同,并于同年12月2日向舟山海事局提出了水上水下施工作业航行安全审核申请。经批准,原告于同年12月16日分别在《舟山日报》和舟山广播电台发布了航行通告。2004年1月3日,海底输水管敷设完毕,同年1月6日海军测量队对水下管线进行测量,一切正常。同年1月7日下午12时15分左右,"浙普浚8"轮船员发现"浙岱渔11413"轮在海峡中心起锚,并发现该船起锚困难,立即进行劝阻,并告知你们的船锚钩到海底水管了,不能再行起锚了。"浙岱渔11413"轮遂将锚缆砍断驶离。原告方检查发现海底输水管损坏严重,遂报告了海事部门。因原、被告协商不成,特提起诉讼,请求判令被告赔偿原告经济损失854 870.90元,并承担诉讼费用。

被告舟山东鸿水产有限公司辩称:原告铺设的海底输水管道发生损坏,事故原因不明,其诉称系被告所属"浙岱渔11413"轮所造成证据不足。唯一指证被告船舶所为的是原告所属的"浙普浚8"轮船员的说法,而这一说法却没有任何证据加以证明;假定原告的海底管道损坏有证据表明是由被告船舶的起锚行为所造成,其损失也应由原告自己承担,因为该损失是由原告的过错所造成。原告的施工现场既没有"浙舟海源1"号轮担任警戒,也没有任何提示性或警示性标志进行明示,相应海岸上也未见设立禁锚标志,而被告船舶的抛锚、起锚行为是正常的作业行为;在假定被告对此损失的造成有责任的前提下,原告索赔的金额也没有依据,原告所提交的费用汇总表是原告自行编制的,编制人贺海波系原告工作人员;"浙岱渔11413"轮船员只知道起锚发生困难,到底是什么原因造成起锚困难,任何一个船员都无法知道,至于锚钩到了水管的说法,也是听"浙普浚8"轮船员说的;"浙岱渔11413"轮所使用的锚,锚刺长度不超过80公分,绝对钩不到埋设在海泥下的管道。退一步来说,如果"浙岱渔11413"轮真钩到了水管,那么原告铺设的水管必定未达到施工要求。

二、法院查明事实

综合证据及法庭调查,宁波海事法院确认原告诉称的事实。对原、被告双方争议的问题等,作如下分析认定:

1. 对海底输水管损坏的认定

本案海底输水管损坏的直接证据,只有事故经过报告、探摸报告、损失情况汇报及事故修复处理报告。虽然都是原告一方的陈述,但事故发生时,该工程尚未完工验收,原告作虚假陈述的可能性不应存在,结合下述造成海底输水管损坏的原因分析,宁波海事法院完全可以确认事故经过报告、探摸报告、损失情况汇报及事故修复处理报告对海底输水管损坏的证据效力,并认定海底输水管损坏。

2. 认定海底输水管系"浙岱渔11413"轮所破坏

(1)有"浙普浚8"轮水手陆启龙的询问笔录加以证明。"浙普浚8"轮系沈家门至马峙海底输水管铺设的施工船之一,船员对水管的铺设位置较为熟悉,该轮水手证明"浙岱渔11413"轮在水管基槽上方、距沈家门岸线约200米左右处起锚,泽北等船员向该船呼喊过。

(2)陆启龙的证词与锚泊事故探摸报告在200米处发现管段折裂相一致。

(3)有"浙岱渔11413"轮船长李满龙的询问笔录加以证明。李满龙的陈述与陆启龙的陈述相一致,其证明"浙岱渔11413"轮锚机性能正常,无法起锚,进车倒车都无济于事,以为钩牢海底杂物,但询问海腾水产公司经理翁海峰,得到的结果是应该没有。为此派人到"浙普浚8"轮询问,才知道可能钩住海底水管了,下令弃锚。

(4)水深测量比较图证明海底水管可被"浙岱渔11413"轮锚刺钩住。

(5)2004年1月6日测量输水管铺设水深时海底水管正常,次日中午"浙岱渔11413"轮起锚后即发现水管受损,起锚致使水管受损的可能性极大。

(6)海底水管直径达426毫米,壁厚8毫米,长420米,每米自重85公斤,非一般的力量所能破坏,其折裂与"浙岱渔11413"轮起锚时顶、铰、倒的力度相当。

(7)被告在航行通告所公告的施工期间和地点、船舶只能行驶通过的水域实施了抛锚起锚的危险行为,且不能证明水管受损不是其造成的。

(8) 民事审判的证据要求不同于刑事审判,且海上事故又有其特殊性,上述证据虽不能直接证明海底水管受损系"浙岱渔11413"轮起锚所致,但已形成完整的证据链,可以推断出"浙岱渔11413"轮起锚损坏海底水管的事实。

3. 认定原告对事故的发生也有过错

(1) 证据显示,原告也承认,事故发生当日,警戒船"浙舟海源1"号轮不在施工现场。

(2) 施工结束前,尚未设立禁锚岸标,警戒船不在施工现场,不符合审批意见和航行通告关于施工期间"警戒船应保持24小时警戒(包括施工船夜间不施工时);凡接近上述水域的船舶须服从警戒船的指挥,迅速驶离"的规定。

(3) 航行通告对过往船只的告知效力是推定的,而警戒船在保证海底水管施工安全方面的作用却是实际的。正因为警戒船不在施工现场,才无法阻止"浙岱渔11413"轮在水管基槽上方抛锚、起锚,致使损害结果的发生。

对结算审核书,鉴定人员在第一稿出来后已经充分考虑了原告提出的异议,庭审中又对原、被告的质证意见作了答复。鉴于原告在水下土方开挖前可以对土方开挖量进行准确的测量计算而未进行测量计算,宁波海事法院对结算审核书予以认定。依据结算审核书,认定被损海底水管的修复费用为539 886元。

三、法院裁判

宁波海事法院认为,被告所有的"浙岱渔11413"轮违反航行通告的规定,在海底水管上方抛锚、起锚,导致海底水管折裂,应当予以赔偿;原告违反审批意见和航行通告的规定,施工期间未派警戒船担任警戒,致使海底水管遭受破坏,可以减轻被告的民事责任。由于航行通告对过往船只的告知效力是推定的,而警戒船在保证海底水管施工安全方面的作用却是实际的,因而原告的过错大于被告,应承担主要责任。原告诉请有理部分,予以支持。被告辩称本案证据不足,不但过于强调民事案件的直接证据,而且未考虑海事案件的特殊性及其行为的危险性,不予采纳;被告辩称原告的损失应自行承担,不符合过错责任原则,也不予支持。原告关于警戒船舶不在现场并不违反审批意见和航行通告要求的辩称,明显与审批意见和航行通告内容相抵触,不予支持。根据《中华人民共和国民法通则》第117条第2款、第131条之规定,经审判委员会讨论决定,判决如下:

被告舟山东鸿水产有限公司赔偿原告浙江海洋工程有限公司经济损失215 954元,于本判决书生效后10日内付清。

船舶损害水下设施·海底输水管道·航行通告·警戒船·过错责任

4 上诉人东方海外货柜航运有限公司与被上诉人福清朝辉水产食品贸易有限公司海上货物运输合同纠纷案

案例来源:福建省高级人民法院(2009)闽民终字第 616 号
主题词:海上货物运输　台风　船舶潜在缺陷

> **裁判要旨**
>
> **No. HS-3-5**　货物损坏事故系承运人经谨慎处理仍未发现的船舶潜在缺陷和船长驾驶船舶过失的,承运人免责,无需承担赔偿责任。

一、基本案情

上诉人(原审被告):东方海外货柜航运有限公司(Orient Overseas Container Line Limited,以下简称东方公司)

被上诉人(原审原告):福清朝辉水产食品贸易有限公司(以下简称朝辉公司)

厦门海事法院原审查明:

1. 当事人之间的法律关系

2005 年 7 月,朝辉公司向东方公司托运一批计 5 个集装箱货物。2005 年 7 月 17 日,东方公司作为承运人对每个货柜分别向朝辉公司签发了提单。其中讼争的 3 个集装箱货物,提单均记载托运人为朝辉公司,收货人为托普中美海产贸易有限公司(Top East Western Trading Company),收货地和装港福州,卸港美国洛杉矶,船名/航次号"景云"(GOLDEN CLOUD)轮 V.115E,交货地点美国得克萨斯州(Grand Prairie),指定客户仓库交货(store door delivery),货物冻面包虾,体积 54.2 立方米,托运人装载、计数和封箱,1 个 40 呎冻柜整箱货,温度设定为摄氏零下 18 度,运费预付,服务合同号 PE053659。所不同的是,OOLU64111451 号提单项下集装箱号 OOLU6040749,货物数量 1 325 箱,毛重 17 700 公斤;OOLU64111452 号提单项下集装箱号 OOLU6007524,货物数量 1 170 箱,毛重 17 550 公斤;OOLU64111453 号提单项下集装箱号 OOLU6310947,货物数量 1 170 箱,毛重 17 550 公斤。此外,另一份 OOLU64111450 号提单除集装箱号为 OOLU6310422,货物数量 1 170 箱,毛重 17 550 公斤外,内容亦与上述相同。朝辉公司现仍持有案涉 3 个集装箱的全套正本提单。此外,双方在诉讼中一致同意适用中国法解决本案纠纷。

2. 货物价值

对上述 4 个集装箱的货物,朝辉公司提供的货物出口报关单及所附的出入境检验检疫出境货物通关单上记载:货物冻面包虾,毛重 70 200 公斤,净重 63 741.6 公斤,件数 4 680,包装种类纸箱,合同协议号 20050622A052,成交方式 FOB,单价 6.4020 美元,总价 408 075 美元,运抵地区和最终目的香港,提单号 OOLU64111450,集装箱规格及数量为海运 40 呎冷藏柜 4 个,箱号为 OOLU6040749、OOLU6007524、OOLU6310947、

OOLU6310422。朝辉公司说明为货物运输支付了运费 20 952 美元及其他费用人民币 11 680 元,并提供了电汇凭证、汇款申请书和发票作为证据。东方公司质证时对此予以确认,仅表示人民币费用和部分运费是朝辉公司付给案外人。经查,两份发票记载, "景云" V. 115E,提单号 OOLU64111450,装港福州,卸港洛杉矶,目的港 Grand Prairie。 20 952 美元发票上的费用具体为海运费 20 872 美元,货代操作费 80 美元,另一份发票为 THC、文件费、拖车费、出口单证操作费、改单费(以上五项并称其他杂费)共人民币 11 680 元,同时两份发票上均备注"4×40RH"(即 4 个冷藏柜)。据此,原审认为,可以认定本案讼争的 3 个集装箱货物海运费为 15 654 美元、货代操作费 60 美元、其他杂费人民币 8 760 元。

3. 事故情况

以上货物在 2005 年 7 月 17 日装上"景云"轮后,先由该轮负责从福州运到高雄而后转船运往美国。"景云"轮本航次福州受载集装箱 306 个(合 494 个标准箱),其中甲板上集装箱 198 个,舱内集装箱 108 个。2005 年 7 月 18 日,船舶在航至高雄港外海域时遇台风发生事故。甲板上的集装箱当日先后三次发生倒塌、落海,根据航海日志记载,时间分别为:① 10:40 时,Bay02 位集装箱倒塌,部分集装箱入海;② 17:20 时,由于船左右摇摆和前后颠簸厉害,致使舱面集装箱陆续挣脱绑扎入海,部分集装箱倾倒在舱面及甲板上;③ 24:00 时(亦即 2005 年 7 月 19 日 0 时),船舶摇摆厉害,大量上浪,集装箱陆续落水。事故后,根据《海事报告》,甲板上 198 个集装箱,落海 132 个,其余 66 个倾倒在舱面上。2005 年 7 月 20 日 07:10 时,船靠妥高雄港 36 号泊位。2005 年 7 月 21 日船改靠高雄港 40 号泊位,次日开始卸货。随后船舶又曾先后移泊至 66 号和 80 号泊位作业,最终于 2005 年 7 月 26 日卸完船上所有的集装箱。事故后,大量货主对货物的承运人、实际承运人提起诉讼。根据原审法院生效的(2006)厦海法商初字第 149 号民事判决书认定,事故系因承运人经谨慎处理仍未发现的船舶潜在缺陷和船长驾驶船舶的过失所致,根据《中华人民共和国海商法》的规定,承运人和实际承运人对因此造成的损失(该案集装箱落海、货物全损),不负赔偿责任。

4. 损失

案涉的 3 个集装箱均未落入海中。事故发生后,双方进行了联系。东方公司在福州的机构 2005 年 8 月 1 日传真朝辉公司告知货物已经全损。朝辉公司称其 2005 年 8 月 3 日传真东方公司,询问对未落海货物是否做出"保存"的努力并要求提供所有在港货物的公证及处理报告。朝辉公司提交了打印的堆放在码头上的 3 个集装箱的照片,说明源于东方公司 2005 年 7 月 27 日拍摄,用以证明诉请的货物未落海。照片显示:照片外手写文字标注为 OOLU6040749 号的集装箱倒置于码头地面的一部车架上,箱体一侧临近前部(冷冻机所在位置)凹陷,集装箱顶部和底部与之相连处分别扭曲下陷和上翘,该凹陷一侧的钢板并另有撕裂和凹凸变形的情况,冷冻机所在的前部发生严重损坏,前部的外壁钢板已基本脱离不见;标注为 OOLU6007524 号的集装箱堆放在地面,一侧(包括框架)上半部分有凹陷情况,一侧钢板略有几处可见撕裂现象,但是照片从撕裂处看无法看清保温材料层和内壁板是否也已裂开,会使货物对外暴露;标注为 OOLU6310947 号的集装箱倒置于地,一侧箱壁全部不见,该侧部分外框有轻微扭曲。

东方公司认为,从照片可以看出:OOLU6040749 号集装箱箱体已完全扭曲,钢板撕破凹陷,箱门已经掉落,货物显然已随之毁损、落出;OOLU6007524 号集装箱货物外露,处在高温状态及严重撞击扭曲的情形,全损是必然结果;OOLU6310947 号集装箱货物处于高温状况或落海,也不难判断已经全损。尤其对冷冻货物,从 2005 年 7 月 17 日集装箱倒塌,冷藏柜不能制冷,到 7 月 25 日集装箱清理卸下工作结束,前后近一周时间,在台湾夏季处于高温状态下,货物显然已经发生变质,必然发生全损。朝辉公司则说明:照片本身并未体现具体的集装箱号,朝辉公司提交照片书写标注柜号时只能根据东方公司的告知情况,至于照片所摄是否真的就是上述 3 个集装箱,不能肯定。且即便如此,按东方公司答辩所说,清理卸下毁损集装箱的工作从 7 月 21 日持续到 7 月 25 日,而照片是 2005 年 7 月 27 日在集装箱搬运到码头以后拍摄的,不能证实货柜到港卸下时的情况。这些损害完全有可能是在集装箱搬运过程中或搬运后形成的。另外东方公司对集装箱损坏情况的描述也不准确。如 OOLU6040749 号集装箱照片上很难证实有其所述现象。OOLU6007524 号集装箱保存得较为完好,只有少许凹陷,钢板一侧虽有裂痕,但很难看出集装箱出现裂口,即使有裂口也极小,对货物的影响不大。OOLU6310947 号集装箱,如果说其一侧受到作用力的强度略高,发生挤压、变形是有可能的,但绝不会导致侧面箱壁被完全撕去。从照片上看,该侧面箱壁撕离的痕迹很完整,极其像是人工切割而成的,可能经过东方公司二次处理。另一方面,需要指出的是,本案冻面包虾是由新鲜生虾仁、面粉及调味料制作成形后再经快速单冻机冷冻而成。成品包装形式:5LB/袋,塑料袋独立包装后,4 袋装一纸箱。通常在 −18℃ 以下储存可长期保质,将单个产品独立摆放在常温 18℃ 至 25℃ 左右需 10 小时左右才能完全解冻,从解冻到变质需 3—4 天,从变质到完全腐烂需 4—15 天。朝辉公司在货物装入冷藏柜后开始给柜子插电制冷至柜子温度表盘上显示 −18℃ 以下才允许货柜离厂,直到事故发生一刻时其仍处于正常冷冻状态。假设 2005 年 7 月 18 日冷藏柜损坏无法供电、制冷,冷藏柜内侧是由保温材料制成的,具备一定的保温功能,温度回升速度缓慢,再加上产品表面有冷气不容易在短时间内解冻。在此情况下按产品储存技术推理,单箱面包虾从冻结状态到解冻需 72 小时左右,整柜面包虾完全解冻需约 7 天时间。从解冻到变质甚至腐烂至少要 30 天左右。由此可见,当船靠岸后货物很可能是处于解冻状态并没有发生变质。而且退一步说,即便产品变质、腐烂仍有当做废物处理的价值。

厦门海事法院原审认为:案涉的 3 个集装箱未落海,箱内货物无论依货物的自然特性或双方当事人的陈述,可以确定现已彻底灭失。货物灭损的具体状况包括原因,本案中唯一的证据为东方公司拍摄的照片。但该照片是在集装箱货物卸下运到码头后拍摄的,不能当然反映集装箱和箱内货物在到港、卸船时的情况。其次,从照片本身内容看:① 标注为 OOLU6310947 号集装箱虽然一侧箱壁全部不见,但集装箱因受风浪作用或与其他集装箱碰撞,倒塌在甲板上,通常不会导致一面箱壁完全被撕去。而从残留的痕迹看,箱壁撕去的痕迹较为干净、完整、彻底,朝辉公司质疑为事故后经人工切割清理而成,具有较为充分的理由。并且东方公司称货物"处于高温状况或落海",表明其也不能确定货物落海,故以此推断货物全部落海不能成立。② 标注为OOLU6007524号集装箱钢板撕裂是否已使货物外露不能确定,同时尽管一侧(包括框架)上半部分有凹陷情况,但从照片上看幅度不大,加之货物是用纸箱包装,体积也小于集装箱容积,因而不能以此推断货物因撞击而灭失。③ 标注为OOLU6040749号集装箱是在冷冻机所在的前部一侧发生凹陷而非箱门(位于与前部相对的集装箱另一侧)掉落,尽管前部的外壁钢板已基本脱离不见,但冷冻机本身仍有残骸存在,冷冻机内侧通常还有内壁板,可以起到遮挡货物掉出的作用;集装箱一侧的钢板虽有撕裂,但与前述相同,由于不能排除集装箱在装卸、搬运、清理过程中操作导致裂口产生或加剧的可能,事故时裂口多大无法判断。另一方面,集装箱倒塌在船上的状态位置也不明了。而不同状况下货物的损坏可能不同,例如假定集装箱是被层叠压在下面的,货物掉出箱外的可能性和数量通常就较小。因此根据照片同样也无法得出货物已经随集装箱损坏而落出或全部损毁的结论。第三,东方公司按经验法则提出货物在近一周时间的夏季高温状态下必然变质全损。冷冻水产品常温下行将解冻容易变质,属于生活常识,但具体到本案货物的情况而言,一周时间是否足以使其全部解冻变质或多少时间将使其全部解冻变质,则已不属于常识经验直观粗略可以判断的范畴,而必须具有相应的科学依据。况且除前述集装箱本身破损状态不明外,船舶2005年7月18日临近中午时发生事故,7月22日开始卸货,东方公司称25日卸下但未提交证据。因此案涉集装箱从倒塌到卸离船舶具体时间多长也不明确,最长不过一周,但最短可能仅4天左右;此外在台风带来降雨的情况下,气温会有所下降,"夏季高温状态"语焉不详,是否合乎当地实际情况同样存在疑问;相反朝辉公司对货物储存、冷冻方式和解冻时间作了一定的说明,及陈述货物即使变质、腐烂仍具处理价值;而东方公司却未提交冷藏集装箱温度变化的记录或说明不能提交的原因(从照片上看该数据记录在事故后可能仍然存在),也未对变质后货物的具体情况作出说明,货物变质后如何处理、有无残值均不明确。鉴于以上因素,东方公司按经验法则推定货物必然变质进而全损不能成立。

综上,在没有其他证据的情况下,仅凭照片作为间接证据,不足以认定货物在卸离船舶时已经全部灭失或其全部彻底灭失已经不可避免。作为众所周知的事实,2005年7月以来至原审开庭时止,人民币对美元保持持续升值的态势,国家外汇管理局同期公布的人民币对美元汇率中间价(以100美元折人民币数额表示)不断下调。朝辉公司要求增加诉讼请求,将以美元计价的损失按2005年7月18日的汇率换算为人民币,并提交了国家外汇管理局网站公布的人民币中间汇率资料和中国农业银行福清市支行出具的关于国家汇率的证明,显示2005年7月18日,国家外汇管理局公布的人民币对美元汇率中间价为100美元折人民币827.65元。原审庭审中,朝辉公司就该项请求进一步提出和明确:有关汇率至少也应按2005年8月17日即正常货物应到目的地时的人民币价值计算,国家外汇管理局公布的该日人民币对美元汇率中间价为100美元折人民币810.02元。

二、一审裁判

厦门海事法院认为,本案是货物运输合同项下货损引起的赔偿争议。因运输合同的起运港在福州,东方公司也已应诉答辩,原审法院依法对案件具有管辖权。由于货物运输的目的地在美国,并且为内陆地点的收货人仓库,承运人负责送货上门,运输方式除海运外包括陆地运输,故案件为涉外多式联运合同纠纷。《中华人民共和国海商法》第269条规定,涉外合同的当事人可以选择合同适用的法律,鉴于双方均同意适用中国法解决纠纷,应以中国法为本案合同的准据法。

本案中,朝辉公司为托运人,东方公司为承运人暨多式联运经营人,双方订有运输合同,东方公司并向朝辉公司签发了提单。该提单虽为记名提单,但朝辉公司为全套正本提单持有人,其有权就货损向承运人请求赔偿。货物从福州运到高雄,而后计划转船运往美国。在该区段发生损失,根据《中华人民共和国海商法》第105条的规定,东方公司的责任应适用调整海上货物运输的有关法律规定即主要依《中华人民共和国海商法》的规定确定。根据《中华人民共和国海商法》的,货物在东方公司掌管期间发生灭失损害,其主张免责的,应负责证明免责事由的成立,包括免责事由的存在及其与损失之间的因果关系。东方公司提出另案生效判决已经认定,本次事故系因承运人经谨慎处理仍未发现的船舶潜在缺陷和船长驾驶船舶的过失所致,承运人和实际承运人依法不负赔偿责任。但该案中货物是随集装箱落海而灭失,本案则依查明的事实,货物卸离船舶时并非已全部毁损灭失或其全部彻底灭失已不可避免,两案情形不同,故上述免责事项与讼争货物损失之间的因果关系不能认定。且即使可能存在部分货物在事故中灭失的,东方公司也未能举证证明该部分货物的数量。因此,其对货损主张船舶潜在缺陷和船长驾驶过失免责不能成立。东方公司虽然又提出,朝辉公司在得知相关情况后未采取任何行动。但是,货物在台湾中转港时处于承运人掌管之下,如发现损害,根据《中华人民共和国海商法》第48条的规定,应由承运人即东方公司负责采取措施对遇难货物妥善谨慎地加以保管、照料和处理。同时东方公司作为国际知名航运公司,在主要港口大多设有机构,有更为充沛的人力和资源可以应对相关情况,货损处理在航运业经营中也属平常事件。而朝辉公司只是大陆的普通地方企业,要派员在短时间内办妥签证赴台善后并不容易。因此从时间效率和客观效果上进行对比,要求朝辉公司有效行动也不具有合理性。东方公司的该项抗辩不能成立。按2005年8月1日东方公司给朝辉公司的传真,货物于其时确定灭失全损,东方公司应向朝辉公司承担损害赔偿责任。

《中华人民共和国海商法》第55条规定,货物灭失的赔偿额按货物的实际价值即以货物装船时的价值加保险费加运费计算。据此,朝辉公司以货物的FOB价306 056.25美元、海运费15 654美元提出请求,符合上述规定。两项合计,东方公司应赔偿朝辉公司

321 710.25 美元。货代操作费 60 美元和其他杂费 8 760 元性质上属于港口、货代等费用,作为出口成本,其价值因素应已包含和体现在 FOB 价中,朝辉公司再行提出请求构成重复,不能予以支持。朝辉公司以人民币对美元持续升值为由增加汇率损失的请求,要求东方公司以人民币折算赔偿损失。该项损失是因东方公司未及时承担赔偿责任而产生,属于迟延损害,东方公司应当负责。朝辉公司请求按 2005 年 8 月 17 日国家外汇管理局公布的人民币对美元汇率的中间价 100 美元折人民币 810.02 元计算,可予以支持,据此其人民币数额为 2 605 917.37 元。同理,朝辉公司有关利息损失的请求,亦为迟延损害的一种,应由东方公司赔偿,具体应自 2005 年 8 月 1 日起按中国人民银行同期 1 年期贷款基准利率计算。有关诉讼时效问题,在本案中,汇率损失、利息损失与货物损失均起因于货物损害,至今仍在发生,朝辉公司 2005 年 8 月 23 日就货物损失提起诉讼时,未表示放弃汇率损失和利息损失。根据最高人民法院《关于审理民事案件适用诉讼时效制度若干问题的规定》第 11 条的规定:"权利人对同一债权中的部分债权主张权利,诉讼时效中断的效力及于剩余债权,但权利人明确表示放弃剩余债权的情形除外",在朝辉公司 2005 年 8 月的起诉造成时效中断,本案诉讼处于进行之中的情况下,其增加汇率损失的请求,未超过诉讼时效。综上,依照《中华人民共和国合同法》第 113 条第 1 款,《中华人民共和国海商法》第 55 条、第 105 条、第 269 条的规定,厦门海事法院原审判决:

(1) 东方海外货柜航运有限公司在判决生效之日起 10 日内赔偿福清朝辉水产品贸易有限公司 2 605 917.37 元及该款自 2005 年 8 月 1 日起按中国人民银行同期 1 年期贷款基准利率计算的利息;

(2) 驳回福清朝辉水产品贸易有限公司的其他诉讼请求。

三、上诉与答辩

一审宣判后,东方公司不服,向福建省高级人民法院提起上诉称:

(1) 原判认定上诉人未能举证证明货损的发生系由于上诉人依法可以主张免责之事由所造成,认定事实不清,证据明显不足。① 案涉集装箱在事故发生时倾倒于甲板上,箱体严重损坏,无法制冷且不能密闭,从而不能满足货物储存的条件,损失不可避免。② 根据被上诉人提交的关于案涉集装箱的图片资料,可以确认货物由于遭受超强外力袭击而全损。原判认定背离了证据所反映的实际情况,无视案涉船舶、集装箱遭遇强烈台风袭击的特定事实背景,对损害状况程度的描述大打折扣,且在无任何证据的情况下作出所谓"该等损失状况的发生不能排除其是在卸货过程中发生"的主观推定,与实际情况不符。③ 上诉人已经合理谨慎地履行了管货义务,原判关于事故发生后上诉人怠于对未坠海的货物作出"保存"努力的认定,并无事实和法律依据。

(2) 被上诉人追加诉讼请求已超过诉讼时效,原判适用法律错误。首先,被上诉人 2009 年 1 月 13 日才向原审法院提出变更诉讼请求申请,即请求追加"迟延损失",但这属于迟延情形下发生的新损失,与其之前请求的货损不属于同一性质的损失,故不适用司法解释关于可以中断诉讼时效的规定;其次,所谓迟延与上诉人没有关联,这是由于被上诉人自身原因所致;再次,本案审理系经原审法院依法中止,而因此发生的时间自然流失并非上诉人原因所造成的,亦非上诉人可以控制的,原判认定上诉人承担因法律程序的原因造成的迟延损失没有事实和法律依据;最后,被上诉人声称的货损金额无疑应以美元作为计价货币所得出的金额,这已经成为一个固定存在的事实,由于货币选择而产生的汇率风险自然应当由被上诉人承担。

综上,东方公司请求依法撤销原判,发回重审或改判驳回被上诉人的全部诉讼请求。

被上诉人朝辉公司答辩称:

(1)根据法律规定,货物在承运人掌管期间发生灭失损害,承运人主张免责的,应负责证明免责事由的成立,包括免责事由的存在及其与损失之间的因果关系。上诉人应对其主张的本案货损的发生原因系属可免责的事由承担举证责任,但上诉人一审中始终未能证实发生货损的实际原因是什么,仅依据案涉集装箱的图片资料认定箱内货物发生全损。其关于货物在近一周时间的夏季高温状态下必然变质全损的主张缺乏科学依据,因此依法应承担举证不能的责任。

(2)上诉人未履行合理谨慎的管货义务,事故发生后不仅未在第一时间通知被上诉人,也未尽到妥善保管货物的义务。

(3)被上诉人原审追加的诉讼请求未超过诉讼时效。

(4)被上诉人的货物价值应按照2005年7月18日至2005年8月17日的人民币兑换美元汇率进行确认,如果由被上诉人承担汇率变化产生的损失则显失公平。

(5)(2008)厦海法商初字第219号民事案卷中连海船舶装卸承揽股份有限公司提供的《证明书》证实,3箱案涉货物均已于2005年7月27日前完成卸载工作并运往上诉人指定的码头,集装箱实际上已经发生了位移,因此不排除集装箱在托运过程中经过二次处理的可能。《证明书》同时显示案涉集装箱均为重柜,无一空柜,这也证明上诉人主张货物全损没有事实依据。

综上,请求依法驳回上诉,维持原判。

二审审理期间,上诉人提交两份证据:证据一为佑啟新公证有限公司(以下简称佑啟新公司)出具的《检验报告》,以证明案涉货物遭受台风袭击后的状况、发生全损的事实及卸货作业、销毁货物的过程;证据二为Steamship Mutual Management(Hong Kong)Ltd.出具的《情况说明》,以证明该公司与案涉事故之间的关联及委托检验的过程。被上诉人质证后认为:证据一形成于2005年,不属于二审期间新的证据,其中3个货柜的照片与文字描述不一致,且所有照片并未见到货物洒出,不能证明货物全损,况且货物是否还有利用价值需要专业机构的鉴定,《检验报告》称货物已成垃圾没有公信力;证据二的表面真实性无异议,但对关联性以及陈述的内容真实性有异议。被上诉人二审期间也提供了两份证据:证据一系连海船舶装卸承揽股份有限公司出具的《证明书》,欲证明该公司对案涉3箱货物进行了运输,且3个集装箱均为重柜,内有货物;证据二系福建省中心检验所出具的《技术鉴定报告》,欲证明案涉货物在塑料袋包装的情况下在海水中浸泡 7 天,塑料袋不会渗透进水,且即便货物(虾品)变质后经消毒处理仍有作饲料处理的利用价值。上诉人质证后认为,证据一《证明书》没有经过公证认证,不能作为定案依据;证据二《技术鉴定报告》是 2009 年 6 月 25 日作出的,对于该检验所是否具有鉴定资质还有待查证,而检品的质量、种类、包装、所处的环境与本案实际情况有很大区别,不具有可比性。

四、二审裁判

福建省高级人民法院认为,上诉人提交的《检验报告》与《情况说明》均有原件可供核对,且办理了相应的公证认证手续,其真实性可予确认;《检验报告》虽形成于原审庭审之前,但结合《情况说明》判断,Steamship Mutual Management(Hong Kong)Ltd. 作为东方公司保赔保险人在香港的代表,于事故发生后指定佑啟新公司进行检验并形成《检验报告》,作为投保人的东方公司原审中未能掌握该份证据亦在情理之中;该证据与案涉货物损失情况有直接关联,并可能对裁判结果产生影响,况且《检验报告》系由第三方制作,相对客观、中立,能较为真实地还原事故发生后案涉货物的实际情况。因此,福建省高级人民法院对上诉人两份证据的效力依法予以确认。被上诉人提交的证据一即《证明书》系形成于台湾地区的复印件且未履行相关的证明手续,真实性无法确认,况且该《证明书》系台湾地区港口装卸承揽公司出具的,该公司充其量可证明存在装卸货柜的事实,尚无法证明货物是否存在毁损或灭失的情况,故该证据因缺乏合法性、关联性,福建省高级人民法院不予采纳。被上诉人提交的证据二即《技术鉴定报告》虽形成于本案二审期间,但首先,该份鉴定报告未附鉴定人鉴定资格的说明,在证据的合法性上有所欠缺;其次,鉴定结论所依据的浸泡海水试验仅在外界环境(海水)与外部温度上与事故过程相仿,试验过程处于相对静止状态,这与台风中集装箱及箱内货物连日不间断地颠簸摇摆直至倾倒、箱内货物外露并散落的动态过程完全不同。因此鉴定意见对于本案认定货损情况不具有参考价值,福建省高级人民法院对该份证据的关联性亦不予采纳。

结合二审新的证据,福建省高级人民法院查明如下事实:"景云"轮于 2005 年 7 月 18 日在台湾地区高雄港外海域遇台风发生事故,后于 7 月 20 日靠泊高雄港 36 号泊位。随后,佑啟新公司于 7 月 20 日登船进行甲板检查,并监督卸货、转载作业及货物销毁过程,最终对本次事故的货损情况作出《检验报告》。检验情况如下:

(1)甲板检查中发现,冷藏集装箱供电设备断电,部分冷藏箱已被严重损坏,散发着恶臭。

(2)卸货过程中发现,4 个箱号分别为 OOLU6040749、OOLU6007524、OOLU6310947 和 OOLU6022154 的集装箱受到非常严重的损坏,其中 OOLU6007524 号集装箱内的冷藏货物因已经散发腐烂恶臭而将被处理,其余 3 个集装箱内均未见货物留存。案涉集装箱的具体情况分别为:OOLU6310947 号集装箱左侧整块面板破裂、毁损;集装箱内所有货物(冻虾)残留在甲板上,已成垃圾,散发恶臭。OOLU6007524 号集装箱右侧面板中部有超过 100×300 平方厘米的区域严重凹陷,四边突出;左前角柱及右前角柱中间部分弯曲、变形;左侧面板四边有宽 100 厘米的部分凹陷、受挤压,左前角柱中间部分发生弯曲、变形;集装箱内货物情况未知。OOLU6040749 号集装箱左侧整块面板损毁、丢失;集装箱内部分货物(冻虾)残留在甲板上,已成垃圾,散发恶臭。

(3) 2005 年 8 月 15 日,OOLU6007524 号集装箱内货物在海关官员、中华海事检定股份有限公司检验员及佑启新公司检验员的监督下被安排销毁。由于集装箱的冷藏装置已经受到严重损坏,该集装箱卸至岸边后无法对其进行供电,装上运输卡车后集装箱发生倾斜,因此卡车司机拒绝将其运往销毁地。鉴此,集装箱被卸载至高雄港第 65 号码头 OOCL 的集装箱装卸区,有 1 170 个纸箱从箱内卸下,每个纸箱内有 8 个塑料袋,每个塑料袋内装有 3 磅冷冻面包虾,均已散发出强烈的恶臭。货物卸载后,装有冷冻面包虾的 1 170 个纸箱被装上垃圾车,并在海关官员的监管下被运送至高雄市南区的垃圾处理厂作销毁。

以上检验内容中,甲板检查情况、案涉集装箱与箱内货物受损情况与《检验报告》所附照片显示的情况基本相符;OOLU6007524 号集装箱销毁情况则与《检验报告》附件中高雄市海关出具的《货物放行通知》《货物销毁清单》记载的内容完全一致。

原审查明的其他事实基本属实,福建省高级人民法院依法亦予确认。本案二审争议焦点为,上诉人是否应对案涉集装箱的货损承担赔偿责任。福建省高级人民法院认为,根据一、二审查明的事实可知,"景云"轮遭遇台风发生事故过程中,甲板上的 198 个集装箱陆续发生摇摆、倒塌,有 132 个集装箱挣脱绑扎入海,另有 66 个集装箱(包括案涉集装箱)虽未落海但均不同程度受损。案涉 3 个冷藏集装箱在本次事故中严重受损,供电设备均已断电、无法制冷。其中 OOLU6007524 号集装箱虽仅是扭曲变形并未破裂,但内装货物已严重腐烂,另两个集装箱所载货物则已随箱体破裂而散落于甲板并散发恶臭,箱内已无货物留存。综上判断,案涉货物(冻面包虾)在事故中发生全损已是不争的事实,受损的主要原因则在于事故导致冷藏设备断电,案涉货物在常温下解冻、变质进而腐烂,而无论是箱体破裂导致货物被甩出抑或是货物长时间随集装箱颠簸摇摆,均存在加剧货物腐烂变质的可能。此外,从事故后的处理情况看,上诉人并无故意违规处置集装箱与箱内货物的行为,也无证据表明存在上诉人因过失或不当行为以致货物进一步受损的事实。因此,案涉货物的全损系由于本次事故造成的,而该事故经由生效民事判决认定,属承运人经谨慎处理仍未发现的船舶潜在缺陷和船长驾驶船舶的过失所致,上诉人已举证证明存在相应的免责事由,无需承担赔偿责任。综上,上诉人的上诉主张有理,福建省高级人民法院依法予以支持。依照《中华人民共和国海商法》第 51 条第 1 款、第 11 款,《中华人民共和国民事诉讼法》第 153 条第 1 款第(三)项之规定,判决如下:

(1) 撤销厦门海事法院(2005)厦海法商初字第 349 号民事判决;
(2) 驳回福清朝辉水产食品贸易有限公司的诉讼请求。

5 上诉人杨振兴、陈光明、林光辉与被上诉人福州开发区顺利建材有限公司码头设施损害赔偿纠纷案

案例来源：福建省高级人民法院(2010)闽民终字第7号
主题词：共同侵权　原因力比例　连带赔偿责任

裁判要旨

No. HS-3-6　各采砂船在被侵权人码头前沿水域或其临近水域进行违法采砂作业，违法采砂侵权行为相互结合、共同作用，导致码头砂体流失、水深增大，最终整体失稳而坍塌。造成码头的坍塌后果并非单一采砂船的侵权行为所致，客观上也无法分清各采砂船之间的过失大小或者原因力比例。因此，各采砂船的采砂行为对于损害结果的发生均存在因果关系，并直接结合导致码头坍塌事故的发生，各采砂船的采砂行为构成共同侵权，各侵权责任人应对损害后果承担连带赔偿责任。

一、基本案情

上诉人(原审被告)：杨振兴、林光辉、陈光明
被上诉人(原审原告)：福州开发区顺利建材有限公司
原审被告：长乐市营前航运社
原审被告：林拾俤，系"闽福州采0005"采砂船所有权人；陈克聚，系"闽福州采2033"采砂船所有权人；郑思铭，系"闽福州采2002"采砂船所有权人；林炳光，系"闽福州采0009"采砂船所有权人；陈玉新，系"闽福州采0033"采砂船共有人之一；范苗金，系"闽福州采0033"采砂船共有人之一；郑建安，系"闽福州采0008"采砂船共有人之一；冯忠杰，系"闽福州采0008"采砂船共有人之一；冯章瑞，系"闽福州采0008"采砂船共有人之一；董家强，系"闽福州采0015"采砂船共有人之一；李建铨，系"闽福州采0015"采砂船共有人之一。

厦门海事法院原审查明：

1. 顺利码头建设、经营情况

福州港顺利建材码头位于福建省闽江北岸打石坑与松门之间，地理坐标为119°29′25″E、26°01′50″N。该工程于2002年9月3日经福建省发展计划委员会以闽计基础〔2002〕131号文《关于福州顺利建材码头工程立项的批复》批准立项，业主为顺利建材公司。福建省发改委于2003年1月31日以闽计基础〔2003〕19号文批复了本项目工程可行性研究报告，福建省交通厅于2003年11月19日以闽交建〔2003〕165号文批复了工程初步设计。驳岸及堆场工程于2003年5月中旬动工，驳岸部分于2004年5月底完工。码头主体工程于2004年6月5日开工，2005年1月5日竣工。2005年3月15日，福建省交通质监站以闽交质监〔2005〕58号福建省交通质监站《关于福州顺利建

材码头水工主体工程质量等级核定意见的通知》，核定顺利建材公司的顺利码头工程质量等级为合格。2005年7月码头交付使用,建设规模为2万吨级件(散)货泊位一个。码头位于上游礁盘和下游矶头之间,前沿线布置在－10(罗零)等深线附近,基本与潮流主流方向平行。护岸前沿线布置在码头前沿线后方36米处,与码头前沿线平行,通过两座栈桥连接。码头平台长130米,宽16米;两座栈桥长36米,宽8米;前沿护岸总长404米。码头后方驳岸为砌石结构,堆场面层为现浇混凝土结构,驳岸及堆场下的软基均未经工程措施处理加固。2005年12月30日,福州市港务局以榕港港管〔2005〕58号文批复,同意顺利建材公司在福州市亭江松门从事码头设施经营,在港区内从事货物装卸、仓储经营。该码头于2005年7月交付试生产,主要装卸河砂,月均出口河砂约20万吨。截至事故发生之日,已累计安全靠泊船舶148艘次,其中最大船型为22 645载重吨。

2. 顺利码头周边水域采砂船活动情况

为打击闽江内港区非法采砂活动,福州市水政监察支队与福州海事局等相关部门组成联合执法组,以定期巡航及不定期联合执法行动方式,对该水域的非法采砂活动进行驱赶、打击。根据福州市水政监察支队调查,"闽福州采2033"采砂船长期在闽江马尾至入海口河段无证盗采河砂。2006年7月20日,该单位协同福州海事局、海警一支队等执法机构,对闽江马尾至入海口河段非法采砂船开展联合执法行动,在执法现场收集到"闽福州采2033"采砂船账、卖砂账簿4本。据砂款收据记载,该船2006年7月9日至20日非法采砂金额达301 900元。2006年8月15日20:00时左右,该船仍在顺利码头附近水域采砂,被该单位录像。

根据福州市水政监察支队水政执法巡查记录,2006年8月15日19:00时至20:00时,该单位在陆上巡查发现顺利码头江面有多艘采砂船作业。之后,海警出动巡逻艇到现场制止采砂行为,在江面,当场拍摄记录了"闽福州采0008"采砂船采砂作业情况。"闽福州采2033""闽福州采0005"两艘采砂船逃逸,海警巡逻艇立即追逐,并登船检查、取证。根据录像资料显示,"闽福州采2033""闽福州采0005"采砂船在采砂作业时将船号牌取下,在海警巡逻艇登船检查时,被勒令交出船号牌并当场拍照取证。根据福州海事局《水域巡航工作记录》,自2005年起,多艘采砂船长期占据顺利码头前沿水域及附近水域进行非法采砂活动。为抗拒执法,部分采砂船在采砂作业时将船号牌取下,导致海事部门在巡航中无法完全取证。具体记录到的违法采砂情况如下：

根据福州海事局《水域巡航工作记录》,2005年3月14日、3月18日、3月31日、5月25日,"闽福州采2033"采砂船在田螺湾水域进行采砂作业。2005年4月21日,该船在吉安至长乐机场前沿水域进行采砂作业。2005年9月23日,该船在吉安码头前沿水域进行采砂作业。2005年11月6日,该船在顺利码头前沿水域进行采砂作业。2005年11月10日—11日,该船在松门水域进行采砂作业。2005年11月11—12日,该船在吉安码头水域进行采砂作业。2006年3月28日,该船在吉安码头前沿水域进行采砂作业。2006年6月13日,该船在松门水域进行采砂作业。

共同侵权·原因力比例·连带赔偿责任

根据福州海事局《水域巡航工作记录》,2005年1月2日,"闽福州采2002"采砂船在吉安码头前沿水域进行采砂作业。2005年2月24日,该船在顺利码头前沿水域进行采砂作业。2005年3月14日、3月31日、5月25日,该船在田螺湾水域进行采砂作业。2005年4月21日,该船在吉安至长乐机场前沿水域进行采砂作业。2005年11月13日,该船在顺利码头前沿水域进行采砂作业。

根据福州海事局《水域巡航工作记录》,2005年11月13日,"闽福州采0017"采砂船在顺利码头前沿水域进行采砂作业。2006年3月28日,该船在吉安码头前沿水域进行采砂作业。2006年5月28日,该船在田螺湾水域进行采砂作业。

根据福州海事局《水域巡航工作记录》,2006年1月17日,"闽福州采0033"采砂船在顺利码头前沿水域锚泊、准备采砂作业。2006年5月2日,该船在吉安水域进行采砂作业。2006年6月13日,该船在松门水域及金刚腿前沿水域进行采砂作业。2006年6月17日,该船在金刚腿前沿水域进行采砂作业。2006年7月17日,该船在顺利码头前沿水域进行采砂作业。

根据福州海事局《水域巡航工作记录》,2006年1月17日,"闽福州采0009"采砂船在顺利码头前沿水域锚泊、准备采砂作业。2006年2月19日,该船在顺利码头前沿水域占道锚泊。2006年5月22日,该船在吉安码头前沿水域进行采砂作业。2006年6月11日,该船在田螺湾水域进行采砂作业。

根据福州海事局《水域巡航工作记录》,2006年6月1日,"闽福州采0008"采砂船在闽安门水域进行采砂作业。2006年5月27日,该船在金刚腿前沿水域进行采砂作业。

根据福州海事局《水域巡航工作记录》,2006年5月20日,"闽福州采0015"采砂船在顺利码头下游水域沉船边进行作业,该船称有经过海事局批准进行沉船吸砂作业。2006年5月24日,巡航船在"九莲山"沉船水域发现"闽福州采0015"采砂船进行挖砂作业。经询问,该船称系为打捞沉船做准备。

3. 顺利码头坍塌经过

2006年8月15日晚20:00时,水位约+1.9米,2万吨级"金源"轮靠泊在顺利码头进行装砂作业,同时码头下游在建卸船泊位的施工人员正在灌注桩施工平台上施工,对桩顶混凝土进行处理。约20:20时,灌注桩施工平台1号—7号排架开始倒塌,施工人员及时乘坐监护艇撤离现场;紧接着正在进行装砂作业的工人发现码头平台下游段晃动,并发出异常声响,靠下游段码头面出现裂缝。码头作业人员发现异常情况后,立即往码头上游段撤离,随即下游码头平台长约40米倒塌落入江中,"金源"轮下游缆绳绷断,船上人员及时砍断上游缆绳后,船舶离开码头。随后,下游栈桥开始断裂坍塌,同时码头平台坍塌逐渐往上游延伸,上游码头平台段倒塌两个排架,断裂处梁板等构件钢筋剪断。码头上游段(该分段65米)未倒塌部分长度49.5米。约20:40时,码头后方驳岸中间段开始发生滑移倒塌,范围逐渐向两侧和纵深扩大,23:10时左右,堆场发生大面积塌陷。

4. 顺利码头坍塌事故原因及损失情况

顺利码头坍塌事故发生后,2006年8月18日,福州市港务局以榕港综〔2006〕7号发文成立专家调查组,对事故原因进行调查。专家组察看了事故现场,查阅顺利码头的工程报告、初步设计、施工图设计等各阶段设计文件及地质勘察资料和水工主体工程竣工资料、经监理工程师签认的质量保证资料及码头附近水域不同时期的水深地形测量资料,并了解码头施工及试生产使用情况、码头倒塌过程等情况,于2006年9月7日出具《福州港顺利建材码头部分码头平台倾倒及驳岸堆场滑移塌陷事故专家组调查报告》(以下简称《专家组调查报告》),报告对事故原因进行分析,认为:① 码头平台位置河床大幅下降,导致基桩入土深度严重不足,部分码头结构丧失设计承载能力;② 近距离大量采砂,是导致码头平台及附近河床近期大幅增深的主要原因,大量采砂还在码头前沿形成较大范围的不稳定岸坡,直接危及码头结构整体稳定;③ 驳岸和堆场下的软基未经加固处理,堆场堆载较大(实测砂堆顶高程约+19.5米),随着驳岸前沿河床的下降,驳岸和堆场的地基稳定性降低。

山东海事司法鉴定中心(以下简称鉴定中心)受原审法院委托对顺利码头坍塌原因及损失数额进行鉴定、评估。该鉴定中心首先进行资料收集,详细了解码头工程所在位置的水文情况及地形变化情况。其次,对顺利码头工程的相关资料进行查验,确定设计单位进行的码头设计图纸符合国家规范要求;工程验收过程齐备,码头施工达到合格标准;勘察单位具有合法资质,所进行的地质勘察及水深测量符合规范要求,结果可信。随后,对码头进行勘验及水下探摸,取得码头现状的第一手材料,并进行稳定性分析。据此,该鉴定中心出具《勘验评估报告》,其鉴定结论为:① 经资料查验及相关计算,码头工程设计符合国家规范要求;码头工程施工达到合格标准;调查中未发现超载现象。但岸上部分地基未经处理,导致码头堆载承受能力下降。② 码头破坏的直接原因是地基土流失,导致桩基承载能力降低,桩体被土坡剪断,码头整体失稳。③ 长期非法采砂活动是造成码头破坏的外部原因,由于非法采砂船作业区距码头前沿过近,因而导致该码头底砂流失,水深增大,桩基入土深度不足。④ 经稳定性校核,该码头残余部分安全系数偏低,已不具备继续使用及修复的价值。⑤ 本次码头倒塌事故建筑物损失总值1 836.7013万元。

5. 因闽江河砂质量在国内市场及周边国家享有盛誉,近年来,随着河砂需求量不断增加,闽江港区重要水域非法采砂现象愈演愈烈

为了遏制非法采砂活动,2005年1月,福州市人民政府发布榕政〔2005〕5号《关于禁止在马尾至闽江口港区重要水域非法采砂的通告》,决定马尾至闽江口水域的营前深水区、松门田螺湾、闽安门、中沙、金牌门等港口重要水域,除航道、港池维护疏浚外,禁止其他船舶采砂。同年,福州市人民政府办公厅发布榕政办〔2005〕86号《关于禁止在马尾至闽江口港区重要水域非法采砂问题的补充通知》,决定将禁止非法采砂的范围由上述通告中明确的禁采范围向下游延伸,对马尾青洲作业区至松门煤码头的河道全面禁止采砂。2006年1月28日,福州市人民政府办公厅发布《关于全面禁止在马尾

青洲大桥至闽江口水域采砂的通告》,决定对马尾青洲大桥以下至闽江口水域内全面禁止采砂,福州港闽江口水域禁采区由原来的局部重点水域,扩大为整条50多公里长的水域全面禁采。2006年4月17日,福州市人大常委会公布并实施修改后的《福州市河道采砂管理办法》,该办法对采砂的范围进行了规范,并加重了相关的处罚力度。规定闽江下游北港河段,防洪工程、水工程设施、航道设施的保护范围内,河道采砂规划确定的禁采区、禁采点等范围禁止采砂。针对乱采砂的现象,还规定未取得河道采砂许可证擅自在河道管理范围内采砂或者在禁采范围内采砂的,由水行政主管部门责令停止违法行为,没收违法所得和违法采砂机具,并处以1万元以上10万元以下的罚款,情节严重的,可暂扣违法采砂船舶,构成犯罪的,依法追究刑事责任。然而,由于长期的历史原因,相关规定的出台并没有使得闽江下游禁采区内非法采砂立即停止。为此,福州市水利局牵头,由福州海事局、福州市水政监察支队、"海警"等部门组成的联合执法组,多次进行联合执法活动。自2006年起,福州海事局根据实际情况建立24小时巡航制度,对违章作业的采砂船、运砂船进行不间断的打击,对占航道进行采砂作业的采砂船进行驱赶。但在暴利的驱使下,在顺利码头发生坍塌事故前,非法采砂活动仍然十分猖獗。

顺利码头位于闽江松门田螺湾,对岸为吉安码头,均属闽江闽安门水域范围内,上述水域属港口重要水域禁采区。因马尾以下的河道态势呈藕节状,其中松门田螺湾属河道节点,水域狭小,仅300米左右宽,水流湍急砂质较好,该水域采砂船无序滥采现象十分严重。根据福建省港航勘察设计院收集的顺利码头所在河段1983年、1998年及2006年1月3份1∶10000测图,1983年与1998年,码头前沿主航道内水深均稳定在-16——-18米左右。2002年1月,码头前沿主航道内水深仍维持在-20米以内。2006年1月测图显示,距码头前沿约280米的主航道南侧已形成一个大深坑,最深处达-58.1米,-20米等深线明显向码头靠近。通过对比2002年1月1∶1000(码头设计采用的水下地形图)、2005年2月1∶500(码头竣工测图)及2006年8月16日1∶500(事故后码头前沿水域水下地形图),发现2002年1月至2005年2月变化较小,增减幅度为0.98—2.75米;变化主要集中在2005年2月至2006年8月,增减幅度达12.39—25.56米。

二、一审裁判

厦门海事法院原审认为,双方的争议焦点在于:

1. 顺利码头坍塌原因

原审法院认为,顺利码头是经相关部门批准立项的工程,其设计图纸、地质勘察及水深测量符合国家规范要求,工程竣工后经验收达到合格标准。该码头于2005年7月交付试生产至坍塌之日,没有超设计能力靠泊记录,也未发生过船舶碰撞码头等安全事故。根据查明的事实,可以认定顺利码头发生坍塌事故的原因为:①采砂船作业区距码头前沿过近,导致该码头底砂流失,水深增大,桩基入土深度不足;②采砂船采用定点深挖形成集砂坑的作业方式,使采砂区形成较大范围的深坑,深坑周围的砂体不断崩塌滑入集砂坑,导致深坑附近岸坡处于不稳定的临界状态,岸边的码头或护岸的稳定性和承载能力大幅降低;③码头护岸和堆场下的软基未经加固处理,堆场堆载较大,随着护岸前沿河床的下降,护岸和堆场的地基稳定性降低。

2. 被告是否存在侵权行为

原审法院认为,根据现有资料查明,自2005年3月起至事故发生当时,"闽福州采2033"采砂船长期在顺利码头前沿水域、松门田螺湾水域进行采砂作业。2006年8月15日晚,该船仍在顺利码头前沿水域采砂,在顺利码头坍塌后,立即逃离现场,随后被巡逻艇追上并登船检查、取证。"闽福州采2033"采砂船违法采砂事实充分,原审予以认定。

"闽福州采0005"采砂船,虽然该船在事故发生之前并无违法采砂行为的记录,但在事发当时,该船在顺利码头前沿水域进行采砂作业,并隐匿船号牌。这与福州海事局《水域巡航工作记录》中载明的多艘采砂船长期在顺利码头前沿水域进行非法采砂活动,为抗拒执法,采砂船在采砂作业时将船号牌取下的事实相符。据此,原审认为"闽福州采0005"采砂船违法采砂事实充分,足以认定。

"闽福州采2002"采砂船,该船自2005年1月起至2005年11月13日,有多次在顺利码头前沿水域、松门田螺湾水域及吉安码头前沿水域采砂作业记录。据此,原审认为"闽福州采2002"采砂船违法采砂事实充分,足以认定。

"闽福州采0017"采砂船,该船自2005年11月13日起至2006年5月28日,有多次在顺利码头前沿水域、松门田螺湾水域及吉安码头前沿水域采砂作业记录。据此,原审认为"闽福州采0017"采砂船违法采砂事实充分,足以认定。

"闽福州采0033"采砂船,该船自2006年1月17日起至2006年7月17日,有多次在顺利码头前沿水域、松门水域及吉安水域等闽安门水域采砂作业记录。据此,原审认为"闽福州采0033"采砂船违法采砂事实充分,足以认定。

"闽福州采0009"采砂船,该船于2006年5—6月,有在吉安码头前沿水域及田螺湾水域进行采砂作业记录。据此,原审认为"闽福州采0009"采砂船违法采砂事实充分,足以认定。

"闽福州采0008"采砂船,虽然事故发生之前福州海事局的《水域巡航工作记录》并无该船在顺利码头及其附近水域违法采砂行为的记录,但在事发当晚,该船在顺利码头前沿水域进行采砂作业,且被当场拍摄记录了其采砂作业情况。据此,原审认为"闽福州采0008"采砂船违法采砂事实充分,足以认定。

综上所述,原审认为,"闽福州采2033""闽福州采0005""闽福州采2002""闽福州采0017""闽福州采0033""闽福州采0009""闽福州采0008"7艘采砂船自2005年1月至2006年8月15日即顺利码头发生坍塌事故之日,均有在顺利码头前沿水域或其临近水域进行采砂作业的事实。上述采砂船的作业地点及其作业方式,足以造成码头地基土流失,桩基承载能力降低,并最终导致码头整体失稳。上述采砂船的船舶所有权人未持有河道采砂许可证,擅自在河道禁采水域范围内采砂,违反《福建省河道采砂管理办法》《福州市河道采砂管理办法》及福州市人民政府的相关规定;且其违法采砂作业行为造成顺利码头倒塌的后果,该行为侵犯了原告的合法权益,已构成侵权,依法应承担相应的民事责任。

被告董家强、李建铨辩称其所有的"闽福州采0015"船没有在事故水域违法采砂。原审认为,从福州海事局《水域巡航工作记录》记载的该船两次作业地点看,均为"九莲山"沉船水域,且时间上较为临近,一次是2006年5月20日,另一次是2006年5月24日。结合其作业时间和作业地点,原审认定该船的上述行为为打捞沉船作业,除此之外,该船并无其他违法采砂作业记录,被告董家强、李建铨的抗辩有事实依据,予以采信。

被告杨振兴、林光辉、陈光明辩称事故期间其所有的采砂船停航维修,并提交了两份《福建省村集体专用收款票据》。原审认为,该证据仅能证明三被告于2006年3月、9月缴纳"闽福州采0017"采砂船停靠码头费的事实,但不足以证明该船停航维修的事实;且该证据也不足以推翻其自2005年11月13日起至2006年5月28日非法采砂的事实。因此,原审对其抗辩不予采信。

被告林炳光辩称其没有在事故水域采砂,不构成侵权。原审认为,虽有相关单位证明"闽福州采0009"采砂船曾在福州湾边大桥协助打捞平台残骸的事实,但福州湾边大桥与其非法采砂作业水域相隔甚远,不足以推翻该船于2006年5月22日、6月11日进行违法采砂的事实。《水域巡航工作记录》记载的该船作业地点为吉安码头及田螺湾水域,据本案查明的事实,吉安码头与顺利码头隔岸相对,同属松门田螺湾河道,该水域狭小,采砂船在此进行定点深挖采砂作业,根据河砂的流动性特点,其在吉安码头前沿水域定点深挖形成集砂坑,深坑周围的砂体不断崩塌滑入,不但造成顺利码头水域的砂体流失,也导致顺利码头驳岸的稳定性及承载能力大幅下降。据此,原审认为被告林炳光的采砂行为对顺利码头造成了损害,其行为构成侵权,对其抗辩不予支持。

被告长乐市营前航运社辩称其与被告之间是船舶挂靠代管关系,并非船舶所有权人,不应承担侵权赔偿责任。原审认为,长乐市营前航运社虽为案涉采砂船的船舶经营人,但其并未实际掌控船舶的运营和收益,也没有证据证明其实施侵权行为。原告主张长乐市营前航运社承担连带赔偿责任,没有事实和法律依据,不予支持。

3. 被告是否应对原告的损失承担连带赔偿责任

"闽福州采2033""闽福州采0005""闽福州采2002""闽福州采0017""闽福州采0033""闽福州采0009""闽福州采0008"7艘采砂船自2005年1月至2006年8月15日期间,在顺利码头前沿水域或其临近水域进行违法采砂作业,虽无证据证明各船之间具有共同故意或共同过失,但码头的坍塌并非单一采砂船造成的损害,而是各采砂船违法采砂行为相互结合、共同作用,导致码头砂体流失、水深增大,最终整体失稳而坍塌。因此,各采砂船的采砂行为对于损害的发生均存在因果关系,并直接结合导致顺利码头坍塌事故的发生。据此,原审认为,各采砂船的采砂行为与码头坍塌具有因

共同侵权·原因力比例·连带赔偿责任

果关系,各采砂船的采砂行为构成共同侵权。根据《中华人民共和国民法通则》第130条的规定,各侵权责任人应对损害后果承担连带赔偿责任。

综上,厦门海事法院依照《中华人民共和国民事诉讼法》第64条第1款、《中华人民共和国民法通则》第106条、第117条第2款、第130条的规定,判决:

被告林拾俤、陈克聚、郑思铭、杨振兴、林光辉、陈光明、林炳光、陈玉新、范苗金、郑建安、冯忠杰、冯章瑞应于判决生效之日起10日内连带赔偿原告福州开发区顺利建材有限公司经济损失1 279.6982万元。

三、上诉与答辩

一审宣判后,杨振兴、林光辉、陈光明不服,向福建省高级人民法院提起上诉称:一审法院认定事实不清、程序违法、适用法律错误。

(1) 三上诉人系"闽福州采0017"采砂船的所有权人,该船未在顺利码头附近开采,更没有在码头近距离采砂。① 上诉人的船舶先后于2006年2—4月、7—9月停靠码头修理,根本没有开采作业。② 本船2005年11月13日在顺利码头前沿水域进行采砂作业,是经福州市航道局审批后在"闽富"沉船上游自吸采砂作业;本船于2006年3月28日在吉安码头前沿水域、2006年5月28日在田螺湾水域作业,没有在顺利码头附近,且水域巡航工作记录只是注明占道,并没有记载采砂。③《福建省河道采砂管理办法》实施的时间为2006年2月1日,福州市人民政府办公厅发布《关于全面禁止在马尾青洲大桥至闽江口水域采砂的通告》的时间为2006年2月22日,即2006年2月1日前并没有禁止采砂。因此,顺利码头发生坍塌事故与三上诉人无关,其未对顺利码头实施任何侵权行为。

(2) 顺利码头崩塌是由于驳岸及堆场下的软基等工程质量存在问题和原告管理、使用不当所致。其一,该码头仅通过单体工程验收,未通过总体工程验收。其二,对驳岸及堆场的软基没有进行加固处理,使得该段码头结构处于严重不稳定状态,处于极易发生整体失稳倒塌破坏的状态。其三,由于驳岸及堆场的软基没有进行加固处理,堆场堆载量特别巨大,随着驳岸前沿河床的下降,驳岸和堆场的地基稳定性明显降低。其四,原告在使用管理过程中未对驳岸、桥台、栈桥码头的沉降、位移进行观测和定期水深测量,对水深变化没有及时发现,是其自身管理使用不当造成的。其五,潮位落潮、船舶系泊、水流、装卸作业振动等外力共同影响和作用,也是造成驳岸地基稳定性降低而引起崩塌的原因。

(3) 即使本案被告有侵权行为,但均是独立的行为,属无意思联络的侵权行为。各被告侵权的程度大小和侵权时间不一样,其行为对损害结果也不一样,不符合共同侵权的条件,应为各被告的单独侵权行为。一审判决各被告共同侵权并承担连带责任没有法律依据。

(4) 评估报告认定码头崩塌的原因是错误的,且评估报告以2008年4月而不是案发当日作为基准日,计算出的损失是不客观的。

共同侵权·原因力比例·连带赔偿责任

(5) 一审法院遗漏部分采砂船业主,程序违法。

上诉请求:撤销原审判决,驳回要求上诉人承担连带赔偿的诉讼请求,并由被上诉人承担本案的全部诉讼费用。

被上诉人顺利建材公司二审答辩称:

(1) 顺利码头被毁,经福建省专家组评定及委托山东海事司法鉴定中心鉴定,主要原因系非法采砂所致,这是无可争议的事实。采砂船无论大小,只要有证据证明其有在码头附近挖砂的事实,就构成侵权,应承担损害赔偿责任。

(2) 三上诉人系"闽福州采0017"采砂船的所有权人,也是非法采砂获利者,根据《中华人民共和国民法通则》第130条的规定,二人以上共同侵权造成他人损害的,应当承担连带责任。本案所有的侵权者虽无明确的意思联络,但在明知自己的行为会造成损害的结果而故意实施了侵权行为,导致码头崩塌的后果,因而构成共同侵权。《中华人民共和国民法通则》并没有"根据过失大小或者原因力比例各自承担相应的民事责任"的规定。原审被告长乐市营前航运社二审提交书面意见称:其与案涉采砂船均签订《船舶代管合同和安全生产责任书》,约定船舶代管期间,由其办理船舶各项费用的缴交手续,并收取少量挂靠费;船舶在生产经营期间产生的一切经济、法律责任均由船舶所有人承担,双方仅是船舶挂靠代管关系,其并非船舶所有权人,不应承担侵权赔偿责任。

四、二审裁判

福建省高级人民法院认为,关于各侵权人是否应承担连带责任,如前所述,案涉各采砂船在顺利码头前沿水域或其临近水域进行违法采砂作业的事实清楚,造成码头的坍塌后果并非单一采砂船的侵权行为所致,本案客观上也无法分清各采砂船之间的过失大小或者原因力比例。本案中,各采砂船违法采砂侵权行为相互结合、共同作用,导致码头砂体流失、水深增大,最终整体失稳而坍塌。因此,各采砂船的采砂行为对于损害结果的发生均存在因果关系,并直接结合导致顺利码头坍塌事故的发生,各采砂船的采砂行为构成共同侵权。原审法院根据《中华人民共和国民法通则》第130条的规定,判令各侵权责任人应对损害后果承担连带赔偿责任是正确的。关于原审是否存在遗漏被告而违反程序的问题。经查,原审法院收到林拾俤、陈克聚、郑思铭提交的请求法院依职权追加被告申请书后,专门召集了各方当事人讨论核实应追加被告的问题,并最终确认追加"闽福州采0008""闽福州采0015"两船为共同被告。原审原告在追加被告的问题上已履行其举证责任,不存在息于行使权利甚至放弃追究其他侵权人责任的情形。在实际采砂过程中,各采砂船为逃避责任,有隐匿船名船号的行为,这也不可避免地导致在《水域巡航工作记录》中会出现"无名船"记录。因此,在无相反证据证明另有采砂船遗漏的情况下,原审经过审慎核实后确定了应追加的被告,不存在违反程序的情形。

综上,依照《中华人民共和国民事诉讼法》第64条第1款,《中华人民共和国民法

通则》第 106 条、第 117 条第 2 款、第 130 条的规定,判决:

被告林拾俤、陈克聚、郑思铭、杨振兴、林光辉、陈光明、林炳光、陈玉新、范苗金、郑建安、冯忠杰、冯章瑞应于判决生效之日起 10 日内连带赔偿原告福州开发区顺利建材有限公司经济损失 1 279.6982 万元。

6 原告舟山市华盛船务有限公司与被告福建省泉州市华耀玻璃有限公司、黄立新海上货物运输合同纠纷案

案例来源:厦门海事法院(2011)厦海法商初字第 186 号
主题词:货物沉没 运输合同终止 航行安全 强制打捞义务

> **裁判要旨**
>
> **No. HS-3-7** 船舱内的货物随船沉没,船舶和货物为一个整体的沉没物,影响航行安全的是船舶,而不是船上装载的货物,强制打捞义务人是船舶所有人或经营人,而不是沉没货物的货主。发生船舶沉没事故不意味着运输合同的终止,并不免除承运人的前述义务,在发生事故后船东将货物打捞上来并交给沉没货物的货主也属于履行运输合同义务的行为。货物所有人有权获得起捞货物,而不必支付打捞费用。在货物具有打捞价值且船东能打捞货物的情况下,船东负有法定义务,应当采取打捞货物的减损措施。船东在海事赔偿责任限制基金之外另行付出的货物打捞费并未超出其义务范围,沉没货物的货主取得船东设立的基金赔偿款项的同时,受领运输合同项下残损货物而未支付货物打捞费的行为不构成不当得利。

一、基本案情

原告:舟山市华盛船务有限公司(以下简称华盛船务)
被告:福建省泉州市华耀玻璃有限公司(以下简称华耀玻璃)
被告:黄立新(系南安市梅山华辉铝型材经营部业主)

原告华盛船务诉称,其所属"华盛海 26"轮于 2010 年 12 月 26 日自秦皇岛装运两被告所有的玻璃 989 箱,共计 2 744 吨,开往泉州后渚码头。2011 年 1 月 5 日到达泉州港锚地,1 月 6 日 09:00 时从泉州港锚地起锚进港,途经大坠门航路时,由于风流较大,10:30 时左右触碰东湖礁,造成船体破损进水。经泉州海事局组织施救,船舶冲滩坐沉于泉州湾内北侧内鞋沙浅滩。"华盛海 26"轮出险后,在船舶保险人催促下,原告与福建联合海洋工程有限公司(以下简称联合公司)多次协商,于 2011 年 1 月 8 日签订打捞合同,船货打捞费 1 900 000 元,其中货物打捞费每吨 350 元,原告于 1 月 9 日告知被告及货物保险人。由于被告及货物保险人在船舶出险后,对货物打捞事宜根本不予理睬,故所有货物打捞费用均由原告垫付。船载货物自 2011 年 1 月 12 日开始打捞,至 1

月 28 日打捞结束。原告共支付船货打捞费 1 900 000 元,其中货物打捞费用 960 400 元。另外,经与泉州海事局多次协商,将救助清污费用从 1 430 000 元降至 700 000 元。2011 年 6 月 9 日,原告因此与泉州兴通国际船务代理有限公司签订救助清污费用协议,约定在协议签署后 10 个工作日支付救助清污费用 700 000 元。根据厦门海事法院 2011 年 6 月 15 日作出的(2011)厦海法限字第 1 号民事裁定书,准许原告提出的设立海事赔偿责任限制基金的申请。原告于 2011 年 7 月 6 日向法院提供了海事赔责任限制基金 1 852 000 元。尔后,两被告因向原告主张受损货物的索赔,经法院调解后,取得了原告提供的海事赔偿责任限制基金 1 852 000 元及基金设立后的相应利息。货物打捞及费用的支付,无论是货主自行支付,还是船东垫付,都是货物所有人的责任与义务,亦是货主提起货损赔偿的债权之一。根据《中华人民共和国海商法》第 207 条第 1 款第(一)项的规定,船东有权享受海事赔偿责任限制。原告既然设立了海事赔偿责任限制基金,被告因货损引起的所有债权,都应列入原告已经设立的基金中清偿。在两被告已获得责任限制基金赔付的情况下,原告替两被告垫付的货物打捞费用,系两被告取得的不当利益,依据《中华人民共和国民法通则》第 92 条的规定,两被告应该返还给原告。为此,诉请判令两被告向原告返还货物打捞费 960 400 元。

华耀玻璃、黄立新辩称:

(1)原告应对案涉事故所造成的全部损失承担责任。原告作为承运人,负有安全运送货物的义务。现因原告的重大过失导致船舶触礁进水,货物产生毁损、灭失,根据《中华人民共和国合同法》第 311 条的规定,原告应对案涉事故所造成的全部损失承担责任。

(2)原告丧失海事赔偿责任限制的权利。根据海事主管机关的认定,事故发生的主要原因之一是原告未按规定及时对海图进行更新、改正,从而导致船舶航行路线错误,最终触礁。鉴于本次事故是由于原告明知可能造成损失而轻率地作为或者不作为造成的,根据《中华人民共和国海商法》第 209 条之规定,原告无权限制赔偿责任。

(3)案涉货物打捞费不属于可限制赔偿责任的海事请求。本案中,原告系为了完成船舶强制打捞义务、为了使船舶脱浅而不得不对货物进行起吊、打捞。因此,对货物的起吊、打捞实际上是为了使船舶无害而进行。根据最高人民法院《关于审理海事赔偿责任限制相关纠纷案件的若干规定》第 17 条的规定,该货物打捞费不属于可以限制赔偿责任的海事请求,应由责任人(即本案原告)在责任限额之外另行支付。即便被告先前已经支付了该笔货物打捞费,被告仍有权就该费用向原告提出海事赔偿请求,且原告无权对该海事赔偿请求限制责任。

(4)原告事实上已经放弃就货物打捞费用限制责任的权利。海事赔偿责任限制的权利是以责任人提出主张为前提的,作为一项权利,责任人亦有权以积极(主动履行债务等)或消极(放弃抗辩)的方式选择放弃。在本案中,假设原告有权对货物打捞费限制责任,但原告自愿与打捞公司签订合同并自愿支付该笔费用,该行为实际上是对部分债务的清偿,应视为原告(以积极的方式)放弃就该部分费用主张责任限制的权利。

（5）原告打捞货物系履行减损义务。原告负有安全运送货物的义务，在事故发生后，原告理应采取必要措施减少损失的发生。因此，原告打捞货物实际上是履行减损义务，当然无权要求货主支付打捞费。

（6）原告主张的货物打捞费金额不实，应承担举证不能的不利后果。原告有义务证明其主张的货物打捞费用的大小及其合理性、合法性。根据原告提交的打捞合同，原告与打捞公司之间并未对货物打捞费标准进行约定，足以说明打捞货物实际上是为了打捞船舶而必须进行的一个程序，故不必将货物打捞费单列。并且原告在本案所主张的货物打捞费标准与其代理人在另案[即(2011)厦海法商初字第111号案]所提出的标准不一致。该案中，其代理人主张的打捞费标准为每吨300元，而本案中却主张每吨350元，可见，原告主张的金额是其随意认定的，没有任何依据。鉴于原告无法证明货物打捞费用的实际金额，应由其承担举证不能的不利后果，认定货物打捞费不存在。

（7）原告至多有权以其支付的货物打捞费作为债权依法参与海事赔偿责任限制基金的分配。《1976年海事赔偿责任限制公约》第12条第2款规定，"如在基金分配之前，责任人或其保险人已就对该基金的索赔付款结案，则他在已付金额范围内，应依代位权获得此受偿人根据本公约所可享有的权利"。国际海事委员会《关于海事法责任限制程序规则的指南》第21条规定："如果某一有权参加基金分配的索赔人已在责任限制程序之外得到了部分受偿，则该索赔人可以就其未受偿的部分参加分配。"由此，假设货物打捞费真实存在且已经由原告实际支付，并且假设该笔费用首先应由被告自行支付，在原告已经用直接向打捞公司支付的方式清偿了货物打捞费后，原告至多也仅能够在其支付的金额范围内代位被告参与基金分配。但是，由于原告并未在法定期间内办理债权登记，根据《中华人民共和国海事诉讼特别程序法》第112条的规定视为放弃债权，不能参与基金的分配。

（8）即便原告的主张得以成立，那么也应将双方的请求进行抵消后对差额部分进行责任限制。在另案[即(2011)厦海法商初字第111号案]中，本案被告就货物损失向本案原告提出诉讼请求，假设本案原告主张的货物打捞费成立，那么，根据《中华人民共和国海商法》第215条的规定，也应先将货损金额抵消货物打捞费金额，然后对二者的差额部分进行责任限制。

二、法院查明事实

厦门海事法院查明：原告接受两被告委托，由其所属"华盛海26"轮装运两被告所有的玻璃989箱，共计2744吨。2010年12月26日，该轮自秦皇岛出发开往泉州后渚码头，2011年1月6日10:10时在小坠门航道附近水域触碰东湖礁，造成船体破损进水。经泉州海事局组织施救，船舶冲滩坐沉于泉州湾内北侧内鞋沙浅滩，货舱没入水中。根据泉州海事局于2011年7月8日作出的《水上交通事故认定书》的责任认定，本起事故是船舶未制订航行计划、疏忽瞭望导致船舶触碰东湖礁的单方责任水上交通事故,"华盛海 26"轮负事故全部责任,其中,船长是事故主要责任人。2011 年 1 月 8 日,原告与联合公司签订了《"华盛海 26"轮难船打捞合同》和《"华盛海 26"轮卸货脱浅合同》,条款主要内容一致,双方约定由原告委托联合公司卸货并运至石湖港务码头、将难船拖至附近船厂码头;原告应向联合公司支付费用 1 900 000 元。合同签订后,联合公司向泉州海事局提交了《"华盛海 26"轮卸货脱浅合同》《"华盛海 26"难船应急脱浅方案、拖航护送方案》,在施工程序中载明,"卸货重点是防止卸货不均导致船舶横倾""在第一、二货舱间反复循环作业……直至难船能够自浮脱险"。船载货物自 2011 年 1 月 12 日开始打捞,至 1 月 28 日卸货完毕。之后,"华盛海 26"轮也被拖到码头。另查明,案涉货物总价值 5 303 237.56 元,对货物的损失情况,悦之保险公估有限公司受中国平安财产保险股份有限公司福州分公司委托出具《公估报告》,认定案涉货物损失为 4 690 584.99 元。2011 年 4 月 8 日,华耀公司和黄立新向厦门海事法院提起诉讼,要求华盛船务赔偿货物损失 4 000 000 元及相应利息,厦门海事法院立案受理,案号为(2011)厦海法商初字第 111 号。2011 年 11 月 28 日,该案经厦门海事法院主持调解,双方达成调解协议,华耀玻璃与黄立新共同取得华盛船务设立的海事赔偿责任限制基金 1 852 000 元及该基金设立之所得的利息,厦门海事法院作出调解书对该协议予以确认。

又查明,2011 年 4 月 6 日,华盛船务向厦门海事法院申请设立海事赔偿责任限制基金,厦门海事法院于 2011 年 6 月 15 日作出(2011)厦海法限字第 1 号民事裁定书,准许其提出的就案涉事故产生或可能产生的非人身伤亡的赔偿请求设立海事赔偿责任限制基金的申请。裁定生效后,华盛船务于 2011 年 7 月 6 日向厦门海事法院提供了海事赔偿责任限制基金 1 852 000 元,华耀公司和黄立新就货损金额 4 000 000 元进行了债权登记。经厦门海事法院主持召开债权人会议,达成受偿协议,约定华盛船务设立的基金 1 852 000 元及利息全部用于支付给华耀公司和黄立新。厦门海事法院于 2011 年 12 月 13 日作出(2011)厦海法限字第 1—2 号民事裁定书对受偿协议予以确认。华耀玻璃与黄立新已取得上述基金及利息。

三、法院裁判

厦门海事法院认为,本案为不当得利纠纷,主要争议焦点在于:两被告是否负有打捞货物及支付打捞费的义务;原告能否以货物打捞费超出其享有的海事赔偿责任限额为由要求两被告返还货物打捞费。

(一)两被告是否负有打捞货物及支付打捞费的义务

1. 关于行政法上的强制打捞义务

沉船沉物在发生影响安全航行、航道整治等情形时可能引起强制打捞。本案中海事行政主管机关没有强制要求原告或被告打捞货物,但根据《中华人民共和国海上交通安全法》第 40 条第 1 款"对影响安全航行、航道整治以及有潜在爆炸危险的沉没物、漂浮物,其所有人、经营人应当在主管机关限定的时间内打捞清除。否则,主管机关有权采取措施强制打捞清除,其全部费用由沉没物、漂浮物的所有人、经营人承担"之规定,若沉船沉物无人打捞时,海事行政主管机关有权强制要求义务人打捞。本案中船舱内的货物随船沉没,船舶和货物为一个整体的沉没物,影响航行安全的是船舶,而不是船上装载的货物,原告作为船舶所有人或经营人是强制打捞义务人。因此,原告关于被告作为货主为沉没货物的强制打捞义务人的主张不能成立。

2. 关于合同法上的打捞义务

(1) 在托运人的义务方面,随船沉没货物的打捞在合同法上是一种减损措施,《中华人民共和国合同法》第119条第1款规定了非违约方防止损失扩大的义务:"当事人一方违约后,对方应当采取适当措施防止损失的扩大;没有采取适当措施致使损失扩大的,不得就扩大的损失要求赔偿。"本案两被告没有采取减损措施,但接受了原告打捞的货物,属于运输合同项下合法受领,并未获取不当利益,其对获救部分的货物残值并没有提出索赔,仅就货物部分损失4 000 000元向原告提起索赔,原告对该损失金额也予以认可,不属于原告就扩大的损失要求赔偿的情况。因此,本案不存在适用《中华人民共和国合同法》第119条规定要求两被告承担违反防止损失扩大的义务的问题。

(2) 在承运人的义务方面。首先,根据运输合同的目的以及《中华人民共和国合同法》的规定,承运人对其运输货物负有保管照料义务,以及在发生事故后采取适当措施减少货物损失的义务。其次,发生船舶沉没事故不意味着运输合同的终止,并不免除承运人的前述义务。在发生事故后原告将货物打捞上来并交给两被告也属于履行运输合同义务的行为,两被告作为货物所有人有权获得起捞货物,而不必支付打捞费用。最后,本案原告并非单独对已落海的货物进行打捞,从打捞施工过程来看,原告打捞船舶必须先卸货,卸货是为船舶脱险服务的,是船舶脱险工程的必要步骤。案涉货物在船舶沉没时仍在船舱中,若原告为打捞船舶而将货物抛入海中,必将扩大货物的损失,其行为违反了承运人对其运输货物的保管照料义务;若因此造成货物的全损,根据《中华人民共和国海商法》第209条的规定,属于责任人故意造成的损失,原告对货物损失的赔偿请求将无权享受责任限制。在货物具有打捞价值且原告能打捞货物的情况下,原告负有法定义务,应当采取打捞货物的减损措施。

(二) 原告能否以货物打捞费超出其享有的海事赔偿责任限额为由要求被告返还货物打捞费

首先,在两被告没有支出也不应当承担货物打捞费的情况下,无法提出海事赔偿请求,原告关于货物打捞费应列入原告已经设立的基金中清偿的主张于法无据。其次,海事赔偿责任限制的权利是责任人的一种抗辩权,属于承运人依法享有的主观权利,针对的是债权人的赔偿请求权。在没有具体且客观的海事赔偿请求的情况下,不能适用海事赔偿责任限制的规定。因此,原告在打捞货物时并不享有该权利,为打捞货物而支出的费用不能从其设立的基金中予以扣减,两被告有权取得原告设立的基金而无须支付货物打捞费。原告支付的货物打捞费,并未超出其享有的海事赔偿责任限额,其主张不能成立。

综上,原告在基金之外另行付出的货物打捞费并未超出其义务范围,两被告取得原告设立的基金赔偿款项的同时,受领运输合同项下残损货物而未支付货物打捞费的行为不构成不当得利。经厦门海事法院审判委员会讨论,原告诉讼无理,应予以驳回。依照《中华人民共和国民事诉讼法》第 64 条第 1 款的规定,判决如下:

驳回原告舟山市华盛船务有限公司的诉讼请求。

4. 港口作业损害赔偿纠纷

1 原告湛江华洋石油有限公司与被告广西曜慧船务有限公司、邱锦彪船舶触碰港口设施损害赔偿纠纷案

案例来源:广州海事法院(2001)广海法湛字第 12 号
主题词:船舶触碰港口设施　输气臂　占有　诉讼主体资格

> **裁判要旨**
>
> **No. HS-4.1-1**　输气臂的所有权情况无需办理产权登记,根据合法占有输气臂的事实,法院推定由占有者所有,有权就船舶触碰输气臂的损失提起诉讼。

一、基本案情

原告:湛江华洋石油有限公司(以下简称华洋石油)

被告:广西曜慧船务有限公司(以下简称曜慧公司)

被告:邱锦彪

原告华洋石油诉称:2001 年 4 月 4 日上午 9 时 30 分,两被告所属"大安"轮在湛江港靠泊 206 号泊位时,因操作失误,严重撞击原告所有的位于 203 号泊位的输气臂。原告即向湛江海事局有关部门作了汇报,并请求湛江市质量技术监督局对输气臂进行勘查鉴定。4 月 6 日,湛江市质量技术监督局锅炉科作出《关于华洋石油有限公司输气臂被撞后的处理意见》,建议对被撞受损的管段予以更换。该输气臂更换费用估计为 250 000 元。同时,由于该输气臂无法继续作业,致使事故当天一液化气船卸货 2 000 吨的任务无法进行。如果该船舶滞港停留,每日的滞期费将为 7 500 美元。为减少损失,原告租用湛江富多煤气公司(以下简称富多公司)所属码头和气库进行卸货,再用气槽车将液化气运回原告所属气库,由此产生转卸费用 73 453.30 元。造成上述责任事故完全是两被告所属船舶违反操作规章导致的,两被告应当共同承担损害赔偿责任。请求法院判令两被告连带赔偿原告的经济损失 323 453.30 元。

曜慧公司、邱锦彪辩称:原告没有提供产权文件证明被碰输气臂属原告所有,也没有提供提单、发票、支付货款的凭证以及进口许可文件等证明本案所卸货物属原告所有。因此,原告对输气臂的碰撞损害以及富多公司的转卸费用的请求主体不适格。原告对输气臂的设置不合理,高度及距离不够,没有设置明显警示标志,未采取相应的安全措施预防触碰,致使"大安"轮难以准确判断与输气臂的距离而发生触碰。原告对触碰损失也应承担部分责任。根据湛江市锅炉压力容器监察检验所出具的《在用压力容器渗透探伤报告》和《X 射线探伤报告》以及广东海事工程咨询检验公司出具的《检验

报告》证明,输气臂只是外观轻微受损,不影响实际使用。且该输气臂在未进行任何维修的情况下仍然继续作业,原告没有必要采取转卸措施,也没有必要更换输气臂。因此,原告请求更换输气臂的费用 25 000 元及转卸费用,理由不充分,请求予以驳回。

二、法院查明事实

广州海事法院认定以下事实:

(1) 关于输气臂的权属。两被告认为,原告未提供证据证明输气臂属原告所有。合议庭认为,该输气臂的所有权情况无需办理产权登记,根据原告合法占有输气臂的事实,可以推定该输气臂归原告所有。两被告提出本案所涉输气臂不归原告所有的主张,没有事实依据,不予支持。

(2) 关于输气臂修理费用的计算。原告认为,根据湛江市质量技术监督局锅炉科的处理意见应当更换被撞的管段,更换的费用预计为 25 000 元。同时,原告主张,如果输气臂只进行局部修理,修理费用应当按照湛江港茂公司的修理报价计算。两被告认为,湛江市锅炉压力容器监察检验所出具的《在用压力容器渗透探伤报告》和《X 射线探伤报告》以及广东海事工程咨询检验公司出具的《检验报告》可以证明,输气臂只是外观轻微受损,不影响实际使用。实际上,该输气臂在未进行任何维修的情况下已经投入使用。因此,原告的索赔没有事实依据。合议庭对修理方案存在不同意见,多数意见认为,根据压力管道行政主管机关的意见,输气臂受外力撞击形成面积约 90 平方毫米和 20 平方毫米的凹坑两处,对输气臂的安全生产已构成隐患。为保障原告生产及附近群众生命财产的安全,应对输气臂进行局部换新,消除隐患。少数意见认为,碰撞造成输气臂面积约 90 平方毫米和 20 平方毫米的凹陷两处,已经构成了对该输气臂的损害。但是,经渗透探伤和 X 射线探伤以及气密性检验,输气臂未发现任何裂痕且试压正常,可以认定损害不影响输气臂的使用功能。同时,无任何证据显示该两处损害会对输气臂的使用寿命有实质性的影响。因此,输气臂的使用价值未受损害,无需局部换新。碰撞造成的两凹陷仅对输气臂外观有影响。对于该损害,应当予以修复。可比照相关修复工程的估价认定合理的修理费用。根据合议庭多数意见认定,输气臂应当局部换新。关于局部换新的修理费用,合议庭成员一致认为,连云港石油化工机械总厂要求原告承担的派中级技工两人协助修理并准备通用拆装工具、起吊设备以及水压试验所需设备的成本及费用,应当计入输气臂的修理费用。因此,连云港石油化工机械总厂对修理费用估价与广东海事工程咨询检验公司对修理费用的评估数额是相当的。湛江港茂公司就修理费用的报价高出广东海事工程咨询检验公司评估数额 1 倍多的部分不能提供充分的依据,故对湛江港茂公司就修理费用的报价,不予采信;修理费用可以按广东海事工程咨询检验公司评估的数额 48 000 元计算。

(3) 关于运费 40 940.88 元是否实际发生。原告提供其与赵永青签订的运输协议以及无收款人的运费发票,以证明其委托个体户赵永青将 2 047.044 吨液化石油气从富多公司气库运至原告气库,原告支付了运费 40 940.88 元。两被告认为,运费 40 940.88 元的发票没有收款人的签名,不能证明原告支付了运费,原告的请求没有事实依据。合议庭认为,原告与赵永青签订的运输协议以及没有收款人的运费发票能够相互印证,可以认定原告将转卸的液化石油气运回了原告的气库。两被告以运费发票没有收款人为依据提出原告未支付运费的主张,没有充分的法律和事实依据,不予支持。

（4）关于接卸费用 11 280 元是否实际发生。原告提供其出具的接卸费用清单以证明本案所涉液化石油气从富多公司运回原告处发生接卸费用 11 280 元。两被告认为,液化石油气没有从富多公司运回原告的气库,因此转卸费用没有发生。合议庭认为,接卸费用清单只是原告单方出具,在无相应证据予以证明的情况下,无法认定其内容的真实性。

经原告申请,广州海事法院于 2001 年 4 月 6 日裁定扣押了"大安"轮。4 月 24 日,因被告曜慧公司提供了担保,广州海事法院解除了对该轮的扣押。原告预交了诉前财产保全申请费 5 000 元、执行费 10 000 元。另经原告申请,广州海事法院向湛江海事局调取了该局对本案所涉触碰事故的调查材料,但原告未将该调查材料作为证据提交。原告预交了调查取证费 1 000 元。

三、法院裁判

广州海事法院认为,本案是船舶触碰港口设施损害赔偿纠纷。两被告共有的"大安"轮,因操作不当触碰原告所有的输气臂,对由此造成原告的损失,两被告应当承担连带赔偿责任,赔偿原告输气臂的修理费用 48 000 元以及事故造成原告的其他经济损失。被告提出输气臂的位置不合理且无安全警示标志也是导致事故发生的原因的主张,没有事实和法律依据,不予支持。触碰导致输气臂一时无法使用,对于输气臂何时能够恢复作业,原告的判断不可能精确到以小时为计算单位,而如果等待输气臂恢复使用,原告将承担每天 7 500 美元滞期费的风险。为避免损失的扩大,原告及时采取转卸措施是合理的。虽然事故当天经过探伤检测证明输气臂无裂痕,但是并不能够否定原告采取转卸措施的合理性。两被告以事故当天已经证明输气臂无裂痕为由,提出原告的转卸决定错误的主张,没有事实和法律依据,不予支持。与原本可以通过输气臂卸货所需费用相比,因转卸产生的额外费用以及原告在处理事故中产生的租船交通费,属于因触碰事故发生的其他经济损失,两被告应当予以赔偿。转卸的液化石油气从富多公司气库至原告气库的运输费用 40 940.88 元以及因转卸产生的租船交通费属于额外费用。富多公司代原告缴纳的"信任"轮的口岸管理费 2 047 元、引航费 3 500 元、港口咨询费 6 141 元、湛江海事局收取的监卸费 700 元以及原告向湛江边防检查站缴纳的边检费 7 164.50 元属卸货的通常费用,原告未能提供充分有效的证据以证明上述费用属于因转卸产生的额外支出,因此原告提出上述费用属于转卸产生的额外费用的主张,没有事实依据,不予支持。综上,依照《中华人民共和国民法通则》第 106 条第 2 款、第 130 条的规定,判决如下:

（1）被告广西曜慧船务有限公司、邱锦彪连带赔偿原告湛江华洋石油有限公司经

济损失 90 620.88 元;

(2)驳回原告湛江华洋石油有限公司其他诉讼请求。

2 原告佛山市电化总厂诉被告南海国际货柜码头有限公司港口作业损害赔偿纠纷案

案例来源:广州海事法院(2002)广海法初字第 10 号

主题词:港口作业损害赔偿　海上货物运输　侵权之诉　所有权转移　诉权

裁判要旨

No. HS-4.1-2 就港口作业提起侵权之诉,索赔人应该举证证明其对货物具有所有权。所涉货物买卖合同约定交货地点为原告厂内,没有对所有权转移问题作出特别约定。货物受损之后,尚未办理进口手续,仍存放在码头集装箱堆场,故交付货物尚未完成。所涉提单为记名提单,原告并非提单载明的收货人。根据《中华人民共和国合同法》第 133 条的规定,标的物的所有权自标的物交付时起转移,原告尚未取得受损货物所有权的,无权就损失主张权利。

一、基本案情

原告:佛山市电化总厂

被告:南海国际货柜码头有限公司

原告佛山市电化总厂诉称:2000 年 12 月 28 日,广东省农业机械佛山进出口公司(以下简称农机公司)代理原告进口的 CE12500L 搪玻璃反应釜及配件(以下简称反应罐)运抵被告经营的码头,被告负责卸货及拖移至堆场。被告在拖移过程中,无视提单、仓单及货架上"反应罐超高 1.3 米"的警示,粗暴操作,致使反应罐顶部和吊机横梁底部发生猛烈碰撞。经法国专家及南海出入境检验检疫局鉴定,该反应罐已构成全损。根据《中华人民共和国民法通则》第 106 条、第 117 条的规定,被告应对原告的损失承担赔偿责任。请求判令被告赔偿原告反应罐损失 957 540 法国法郎(折合人民币 1 085 371.59 元)、为购买反应罐发生的差旅费用人民币 191 418.06 元、开信用证的相关费用港币 3 044.19 元(折合人民币 3 230.49 元)、运货费用 18 507 港元(折合人民币 19 639.62 元)、代理进口手续费 28 726.20 法国法郎(折合人民币 32 319.84 元)、法国专家鉴定费人民币 30 000 元、商检费用人民币 2 750 元、律师费人民币 48 000 元、文件翻译费人民币 2 000 元、滞柜费人民币 29 000 元、堆存费 3 450 港元。

被告南海国际货柜码头有限公司辩称:

(1)原告不享有本案诉权。本案是基于侵权提起,只有货物的所有权人才有权请求赔偿。原告不是反应罐的对外贸易买卖合同当事人和记名提单的收货人,而且到目前为止,提单持有人尚未凭提单向承运人提取货物,货物仍处于承运人的掌管之下。被告对反应罐不具有所有权。

(2) 在货物表面没有标明超宽超高的情况下,被告按照通常程序搬运没有过错,不应承担侵权责任。

(3) 本案属海上货物运输履行过程中引起的纠纷,根据特别法优于普通法的原则,本案应首先适用《中华人民共和国海商法》的规定。被告受承运人的指示从事卸载搬运工作,是承运人的受雇人或代理人,本案所涉事故是由于货物包装不良及标志欠缺不清引起的,所以被告对货物损失可以免责。即使对原告负有赔偿责任,被告也应享受单位责任限制。

(4) 原告的索赔项目没有依据,数额不合理。请求判令驳回原告的诉讼请求,或确认被告有权享受单位责任限制。

二、法院查明事实

2000年12月27日,WM集装箱航运公司(WM CONTAINER LINE INC.)在香港签发2KGL121914号提单。该提单记载托运人为东方海外货柜航运(香港)有限公司,收货人为农机公司,承运船舶为"高利6"轮,承运的集装箱箱号为ERIU0704430,内装货物为反应罐及配件,自香港至三山港。12月28日,"高利6"轮抵达三山港,该反应罐由被告负责卸货及拖移。被告所属拖车在拖移过程中,经过3号岸吊机底时,位于罐身上方的支撑脚与岸吊横梁发生碰撞,致使反应罐受损。2001年3月1日至2日,该反应罐的生产厂家法国德地氏公司专家毛松(C. MUSSO)与德地氏公司上海代表处工程师杨珂对该反应罐进行初步检测,被告支付了检测费30 000元。3月5日,受农机公司委托,广东出入境检验检疫局出具委托检验报告。该反应罐至今仍存放在被告堆场,未办理进口报关手续。

原告主张其与法国德地氏公司就购买反应罐协商一致后,委托骏利公司代理进口,骏利公司以农机公司名义办理进口手续,原告是反应罐的真正货主,对反应罐具有所有权。为证明上述主张,原告提供以下证据:

(1) 2000年4月3日原告与骏利公司签订的代理进口协议,载明:骏利公司代理原告进口CE12500L搪瓷玻璃反应釜及配件;骏利公司负责对外签署合同、开立信用证、代理进口报关、商检及接货手续;原告按货价3%支付代理费。原告在庭审过程中承认骏利公司没有进出口经营权。

(2) 2000年4月6日骏利公司与法国德地氏化工设备公司签订的、编号为FSJCFC-00406的合同,载明:骏利公司从法国德地氏化工设备公司购买CE12500L搪瓷玻璃反应釜及配件,共957 540法国法郎,价格条件为CIF广州黄埔港。

(3) 2000年4月10日法国德地氏集团电传的关于反应罐及其配件的报价资料,其中有"佛山市电化总厂"字样。

(4) 2000年4月13日原告作为买方,骏利公司作为卖方签订的、编号为FSJCFC-00406的合同,载明:卖方向买方出售CE12500L搪玻璃反应釜及配件,制造商为法国德地氏公司,交货地点为原告厂内。总价格人民币1 550 000元,签订合同1周内付

1 000 000 元,开出信用证 1 周内付 250 000 元,装船时凭装货通知 3 天内付 150 000 元,货到电化总厂 3 天内付 150 000 元。卖方协助买方与制造商签订技术协议,技术标准及验收问题与卖方无关。但卖方有义务协助买方就技术标准及验收等问题引起的买方损失向制造商索赔。买方有权自费在货物制造的任何阶段参加检验、测试,有权参观检验制造的进展情况。合同中没有对反应罐的所有权转移问题作出特别约定。该合同经过佛山市城区公证处公证。

(5) 骏利公司出具的 2000 年 4 月 24 日收到 1 000 000 元、5 月 26 日收到 250 000 元暂收款的收据。

(6) 2000 年 11 月 14 日原告与法国德地氏化工设备有限公司会议纪要,载明:应法国德地氏化工设备有限公司邀请,原告到达法国德地氏化工设备有限公司验收 FSJCFC-00406 号合同项下有关设备。双方达成如下协议:原告可与进口代理商协商办理信用证延期手续。

(7) 2001 年 6 月 20 日,农机公司出具的证明:"提单(提单号为 2KGL121914,柜号为 TRIU0704430)项下之货物反应罐及配件的最终用户及货主是佛山电化总厂。

(8) 2002 年 3 月 4 日香港天骏有限公司(以下简称天骏公司)出具的说明,载明:受骏利公司委托,天骏公司代其申请开立了 HLC0010475ST 号信用证,用于支付 FSJCFC-00406 号合同的货款。

(9) 2002 年 3 月 7 日法国德地氏公司北京代表处出具的证明,载明:① 德地氏生产的一只反应罐是根据德地氏公司与原告的 FSJCFC-00406 号合同销售给原告的。② 原告曾于 2000 年 11 月 14 日前往德地氏总部最后验收该罐,对 FSJCFC-00406 号合同作修改,修改部分只涉及交货时间。③ 根据 FSJCFC-00406 号合同,天骏公司开具了 HLC00104ST 号信用证,在支付了所有应付罚款后,德地氏公司已经收齐了该合同的全部货款。

被告对原告提供的证据(4)、证据(5)予以确认,认为这两份证据说明原告与骏利公司之间是买卖关系,并非进口代理关系。其他证据相互矛盾,不能证明原告与骏利公司是代理进口关系。

原告补充意见如下:原告与骏利公司所签订的买卖合同中约定,骏利公司不承担质量担保责任,而是由制造商承担,可见该合同并没有改变原告与骏利公司之间的代理关系,只是进一步明确了原告与骏利公司之间代理费的结算货币单位及其方式。反应罐受损后,按原合同交付已经没有意义,原告、农机公司、被告三方已经对反应罐进行现场察看,直接协商赔偿事宜,意味着实际上交付已经完成。

广州海事法院认为,被告对上述证据(4)、证据(5)没有异议,上述两份证据可以作为认定本案事实的依据。原告称其与骏利公司之间是进口代理关系,骏利公司却没有进出口经营权;提单为记名提单,提单上载明的收货人是农机公司,这都与代理进口的操作相悖。更重要的是,原告提供的 2000 年 4 月 3 日其与骏利公司签订的进口代理协议和双方 2000 年 4 月 13 日签订的买卖合同存在矛盾。进口代理协议签订在前,买卖合同签订在后；而且，买卖合同经过佛山市城区公证处公证，具有更高的证据效力。尽管双方在买卖合同中约定骏利公司不承担质量担保责任，也不能否定双方之间买卖合同的性质。原告称买卖合同只是进一步明确代理费的结算货币单位及其方式，但代理进口合同约定骏利公司按货价3%收取代理手续费，买卖合同约定骏利公司应收取1 550 000元货款，而且买卖合同中对代理合同或代理费只字未提，原告的上述解释显然难以成立。因此，认定原告与骏利公司之间为买卖关系，而非代理进口关系。

三、法院裁判

广州海事法院认为，本案是港口作业损害赔偿纠纷。原告就港口作业过程中产生的反应罐损害提起侵权之诉，应该举证证明其对反应罐具有所有权。本案所涉提单为记名提单，原告并非提单载明的收货人。原告提供的证据显示，其向骏利公司购买反应罐。原告与骏利公司约定的交货地点为原告厂内，没有对所有权转移问题作出特别约定。根据《中华人民共和国合同法》第133条的规定，标的物的所有权自标的物交付时起转移。本案反应罐受损后，尚未办理进口手续，仍存放在码头集装箱堆场，故骏利公司尚未依照合同向原告交付货物。原告所称在码头察看货物即意味交付，没有法律依据。故原告尚未取得本案所涉受损反应罐的所有权，无权就该反应罐的损失向被告主张权利。综上，依照《中华人民共和国合同法》第133条的规定，判决如下：

驳回原告佛山市电化总厂的诉讼请求。

3 原告江津市津洲轮船有限公司与被告涪陵港务管理局港埠公司等港口作业船舶损害赔偿纠纷案

案例来源：武汉海事法院(2005)武海法商字第152号
主题词：港口作业　船体断裂　港口经营人　次要责任

> **裁判要旨**
>
> **No. HS-4.1-3** 船舶在建造质量上和结构强度上存在固有缺陷，并且该缺陷导致该轮的总纵强度不足，以致在受到不均匀的载货时甲板边板发生断裂，最终导致船体出现中垂、折断沉没。港口经营人将货舱前部的矿石移至货舱中部的作业方式，虽然有利于其充分利用铲车的机械作用提高卸载效率，但这一方式不可避免地导致船舶中部的负荷增大，最终导致船舶在多种原因的作用下，断裂沉没。对此事故，船舶所有人应承担事故主要责任，而港口经营人应承担次要责任。

一、基本案情

原告：江津市津洲轮船有限公司(以下简称津洲公司)
被告：涪陵港务管理局港埠公司(以下简称港埠公司)、涪陵港务管理局(以下简称

港务局)、马群礼、马刚、李普富

原告津洲公司诉称:2005年2月22日,原告津洲公司所属"津洲9号"轮装运磷矿石650吨到达重庆市涪陵区荔枝园码头进行卸货作业。2月23日08:00时,港务局调度室通知"津洲9号"轮移泊至2号浮吊处。09:00时,浮吊作业人员不顾"津洲9号"轮船长的劝阻,为了卸货方便,将货舱前部约150吨磷矿全部移至货舱中部。2月24日13:10时,又将一辆自重11.7吨的装载机及自重约2吨的货斗搁置在货物上。13:40时许,当卸完两货斗磷矿时,"津洲9号"轮中部中垂折断,导致沉没。原告认为,此次事故是由于被告港埠公司严重违反操作规程,导致船舶受载严重失衡而造成。由于被告港埠公司是被告港务局的分支机构,故两被告应共同赔偿原告船舶打捞费损失、船舶修理费损失、货物损失和船期损失共计人民币(以下均为人民币)100万元。被告港埠公司和被告港务局在法定期限内均未提交书面答辩状,但在庭审中共同辩称,"津洲9号"轮在卸载过程中发生事故,原因在于该轮不适航,被告不应承担事故责任。港埠公司属港务局的分支机构,因而港务局不是本案的适格被告。请求法院依法驳回原告的诉讼请求。被告马群礼、马刚、李普富未提交书面答辩状,但在庭审中辩称,本次事故的发生,是港埠公司卸载不当所造成的,我方不应承担责任。

二、法院查明事实

武汉海事法院查明以下法律事实:2004年11月26日,津洲公司与马群礼、马刚、李普富签订《租船协议》。根据该协议,津洲公司将其所有的"津洲9号"轮(参考载重吨660吨)出租给马群礼、马刚、李普富运输经营,租费为每年23万元,租期为3年。此外,协议还对租费交付、船舶维护和船舶保险等事项作了约定。协议签订后,津洲公司即将"津洲9号"轮交付马群礼、马刚、李普富实际经营。2005年2月16日,"津洲9号"轮在四川省屏山县新市镇装载磷矿石650吨后起航下驶,2月22日14:30时许,该轮驶抵重庆市涪陵港荔枝园港埠公司码头等候卸载作业。2月23日08:00时许,港埠公司调度室通知"津洲9号"轮移泊至该公司2号浮吊处准备卸货作业。当日09:00时,为了便于铲车上船卸货,浮吊上的作业人员开始用抓斗调整"津洲9号"轮船舱的磷矿石装载位置,将船舱前部8—9米范围内的矿石全部移至船舱中部。在将船舱的矿石调整完毕后,港埠公司调度室又通知"津洲9号"轮移泊至4号浮吊处等候作业。2月24日13:10时许,4号浮吊上的工作人员将一辆自重为11.7吨的铲车吊到"津洲9号"轮船舱前部被清空处,并将一自重约2吨的货斗搁置在矿石上,用铲车由前至后将矿石铲入货斗,再用吊车将装满矿石的货斗吊至滑道,最后通过滑道送至货场。13:40时许,在卸完两货斗(约30吨)矿石后,铲车正开始装第三货斗时,该轮中部船体突然发出一声异响,随后船体47号肋位处发生严重中垂,甲板、货舱围板亦出现变形,船底舡部横向焊缝撕裂,整船船体呈"V"字形下沉,约15分钟后沉没。

事故发生后,津洲公司于2005年3月3日、4月28日与重庆中山舰救助打捞工程有限公司先后签订《"津洲9号"机驳船清障打捞合同》和《"津洲9号"打捞补充协议》，委托后者对沉没的"津洲9号"轮实施打捞。3月11日，"津洲9号"轮打捞出水。津洲公司实际支付重庆中山舰救助打捞工程有限公司船舶打捞费26万元。"津洲9号"轮打捞出水后，津洲公司即委托重庆市涪陵区镇安船舶修理厂对该轮进行清洗、除渣及补漏等临时性修理工作。为此，津洲公司支付重庆市涪陵区镇安船舶修理厂临时修理费26 252.00元。津洲公司在庭审中明确表示放弃要求马群礼、马刚、李普富承担赔偿责任的权利。武汉海事法院同时查明，"津洲9号"轮所载货物所有人为双赢公司。2005年1月31日，双赢公司与港埠公司签订《2005年1—12月港口作业合同》，双赢公司以作业委托人的身份委托港埠公司对其全年运抵港埠公司码头的矿石进行卸货、转载等工作。"津洲9号"轮沉没后，船上装载的650吨磷矿石，有176.1吨受损，其余473.9吨由收货人双赢公司收取。庭审中，津洲公司及马群礼、马刚、李普富未能提交有效的证据证明其对港埠公司的作业方式提出过异议，也无证据证明其对保证卸载安全采取了其他相应的预防措施；同时，也未提交相应的证据证明其在事故后就货物损失向货物所有人履行了赔付义务。

　　武汉海事法院另查明，港埠公司属港务局出资开办的非法人分支机构，其经营范围主要为港务管理、装卸和物质储存。武汉海事法院在审理该案过程中，津洲公司于2005年5月8日向武汉海事法院提交申请，要求对"津洲9号"轮的适航性能及船舶损失进行鉴定和评估。受武汉海事法院委托，在经过实船勘验并调取相应船舶资料以后，中国船级社武汉分社作出编号为CCSI/WH01050502的《"津洲9号"货船鉴定报告书》，在适航性能上认为该轮"主要构件取值满足规范的要求，但甲板边板厚度的取值偏小；若船舶受到不均匀的外载货时，其甲板边板的强度将会首先减弱，该处局部强度指标不能满足要求，导致甲板边板发生断裂，此时将影响总纵强度指标下降，最终导致船舶断裂"；同时认为该轮"舱内锈蚀严重，且构件局部有脱焊现象"，"局部构件的焊角高度偏小"，"货舱中部的舱壁及构件应修复或换新"，"货舱中部的甲板、外板应修复或换新"……最终结论认定该轮"目前不能满足中国船级社有关规范对该类船舶适航条件的要求"；在船舶损失上认为该轮的"修复评估价为212 290元"。根据"津洲9号"轮的受损程度，中国船级社武汉分社认定该轮若进行正常修复，需用时38天。

三、法院裁判

　　武汉海事法院认为，原告津洲公司作为"津洲9号"轮所有人，因该轮在靠泊作业过程中发生海损事故导致损失，其有权根据侵权关系向造成"津洲9号"轮损失的责任人要求赔偿。原告津洲公司选择侵权关系向事故责任人要求赔偿，并未违反相关法律规定，武汉海事法院予以支持。

　　作为"津洲9号"轮船舶所有人，原告津洲公司有义务保证该轮技术条件适于安全航行、停泊或者从事有关活动的良好状态。根据中国船级社武汉分社在对实船勘验后作出的《"津洲9号"货船鉴定报告书》，该轮在建造质量上和结构强度上存在固有缺陷，并且该缺陷导致该轮的总纵强度不足，以致在受到不均匀的外载货物时，其甲板边板的强度将会首先减弱，不能满足局部强度要求，导致甲板边板发生断裂，最终导致船体出现中垂现象，并折断沉没。"津洲9号"轮在存在上述缺陷的情况下仍进行经营活动，其行为直接违反了《中华人民共和国内河交通安全管理条例》第8条第1款和第21条第1款的规定，是导致该轮沉没的主要原因。被告马群礼、马刚、李普富作为"津洲9号"轮承租人，在经营过程中，应该保证该轮的货物装载符合相关规定，并对作业过程中有可能危及本轮安全的行为予以及时提醒和制止。但是，"津洲9号"轮在船船员对于被告港埠公司在作业过程中将货舱前部的矿石移至货舱中部存在危及本轮安全的作业方式并未提醒和制止，其结果使原本可以避免的危险最终未能避免。"津洲9号"轮船员的放任行为是导致本次事故发生的另一原因。被告港埠公司作为港口经营人，有责任根据作业船舶的实际情况，选择安全有效的作业方式完成作业任务。其将货舱前部的矿石移至货舱中部的作业方式，虽然有利于其充分利用铲车的机械作用提高卸载效率，但是，这一方式不可避免地导致船舶中部的负荷增大，最终导致船舶在多种原因的作用下，断裂沉没。作为从事码头卸载的专业单位，被告港埠公司应该对自身的作业方式有可能导致的危险有清楚的认识，但是，正是由于其自身的疏忽，导致事故的最终发生。所以，被告港埠公司的上述疏忽行为是导致本次事故发生的又一原因。综上，武汉海事法院认为，原告津洲公司应对本次事故的发生承担主要责任，被告马群礼、马刚、李普富和被告港埠公司应该承担次要责任。

庭审中，由于原告津洲公司没有提交有效的证据证明其对货物损失履行了赔付义务，亦即在"津洲9号"轮所载货物的损失并未导致其财产直接受损的情况下，其无权要求责任人承担赔偿责任。所以，原告津洲公司要求被告港埠公司和被告港务局赔偿货物损失的诉讼请求，武汉海事法院不予支持。本次事故的发生，使"津洲9号"轮在一定时间段内不能进行正常的经营活动，进而导致船期损失。但是，船期损失仅指船舶承租人在经营船舶过程中应该获取但由于发生事故而未实际获取的合理收入，其损失大小受经营人的经营能力、市场行情等诸多因素影响，并非等同于由租船合同约定的船舶租赁费。原告津洲公司仅为"津洲9号"轮出租人，并非事故航次的船舶经营人，虽然其有权根据租船协议向船舶承租人收取租赁费，但无权替代承租人向事故责任人主张船期损失。所以，原告津洲公司要求被告港埠公司和被告港务局赔偿船期损失的诉讼请求，于法无据，武汉海事法院同样不予支持。

本次事故造成原告津洲公司船舶打捞费损失、船舶修理费损失总计498 542.00元，其中打捞费损失260 000.00元，船舶修理费损失238 542.00元。虽然被告马群礼、马刚、李普富应对原告津洲公司的经济损失承担与其事故责任相当的赔偿责任，但是，原告津洲公司在庭审中明确表示放弃要求其承担赔偿责任的权利。原告津洲公司的行为属于对自己合法权益的正常处置，不违反法律规定，并且没有损害他人的合法权益，武汉海事法院予以支持。被告港埠公司是被告港务局设立的不具有法人资格的分支机构，其从事经营活动中产生的法律后果应由被告港务局承担。所以，被告港务局认为其不应作为本案被告的抗辩理由，无法律根据，武汉海事法院不予支持。

港口作业・船体断裂・港口经营人・次要责任

根据《中华人民共和国民法通则》第 117 条第 2 款和《中华人民共和国民事诉讼法》第 128 的规定,判决如下:

(1)被告涪陵港务管理局港埠公司和被告涪陵港务管理局共同赔偿原告江津市津洲轮船有限公司船舶打捞费损失和船舶修理费损失 74 781 元,在本判决生效后 10 日内一次付清。

(2)驳回原告江津市津洲轮船有限公司要求被告涪陵港务管理局港埠公司和被告涪陵港务管理局共同赔偿货物损失和船期损失的诉讼请求。

(3)原告江津市津洲轮船有限公司的其他经济损失由其自行承担。

5. 海上污染以及养殖损害赔偿纠纷

5.1 海上污染案件索赔主体

1 原告广东省海洋与渔业局与被告南通天顺船务有限公司、扬州育洋海运有限公司、天神国际海运有限公司、中国船东互保协会油污损害赔偿纠纷案

案例来源:广州海事法院(2001)广海法初字第89号

主题词:船舶碰撞　油污损害　渔业资源损失　诉讼主体资格　非漏油船责任

> **裁判要旨**
>
> **No. HS-5.1-1**　船舶溢油污染海域的,海洋综合管理与渔业工作职能部门可依法向责任人提出民事损害赔偿诉讼。
>
> **No. HS-5.1-2**　船舶碰撞导致受损船舶抢滩、搁浅至漏油,均是碰撞后紧接着发生的系列后续事件,均起因于碰撞双方的过失。其间除了碰撞双方的航行过错外,没有其他过错介入。因此,漏油所造成的污染损失是船舶碰撞所造成的财产损失,应由碰撞船舶按照过失比例承担赔偿责任。
>
> **No. HS-5.1-3**　光船租赁未经登记的不得对抗第三人,光租人和船舶所有人应对船舶碰撞对第三人造成的损失承担连带赔偿责任。
>
> **No. HS-5.1-4**　《中华人民共和国海事诉讼特别程序法》第97条并没有将所规定的油污损害赔偿责任主体"承担船舶所有人油污损害责任的保险人"限定为"承担漏油船所有人油污损害责任的保险人",故非漏油船的船东互保协会以其并非漏油船轮所有人的油污损害责任的保险人为由,提出其不应负赔偿责任的抗辩,没有法律依据,不能成立。

一、基本案情

原告:广东省海洋与渔业局
被告:南通天顺船务有限公司(以下简称天顺公司)
被告:扬州育洋海运有限公司(以下简称育洋公司)
被告:天神国际海运有限公司(以下简称天神公司)
被告:中国船东互保协会

原告广东省海洋与渔业局诉称:2001年6月21日,被告天顺公司所属"通天顺"轮与被告天神公司所属"天神"轮在粤东海区靖海附近海域发生碰撞,"通天顺"轮搁浅沉没,所载油类大量泄漏入海,严重污染了靖海至神泉和甲子近岸海域,造成天然水产品

直接经济损失 330.73 万元、天然渔业资源经济损失 992.19 万元,原告为此支出损失调查费用 42.76 万元,三项损失合计 1 365.68 万元。被告育洋公司是"天神"轮的经营人,被告中国船东互保协会是"天神"轮油污损害赔偿责任的保险人。请求判令四被告连带赔偿原告损失 1 365.68 万元及其利息(利息从 2001 年 6 月 21 日起按中国人民银行同期贷款利率计算至实际赔付之日止),并承担本案诉讼费。

原告在举证期限内提供了以下证据:① 广东省海洋与渔业环境监测中心(以下简称监测中心)作出的《"通天顺"轮泄油造成渔业资源损失的调查报告》(以下简称《渔业损失调查报告》)及其附件;② 海域油污照片;③ 风场及天气资料;④ 调查费收据;⑤ 10 份《污染调查上岗证》;⑥ 监测中心作出的《"通天顺"轮泄油事故造成天然渔业资源损失的跟踪监测报告》(以下简称《渔业损失跟踪监测报告》);⑦ 2001 年度南海北部渔场渔业资源监测统计年报表;⑧ 2002 年度南海北部渔场渔业资源监测统计年报表。

被告天顺公司辩称:原告主体不适格,原告作为国家行政管理机关,无权主张油污损害民事赔偿。"通天顺"轮与"天神"轮在汕头海域发生碰撞后,"通天顺"轮抢滩沉没,天顺公司立即采取了水下封堵、抽油、安放防污染围栏等有效的防污染措施,实际上并没有发生油污事故。原告请求的渔业资源中、长期损失不是已发生的实际损失。原告没有遭受任何损失,其请求赔偿没有事实依据。原告请求天顺公司对油污损害承担连带责任也没有法律依据。请求法院驳回原告对被告天顺公司的诉讼请求。

被告天顺公司在举证期限内提供了以下证据:①《海事报告》复印件;②《探摸封堵报告》;③《清污协议》与《抽油协议》;④《抽油方案》及《抽油完工报告》;⑤ 事故现场照片;⑥ 汕头海事局作出的《碰撞事故调查报告》。

被告育洋公司辩称:原告无权索赔国家渔业资源损失。"通天顺"轮在碰撞后错误地选择了抢滩地点,导致船舶在抢滩中触礁沉没,该轮船员在弃船前没有封堵油舱管道,碰撞事故并未直接造成"通天顺"轮漏油。如果"通天顺"轮漏油,该轮抢滩不当是造成油污的直接原因,而船舶碰撞并非直接原因。海洋环境污染损害赔偿适用无过错责任原则,且承担责任的主体是造成污染损害的直接责任者。非漏油船舶"天神"轮的船东不是本案环境污染法律关系的主体,不应承担油污责任。原告请求育洋公司对油污损害承担连带责任,既没有有效地证明其污染损失,也没有法律依据。请求法院驳回原告对被告育洋公司的诉讼请求。

被告育洋公司在举证期限内提供了以下证据:①"天神"轮的《船舶国籍证书》复印件;②《"天神"轮海上交通事故报告书》复印件;③《"通天顺"轮检验报告》复印件;④ 专家何悦强作出的《对〈渔业损失调查报告〉的评估意见》(以下简称何悦强的《评估意见》);⑤ 原告于 2002 年 4 月 1 日发布的《2001 年广东省海洋环境质量公报》;⑥ 原告在其网站上登载的其直属单位及监测中心的简介。

被告天神公司辩称:天神公司是"天神"轮的登记船东,在"天神"轮与"通天顺"轮发生碰撞事故时,天神公司已将"天神"轮光租给育洋公司经营,船舶在光租期间由光船承租人占有和使用,船长与船员由光船承租人配备,船舶的营运与安全管理由光船承租人负责,天神公司不负任何责任。请求法院驳回原告对被告天神公司的诉讼请求。

被告中国船东互保协会辩称:中国船东互保协会是"天神"轮的油污责任保险人,而非"通天顺"轮的油污责任保险人,为避免"天神"轮被扣押,已向原告提供了400万元的担保。非漏油船"天神"轮的船东不是油污损害的责任人,而且油污责任没有确定前,中国船东互保协会履行担保责任的条件尚未成就。原告请求中国船东互保协会承担责任,没有事实与法律依据。请求法院驳回原告对被告中国船东互保协会的诉讼请求。

被告中国船东互保协会在举证期限内提供了以下证据:①《船舶入会证书》复印件;②《担保函》复印件;③ 何悦强的《评估意见》;④ 原告于 2002 年 4 月 1 日发布的《2001 年广东省海洋环境质量公报》;⑤ 原告在其网站上登载的其直属单位及监测中心的简介。

在诉讼过程中,广州海事法院应被告天顺公司的申请向汕头海事局调取了该局调查"通天顺"轮油污事故的材料,包括:①《船舶污染事故现场勘察报告》;②《船舶污染报告书》;③《污染目击者的报告》;④《证人的报告》;⑤ 5 份《调查、询问笔录》等。广州海事法院于 2003 年 1 月 10 日委托广东华南海事司法鉴定中心对监测中心的《渔业损失调查报告》进行审查分析,广东华南海事司法鉴定中心审查分析后向广州海事法院提供了《司法鉴定书证审查意见书》及其附件。广州海事法院还调取了(2001)广海法初字第 109 号和(2001)广海法初字第 163 号案中涉及本案的证据资料。

二、法院查明事实

广州海事法院查明:

(一)原告的职能

根据广东省人民政府办公厅粤府办〔1994〕60 号文件《广东省海洋与水产厅职能配置、内设机构和人员编制方案》、中共广东省委、广东省人民政府粤发〔2000〕2 号文件《广东省人民政府机构改革方案》查明:原告原名称为"广东省海洋与水产厅",于 2000 年 2 月变更为现名"广东省海洋与渔业局",是广东省人民政府主管全省海洋综合管理与渔业工作的直属机构,负有实行海洋综合管理,监督保护海洋环境,进行渔政海监综合执法,加强渔业行业管理等职责。

(二)本案船舶碰撞事故的证据与事实

广州海事法院于 2002 年 7 月 24 日作出的(2001)广海法初字第 109 号和(2001)广海法初字第 163 号民事判决认定本案船舶碰撞事故的事实如下:2001 年 6 月 16 日,"通天顺"轮由山东省岚山港运载 7 390 吨石膏石开往海南省三亚港。2001 年 6 月 20 日,"天神"轮由香港装载 165 个集装箱共 1 230.2 吨货物开往上海。6 月 21 日 05:00 时,两船均航行至广东省东部沿海石碑山附近海域,"通天顺"轮罗经航向 240°,航速 10.3 节;"天神"轮罗经航向 71°,航速约 13.5 节。当时海上有雾,能见度不良,视距约 1—2 海里,两船船员均没有派遣了头,疏忽了视觉瞭望,且两船均全速航行,没有使用安全航速,"通天顺"轮未能及早地意识到碰撞危险,盲目保向保速直至两船相距0.4海里时采取大舵角左转来避让"天神"轮;"天神"轮在会遇距离约0.2海里时,未能意识到碰撞危险,仍盲目保向保速直至发现"通天顺"轮大角度左转时才采取避让措施。因"天神"轮主机未更换轻油,即使采取了停车、倒车措施也未能将船舶停住。约06:35时,"通天顺"轮右舷2号货舱与"天神"轮左舷船艏船名处发生第一次碰撞,之后右舷船艉与"天神"轮左舷船舯发生了第二次碰撞,碰撞地点约在北纬22°55′.0、东经116°33′.8。碰撞后,"通天顺"轮船长上驾驶台,经检查发现2号货舱、高位2号舱、双层底4号压载舱严重进水,感到当时船舶右倾速度较快,估计有倾覆危险,遂决定抢滩。"通天顺"轮在抢滩过程中,在北纬22°56′.62、东经116°30′.98处触礁。因触礁后船体继续下沉,船长于07:29时宣布弃船。船员分乘两艘救生艇离船,在现场守护约2小时后,全部被附近的渔船救起。

事故发生后,天顺公司于2001年6月25日委托广州海上救助打捞局对搁浅的"通天顺"轮进行了探摸封堵工作,关闭了机舱5个水密门,对油舱的空气管、测量管等11条管线进行了临时封堵处理。广州海上救助打捞局于2001年6月30日出具了《探摸封堵报告》,该报告载明,"通天顺"轮破损情况如下:在船舶的左舷机舱下面,有一长度为0.8米、宽度约3厘米的裂缝,在2号舱的中前部有一长度为2.2—2.5米、宽度约3—10厘米的裂缝;据潜水员判断,上述两处裂缝为沉船搁于岩石所致;在船舶左舷的艏部,在舭龙骨的起点向后约3米的地方,船外板被撞至凹进去,但未发现破损;在船舶的右舷,在2号舱的中前部,有一长度为6—6.5米的破口,破口比较整齐,其外板被压凹入船体约40厘米,破口宽度两端约10厘米,中部最大宽度约为46厘米;在高度方向上,破口距离舭龙骨约3米,有部分石膏石从破口处漏出。广东海事工程咨询检验公司受天顺公司的诉讼代理人所属的广东永航律师事务所委托,对"通天顺"轮进行了检验,并于2001年7月11日出具《检验报告》认为,广州海上救助打捞局的上述《探摸封堵报告》中所载明的"通天顺"轮的损坏,右舷中前部的破口可以合理归因于该轮船长所称的碰撞事故所致,其他部分的损坏则可合理归因于该轮船长所称的碰撞后抢滩搁浅事故所致。

"通天顺"轮为钢质散货船,长133.9米,宽18米,深9.1米,总吨6633吨,净吨3339吨,主机为内燃机,功率4027千瓦。"天神"轮为钢质集装箱船,长109.6米,宽18米,深8.3米,总吨4388吨,净吨2337吨,主机为内燃机,功率4310千瓦。在本案碰撞事故发生前后,"通天顺"轮的所有人为天顺公司,船籍港为江苏南通;"天神"轮的所有人为天神公司,船籍港为天津,天神公司将"天神"轮光船租赁给育洋公司经营,但没有在船舶登记机关办理该轮光船租赁的登记手续。在事故航次中,"通天顺"轮与"天神"轮上均已按最低安全配员要求配足持证船员,两船的船员适任证书及船舶适航证书均在有效期内。(2001)广海法初字第109号和(2001)广海法初字第163号民事判决认为:根据两船的过失程度,"通天顺"轮与"天神"轮应分别对碰撞事故承担60%与40%的过失责任;因"天神"轮的光船租赁没有登记,该光船租赁依法不得对抗第三人,天神公司和育洋公司分别作为船舶所有人和实际承租人应对"天神"轮的碰撞过失承担连带责任;"通天顺"轮船长在当时比较危急、没有安全保障的情况下,为了船、货及船上人员的安全,采取抢滩搁浅措施并无不当。"通天顺"轮因抢滩搁浅而沉没,亦是船员所无法预料和无法避免的,天神公司与育洋公司提出该轮沉没是该轮船员抢滩措施不当等过失造成的,该扩大的损失应由天顺公司承担的主张,没有事实与法律依据,不予支持;天顺公司支付的对"通天顺"轮的探摸封堵费用、清污费用、抽油费用均为船舶碰撞造成的损失,应由天神公司和育洋公司连带赔偿。最终,判令育洋公司和天神公司连带赔偿天顺公司损失 2 819 083.03 元及其利息,天顺公司赔偿育洋公司损失 274 026.42 元及其利息。该两判决已发生法律效力。

(三)油污损害的证据与事实

庭审中,原告与四被告一致确认"天神"轮在碰撞事故发生后没有漏油。本案也没有证据证明"天神"轮漏油。合议庭对当事人确认的该项事实予以认定。关于"通天顺"轮在碰撞事故后是否漏油以及油污损害的程度,原告与四被告之间存有争议,并分别提供了不同的证据。

1. 原告的证据

原告为了证明"通天顺"轮漏油及油污损害的事实,提供了以下证据,主要内容分别如下:

(1)监测中心作出的《渔业损失调查报告》及其附件载明:事故发生后,监测中心依据国家有关法规,于6月22日开始就该次污染造成的渔业资源损失进行了调查取证和评估。调查人员乘船艇前往现场,在资深港外的海面,看见"通天顺"轮搁浅在礁石上,船体甲板以上露出水面,稍倾斜,有黑褐色油类从船体附近的水下向海面涌出,船体周围的海面漂浮着燃料油其中"通天顺"轮西南方向海面油污带呈较浓的黑褐色,该水域海面上散发出刺鼻的燃油气味。6月21日,事发海域主要吹东到东南风,风速4—6米/秒。在风力、潮汐、海流的共同作用下,"通天顺"轮泄漏出的油污在沉船附近海域漂移、扩散;6月22日、23日,油污向前詹、神泉沿岸海域漂移,前詹一带的沙滩上有被潮水冲上来的死鱼,死鱼鳃部有油滴。经调查,在2001年6月21日及其前后较长时间内,陆丰县、惠来县、潮阳市沿岸海域及其沿海地区,除"通天顺"轮泄油外,均没有其他突发性的泄油或其他污染事故发生。调查评估范围为北纬22°50′—23°00′、东经116°12′—116°37′范围内水域,即惠来县南海乡—神泉—前詹—靖海沿岸海域。监测中心在调查海域布设了 22 个采样站位,对海水石油类浓度测定采用紫外分光光度法,所使用的仪器为日本岛津公司生产的 UV-2501PC 型紫外线分光光度计。按我国国家标准《海洋监测规范》《渔业水质标准》采集海水样品并分析该次事故海域污染情况为:"通天顺"轮泄油造成了大面积海域海水石油浓度显著升高,资深港—石碑山—蛤蜊岩—面前群礁一带水域的海水石油浓度超标(《渔业水质标准》的限定值)严重,超标 10 倍以上水域约 130 平方公里,其中超标 20 倍以上的水域约 80 平方公里。因事故发生时正值伏季休渔期间,在评估海域范围的游泳生物资源时,以近年广东省海洋渔业资源监测数据为依据。事故发生后,监测中心在调查海域范围内设3个调查站,租用"粤惠来41365"资源动态监测船现场拖网调查游泳生物资源,分析调查水域渔业资源的变化情况,计算受污染海域水产品直接经济损失,并按照农业部渔发〔1996〕14号文《水域污染事故渔业损失计算方法规定》的规定,对该次溢油事故造成的天然渔业资源损失进行专家评估,6月28日调查组对现场水域进行拖捕调查,以现场调查和资源动态监测资料为依据,估算本次事故造成的天然海域水产品损失。因6—7月休渔,无拖网监测资料。1998年至2000年5月的平均时产为78.1—103.5公斤/小时,3年5个月总平均时产为91.2公斤/小时。该次调查污染区内的平均渔获率为22.8公斤/小时。与近3年平均值相比,污染水域的渔获率下降幅度在67.65%～80.26%,平均为75%。考虑到游泳生物对污染环境的回避效应等因素,估计最大回避率为30%,由此估算,该次泄油事故造成游泳生物资源的损失率为45%。经统一计量单位计算得出该次污染前的游泳生物资源密度为2.6055吨/平方公里。按受污染后造成重污染区面积80平方公里计算游泳生物的损失量为93.789吨(2.6055×0.45×80)。受污染水域的惠来县6月份水产品平均价格为3.526万元/吨,游泳生物直接经济损失额为330.73万元。惠来沿海蕴藏着丰富的水产自然资源,2000年海洋捕捞产量为6.8万吨。石油类对海洋生物的危害主要包括:致死效应、生态效应、生理和行为效应、异味效应等。事故海域为广东省沿岸重要的经济鱼、虾类繁殖生长区及西施舌自然保护区,也是渔业捕捞的良好渔场。油污染使水域中大量饵料生物被杀伤、致死,造成区域生态失衡。污染物在相当长的时间内持续影响水域生态环境,使游泳生物产生回避反应,导致事故水域在一段时间内渔业功能衰退。恢复因漏油污染的生态环境和水产资源需较长时间,预计该污染水域渔业资源要恢复到原正常水平,至少需3年以上时间。按照农业部《水域污染事故渔业损失计算方法规定》的规定,天然渔业资源经济损失额的计算,不应低于直接经济损失中水产品损失额的3倍。据此,以直接经济损失的3倍计算得出该次泄油事故造成惠来县神泉至靖海水域天然渔业资源经济损失额为992.19万元。从6月22日起至7月12日止,监测中心对该油污事故进行调查监测和跟踪,实际开支42.76万元。上述水产品直接经济损失、天然资源损失以及污染损失调查费合计1 365.68万元。

监测中心《渔业损失调查报告》附件主要是监测中心监测记录及调查所得的有关资料,包括:调查监测费用清单、使用渔政船艇的证明、拖网渔捞记录、惠来县工商行政管理局提供的水产品零售价格、水质监测采样记录、海水油类分析记录、水质监测分析报告、风场及天气资料、潮汐资料、渔业资源监测统计年报(从1998年1月份起至2001年5月份止)。这些附件资料是监测中心作出调查报告的基础,所载数据印证调查报告的内容。经查,监测中心持有由中华人民共和国渔政渔港监督管理局签发的有效的甲级《渔业污染事故调查鉴定资格证书》,证书确定的鉴定区域为广东省。监测中心于2002年12月9日派曾参与污染调查的海洋渔业环境研究员陆超华、渔业资源研究员李辉权(该两人调查本案污染事故时为副研究员,2002年8月28日由广东省人事厅授予研究员资格)到庭接受了当事人的质询。

(2) 监测中心于2002年11月29日作出《渔业损失跟踪监测报告》表明:"通天顺"轮泄油事故发生1年多后,"粤惠来41365"资源动态监测船的监测数据反映,自2001年8月份起至2002年9月份止,惠来污染海区渔获率变动范围在22.30—51.44公斤/小时,距离事故前本底值的平均值(约100公斤/小时)还有很大差距,事故对渔业资源的损害在1年多的时间里还不能得到明显恢复,估计至少还需要历经两年以上才可基本恢复到原有资源量的水平。渔业资源损失的计算应当考虑其中、长期的影响,取水产品直接损失的3倍计算中、长期损失是最低的取值,该计算依据充分合理。

(3) 广东省海洋预报台于2001年7月2日提供的风场及天气资料表明:2001年6月21日至25日,惠来沿岸海域出现过东到东南风、西北风、西南风等阵风。

(4) 调查费收据证明:2001年9月19日,原告向监测中心支付了调查监测费42.76万元。

(5) 10份《污染调查上岗证》证明:监测中心参与本案污染调查的副研究员陆超华、李辉权等,助理工程师黄泽强、杨玉敏等10人均持有由中华人民共和国渔政渔港监督管理局签发的有效的《渔业污染事故调查鉴定上岗证》。

(6) 由惠来县海洋与渔业局提供的南海北部渔场2001年度与2002年度的渔业资源监测统计年报表,印证了《渔业损失跟踪监测报告》中的分析数据。

2. 被告天顺公司的证据

被告天顺公司为了证明事故海域不存在油污损害,提供了6份证据,相关内容如下:

(1)《探摸封堵报告》载明:广州海上救助打捞局于2001年6月25日至30日对搁浅的"通天顺"轮进行了探摸封堵工作,沉船海底为岩石地质,探摸时油舱的空气管和机舱外均有污油现象,在该沉船附近随波浪而出现少量油花,封堵结束后,施工人员在沉船周围反复检查没有发现油污等。

(2)《清污协议》与《抽油协议》《抽油方案》《抽油完工报告》表明:天顺公司于2001年7月6日与汕头外轮代理服务公司签订《清污协议》,委托汕头外轮代理服务公司对"通天顺"轮沉没地点的油污进行清除。天顺公司于2001年7月5日与东海县大力水下工程有限公司签订《抽油协议》,委托东海县大力水下工程有限公司对沉没的"通天顺"轮进行抽油作业,具体抽油工作由中国人民解放军92213部队实施。该部队于7月8日开始施工,7月24日抽油完毕。该部队于7月11日作出的《抽油技术方案》载明:"根据最近水下探摸情况未发现油舱漏油。"于7月28日作出《抽油完工报告》称:本次抽油共抽取重油约100吨,轻油约30吨,未发现任何海上污染。

3. 被告育洋公司、天神公司、中国船东互保协会的证据

针对《渔业损失调查报告》的客观性,三被告育洋公司、天神公司、中国船东互保协会共同提供了3份反证,相关内容如下:

(1) 何悦强的《评估意见》认为:① "通天顺"轮发生碰撞事故时存有重油约100

吨、0 号柴油约 30 吨、润滑油约 6 吨,事故后该轮油舱透气管被封堵,从该轮油舱中抽出重油约 100 吨、轻油约 30 吨,该轮漏出的油量很有限,不可能发生大规模的污染事故,《渔业损失调查报告》描述的"黑褐色油污带"很可能是虚构的。② 《渔业损失调查报告》未指出事发水域的明确功能区划,而渔业水质与航行密集区域、港口水域的水质标准是不同的。③ 监测中心的人员仅采集了表层水样(小于 10 米),没有对中层、底层水采样,这不符合规范。《渔业损失调查报告》评估的渔业损失并不限于表层渔业资源,仅表层的监测结果不能反映石油类在水中的垂直变化,也就无法评定石油类对海洋生物真正的危险程度。④ 监测中心没有对水中石油烃作"指纹鉴定",将水中的石油全部归咎于"通天顺"轮的泄油,欠公允。水质采样次数不足,不能反映实际的污染程度,《渔业损失调查报告》并未指出污染事故前海水中的石油浓度。⑤ 由于海水的自净作用,开阔海面上同样浓度的石油的危害结果要大大低于实验室中所测得的结果。不同的油类对鱼类产生的毒性不同,《渔业损失调查报告》所用的类比方法不恰当,没有明确本案中所称的泄漏油的种类,也没有指明污染效应持续期间。⑥ 监测中心仅在调查海域布设了 3 个调查站位,且没有统计水产生物死亡量和具有严重中毒症状的水产生物数量,这不符合农业部《水域污染事故渔业损失计算方法规定》的规定。按照该规定,采用围捕法调查时,应在调查海域中设具有代表性的围捕点 8—10 个,实际的损害应以中毒致死的鱼量来计算。⑦ 由于天然水产品损失额的计算错误,在此基础上得出的天然渔业资源损失额也不正确。一次污染事故对渔业资源造成何种程度的中长期效应,需要根据泄油的种类、天气、海况等实际情况来确定,不可能以一个简单的公式与倍数来计算。如果认为污染效应持续时间长,就应当在持续期内继续跟踪监测,才能得出符合实际的结论。总之,监测中心采用的监测方法和《渔业损失调查报告》的评估结论均值得商榷,不宜为法院直接采用。

何悦强(72 岁)是中国科学院南海海洋研究所环境影响评价室已退休人员,于 2002 年 12 月 9 日到庭接受了当事人的质询,确认其本人没有到过污染事故现场。何悦强没有提供其本人及其原工作单位中国科学院南海海洋研究所环境影响评价室的资质证明。

(2) 原告于 2002 年 4 月 1 日发布的《2001 年广东省海洋环境质量公报》(已核实)表明:2001 年,广东省重要海水增养殖海湾、海洋生态自然保护区和主要海水水质基本能满足其使用功能的要求,受陆源排污影响较大的部分河口区沿岸海域的水质较差。海水中的主要污染物仍然是无机氮和磷酸盐。2001 年包括汕头近岸、碣石湾等广东省近岸海域海水水质监测评价结果表明,监测水域超标的主要项目是无机氮和磷酸盐,其他项目基本上达到我国《海水水质标准》一类的要求,石油类含量近年来无明显变化。除桂山湾水域外,广东省近岸其他水域中的石油类含量均在 0.05 mg/L 以下,符合一、二类水质标准。2001 年广东省海域发生了 3 宗特大溢油事件,造成渔业资源损失约 4 000 万元,其中"通天顺"轮与"天神"轮在揭阳市惠来—靖海海域相撞,"通天顺"轮泄漏燃油造成该海域海水石油类浓度超过我国《渔业水质标准》10 倍以上水域面积约 130 平方公里,渔业资源损失 1 373 万元人民币。台浅—粤东渔场渔业资源自 1994 年开始出现逐年下降趋势,虽然自休渔制度实施以后,1999 年渔获率曾一度出现明显的提高,可是接下来的 2000 年、2001 年,则又下降到休渔前的水平,甚至更低(但是,从公报图 13 单拖渔船渔获率年际变化曲线图看,台浅—粤东渔场单拖渔船渔获率 2001 年有明显提高,高于 1999 年和 2000 年的单拖渔船渔获率)。该公报所列举的广东省已建的 10 个海洋生态自然保护区不包括惠来县神泉至甲子海域。

(3) 原告在其网站上登载的其直属单位及监测中心的简介(广州海事法院已核实)表明:监测中心是原告的直属事业单位,其主要负责进行海洋渔业资源的动态监测,对各种污染事故造成的重大急性死鱼事件进行监测调查,为有关部门处理重大死鱼事件提供技术报告和出具鉴定结论等。

4. 广州海事法院向汕头海事局调取的证据

广州海事法院应被告天顺公司的申请向汕头海事局调取了该局调查"通天顺"轮油污事故的材料,包括《船舶污染事故现场勘察报告》《船舶污染报告书》《污染目击者的报告》《证人的报告》、5 份《调查、询问笔录》等。这些证据集中表明:2001 年 6 月 21 日 06:35 时左右,"通天顺"轮与"天神"轮在汕头海域发生碰撞,07:55 时"通天顺"轮船长命令船员弃船,"通天顺"轮搁浅,除上层建筑及艏楼甲板外,船体其他部分沉入水中,约 12:00 时以后,附近海面发现油污;次日,汕头海事局勘察了油污事故现场,发现海面污染是"通天顺"轮溢油造成的,海面有多条油膜带,油膜带区自沉船位置向西南方向飘散,长度约 1.5 海里,宽度约 200 米,勘察结论是:污染油量无法测量,估测不足 1 吨。据该轮轮机长吴卫良向汕头海事局报告,当时"通天顺"轮载油情况为:重油 100 吨、柴油 26 吨、滑油 3 吨、气缸油 3 吨、辅机滑油 4 吨,油污可能是由于船舶舱底污水及油舱透气孔溢油所致等。广州海事法院审判人员询问汕头海事局危管防污处处长姚锡波的笔录显示,姚锡波于 2001 年 8 月 23 日接受广州海事法院人员调查时陈述:2001 年 6 月 21 日早上 7—8 点左右发生事故时没有发现漏油,13 时发现海面有油污,油最初向东南方向漂移,约 14:30 时,油污开始往西北漂,油膜带共 3 条,最宽的约 3.5 米,共长约 2 公里,清污效果不错,油污没有扩散;"通天顺"轮三舱底下油舱通气孔随浪、水压有油花冒出;经探漏调查,发现船员弃船时没有关好油舱透气孔。

5. 广东华南海事司法鉴定中心的《司法鉴定书证审查意见书》及其附件

广东华南海事司法鉴定中心审查分析监测中心的《渔业损失调查报告》后,向广州海事法院提供了《司法鉴定书证审查意见书》及其附件表明:根据《渔业损失调查报告》所载明的溢油的外观颜色与面积(5 平方公里黑褐色油污带)以及含油超标 10 倍以上水域的面积等信息,根据有关科学技术文献,可计算"通天顺"轮油污事故的总溢油量约为 567.5 吨,这与"通天顺"轮方面所称该轮总载油量 154.06 吨不符;如果实际溢油量能认定,则《渔业损失调查报告》中计算的渔业损失量应作相应调整;《渔业损失调查报告》中采用专家评估法是合理的;等等。

合议庭对上述五方面的证据进行综合审查判断认为,监测中心与广东华南海事司法鉴定中心均具备各自鉴定的资质,各自所作的鉴定结论具有一定的科学依据,在没有足够相反证据否定的情况下,均可作为认定本案油污损害的事实的依据。虽然《司法鉴定书证审查意见书》、四被告所举的证据、广州海事法院调取的证据对《渔业损失调查报告》不利,但它们不能推翻报告中关于"通天顺"轮在碰撞事故后漏油而造成的油污损害事实。因此,监测中心对本案油污事故调查所作的《渔业损失调查报告》表明污染造成事故海域游泳生物直接经济损失额为330.73万元,发生污染损失调查费42.76万元,因无有效反证,《渔业损失调查报告》所证明的上述直接经济损失及调查费应予以采信。

关于天然渔业资源经济损失,监测中心在《渔业损失调查报告》中基于80平方公里的重污染区面积以及渔业资源至少需要3年以上的恢复时间,计算天然渔业资源经济损失为992.19万元。但是,上述四被告提供的证据、广州海事法院调取的证据、广东华南海事司法鉴定中心的《司法鉴定书证审查意见书》分别在漏油量、海域污染程度、渔获率变化等方面集中表明事故海域的污染程度远比《渔业损失调查报告》所反映的污染程度轻,构成了对《渔业损失调查报告》中天然渔业资源经济损失证明的有效反证,具体体现如下:① 被告天顺公司提供的6份证据、广州海事法院向汕头海事局调取的证据、广东华南海事司法鉴定中心的《司法鉴定书证审查意见书》均表明事故溢油量远远少于达到严重污染80平方公里海域的程度;② 原告发布的《2001年广东省海洋环境质量公报》表明汕头等粤东海域在污染事故当年(2001年)的石油类含量符合一、二类水质标准,本案污染事故并没有对水质造成长期影响,事故海域的水质当年已恢复正常。而从公报图13单拖渔船渔获率年际变化曲线图看,台浅—粤东渔场单拖渔船渔获率2001年有明显提高,高于1999年和2000年的单拖渔船渔获率。这说明本案污染事故对事故海域的渔业资源并没有造成中、长期影响。该次污染事故在事实上成为渔业资源至少需要3年以上的恢复时间这个一般规律的例外。原告主张992.19万元天然渔业资源经济损失,证据不足,不予认定。

(四) 被告中国船东互保协会出具担保函的证据与事实

当事人认可的《船舶入会证书》复印件及《担保函》复印件表明,被告中国船东互保协会于2001年2月20日接纳天津海运有限公司(船舶经营人)和天神公司(船舶所有人)为该协会会员,按照该协会的保险条款承担因"天神"轮所引起的赔偿责任,成为"天神"轮的责任保险人,该协会对该轮每次事故所造成的油污赔偿责任的限额是10亿美元。2001年7月19日,中国船东互保协会应育洋公司的请求,为避免原告申请扣押"天神"轮及其船东所有或经营的其他船舶,向原告出具了担保函,保证:依据原告与"天神"轮船东达成的和解协议或依据仲裁庭作出的最终仲裁裁决或依据具有管辖权的法院作出的终审判决,承担应由"天神"轮船东承担的因本案"天神"轮与"通天顺"轮碰撞而引起的油污损害赔偿责任,但该协会承担的最高赔偿责任,包括任何利息及费用,将不高于400万元人民币。对此,合议庭予以认定。

（五）本案财产保全的事实

在本案诉讼过程中，原告于 2001 年 7 月 2 日提出财产保全申请，请求广州海事法院冻结中国人民保险公司南通开发区支公司应赔付给被告天顺公司的"通天顺"轮船体损害的保险赔款（以 800 万元为限）。在原告提供担保后，广州海事法院于 7 月 25 日经审查裁定准许了原告的上述财产保全申请，并于 7 月 27 日向中国人民保险公司南通开发区支公司送达了要求其不得支付"通天顺"轮保险赔款的协助执行通知。原告为申请该项财产保全向广州海事法院预交了保全申请费 40 520 元及执行费 10 000 元。2002 年 11 月 15 日，原告又向广州海事法院提出财产保全申请，请求广州海事法院裁定责令天神公司和育洋公司将由广州海事法院（2001）广海法初字第 109 号、（2001）广海法初字第 163 号民事判决书确定的，其应连带赔偿天顺公司的船舶碰撞损害赔偿金 2 545 056.61 元及其利息和诉讼费 41 155 元汇至广州海事法院指定的账户保全。在原告提供担保后，广州海事法院于 11 月 21 日经审查裁定准许了原告的上述财产保全申请。12 月 27 日，广州海事法院执行该财产保全裁定，育洋公司的担保人中国太平洋保险公司南京分公司代育洋公司向广州海事法院账户汇付了上述保全款项。原告为申请该项财产保全向广州海事法院预交了保全申请费 13 451 元及执行费 20 000 元。

三、法院裁判

广州海事法院认为，本案是一宗因船舶碰撞而引起的油污损害赔偿纠纷。"通天顺"轮与"天神"轮在粤东沿海石碑山附近海域互有过失发生碰撞，造成"通天顺"轮所载油类泄漏入海，污染粤东靖海至神泉等附近海域，损害了渔业资源，原告以此为由提起的本案诉讼属于侵权损害赔偿纠纷。

中华人民共和国领海内的资源属于国家所有，各级人民政府作为国家在特定区域内的代表，在其辖区内负有维护国家资源不受损害的义务。根据《中华人民共和国海洋环境保护法》第 90 条第 2 款的规定，对破坏海洋生态、海洋水产资源、海洋保护区，给国家造成重大损失的，由依法行使海洋环境监督管理权的部门代表国家对责任者提出赔偿要求。根据《中华人民共和国渔业法》第 6 条的规定，县级以上地方人民政府渔业行政主管部门主管本行政区域内的渔业工作；广东省人大常委会于 1990 年 3 月 23 日颁布的《广东省渔业管理实施办法》第 3 条规定："县级以上人民政府渔业行政主管部门是同级人民政府主管本行政区域内渔业工作的职能机构，负责渔业法及其实施细则和本办法的组织实施和监督检查。"第 25 条第 4 款规定："凡污染渔业水域损害渔业资源或者渔业生产的，应承担赔偿责任。损害全民所有的渔业资源的赔偿费，由渔业行政主管部门用于增殖、保护渔业资源，不得挪作他用。"原告是广东省人民政府主管全省海洋综合管理与渔业工作的职能部门，当其管辖下的国有资产和资源受到侵害时，可依法向责任人提出民事损害赔偿诉讼，保护国家财产和自然资源。原告是请求本案油污损害赔偿的适格主体。

根据《中华人民共和国民法通则》第 124 条"违反国家保护环境防止污染的规定，

污染环境造成他人损害的,应当依法承担民事责任"的规定,以及第 117 条第 2 款"损害国家的、集体的财产或者他人财产的,应当恢复原状或者折价赔偿"的规定,本案油污事故的责任人,应当赔偿原告因油污所遭受的天然水产品直接经济损失 330.73 万元。油污损害的责任人在油污损害事故发生之日即 2001 年 6 月 21 日就应赔偿原告天然水产品直接经济损失,以便使原告及时恢复受污染的环境,逾期则应支付相应的利息,原告损失 330.73 万元的利息应从 2001 年 6 月 21 日起,按中国人民银行同期流动资金贷款利率计算至本判决确定的支付之日止。天然水产品直接经济损失 330.73 万元及其利息由原告受偿后上交国库。油污事故发生后,原告委托监测中心对污染损失进行调查鉴定是必要的,有关污染损失调查费用是因漏油事故引起的。尽管原告所支付的调查费 42.76 万元是针对原告所主张的天然水产品直接经济损失 330.73 万元和天然渔业资源经济损失 992.19 万元而发生的,而原告所主张的天然渔业资源经济损失 992.19 万元,因证据不足,没有被广州海事法院认定,但是,上述天然渔业资源经济损失是以天然水产品直接经济损失额乘以 3 的模式得出的,调查费 42.76 万元基本上是调查天然水产品直接经济损失的开支,是本案油污事故所造成的必要的、合理的费用。油污事故的责任人也应当赔偿原告支出的污染损失调查费 42.76 万元。因调查费利息的发生与本案污染事故并无直接因果关系,原告请求调查费的利息损失,广州海事法院不予支持。

"天神"轮与"通天顺"轮碰撞后,"通天顺"轮船长在当时比较危急的情况下,为了船、货及船员的安全,采取了必要的抢滩措施。本案没有证据证明"通天顺"轮的船员在离船前有足够的时间封堵油舱管系。"通天顺"轮在抢滩中触礁搁浅而沉没,船舶沉没直接危及船员人身安全,船员紧急离船时没有来得及封堵油舱管系,也是无可指责的。"通天顺"轮抢滩、搁浅至漏油均是碰撞后紧接着发生的系列后续事件,均起因于碰撞双方的过失,均属于此次碰撞海事事故,其间除了碰撞双方的航行过错外,没有其他过错介入。"通天顺"轮漏油所造成的污染损失是船舶碰撞所造成的财产损失。根据《中华人民共和国海商法》第 169 条第 2 款的规定,船舶碰撞的双方或各方互有过失,对造成第三人财产损失的,各船的赔偿责任均不超过其应当承担的比例。"天神"轮与"通天顺"轮发生碰撞,广州海事法院已生效的(2001)广海法初字第 109 号和(2001)广海法初字第 163 号民事判决已认定:"天神"轮方面应负 40% 的过失责任,"通天顺"轮方面应负 60% 的过失责任。

天顺公司作为"通天顺"轮的所有人,应依法对"通天顺"轮的碰撞过失造成的损失承担赔偿责任。在碰撞事故发生时,"天神"轮由育洋公司光船承租,进行配员控制和实际经营,育洋公司应对其船员的碰撞过失承担责任。因天神公司将"天神"轮光船租赁给育洋公司,没有向船舶登记机关办理登记手续,根据《中华人民共和国船舶登记条例》第 6 条的规定,该光船租赁的事实不得对抗第三人,因此天神公司虽然将"天神"轮光租给育洋公司,其仍应依法对作为第三人的原告承担相应的赔偿责任。按照两船碰撞的过失比例,天顺公司应赔偿原告 60% 的油污损失,即天然水产品直接经济损失 1 984 380

元及其利息、污染损失调查费256 560元,天神公司与育洋公司应连带赔偿原告40%的油污损失,即天然水产品直接经济损失1 322 920元及其利息、污染损失调查费171 040元。

按照《中华人民共和国海事诉讼特别程序法》第97条第1款的规定,对船舶造成油污损害的赔偿请求,受损害人可以向造成油污损害的船舶所有人提出,也可以直接向承担船舶所有人油污损害责任的保险人或者提供财务保证的其他人提出。船舶所有人的油污责任保险人负有应油污受害人的请求直接向油污受害人赔偿油污损害的法定责任。"天神"轮是造成本案油污损害的船舶之一,天神公司是"天神"轮的所有人,并应承担本案油污损害责任,而中国船东互保协会是天神公司油污损害责任的保险人。《中华人民共和国海事诉讼特别程序法》第97条并没有将所规定的油污损害赔偿责任主体"承担船舶所有人油污损害责任的保险人"限定为"承担漏油船所有人油污损害责任的保险人",故中国船东互保协会以其并非漏油船"通天顺"轮所有人的油污损害责任的保险人为由,提出其不应负赔偿责任的抗辩,没有法律依据,不能成立。天神公司所负油污赔偿责任在中国船东互保协会承担的油污赔偿责任限额10亿美元以内。中国船东互保协会应依法对应由天神公司所负的油污损害赔偿责任承担连带责任。

综上,依照《中华人民共和国民法通则》第117条第2款及第124条、《中华人民共和国海商法》第169条第2款、《中华人民共和国海事诉讼特别程序法》第97条第1款的规定,判决如下:

(1)被告天顺公司赔偿原告广东省海洋与渔业局天然水产品直接经济损失1 984 380元及其利息(利息从2001年6月21日起,按中国人民银行同期流动资金贷款利率计算至本判决确定的支付之日止)、污染损失调查费256 560元,其中,天然水产品直接经济损失及其利息由原告广东省海洋与渔业局受偿后上交国库;

(2)被告天神公司、育洋公司、中国船东互保协会连带赔偿原告广东省海洋与渔业局天然水产品直接经济损失1 322 920元及其利息(利息从2001年6月21日起,按中国人民银行同期流动资金贷款利率计算至本判决确定的支付之日止)、污染损失调查费171 040元,其中,天然水产品直接经济损失及其利息由原告广东省海洋与渔业局受偿后上交国库。

2 原告广州市番禺区人民检察院与被告卢平章水域污染损害赔偿纠纷案

案例来源:广州海事法院(2009)广海法初字第247号
主题词:水域污染　检察机关　诉讼主体资格　间接损失

裁判要旨

No. HS-5.1-5　检察机关作为国家的法律监督机关,其检察权包括保护国家财产和资源免遭违法行为侵害,以及在国家财产和资源遭受违法行为侵害时有权代表国家提起诉讼,并将受偿的款项如数上交国库。

> 水域污染可以索赔的范围包括直接损失(含农业生产损失和环境生态损失)以及间接损失(含水生态系统被损害时影响其他生产和消费系统所造成的经济损失以及环保部门、水利部门、农业部门等为应对本次污染危害采取措施产生的防御费用)。

一、基本案情

原告:广州市番禺区人民检察院

被告:卢平章

原告诉称:2005年1月,被告卢平章在其承租的广州市番禺区东涌镇官坦村励业路9号,经工商登记后独资开设东泰厂,从事皮革生产染整业务,主要对客户提供的羔羊皮、兔皮、黄狼皮等动物皮进行染色加工成熟皮。生产工艺包括复浸、脱脂、浸酸、漂洗、染色等环节。生产过程中使用铬粉、红矾钾、高锰酸钾、纯碱、染料等化学物质。2008年1月至7月期间,东泰厂采用污水处理设施的抽水管变换阀门的方法,先后5次将55吨未经净化处理的污水通过塑胶管直接排入工业区下水道后流入番禺区东涌镇官坦村虾导涌。由于污水没有经过净化处理,导致排放的污水中CODcr、色度、重金属含量均严重超标,严重污染排水口附近河道地表水和周围环境生态。经过广州市番禺区环境科学研究所进行环境经济损失量化分析,东泰厂排放污水造成的经济损失为62500元。请求法院判令被告:

(1)立即停止违法排放污水等一切破坏水域环境的行为;

(2)承担将未经处理的污水直接排入广州市番禺区东涌镇官坦村虾导涌造成的环境影响经济损失费等各项费用,共计62500元;本案诉讼费由被告承担。

被告辩称:对广州市番禺区人民检察院作为原告提起本案诉讼没有异议。我厂在2005年经过环保方面的评估、认证和相关部门审批后才设立,污水经过污水处理池处理后才排出,整个流程有专人管理。在2008年期间,我厂的污水处理设施有一个阀门,导致部分污水未经处理排放到市政渠道,造成水域污染,这是卢微欣的个人行为,我厂应承担管理不善的责任。

二、法院查明事实

广州海事法院经审理查明并确认如下法律事实:东泰厂于2005年1月17日开业,经营场所在广州市番禺区东涌镇官坦村励业路9号。经营范围包括生产、加工皮革和毛皮染整、硝制。由卢平章个人经营。卢平章本人长期定居香港,很少回番禺,其雇用何红章为东泰厂厂长,工厂的运作包括生产、销售和后勤等,均由何红章全权处理。东泰厂持有排污许可证,废气处理能力6000立方/小时,废水处理能力70吨/日,其中工业污水量为38吨/日。东泰厂目前有染槽46台,脱水机3台,其中20台染槽经环保部门审批许可,后来增加的26台染槽的审批手续尚在办理当中。2008年7月13日16时许,广州市环境监察支队番禺大队接到群众投诉反映,位于东涌镇官坦村虾导涌交警中队第九分队北面的排水口处发现大量的红色废水。执法人员于17时许到现场检查发现,上述河涌存在宽约9米、水深1.5米的红色废水带,水带长度约为100米。经过对该区域内工厂逐一进行排查,最后发现污染源为东泰厂。现场发现东泰厂两台水泵正在抽水,执法人员现场采集水样,即时制止其偷排废水的行为。

事故发生后,广州市环境监察支队番禺大队、番禺区环保局对东泰厂厂长何红章、污水处理工卢微欣进行询问。何红章确认2008年7月13日在番禺区东涌镇官坦村虾导涌交警中队第九分队北面的排水口处发现的大量红色废水是东泰厂排放的,该红色废水没有经过污水处理设备进行净化,是生产后直接排放。因为经过废水处理的污水颜色很浅,只有一点浑浊,而那次排放的污水的颜色很深,是深红色,没有经过废水净化处理。这次偷排是由于东泰厂污水处理工卢微欣的个人操作,导致污水未经处理外排。从当时的现场看,卢微欣通过在废水池抽水管的变换阀门上设置了蓝色塑胶管道,通过该管道进行偷排。发生这次偷排行为可能是卢微欣想减轻工作量,不想当晚加班而想尽快完成工作。何红章在笔录中还确认,如果卢微欣承认之前还有偷排的行为,她认为有这种可能性,因为平时都是由卢微欣具体负责污水处理,她管理厂里的业务比较多,很少监督污水的排放问题,存在管理不善,让卢微欣有机可乘进行多次偷排。

卢微欣是东泰厂职工,2005年4月3日进厂担任电工,从2007年11月起担任污水处理工,2008年8月辞职。卢微欣在询问笔录中承认:我在东泰厂负责污水处理工作,前后有5次将未经净化处理的工业污水偷排到市政管道。第一次大约是2008年1月份,差不多过年的时候,因为废水处理池要进行清理,不能进行废水净化处理,我就偷偷将未经处理的废水排入市政管道;第二次大约是2008年初,由于抽水机坏了,我就将洗毛的水直接排放到市政管道;第三次是2008年4月底,也是由于废水处理池要进行清理而偷排;第四次是2008年7月12日,由于我约了人家下棋赶着下班就进行偷排;第五次是2008年7月13日也是由于我约了人家下棋才进行偷排,这次被环保部门现场查获了。第一次、第三次、第五次都是每次偷排2个多小时,每小时水管的偷排量是6吨多,每次大约偷排12吨多污水。第二次偷排由于洗毛的水比较少,只有一个槽,大约偷排了1吨多污水。第四次偷排了3个小时,每小时水管的偷排量也是6吨多,这次大约偷排了18吨多的污水。以上5次总共偷排了55吨未经净化处理的污水。

2008年7月13日,广州市番禺区环境监测站受广州市环境监察支队番禺大队的委托,分别在厂内偷排口和河涌排水口抽取废水进行监测,监测项目和结果如下:PH值6.28和7.18、CODcr 266和57.2、氨氮6.15和6.48、色度800和400、硫化物0.088和1.84。受原告的委托,广州市番禺区环境科学研究所对东泰厂废水偷排造成水体污染的环境经济损失进行评估,出具了《量化分析报告》。该报告记载:励业路工业区(东泰厂在该工业区内)的纳污水体为沙湾水道下游。根据《广东省地表水环境功能区划方案》,沙湾水道中上游(墩涌以下)为饮用水源保护区,执行《地表水环境质量标准》(GB3838—2002)Ⅱ类标准;沙湾水道中下游为工农渔业用水区,执行《地表水环境质量标准》(GB3838—2002)Ⅲ类标准。东泰厂主要对羔羊皮、兔皮、黄狼皮和灰鼠皮加工成熟皮,生产工艺包括复浸、脱脂、浸酸、鞣制、复鞣、漂洗、染色等环节。生产过程中使用铬粉(Cr_2O_3)、红矾钾、高锰酸钾、纯碱、染料等化学物质。生产废水中含有悬浮物、有机耗氧物质和重金属铬(三价),水质成分复杂。东泰厂将未经处理的生产废水直接排入虾导涌,直接影响虾导涌河涌水质。从对东泰厂偷排口污水水质的监测结果来看,东泰厂非法排放废水的行为将会加重虾导涌的污染,进一步影响沙湾水道下游水质。本次监测东泰厂偷排口污水 CODcr 超过《水污染排放限制》(DB44/26—2001)第二时段一级标准值 2.66 倍,色度超过标准值 20 倍,重金属超标 62 倍。同时通过水质模型模拟,结果相互印证。通过环境经济损失分析,从保守的角度估算,东泰厂废水偷排造成的环境经济损失包括直接损失 27 500 元,其中农业生产损失 16 500 元和环境生态损失 11 000 元;间接损失 35 000 元,其中水生态系统被损害时影响其他生产和消费系统所造成的经济损失 22 000 元,环保部门、水利部门、农业部门等为应对本次污染危害采取措施产生的防御费用 13 000 元,上述损失和费用合计在 62 500 元以上。《量化分析报告》是由取得建设项目环境影响评价资质的广州市番禺区环境科学研究所作出的,该报告对东泰厂的排污所造成的环境损害进行了科学的量化研究,指出了违法排污和环境损害的因果关系,并对具体的环境经济损失总量进行了评估。

三、法院裁判

广州海事法院认为,本案为通海水域污染损害赔偿纠纷。《中华人民共和国水法》第 3 条规定"水资源属于国家所有"。《中华人民共和国民法通则》第 73 条规定:"国家财产属于全民所有。国家财产神圣不可侵犯,禁止任何组织或者个人侵占、哄抢、私分、截留、破坏。"国家所有的水资源不容许任何单位或个人的违法行为加以滥用或破坏。水资源被滥用或破坏,国家有权通过司法程序向违法行为人要求赔偿,弥补水资源遭受的损害。检察机关作为国家的法律监督机关,其检察权包括保护国家财产和资源免遭违法行为之侵害,以及在国家财产和资源遭受违法行为侵害时有权代表国家提起诉讼。本案受污染的东涌镇官坦村虾导涌水域属于国家所有的水资源,该水域位于原告的辖区,也属于广州海事法院的管辖范围,因此,原告有权就被告的违法行为造成的损害向广州海事法院提起诉讼。

原告提供的询问笔录、调查笔录、现场检查笔录、环境监测站监测结果、现场取证照片等证据形成完整的证据链,证明了卢微欣是东泰厂的职工,专门负责污水处理工作。由于个人贪图方便,私自增设管道,将未经处理的污水直接偷排到市政管道,造成水域遭受污染的后果。东泰厂在管理上存在疏忽,卢平章是东泰厂的业主,应承担相应的民事侵权责任。根据广州市番禺区环境科学研究所的《量化分析报告》,东泰厂违法排放污水已经严重危害了东涌镇官坦村虾导涌水质。根据最高人民法院《关于民事诉讼证据的若干规定》第 4 条第 1 款第(三)项的规定,因环境污染引起的损害赔偿诉讼,由加害人就法律规定的免责事由及其行为与损害结果之间不存在因果关系承担举证责任。被告未举证证明其行为与水质的污染之间没有因果关系,应承担举证不能的后果,认定东涌镇官坦村虾导涌水质污染与被告的违规排放污水行为之间存在因果关系。根据《中华人民共和国民法通则》第 106 条、第 124 条的规定,被告应对其违规排污行为造成的环境损害承担民事责任。

广州市番禺区环境科学研究所是具有建设项目环境影响评价资质的鉴定机构,对其鉴定结论予以采信。该报告认定的损失中,直接损失 27 500 元和间接损失 22 000 元是被告的侵权行为所造成的,被告应予赔偿;防御费用 13 000 元系因被告的违法行为,并为应对本次污染危害而产生的必要费用,应由被告负担。原告系代表国家提起本案诉讼,原告受偿的款项应如数上交国库。

综上,依照《中华人民共和国民法通则》第 73 条,第 124 条,第 134 条第 1、2 款,《中华人民共和国环境保护法》第 41 条第 1、2 款,《中华人民共和国水污染防治法》第 85 条第 1 款的规定,判决如下:

(1) 被告卢平章立即停止违法排放污水等一切破坏水域环境的行为;
(2) 被告卢平章赔偿环境污染损失和费用共 62 500 元,由原告受偿后上交国库。

3 原告中华人民共和国宁波海事局与被告杰斯航运有限公司沉船损害赔偿纠纷案

案例来源:宁波海事法院(2009)甬海法事初字第 31 号
主题词:沉船损害赔偿　应急处置费用　强制打捞清除费用　海事局　索赔权

裁判要旨

No. HS-5.1-6 沉船所有人应当承担该轮碰撞沉没导致的溢油清除、设置警戒标识等应急处置费用和该轮沉船强制打捞清除费用。海事局在沉船所有人不积极采取有效措施的情况下,依法组织实施了清污和打捞的行为,产生的费用应由沉船所有人承担。海事局组织的参与清污的船舶及人员较多,让所有参与人员及单位向沉船所有人主张权利将增加诉讼成本,故法院准许海事局作为主管单位和组织者代位行使索赔权利。

一、基本案情

原告:中华人民共和国宁波海事局

被告:杰斯航运有限公司(JES SHIPPING CO.,LTD)

原告中华人民共和国宁波海事局起诉称:2007 年 1 月 22 日 22:21 时左右,被告所属的柬埔寨籍"NOBEL"轮与中国籍"四航奋进"轮在宁波港金塘锚地(北纬 30°00.15′、东经 121°49.52′)发生碰撞,"NOBEL"轮沉没,该轮燃油溢出,所载原木大量漂出。事故发生后,原告作为对宁波水域水上交通安全实施监督管理的主管机关,为清除"NO-BEL"轮燃油污染,保护海洋环境,立即依法组织相关单位开展油污清除作业。同时,鉴于"NOBEL"轮沉没对宁波水域海上交通安全的极大危害,原告于事发当晚指派海事巡逻艇、宁波港务集团拖轮对沉船水域进行巡视警戒,并于事发次日指令上海海事局宁波航标处对事发水域设置警戒标识。以上溢油清除、设置警戒标识等应急处置措施共产生费用1 424.9万元。鉴于"NOBEL"轮沉船对宁波水域通航环境、海洋环境及港口安全生产造成的极大危害,原告在事发后即敦促作为船舶所有人的被告尽快打捞清除沉船,并依据《中华人民共和国海上交通安全法》第40条的规定,于2007年2月5日向被告和ERICO SHIPPING CO., LTD发出《限期打捞通知书》,责令其于2007年2月8日之前向原告递交该轮打捞方案,并于2月12日之前安排符合资质的中国打捞企业向原告提交该轮沉船打捞作业许可申请并进点实施打捞,告知其如未按照上述要求履行,原告将依法采取强制打捞清除措施,由此产生的一切后果及全部费用将依法由其承担。

由于被告和ERICO SHPPING CO., LTD未履行《限期打捞通知书》规定的要求,原告依据《中华人民共和国海上交通安全法》第40条和《中华人民共和国海洋环境保护法》第71条的规定,于2007年2月13日向被告和ERICO SHIPPING CO., LTD发出《海事行政强制执行书》,决定对"NOBEL"轮沉船实施强制打捞,由此产生的一切后果和全部费用依法将由其承担。2008年3月12日,原告与浙江海洋工程有限公司、宁波市北仑海安技术贸易公司(以下简称海安公司)签订了《"NOBEL"轮沉船清除工程合同》,委托该两家公司实施"NOBEL"轮沉船清除工程。根据该合同的约定,该两家公司实施了"NOBEL"轮沉船清除工程,共产生费用2 400万元。根据《中华人民共和国海洋环境保护法》和《中华人民共和国海上交通安全法》等相关法律的规定,被告作为前述碰撞沉船事故发生当时"NOBEL"轮的所有人,应当承担该轮碰撞沉没导致的溢油清除、设置警戒标识等应急处置费用和该轮沉船强制打捞清除费用,合计3 824.9万元及其利息。原告特提起诉讼,请依法判令被告支付"NOBEL"轮碰撞沉没导致的溢油清除、设置警戒标识等应急处置费用和该轮沉船强制打捞清除费用3 824.9万元及其利息,并依法判令被告承担本案的全部诉讼费用。庭审中,原告变更诉讼请求,要求被告赔偿损失37 759 575.20元。被告杰斯航运有限公司未作任何形式的答辩。

二、法院查明事实

宁波海事法院确认如下事实:2007年1月22日22:21时左右,被告所属的柬埔寨籍"NOBEL"轮与中国籍"四航奋进"轮在宁波港金塘锚地(北纬30°00.15′、东经121°49.52′)发生碰撞,"NOBEL"轮沉没,该轮燃油溢出,所载原木大量漂出。事故发生后,原告作为对宁波水域水上交通安全实施监督管理的主管机关,为清除"NOBEL"轮燃油污染,保护海洋环境,立即依法组织海安公司等单位开展油污清除作业。海安公司应原告要求,于2007年1月23日至31日对"NOBEL"轮沉船采取紧急清污行动,进行应急油污围控及清除周边海域泄漏的污油。同时,原告于事发当晚指派海事巡逻艇、宁波港务集团拖轮对沉船水域进行巡视警戒,并于事发次日指令上海海事局宁波航标处对事发水域设置警戒标识。2007年2月1日起,原告委托海安公司全面负责沉船的清污工作直至2008年7月底清污工作完毕。期间,为了"NOBEL"轮沉船事故清污需要,海安公司临时借用原告所属的海事巡逻艇对沉船水域进行巡视警戒,并与宁波港集团油港轮驳有限公司签订租船合同,临时租用其下属拖轮参与清污工作,同时还临时租用污染事故发生地周边区域的14条小船共同参与清污作业。鉴于"NOBEL"轮沉船对宁波水域通航环境、海洋环境及港口安全生产造成的极大危害,原告在事发后即敦促作为船舶所有人的被告尽快打捞清除沉船,并于2007年2月5日向被告等发出《限期打捞通知书》,责令其于2007年2月8日之前向原告递交该轮打捞方案,并于2月12日之前安排符合资质的中国打捞企业向原告提交该轮沉船打捞作业许可申请并进点实施打捞,告知其如未按照上述要求履行,原告将依法采取强制打捞清除措施,由此产生的一切后果及全部费用将由其承担。

由于被告等未履行《限期打捞通知书》规定的要求,原告依据《中华人民共和国海上交通安全法》第40条和《中华人民共和国海洋环境保护法》第71条的规定,于2007年2月13日向被告等发出《海事行政强制执行书》,决定对"NOBEL"轮沉船实施强制打捞,由此产生的一切后果和全部费用依法将由其承担。2008年3月12日,原告与浙江海洋工程有限公司、海安公司签订《"NOBEL"轮沉船清除工程合同》,委托该两家公司实施"NOBEL"轮沉船清除工程。根据该合同的约定,该两家公司实施了"NOBEL"轮沉船清除工程,共产生费用2 400万元。关于原告的损失,原告主张其损失为37 759 575.20元,包括:① 清污船舶费用6 034 087元;② 清污人员费用273 720元;③ 车辆及机械费用279 900元(其中27 200元汽车吊车费用无发票原件);④ 设备及物资费用2 379 079元;⑤ 废弃物处置费用382 830元;⑥ 其他杂项共252 980元(其中餐饮费67 800元、住宿费94 920元、通讯费13 560元,共计176 280元没有任何发票);⑦ 2007年1月23日至31日的费用2 362 252元;⑧ 15%的税金1 794 727.20元;⑨ 沉船清障费用2 400万元。

宁波海事法院认为,原告的损失第③项中汽车吊车费27 200元没有发票原件,不予支持;第⑥项中176 280元的餐饮费等没有发票,不予认定;第⑦项费用已包含在前六项中,因为前六项的计算时间从航海日志等载明的时间反映是从2007年1月23日至清污结束的费用,故此项不能再重复计算;第⑧项税金,因依法纳税是每个公民和企业的义务,虽然原告在得到报酬后要开具发票,要交税,但与事故无关,故此项费用亦不予支持。原告的其余损失宁波海事法院均予以认定。故宁波海事法院认定,原告的清污费用总计为9 575 396元,沉船清障费用24 000 000元,共计损失33 575 396元。

三、法院裁判

宁波海事法院认为,本案是一起外国籍船舶在中国境内侵权所导致的纠纷,故根据《中华人民共和国民法通则》第146条的规定,本案的审理应适用中国法律。

本案是由于被告所属的"诺贝尔"轮碰撞沉没后引起的清污与清障产生的费用,根据《中华人民共和国海洋环境保护法》第71条第1款的规定:"船舶发生海难事故,造成或者可能造成海洋环境重大污染损害的,国家海事行政主管部门有权强制采取避免或者减少污染损害的措施。"该法第90条中又规定,"造成海洋环境污染损害的责任者,应当排除危害,并赔偿损失"。《中华人民共和国海上交通安全法》第31条规定:"船舶、设施发生事故,对交通安全造成或者可能造成危害时,主管机关有权采取必要的强制性处置措施。"该法第40条第1款又规定:"对影响安全航行、航道整治以及有潜在爆炸危险的沉没物、漂浮物,其所有人、经营人应当在主管机关限定的时间内打捞清除。否则,主管机关有权采取措施强制打捞清除,其全部费用由沉没物、漂浮物的所有人、经营人承担。"因此,被告作为"NOBEL"轮的所有人,应当承担该轮碰撞沉没导致的溢油清除、设置警戒标识等应急处置费用和该轮沉船强制打捞清除费用。原告在被告不积极采取有效措施的情况下,依法组织实施了清污和打捞行为,是合理合法的,因此而产生的费用,应由被告承担。由于原告组织的参与清污的船舶及人员较多,故让所有参与人员及单位向被告主张权利,势必增加诉讼成本,浪费社会资源。现原告作为主管单位和组织者代位行使权利,亦合理合法,也可以减少讼累,故原告要求被告支付因"NOBEL"轮碰撞沉没事故引起的清污和清障费用的诉请有理,宁波海事法院予以支持。但其中属于证据不足及重复计算的部分,应予以扣减。

综上,判决如下:

(1)被告杰斯航运有限公司于本判决生效后15日内支付原告中华人民共和国宁波海事局船舶清污和清障费用33 575 396元;

(2)驳回原告的其余诉讼请求。

5.2 海上污染案件证据规则

4 原告林位吉与被告卢仁友、阎锡明、谢国伦养殖水产污染损害赔偿纠纷案
案例来源:宁波海事法院(2001)甬海事初字第74号
主题词:水产污染损害赔偿　侵权事实　因果关系　举证责任

> **裁判要旨**
>
> **No. HS-5.2-1** 因环境污染引起的损害赔偿诉讼,对索赔人提出的侵权事实,由污染行为人举证否认其行为构成侵权。污染行为人举证其投放茶籽饼的数量并提供有关专家的意见,认为其使用茶籽饼清塘排水的行为不会造成原告养殖鱼类的死亡,即索赔人的损失并非其侵权所致。索赔人没有证据推翻该否认,法院认定污染行为人不承担赔偿责任。

一、基本案情

原告：林位吉

被告：卢仁友、阎锡明、谢国伦

原告林位吉诉称：2001年6月17日夜10时许，被告使用对鱼类有巨大杀伤作用的茶籽饼进行清塘。18日凌晨约2时许，在投放4小时后就将污水排放入海。受潮流及港形、风向等综合因素的影响，含有剧毒的清塘污水随即流经原告养殖网箱所在水域（距被告养殖塘约200余米）。约5时左右，原告网箱特别是西北侧出现大批死鱼。原告得讯后即向桐照边防派出所报案，同时又汇报奉化市水产局、渔政站等有关部门并请求专门机构进行调查。专家认为原告网箱出现突然急性死鱼属非自然和非鱼病致死现象。被告清塘所使用的茶籽饼可杀死水中和埋藏于泥中的一切鱼类，对清塘肥水特别有效，但其毒性则需在清塘后10—15天才消失。原告认为，被告明知或应当知道茶籽饼的清塘与剧毒的双重性有可能对邻近海域与养殖物造成损害，却为图自己的清塘便利，实施不规范清塘操作，未等到茶籽饼毒性挥发就将含毒的污水排放入海，造成原告网箱鱼类大批死亡，二者具有直接的因果关系，被告对此应承担赔偿责任。故请求法院判令三被告连带赔偿损失171 000元。

被告辩称：原告网箱养殖鱼死亡与被告清塘排水无因果关系；原告诉称的鱼死亡经济损失不实，价格及死鱼数量均有虚报之处。请求法院核实并驳回原告的起诉。

二、法院查明事实

对于原、被告举证、质证，宁波海事法院认证经过如下：

1. 关于原告所养殖的鱼类死亡、损失及被告使用茶籽饼清塘后即排水的事实

原告提供了林位吉于2001年6月19日出具的《鱼死亡清单证明》，上有桐照渔村和桐照海水网箱养殖协会盖章、养殖人员赵瑞东等八人于2001年6月20日出具的证明、2001年6月5日由桐照渔业村盖章出具的《林位吉网箱养殖物等损失》清单。这些证据均载明了原告养殖鱼类死亡的品种、数量和价格。被告质证后对死鱼的事实无异议，但认为死鱼数量的价格不实。宁波海事法院认为这些证据可以证明原告所养殖鱼类死亡的事实，但死鱼数量和价格，应据实核定，故认定上述证据只证明鱼死亡的事实。原告提供的童登勇、王锡伟于2001年7月4日对奉化桐照边防派出所何强的调查笔录，载明了被告投放茶籽饼清塘的时间、数量和原告报案时间。被告质证认为该调查笔录没有被调查人签名，形式上不符合法定要求，不能作为证据使用。宁波海事法院认为，被告质证有理，该证据为间接证据，关于本节事实尚有其他证据可以证实，因此该证据在形式上不符合法定要求，故不予认定。

被告提供了其取自奉化市公安局桐照边防派出所于6月18日对卢仁友、谢国伦、阎锡明、林位吉、林伟法、吴昌平的询问笔录复印件及照片复印件，反映了被告于2001年6月17日22时在45亩鱼塘内投放了95斤茶籽饼进行清塘，6月18日5时原告发

水产污染损害赔偿・侵权事实・因果关系・举证责任

现其养殖鱼类死亡。原告没有异议,宁波海事法院予以确认。被告提供了杨友伦、应本祥、周建强三人的证明,证实6月18日晚被告在45亩鱼塘内用95斤茶籽饼清塘。原告质证认为三证人的身份不明,不能证明被告投放茶籽饼的数量。被告陈述证人系其雇佣的小工,当时参与了清塘及投放茶籽饼。宁波海事法院认为,被告的陈述与奉化市公安局桐照边防派出所的询问笔录相符,且三被告前后陈述一致,故可以确认三证人的身份。此证人证言系直接证据,而原告没有相反的证据予以推翻,故对此证据予以确认。被告提供了承包合同和发包人应满法的证明,以证明其自1999年开始养鱼和鱼塘的面积。原告认为不清楚。宁波海事法院认为此两份证据与本案无关,不予认定。

宁波海事法院对卢仁友、奉化市水产局吴望星、宋丽珍的调查笔录,宁波海事法院从奉化市公安局桐照边防派出所调取的该所于6月18日对卢仁友、谢国伦、阎锡明、林位吉、林伟法、吴昌平、王建平等的询问笔录和该所于2001年6月18日出具的《情况反映》、网箱死鱼照片,上述证据均反映了原告养殖鱼类死亡、被告用茶籽饼清塘及排水的事实。原、被告双方质证后均无异议,宁波海事法院予以确认。

2. 关于茶籽饼的性能和在水产养殖上的应用

原告提供了期刊《养鱼世界》2000年第10期第95页李广太、宋长太著的专业论文《茶饼在水产养殖上的应用》,王克行主编的教材《虾蟹类增养殖学》第104—105页。被告提供了徐如卫所著的《关于茶籽饼用量的确定及其使用目的》。上述文章均载明,茶籽饼系油茶树果实榨油后的饼状残渣,含有10%～15%的具有溶血作用的皂角甙,对水生生物具有毒杀作用(一定浓度下对鱼类的毒杀作用大于虾类),这种毒素能很快被生物降解,毒性消失后,可作为饵料使用,并有肥水功用,故在水产养殖上应用十分广泛,常用于清塘肥水、防治鱼类及虾蟹疾病、脱毒茶籽饼用做饵料等。实践中茶籽饼用于清塘时,其用量为45公斤左右/立方水,即皂角甙浓度为10ppm,3小时后可对鱼类产生毒杀作用,10天左右毒性消失,低于此浓度则不能杀死杂鱼等,达不到清塘效果。原、被告对此均无异议。宁波海事法院认为,茶籽饼的性质及在水产养殖上的应用是属于养殖知识,上述文章均可用做参考。被告还提供了证据茶籽饼实物一小袋。原告确认此系茶籽饼,但表示不清楚是否与被告所用为同一种类。宁波海事法院对茶籽饼实物予以认定。

3. 关于被告使用茶籽饼清塘与原告所养鱼类死亡的因果关系

原告提供了宁波大学生命与生物工程学院海洋与水产系王国良、金珊于2001年5月23日所作的《养殖大黄鱼、鲈鱼检验报告》、奉化渔政站2001年6月29日出具的《关于象山港网箱鱼类死亡的调查情况说明》,以证明鱼是因茶籽饼水中毒而死,排除了非自然死亡和鱼病死亡的可能。其中检验报告载明了对死鱼的解剖结果,但未作毒性检测,也没有结论。情况说明只认定了鱼死亡属于非自然和非鱼病死亡现象。被告对此两份证据的真实性无异议,但认为不能证明原告诉请的鱼死亡的原因系茶籽饼中毒。宁波海事法院认为,由于此两份证据均没有明确原告所养鱼类的具体死亡原因,故被告对此两份证据的质证意见有理,予以采信。原告提供了现场照片、现场草图,以证明被告排水的情况、路线及原、被告双方的养鱼位置及距离。被告质证认为原告提供现场照片系 7 月 4 日拍摄,已是事发后两星期,不能反映事发当时的真实情况,现场草图画得不够准确,并提供其所画的现场草图予以佐证。原告对被告提供的现场草图没有异议。宁波海事法院认为,双方提供现场草图均系自行制作,不具有客观性,不予认定;原告提供的现场照片,被告质证意见有理,不予认定。

被告提供了养殖户应满法等 27 人于 2001 年 7 月 28 日联合致宁波海事法院的函,内容为用茶籽饼清塘在养殖使用中从未发生过事故,茶籽饼清塘效果好、药效短、无污染,三被告人仅在 45 亩塘内使用了 95 斤茶籽饼,比正常用量每立方米少 10 克,不会造成其他鱼类死亡,要求有关部门作一实验以证明。被告认为,该联名养殖户不应该知道被告投放茶籽饼的数量,也忽略了被告在投放茶籽饼后几小时即排水的事实。宁波海事法院认为该证据仅是养殖户向宁波海事法院提出其对此事件的评价和要求,证据内容与本案无关,故不予认定。被告提供了杨海华等三人的证明,内容为 2001 年 6 月 17 日左右,在象山港海域捕鱼时,发现有大量死鱼漂浮在海面上,被告用以证明事故当时在象山港内存在鱼类不明原因死亡的异常现象。原告质证认为此证据与原告提供的奉化渔政站出具的情况说明相印证,可以证明鱼类死亡是非鱼病和非自然死亡。宁波海事法院认为,该证人证言没有明确在象山港发现死鱼的具体水域,且三证人身份不明,也没有出庭作证,故此证据的客观性及与本案的关联性无法体现,不予认定。被告提供了浙江省淡水水产研究所出具的《关于奉化养民来函咨询问题的回复》、浙江省淡水水产研究所和宁波大学生命与生物工程学院海洋与水产系于 2001 年 8 月 18 日共同出具的《关于茶籽饼清塘水排放是否会引发外港水域死鱼的勘查鉴定意见》及附件,均认为茶籽饼系水产养殖常用清塘药物,有效成分为其中所含的皂角甙,对鱼类等的致死浓度为 10 ppm。实践中,每亩平均水深 1 米时,用量为 40—50 公斤,被告在 45 亩水塘中投放 95 斤茶籽饼,用量仅为每亩 1 公斤,绝不能致塘内鱼类等水生物质全部死亡,更无可能对外港水域的鱼类等水生生物产生致死后果,更不会对外海水域中的网箱养殖鱼类产生致毒致死作用。而且在本事故中,距离及排放时间事实上已并不重要。按被告的投放剂量,不论清塘水何时排放,也不论距离远近,即使在排水口周边,也不会致其中的鱼类死亡。原告认为,上述证据中的结论均系建立在被告陈述的基础上得出的,且认证过程不明确也不详细,仅有单位盖章没有专家签名,而作鉴定意见的专家没有到过现场。宁波海事法院认为,被告提供此两份证据,虽然其中茶籽饼的实际投放数量系被告提供,但有关部门及专家依据茶籽饼的性能经分析后得出的结论是正确的,从结果来看,与专家有无到现场没有因果关系,故对此两份证据予以确认。被告提供了徐如卫教授于 2001 年 9 月 26 日出具的《养殖鱼类死亡的几种常见原因》,认为鱼类大批量死亡的原因有缺氧、中毒和鱼病,并详述了三种原因引起的鱼类死亡的基本特征。原告质证认为徐如卫不具有专家资格,其对鱼类死亡原因所作的分析没有权威性。宁波海事法院认为徐如卫系宁波大学生命与生物工程学院海洋与水产系副教授,专业为水产养殖,其对鱼类死亡原因所作的分析是针对水产养殖中的普遍现象,并非针对本案,但对本案有参考作用。

宁波海事法院对王国良、徐如卫的调查笔录。其中王国良证实其通过对死鱼样本进行解剖、分析后认为可以排除鱼病死亡的可能性,由于未作毒性检测,故不能确定是否为中毒死亡。徐如卫证实其和其他专家共同到过现场后作出了鉴定意见,为更好地说明鉴定意见中的结论,又对茶籽饼的性能及常见死鱼现象作了说明,其观点已在上述文件中表明,认为被告为了清塘而投放的茶籽饼的数量仅为实践中清塘需要量的1/45,已达不到清塘的目的,绝不会致外港网箱养殖鱼类的死亡,此时与清塘水的流经距离已无关联。对此调查笔录,原、被告双方均无异议,宁波海事法院予以确认。宁波海事法院所拍摄现场照片,原、被告双方均无异议,宁波海事法院予以确认。

4. 关于事故当日的水文、气象情况

被告提供了奉化市水利局2001年9月15日出具的2001年6月17日湖头渡水位过程线及水位日报表和奉化市气象局2001年9月19日出具的气象资料,载明6月18日2时涨潮,潮高1.38米,西风3.7。原告没有异议,宁波海事法院予以确认。

经审理宁波海事法院认定,2001年6月17日22时许,被告及雇佣的临时工在其承包的奉化市裘村镇应家棚村捣臼湾的45亩水面鱼塘内,投放了95斤茶籽饼用于清塘。6月18日2时许开始排水,通过闸门流向南沙港。此时正值涨潮,潮高1.38米,由东往西,西风。6月18日5时许,距鱼塘排水闸门几百米处,位于南沙港内的原告林位吉等网箱养殖户所放养的鲈鱼、黄鱼等经济鱼类出现死亡现象。同日8时许,网箱养殖户之一的林伟法向奉化市公安局桐照边防派出所报案,该所即对有关人员(包括网箱养殖户雇佣的临时工)等作了调查,其中证人吴昌平(系林伟法雇佣的养鱼临时工)证明"6月17日晚18:30时在网箱养殖处闻到一股农药味,当时是东南风(据气象部门记载该时段是东风),6月18日5时发现网箱内有鱼死亡"。茶籽饼实物并没有农药味。6月18日下午奉化市水产局养殖科等派员赴现场进行调查。6月19日原告委托宁波大学生命与生物工程学院王国良教授等对死鱼进行了解剖,但未作毒性物质检测。奉化市渔政渔监管理站据此并结合调查结果作出了"网箱内死鱼属于非自然和非鱼病致死现象"的情况说明。原告以网箱养殖鱼类死亡系被告使用茶籽饼清塘后排水所致,诉至宁波海事法院。

三、法院裁判

宁波海事法院认为,依据最高人民法院《关于适用〈中华人民共和国民事诉讼法〉若干问题的意见》第74条的规定,因环境污染引起的损害赔偿诉讼,对原告提出的侵权事实,被告否认,由被告负责举证。本案中原告主张由于被告投放茶籽饼的行为,造成水域污染,导致其养殖鱼类的死亡。现被告否认,并举证其投放茶籽饼的数量及有关专家的意见,认为其使用茶籽饼清塘排水的行为,不会造成原告养殖鱼类的死亡,即原告的损失并非其侵权所致。宁波海事法院根据茶籽饼的性能,及其在水产养殖上的应用要求,并参照有关专家的意见,确定被告用于清塘的茶籽饼的数量并未达到致鱼类死亡的浓度,不足以引起原告养殖鱼类死亡。现原告既没有证据推翻被告的否认,也没有证据显示养殖鱼类死亡确系茶籽饼中毒而死,故认定原告诉请的证据不足。依据《中华人民共和国民事诉讼法》第64条第1款的规定,判决如下:

驳回原告林位吉对被告卢仁友、阎锡明、谢国伦的诉讼请求。

5 上诉人黄祖强与被上诉人青岛华金苑针织股份有限公司养殖损害赔偿纠纷案

案例来源:山东省高级人民法院(2005)鲁民四终字第44号
主题词:养殖损害赔偿纠纷　因果关系　举证责任

裁判要旨

No. HS-5.2-2 污染受害人聘请的鉴定人在水质取样时未通知排污人到场,形式上不合法,其鉴定报告对排污人的责任认定部分,法院不予采信。但这并不能免除排污人关于污染受害人所遭受的损失与其没有因果关系的举证责任。

一、基本案情

上诉人(原审原告):黄祖强

被上诉人(原审被告):青岛华金苑针织股份有限公司(以下简称华金苑公司)

青岛海事法院查明:青岛市城阳区海洋与渔业局于2002年12月31日颁发"海域使用权证书"给黄祖强,该证书记载:海域使用权人黄祖强,项目名称流亭滩涂贝类底播养殖西山四区,用海面积55.1266142公顷,批准使用终止日期2004年12月31日。黄祖强的养殖区位于胶州湾北部女姑口跨海大桥以南,墨水河为流入该养殖区的河流之一。华金苑公司污水处理厂所排污水同多家排污单位所排污水一起汇入墨水河。

2003年10月,黄祖强发现其养殖的缢蛏大量死亡,向青岛市海洋与渔业局举报。该局委托农业部黄渤海区渔业生态环境监测中心对该事故及损失进行鉴定。该中心于2004年2月10日出具《渔业水域污染事故调查鉴定报告书》。《渔业水域污染事故调查鉴定报告书》包括三部分:一是(2004)农黄渤海环监报告第02号胶州湾北部黄祖强贝类养殖区缢蛏死亡事故调查鉴定报告;二是(2004)农黄渤海污损评估报告第02-1号胶州湾北部黄祖强贝类养殖区缢蛏死亡事故养殖经济损失评估报告;三是附件:鉴定单位和调查人员资质证书复印件。《渔业水域污染事故调查鉴定报告书》的结论为:胶州湾北部黄祖强贝类养殖区缢蛏大面积死亡事故是一起渔业污染事故,由于养殖环境遭受外来污染,使养殖区水体、沉积物和生物体内苯胺、重金属Cd(镉)和CODcr(化学需氧量)等污染物超标含量过高,对缢蛏产生毒性反应,导致其大面积死亡;因华金苑公司污水处理厂污水排放(苯胺、镉、CODcr均超过排放标准1倍以上)与缢蛏异常死亡存在因果关系,故华金苑公司污水处理厂应对该起缢蛏大面积死亡事故负责;黄祖强因缢蛏死亡造成的实际经济损失为265.64万元。该中心评估华金苑公司所排污水水质执行标准为GB8978—1996《污水综合排放标准》。该中心对华金苑公司排污口污水水质监测结果:苯胺2.154 mg/L,Cd275.61ug/L,CODcrmg/L。用该标准来评价,均超标1倍多。该中心鉴定人员于2005年1月19日对华金苑公司的排污口作了现场指认,该指认得到华金苑公司的确认。在现场指认时,鉴定人承认把该排污口汇入的支流(相对于墨水河而言,华金苑公司称该支流为城阳市政排污形成)误当成均为华金苑公司所排。而该中心支持其结论的依据之一为:华金苑公司排污口排出的污水汇入墨水河后,与汇入前相比,该河水污染程度明显加重,即使在墨水河入海口附近的M4监测站,河水污染程度依然严重,这表明华金苑公司污水处理厂排出的污水对墨水河污染的"贡献"很大,而墨水河又是本起渔业污染事故的污染源,因此华金苑公司污水处理厂应对本起缢蛏大面积死亡事故负责,该污水处理厂排出的水对缢蛏的毒性试验结果也为上述分析提供了佐证。农业部黄渤海区渔业生态环境监测中心具有渔业污染事故调查鉴定资格,参与鉴定人员马绍赛等均具有渔业污染事故调查鉴定上岗证。

黄祖强又于2003年10月18日委托山东海事司法鉴定中心对缢蛏死亡原因、缢蛏死亡的责任者及其损失进行鉴定。2003年11月20日,该中心出具鲁海司签字(2003)第19号《城阳区西女姑村黄祖强缢蛏养殖区污染事故原因勘验调查报告》,结论为:黄祖强因缢蛏异常死亡所造成的损失合计为452.88万元;华金苑公司污水处理厂排污口的废水中CODcr和重金属Cd均明显超过国家污水综合排放标准的要求,而且是距离入海口最近的污染源,污水中的污染物汇入墨水河后,在未能发生充分沉淀和降解的情况下即入海水中,对养殖区缢蛏产生较大的危害。因此,华金苑公司污水处理厂对此次缢蛏受害事件有不可推卸的责任。该中心对受害区缢蛏体能污染含量分析结论:高浓度的镉和铜(特别是镉)应是造成养殖区缢蛏死亡的主要原因。该中心评价华金苑公司所排污水水质执行标准也为GB8978—1996《污水综合排放标准》。该中心于2003年10月19日上、下午两次取样,对华金苑公司排污口污水水质监测结果:Cd261.45/190.88 ug/L,CODcr169.16/203.05 mg/L。用该标准来评价,均超标。该中心鉴定人员于2005年1月19日对华金苑公司的排污口作了现场指认,该指认得到华金苑公司的确认。在现场指认时,鉴定人员承认其在出具的报告中所述华金苑公司排污口距离入海口最近,实指在其选取的几个监测点中华金苑公司排污口距离入海口最近。而该中心支持其结论的依据之一为:由此可见,华金苑公司排污口距离入海口最近,污水中CODcr和Cd进入河水后,还未来得及充分沉淀降解,就已经到达入海口而与海水混合。镉在海水、沉积物中不断积累和增加,并在养殖区缢蛏体内富集到较高浓度;同时CODcr的汇入也降低了海水中的DO的浓度。这两种因素的作用结果导致缢蛏出现大面积死亡。所以认为华金苑公司应对养殖区缢蛏的死亡负主要责任。山东海事司法鉴定中心登记的鉴定业务范围:海事(海商)司法鉴定、微量物证鉴定、计算机司法鉴定、声像资料司法鉴定、著作权司法鉴定。本次鉴定的负责人孙庆和,鉴定人孟范平、马启敏,具有司法鉴定执业证,参加人王丽梅、穆大刚、马冬、于宗赫,该中心未能提供司法鉴定人执业证。

上述两中心鉴定人员在现场取样时均未通知华金苑公司到场。山东海事司法鉴定中心和农业部黄渤海区渔业生态环境监测中心的相关专家都出庭接受质询。山东海事司法鉴定中心的专家当庭承认其在估算损失时未考虑生产成本因素。山东海事司法鉴定中心为本次鉴定向黄祖强收取鉴定费25 000元。华金苑公司的厂址及污水处理厂位于青岛市城阳区民营工业园中的纺织工业园内。华金苑公司现有生产项目竣工时,青岛市环境保护科学研究所做过环境影响报告,青岛市环境保护监测站做过验收监测报告,青岛市环保局做过验收,均证实华金苑公司所排污水中主要污染指标为PH(酸碱度)、COD(化学需氧量)、BPD(化学需氧量)、SS(悬浮物)、色度等,而未提及铜、镉等重金属。青岛市环境保护科学研究所对污水所作评价执行的标准为GB4287—92《纺织染整工业水污染物排放标准》表三中的三级标准;青岛市环境保护监测站的执行标准为GB4287—92《纺织染整工业水污染物排放标准》表三中的二级标准。2003年7月29日青岛市城阳区环境监测站对华金苑公司所排污水进行监测,出具"监测报告",该监测报告中的各项指标均在标准值以下,未提及铜、镉等重金属;2004年8月27日青岛市环境保护检测站受华金苑公司委托,对其所排污水进行监测,结论之一为未检出铜、镉,该监测执行标准为GB8978—1996《污水综合排放标准》。GB4287—92《纺织染整工业水污染物排放标准》表三中规定的最高允许排放浓度:CODcr为100 mg/L(一级标准)、180 mg/L(二级标准)、500 mg/L(三级标准),苯胺为1 mg/L(一级标准)、2 mg/L(二级标准)、5 mg/L(三级标准),该标准没有镉的指标。GB8978—1996《污水综合排放标准》中规定的最高允许排放浓度:CODcr为100 mg/L(一级标准),Cd为100 ug(一级标准),苯胺为1 mg/L(一级标准)。

一审期间,黄祖强为支持其诉请,提交了以下证据:①"海域使用权证"1份。② 黄祖强律师对吕明栋的调查笔录,证明缢蛏从投苗、保苗到出滩的生长过程。2004年缢蛏在正常生长情况下的收获情况。黄祖强养殖缢蛏的投苗、保苗情况及后来污染损害情况。③ 黄祖强律师对杨友胜的调查笔录,证明内容同上。④ 黄祖强配合海洋与渔业行政管理机关所作的影像记录材料(光盘),证明华金苑公司的排污情况。⑤ 农业部黄渤海区渔业生态环境监测中心出具的《渔业水域污染事故调查鉴定报告书》。⑥ 山东海事司法鉴定中心出具的《海事司法鉴定报告书》。⑦ 鉴定费收据,证明黄祖强为查找、确定海水养殖污染源及评价损失而支出的鉴定费用25 000元。⑧"山东省律师服务收费临时标准",证明黄祖强为本案需支付律师费61 888元。⑨ 2004年10月20日青岛市城阳区海洋与渔业局出具的《城阳流亭镇近三年缢蛏养殖生产情况》1份,证明2001年至2003年该区缢蛏的养殖情况、批发价格及采挖成本。

华金苑公司对上述证据的质证意见为:对证据①无异议。对证据②、③的真实性无法判断,要求被调查人到庭接受质询;对证据④的真实性无异议,但该证据不能证明黄祖强的证明内容。对于证据⑤中结论的真实性有异议。鉴定人员对排污口与华金苑公司厂房的位置、所取样中是否混入其他厂的污水不能确定。鉴定人说去华金苑公司处取样时遭拒绝,这与黄祖强的事故发生时未找过华金苑公司的说法相矛盾。该报告中未提及偶然事故这一说法,也未提及2003年11月12日所取水样的鉴定结论,没有分清采样时间。该报告的结论缺乏真实性、严肃性,法院不应采信。对于证据⑥,鉴定人的取样地点存在问题,不认可其结论。证据⑦是收据而非发票,华金苑公司不予认可。证据⑧证明的律师费是否实际支付华金苑公司不清楚。对证据⑨所证明的养殖周期无异议,对于平均亩产量及价格,青岛市城阳区海洋与渔业局无资质证明。

一审期间,华金苑公司为支持其抗辩,提交了以下证据:① 2003年7月29日青岛市城阳区环境检测站出具的"监测报告"1份,该监测报告中的各项指标都正常,所检测项目的数值远远低于《海事司法鉴定报告书》中的数值。② 2004年8月27日青岛市城阳区环境监测站接受华金苑公司委托出具的"监测报告"1份,证明华金苑公司所排污水中未检出铜、镉,同时证明华金苑公司的排污行为与黄祖强的损失之间不存在因果关系。③ 华金苑公司所用原料提供方出具的证明,证明华金苑公司所用原料中不含有镉。④ 2001年1月青岛市环境保护科学研究所出具的"青岛华金集团股份有限公司环境影响评价大纲"1份,证明华金苑公司所排污水中不含重金属。⑤ 青岛市城阳区环境监测站于2003年3月31日、9月1日、10月8日对华金苑公司所排污水进行抽查而出具的"环境监测结果报告单"3份,证明华金苑公司排污与黄祖强损失之间不存在因果关系。⑥ 2002年4月27日青岛市城阳区环境监测站出具的"建设项目环境保护设施竣工验收监测报告"1份,证明华金苑公司建设项目经验收完全符合国家标准。⑦ 华金苑公司"建设项目竣工环境保护验收申请报告",证明华金苑公司的该项目经专家鉴定验收,青岛市环保局盖章确认,华金苑公司的该项目在环保方面合格。⑧ 2001年9月青岛市环境保护科学研究所出具的"环境影响报告书"1份,证明华金苑公司产品工艺流程所产生的污水中只含有PH、COD、BOD、SS,而不含铜、镉等重金属。⑨ 2002年5月28日青岛市环境保护局出具的华金苑公司项目竣工验收报告,证明华金苑公司的该项目已于2002年2月进入运行,并在正常运行3个月后经过验收。华金苑公司的原料及所排污染物中不含有铜、镉等重金属。

黄祖强对上述证据的质证意见为:对证据①、②的真实性无异议,但该两分证据中的监测时间与本案涉及的污染时间没有关系,故该两份证据无力证明。证据③的证明力也存在问题,华金苑公司应提供有资质的机构对其全部原料产品、生产工艺、污水排放进行检测而得出一综合结论,该证据起不到这样的作用。证据④显示华金苑公司所排污水中包括COD,而依据《海事司法鉴定报告书》,COD是造成污染事故的非常重要的因素,这就推翻了华金苑公司所谓的其排污中不可能造成本案污染事故的说法。证据⑤中只有1份鉴定的时间与本案事故发生的时间接近,且该证据即无签字,也没有盖章,只有鉴定表格,从形式上看不是有效证据。证据⑥、⑦与本案无关,黄祖强从未否认华金苑公司的项目是一个不合格项目,黄祖强的损失是华金苑公司的一次排污事故造成的,黄祖强在事故发生后从未发现华金苑公司再发生与这次相同或类似的事故,以项目的"验收报告"来证明不可能发生偶然事故无足够证明力。对证据⑧,2001年9月出具的"报告书"没法证明 2003 年 10 月华金苑公司不会发生排污事故,该证据与本案关联性不大。据黄祖强了解,华金苑公司不只处理其一家污水,还处理周围数家企业的污水,周围几家企业的污水是否产生重金属该证据不能证明。该报告第 51 页提到华金苑公司所排污水中重金属含量极低,至少说明不是没有重金属。华金苑公司已确认城阳污水处理厂未建成,华金苑公司所排污水无法经该厂处理就排入胶州湾,这说明造成污染的可能性很大。本次污染事故是华金苑公司在事发几天内将未经处理的污水直接排放造成,而该证据论证的前提是对污染物处理后的排放,无法证明华金苑公司的主张。对证据⑨,验收合格不能说明华金苑公司保证其不发生排污事故,2002 年的"验收报告"不能否认 2003 年 10 月的这次事故。

二、一审裁判

青岛海事法院认为,本案所涉及的主要问题有:

1. 黄祖强养殖的合法性及损失

黄祖强的证据①能够证明其养殖合法,予以确认。关于黄祖强的损失,黄祖强以山东海事司法鉴定中心出具的调查报告主张其养殖损失为 452.88 万元,但该损失认定未扣除生产成本,不予采信。农业部黄渤海区渔业生态环境监测中心及其鉴定人员均具有相关鉴定资格,其认定的黄祖强养殖损失 265.42 万元为实际经济损失,结合黄祖强的证据⑨即青岛市城阳区海洋与渔业局出具的证明,对此予以确认。黄祖强的鉴定费 25 000 元有收据证明,予以确认。黄祖强以证据 8"山东省律师服务收费临时标准"来证明律师费,该证据证明力不够,对其不予确认。

2. 黄祖强的损失与华金苑公司的排污之间是否存在因果关系

证明该问题的有黄祖强的证据②—⑥及华金苑公司的全部证据。黄祖强的证据②、③为调查笔录,被调查人未到庭接受质询,该证据不具有证明力,山东省高级人民法院不予确认。黄祖强的证据④只是录像方式记录华金苑公司的排放情况,不能证明其损失与华金苑公司的排污之间存在因果关系这一问题。黄祖强所举的证据⑤、⑥即两份鉴定报告,该两份鉴定报告均认定华金苑公司污水处理厂对此次缢蛏受害事件负有责任。但两中心鉴定人员在对于华金苑公司排污口与墨水河及受害海域的关系的描述上存在错误,并把该错误作为依据之一得出上述结论;报告均分析认为造成黄祖强养殖区缢蛏死亡的主要原因之一是镉超标。本案属环境污染民事损害赔偿案件,关于黄祖强的损失与华金苑公司的排污之间是否存在因果关系这一问题的举证责任按照法律规定在华金苑公司。华金苑公司所举的证据①、④、⑥、⑦、⑧、⑨为相关机关履行行政职能而出具的检测报告、环境影响报告等,黄祖强对其真实性无异议,这几份证据均能证明其排放的污水中不含有镉这一成分。根据两份鉴定报告中对受害区缢蛏体内污染物含量的分析,华金苑公司的上述证据能对两份鉴定报告的相关部分引起合理怀疑,对华金苑公司上述证据的证明力予以确认,对两份鉴定报告中的责任认定部分,不予确认。华金苑公司的证据②为华金苑公司委托青岛市城阳区环境监测站所作的报告,鉴定人未按照法律规定出庭接受质询。华金苑公司的证据③出具证明的原料提供方也未按照律师规定出庭接受质询。华金苑公司的证据⑤在形式上存在缺陷。对于上述3份证据的效力不予确认。

本案中华金苑公司虽有排污行为,黄祖强也证明了损害结果,但华金苑公司的证据能否定黄祖强的损失与华金苑公司的排污之间存在因果关系,故华金苑公司承担环境污染侵权责任的要件不具备。黄祖强请求华金苑公司赔偿其经济损失452.88万元及承担其他费用,该诉讼请求证据不足,不予支持。判决:

驳回黄祖强的诉讼请求。

案件受理费32 654元,由黄祖强承担。

三、上诉与答辩

上诉人黄祖强不服原审判决,上诉称:

1. 缢蛏受污染大面积死亡,上诉人因此遭受的损失客观存在

针对缢蛏大面积死亡事故,山东海事司法鉴定中心(以下简称海事鉴定中心)和农业部黄渤海区渔业生态环境监测中心(以下简称环境监测中心)通过对死亡缢蛏生物体、海水水质、海底沉积物的检测分析,均断定缢蛏死亡是因海水遭受污染所致,主要遭受了Cd(镉)、CODcr(化学需氧量)的污染,环境监测中心还检测出了重要污染物苯胺。两鉴定机构的专家组分别对入海排污河流以及重点排污河流两岸排放的污水布点采样,通过检测、筛选、分析,均确定被上诉人排放的污水中含有过高的导致缢蛏死亡的污染物,对缢蛏死亡事故"贡献"最大,存在因果关系。本次污染事故发生在2003年10月份。在此之前,上诉人在受害区从事缢蛏养殖近20年,从未发生过此类污染事故。在此之后,上诉人2004年重新播苗的缢蛏长势良好,未再受到污染损害。这充分说明,2003年10月份的污染事故源于周边工厂一次或短时间的过量排污,并且这种排污严重超出了养殖海域海水的自身净化能力和缢蛏本身具有的抗污染能力,从而引起缢蛏大面积死亡。属于偶发性污染事故。污染事故造成缢蛏大面积死亡,使上诉人损失惨重,遭受的经济损失远不止诉讼请求的金额452.88万元。

2. 原审判决不确认上诉人证据的证明力是错误的

上诉人的证据②—⑥是关于被上诉人排污行为与缢蛏大面积死亡存在因果关系的证据,原审判决对其证明力均未确认。上诉人的证据②、③分别是原告律师对吕明栋和杨友胜的调查笔录,原审判决不予确认的理由是:"被调查人未到庭接受质询,该证据不具有证明力,山东省高级人民法院不予确认。"上诉人认为,原审判决不确认两份证据的证明力缺乏依据。证据②、③属于调查笔录,而非证人证言。被上诉人未提交足以反驳其证明力的反证,该两份证据的证明力不因被调查人是否到庭接受质询而受到影响。上诉人的证据④是污染事故发生期间被上诉人排污和鉴定人员调查取样的录像,原审判决不予确认的理由是:"原告的证据④只是以录像方式记录被告的排污

情况,不能证明其损失与被告的排污之间存在因果关系这一问题。"上诉人认为,原审判决的前述理由回避了该份证据应有的证明力。尽管此份证据不能直接证明因果关系,但能证明因果关系的连接点以及被上诉人在事故发生时的排污情况。结合一审期间的法庭调查,该份证据能证明如下事实:① 被上诉人已确认录像中的排污口;② 鉴定人员从被上诉人排污口取样的事实;③ 单从被上诉人排放污水的表面特征来看,相比受害区恢复正常养殖后被上诉人排放的污水,其外观、色泽、流量均有明显差别,证明被上诉人在不同时间段排放的污水是不同的。上诉人的证据⑤、⑥分别是海事鉴定中心和环境监测中心出具的鉴定报告,原审判决不予确认因果关系证明力的理由是:"原告所举的证据⑤、⑥即两份鉴定报告,该两份鉴定报告均认定被告污水处理厂对此次缢蛏受害事件负有责任。但两中心鉴定人员对于被告排污口与墨水河及受害海域的关系的描述上存在错误,并把该错误作为依据之一得出上述结论;报告均分析认为造成原告养殖区缢蛏死亡的主要原因之一是镉超标。"

上诉人认为,原审判决的上述认定不充分、不客观,是片面和错误的,具体理由如下:

(1) 原审 2005 年 1 月 19 日的现场调查活动违反法定程序,缺乏法律依据,不应作为证据使用。《中华人民共和国民事诉讼法》第 64 条第 2 款规定:"当事人及其诉讼代理人因客观原因不能自行收集的证据,或者人民法院认为审理案件需要的证据,人民法院应当调查收集。"最高人民法院《关于民事诉讼证据的若干规定》第 15 条规定:"《民事诉讼法》第六十四条规定的'人民法院认为审理案件需要的证据',是指以下情形:(一) 涉及国家利益、社会公共利益或者他人合法权益的事实;(二) 涉及依职权追加当事人、中止诉讼、终结诉讼、回避等与实体争议无关的程序事项。"第 16 条规定:"除本规定第十五条规定的情形外,人民法院调查收集证据,应依当事人的申请进行。"上诉人认为,原审判决未列出启动此项调查的申请人,也不属于第 15 条规定的职权调查的范围,一审法院在本案庭审程序完全终结之后进行的现场调查不能作为认定案件事实的证据。一审法院的这种做法违反了《关于民事诉讼证据的若干规定》和《中华人民共和国民事诉讼法》的规定,属于违反法定程序。

(2) 原审判决认定鉴定人存在描述错误的理由不充分,否认鉴定结论因果关系的理由不客观。原审判决用来认定鉴定人存在描述错误的证据有如下两项:第一项,原审判决第 8 页最后一段描述:"该中心(环境监测中心)鉴定人于 2005 年 1 月 19 日对被告的排污口作了现场指认,该指认得到被告的确认。在现场指认时,鉴定人员承认把该排污口汇入的支流(相对于墨水河而言,被告称该支流为城阳市政排污形成)误当成均为被告所排"。第二项,原审判决第 10 页第 2 段描述:"该中心(海事鉴定中心)鉴定人员于 2005 年 1 月 19 日对被告的排污口作了现场指认,该指认得到被告的确认。在现场指认时,鉴定人员承认其出具的报告中所述'华金苑公司排污口距离入海口最近'实指在其选取的几个监测点中被告排污口距离入海口最近。"上诉人认为,"错误"是指与客观实际不符的事物或行为,原审判决认定鉴定人的描述存在错误没有客观依据。鉴定人员的描述不能依据被告人的确认或声称来断定。翻阅两份鉴定报告不难发现,鉴定人员在作出最终的鉴定结论之前都经过了谨慎、细致、严密的勘查、采样、化验和分析。在此过程中,可分为两个主要环节:一是检测养殖区的海水、沉积物、缢蛏生物体,以确定污染物的种类;二是检查排污河流不同域段的污染物含量,以查找污染源。尽管两份鉴定报告在检测和鉴定方法上有所不同,但结论都是一样的,即:被上诉人排放的污染物"贡献"与缢蛏大面积死亡存在因果关系。对此,两份鉴定报告均能相互印证。值得强调的是,导致污染事故发生的不是墨水河,也不是墨水河的某一支流,而是排污口排放的污染物。污染物导致河水发生变化,而非河水导致污染物发生变化。原审判决所称的"错误"描述对鉴定报告所作结论的科学性和客观性不应产生任何影响。

(3) 原审判决只围绕镉污染进行分析论证过于片面,彻底回避了重要污染源CODcr和其他污染物。翻阅两份鉴定报告可以看出,导致污染事故发生的污染物不仅是镉,还包括另一种重要的污染物CODcr。鉴定机关对被上诉人排污口的采样化验结果表明,被上诉人排放的污水中,镉和CODcr均严重超标,浓度非常高。被上诉人提供的《环境污染评价大纲》等诸多证据均证实,被上诉人生产过程中产生的最主要的污染物就是CODcr且含量很高。原审判决转移了视线,仅认定镉污染,而回避了CODcr和其他污染物,属事实认定错误。

3. 被上诉人提供的证据对本次污染事故不具有证明力,原审判决确认其证明力属认定事实错误

原审判决采纳了被上诉人的证据①、④、⑥、⑦、⑧、⑨,对其关于因果关系的证明力均予确认。

(1) 被上诉人提供的证据与污染事故没有时间上的关联性。被上诉人提供的证据①的形成时间是 2003 年 7 月 29 日,监测水样采集日期是 2003 年 7 月 22 日;证据④的形成时间是 2001 年 1 月;证据⑥的形成时间是 2002 年 4 月 27 日,监测水样的时间是 2002 年 4 月 22 日、23 日;证据⑦的形成时间是 2002 年 5 月 28 日;证据⑧的形成时间是 2001 年 9 月;证据⑨的形成时间是 2002 年 5 月 28 日。而本案污染事故发生在 2003 年 10 月份,在此之前,上诉人的缢蛏长势良好,从未发生过污染;在此之后的 2004 年养殖的缢蛏,长势良好,未再受到污染。被上诉人的证据形成时间远离污染事故发生时间,两者分属不同的时间段。因此,被上诉人的证据与本案污染事故不具有关联性,对因果关系不具证明力。

(2) 被上诉人的证据不能确实充分地证明其污水中不含镉。尽管被上诉人提供的证据中的监测项目未提及镉,但不能由此认定其排放的污水中仅包含所提及的几类污染物,而不含镉及其他污染物。"未提及"并不能等同于"不含有"。对此,上诉人以被上诉人的证据①和证据④为例来说明这一问题。被上诉人提供的证据①提及的监测项目有 6 种,分别是 PH 值、悬浮物、色度、磷酸盐、五日生化需养量和化学需氧量;证据④提及的项目有 5 种,分别为 PH、CODcr、BOD5、悬浮物和色度,未提及磷酸盐。我们不能说:证据④的项目中未提及磷酸盐,就认定排放的污水中不含有磷酸盐。尤其需

要强调的是：一审已经查明，被上诉人所排污水不但包括其自己生产过程中形成的污水，周边数家工厂的生产污水也都是排放到被上诉人的污水处理厂进行处理的。即使被上诉人的生产过程不产生镉（对此我们坚决否认），也不能充分证明其排放的污水不含镉。两家鉴定机构通过科学检测都从被上诉人排放的污水中检出了镉，这本身就充分证明被上诉人排放的污水是含镉的。

（3）被上诉人的证据不能证明其在事故发生时的排污情况。被上诉人的证据只能证明环境监测部门监测时和设备竣工验收时的排污情况。可是，被上诉人能否长年累月、从不间断地保持监测时和设备竣工验收时的状态进行排污，被上诉人并未提供证据证明。被上诉人提供的证据⑦是 2002 年 5 月 28 日由环保部门验收合格的《建设项目竣工环境保护验收申请报告》，该报告第 10 页记载："治理废水采用生化处理办法，每天通过化验室监测废水处理情况达到二级排放标准，污水处理厂化验 1 人，操作工 6 人。"如果被上诉人确实一直不间断地正常排污，并且坚信其污水中不含有镉，为何不提供每天的污水处理记录或监测记录予以证实？遗憾的是，被上诉人一直未提供这方面的任何资料。显然，被上诉人未完成举证义务，应当承担举证不能的法律后果。上诉人提供的两鉴定报告是事故发生时被上诉人排污情况的证据，与被上诉人的证据并不矛盾。被上诉人的证据证明内容是被上诉人在污染事故尚未发生时的排污情况，而上诉人提供的两份鉴定报告证明的则是被上诉人在污染事故发生时的排污情况。对污染事故因果关系的认定应以两份鉴定结论的检测数据为依据，而不应以被上诉人的证据为依据。上诉人认为，原审判决在因果关系的认定问题上存在逻辑错误：只要被上诉人的设备验收合格或曾经达标排污，就不会发生污染事故。这是应当纠正的。

4. 被上诉人应当承担环境污染损害赔偿责任

本案属于典型的环境污染侵权纠纷，根据最高人民法院《关于民事诉讼证据的若干规定》第 4 条的规定，被上诉人应当对其排污行为与损害事实之间不存在因果关系承担举证责任，否则，应当承担举证不能的法律后果。尽管原审判决认可被上诉人负有因果关系的举证责任，但在案件事实的认定和证据的采纳上，却由上诉人承担了举证责任的不利后果。原审判决第 13 页第 13 行："根据两份鉴定报告中对受害区缢蛏体内污染物含量分析，被告的上述证据能对两份鉴定报告的相关部分引起合理的怀疑，青岛海事法院对被告上述证据的证明力予以确认，对两份鉴定报告中的责任认定部分，青岛海事法院不予确认。"上诉人认为，承担举证责任的是被上诉人，而非上诉人。在认定证据时，应当判断上诉人的证据对被上诉人的证据能否引起合理怀疑，而不能判断被上诉人的证据对上诉人的证据能否引起合理怀疑。被上诉人的证据为间接证据，证明了如下内容：被上诉人在污染事故尚未发生时的排污情况，被上诉人排放的污染物包括 PH、CODcr、BOD5、悬浮物、色度、磷酸盐等，未提及重金属镉，但不能证明污水中不含有镉。上诉人提交的两份鉴定报告是直接证据，且能相互印证，均证明受害区遭受了镉、CODcr 等污染物的重度污染，从而造成缢蛏大面积死亡事故。两份鉴定报告在事故发生期间的检测数据均证实，被上诉人排放的污水中含有大量的镉和

养殖损害赔偿纠纷·因果关系·举证责任

CODcr,相比其他排污单位"贡献"最大,与受害区污染事故存在因果关系。上诉人认为,被上诉人的证据不能证明其排污与污染事故之间不存在因果关系,上诉人的证据能确实、充分地证明被上诉人的排污与污染事故之间存在因果关系,并且能证明因此遭受的损失。因此,被上诉人应当承担环境污染的侵权责任,赔偿上诉人的各项损失。退一步讲,即使墨水河沿岸有其他工厂也排放导致缢蛏死亡的污染物,与被上诉人的排污行为一起对上诉人海水养殖构成侵权。根据《中华人民共和国民法通则》关于共同侵权的规定,上诉人有权要求各加害主体共同承担连带赔偿责任,也有权选择其中任一加害主体承担赔偿责任。上诉人有确实、充分的证据证明被上诉人的排污对污染事故"贡献"最大,上诉人有权只选择被上诉人提起诉讼,被上诉人应当赔偿上诉人因此遭受的全部损失。此后,如果被上诉人认为其他工厂或单位对污染事故的发生也有过错,可以根据连带责任的规定向这些工厂或单位追偿。

综上,上诉人因缢蛏大面积死亡遭受的损失客观存在,上诉人的证据具有确实、充分的证明力,被上诉人的证据不具证明力,被上诉人根本没有完成其作为污染损害赔偿案件的被告所应当承担的举证责任,被上诉人应当承担环境污染损害赔偿责任。原审判决认定证据和事实错误,请求依法撤销(2004)青海法海事初字第31号判决,并依法改判;判令被上诉人赔偿上诉人因缢蛏死亡遭受的经济损失452.88万元人民币;判令被上诉人赔偿上诉人为处理事故支付的鉴定费25 000元人民币,律师费61 888元人民币;判令被上诉人承担本案的全部诉讼费用。

被上诉人华金苑公司辩称:

(1)黄祖强的损失是不客观的。① 黄祖强在一审中没有向法庭出示其投苗的相关证据。② 海事司法鉴定中心没有损失的鉴定资质,黄渤海监测中心作鉴定所依据的数字是不真实的。③ 本案如真是如此大的污染事故,则在受害区域应有同样的损害发生,但至今未有。损害不可能针对某一养殖区域发生。

(2)黄祖强在一审时提交的证据没有证明效力。① 黄祖强代理律师单方所作的调查笔录,不具有证据效力。② 黄祖强所提及的录像根本不能证明因果关系,外观、色泽、流量与污染程度没有直接联系,如色泽与华金苑公司当天加工的布的颜色有关,但染料的成分与黄祖强所主张的缢蛏死亡的原因之间没有因果关系。③ 黄祖强所提及的两份鉴定报告,均因取样不真实直接导致结论的错误。华金苑公司的排污口是汇入了城阳市政排污口排出的污水,且两排污口相距仅数米,城阳排污口的直径、流量均数倍于华金苑公司的排污口。但黄渤海监测中心的鉴定人员承认他们没有注意到华金苑公司排污口旁边还有排污口,说他们把这两个排污口的污水都认为是华金苑公司的。既然鉴定人员取样错误,结论当然就不可信。海事鉴定中心的鉴定人员说没有发现华金苑公司上游的污水,即城阳排污口没有排污,这种陈述显然虚假。海事鉴定中心与黄渤海监测中心几乎是同时取样,怎么可能黄渤海监测中心发现华金苑公司上游有水,而海事鉴定中心却声称没有水。而且城阳市政排污口处理着青大工业园内数百家企业的污水,除非所有企业都停产,当然这是不可能的。这就说明海事鉴定中心的人员撒谎或根本没有到现场。而且,这两个鉴定中心在陈述墨水河排污口时,不约而同地"忽略"了距华金苑公司排污口数米的如此大的排污口,不能不令人怀疑鉴定报告的真实性。④ 鉴定机构均认为镉是导致损害的直接污染源。华金苑公司的 $CODcr$ 根本不超标,见海事鉴定中心报告第 8 页表四。黄渤海监测中心的报告第 8 页表六,该中心在对缢蛏作毒性实验时,根本没有列出 $CODcr$,这表明 $CODcr$ 与黄祖强的损失没有因果关系。

(3) 华金苑公司所提供的证据足以证明华金苑公司与黄祖强的损失之间没有因果关系。① 首先黄祖强所称的本次事故为一次性事故的说法不成立。缢蛏生存在海底底泥四五十公分以下,只有长期污染,通过长期的交换,海水中的污染物才能到底泥,才有可能影响缢蛏。我们需要提醒合议庭,污染源首先污染海水,也就是鱼、虾先死。况且,海底底泥一旦被重金属污染,由于重金属不能降解,这种环境改善需要至少几年的时期,而且需要人为的因素。华金苑公司作为日排水不足 1 200 吨的企业是不可能在短短几天内影响到如此大片的海域,更不要说海底底泥深处。因此,黄祖强"一次性事故"的主张是不成立的。② 华金苑公司所举证据均能证明华金苑公司与黄祖强的损害之间没有因果关系。既然本次事故不是一次性事故,那么华金苑公司的证据与污染事故就有关联性。华金苑公司的证据从理论上到实际试运行验收直至环境监测部门的抽查报告,均能证明不可能含有镉。

(4) 黄祖强直至事故发生半年后才通知华金苑公司,按照黄祖强一次性事故的说法,华金苑公司已经不可能取得当时的水样以及缢蛏样,根本不可能鉴定。按照公平、正义及诚实信用原则,黄祖强是最接近该证据的当事人,而且由于没有通知华金苑公司,致使华金苑公司不能做鉴定。如果将举证责任完全强加于华金苑公司,则黄祖强也将因自己的不通知、不诚信的行为而获利,这显然违反了诚信原则,从而也造成一种极坏的法律后果,以后的受害人就仿效黄祖强的做法,不对外声张,直到证据灭失,那么他想告谁就告谁,那么社会的公平、正义就丢失了,更不利于解决环境保护问题。因此,黄祖强应就此承担举证责任。况且,由于污染不是针对性的,为什么墨水河流入的胶州湾就只有黄祖强的养殖区受害,为什么只有缢蛏受害。黄祖强应同一污染区域有同样损害发生的事实负举证责任。综上所述,请求法院驳回上诉,维持原判。

四、二审裁判

在二审过程中,黄祖强未向山东省高级人民法院提交新证据。在二审开庭前,华金苑公司向山东省高级人民法院提出申请,请求法院调取 2003 年青岛市城阳区环境监测站对该公司排污的抽查记录。经审查,该证据属于国家有关部门保存并须人民法院依职权调取的档案材料,华金苑公司在一审举证期限届满前,申请一审法院调取未获准许,根据最高人民法院《关于民事诉讼证据的若干规定》的规定,山东省高级人民法院认为应当准许华金苑公司关于调取证据的申请。山东省高级人民法院向青岛市城阳区环境监测站调取了 2003 年华金苑公司排污的抽查记录,该证据经过二审开庭质证。

2003年3月31日、9月1日、10月8日青岛市城阳区环境监测站对华金苑公司所排污水进行抽查而出具的3份"环境监测结果报告单"均载明：华金苑公司排污符合标准未超标。山东省高级人民法院查明的其他事实与一审查明的事实一致。

山东省高级人民法院认为，本案系环境污染损害赔偿纠纷，当事人争议的焦点问题是：一是黄祖强因污染而遭受的损失如何确定，其数额是多少？二是黄祖强所遭受的损失与华金苑公司的排污行为有无因果关系？

黄祖强为证明其因污染而遭受的损失，向法院提交了农业部黄渤海区渔业生态环境监测中心和山东海事司法鉴定中心分别出具的鉴定报告以及青岛市城阳区海洋与渔业局出具的证明。山东海事司法鉴定中心在庭审中确认其对损失的计算未扣除生产成本，因此其出具的鉴定报告中关于黄祖强为证明其因污染而遭受的损失部分就失去了证明力。农业部黄渤海区渔业生态环境监测中心的鉴定人员就其对黄祖强所遭受损失的计算能合理说明依据，且可与青岛市城阳区海洋与渔业局出具的证明相互印证，因此，一审法院认定黄祖强因污染而遭受的损失为农业部黄渤海区渔业生态环境监测中心所鉴定的265.42万元是正确的。黄祖强为鉴定而支出的鉴定费25 000元也应属于其遭受的损失的范畴。

关于黄祖强所遭受的损失与华金苑公司的排污行为之间有无因果关系，举证责任由华金苑公司承担。黄祖强主动提交了两份鉴定报告，即农业部黄渤海区渔业生态环境监测中心和山东海事司法鉴定中心分别出具的鉴定报告，用以证明其所遭受的损失与华金苑公司的排污行为之间有因果关系。鉴于上述两份鉴定报告在取样时均未通知华金苑公司到场，形式上不合法，因而，该两份鉴定报告对华金苑公司的责任认定部分，法院不予采信。黄祖强虽不能证明其所遭受的损失与华金苑公司的排污行为之间有因果关系，但这并不能免除华金苑公司关于黄祖强所遭受的损失与其没有因果关系的举证责任。华金苑公司为完成该举证，向法院提交了相关机关履行行政职能而出具的检测报告、环境影响报告以及污染发生期间行政机关对其排污的抽查记录，上述证据均证明华金苑公司的排污不存在超标现象。

黄祖强提交的农业部黄渤海区渔业生态环境监测中心和山东海事司法鉴定中心分别出具的鉴定报告指出，黄祖强的养殖物死亡原因是铜、镉污染和 COD_{cr} 等其他污染物超标，华金苑公司提交的证据证明了该公司的排污中不含有铜、镉，COD_{cr} 等污染物并不超标。应此，华金苑公司完成了黄祖强所遭受的损失与其排污行为之间无因果关系的举证。综上所述，上诉人黄祖强的上诉请求没有事实根据和法律依据，一审判决认定事实清楚，适用法律正确，应予维持。根据《中华人民共和国民事诉讼法》第153条第1款第(一)项的规定，判决如下：

驳回上诉，维持原判。

5.3 海上污染案件的损失赔偿

5.3.1 无涉外因素的船舶油污损害赔偿问题

6 再审申请人烟台海上救助打捞局与被申请人山东荣成龙须岛渔业总公司船舶油污损害赔偿纠纷案

案例来源：最高人民法院(2002)民四提字第 3 号
主题词：油污损害　涉外因素　油污损害民事责任公约

> **裁判要旨**
>
> **No. HS-5.3-1**　《中华人民共和国海洋环境保护法》和《中华人民共和国海商法》分别作为调整海洋污染和海上运输关系、船舶关系的特别法律，就油轮造成油污损害引起的民事赔偿纠纷，应当优先于《中华人民共和国民法通则》予以适用。
>
> **No. HS-5.3-2**　无涉外因素的国内沿海及 2 000 吨以下油轮，其油污民事责任赔偿不适用《1969 年国际油污损害民事责任公约》，而应当依照《关于不满 300 总吨船舶及沿海运输、沿海作业船舶海事赔偿限额的规定》确定责任限额。

一、基本案情

再审申请人(原审上诉人)：烟台海上救助打捞局(以下简称救捞局)

再审被申请人(原审被上诉人)：山东荣成龙须岛渔业总公司(原名为山东省荣成市龙须岛渔业公司,以下简称渔业公司)

青岛海事法院(以下简称一审法院)一审查明,渔业公司诉及的养殖区域系荣成市人民政府批准,属合法养殖。救捞局所属"烟救油 2"轮是国内沿海货油运输、燃油供应船舶,长度 67.42 米,宽度 10 米,钢质,1980 年 6 月建造,900 马力,航速 10 节,总吨位 788.79 吨,登记吨位 334.93 吨,载重吨位 1 000 吨。该轮于 1994 年 8 月 5 日在营口辽滨装运 995 吨基础油去江阴。8 月 12 日由烟台港避完 14 号台风后起航。为等 15 号台风消息,该轮又于当日 15:28 时在龙须岛湾抛锚。8 月 14 日收到大连海岸气象台预报,该海区东北风 6—7 级,根据救捞局调度指示移动锚位,由原龙须岛外锚地进入内锚地,锚位 37°22.9′N、122°40.3′E,抛双锚 5 节入水。8 月 15 日 23:00 时该区风向转东南,风力增至 11 级,浪高约 6—7 米。此时该轮已经走锚。为防止继续走锚,船长命令开车顶进,但仍走锚进入养殖区,车叶被养殖物缠死,主机失去动力。8 月 16 日 01:30 时,该轮被风推至岸边触礁搁浅。搁浅后由于船体与礁石撞击,第 2、3 号油舱漏油。事故发生后,救捞局尽力组织了排污工作,并将该轮的货油驳往"鲁荣油 5"轮约 543 吨,并回收了部分污油,但仍有约200吨污油漂溢在海面,污染了渔业公司所属的龙须岛西侧的养殖区,造成大量海产养殖物死亡。渔业公司诉至青岛海事法院,要求救捞局赔偿其海产养殖损失人民币33 127 989元及利息。

二、一审裁判

青岛海事法院一审审理认为,渔业公司属合法养殖,应受到法律保护。救捞局对"烟救油2"轮搁浅后造成的油污损害应承担赔偿责任。

关于由于船舶走锚进入养殖区造成的损失,除救捞局"烟救油2"轮以外,亦有其他小型渔船拖锚进入养殖区,其责任归属难以确认。因此,对于渔业公司诉讼中提出的关于"烟救油2"轮走锚进入养殖区所造成的养殖损害的诉讼请求不予支持。

关于对渔业公司提出的油污损害,救捞局在答辩中认为该损害事实亦由其他渔船共同造成,其理由不能成立。因为渔船的燃油为轻质柴油,不属于持久性油类,且数量不大,不会造成养殖物大量死亡。随风流漂向养殖区的油类明显反映出是"烟救油2"轮所承运基础油的特征。

关于救捞局在答辩中提出的责任限制申请,不予准许,其理由是:

(1)"烟救油2"轮属国内航行船舶,又属2 000吨以下。《中华人民共和国防止船舶污染海域管理条例》第13条明确了国际航行和2 000吨以上的船舶在运用本条例时一并适用《1969年国际油污损害民事责任公约》,但未指明国内沿海运输和2 000总吨以下的船舶也适用该公约。

(2)我国虽然参加了《1969年国际油污损害民事责任公约》,但尚未加入《1971年设立国际油污损害赔偿基金公约》。油污损害民事责任的法律体制是以上述两公约为框架建立的,当我国只加入前一公约的情况下,以此限制责任是不合理的。

(3)按照《1969年国际油污损害民事责任公约》关于责任限制的规定,本次事故的责任限制数额甚至不及于一般海损事故的责任限额,这与国际、国内有关油污损害赔偿制度的发展趋势是相悖的。由于救捞局所属"烟救油2"轮对15号台风没有足够的应对措施,特别是对台风气旋方向掌握不够,是事故发生的主要原因之一。因此,救捞局在答辩中称本次事故系不可抗拒的自然灾害所造成与事实不符,不予采信。青岛海事法院依照《中华人民共和国海洋环境保护法》第42条、《中华人民共和国民法通则》第117条的规定,判决:

救捞局赔偿渔业公司经济损失人民币5 108 220元。

案件诉讼费人民币175 650元,渔业公司承担140 098.90元,救捞局承担35 551.10元。

三、二审裁判

山东省高级人民法院审理认为,救捞局所属"烟救油2"轮在装载基础油的航行途中,为避台风选择在龙须岛锚泊,由于其不按规定在锚地抛锚避风,又不在台风来临前按照相关规定召开防台会议研究部署防台方案,加之船舶走锚时操纵不当以致触礁搁浅,因此此次油污事件系救捞局过失所致,对救捞局关于不可抗力造成漏油的抗辩理由不予支持。事故发生后,救捞局虽向"烟救油1"轮、"鲁荣油5"轮等过驳和卸下所载基础油 945.59 吨,但证据表明,"烟救油2"轮过驳和卸下的油料均为污油,油水含量的比例 1/3—1/9 不等,故在救捞局采取施救措施后仍有大量污油漂溢在海面,造成养殖区污染。根据威海市环境监测站所做水质监测报告确认,该海区油类超过 GB1097—92 一类排放标准。本案中有关声像、照片、证词等证据亦证明渔业公司养殖海产品大量死亡系其养殖区受油污所致。因此救捞局对该油污损害应承担相应的赔偿责任。根据《中华人民共和国防止船舶污染海域管理条例》的规定,未予明确沿海运输和 2 000 总吨以下的船舶适用《1969 年国际油污损害民事责任公约》。我国虽参加了该公约,但尚未加入《1971 年设立国际油污损害赔偿基金公约》。油污损害民事责任的法律体制是以上述两公约为框架建立的,仅按前一公约限制责任是不够合理的,也违背了我国《中华人民共和国民法通则》关于公平合理的原则。一审判决关于不允许救捞局享受责任限制的认定理由合理充分,应当予以支持。救捞局的上诉理由不当,不予支持。山东省高级人民法院判决:

驳回上诉,维持原判。

四、再审申请与答辩

救捞局不服二审判决,向最高人民法院申请再审称:

(1) 终审判决认定事实错误。"烟救油2"轮在防台抗台过程中采取了一切合理措施,本案漏油事故是由于不可抗拒的自然灾害造成的,救捞局没有任何过失,应予免责;终审判决认定救捞局应赔偿的损失数额缺乏事实依据,以请求额的比例和港监的认可判定损失数额缺乏法律依据;威海市环境监测站的水质监测报告既无公章也无签字,没有证据效力,同时也不能说明超标油质就是"烟救油2"轮漏出的基础润滑油,而不是其他船舶溢漏的油;二审判决中提到的有关照片、声像、证词等材料,不具备证据效力,不应采信。

(2) 终审判决适用法律错误。本案应当适用《中华人民共和国环境保护法》的规定,我国参加的《1969 年国际油污损害民事责任公约》及其议定书应适用于本案。我国沿海或 2 000 吨以下的散装油船运输发生漏油应适用《1969 年国际油污损害民事责任公约》及其 1976 年议定书的规定,包括其中关于责任限制的规定;《中华人民共和国防止船舶污染海域管理条例》是行政管理条例,并不涉及油污损害民事责任的界定和赔偿,因此,该条例第 13 条是指《1969 年国际油污损害民事责任公约》中规定的强制保险及其他财务保证,并不意味着国内沿海及 2 000 吨以下油轮在民事责任方面不适用《1969 年国际油污损害民事责任公约》;《1969 年国际油污损害民事责任公约》与《1971 年设立国际油污损害赔偿基金公约》是两回事,前者的责任限制主体是船公司,后者的责任主体是以基金为代表的石油公司,后者将赔偿限额提高并不表明前者不合理或不再适用,也不影响船公司按前者规定享受责任限额的权利。原审判决以我国没有参加后一公约为由否定我国参加并适用前一公约不当;油污损害赔偿制度是一项特殊的海事赔偿制度,不能简单地理解为其责任限额必然高于一般海损事故责任限额,不能因为就某一吨位船舶而言《1969 年国际油污损害民事责任公约》规定的责任限额低于一般海损事故的责任限额便否认该公约的责任限额;根据《中华人民共和国海商法》的规定,如若《1969 年国际油污损害民事责任公约》及其 1976 年议定书被认为不适用于本案,则本案漏油事故便不属于该法第 208 条第(二)项中的非限制性责任,而只能属于第 207 条第 1 款第(一)项中的限制性责任。根据该法关于沿海运输船舶海事赔偿责任限制应按交通部有关规定计算的规定,本案即使不适用《1969 年国际油污损害民事责任公约》及其 1976 年议定书,也应当适用《关于不满 300 总吨船舶及沿海运输、沿海作业船舶海事赔偿限额的规定》,即此次漏油事故责任应限制在相当于 107 613.96 特别提款权的人民币数额以内。

渔业公司答辩称:一、二审对于案件事实的认定是完全正确的。对于案件所涉油污事件,无论救捞局有无主观上的过错,均不影响其赔偿责任的承担,因为对船舶油污责任实行的是无过错责任制度。原审对此次油污事件性质的认定是正确的,救捞局的重大过失是造成此次油污损害的直接原因。关于损失数额的认定,原审法院在进行充分的调查取证工作后,判决救捞局仅承担渔业公司直接损失数额的 15.4%,充分考虑了救捞局的承受能力,而对渔业公司的直接损失,其补偿是远远不够的,此赔偿数额亦得到烟台港监的认可,是公平合理的。原审适用法律并无错误,本案不能适用《1969 年国际油污损害民事责任公约》规定的责任限制。理由是:根据《中华人民共和国防止船舶污染海域管理条例》第 13 条的规定,不是航行国际航线、载运 2 000 吨以下散装货油的船舶不适用《1969 年国际油污损害民事责任公约》的规定。我国虽已参加《1969 年国际油污损害民事责任公约》,但是至今尚未加入《1971 年设立国际油污损害赔偿基金公约》。两个公约相辅相成,平等地保护船东和油污受害人的权益,这两项公约构成油污赔偿的完整体系。在我国只参加《1969 年国际油污损害民事责任公约》的情况下,如果航行在国内航线上的 2 000 吨以下的油船造成油污损害事故时,允许船东享受公约规定的责任限制,且此责任限制的数额比《中华人民共和国海商法》一般责任限制还低,而使受害方的损失得不到充分的赔偿,则违背《中华人民共和国民法通则》关于公平合理的原则。本案发生在 1994 年 8 月 14 日,是 1992 年《国际油污损害民事责任公约》已获通过之后两年。尽管我国尚未加入,但由于我国已决定加入,在过渡时期,一方面考虑我国参加的国际公约不能满足此案处理赔偿的要求,另一方面考虑我国准备参加 1992 年《国际油污损害民事责任公约》但尚未参加的具体情况,原审法院根据《中华人民共和国民法通则》第 117 条规定作出适当判决,赔偿渔业公司经济损失人民币 5 108 220 元,赔偿另案当事人荣成市落凤岗渔业公司人民币 576 000 元,分别相当于两公司主张损失数额的 15.4% 和 4.3%。这样一方面使受害方得到一定的赔偿,也考虑到船东的赔偿能力,是合理合法的。请求驳回救捞局的再审申请。

最高人民法院再审期间,除原审时已经提交的证据材料以外,救捞局提交了国际海事组织(IMO)法律事务部高级法务官员致中国人民保险(财产)公司的传真,以证明《1969年国际油污损害民事责任公约》适用于缔约国海在内的领土上发生的污染损害,适用于任何类型的载运散装货油的船舶,包括载运2 000吨以下散装货油及在沿海航行的船舶所造成的污染损害。渔业公司质证认为该证据材料为复印件,对其真实性不能确认,不能作为本案定案的证据。鉴于该证据材料为传真件的复印件,对方当事人不予认可,最高人民法院不予认定。渔业公司在再审期间未提交新的证据。再审中救捞局对原审认定的部分事实提出异议,但未提供充分的证据支持其主张。对于原审认定的事实,予以确认。本案救捞局因其所属船舶造成渔业公司的损失为人民币5 108 220元,造成另案当事人荣成市落凤岗渔业公司损失为人民币576 000元,合计人民币5 684 220元。另,荣成市龙须岛渔业公司于1996年6月10日变更名称为山东荣成龙须岛渔业总公司。

五、再审裁判

最高人民法院认为,本案主要是法律适用以及救捞局可否依据有关规定享受海事赔偿责任限制的问题。本案系油轮造成油污损害引起的民事赔偿纠纷,《中华人民共和国海洋环境保护法》和《中华人民共和国海商法》分别作为调整海洋污染和海上运输关系、船舶关系的特别法律,应当优先《中华人民共和国民法通则》适用于本案。依据《中华人民共和国海商法》第3条的规定,本案所涉"烟救油2"轮属于该法调整的船舶。原审未适用该法的规定对本案作出判决属适用法律错误,应予纠正。渔业公司主张本案应当适用《中华人民共和国民法通则》确定救捞局的赔偿责任缺乏法律依据,最高人民法院不予支持。本案中渔业公司因其养殖区受到油污损害,有权要求造成损害的救捞局承担赔偿责任。依据《中华人民共和国海商法》的规定,与船舶营运直接相关的侵犯非合同权利的行为造成损失的赔偿请求,责任人可以依照该法的规定,限制其赔偿责任。经原审以及最高人民法院审理,尚无证据证明本案油污事故系救捞局故意或者明知可能造成损失而轻率地作为或者不作为造成,不存在丧失责任限制的情节,救捞局提出的依据《中华人民共和国海商法》的规定享受海事赔偿责任限制的主张依据充分,最高人民法院予以支持。

"烟救油2"轮为国内沿海货油运输、燃油供应船舶,总吨位788.79吨。根据《中华人民共和国海商法》第210条第2款的规定,本次油污事故造成的损失,应当依照国务院《关于不满300总吨船舶及沿海运输、沿海作业船舶海事赔偿限额的规定》确定救捞局的责任限额。救捞局在107 613.96计算单位内对渔业公司及另案当事人荣成市落凤岗渔业公司依原审认定的损失按比例承担赔偿责任。

依照《中华人民共和国海洋环境保护法》第42条,《中华人民共和国海商法》第207条第1款第(三)项、第210条第2款,《关于不满300总吨船舶及沿海运输、沿海作业船舶海事赔偿限额的规定》第4条以及《中华人民共和国民事诉讼法》第184条第1款、第153条第1款第(二)项的规定,经审判委员会讨论决定,最高人民法院判决如下：
(1) 撤销山东省高级人民法院(1997)鲁经终字第 32 号民事判决；
(2) 撤销青岛海事法院(1995)青海法海事初字第 11 号民事判决；
(3) 准予烟台海上救助打捞局海事赔偿责任限制申请；
(4) 烟台海上救助打捞局赔偿山东荣成龙须岛渔业总公司损失 96 744.95 特别提款权(折合人民币 96 744.95 × 1.4 535 116 × 8.3038 = 1 167 679.50 元并按中国人民银行同期贷款利率计算自事故发生之日起至实际赔付之日止的利息)；
(5) 驳回山东荣成龙须岛渔业总公司的其他诉讼请求。

5.4 养殖不合法的问题

7 原告日照市盛华水产集团公司与被告天津航道局、日照港务局水域污染损害赔偿纠纷案

案例来源：青岛海事法院(2000)青海法海事初字第 41 号
主题词：水域污染损害赔偿　养殖使用证　航路　非法养殖

> **裁判要旨**
>
> **No. HS-5.4-1**　依照 1986 年《中华人民共和国渔业法》和《中华人民共和国海上交通安全法》的规定，县级以上地方人民政府根据国家对水域利用的统一安排，可以将规划用于养殖业的全民所有的水面、滩涂，确定给全民所有制单位和集体所有制单位从事养殖生产，核发养殖使用证，确认使用权，取得使用权的单位，可以将上述水面承包给集体单位或个人。未经主管机关(港务监督机构)批准，不得在港区、锚地、航道、通航密集区以及主管机关公布的航路内设置、构筑设施或者进行其他有碍航行安全的活动。地方人民政府将先前已被上级政府或主管部门划定为港界内的水域确权给他人用于海上养殖并核发浅海滩涂养殖使用证，违反《中华人民共和国渔业法》的规定，养殖户据此在港界内的水域从事养殖生产也不符合法律规定，其从事养殖而使用水面的权利不能视为合法权利，不受法律保护，对其养殖物因港口工程建设污染受到的损害不予赔偿。

一、基本案情

原告：日照市盛华水产集团公司(以下简称盛华公司)
被告：天津航道局(以下简称航道局)、日照港务局(以下简称港务局)

原告盛华公司诉称：原告自 1993 年开始发展浅海扇贝养殖 560 亩。所养殖海域均经政府统一规划并核发了养殖使用证。为满足秋季大规格扇贝苗种的投放需要，2000 年 3 月份，原告从烟台购进小规格苗种 2 950 万粒(购价 219 934 元)，放养于原告位于

杂货码头西南侧的养殖区内培育。至今年 6 月中旬，该批扇贝苗已长至 2.5 公分左右，但因被告在建设木片码头工程项目施工过程中排放污染物导致小苗开始死亡。至 7 月 5 日 2950 万粒扇贝苗因污染全部死亡，造成经济损失 226 万元。事后，有关专家对现场情况进行了勘验。同时原告于 7 月 15 日将污染事实书面通知了"吸扬 12"船和日照港务局，但未得到任何答复。两被告在未采取防污措施的情况下进行施工，违反有关规定，给原告造成了损失，请求法院判令被告赔偿原告经济损失 226 万元及勘验鉴定费用。

被告航道局未提供答辩状，当庭辩称，我方船只作业时，由当地发布了通知，各种手续都是完备的，经港监各部门检验并核发了许可证。3 月份以前，我方把上层淤泥部分已清除掉，6 月份以后，施工挖的都是不会造成海水污染的部分，即中粗砂和亚粘土，不会造成污染。

被告港务局辩称，答辩人在木片码头建设中严格按照海洋环境保护法及国家基本建设程序的规定，在项目建设可行性研究报告书经交通部审核后，于 1997 年 12 月 24 日委托青岛海洋大学环境保护研究中心编制《日照港木片码头工程项目环境影响报告书》(以下简称《报告书》)，并经山东省环保局审查批准。答辩人疏浚与陆域工程施工方案也是经过日照海监局审查批准，取得《水上水下施工许可证》后，于 2000 年 6 月开始施工。木片码头施工过程中，严格按《报告书》的要求建造了内、外护岸，内、外护岸均设计了倒滤层，内护岸倒滤层施工自 1999 年 5 月开始，至 1999 年 12 月结束，外护岸倒滤层施工自 1999 年 4 月开始，至 1999 年 12 月结束，全部工程通过日照港监理公司验收。吹填区溢流口位置也是按《报告书》的要求，造在离排泥管最远的北部边界。答辩人调查了山东省海上环境监测网日照市环境监测站的两次例行监测，其中港区及养殖区附近 3 个监测点的水质，都符合山东省近岸海域环境功能区划的海水水质标准，专家的论证与实际的监测结果都证明施工期养殖区水域不存在污染。早在 1993 年答辩人与日照市水产局、东港区石臼街道办事处(原告隶属石臼街道办事处)签订《关于对日照港务局规划的中、西港区范围内的海带田养殖区搬迁补偿协议书》(以下简称《协议书》)，对日照港规划的中、西港区范围内的海带田(包括海参、扇贝、贻贝、石花菜等养殖物)约定补偿费共计 1400 万元，分 3 次支付。整个搬迁工作于 1997 年 12 月 31 日前全部完毕。答辩人按协议履行义务。由于原告等村的养殖设施没有按《协议书》规定的时间全部拆除，后来又在该水域重新养殖，答辩人就此情况向日照市政府及有关部门反映。1998 年 3 月 29 日，日照市政府为此召开了主题会，关于木片码头建设等问题，确定了拆迁拆除界限，并于 5 月前完成。拆迁工作由东港区石臼街道办事处、日照开发区、市水产集团总公司等负责组织进行，对今后因清理航道可能造成的航道边缘海水污染，由东港区石臼街道办事处、日照开发区负责，分别向群众做好解释工作，并不得要求另行赔偿。基于以上事实，认为原告指控与事实不符，要求赔偿缺乏法律依据，请求法院依法驳回起诉。

二、法院查明事实

青岛海事法院经审理查明以下事实:1991年1月,石臼港务局作出《石臼港总体布局规划》,并报送有关单位。交通部、山东省人民政府于1991年1月4日以(91)交计字74号文件,作出《关于〈石臼港总体布局规划〉的批复》,该批复明确:原则同意白马吉利河口至绣针河口近97公里岸线的规划布局。即白马吉利河口至任家台渔港和出风岛至万平口段作为工业、旅游和生活岸线;任家台渔港至张家台渔港、奎山嘴至大村和佛手湾以西至绣针河口段作为养殖岸线;大村至岚山嘴段作为工业岸线;万平口至奎山嘴8.5公里作为石臼港规划岸线(包括万平口至石臼嘴1.5公里堆场岸线和石臼嘴至奎山嘴7公里耳形海湾);现有岚山港至佛手湾段作为岚山港规划岸线。在任家台、张家台、小海和岚山适当留有渔港岸线。其中,石臼港中港区:从石臼老港根部至东沙岭北两公里岸线规划建设小型通用泊位、客运码头和港口公用及工作船设施。西港区:从东沙岭至奎山嘴5公里岸线,建设钢材、杂货、多用途和集装箱公用码头,以及后方临海工业区的专用码头,采用顺岸和突堤相间布置形式。根据地质条件,码头前沿在水深-5.0— -6.0米处。港区水域界限:从奎山嘴坐标点1沿150°—330°方位延伸30公里至水深-22.0米处,再沿60°—240°方位延伸15公里至水深 -22.0米处,再沿150°—330°方位至现有锚地外侧,与万平口灯塔连线为水域界限。自本文下达之日起,在石臼港港界范围内不得再建与规划的港口功能无关的其他永久性建筑物,必须建设的临时性建筑物,需经港务局同意,签订必要的协议文件,港口发展建设时需拆除的,应无条件拆迁。对石臼港港界范围外的岸线由日照市主管部门按照规定监督实施。属港区范围的,授权石臼港务局监督执行。石臼港务局后更名为日照港务局。

1993年4月15日,日照市水产局和东港区石臼街道办事处作为甲方,港务局作为乙方,日照市土地管理局作为中间方签订了《关于对日照港务局规划的中、西港区范围内的海带田养殖区搬迁补偿协议书》,该协议书确定,为切实解决好日照港规划的中、西港区规划范围内海带田(包括海参、扇贝、贻贝、石花菜等养殖物)养殖区搬迁补偿问题,确保国家重点工程建设的顺利进行,双方本着顾全大局、互让互谅的原则,经过充分协商,就日照港中、西港区规划范围内海带田搬迁补偿达成如下协议:甲方需搬迁规划的中、西港区规划范围内的海带田养殖区,经双方核定共2 000亩,一次性搬迁,其中:国营海水养殖场150亩,石臼街道办事处1 850亩。海带田搬迁补偿标准为每亩7 000元,共计1 400万元。补偿费分3次付清:1993年4月30日前付400万元,1993年8月31日前付500万元,其余500万元于1993年12月31日前全部付清。自本协议签订后,海带田开始搬迁,整个搬迁工作于1993年12月31日前全部完毕。乙方在施工期间,甲方在上述海区范围内尚未搬迁的海带田,如因施工造成损害,乙方不再给予赔偿。

1993年4月15日,日照市人民政府作出(11)号《关于日照港中、西港区规划范围内的海带田养殖区搬迁补偿问题的纪要》记明,自1992年8月27日至1993年4月15日,市政府召集市水产局、日照开发区、东港区石臼街道办事处、日照港务局等有关单位,就日照港中、西港区规划范围内的海带田养殖区搬迁补偿问题进行了多次调整研究。各有关单位经过充分协商,就搬迁补偿问题达成了一致意见。纪要如下:为确保日照港工程的顺利进行,决定规划区范围内的海带田全部搬迁。自协议签订之日起开始搬迁,整个搬迁工作要在1993年12月31日前全部完成。经市水产局、东港区石臼街道办事处、日照港务局、市土地管理办公室核定,在中、西港区规划范围内需搬迁的海带田养殖区面积2 000亩,其中国营海水养殖场150亩,东港区石臼街道办事处1 850亩。海带田搬迁补偿标准为每亩7 000元,共计1 400万元,分3次付清,即1993年4月30日前付400万元,1993年8月31日前付500万元,其余500万元于1993年12月31日前全部付清。此后,港务局分别于1993年4月30日和8月31日支付了搬迁补偿费400万元和500万元,海带田也开始搬迁。但海带田未如期搬迁完,其余500万元搬迁补偿费也未如期付清。就上述搬迁补偿协议中的2 000亩海带田及拆迁的范围,原日照市人民政府办公室副主任刘洪法出庭作证称,由于当时各方对海带田亩数不统一,刘洪法代表市政府进行了协调并确定海带田为2 000亩,界限现场划定为育苗场南约150米向东,此线以北为拆迁区,且只有上述区域有海带田,其他区域没有海带田,但该线以南有扇贝和贻贝养殖。原石臼街道办事处副主任郭公法和原石臼街道办事处党委书记王起达均证明拆迁界限为刘洪法所说。港务局副局长刘福兴出庭称,2 000亩是指整个中、西港区规划范围内的所有养殖区。

1995年5月18日,日照市东港区人民政府为东港区石臼街道六村居委会颁发了0006号浅海滩涂养殖使用证。其中确定涉及前海区的情况为,养区类别扇贝,长2 778米,宽463米,1 929.22亩,养殖区界限(东北)N35°21.636′、E119°32.104′(西北)N35°21.480′、E119°31.909′(东南)N35°20.349′、E119°33.055′(西南)N35°20.165′、E119°32.789′。本案所涉海域为该养殖区的一部分,且在日照港界范围之内。日照市东港区海洋与水产局于2000年9月15日出具证明称,东港区从20世纪50年代开始搞浅海养殖,1995年东港区政府对各养殖区进行确权发证,此证(除1998年市政府第9号专题会议纪要确定拆迁的养殖面积)至今有效。日照市东港区石臼街道办事处于2000年7月20日出具证明,称盛华公司属东港区石臼街道办事处六村居委的一个水产企业,具有法人资格。1998年4月20日,日照市人民政府办公室印发了日照市人民政府专题会议纪要[1998]第9号《关于日照港港口建设协调会议纪要》,该纪要述明,1998年3月29日,焉荣竹市长、刘丕祥副市长带领市政府有关部门负责同志与日照港务局刘振海副局长等一起现场察看了日照港木片码头建设用地情况,并乘船察看了日照港区水域的水上养殖情况,就加快日照港木片码头、航道工程建设等问题形成了一致意见。关于日照港木片码头建设等有关问题,会议确定,海上养殖区拆迁界限:以东海育苗厂南150米向东平行坐标线至东港区码头连线为拆迁界限,界限以北部分,所有养殖设施必须于5月底前拆除。港口航道中心线两侧各215米的水域,以及航道口门处至锚地之间的养殖设施和渔网,均需于5月底前拆除。对今后因清理航道可能造成的航道边缘海水污染,由石臼街道办事处、日照开发区负责,分别向群众做好解释工作,并不得要求另行赔偿。原遗留的拆迁费500万元由日照港务局分两期付给市政府,4月底前付250万元,待市政府于5月底前组织有关单位检查验收合格后,将另外250万元付清。本纪要确定的拆迁及遗留拆迁费支付,各有关方已如期履行。

1997年12月24日,港务局委托青岛海洋大学环境保护研究中心对木片码头工程环境影响进行评价。1998年8月青岛海洋大学出具了《日照港木片码头工程项目环境影响报告书》。评价结论中对施工期预测表述为,施工期悬沙浓度和沉积厚度,主要在回填区溢流口附近较大,由于周围没有浅海养殖,且为短期效应,故对海洋环境影响不大。污染防治对策中对施工期污染防治对策表述为,选择吹填区溢流口的合适位置,尽量放在弱流区,且应远离排泥管处,应控制溢流口悬浮物浓度不大于50mg/L。若浓度过大时,应合理调度,采取必要措施后再排放。吹填作业应在围堰工程建成后进行,围堰内侧应有防悬浮泥沙外漏的措施。随后,港务局按工程设计要求进行施工,建成了回填区的内、外护岸及溢流口,内、外护岸倒滤层的建设,取得了日照港建设监理有限公司出具的合格验收单。1999年5月27日,日照港东、西港区进港航道改道工程竣工验收委员会出具了日照港东、西港区进港航道改造工程竣工验收证书。6月15日,日照港务监督向交通部海事局出具了《关于日照港东西港区进出港航道正式启用的请示》。2000年7月20日,国家海事局向日照海上安全监督局作出海通航字〔2000〕392号《关于日照港东西港区进出港航道正式启用的请示》的批复,同意启用航道。2000年5月23日,日照港务监督颁发日港监准字(2000)第003号《水上水下施工作业许可证》,准许天津航道局第二疏浚公司"吸扬12"等船自2000年5月29日至2001年4月30日在木片码头港池及航道水域范围内进行疏浚及陆域吹填作业。此后,"吸扬12"船在木片码头港池及航道水域范围内开始施工作业。2000年3月,盛华公司从烟台购进小规格扇贝苗种2950万粒,共计价值219 934元,盛华公司称将上述苗种放养于养殖区内培育。

2000年7月15日,盛华公司向东港区水产局和港务局递交了"天津航道局'吸扬12'号吸泥船给日照港木片码头回填排放的污水,给我扇贝苗种造成死亡损失的报告",说"吸扬12"号吸泥船排出大量污水,给养殖区造成严重污染,从6月中旬起,扇贝苗开始死亡。到目前,2950万粒扇贝苗种全部死亡,给盛华公司4个养殖场造成了重大经济损失。请求渔业环境监测部门、"吸扬12"船和日照港务局领导及水产、渔政部门到现场勘察,找出事故原因,并给予协调解决经济赔偿问题。2000年7月20日下午3时,渔政监督管理站站长吴乃强、检查员李文先、孟涛对扇贝养殖现场进行了勘察,制作了勘验笔录及扇贝受损情况勘验报告,报告中称:"一、污水来源:从九村码头上船出海到木片码头东坝堤中间处看到有宽约70米坝堤大量排放浓度很高的黄色污水,随污水的流向一直看到盛华公司的养殖区,看到黄色污水还大面积存在,但浓度比坝堤处有些减轻。二、扇贝苗死亡情况:经查看,盛华公司的扇贝苗养殖区共有148排架子,每排架子挂扇贝苗 60—70 笼不等,计算约有 9 000 笼苗种。抽取了 3 笼样本,共查出死扇贝 8 952 粒,活扇贝 206 粒,死亡率达 99% 以上。通过抽样调查计算出盛华公司的扇贝苗数量约有 2 750 万粒。"2000 年 7 月 26 日,农业部渔业环境监测中心黄渤海区监测站出具了(2000)农黄渤海环监报告第 007 号《山东省日照市东港区盛华水产集团公司扇贝养殖水域污染事故调查报告》,该报告结论为:2000 年 6 月以后,受天津航道局"吸扬 12"船在日照港挖泥围堰填海的影响,盛华水产集团公司扇贝养殖区悬浮物含量超过《渔业水质标准》,造成悬浮物污染,泥沙大量沉积,使扇贝养殖笼的网衣上糊满了泥沙,网眼被糊死,扇贝养殖笼内与外界无法进行水交换,最终导致养殖笼内的扇贝窒息死亡。"同日,农业部渔业环境监测中心黄渤海区监测站还出具了(2000)农黄渤海污损评报告第 007 号《山东省日照市东港区盛华水产集团公司扇贝养殖水域污染事故损失评估报告》。该评估报告确定,受污染水域的养殖面积共计 200 亩,养殖的种类为栉孔扇贝,壳长 2—3 厘米,养殖方式为筏式养殖,扇贝离养成时间还有 12 个月左右,根据国家农业部颁发的《水域污染事故渔业损失计算方法规定》的规定,评估损失为 214.20 万元。

2000 年 8 月 8 日上午,日照港建设监理有限公司木片码头疏浚及陆域吹填工程项目监理部郭怀民等 3 人乘船对盛华公司日照港杂货码头西南海域水域养殖区周围进行了现场调查,结果发现水产养殖物全部为贻贝。2000 年 10 月,青岛环海海洋工程勘察研究院出具了《日照港木片码头疏浚回填工程现场监测报告》。该报告结论部分称,通过 2000 年 8 月 27 日现场监测并现场采样和实验室分析得出,木片码头及航道疏浚和回填工程对附近海域的水质影响范围很小。从监测所得资料看,施工期间海水仍能满足二类水质的各项指标。从接近养殖区边缘的采样点来看,随着潮汐潮流的变化,海水中悬浮物的含量虽然有所不同,但其量值都比较低,这说明疏浚及回填工程对海水中悬浮物含量的影响很小,疏浚工程对养殖区没有影响。从剖面探测资料来看,挖泥船在施工过程中,只有小范围的深水在船周围随海流移动,浑水团的半径约为 50 米,这说明挖泥船施工过程中对附近海域所造成的影响是轻微的。在现场监测期间,回填工程溢流口已经停止溢流,为了求得溢流对附近海域的影响范围和影响程度,进行了数值模拟。从模拟结果得出,超一、二类水质(水中悬浮物人为增加量 10 mg/L 以上)的扩散面积为 0.58 平方千米,其边界距溢流口的最大距离为 1 000 米,而养殖区的北部边缘距溢流口为 1 500 米,所以可以认为溢流对养殖区没有影响。综上所述,可以得出挖泥船在施工过程中对海域所造成的影响是十分轻微的。回填工程溢流出的浑水团扩散范围较小,对养殖区无影响。

2000 年 11 月 4 日,在原、被告在场的情况下,青岛海事法院对原告主张的受损养殖区中 148 排架扇贝所在水域进行了现场勘察,结果如下:原告主张的受损范围,在上述水域内取四点发现养殖物为:N35°21.516′、E119°32.231′,小贻贝;N35°21.504′、E119°32.163′,扇贝;N35°21.549′、E119°32.084′,小贻贝;N35°21.386′、E119°32.197′,小贻贝。上述水域的一部分进入 1998 年日照市人民政府专题会议纪要《关于日照港港口建设协调会议纪要》中划定的航道中心线两侧 215 米范围。另查明,日照海事局从未批准任何单位和部门在日照港港区、锚地、航道等水域进行养殖、捕捞作业。自 1997 年开始,日照地区进行反季节扇贝养殖。

三、法院裁判

青岛海事法院认为,港务局和航道局进行日照港木片码头建设,手续完备,建设工程符合设计要求。本案有关证据,包括日照港建设监理有限公司木片码头疏浚及陆域回填工程项目监理部郭怀民等的现场调查、青岛环海海洋工程勘察研究院的《日照港木片码头疏浚回填工程现场监测报告》及青岛海事法院现场勘察结果等,不足以推翻当地渔政监督管理站和农业部渔业环境检测中心黄渤海区检测站的调查结论及鉴定报告。1993 年的《关于对日照港务局规划的中、西港区范围内的海带田养殖区搬迁补偿协议书》和日照市人民政府的相应会议纪要未明确拆迁界限,就此问题出庭作证的各证人说法不一,因此,1993 年的拆迁界限不能认定。1998 年日照市人民政府专题会议纪要《关于日照港港口建设协调会议纪要》中划定的拆迁界限,不能被认为是 1993 年确定的拆迁界限。

1986 年《中华人民共和国渔业法》和《中华人民共和国海上交通安全法》规定,县级以上地方人民政府根据国家对水域利用的统一安排,可以将规划用于养殖业的全民所有的水面、滩涂,确定给全民所有制单位和集体所有制单位从事养殖生产,核发养殖使用证,确认使用权,取得使用权的单位,可以将上述水面承包给集体单位或个人。未经主管机关(港务监督机构)批准,不得在港区、锚地、航道、通航密集区以及主管机关公布的航路内设置、构筑设施或者进行其他有碍航行安全的活动。日照市东港区人民政府于 1995 年将在 1991 年已由交通部、山东省人民政府划定为日照港界内的水域确权给石臼街道办事处六村居委会用于海上养殖并核发了浅海滩涂养殖使用证,显然日照市东港区人民政府的上述行为违反了《中华人民共和国渔业法》的规定,盛华公司在港界内的水域从事养殖生产也不符合法律规定。所以,盛华公司在本案中的从事养殖而使用水面的权利不能视为合法权利,因而航道局和港务局对盛华公司养殖物受到的损害不承担赔偿责任。根据 1986 年《中华人民共和国渔业法》的规定,港务局建设使用水面滩涂,应给予适当补偿,但现行《中华人民共和国渔业法》对此未予规定,而搬迁补偿问题不在当事人请求范围,本案不予审理,由当事方通过相关途径解决。

综上所述,原告的诉讼请求,理由不充分,法律依据不足,青岛海事法院不予支持,应予驳回。据此,判决如下:

驳回原告盛华公司对被告航道局和港务局的诉讼请求。

8 原告卫振仁等与北海恒通海轮集团有限公司船舶触碰养殖物损害赔偿纠纷案

案例来源:北海海事法院(2004)海事初字第012号

主题词:水域污染损害赔偿　养殖使用证　非法养殖

> **裁判要旨**
>
> **No. HS-5.4-2** 未取得主管部门颁发的海域使用许可证和养殖证进行用海养殖的属非法养殖,虽然该养殖行为的违法性并不影响请求保护已有养殖物及养殖设施的财产权,但养殖物增值部分不应列入赔偿的范围。

一、基本案情

原告(反诉被告):卫振仁、卫焕炎、李文秀、伍蕴、张绍福、张绍全、苏以松、苏文先、苏文通、莫祖环、卫振伟、陈海树、莫全芝

被告(反诉原告):北海恒通海轮集团有限公司

原告诉称:2003年3月25日,"徐运209"号轮在被告引航下前往被告修理厂修船途中,不慎撞坏原告养殖场内的大蚝吊养筏,使原告遭受经济损失。事故发生后,经合浦县廉州镇司法所、党江镇司法所和合浦县廉州镇滩涂办主持,原、被告自愿达成调解协议。据该协议,被告应依据合浦县价格事务所对原告损失所作的评估结论赔偿原告102 085元。被告已赔偿33 000元,尚欠69 000元至今未付。请求法院判决被告赔偿原告经济损失69 000元,并负担本案诉讼费用。

被告答辩并反诉称,原、被告双方之间的调解协议应为无效,合浦县价格事务所的价格鉴定结论书没有鉴定依据,鉴定方法不科学,且至今未送达给被告,故没有法律效力。被告在触碰事故发生后,已赔偿原告2 530元,原、被告之间的纠纷已经终结。原告的诉讼请求无事实和法律依据,其收取被告的33 000元属不当得利。请求法院驳回原告的诉讼请求,并判令原告返还被告33 000元。

二、法院查明事实

北海海事法院确认并查明以下事实:2003年3月25日20时许,广东双泰运输集团有限责任公司(以下简称广东双泰公司)所属的"徐运209"号轮在被告引航下,自北海港前往合浦县党江镇被告修船厂修理,航行至廉州湾正沥处时,因偏离航道进入原告养殖场,触碰到养殖场内的蚝筏及蚝柱。翌日,原、被告到现场清点后确认:原告养殖场自南往北,被船舶触碰压低第1至第4排蚝柱,合计为82条;自东往北,被船舶触碰压低第1至第5排第5格蚝柱,其中第4排第5格另损失60串吊蚝、第5排第5格全损300串吊蚝。3月30日,被告向原告支付修复养殖场费用2 530元。3月31日16时,原告卫振伟与合浦县公安局干警王华文乘桂OE0079号车到船厂与被告就养殖场被撞损一事进行交涉。4月6日9时,原告卫振仁等26人聚集到船厂,拉停厂里生产

用电,致使船厂被迫停止生产。之后,卫振仁等人还强行登上"徐运209"号船,在船上生火做饭,禁止船上20多名广东籍船员吃饭和下船。后在合浦县党江镇政府、边防派出所的制止和劝阻下,原告同意4月7日与被告到合浦县廉州镇司法所协商解决纠纷。嗣后,原告将一部分人员撤离船厂,而另一部分人员则继续留在"徐运209"号轮上。4月7日,被告向原告出具承诺书,承诺此次船舶触碰原告养殖场损坏蚝筏及蚝柱的赔偿责任由其承担。4月8日,在合浦县廉州镇司法所、党江镇司法所及廉州镇滩涂办主持下,原、被告达成以下调解协议:被告向廉州镇司法所预交66 000元作赔偿抵押金;原告于协议签订当日从抵押金中提取33 000元作抢修养殖场费用;待评估结果出来后,由上述三单位及合浦县价格事务所对原、被告间纠纷进行处理,被告应于纠纷处理后次日将赔偿金赔付原告;协议签订后,原告应将停留在"徐运209"号轮上的人员撤离该轮。原告代表卫振仁和被告代表苏相国分别在协议上签名盖章。协议签订当日,被告预交了66 000元赔偿抵押金,原告从中提取33 000元后,闹事群众撤离现场。4月9日,经合浦县廉州镇司法所、党江镇司法所及廉州镇滩涂办口头委托(4月22日补交书面委托书),合浦县价格事务所及上述之委托方共同到原告养殖场进行现场勘查,对被告引航的"徐运209"号轮撞损原告养殖场损失进行评估。4月28日,该所出具合价事鉴字[2003]331号价格鉴定结论书,认定鉴定标的物损失为102 085元。后经庭审质证,该所将鉴定结论变更为95 760元。4月30日,合浦县价格事务所向合浦县廉州镇司法所送达了该鉴定结论书。4月28日,被告另案诉至北海海事法院,以上述调解协议系原告以胁迫手段致使被告在违背真实意思的情况下与原告达成为由,请求法院撤销该协议。北海海事法院于2003年9月16日作出(2003)海事初字第012号民事判决书,撤销原、被告签订的调解协议。原告不服该判决,提起上诉。2004年4月19日,广西壮族自治区高级人民法院作出(2004)桂民四终字第2号民事判决书,确认原、被告签订的调解协议合法有效。

原告卫振仁、卫焕炎、李文秀、伍蕴、张绍福、张绍全、苏以松、苏文先、苏文通、莫祖环、卫振伟、陈海树、莫全芝系个人合伙经营大蚝养殖场。2001年7月28日,合伙人以原告卫振伟、张绍福名义填写海域使用申请表,廉州镇滩涂办于9月26日在申请表"乡镇审查意见"栏上签署"同意并报县海洋办审批"意见后上报合浦县海洋办审批,但至今原告未取得海域使用许可证和养殖证。12月13日,原告卫振伟向廉州镇滩涂办缴交了滩涂使用管理费及查丈费2 030元。原告自2001年起在该海域投养大蚝,但未向有关主管部门申请发布航海通知,养殖场周边仅以小三角旗作为警示标志。另查明,广东双泰公司所属的"徐运209"号轮总长48.8米,总吨853吨,净吨443吨,系钢质滚装船。该司于2003年3月24日与原告签订船舶修理合同,约定:"徐运209"号轮修理费为255 000元,修船期限为12日(即2003年3月25日至4月5日);原告迟延完工,每延期1日罚款5万元,但最多不超过3日。"徐运209"号轮于2003年3月25日进厂,于4月8日20时离开。

三、法院裁判

北海海事法院认为,本案系船舶触碰养殖物损害赔偿纠纷。综合诉辩各方的分歧意见,本案当事人的争议焦点为:原、被告之间调解协议是否有效;原告因船舶触碰遭受的具体损失金额;被告是否应承担赔偿责任;被告的反诉请求应否支持。

1. 关于原、被告达成的调解协议的效力问题

原告认为,原、被告就船舶触碰养殖物事项达成的调解协议合法有效,广西壮族自治区高级人民法院生效判决亦已确认其效力。被告认为,原告以胁迫手段迫使被告在违背其真实意思表示的情况下与原告签署的调解协议应为无效。北海海事法院认为,关于原、被告达成的调解协议的效力,广西壮族自治区高级人民法院已以(2004)桂民四终字第2号民事判决书确认该协议未违反自愿原则,不损害他人利益,故合法有效。该协议的效力由北海海事法院上诉管辖法院作出的二审终审生效判决予以认定,北海海事法院在本案中作为定案依据并依此认定该涉案的调解协议为合法有效。

2. 关于原告的具体损失问题

原告认为,经合浦县价格事务所评估,原告遭受的损失为102 085元。被告认为,合浦县价格事务所的价格鉴定结论书没有依据,鉴定方法不科学,且至今未向其送达,故不能作为认定原告损失的依据。北海海事法院认为,合浦县价格事务所的价格鉴定结论是鉴定机构遵循合法程序,在进行现场勘察,并经市场调查后作出的,符合最高人民法院《关于民事诉讼证据的若干规定》第29条的规定,且已送达给委托人之一合浦县廉州镇司法所,故应确认其证明力。原鉴定结论损失102 085元,由于计算有误,合浦县价格事务所变更损失为95 760元,据此确认原告的损失为95 760元。

3. 关于被告是否承担赔偿责任问题

原告认为,被告对此次触碰事故应承担全部责任,故应依照调解协议书的约定赔偿原告102 085元,扣除已赔付的33 000元,尚应赔付69 000元。被告认为,原告系非法养殖,在触碰事故发生后,被告已赔付原告损失2 530元,原、被告之间的纠纷已告终结,被告不应再承担赔偿责任。北海海事法院认为,被告引航的船舶未尽正规瞭望、谨慎驾驶之义务,偏离航道触碰原告养殖物及养殖设施,致原告遭受经济损失,依照法律规定,其行为已构成侵权。其在与原告达成的调解协议书中承诺对原告的损失予以赔偿。对此次触碰事故,被告自应承担赔偿责任,但鉴于原告亦负有过错,应自负一定责任。理由是:首先,原告在进行养殖行为前,未按照《中华人民共和国海上航行警告和航行通知管理规定》的相关规定,履行强制性的申请发布航海通告义务,亦未在养殖区四周设立足以警示来船的警示标志;其次,原告未取得主管部门颁发的海域使用许可证及养殖证,其行为属非法养殖,虽然该养殖行为的违法性并不影响原告请求保护其已有养殖物及养殖设施的财产权,但其不应就养殖行为获得利益,亦即养殖物的增值部分不应列入赔偿的范围;再次,原告作为受损方,有义务采取措施防止损失扩大。在事故发生次日,即2003年3月26日,原、被告双方就损害状况勘验结束后,原告未能采取有效措施扶正吊养筏,以防止蚝筏下沉,蚝串坠地,致使大蚝被泥埋死亡。对该扩大的损失,原告亦负有责任。综合考虑以上因素,原告应对其损失自负60%的责任,被告对原告的损失承担40%的责任,即被告应赔偿原告38 304元,扣除已支付的35 530元,

水域污染损害赔偿・养殖使用证・非法养殖

被告尚应赔付原告 2 774 元。

4. 关于被告的反诉请求是否成立问题

被告(反诉原告)认为,原告要求被告赔偿损失的诉讼请求不应得到支持,原告在诉前收取被告赔偿抵押金 33 000 元属于不当得利,应当返还被告。原告(反诉被告)认为,被告应对原告的损失承担赔偿责任,33 000 元应用于赔偿原告损失,被告请求返还该款无事实和法律依据,应当驳回其请求。北海海事法院认为,本判决已确定被告应对原告的损失承担 40% 的赔偿责任,即被告应赔偿原告 38 304 元,被告诉前支付给原告的赔偿抵押金 33 000 元应用于支付该赔款。故被告反诉请求原告返还 33 000 元的理由不能成立,北海海事法院不予支持。综上所述,北海海事法院认为,被告引航的船舶触碰原告的养殖物及养殖设施,致原告遭受经济损失 95 760 元。综合考虑原、被告的过错程度,被告应对原告的损失承担 40% 的赔偿责任,即被告应赔偿原告 38 304 元,扣除已支付的 35 530 元,被告尚应赔付原告 2 774 元。被告的反诉请求没有事实和法律依据,北海海事法院不予支持。

依照《中华人民共和国民法通则》第 106 条、第 117 条第 2 款、第 131 条及《中华人民共和国民事诉讼法》第 64 条之规定,判决如下:

(1) 被告(反诉原告)北海恒通海轮集团有限公司赔偿原告(反诉被告)卫振仁、卫焕炎、李文秀、伍蕴、张绍福、张绍全、苏以松、苏文先、苏文通、莫祖环、卫振伟、陈海树、莫全芝经济损失 2 774 元;

(2) 驳回被告(反诉原告)北海恒通海轮集团有限公司的反诉请求。

9 原告洪基宽等与广西合浦西场永鑫糖业有限公司海域渔业污染损害赔偿纠纷案

案例来源:北海海事法院(2005)海事初字第 006 号
主题词:渔业污染损害赔偿　海域使用权证　养殖证　苗种损失

裁判要旨

No. HS-5.4-3　环境污染案件,加害人应就法律规定的免责事由及其行为与损害结果之间不存在因果关系承担举证责任。

No. HS-5.4-4　《中华人民共和国海域使用管理法》和《中华人民共和国渔业法》均为全国人大常委会通过且正在实施有效的法律,任何公民和法人从事海水养殖必须在取得海域使用权证的同时还须取得养殖证。

No. HS-5.4-5　原告虽交纳了部分海域使用金,但交纳海域使用金并不等于取得了海域使用权,还须持有地方人民政府核发的海域使用权证,这是法律强制性规定,无论政府或是公民、法人,都必须无条件执行。

No. HS-5.4-6　未取得海域使用权证和养殖证非法从事用海养殖的,对索赔的苗种损失和收益损失,只能就苗种损失给予适当补偿。

一、基本案情

原告:洪基宽、梁美(洪基宽之妻)、梁安(梁美之兄)

被告:广西合浦西场永鑫糖业有限公司

原告诉称:其经营的 303 亩文蛤养殖场位于合浦县西场镇鲎港江出海口高沙海域。2002 年 8 月至 2003 年 7 月,其筹资 403 000 元购买上海文蛤苗 85 000 公斤投放养殖场。2003 年 11 月期间,原告文蛤场与周围养殖场同时突发大面积文蛤死亡现象。经环保部门和水产行政主管部门调查,其主要原因是由于被告向原告文蛤养殖场海域违法排放严重超过国家规定排放标准的污水造成,污染面积达 3 653 亩,造成文蛤死亡 2 118 000 公斤,直接经济损失 9 319 200 元,其中原告经济损失 772 986.33 元。被告超标排污,没有申报排放污染物,不按政府通知期限治理污染,在损害发生后还继续排污的行为,严重违反了《中华人民共和国海洋环境保护法》和《中华人民共和国水污染防治法》的规定。为了保护原告的合法权益,维护江水、海水养殖环境的安全,制裁被告的违法排污行为,特此起诉,请求依法判决被告赔偿原告经济损失 772 986.33 元。

被告辩称,原告未持有海域使用证和养殖证,故原告不是合法的文蛤养殖户,其非法养殖不应受法律保护。原告据以认定其损失的依据是专家意见及有关鉴定材料,但专家意见及有关鉴定材料存在诸多违背科学和不合法因素,不能证明损害事实的存在。在其开始制糖生产前原告文蛤已有死亡的事实,故其不存在污染侵权的行为,原告养殖文蛤死亡事实与被告行为之间没有任何因果关系。

综上,原告不能证明其为合法的文蛤养殖户,也不能证明其受到污染损害的事实,故请求驳回原告的诉讼请求。

二、法院查明事实

北海海事法院经审理查明:原告经营的 303 亩文蛤养殖场位于合浦县西场镇鲎港江出海口高沙海域。2002 年 8 月至 2003 年 7 月,其筹资 403 000 元向吴克辉、苏充均、李香东购买文蛤苗共计 85 000 公斤投放养殖场。2003 年 6 月至 12 月共交纳海域使用金 29 878 元。2003 年 10 月 31 日,被告开始制糖生产。11 月 10 日,被告开始酒精生产。11 月中旬,原告文蛤大量死亡。11 月 27 日 21 时,被告停止酒精生产。2003 年 11 月 25 日,环境监测中心监测结果:被告 35 吨锅炉冲灰水排放口所排放的废水混合着酒精废液,排放的污水严重超标,其中化学需氧量(COD)超过国家污水综合排放标准中一级标准 79.76 倍,生化需氧量(BOD)超过国家污水综合排放标准中一级标准 65.67 倍。11 月 27 日 21 时,被告关闭酒精生产车间,11 月 28 日 16 时再次监测:压榨排放口排放的污水化学需氧量(COD)超过国家污水综合排放标准中一级标准 1.27 倍;螺场生化需氧量 5.2 mg/L,稍超过了标准值。

2004 年 1 月 8 日,广西壮族自治区渔业环境监测中心(以下简称渔业监测中心)作出《鉴定报告》,认为根据广西水产研究所水产生物技术实验室检测结果,基本排除了文蛤因病致死的可能;被告外排污水中 COD、BOD、SS 等多项主要污染物指标严重超标。根据近三年来对该海域的连续检测结果,该海域在正常情况下 COD 为 0.82—2.31 mg/L,平均值为 1.53 mg/L。因此,螺场 COD 高达 11.4 mg/L,显属不正常现象,表明该海域受到了外来污染物的污染。但由于接到事故报告时间较迟,未能对现场情况进一步调查取证,以确定是否因养殖水体受到污染而直接导致养殖文蛤大量死亡。最终文蛤死亡原因,有待结合当地渔政、环保部门对当地文蛤养殖情况、养殖场及周边环境、近期企业生产排污情况等进一步调查分析和判断确定。2004 年 3 月 30 日,广西水产畜牧局渔政处高级工程师李启南、区水产研究所副研究员陈晓汉等 9 名专家于 2004 年 3 月 30 日出具的《合浦县西场镇文蛤养殖受污染损失评估专家意见》,对污染造成的损失进行评估,其受污染面积 3 653 亩,按四年平均亩产量 807.4 公斤计算,污染损失率 73.67%,共损失文蛤产量 2 118 000 公斤。2004 年 5 月 10 日,广西壮族自治区水产局渔政处(以下简称区渔政处)作出《广西合浦县西场镇养殖文蛤受污染事件结论》(以下简称《事件结论》):2003 年 11 月期间,合浦县西场镇文蛤养殖场大批文蛤死亡的原因系被告向合浦县西场海域排放严重超过国家规定排放标准的污水进入文蛤养殖场所致,污染面积 3 653 亩,造成养殖文蛤死亡损失 2 118 000 公斤,按每公斤 4.4 元计算,直接经济损失不低于 9 319 200 元。

三、法院裁判

北海海事法院认为,综合双方观点,本案争议焦点为:原告养殖文蛤死亡的损害事实是否存在;被告是否超标排污及所排放污水是否到达原告养殖海域;原告养殖文蛤死亡与被告排污之间是否具有因果关系;损害责任的划分及赔偿范围。

1. 原告养殖的文蛤死亡损害事实问题

原告认为,其文蛤大量死亡是客观事实,有合浦县渔政管理站(以下简称合浦渔政站)于 2004 年 1 月 12 日作出的《合浦县西场镇文蛤养殖场现场观察情况》(以下简称《现场观察情况》)及现场照片、录像等证据证实。被告认为,现场照片、录像系原告所摄制,未有渔政人员参加,不具有证据效力。案涉污染事故的损失超过了百万元,合浦渔政站没有调查处理权,调查人员又无《调查上岗证》,其作出的《现场观察情况》不具有真实、合法性,不能作为认定原告养殖文蛤死亡的依据。故原告所举的证据不能证明其养殖文蛤大量死亡的事实。

北海海事法院认为,现场照片、录像虽为原告所摄制,但并非原告所伪造。文蛤出现死亡后,原告即向有关部门作了报告。合浦渔政站接到报告后即派员到现场对十几个螺场进行了观察,在随意定点抽查后作出的《现场观察情况》具有真实性,并与现场照片、录像等证据相印证,足以证明原告养殖场文蛤大量死亡的事实客观存在,对此,北海海事法院予以确认。被告以合浦渔政站对经济损失在 100 万元以上的渔业污染事故无调查权为由,认为《现场观察情况》不具有真实、合法性,据此辩称原告养殖文蛤不存在大量死亡的事实。北海海事法院认为,合浦渔政站作为政府的渔业主管部门,在接到污染事故的报告后,不可能即时确定出污染事故造成经济损失的数额,也不可能等待经济损失确定后才派员进行调查,故其接到报告后即时派员进行调查系其职责所在,不能以后来确定的经济损失超过了百万元而否定合浦渔政站当时调查的正当性和其作出《现场观察情况》的真实性。故被告抗辩原告养殖文蛤不存在大量死亡的事实,与北海海事法院查明的事实不符,不予采信。

2. 被告是否超标排污及所排放污水是否到达原告养殖海域的事实问题

原告认为,根据北海市环境监测中心(以下简称环境监测中心)和渔业监测中心检测到被告排放的污水中COD、BOD严重超标的事实,足以证明被告超标排污并到达了原告养殖场。被告认为,环境监测中心的《监测报告》,因未附有监测和检验人员的资格证书,又未有对鉴定人员的资格和使用的科学技术手段进行说明,不符合《关于民事诉讼证据的若干规定》的要求,不能作为证据使用。故原告所举证据不能证明被告具有超标排污的事实。北海海事法院认为,11月25日,环境监测中心对被告35吨锅炉冲灰水排放口所排放的废水的检测数据:COD为8 076 mg/L,超过国家污水综合排放标准中一级标准79.76倍,BOD为2 000 mg/L,超过国家污水综合排放标准中一级标准65.67倍。这一检测数据表明被告严重超标排放污水的事实客观存在。11月28日,环境监测中心对原告螺场检测的数据BOD为5.2 mg/L、COD为11.4 mg/L,表明被告超标排放的污水到达了原告养殖海域,并对养殖水体造成了污染。环境监测中心作为环境监测的政府主管部门在接到污染事故的报告后进行监测系其履行职务的行为,而非原告委托的监测,且被告也未提供充分的证据证明其排放的污水中COD、BOD未超过标准,故被告超标排放污水及超标排放的污水到达了原告养殖场的事实,北海海事法院予以确认。

3. 原告养殖文蛤死亡与被告排污之间是否具有因果关系问题

原告认为,区渔政处的《事件结论》已充分肯定了被告的超标排污与原告养殖文蛤死亡之间的因果关系。被告认为,原告的举证不能证明被告的排放物到达了原告的养殖区域,也不能证明原告养殖文蛤大量死亡的事实,故应免除被告证明生产排放物与原告养殖文蛤大量死亡之间不存在因果关系的责任。被告提交的证据充分证明了原告养殖文蛤死亡的结果与被告排污行为之间没有任何因果关系。北海海事法院认为,渔业水域环境状况是通过反映水环境质量的物理、化学、生物指标来体现,即根据溶解氧(DO)、生化需氧量(BOD)、化学需氧量(COD)、PH值等指标的大小来衡量。根据《监测报告》,被告停止排污后原告养殖场的BOD达到5.2 mg/L(国家规定标准值<5 mg/L),仍超过0.2 mg/L,显然未停止排污前这一指标更高。渔业环境监测中心近三年对该海域的连续检测结果,在正常情况下该海域的COD为0.82—2.31 mg/L,平均值为1.53 mg/L。而原告养殖海域在被告停止排污后仍达到11.4 mg/L。据此,应予认定原告养殖文蛤大量死亡系被告超标排放污水所致。被告以原告养殖场BOD仅超过0.2 mg/L为由辩称不可能导致文蛤大量死亡,系以其关闭酒精生产停止排污后的数据否认排污行为的危害结果,与事实不符,其抗辩理由不能成立。被告辩称COD不是渔

业水质的标准,超标与否与文蛤死亡无关。北海海事法院认为,因案涉海域也是水产养殖区,既适用渔业水质标准,也应适用海水水质标准。COD 严重超标的事实已表明海水水质严重受到污染,导致海洋生物生存条件的恶化,所以海水水质中的 COD 严重超标同文蛤死亡具有法律上的因果关系,故被告辩称理由不成立。

本案系海域污染损害赔偿纠纷,原告已就养殖文蛤死亡的损害事实和被告的超标排污行为及排放的污染物到达其养殖场进行了充分的举证。根据《关于民事诉讼证据的若干规定》第 4 条第 1 款第(三)项的规定,被告作为加害人应就法律规定的免责事由及其行为与损害结果之间不存在因果关系承担举证责任。根据《中华人民共和国环境保护法》第 41 条第 3 款和《中华人民共和国海洋环境保护法》第 90 条、92 条的规定,法定免责事由仅限于完全不可抗力的自然灾害及第三人造成的环境污染,被告未能举证证明原告养殖文蛤的死亡系不可抗力的自然灾害及第三人造成。被告关于原告所举证据不能证明被告具有超标排污的行为及原告养殖文蛤死亡事实的存在,故应免除其就因果关系的举证责任的抗辩,与法律规定相悖。被告向法庭提交了大量证据,均不能充分证明其排污行为与原告养殖文蛤死亡之间不存在因果关系。据此,北海海事法院认定被告既不能证明其未超标排污或超标排放的污水未能到达原告养殖场,又不能证明其排放的污水中不含有污染物质或含有污染物质不能导致原告养殖文蛤死亡的后果,故被告超标排污与原告养殖文蛤死亡之间具有必然的因果关系。

4. 非法养殖应否赔偿及赔偿损失数额的计算问题

原告认为,根据广西壮族自治区人民政府《广西壮族自治区海域使用管理办法》第 16 条"养殖用海最高期限为 40 年"、《中华人民共和国海域使用管理法》第 25 条"养殖用海最高期限为 15 年"的规定,其使用海域并未超过法定的期限。合浦县政府批准原告使用海域的期限仅为 1 年,违反了法律、法规的规定,不应作为裁判依据。同时,有关政府下属部门向原告收取部分海域使用金,说明其使用海域养殖得到了政府的许可。《中华人民共和国海域使用管理法》为后法,《中华人民共和国渔业法》为前法,根据后法优于前法的法律适用原则,应适用后法《中华人民共和国海域使用管理法》来确定原告的海域养殖权,即只要取得海域使用权证就取得了海域养殖权,无须再取得养殖证。被告认为,原告在既未取得海域使用权,又未取得养殖权的情况下进行养殖属非法养殖,不应受法律保护。

北海海事法院认为,被告排污行为侵害了原告文蛤养殖收益,但原告该收益权应得到法律保护,则需具有必要的法律条件即该权利具有合法性。如果原告系非法养殖,则原告向侵害人要求赔偿的诉讼请求就丧失了应具有的合法基础。我国民法规定侵权之债产生的基础在于侵权人不法行为侵害了受法律保护的合法利益,在这一前提下,侵害人才就其侵权行为所造成的损害承担责任。如果原告无海域使用权和养殖权而进行养殖,其收获养殖的利益为非法利益就不能受法律所保护。为此,本案中,原告是否具有合法的海域使用权和养殖权成为其养殖利益是否应予保护的关键。原告虽提交了 3 本海域使用权证书,但其批准使用期限均为 1 年,即 2000 年 1 月 1 日至 2000

年 12 月 31 日，该证据证明原告合法使用海域的权利终止于 2000 年 12 月 31 日。

根据 2002 年 1 月 1 日起开始实施的《中华人民共和国海域使用管理法》第 3 条第 2 款"单位和个人使用海域，必须依法取得海域使用权"、第 19 条"地方人民政府批准用海的，由地方人民政府登记造册，向海域使用申请人颁发海域使用权证书。海域使用申请人自领取海域使用权证书之日起取得海域使用权"的规定，任何单位和个人应向地方人民政府申领海域使用权证书，自领取海域使用权证书之日起才取得使用海域权。但原告未向合浦县人民政府或主管部门申领海域使用权证就于 2002 年 8 月开始使用海域养殖文蛤，其养殖行为显然违法。关于原告认为养殖用海最高期限为 15 年或者 40 年，合浦县政府批准原告使用海域的期限仅为 1 年，违反了法律、法规的规定，故不能以此认定其使用海域并超过批准使用期限的问题。原告该主张系政府管理机关行政执法关系问题，况且，法律规定养殖用海最高期限为 15 年或者 40 年，这并不等于相关政府机关必须无条件批准使用 15 年或者 40 年。海域属国家所有，政府作为海域的管理者，可以根据养殖户的申请和海域的实际情况决定批准使用期限。本案中，政府只批准原告使用 1 年，期限届满后，其使用权当然终止。故原告诉称使用海域未超过法定期限，其理由于法无据，北海海事法院不予支持。原告虽交纳了部分海域使用金，但交纳海域使用金并不等于取得了海域使用权，还须持有地方人民政府核发的海域使用权证，这是法律强制性规定，不论政府或是公民、法人都必须无条件执行，故原告对 303 亩海域不具有合法的使用权。根据 1986 年 7 月 1 日起施行的《中华人民共和国渔业法》第 11 条"单位和个人使用国家规划确定用于养殖业的全民所有的水域、滩涂的，使用者应当向当地县级以上地方人民政府渔业行政主管部门提出申请，由本级人民政府核发养殖证，许可其使用该水域、滩涂从事养殖生产"的规定，养殖证是单位或者个人使用水域、滩涂从事养殖生产活动的法律凭证，单位或者个人依法取得了养殖证，意味着使用者在批准使用期限内使用水域滩涂从事养殖生产并收益的权利受法律保护。原告未依法取得养殖证，就不享有使用水域、滩涂从事养殖生产权利，其使用权不受法律保护。

原告主张《中华人民共和国海域使用管理法》为后法，《中华人民共和国渔业法》为前法，根据后法优于前法的法律适用原则，应适用后法《中华人民共和国海域使用管理法》来确定原告的海域养殖权，即只要取得海域使用权证就取得了海域养殖权，无须再取得养殖证的理由亦属不当。我国《中华人民共和国海域使用管理法》和《中华人民共和国渔业法》均为全国人大常委会通过的且正在实施的有效法律，任何公民和法人从事海水养殖必须在取得海域使用权证的同时还须取得养殖证，这是法律的强制性规定。故原告诉称只要取得海域使用权证就取得海域养殖权无须再取得养殖证的理由违背了法律规定。如对其非法利益予以保护，无疑是鼓励原告可以不遵守国家法律、法规，可以非法使用海域和非法养殖，其产生的负面效应将是其他公民和法人纷纷效仿，其结果将是对国家法制和国家海域的破坏。

综上，北海海事法院认为，原告既未取得海域使用权，又未取得养殖权，其养殖行为显属非法使用海域和非法养殖。根据《中华人民共和国民法通则》第 5 条"公民、法人的合法的民事权益受法律保护,任何组织和个人不得侵犯"和《中华人民共和国海域使用管理法》第 23 条"海域使用人依法使用海域并获得收益的权利受法律保护,任何单位和个人不得侵犯",第 42 条"未经批准,非法占用海域的,责令退还非法占用的海域,恢复原状,没收违法所得……"及农业部《完善水域滩涂养殖证制度试行方案》第 4 条"养殖证是生产者使用水域滩涂从事养殖生产活动的合法凭证。持证人从事养殖生产的合法权益受法律保护","当水域滩涂因国家建设及其他项目征用或受到污染造成损失时,养殖者可凭养殖证申请补偿或索取赔偿"的规定,原告非法使用海域非法养殖文蛤获得的利益属非法利益,不应受国家法律、法规的保护。故对原告请求被告赔偿养殖文蛤损失的主张,应依法予以驳回。纵观本案情况,原告未取得海域使用权和养殖权,擅自将文蛤苗非法投放养殖,违反了《中华人民共和国海域使用管理法》和《中华人民共和国渔业法》的强制性规定,其行为具有过错,致使文蛤被污染损害,原告应自负主要责任。但考虑到原告对购买的文蛤苗具有合法的财产权,被告违法排污造成原告投放的文蛤苗损失应予适当补偿。原告筹资 403 000 元购买 85 000 公斤文蛤苗,平均每公斤 4.74 元,按《专家意见》损失率 0.7367 计算,原告文蛤苗损失为 296 816 元(85 000 公斤×0.7367×4.74 元)。原告对此损失应承担 60% 的责任,被告承担 40% 的责任。

综上,依照《中华人民共和国民法通则》第 117 条"损坏国家的、集体的财产或者他人财产的,应当恢复原状或者折价赔偿"、第 124 条"违反国家保护环境防止污染的规定,污染环境造成他人损害的,应当依法承担民事责任"、第 131 条"受害人对于损害的发生也有过错的,可以减轻侵害人的民事责任",《中华人民共和国环境保护法》第 41 条第 1 款"造成环境污染危害的,有责任排除危害,并对直接受到损害的单位或者个人赔偿损失"的规定,经北海海事法院审判委员会讨论决定,判决如下:

(1)被告广西合浦西场永鑫糖业有限公司赔偿原告洪基宽、梁美、梁安文蛤苗种损失 118 726 元;

(2)驳回原告洪基宽、梁美、梁安其他诉讼请求。

⑩ 上诉人长岛长通旅运有限公司与被上诉人唐家安海上养殖损害赔偿纠纷案
案例来源:山东省高级人民法院(2006)鲁民四终字第 50 号
主题词:海上养殖损害　养殖区　航行通告　过错责任

> **裁判要旨**
>
> **No. HS-5.4-7**　船舶在雾航中未进行有效瞭望,没有使用安全航速,误入合法养殖区,造成养殖区物资和产品损失,船舶所有人应依法对养殖户承担损害赔偿责任。养殖户未依法申请发布航行通告,对本次事故的发生具有一定过错,双方按比例分担责任。

一、基本案情

上诉人(原审被告):长岛长通旅运有限公司(以下简称长通旅运公司)
被上诉人(原审原告):唐家安

青岛海事法院查明:2004年6月24日,中国人民解放军94502部队租用长通旅运公司的"长通1号"滚装船从蓬莱港码头往长岛县大钦岛输送打靶兵器,行至大钦岛港航道口附近时,因大雾,能见度低,看不清航道,"长通1号"轮与唐家远的领航船失去联系,误入唐家安的海带养殖区,造成5行海带架子断裂,直接经济损失24 398.40元。

二、一审裁判

青岛海事法院认为:唐家安持有长岛县人民政府于2003年2月20日核发的养殖承包证,养殖期限15年,其养殖行为受法律保护。长通旅运公司提出唐家安养殖区域不合法的理由不能成立。从中国人民解放军94502部队的证明材料、长岛县大钦岛乡政府的证明材料、领航员唐家远的证明材料、长岛海事处水上交通事故现场勘察笔录,均证实长通旅运公司对唐家安的养殖区构成破坏,造成了损失。从长岛海洋渔业局出具的海损测算表,证明了唐家安主张的海损数额合情合理,于法有据。长通旅运公司提出唐家案的海带养殖损失没有事实和法律依据的观点,不予支持。综上,长通旅运公司的行为侵犯了唐家安的合法财产,对唐家安的经济损失,应当承担法律责任。依照《中华人民共和国民法通则》第106条第2款,第117条第2、3款,第134条第(七)项之规定,判决:

长通旅运公司赔偿唐家安经济损失24 398.40元,于本判决生效后10日内付清。
案件受理费986元,由长通旅运公司负担。

三、上诉与答辩

长通旅运公司不服上述判决,上诉称:① 2004年6月24日,"长通1号"轮误入的养殖区不是唐家安的合法养殖区,事故发生地点位于唐家安合法养殖区域西边约100多米。② 即使事发地点在唐家安养殖区内,长岛海事处出具的事故报告认为,唐家安进行养殖生产前未依法申请发布航行通告、海图上也未作出标示。因此,"长通1号"轮不知道也不可能知道航经事故地点有养殖区的存在,长通旅运公司对事故的发生不存在过错,原审判决判定长通旅运公司承担事故的全部责任是错误的。③ 原审判决认定唐家安的经济损失数额缺乏事实和法律依据。长岛县海洋渔业局出具的海损测算表只是测算本次海损的参考,并不是海损的实际数额,青岛海事法院据此认定本次海损为全损,证据不足,应以有资质的评估单位评估为准。综上,请求二审法院撤销原判,驳回唐家安的诉讼请求。

被上诉人唐家安答辩称:青岛海事法院认定事实清楚,适用法律正确,请求二审法院驳回长通旅运公司的上诉请求,维持原判。

四、二审裁判

二审中,长通旅运公司为证明事故发生地点不在唐家安养殖证确权范围内,提供了中华人民共和国烟台长岛海事处盖章的证明,内容为:2004年6月30日,长岛县大钦岛乡政府宋辉提供"长通1号"轮进入养殖区时的GPS位置。长通旅运公司认为该位置距离唐家安的合法养殖区西边100多米。唐家安认为,宋辉提供的测量位置没有当事船长的签字,一审也未提交,不予认可。经查,关于事故地点的位置,一审庭审时,长通旅运公司陈述没有证据证明进入的养殖区不是唐家安的合法养殖区。山东省高级人民法院认为,长岛海事处证明的事故地点,不是事发当时长岛海事处测算出来的,仅是长岛县大钦岛乡政府工作人员宋辉提供的,也没有经过唐家安的确认,并且一审庭审时,长通旅运公司已作出没有证据证明事发地点不在唐家安养殖区内的陈述,因此,长通旅运公司的该份证据不能证明"长通1号"轮误入的养殖区不是唐家安的合法养殖区。另查明,长通旅运公司二审中提交的中华人民共和国烟台长岛海事处"长通1号"轮致损养殖事故报告记载,"长通1号"轮未遵守雾航规定是造成事故的主要原因,包括未进行有效瞭望,没有使用安全航速;同时认为,航道及其周围养殖区未对外公告,海图上未作标示,船长无法根据海图来操纵船舶,是造成事故的重要原因。唐家安对海事报告有异议,但唐家安对已发布航行通告的事实不能举证。中华人民共和国烟台长岛海事处水上交通事故现场勘察记录记载:该养殖区确有船舶进入迹象,架绳有磨损,其中4行架子绞在一起,每行均有断头,共有5行架子有断头,第2、3、4、5、7行养殖架子海带与其他行相比,明显有损坏,绞缠在一起。受这5行架子断行的影响,与其他几行绞在一起影响海带的产量,现无法鉴定。2004年7月5日,长岛县海洋与渔业局对海带养殖海损情况作出测算,包括海带物资测算和海带产品测算。

山东省高级人民法院认为,本案为海上养殖损害赔偿纠纷,长通旅运公司所属"长通1号"轮雾航中未进行有效瞭望,没有使用安全航速,误入唐家安合法养殖区,造成养殖区物资和产品损失,长通旅运公司应依法对唐家安承担损害赔偿责任。而唐家安作为养殖户,未依法申请发布航行通告,对本次事故的发生具有一定过错,据此,山东省高级人民法院判定本案养殖损失的责任承担比例为长通旅运公司承担70%,唐家安承担30%。关于损失数额的认定,长岛县海洋与渔业局出具的海损测算表客观、公正,烟台长岛海事处的现场勘察记录已说明,海损无法鉴定,目前更不存在鉴定的基础。因此,青岛海事法院采纳了唐家安根据海损测算表计算的海损数额,并无不当。综上,青岛海事法院认定事实部分不清,山东省高级人民法院予以纠正;长通旅运公司的上诉请求部分有理,山东省高级人民法院予以支持。根据《中华人民共和国民事诉讼法》第153条第1款第(三)项的规定,判决如下:

变更青岛海事法院(2005)青海法烟海事初字第12号民事判决长通旅运公司赔偿唐家安经济损失24 398.40元为长通旅运公司于本判决生效之日起10日内赔偿。

11 上诉人蓬莱市乾源海水养殖有限公司、赵竹海与被上诉人烟台经济技术开发区大季家街道办事处山后初家居民委员会等海上养殖损害赔偿纠纷案

案例来源:山东省高级人民法院(2008)鲁民四终字第 115 号
主题词:海上养殖损害　海域使用权　诉讼主体资格　养殖证　养殖增殖部分

> **裁判要旨**
>
> **No. HS-5.4-8**　船舶登记所有人每年从船舶经营人处收取固定的租金,有一定的收益,而且船舶所有权的转移是以登记为要件,未经登记不得对抗善意第三人,船舶登记所有权人也应当对船舶进入养殖区造成的损失承担赔偿责任。
>
> **No. HS-5.4-9**　单位和个人使用国家规划确定用于养殖业的全民所有的水域、滩涂的,应当申请核发养殖证。原告未提交其已取得养殖许可的相关证据,只能就其养殖物的直接损害主张权利,对于养殖物的增值部分主张权利的,法院不予支持。

一、基本案情

上诉人(原审原告):蓬莱市乾源海水养殖有限公司(以下简称乾源水产)
上诉人(原审被告):赵竹海
被上诉人(原审被告):烟台经济技术开发区大季家街道办事处山后初家居民委员会(以下简称初家居委会)、烟台开发区初旺渔业捕捞养殖服务处(以下简称初旺服务处)、赵奎民、赵奎典

青岛海事法院查明:王忠平于 2002 年 6 月从蓬莱市登丰养殖三场取得了蓬莱市刘家沟镇朱家庄村北沿海 93.95 亩宗海的海域使用权,用海期限为 1998 年 12 月 2 日至 2008 年 12 月 1 日,用海类型为海水养殖,用途为筏式养殖。2007 年 4 月,王忠平将该海域的十区、十一区的 89.06 亩海域承包给乾源水产用于暂养虾夷贝苗,约定当年虾夷贝苗全部出售之后就收回,并出租了 55 排养殖架给乾源水产。王忠平出具了书面的证明并且出庭作证对此予以确认。乾源水产的企业法人营业执照副本载明其经营范围为海珍品育苗、养殖,但其未提交相应的养殖许可证。"鲁烟开渔 0219/0220"号渔船,系钢制捕捞渔船,于 1995 年 4 月 15 日建成,长 28.24 米,宽 5.40 米,深 2.50 米,总吨 82 吨,净吨 29 吨,总功率 202 千瓦,浅蓝色。初旺服务处于 2003 年 9 月 16 日取得所有权,并于当日办理了船舶所有权登记。初旺服务处为 2003 年 8 月 6 日在烟台市工商行政管理局登记的企业法人,其营业执照(副本)载明系集体企业,经营范围为海水捕捞、养殖,注册资金人民币 30 万元。

2005 年 12 月 31 日,初旺服务处与租赁代表人赵竹海签订《船舶租赁合同书》约定,初旺服务处将 0219、0220 船(含 48 海里雷达 1 台、卫星导航仪 1 台、单边带 1 台、机舱及港上一切附属设备齐全,渔船所有证件证书齐全有效)租赁给赵竹海管理使用,租

赁期限 5 年,自 2006 年 1 月 1 日至 2010 年 12 月 31 日止,每年租金 17 万元人民币,每年 1 月 1 日付清当年租赁金。租赁期内租赁物的产权归初旺服务处所有,租赁期满,赵竹海将租金交清后,将产权变更为赵竹海名下永远所有,初旺服务处所配备的一切设备、证书、证件等随船带走,双方互不干涉。初旺服务处配备的仓库在租赁期内归中标船使用,租赁期满归还。租赁期内,初旺服务处负责船体保险及其保险费,渔船发生碰撞事故,由赵竹海自负损失,重大海损事故,初旺服务处根据实际情况研究决定,属责任事故,初旺服务处追究赵竹海的责任。合同期满,初旺服务处不承担渔船船体的保险责任。赵竹海在租赁期内,按照上级有关规定办理有关手续,并自负一切费用(包括船舶修理、许可证年审、船舶证书年审、船只检验、人身保险、船员证书、救生消防设备检验费、渔政罚款、有关税金及有关管理费用等),租赁期内渔船的一切手续(所有证件、证书)必须保证年审有效,如因不年审等原因导致证件过期、作废的,赵竹海应赔偿初旺服务处损失 5 万元人民币。赵竹海按规定招齐本船职工,并给所有职工办理人身意外伤害保险手续,租赁期内,无论船体和职工发生重大事故,均由赵竹海自负费用和法律责任,初旺服务处可以协助处理解决。租赁期内发生的一切债权债务和经济纠纷均由赵竹海自负,与初旺服务处无关。租赁期内船体维修和机器维修费用由赵竹海自负。租赁期满,过户时如赵竹海证件和手续不全,上级部门罚款和过户手续费由赵竹海自负,初旺服务处有责任协助办理。赵竹海等未提交 0219、0220 船的光船租赁登记资料。

赵奎民系 0219 船船长、赵奎典系 0220 船船长,两人均持有山东渔港监督局于 2007 年 8 月 17 日签发的渔业船舶职业船员证书,证书均载明:职务为船长,等级为 30 总吨至未满 200 总吨,航区为有限航区,船舶类别为捕捞船,有效期至 2012 年 8 月 16 日。2007 年 5 月 29 日约 18:00 时许,赵奎民驾驶 0219 船,赵奎典驾驶 0220 船,从山后初家村北山后出海朝西北方向行驶约 1 小时后到达乾源水产租用王忠平的养殖海域北边,0219 船在 0220 船北侧,两船相距约 50 米,自西向东拖网捕鱼。乾源水产认为 0219 船进入其养殖区域,拖断了其 5 排虾夷贝苗养殖架,造成经济损失人民币约 33 万元。赵竹海等对此不予认可。乾源水产的法定代表人王少玲于 2007 年 5 月 29 日晚 20:50 时,就其养殖架被损坏一事向蓬莱市公安局解宋营边防派出所报案称,其在蓬莱市刘家沟镇朱家庄村北海域内的虾夷贝苗养殖架被船挂断,损失价值人民币 33 万元。该所接警后,于 2007 年 5 月 29 日 21:10 时左右达到现场出警,通过对相关人员的询问,形成了 18 份询问笔录,并于 2007 年 6 月 2 日对事故现场进行了勘验检查,形成勘验检查笔录、照片、录像、现场示意图等。

蓬莱市公安局的《勘验/检查笔录》载明,2007 年 6 月 2 日 16:50 时至 17:30 时,栾家口边防派出所对蓬莱市刘家沟镇朱家庄村以北海域第十一养殖区进行了勘验,据王少玲雇佣的看海工人田吉刚称,第十一区共有 5 排养殖架。民警在第十一区发现两排完整的养殖架,在完整的两排养殖架的西北侧及西南侧有两处断缆绳,缆绳上无养殖物品,仅有一些细绳头,且这些缆绳缠在一起,未发现其他物证。绘制了现场图 1 张,拍摄现场照片10张。《现场勘验说明》载明,王忠平称其于6月2日16时许,随蓬莱边防大队出海对王少玲养殖架被损坏情况进行辨认,在第十一区西部发现第一根断开的"架子",(现场示意图上位置编号A),架子上有很少的浮漂(现场照片第一组);往东走发现船北边又有一组漂子漂在海上,这是第二根断的架子(编号B,录像中可以指认);继续往东有两排完整的架子上缠着一些断开的架子和漂,继续往东发现有两个架子(第三、四根,编号C)断开纠缠在一起,架子上还有剩下的虾夷贝苗袋(现场照片第二组);继续往东发现一排完整的架子(录像中可以指认);继续往东到达看海位置在其附近发现第五根断开的架子(编号D),架子上还有剩下的虾夷贝苗袋(录像中可以指认)。关于现场勘验的录像中显示第十一区有两排完整的架子,共有3排被划断的架子,其中一排架子上除了有几个漂和细绳头之外,没有其他物品,另两排的漂都缠在一起,并有些网袋纠缠在一起,断裂处痕迹新鲜。第十区共有12排完整的养殖架,其中两排架子上缠有划断的养殖架。每排完整的架子的间距约为七八米,架子上间隔约40—50厘米挂有一串袋,每串挂有40袋,每袋里面的虾夷贝苗的规格和数量不详。蓬莱市公安局《接受刑事案件登记表》载明,2007年5月29日20:50时,蓬莱市刘家沟镇朱家庄村王少玲报案称,其位于蓬莱市刘家沟镇朱家庄村北海域内的虾夷贝苗养殖架被船毁坏,损失价值人民币33万元。经过初查,该局于2007年6月12日向王少玲下发了蓬公不立字〔2007〕30006号不予立案通知书,告知其经审查认为没有犯罪事实,不需要追究刑事责任,决定不予立案。

乾源水产在审理过程中申请对损失进行鉴定,但在庭审中撤回了鉴定申请,并申请法院调查虾夷贝苗的价格,后乾源水产自行提交了蓬莱市海洋与渔业局于2008年1月10日出具的关于虾夷贝苗的价格证明。该证明载明,经统计调查显示,蓬莱市范围内2007年5月20日—6月10日虾夷贝苗3—5毫米的价格为每粒0.003—0.005元。初旺服务处、赵竹海、赵奎民、赵奎典在庭审中称,0219、0220船在事发当时已光船租赁给赵竹海,船属于赵竹海,实际经营人为赵竹海,并由其雇用船员。乾源水产主张,因船舶登记在初旺服务处名下,初旺服务处不具备法人资格,属于初家居委会的下属机构,因此要求初家居委会承担责任。因赵奎民、赵奎典、赵竹海陈述他们是合伙人,原来是其中一个股东赵竹船去世成为3股,他们与初家居委会和初旺服务处是分期转让,是0219、0220船的实际经营人和管理人,而且赵奎民、赵奎典是侵权行为人,存在严重过错,因此应当承担赔偿责任。乾源水产主张的损失为,共损失5排养殖架,每排养殖架上挂有150串,每串40袋,每袋3 200粒苗,当时每粒苗价值3厘半,损失共计人民币33万元。

二、一审裁判

青岛海事法院认为,本案的主要争议焦点为:乾源水产是否适格的诉讼主体,是否有权就本案所涉的养殖损害主张权利;是否存在损害和侵权事实,即0219、0220船是否进入乾源水产的养殖区、损坏了养殖架、造成了虾夷贝苗的损失以及损失大小;谁应当承担损害赔偿责任?

1. 关于乾源水产的主体资格

青岛海事法院认为,王忠平作为蓬莱市刘家沟镇朱家庄村北沿海93.95亩宗海的海域使用权人,有权处分自己的实体权利,将该海域出租或承包给他人。虽然王忠平在派出所对其的调查笔录中称他将该海域租给了王少玲,而王少玲为乾源水产的法定代表人,符合当地群众的通常认知程度,且王忠平出具了书面证明,并出庭作证,确认其自2006年4月起将该海域内第十区、第十一区共89.06亩海域的海域使用权承包给了乾源水产用于暂养虾夷贝苗,租期约为三四个月,赵竹海等未提交证据予以推翻,因此,青岛海事法院予以确认。乾源水产属于适格的诉讼主体,有权就本案所涉蓬莱市刘家沟镇朱家庄村北沿海王忠平海域内第十区和第十一区内的养殖物的损害主张权利。根据《中华人民共和国渔业法》第11条的规定,单位和个人使用国家规划确定用于养殖业的全民所有的水域、滩涂的,使用者应当向县级以上地方人民政府渔业行政主管部门提出申请,由本级人民政府核发养殖证,许可其使用该水域、滩涂从事养殖生产。由于乾源水产未提交其已取得养殖许可的相关证据,只能就其养殖物的直接损害主张权利,对于其养殖物的增值部分青岛海事法院不予支持。

2. 关于侵权及损害事实

青岛海事法院认为,由于本案所涉事故发生在海上,且都是相关人员的陈述,因此应当综合予以认定。对于相互能够印证或者对方当事人认可的内容,予以认定。对于与一方当事人有利害关系的人员所作出的对该方当事人不利的陈述,作对该方当事人不利的认定。综合审查派出所对事发当晚事故现场的相关人员所作的询问笔录,青岛海事法院认为,尽管乾源水产的职员张大波、马德山、张转回、田吉刚都陈述进入乾源水产养殖区的是0220船,但根据他们陈述的关于他们登上该船、该船被另一艘船拖出养殖区,在往朱家庄方向行驶过程中,该船在中间、拖该船的后面等事实以及该船的特征、方位等,均与梁圣祥以及赵奎典、赵奎民、刘景通、李修卫等人描述的0219船相符。据此可以认定,张大波、马德山、张转回、田吉刚所称的进入乾源水产养殖区的0220船就是0219船。王春生和王忠平虽然没有说明进入养殖区的大铁壳船的船名,但根据他们描述的该船的特征、方位及行为等,也与赵奎典、赵奎民、刘景通、李修卫等人描述的0219船相符。据此可以认定,虽无法认定是在拉网过程中还是在拖船过程中损坏了养殖架,但可以认定,0220、0219船共同损坏了养殖架。乾源水产的损失为:共损失3排养殖架,每排养殖架挂有150串,每串挂有40袋,每袋3000粒虾夷贝苗,每粒0.003元,合计损失为人民币162 000元。

3. 关于承担损害赔偿责任的主体

青岛海事法院认为,由于0219、0220船船长在事发当时没有取得适任证书,而且在明知有养殖区的情况下仍在养殖区附近拖网作业,并疏于瞭望,0219船船舵损坏、0219船进入乾源水产的养殖区,导致0220、0219船损害了乾源水产的养殖架,0220、0219船方存在过错,与损害结果之间存在因果关系,因此,对0219、0220船负有管理义务的人应当承担侵权损害赔偿责任。虽然乾源水产没有提交证据证明其已对养殖区申请航行通告，并设置相应的警示标志，由于赵奎民在派出所的笔录中陈述其事先知晓养殖区的位置，并且看见了乾源水产方的海区看护船，对方也警告其避开养殖区，因此，乾源水产的过错与本案的损害结果之间不存在因果关系，不应因此减轻责任者的赔偿责任。根据初旺服务处于2005年12月31日与赵竹海签订的《船舶租赁合同书》的约定，该合同实质上属于船舶租购合同，船舶出租人同时又是船舶出卖人、船舶承租人同时又是船舶买受人，具备融资租赁合同、船舶买卖合同和光船租赁合同的某些属性。乾源水产并未提交证据予以推翻，且未举证证明该合同存在无效或可变更、可撤销的法定情形，因此，青岛海事法院对其效力予以认定。尽管《中华人民共和国船舶登记条例》第六条规定"船舶抵押权、光船租赁权的设定、转移和消灭，应当向船舶登记机关登记；未经登记的，不得对抗第三人"，但该条例属于行政法规，应仅适用于调整有关主管机关对船舶进行监督管理所涉及的行政权力与义务关系，而不应适用于调整民事主体之间的民事权利与义务关系。并且法律没有明确规定船舶租购合同必须经过登记才能对抗第三人，因此对于乾源水产提出的未经登记不得对抗第三人的主张青岛海事法院不予支持。综上，赵竹海在事发当时作为0219、0220船的承租人及实际经营人，负有管理义务。且根据《船舶租赁合同书》的约定，赵竹海应当承担因0219、0220船所产生的一切责任。因此，赵竹海应当承担损害赔偿责任。尽管初旺服务处系0219、0220船的登记所有人，但其已将该船出租给赵竹海，根据《船舶租赁合同书》的约定，其不应当承担责任。而且《中华人民共和国合同法》第246条也规定，承租人占有租赁物期间，租赁物造成第三人的人身伤害或者财产损害的，出租人不承担责任。乾源水产并未举证证明事发当时该初旺服务处实际经营管理0219、0220船，亦未行使船舶优先权，因此初旺服务处不应当承担损害赔偿责任，青岛海事法院对乾源水产关于初旺服务处作为船舶所有人应承担损害赔偿责任的主张不予支持。由于初旺服务处不承担损害赔偿责任，且乾源水产未提交证据证明初旺服务处不具备独立的法人资格，也未证明其开办单位为初家居委会，因此，乾源水产要求初家居委会承担连带责任的主张没有事实和法律依据，青岛海事法院不予支持。乾源水产没有提交证据证明0219、0220船在事发当时的实际经营人或合伙人为赵竹海、赵奎民、赵奎典，赵竹海等也予以否认，而且，赵奎民、赵奎典作为0219、0220船的船长，在从事捕鱼过程中造成他人财产损害，系履行职务中的行为，其行为后果应由其雇主承担，不应由其本人承担，乾源水产亦未举证证明赵竹海、赵奎典等构成侵权。因此，乾源水产主张赵奎民、赵奎典承担损害赔偿责任没有事实和法律依据，青岛海事法院不予支持。对于乾源水产主张赵竹海等赔偿因本案诉讼产生的差旅费、律师费，因没有提交相应的证据，且没有法律依据，青岛海事法院不予支持。

综上，依照《中华人民共和国民法通则》第106条第2款、第117条第3款的规定，判决：

（1）赵竹海向蓬莱市乾源海水养殖有限公司赔偿损失人民币162 000元。

（2）上述款项赵竹海应于本判决生效之日起 10 日内付清。

三、上诉与答辩

上诉人乾源水产不服一审判决上诉称：

（1）关于赔偿责任主体一审判决错误，到目前为止，肇事船舶所有权登记人仍为初旺服务处，其虽然与赵竹海等 3 人签订船舶租赁经营合同书，但未在相关部门登记，不能对抗第三人，船舶登记所有人应为赔偿责任主体。

（2）一审认定的赔偿数额不对，上诉人损失是 5 排贝苗，而不是原审认定的 3 排，从而导致原审判决计算的损失数额不正确。请求撤销原判，改判支持一审诉请。

上诉人赵竹海不服一审判决上诉称：

（1）乾源水产不是本案的适格主体；

（2）0219 船与 0220 号船并没有对本案所涉及的养殖架造成损害；

（3）对养殖架的损坏情况，乾源水产方证人陈述的损坏的船只、损坏数量不一致，而且均承认在事发前一天有一艘 0157 号船损坏了其养殖架，损坏数目是一样的。因其逃跑无法追究，第二天便碰到了 0219 号船，并要求上诉人赔偿，这不应当是一种巧合。

被上诉人初家居委会、初旺服务处、赵奎民、赵奎典辩称，青岛海事法院判决认定正确，其不应承担责任。

四、二审裁判

山东省高级人民法院认为，本案的争议焦点有：乾源水产是否系本案的适格主体；0219、0220 船是否造成乾源水产养殖损害；乾源水产损失数额如何计算；谁应当承担赔偿责任。

关于乾源水产的主体地位问题。山东省高级人民法院认为，青岛海事法院认定王忠平作为涉案海域的使用权人，其有权对该部分海域作出处分并无不当。王忠平虽然在派出所笔录中陈述是将涉案海域租给了王少玲，但其后又在法庭审理中当庭陈述租给了乾源水产，而王少玲是乾源水产的法定代表人，青岛海事法院认为王忠平称租给了王少玲符合当地群众的认知程度，从而认定乾源水产具备本案的诉讼主体地位并无不当。赵竹海关于乾源水产不是本案适格诉讼主体的上诉理由不能成立，山东省高级人民法院不予支持。

关于 0219、0220 船是否造成了涉案养殖损害问题。根据乾源水产职工及 0219 号船大副刘景通、边防派出所李修卫的证明可以认定 0219 号船进入了乾源水产的养殖区，并失去动力，0220 号船在拖拉 0219 船过程中导致乾源水产养殖架被损坏，因此原审认定 0220、0219 船共同造成乾源水产养殖架损坏并无不当。虽然王少玲认可事发前一天 0157 号船也曾拉倒过 3 排养殖架，另有一艘不知名的船拉倒过两排养殖架，但赵竹海没有证据证明该 5 排养殖架与涉案的养殖架是同一的,对其主张其不应承担责任的理由,山东省高级人民法院不予支持。

关于赔偿责任的承担问题。赵竹海认可涉案船舶属于其个人所有,系以租代买的形式取得,其个人也实际控制经营该两条船,因此赵竹海应当对事故的发生承担直接的赔偿责任,原审判决由其承担赔偿责任并无不当。虽然涉案船舶是赵竹海实际经营,但船舶登记所有人仍然是初旺服务处,初旺服务处每年从赵竹海处收取固定的租金,有一定的收益,而且船舶所有权的转移是以登记为要件,未经登记不得对抗善意第三人,因此初旺服务处作为法律上的所有权人也应当对损害赔偿承担赔偿责任。

综上,青岛海事法院适用法律基本正确,但对损失数额认定有所不当,应予纠正。依照《中华人民共和国民事诉讼法》第 153 条第 1 款第(三)项之规定,判决如下:

(1) 维持青岛海事法院(2007)青海法海事初字第 410 号民事判决第二项。

(2) 变更青岛海事法院(2007)青海法海事初字第 410 号民事判决第一项为:赵竹海于本判决生效后 10 日内向蓬莱市乾源海水养殖有限公司赔偿损失 37 800 元。

(3) 烟台开发区初旺渔业捕捞养殖服务处对上述赔偿承担连带责任。

12 上诉人万中华与被上诉人龙口港集团有限公司海产养殖侵权纠纷案

案例来源:山东省高级人民法院(2010)鲁民四终字第 98 号
主题词:海产养殖侵权纠纷　政府主管部门许可　司法鉴定

裁判要旨

No. HS-5.4-10　海域使用权证书到期后被当地的渔业主管部门收回未再换发新的证书,此后当地政府也未再收取海域使用金,原持证人对其原养殖区已不再享有海域使用权。尽管当地政府主管部门口头同意其可以在原养殖区域内继续养殖并给予其适当补贴,但因其未进行登记并且其养殖行为违反了《中华人民共和国港口法》第 37 条"禁止在港口水域内从事养殖、种植活动"的规定,应不受法律保护。

No. HS-5.4-11　对养殖户所指认养殖区的养殖物进行的现场勘验、鉴定,并对其损失进行的估算的司法鉴定,不属于全国人民代表大会常务委员会《关于司法鉴定管理问题的决定》第 2 条规定的需对鉴定人和鉴定机构实行行政登记管理制度的司法鉴定业务范围。鉴定机构的鉴定资质,并不以其列入司法行政管理部门编制的司法鉴定机构名册为必要条件。但是鉴定人之一的专业资质为船舶检验,与海产养殖物损失鉴定的专业性差距较大,法院对其鉴定资质不予认定。

一、基本案情

上诉人(原审原告):万中华

被上诉人(原审被告):龙口港集团有限公司

青岛海事法院经审理查明:2007年,万中华在龙口市北大圈海域从事海上养殖。同年5月,龙口市北大圈部分养殖户反映其养殖的贻贝出现大量死亡,养殖户认为贻贝的死亡是由于航道疏浚施工造成的,他们向有关部门反映情况并要求赔偿损失。龙口市领导对此高度重视,组织有关部门研究解决方案。为科学、公正地评估龙口港航道疏浚施工对附近养殖物的影响,龙口市海洋与渔业局委托山东海事司法鉴定中心进行鉴定评估。2007年6月2日至6月3日,该中心对因航道疏浚导致的养殖物受损情况进行现场勘验调查,其评估范围为龙口港主航道(航向086.5°—266.5°)以南2 000米以内水域及航道以北至屺姆岛南岸水域。同年8月该中心出具了《龙口港航道疏浚悬浮物对养殖物影响评估报告》,其评估结论如下:

(1)对贻贝的影响程度。该报告将疏浚悬浮物对贻贝影响程度的区域划分为轻度污染区、中度污染区、重度污染区三个区域,不同污染海区的贻贝死亡率分别为:轻度污染区约10%、中度污染区约15%、重度污染区约30%。

(2)对牡蛎苗、栉孔扇贝采苗的影响程度。现场勘验时发现固着在扇贝壳上的牡蛎苗个体较小,死亡率约5%。属于正常死亡,随船勘验的养殖户代表对此也予以确认。对栉孔扇贝半人工采苗进行现场勘验时,由于苗袋投放时间较短,目力难以发现附着基上扇贝苗的有无及死亡情况。根据该中心2009年6月12日出具的说明,现场勘验时海湾扇贝尚未分笼,鉴定评估专家也未发现有海湾扇贝(苗)笼。

山东海事司法鉴定中心的上述鉴定报告完成后,2007年8月24日,龙口经济开发区管委、龙口市信访局、龙口市海洋与渔业局、龙港街道办事处联合在龙口经济开发区召集会议,会议由龙口市海洋与渔业局主持,渔民养殖户代表王道业、仲伟利、万中华等参加了会议。会议根据山东海事司法鉴定中心的鉴定结论研究决定:依据鉴定报告结果,对渔民养殖贻贝给予相应补偿,牡蛎、扇贝不予补偿。与会的渔民养殖户代表对此认同,未提出异议。龙口市海洋与渔业局对龙口港航道周边的相关渔民养殖户养殖亩数、海产品种类及数量进行实地勘查,逐户核实,并由渔民养殖户予以确认。贻贝按每亩600䌼核算养殖亩数,补偿标准确定的依据为市场考察、贻贝近几年售价及以往补偿经验,按有养殖手续8 000元/亩、无养殖手续6 000元/亩予以补偿。渔民养殖户对核定的贻贝养殖亩数及补偿标准均未提出异议。

万中华的涉案养殖区位于山东海事司法鉴定中心的上述评估范围内。2007年9月2日,龙口市海洋与渔业局(甲方)与万中华(乙方)签订了补偿协议。补偿协议中载明:"因龙口港航道工程施工,临近部分养殖水域受到污染,在平等自愿的基础上,以山东海事司法鉴定中心作出的《龙口港航道疏浚悬浮物对养殖物影响评估报告》为依据,达成补偿协议如下:一、双方的权利义务。1. 甲方依据甲、乙双方确认的受损亩数、养殖种类及养殖数量,补偿做到依法、公正、公平、合理,并在协议签订后及时兑现。2. 此次补偿涵盖整个航道工程施工期,乙方在得到补偿后,不得以任何理由、任何方式另行向龙口市政府及相关部门、龙口港或施工单位提出索赔要求。3. 乙方得到补偿后,确保不反悔,不做出任何过激行为,如再影响龙口港航道工程进展,则须承担一切法律责任。二、补偿标准。根据山东海事司法鉴定中心的《龙口港航道疏浚悬浮物对养殖物影响评估报告》,确定乙方补偿金额为人民币56 100元。三、补偿付款方式。本协议生效后20日内,由甲方一次性付清。四、本协议自双方签字之日起生效。"万中华已根据上述补偿协议领取了补偿金,但其坚持认为,该补偿协议仅针对其贻贝损失进行了补偿,未对其牡蛎和扇贝损失进行补偿,因为山东海事司法鉴定中心的评估报告未对其牡蛎和扇贝损失作出评估。因此,万中华于2008年1月14日向青岛海事法院烟台法庭提出证据保全申请,申请法院委托鉴定机构对其养殖区的养殖物进行现场勘验、鉴定评估。法院根据其申请委托青岛三杰海事技术咨询有限公司(以下简称青岛三杰公司)对其养殖区的养殖物进行了现场勘验,并对其损失进行评估。

  2008年3月10日,青岛三杰公司针对包括万中华在内的6家养殖户的受损情况出具了《关于龙口港航道疏浚造成养殖物损害的鉴定报告》(以下简称《鉴定报告》)。根据该报告,鉴定人对万中华涉案养殖区的勘验及损失评估情况如下:"一、包括万中华在内的六家养殖户受损养殖区的一般勘验情况:1. 养殖区内所能看到的养殖布局基本是东西方向布置的,养殖筏架是南北方向设置,筏架形式为浮式筏架。2. 取样的过程中对养殖扇贝笼的间距进行了测量,平均笼间距为70厘米;牡蛎养殖笼、绳的平均间距为0.39米;扇贝养殖笼是直径330毫米的10层格养殖笼。3. 养殖区内的养殖物为海湾扇贝和牡蛎,扇贝的养殖方法是通过将养殖笼悬吊在筏架上进行养殖的,牡蛎的养殖方法有使用养殖笼悬吊在筏架上养殖的情况,也有使用垂吊绳进行养殖的。4. 受损养殖区域的确定是根据养殖户的指认,采用GPS四点连线定位方法,即以每个受损养殖区外边界GPS测量点的连线范围内确定为损坏区域。5. 由于各养殖户均不能提供相应海域的海域使用权证书,因此本鉴定中未能对其指认的确权水域进行核对。6. 本鉴定中所计算和核定的养殖规模除现场勘验发现的部分外,其他是根据通常情况下的养殖习惯进行的。二、万中华受损养殖区的具体勘验情况:经该养殖户现场指认,在其所属的养殖区内的养殖物为海湾扇贝和牡蛎,其共有2方地,在其养殖区分别仅有4排扇贝和5排牡蛎尚未收获。根据该养殖户的指认,鉴定人对其受损的养殖区采用GPS测量定位,所测得的受损区域GPS点如下:第一方地:1. 北纬37°39.820′、东经120°16.627′;2. 北纬37°39.795′、东经120°16.945′;3. 北纬37°39.520′、东经120°16.588′;4. 北纬37°39.486′、东经120°16.908′。第二方地:5. 北纬37°38.931′、东经120°16.731′;6. 北纬37°38.866′、东经120°16.795′;7. 北纬37°38.635′、东经120°16.526′;8. 北纬37°38.703′、东经120°16.471′。鉴定人在该养殖区范围内,对剩留的养殖物进行了取样。根据养殖户代表介绍,其养殖布局数量是扇贝和牡蛎分别为50%;在牡蛎的养殖数量中又有笼养牡蛎和绳养牡蛎,各占50%。经对可见的筏架和养殖户现场指认养殖小区的情况进行了勘验和作图计算,万中华养殖笼/绳数量分别为:扇贝13 860、牡蛎(笼)15 252、牡蛎(绳)19 671。三、损失评估。鉴定人通过对龙口海湾其他未受航道疏浚影响的养殖户的养殖情况进行调查对比,对万中华养殖受损计算如下:1.海湾扇贝:受损数量13 860笼,取样称重计算每笼平均产量5.2525公斤,正常养殖平均每笼产量11.25公斤,每笼平均产量损失5.9975公斤,合计损失产量83 125.352公斤,批发销售单价2.0元/公斤,因此海湾扇贝的损失金额为人民币166 250.70元。2.牡蛎(笼):受损数量15 252,取样称重计算每笼平均产量13.6公斤,正常养殖平均每绳产量25公斤,每笼平均产量损失11.4公斤,合计损失产量173 872.8公斤,批发销售单价1.6元/公斤,损失金额为人民币278 196.48元。3.牡蛎(绳):受损数量19 671,取样称重计算每绳平均产量10.2公斤,正常养殖平均每绳产量15公斤,每绳平均产量损失4.8公斤,合计损失产量94 420.8公斤,批发销售单价1.6元/公斤,损失金额为人民币151 073.28元。以上三项合计人民币595 520.46元。"

根据中国海监龙口市大队盖章确认的万中华养殖水面面积和坐标范围,万中华的养殖面积为204.74亩,养殖范围坐标点为:37°39.435′、120°16.823′;37°39.547′、120°16.601′;37°39.713′、120°16.763′;37°39.600′、120°16.950′。结合中国海监龙口市大队出具的万中华养殖范围,青岛三杰公司于2009年6月7日在其鉴定基础上补充提供了万中华受损金额中养殖成本(含人工成本、船机成本、苗种成本和物资折旧四部分)的构成说明。经核算,万中华扇贝和牡蛎损失的相应养殖成本为人民币112 306元。万中华在庭审中陈述:其养殖的扇贝每年都是五六月份投苗,牡蛎大约是2006年10—11月份投的苗。另查明,2006年3月,包括万中华在内的龙口市北大圈部分养殖户上访要求龙口市海洋与渔业局办理海域使用证,并反映龙口港扩港污染赔偿费问题。龙口市海洋与渔业局答复意见如下:龙口北大圈渔民从事养殖生产多年情况属实,龙口市海洋与渔业局于1999年为其办理海域使用证,并收取海域使用金。但是为了发展港口经济,2001年《山东省海洋功能区划报告》将北大圈划定为港口区,要求逐步撤出渔业活动;渔民的海域使用证2002年到期,从2003年开始,不再收取海域使用金,考虑渔民生活问题,暂时允许其在原养殖区进行养殖生产,但不予办理海域使用证;龙口港给渔民水域污染经济补偿,由龙口市海洋与渔业局发给养殖户的事根本没有,不属实。2008年4月1日,龙口市海上碍航物专项整治工作领导小组在《今日龙口》报上发出《关于禁止在龙口港区水域内从事养殖活动的通告》,通告明确了禁止养殖的水域范围,同时要求在禁养范围内的所有碍航养殖,其所有人必须在2008年4月10日前全部自行清除,否则政府有关部门将强行清除。

二、一审裁判

青岛海事法院认为,本案系海产养殖侵权纠纷,双方争议的焦点问题主要有三个:一是万中华涉案养殖的合法性问题;二是龙口港集团有限公司的赔偿责任问题;三是万中华的养殖损失问题。

关于万中华养殖的合法性问题。万中华主张，龙口市海洋与渔业局对上访养殖户的答复意见证明万中华的海上养殖活动是经过当地海洋主管部门允许的，是合法的。龙口港集团有限公司认为，万中华的涉案养殖行为违反了相关法律，因此即使万中华养殖物的损害事实成立，也应由其自行承担责任。法院认为，根据本案查明的事实，从2003年开始，当地海洋与渔业主管部门虽然暂时允许万中华在其原养殖区进行养殖，但因北大圈已划为港口区，不再为其颁发海域使用权证书，根据《中华人民共和国海域使用管理法》第3条"单位和个人使用海域，必须依法取得海域使用权"和第19条"海域使用申请人自领取海域使用权证书之日起，取得海域使用权"的规定，从2003年开始万中华对其原养殖区就不再享有海域使用权，因此其涉案养殖不具有合法性，不受法律保护。

关于龙口港集团有限公司的赔偿责任问题。2006年3月，当地海洋与渔业主管部门在对上访养殖户的答复意见中明确指出，不颁发海域使用权证书的原因是北大圈已被划为港口区，因此万中华最迟应当在2006年3月份就知道或应当知道其原养殖区被划为港口区。根据万中华在庭审中的陈述，其养殖的牡蛎和扇贝是在2006年3月份以后投放的。根据《中华人民共和国海域使用管理法》第4条"国家实行海洋功能区划制度，海域使用必须符合海洋功能区划"和《中华人民共和国港口法》第37条"禁止在港口水域内从事养殖、种植活动"的规定，万中华在明知其原养殖区已划为港口区的情况下仍进行养殖活动，主观上存在对损害结果发生的放任，其养殖行为不仅不合法，还违反了《中华人民共和国海域使用管理法》和《中华人民共和国港口法》的禁止性规定。而龙口港集团有限公司的航道疏浚属于正常的港口作业行为，并未违反国家保护环境防止污染的相关规定，因此，万中华应对损害后果自行承担责任。另外，涉案养殖损害事故发生后，龙口市海洋与渔业局委托山东海事司法鉴定中心对龙口港航道疏浚悬浮物对养殖物影响进行了鉴定评估，并依据鉴定报告结论，决定对万中华养殖的贻贝损失给予相应补偿，对其养殖的牡蛎、扇贝不予补偿。据此，龙口市海洋与渔业局与万中华签订了补偿协议，该协议约定："此次补偿涵盖整个航道工程施工期，乙方在得到补偿后，不得以任何理由、任何方式另行向龙口市政府及相关部门、龙口港或施工单位提出索赔要求。"法院认为，该补偿协议合法有效，是双方真实的意思表示，万中华已根据该补偿协议的约定取得了补偿金，其不应再以任何理由、任何方式向包括龙口港集团有限公司在内的相关方提出索赔。

关于万中华的养殖损失问题。本案中万中华索赔的是牡蛎和扇贝损失，计算损失的依据是青岛三杰公司的《鉴定报告》。但该《鉴定报告》至少存在以下两个问题：一是养殖范围无法核定。该报告明确指出，对养殖户受损养殖区域的确定是根据养殖户的指认，由于养殖户不能提供相应海域的海域使用权证书，因此本鉴定中未能对其指认的确权水域进行核对。二是勘验现场是收获后的状况。鉴定人在报告中明确指出，是根据养殖户的指认确定养殖范围和养殖品种的布局，并且是对养殖户收获后剩留的养殖物进行的取样。因此，凭该鉴定报告无法判断万中华的实际损失。

综上,万中华的诉讼请求缺乏事实和法律依据,该院不予支持。依照《中华人民共和国民法通则》第 5 条、第 106 条、第 124 条,《中华人民共和国海域使用管理法》第 3 条、第 4 条、第 19 条,《中华人民共和国港口法》第 37 条的规定,经青岛海事法院审判委员会研究,判决如下:

驳回万中华的诉讼请求。

三、上诉与答辩

上诉人万中华不服一审判决上诉称:

(1) 原审判决对上诉人养殖行为不具有合法性的认定是错误的。上诉人自十多年前即在涉案海域进行海产养殖,并依法取得海域使用权证。2003 年,龙口市海洋与渔业局以换证为由将原证件收回(后称是由于海域功能规划的原因而收回),但允许上诉人继续在原海域进行养殖生产,一直持续到现在。因此上诉人的养殖活动是经过海域主管部门许可的,是合法的。另外,龙口市海洋与渔业局最近几年一直为上诉人的海水养殖船按国家政策发放燃油补贴,充分说明当地海域主管部门对上诉人的养殖行为是许可的,并认可其合法性。

(2) 原审判决以上诉人的养殖行为违反《中华人民共和国海域使用管理法》及《中华人民共和国港口法》的禁止性规定为由,认定上诉人应自行承担责任,是错误的。上诉人取得了海域使用权证后,虽然龙口市海洋与渔业局以海域功能规划为由予以收回,但其允许上诉人继续从事养殖生产。即使由于海域功能规划的原因,收回上诉人的海域使用权,要求上诉人退出赖以为生的海水养殖生产,应按《中华人民共和国海域使用管理法》第 30 条的规定给予上诉人补偿,但至今没有任何部门或单位这样做。如此,仅以上诉人养殖行为违反《中华人民共和国海域使用管理法》及《中华人民共和国港口法》的个别条款,而无视并剥夺法律赋予其获得补偿的权利,是法律适用的错误。因此,上诉人的损失完全应当由侵权人即被上诉人承担。

(3) 原审判决认定凭青岛三杰公司《鉴定报告》无法判断万中华的实际损失,是错误的。首先,原审判决认为青岛三杰公司出具的《关于龙口港航道疏浚造成养殖物损害的现场勘验鉴定报告》《关于龙口港航道疏浚造成养殖物损害的养殖成本的构成说明》中未能确定养殖范围,但龙口市海监大队确认的养殖范围(见被上诉人提交的证据 2)与上诉人所指称的养殖范围是重合的,即至少主管部门是承认部分养殖范围的。其次,原审判决因青岛三杰公司出具的前述报告中的勘验现场是收获后的状况,报告是依据收获后剩余的养殖物进行的取样而认定无法确定上诉人实际损失是错误的。上诉人正是进行了部分收获才确定养殖物受到损害,而剩余的部分养殖物足以充分反映其全部受损情况。

(4) 上诉人与龙口市海洋与水产局签订的《补偿协议》明确规定,补偿是以山东海事司法鉴定中心出具的《龙口港航道疏浚悬浮物对养殖物影响评估报告》为依据,而此报告仅对贻贝的损失情况作出鉴定,没有对上诉人的牡蛎和扇贝的损失作出鉴定。因此《补偿协议》只是对贻贝进行了补偿而没有对上诉人的牡蛎和扇贝损失进行补偿,上诉人对牡蛎和扇贝遭受的损失从没放弃过赔偿的权利。综上,原审判决认定事实、适用法律错误,请求二审法院依法改判或发回重审。

被上诉人龙口港集团有限公司辩称:

(1)原审判决认定上诉人的养殖行为不合法正确。根据《中华人民共和国海域使用管理法》《中华人民共和国港口法》及《中华人民共和国行政许可法》第39条第1款的规定,上诉人未持有国家海域使用证,即表明其养殖活动没有获得行政许可,当然不具有合法性。

(2)上诉人与龙口市海洋与渔业局在2007年8月30日签订的《补偿协议》合法有效,依据《补偿协议》上诉人无权再向龙口港集团有限公司提出索赔要求。

(3)青岛三杰公司《鉴定报告》除了一审判决指出至少存在两个错误外,被上诉人认为还存在如下错误:① 委托鉴定程序违法。根据最高人民法院《关于民事诉讼证据的若干规定》第26条的规定,法院指定青岛三杰公司鉴定,之前没有召集双方当事人进行协商,鉴定过程中也没有通知被上诉人派人参加。《关于龙口港航道疏浚造成养殖物损害的养殖成本的构成说明》的抬头是"青岛海事法院烟台法庭和薛稳山法官",这违反了《人民法院对外委托司法鉴定管理规定》由"人民法院司法鉴定机构负责统一对外委托和组织司法鉴定"的要求。② 鉴定机构和鉴定人员不具备相关鉴定资格。青岛三杰公司不在山东省司法厅公布的《国家司法鉴定人和司法鉴定机构名册》范围内,该公司没有依法取得《司法鉴定许可证》。根据全国人民代表大会常务委员会《关于司法鉴定管理问题的决定》的规定,该公司不得接受委托从事司法鉴定业务。另外,鉴定人孙明亮、田相利不具备司法鉴定人资格。孙明亮持有的船舶检验高级工程师的《专业技术资格证书》,与本次鉴定专业技术资质不符,两鉴定人均未依照《司法鉴定人登记管理办法》取得《司法鉴定人执业证》。③ 鉴定机构的鉴定程序严重违规。鉴定报告中的调查笔录仅有孙明亮一人进行询问,严重违规。田相利在一审开庭陈述其参加了现场鉴定,但其陈述未有证据支持。④ 青岛三杰公司的报告不足以反映上诉人全部受损的情况。鉴定时,上诉人的养殖物大部分已经收获,鉴定取样的养殖物系收获后剩留的扇贝和牡蛎,不能排除上诉人恶意将生长不良的养殖物集中到一起留作鉴定样本的嫌疑。青岛三杰公司《鉴定报告》以勘验现场收获后的情况,以此倒推上诉人已经收获养殖物的受损情况,是不科学的,以偏概全。

综上,被上诉人认为一审判决认定事实清楚,适用法律正确,应当予以维持。

四、二审裁判

经审理查明,万中华请求龙口港集团有限公司赔偿的牡蛎和扇贝均系于2007年5月下旬开始投苗,于2007年11月份下旬开始收获。万中华的一审诉讼请求为:请求法院依法判令龙口港集团有限公司赔偿其养殖牡蛎和扇贝经济损失60万元人民币及相应利息,并由龙口港集团有限公司承担本案诉讼费、保全费及鉴定费等费用。山东省高级人民法院查明的其他事实与青岛海事法院查明的事实相同。山东省高级人民法院认为,本案为海产养殖侵权纠纷,本案的当事人在二审审理期间争议的焦点为万中华养殖行为的合法性问题,万中华与龙口市海洋与渔业局签订的《补偿协议》对其行使诉权的影响,以及万中华养殖损失的确定。

根据本案查明的事实,万中华在2002年前具有诉争海域的使用权证书,2002年该证书到期后被当地的渔业主管部门收回未再换发新的证书,并且自2003年后,当地政府也未再向万中华收取海域使用金。根据《中华人民共和国海域使用管理法》第3条"单位和个人使用海域,必须依法取得海域使用权"和第19条"海域使用申请人自领取海域使用权证书之日起,取得海域使用权"的规定,从2003年开始万中华对其原养殖区已不再享有海域使用权。尽管当地政府主管部门在收回海域使用权证书后,口头告知万中华等养殖户可以在原养殖区域内继续养殖并给予其适当补贴,但是政府主管部门的上述行为与法定取得养殖使用权的条件并不相符。又由于《中华人民共和国海域使用管理法》第6条规定"国家建立海域使用权登记制度,依法登记的海域使用权受法律保护",万中华在其海域使用权证书被收回后,其对该海域的使用行为虽经当地政府主管部门口头同意,但因其未进行登记并且其养殖行为违反了《中华人民共和国港口法》第37条"禁止在港口水域内从事养殖、种植活动"的规定,应不受法律保护。

2007年,万中华等养殖户发现因龙口港航道疏浚施工造成污染,引起其养殖物死亡,便向当地政府反映,要求责任方予以赔偿。龙口市海洋与水产局委托山东海事司法鉴定中心进行了鉴定评估,形成了《龙口港航道疏浚悬浮物对养殖物影响评估报告》。在此基础上与万中华等人达成了《补偿协议》,决定对万中华的养殖损失进行补偿。通过对《龙口港航道疏浚悬浮物对养殖物影响评估报告》和《补偿协议》的内容的分析,在补偿协议签订时,万中华的养殖物损失只限于贻贝,未发现其他养殖物死亡,因此该补偿中所述的"根据确认的受损亩数、养殖种类及养殖数量进行补偿"应当是指贻贝的损失。但是该《补偿协议》约定,"此次补偿涵盖整个航道工程施工期,万中华在得到补偿后,不得以任何理由、任何方式另行向龙口市政府及相关部门、龙口港或施工单位提出索赔要求",却不仅限于贻贝的损失求偿的权利。一是在勘验评估前,万中华已经投放了本案中其请求的牡蛎苗和扇贝苗,其当初向政府的求偿请求是包括其养殖区内的养殖物而不限于贻贝,只不过勘验评估结果未发现其他养殖物死亡;二是由于《龙口港航道疏浚悬浮物对养殖物影响评估报告》中未核实和列明万中华的实际损失,因此《补偿协议》确定的是补偿原则而不是赔偿原则,其补偿的目的即为换取万中华放弃一定的民事权利;三是从万中华放弃权利的表述看,是其不得以"任何理由、任何方式提出索赔要求",而其"理由和方式"的范围并未加以限定。因此山东省高级人民法院认为,万中华通过获得补偿金的方式已就《龙口港航道疏浚悬浮物对养殖物影响评估报告》勘验评估期间养殖区内已有的养殖物的索赔权利均予以放弃。由于该权利的放弃是以协议的形式进行了约定,属于明示放弃权利,因此其就本案中主张牡蛎和扇贝损失的赔偿请求不予支持。

关于万中华牡蛎和扇贝损失数额的认定问题。万中华证明其损失的唯一证据是青岛三杰公司作出的《鉴定报告》，该报告系针对万中华所指认养殖区的养殖物进行的现场勘验、鉴定，并对其损失进行的估算。该报告的鉴定事项不在全国人民代表大会常务委员会《关于司法鉴定管理问题的决定》第2条规定的需对鉴定人和鉴定机构实行行政登记管理制度的司法鉴定业务范围内，青岛三杰公司对此鉴定事项的鉴定资质，并不以其列入司法行政管理部门编制的司法鉴定机构名册为必要条件。根据《人民法院对外委托司法鉴定管理规定》第3条、第7条的规定，青岛三杰公司已被山东省高级人民法院批准，可以从事诉讼案件的海事损害价值鉴定。因此，该公司具备对本案申请的鉴定事项进行鉴定的资质。但是青岛三杰公司指定的鉴定人之一孙明亮，其专业资质为船舶检验，由于本次鉴定事项中不包括船舶的性能或价值检验，其鉴定资质与本案的海产养殖物损失鉴定的专业性差距较大，对其鉴定资质不予认定。又由于万中华不具有海域使用权证书，其养殖范围无法核定，《鉴定报告》中的养殖范围系根据万中华本人的现场指认，而该养殖范围龙口港集团有限公司不予认可，中国海监龙口市大队虽出具证明确认万中华的养殖范围，但该大队未证明养殖区范围的确定是否是其职责范围以及其确认养殖区范围的依据，因而山东省高级人民法院无法通过现有证据判断万中华的养殖区范围。《鉴定报告》中万中华的牡蛎和扇贝损失数额的确定系对收获后现场的勘验、该勘验结果及根据该勘验结果计算的万中华的损失并非其损失情况的真实反映，对该数额山东省高级人民法院不予采信。综上，青岛三杰公司作出的《鉴定报告》山东省高级人民法院不予采信，对鉴定结论不予认定。万中华未提交其他证据证明其损失系其举证不能，对其诉讼请求山东省高级人民法院不予支持。

综上所述，一审判决认定事实清楚，适用法律得当，判决结果应当维持。根据《中华人民共和国民事诉讼法》第153条第1款第(一)项之规定，判决如下：

驳回上诉，维持原判。

6. 共同海损、海难救助

6.1 共同海损

1 原告中国人民保险公司河北省分公司与被告塞浦路斯瓦塞斯航运有限公司海难救助费用分摊追偿纠纷案

案例来源：宁波海事法院(1996)甬海商初字第207号

主题词：救助费用分摊　船舶不适航　追偿　国外律师费

裁判要旨

No. HS-6.1-1　承运人未尽谨慎处理使船舶载货过多，开航时不适航而搁浅，应对不适航所引起的货方损失承担责任。船舶开航时的不适航导致救助行为的发生，使得货方为此分摊了巨额的救助费用，货方有权向被告追偿。

No. HS-6.1-2　对于货方分摊的救助费用、救助方律师费、救助担保加保费、国外律师费、国内律师代理费、诉讼保全费等费用，有过失的承运人应予以赔偿。

一、基本案情

原告：中国人民保险公司河北省分公司（以下简称河北人保）

被告：塞浦路斯瓦塞斯航运有限公司（以下简称瓦塞斯公司）

原告河北人保诉称：1996年6月，被告瓦塞斯公司所属"Joanna V"轮在阿根廷San Lorenzo港Nidera泊位装载中国饲料进出口公司以C&F价进口的29 900吨豆粕，该船离泊后搁浅，被告随后委请救助公司对该船进行救助脱险。救助公司提出总额为175万美元的救助报酬请求，由提单持有人中国饲料进出口公司负责提供其中的110万美元担保。获救后，经伦敦仲裁，中国饲料进出口公司负担救助费及利息、分摊救助方律师费、仲裁费等912 388.93美元、44 250.02英镑。搁浅原因是船舶装载货物不当，船长在确定吃水时存在明显过失。被告作为承运人未履行使船舶适航的基本义务，导致船舶开航时即搁浅，使中国饲料进出口公司因此分摊了救助费等费用，原告已取得代位求偿权，有权向承运人追偿。本案应适用法院地法。故请求法院判令被告赔付原告下列损失：① 向救助公司支付的救助费用880 464.21美元及其利息（其中567 514.79美元按年利率5%，自1997年9月8日计至判决之日，312 949.42美元按年利率5%，自1998年1月8日计至判决之日）、10 572.32英镑及其利息（其中4 827.62英镑按年利率6.5%，自1997年9月8日计至判决之日，5 744.77英镑按年利率6.5%，自1998年

1月8日计至判决之日);② 分摊救助方律师费31 924.72 英镑及其利息(按年利率6.5%,自1998年4月14日计至判决之日);③ 救助担保加保费5 637.50 美元及其利息(按年利率5%,自1997年2月24日计至判决之日);④ 国外律师费33 677.70 英镑及其利息(按年利率6.5%,自1998年4月15日计至判决之日)、461 美元及其利息(按年利率5%,自1998年12月7日计至判决之日)、298.15 美元及其利息(按年利率5%,自1999年2月5日计至判决之日);⑤ 国内律师代理费105 887.20 元人民币及其利息28 410.17 元人民币;⑥ 诉讼保全费20 000 元人民币及其利息5 734.50 元人民币。

被告瓦塞斯公司辩称:瓦塞斯公司对搁浅没有任何过失。船方在开航前和开航当时已经按照法律规定谨慎处理,使该船舶处于适航状态。开航以后发生的问题,为航行驾驶过失,船方不承担责任,应由保险公司承担后果。原告没有举证证明船舶实际吃水大于9.10米,即没有举证证明开航当时不适航,也没能证明不适航与搁浅的因果关系。船后退过程中是尾部触底,不是中部触底,因此中吃水超过最大限制也与船舶触底没有因果关系。若原告认为本案争议非合同纠纷,则其起诉缺乏诉因。原告既非根据合同起诉,也非以侵权起诉,起诉没有任何法律基础,请求驳回河北人保的诉讼请求。

二、法院查明事实

宁波海事法院确认如下事实:"Joanna V"轮是艘散装货轮,总载重吨(夏季)50 550吨,夏季允许最大吃水12.55 米;船籍港塞浦路斯利马索尔(Limassol)港,所有人为被告;该轮备有Parana 河最新的引航手册、《进港指南》。1996 年6月,中国饲料进出口公司进口一批豆粕,由"Joanna V"轮承运。该轮于6月25日10:40时开始在阿根廷San Lorenzo港Parana河Nidera 码头装载散装豆粕,28日15:20时装毕。同日,以Turner船长名义签发的提单两份,提单载明:货物为阿根廷散装豆粕,共29 900吨,收货人凭指示。该两份提单经转让,由中国饲料进出口公司合法持有。6月28日18:35时,该轮起航,18:50时,在驶离码头大约200米处,船舶右舷搁浅。GPS(全球定位系统)位置为南纬32°41.9′、西经60°43.3′,距主泊位最南端浮标航向325°、0.7海里。21:15时,用缆绳将船固定在码头上,运作引擎,企图使船起浮,但未成功。7月2日,被告与"Albatros III"轮船东签订救助合同。当日15:42时"Albatros III"拖船使"Joanna V"轮脱浅,往下游退去,但17:22时,在与码头末端平行的300米左右处,船的左弦又搁浅。该次搁浅离第一次搁浅地点约200米,此时该轮吃水为9.05米(29英尺8英寸)。7月9日,船长代表船东、货方等与Satecna Costa Afuera S. A./Wijsmuller救助公司签订了救助合同,由该救助公司实施救助。航海日志显示船舶在7月9日右倾2度,16:00时左倾角度为0.80度。7月10日,该轮系泊Nidera 码头。为减轻船载,将5 500 吨货物卸载于驳船,卸载至7月11日16:15时结束,卸载后船舶吃水为7.82米(25英尺8英寸)。7月11日17:34时,船舶在拖轮的帮助下,顺着Nidera航道向下游后退,其中有几次触碰到河床,并有两次轻微搁浅。船舶驶至下游指定的锚地,将驳船的货物重新装上,7月12日12:15时装载结束,由此产生了巨额救助费用。

签订救助合同时,救助公司提出救助报酬为175万美元,并要求被救助方提供担保,中国饲料进出口公司因此提供给救助公司110万美元担保。事后,救助方与被救助方就救助报酬产生纠纷,救助公司在伦敦申请仲裁。经伦敦劳合社两次仲裁,被救助方共应支付救助报酬115万美元及利息122 580.55美元、仲裁费15 461.25英镑,其中货方分摊救助费及利息880 464.21美元、仲裁费10 572.39英镑、分摊救助方律师费31 924.72英镑,支付救助担保加保费5 637.50美元,支付国外律师费33 677.70英镑等费用。中国饲料进出口公司将该批散装豆粕向原告投保一切险,1996年7月9日,原告出具号码为No. SZ34/02I96003D的保险单一份,保险单载明:保险货物为自San Lorenzo港运往宁波或蛇口的29 900吨阿根廷散装豆粕,保险金额9 620 325美元。1996年9月25日,宁波海事法院根据中国饲料进出口公司的申请,在宁波港依法扣押了"Joanna V"轮。同月29日,在船方提供担保后,宁波海事法院对该轮解除扣押,原告负担保全费人民币20 000元。自1997年9月8日至1998年4月24日,原告依仲裁裁决,先后支付了货方应承担的救助费、仲裁费及其他相关费用,并按约定向其国内律师支付了代理费。1998年4月18日,中国饲料进出口公司向原告出具权益转让书,原告取代收货人获得代位偿权,要求被告赔付货方已分摊的救助费用及相关损失。

另查明,在1995年10月至1996年1月期间,共有5艘船舶在Nidera泊位开航时搁浅于航道,所有船舶的吃水均在7.75米(25英尺5英寸)至8.38米(27英尺6英寸)。《进港指南》明示航道的最大吃水为8.23米(27英尺)。

三、法院裁判

宁波海事法院认为,收货人中国饲料进出口公司与被告间存在海上货物运输合同关系。涉案提单没有首要条款,本案也不应适用提单约定的仲裁事项及适用的法律。按最密切联系的原则,收货人因海难救助费用的追偿可以在中国法院向承运人提起诉讼,并适用《中华人民共和国海商法》。原告作为收货人中国饲料进出口公司的保险人,根据保险合同赔付收货人承担的因救助产生的费用后,依法取得代位求偿权,有权向有责任的承运人追偿。

"Joanna V"轮是否因载货过多、开航时不适航而导致搁浅以及船方是否已尽谨慎处理之责使船舶适航,是双方当事人的争议焦点。首先,相对于适航而言,该轮是否超载,不应仅以船舶的登记载重量为依据,还需以船舶在特定航行水域能否安全漂浮、并顺行航行为衡量标准。"Joanna V"轮一开航便搁浅,经救助并卸下5 500吨货物后,其最小吃水仍有7.42米(24英尺4英寸),开航后船舶仍再次触底。很明显,以该轮开航当时的吃水状态,必然或几乎不可避免地会导致搁浅,事实也的确如此,故该轮应认定为在开航时不适航。其次,本案事发水域情况特殊,航道多变,作为一名谨慎的船长,应当综合考虑所有资料,尽可能地获得航道实际水深。当地曾有多艘船舶搁浅,且其吃水均在 7.75 米至 8.38 米间,其他船长也通过《进港指南》等资料提醒该航道最大吃水为 8.23 米。"Joanna V"轮船长在明知或应当知道这些事实的情况下,在确定吃水时仅依赖当地代理报给的数据,同时也未对此进行质疑并核实,甚至不知道阿根廷就该航道有特别的第 2/82 号海事法令明确船舶吃水最高水位为 7.32 米(24 英尺),其措施明显未达到谨慎处理的要求,存在明显的过失,事后的测深数据恰恰证明《进港指南》的记载是正确的。如果该轮严格遵守海事法令并参考以往出事船舶的吃水及《进港指南》的记载,严格限制船舶载货量,根据事后检测的数据,该轮不会发生搁浅。被告虽一再强调"当地海岸警卫队作为当地航行主管部门,对多变的航道情况能够提供最有权威的数据",并称其确定吃水是依据当地海岸警卫队所公布的允许的最大吃水数据,但至今未能提供证据予以证明。被告作为承运人未尽谨慎处理使船舶在开航前或开航时适航的义务,应对不适航所引起的货方损失承担责任。"Joanna V"轮开航时的不适航导致救助行为的发生,使货方为此分摊了巨额的救助费用,货方有权向被告追偿。原告提交的材料表明,其确已支付了救助费用、救助方律师费、救助担保加保费、国外律师费、国内律师代理费、诉讼保全费,被告应予以赔偿。原告诉请有理,予以支持。依据《中华人民共和国海商法》第 47 条、第 197 条,《中华人民共和国民事诉讼法》第 237 条、第 64 条第 1 款的规定,判决如下:

被告塞浦路斯瓦塞斯航运有限公司支付原告中国人民保险公司河北省分公司以下费用:

(1)分摊救助费用 880 464.21 美元及其利息(其中 567 514.79 美元按年利率 5%,自 1997 年 9 月 8 日计至 2001 年 9 月 28 日,312 949.42 美元按年利率 5%,自 1998 年 1 月 8 日计至 2001 年 9 月 28 日)、10 572.32 英镑及其利息(其中 4 827.62 英镑按年利率 6.5%,自 1997 年 9 月 8 日计至 2001 年 9 月 28 日,5 744.77 英镑按年利率 6.5%,自 1998 年 1 月 8 日计至 2001 年 9 月 28 日);

(2)分摊救助公司的伦敦仲裁律师代理费 31 924.72 英镑及其利息(按年利率 6.5%,自 1998 年 4 月 14 日计至 2001 年 9 月 28 日);

(3)救助担保加保费 5 637.50 美元及其利息(按年利率 5%,自 1997 年 2 月 24 日计至 2001 年 9 月 28 日);

(4)伦敦仲裁纠纷的外国律师代理费 33 677.70 英镑及其利息(按年利率 6.5%,自 1998 年 4 月 15 日计至 2001 年 9 月 28 日);

(5)国内诉讼的律师代理费人民币 105 887.20 元及其利息人民币 28 410.17 元;

(6)诉讼保全费人民币 20 000 元及其利息人民币 5 734.50 元。

救助费用分摊・船舶不适航・追偿・国外律师费

❷ 原告海南华联轮船公司与被告广西国际合作经贸公司、中国人民保险公司广西壮族自治区分公司共同海损分摊纠纷案

案例来源:北海海事法院(2000)海商初字第 054 号

主题词:共同海损　承运人不可免责过失　船舶不适航　分摊

> **裁判要旨**
>
> **No. HS-6.1-3** 承运人未能在船舶开航前和开航当时谨慎处理使船舶处于适航状态,由于承运人不可免责的过失而导致的共同海损损失,当然应由其自行承担,而不能将该损失转嫁给非过失方。

一、基本案情

原告:海南华联轮船公司

被告:广西国际合作经贸公司(以下简称经贸公司)

被告:中国人民保险公司广西壮族自治区分公司(以下简称广西人保)

原告诉称:1999 年 3 月 25 日,原告所属的"M.V. QINHAI 108"("琴海 108")轮载运被告经贸公司的货物自马来西亚驶往中国北海港,途中船舶主机发生故障,无法自行修复,为了船货的共同安全,不得不雇请拖轮拖至北海。拖轮费等有关费用是为船货的共同安全而额外支出的,构成共同海损,应由受益的船货方分摊。被告广西人保在原告宣布共同海损后为货方经贸公司出具担保,保证向原告支付经理算确认的应由货方承担的共同海损分摊额。经理算,货方应分摊共同海损费用 158 622.20 美元。虽经原告催讨,但两被告却拒不履行分摊义务,故请求法院判令被告经贸公司分摊该共同海损费用,被告广西人保承担连带责任,并由两被告承担本案诉讼费用。

被告经贸公司和广西人保辩称,原告没有从事国际海上运输经营资格,无管理国际海运船舶的能力,故船舶自始是不适航的。经贸公司不是"琴海 108"轮所运货物的所有人,不应承担共同海损的分摊义务,即经贸公司不是适格被告;作为经贸公司担保人的广西人保因而也不是适格的被告。原告所诉称的共同海损事故,是作为承运人的原告不可免责的过失造成的,货方有权拒绝分摊。故请求法院驳回原告的诉讼请求。

二、法院查明事实

北海海事法院经审理查明,1999 年 2 月 25 日,中国北京的中土畜三利贸易公司(以下简称三利公司)与新加坡的 WILMAR TRADING PTE LTD(丰益贸易私人有限公司,以下简称丰益公司)签订一份买卖合同,由三利公司向丰益公司购买 2 000 吨(±2% 卖方选择)四海牌棕榈油,价格为 CNF 北海,每吨 455.50 美元,总价 911 000 美元,信用证方式付款,装运日期为 1999 年 3 月 15 日或以前。3 月,丰益公司作为托运人向原告托运该买卖合同项下的货物。3 月 18 日,原告的代理人签发了编号为 AMSB/

001/99 的清洁、已装船提单,载明:托运人为丰益公司,收货人凭指示,通知方三利公司,由"琴海 108"轮将四海牌棕榈油 1 857.40 吨(10 040 桶)自马来西亚槟城港(PE-NANG MAIN PORT)运至中国北海港,运费已预付。该提单背面的共同海损条款载明:"共同海损应根据承运人的选择在任何港口或地点根据 1974 年约克·安特卫普规则理算。"3 月 25 日,"琴海 108"轮驶离槟城港锚地开往中国北海。3 月 30 日,原告向托运人丰益公司传真,称:"'琴海 108'轮自 3 月 18 日马来西亚当地时间 18:30 时装完货物,19 日离港后,主机第三、五、六、八缸头漏水严重(主要原因是船龄较老,已有 26 年),当时船东考虑在锚地修船方便,船员自修不成功时可以聘请当地修理厂家上船,致使在锚地停留大约 8 天。"但原告在庭审中主张,该传真的内容是原告业务经办人佟巍巍出于担心货主索赔迟延交付损失而虚构的,此期间并无任何修船事实的记录,真实原因是原告代理因未收到代理费而拒不为其办理结关手续,至 3 月 25 日原告结清代理费后,方才办妥手续开航。为此,原告提供了其与马来西亚的代理之间关于支付船舶港口费用的两份传真。

1999 年 4 月 4 日 23:40 时,在北纬 15°03.3′、东经 109°15.2′处,"琴海 108"轮主机停车,船舶向南漂航,漂航速度 3 节至 2.5 节。主机停车后船员即投入抢修,但因条件所限,经两天多抢修,仍无法修复主机。4 月 7 日 20:20 时许,船舶发出求救信息,当时船位北纬 12°09′、东经 109°29′。4 月 8 日 02:18 时至 15:07 时,越南芽庄港派出的"CNT700"号拖轮将"琴海 108"轮拖进越南金兰湾港(BANGOI PORT)锚地抛锚,地点为北纬 11°53.12′、东经 109°09.24′。越南方面收取了拖轮费、救助费 8 万美元。同日,船长王桂庭在金兰湾港代表船东发表共同海损声明(NOTE OF SEA PROTEST),宣布共同海损;轮机长法庭亦出具海事报告,内容为:"每缸启动阀不严密。由于一、七缸温度过高,在 400 ℃—420 ℃左右,采取吊一、七缸,安装后启动阀卡死,化不开,现已按公司同意封死。没有备件换。主要原因是主机十几天在排温 400 ℃左右,淡水温度 74 ℃左右……长期运行致启动阀卡死而卸不下来,加上年久老化造成阀杆及阀口烧坏、变形,使气密不严而无法启动。"在金兰湾锚地,船员检修了空气分配器、主机主启动阀及启动系统其他部分,拆检第一至九缸启动阀,进排气等部件,发现第七缸缸头启动阀杆断裂,阀头掉进气缸,其他几个缸的启动阀开闭不灵活、不密封,同时整个空气系统被废气污染。由于能力及条件所限,在金兰湾锚地无法将主机修复。5 月 10 日,原告委托的代理人 RAFFLES SHIPMANAGEMENT SERVICES PTE LTD(拉法斯船舶管理服务私人有限公司,以下简称拉法斯公司)与广州海上救助打捞局(以下简称广州救捞局)签订一份拖轮租船合同,租用广州救捞局的拖轮将"琴海 108"轮拖至中国北海。5 月 14 日,"穗救 205"号拖轮开始拖带作业;5 月 17 日,"琴海 108"轮被拖至北海港锚地。该拖带费用总计 55 000 美元。5 月 22 日 08:30 时开始卸货,5 月 25 日 04:30 时卸货毕。原告以未收到货方的共同海损担保为由留置所运货物。6 月 28 日,经贸公司以货主身份向北海海事法院状告海南华联轮船公司,要求放行货物,北海海事法院在该案中确认了经贸公司的货主身份并以调解方式结案。

共同海损·承运人不可免责过失·船舶不适航·分摊

在北海港经验船师检验,认定主机不能启动的原因是由于各缸的空气启动阀启动活塞的密封环失去弹性,气密较差,已存在隐患,加上第七缸启动空气阀阀盘断裂,该气缸完全失去气密,导致进入各缸的启动空气压力不足而无法启动。验船师对永久性修理建议:第七缸启动空气阀阀盘组件、进气阀和排气阀、包括导管及弹簧应换新;主机各缸启动阀启动活塞密封环应换新;主机启动空气管内包括分配阀应清洗吹通;上述工作完成后应进行主机启动试验,以证实启动系统工作正常。上述修理已由船方完成。原告在诉讼中提交了一份由其职员、机务何学光于 2000 年 5 月 30 日出具的"'琴海 108'轮主机启动系统故障的事故报告"打印件。但该报告中关于密封环是否更换、船上有无库存备件等方面内容与轮机长海事报告、验船师检验报告相互矛盾。

1999 年 5 月 20 日,中保财产保险有限公司广西壮族自治区分公司(被告广西人保的前身)向原告出具共同海损担保函,承诺"如果共同海损牺牲及/或费用被证明是因共同海损行为而合理产生的,且经确认下述货物应参加分摊,我司保证支付相应的共同海损分摊金额"。该担保函是为被告经贸公司担保的,货物为自马来西亚到中国北海的四海牌 1 857.4 吨棕榈油,发票金额 846 045.7 美元。原告委托中国国际贸易促进委员会海损理算处对"琴海 108"轮进行共同海损理算,该处于 1999 年 10 月 31 日出具了该轮的共同海损理算书。根据该理算书,可认定共同海损的费用总额 183 121.99 美元,该费用的利息及手续费 8 176.25 美元,共同海损理算费 6 120 美元,总计 197 418.24 美元,其中船方应分摊 38 796.02 美元,货方应分摊 158 622.22 美元。另查明,"琴海 108"轮于 1974 年丹麦建造,巴拿马籍,总登记吨 1 861 吨,净登记吨 1 060 吨,总长 78 米,型宽 13 米。1998 年 1 月 2 日,船舶所有人中泰国际海运有限公司(CHUNGTAI INTERNATIONAL SHIPPING S. A.)与原告签订光船租赁合同,将"琴海 108"轮光租给原告使用,租期为 2 + 2 年。原告光租该船后未进行船舶光船租赁登记。原告系 1993 年 11 月 12 日成立的集体经济性质公司,注册资本 300 万元,经营方式为运输、服务;经营范围是:海南至华南沿海各港间的货物运输、船舶代理、货物代理、船舶租赁、海员劳务出租、海上旅游。经营期限至 2002 年 11 月 11 日止。

三、法院裁判

北海海事法院认为,本案为共同海损分摊纠纷。"琴海 108"轮自马来西亚槟城港驶往目的港中国北海港途中发生诉称的共同海损,根据《中华人民共和国民事诉讼法》第 33 条"因共同海损提起的诉讼,由船舶最先到达地、共同海损理算地或者航程终止地的人民法院管辖"之规定,北海海事法院对该案具有管辖权。又参照《中华人民共和国海商法》第 274 条"共同海损理算,适用理算地法律"的规定,审理本案实体争议,应适用《中华人民共和国海商法》等相关法律。"琴海 108"轮在航行途中,主机发生故障而停车,船舶失去动力后处于漂航状态,此时船货即面临共同的海上真实危险。船东雇请拖轮将漂航船舶拖到越南金兰湾港进行修理,后因该港无修理条件、不能将船舶修复，船东又雇请拖轮将船舶拖到目的港北海港。第一次雇请拖轮拖带措施是有意的和合理的，第二次雇请拖轮的措施被告持有异议，抗辩称原告此举加重了海损的牺牲，但其未能在庭审和举证期限内充分举证证明货物从越南金兰湾港换船运往目的港比雇请拖轮拖带更节省费用，因此，可认定第二次拖带措施亦为有意的和基本合理的。两次拖带所产生的拖带费、救助费等均是特殊的、必需的费用，且措施是有效果的，故共同海损成立，船东有权按照提单背面共同海损条款的规定委托理算人进行共同海损理算。被告经贸公司曾在北海海事法院以货主身份提起诉讼，北海海事法院生效的民事调解书亦确认其货主之身份，故两被告以并非货主为由主张自己不是适格被告的抗辩，与事实不符，其抗辩理由不能成立。

"琴海108"轮自启运港马来西亚槟城港离港后，主机三、五、六、八缸头即漏水严重，不得不在锚地进行了约8天的修理，对此有原告方佟巍巍发给托运人的传真为证。有关日志没有修船记录，并不等于实际未修船，即不能排除修了船而未记录的情况；即便原告欠代理费而致其代理拒不办结关手续，也不必然否定在锚地修船的事实，因为修理船舶与未结清代理费被滞留相互之间不具排他性。该传真所述事实与1999年4月4日船舶主机故障有关联性，其内容与案情的发展相吻合，故该传真所述事实真实可信。原告关于在槟城港锚地并非主机故障、该传真虚假的主张，与案件事实不符，北海海事法院不予支持。根据目的港验船师的检验报告，船舶故障原因是主机各缸的空气启动阀启动活塞密封环失去弹性、气密较差，加之第七缸空气启动阀阀盘断裂，该缸完全失去气密，导致进入各缸的启动空气压力不足而无法启动。这一结论与轮机长事故报告所述主机故障原因能相互印证，庭审中原、被告对该故障原因均予以认可，故北海海事法院予以采信。原告提交的其机务何学光于2000年5月30日所写的事故报告打印件，因其是在事故发生1年后出具，有关内容与验船师检验报告和轮机长事故报告相矛盾，且无其他证据相佐证，故北海海事法院依法不予采信。"琴海108"轮主机共有9个缸，其9个缸的密封环全部失去弹性，而密封环失去弹性乃是一个渐进的过程，即可以肯定这一现象在开航前和开航当时已经存在，此即意味着船舶在开航前和开航当时是不适航的。问题是密封环失去弹性是否属于船舶的潜在缺陷？该船属老龄化船舶，船东或船舶经营管理人本应精心管理和维护，尤其是对时常发生故障的主机更应制定严密管理维护制度、按规定配齐备件并经常性地进行保养，以使其适航。的确，在检查船舶是否适航时，没有必要每次都打开主机的9个缸以查清密封环是否老化和气密，如果9个缸中有3—5个密封环老化、不气密，这可能属于船舶的潜在缺陷。但是，老龄化的"琴海108"轮，其主机的每一个缸之密封环全都老化和不气密，这明显是一个谨慎的专业人员以惯常方法检查船舶所能够发现的缺陷。换言之，主机9个缸之9个密封环全部老化、不气密，这本身是一个长期的、渐进的过程，是船舶正常检查中应该发现的，因而显然不属于船舶的潜在缺陷。由此非潜在缺陷而造成的船舶不适航，承运人不能免除赔偿之责任。

共同海损・承运人不可免责过失・船舶不适航・分摊

原告在庭审中主张密封环失去弹性属潜在缺陷,但未能举证证明其已尽到谨慎处理责任而仍不能发现该缺陷之事实,故该主张北海海事法院依法不予支持。另外,原告核准的经营范围是海南至华南沿海各港间的货物运输,表明其无资质从事国际海运,亦无能力管理国际海运船舶;原告在庭审中未提供其船长、轮机长及其他船员有进行国际海运的适任证书,而据轮机长事故报告,主机发生故障后船上无相应备件可资更换。根据《中华人民共和国海商法》第47条"承运人在船舶开航前和开航当时,应当谨慎处理,使船舶处于适航状态,妥善配备船员、装备船舶和配备供应品"的规定,上列情况亦表明船舶是不适航的,且该不适航与共同海损事故之间有显见的法律上的因果关系。由于原告不可免责的过失而导致的共同海损损失,当然应由其自行承担,而不能将该损失转嫁给非过失方,否则既对非过失方不公平,亦有悖法律关于承运人最低责任的规定。根据《中华人民共和国海商法》第197条"引起共同海损特殊牺牲、特殊费用的事故,可能是由航程中一方的过失造成的,不影响该方要求分摊共同海损的权利;但是,非过失方或者过失方可以就此项过失提出赔偿请求或者进行抗辩"的规定,被告以共同海损事故是原告不可免责过失造成为由进行抗辩并拒绝分摊共同海损损失,符合法律之明文规定,北海海事法院依法予以支持;原告诉讼请求被告分摊共同海损损失,没有法律依据,应依法予以驳回。

根据《中华人民共和国海商法》第193条"共同海损,是指在同一海上航程中,船舶、货物和其他财产遭遇共同危险,为了共同安全,有意地合理地采取措施所直接造成的特殊牺牲、支付的特殊费用"、第47条以及第197条之规定,判决如下:

驳回原告海南华联轮船公司对被告广西国际合作经贸公司、中国人民保险公司广西壮族自治区分公司的诉讼请求。

6.2 海难救助

6.2.1 海难救助的认定

3 原告广州海上救助打捞局与被告 J03B 号提单项下货物的所有人等救助报酬纠纷案
案例来源:广州海事法院(2000)广海法汕字第 89、90、91 号
主题词:拖航 海难救助 构成要件 救助报酬

> **裁判要旨**
>
> **No. HS-6.2-1** 尽管碰撞损害情况并未导致船舶处于危险状态,但因其主机出现故障,如不及时拖航至港口,该轮及其船载货物在当时阵风最高可达 8 级的气象情况下仍有可能发生沉没的危险。受害船舶船东与救助打捞局在拖轮拖带事故船舶之前,虽未就本次拖航费用达成一致意见,亦未明确将本次拖航定性为救助

性拖航,但双方就处于危险状态的事故船舶及其船载货物拖航至安全地带事宜达成协议,法院认定拖航为救助行为,救助合同成立,事故船舶的船东及船载货物的货主应支付救助报酬和施救拖轮的护航费。

No. HS-6.2-2 因救助方在救助作业中所用的时间不长、支出的费用不高和承担的风险不大以及事故船舶及其船载货物所面临的危险程度较轻等实际情况,法院认定救助人请求以获救财产价值3%计算的救助报酬明显过高,改为以获救财产价值的1%计算救助报酬。

一、基本案情

原告:广州海上救助打捞局

被告:大连吉粮轮船有限公司(以下简称吉粮公司)

被告:J03B、J03A、J01C、J01D、J01B、J02、J05、J01A、J03C、J04号提单项下货物的所有人

原告诉称:"吉星"轮于2000年10月24日在汕头海域与"大庆"油轮相撞,"吉星"轮船东吉粮公司请求救助。原告接受委托后,派出"穗救209"轮施救,"吉星"轮及其船载10票提单项下货物安全获救。根据吉粮公司于2000年10月24日的救助委托及《中华人民共和国海商法》第180条的规定,并综合各方面因素,各被告应以其获救财产价值的3%支付救助报酬。请求法院判令被告吉粮公司支付救助报酬105 000元、J03B号提单项下货物的所有人支付救助报酬156 729元、J03A号提单项下货物的所有人支付救助报酬14 112元、J01C号提单项下货物的所有人支付救助报酬82 617元、J01D号提单项下货物的所有人支付救助报酬31 269元、J01B号提单项下货物的所有人支付救助报酬59 528元、J02号提单项下货物的所有人支付救助报酬3 356元、J05号提单项下货物的所有人支付救助报酬55 125元、J01A号提单项下货物的所有人支付救助报酬27 804元、J03C号提单项下货物的所有人支付救助报酬88 564元和J04号提单项下货物的所有人支付救助报酬18 000元,各自承担诉前财产保全费用和诉讼费用,并共同承担"粤汕监巡02"号拖轮的护航费5 000元。

被告吉粮公司辩称:本案法律关系并非救助,而是拖航。"吉星"轮与"大庆"轮发生碰撞后,主机发生故障。尽管船舶存有备件可由船员予以修复,但为了让海事局尽快调查碰撞事故,才委托原告派船拖带"吉星"轮。本案没有出现危急情形和救助行为。从吉粮公司发出的委托函内容和原告所属"穗救209"轮起拖"吉星"轮的情况可知,本案法律关系只能是拖航关系,因此原告的主张不能成立。本案拖航费的支付应以拖轮空驶时间每马力小时0.6元、拖带时间每马力小时1.8元计算。其他10被告未答辩,也未提供证据。

二、法院查明事实

广州海事法院查明以下事实:2000 年 10 月 24 日,被告吉粮公司所有的"吉星"轮和"大庆"轮在北纬 23°22′6″、东经 117°35′8″处发生碰撞,"吉星"轮船头被撞破一个 75 厘米×44 厘米的洞,且主机发生故障,失去动力。为此,被告吉粮公司发函给原告,请求原告"安排一条拖轮协助吉星轮进港"。原告遂派出"穗救 209"轮于 24 日 15:03 时到达现场施救,15:25 时开始起拖,并于 25 日 14:00 时将"吉星"轮拖至汕头港 6 号锚位。在拖带"吉星"轮的同时,原告给被告吉粮公司发函,要求以"无效果无报酬"原则计算救助报酬。被告吉粮公司答复应按空驶时间每马力小时 0.6 元、拖带时间每马力小时 1.8 元计算拖航费用。同日,原告向被告吉粮公司发函,主张以获救价值的 3% 确定救助报酬,被告未予同意。"穗救 209"轮总计工作时间为 30 小时,航程 120 海里。根据广州中心气象台发布的南海海洋天气预报,10 月 24 日 08:00 时至 25 日 08:00 时,汕头附近海面偏东风 4—5 级,阵风 6 级;10 月 25 日 08:00 时至 26 日 08:00 时,汕头附近海面东北风 5—7 级,阵风 8 级。

另查,根据"粤汕监巡 02"号拖轮的护航情况,原告已向该拖轮船东支付护航费 5 000 元。原告在起诉之前,向本院提出海事请求保全申请,本院依法扣押被告吉粮公司所有的"吉星"轮和其他 10 被告所有的部分货物。11 被告为此向本院提供中国人民保险公司大连市分公司出具的担保金额为 150 000 元和 770 000 元《担保函》各 1 份。案件的争议焦点在于,被告吉粮公司请求原告"安排一条拖轮协助吉星轮进港"的委托函是否为拖航合同;"穗救 209"轮拖带"吉星"轮的行为是否为救助行为。

三、法院裁判

广州海事法院认为,"吉星"轮在与他船发生碰撞后,尽管碰撞损害情况并未导致船舶处于危险状态,但因其主机出现故障,如果不及时将"吉星"轮拖航至港口,"吉星"轮及其船载货物在当时的气象情况下仍有可能发生沉没的危险。结合上述情形并根据《中华人民共和国海商法》第 175 条的规定,原告与被告吉粮公司在"穗救 209"轮拖带"吉星"轮之前,虽未就本次拖航费用达成一致意见,亦未明确将本次拖航定性为"救助性拖航",但双方就处于危险状态的"吉星"轮及其船载货物拖航至安全地带事宜达成协议,可以认定本次拖航为救助行为,救助合同业已成立。被告吉粮公司主张其委托函应定性为拖航合同,不符合《中华人民共和国海商法》第七章所规定的海上拖航合同的成立条件,其主张依法不能成立。被告吉粮公司主张以拖航合同的计费办法支付拖航费也不能成立,不予支持。然而,鉴于救助方在本次作业中所用的时间不长、支出的费用不高和承担的风险不大,以及"吉星"轮及其船载货物所面临的危险程度较轻等实际情况,原告请求以获救财产价值 3% 计算的救助报酬明显过高,应以获救财产价值的 1% 计算救助报酬较为合理。原告要求 11 被告共同承担其已支付"粤汕监巡 02"号拖轮的护航费,各被告未提出异议,应予支持。

依照《中华人民共和国海商法》第 175 条第 1 款、第 180 条的规定,判决如下:

被告大连吉粮轮船有限公司、J03B 号提单项下货物的所有人、J03A 号提单项下货物的所有人、J01C 号提单项下货物的所有人、J01D 号提单项下货物的所有人、J01B 号提单项下货物的所有人、J02 号提单项下货物的所有人、J05 号提单项下货物的所有人、J01A 号提单项下货物的所有人、J03C 号提单项下货物的所有人和 J04 号提单项下货物的所有人应分别向原告广州海上救助打捞局支付救助报酬 35 000 元、52 243 元、4 704 元、27 539 元、10 423 元、19 843 元、1 119 元、18 375 元、9 268 元、29 521 元和 6 000 元,并共同承担原告已支付"粤汕监巡 02"号拖轮的护航费 5 000 元。

(2000)广海法汕字第 89 号案件受理费 3 610 元,由被告大连吉粮轮船有限公司承担 1 203 元,原告承担 2 407 元。诉前财产保全申请费 5 000 元、执行费 10 000 元由被告吉粮公司承担。

(2000)广海法汕字第 90 号案件受理费 4 650 元,由被告 J03B 号提单项下货物的所有人承担 1 550 元,原告承担 3 100 元。诉前财产保全申请费 5 810 元、执行费 1 000 元由被告 J03B 号提单项下货物的所有人承担。

(2000)广海法汕字第 91 号案件受理费 580 元,由被告 J03A 号提单项下货物的所有人承担 193 元,原告承担 387 元。诉前财产保全申请费 810 元、执行费 1 000 元由被告 J03A 号提单项下货物的所有人承担。

(2000)广海法汕字第 92 号案件受理费 3 000 元,由被告 J01C 号提单项下货物的所有人承担 1 000 元,原告承担 2 000 元。诉前财产保全申请费 3 910 元、执行费 1 000 元由被告 J01C 号提单项下货物的所有人承担。

(2000)广海法汕字第 93 号案件受理费 1 260 元,由被告 J01D 号提单项下货物的所有人承担 420 元,原告承担 840 元。诉前财产保全申请费 1 770 元、执行费 1 000 元由被告 J01D 号提单项下货物的所有人承担。

(2000)广海法汕字第 94 号案件受理费 2 230 元,由被告 J01B 号提单项下货物的所有人承担 743 元,原告承担 1 487 元。诉前财产保全申请费 3 030 元、执行费 1 000 元由被告 J01B 号提单项下货物的所有人承担。

(2000)广海法汕字第 95 号案件受理费 240 元,由被告 J02 号提单项下货物的所有人承担 80 元,原告承担 160 元。诉前财产保全申请费 210 元、执行费 1 000 元由被告 J02 号提单项下货物的所有人承担。

(2000)广海法汕字第 96 号案件受理费 2 170 元,由被告 J05 号提单项下货物的所有人承担 723 元,原告承担 1 447 元。诉前财产保全申请费 2 850 元、执行费 1 000 元由被告 J05 号提单项下货物的所有人承担。

(2000)广海法汕字第 97 号案件受理费 1 120 元,由被告 J01A 号提单项下货物的所有人承担 373 元,原告承担 747 元。诉前财产保全申请费 1 570 元、执行费 1 000 元由被告 J01A 号提单项下货物的所有人承担。

(2000)广海法汕字第 98 号案件受理费 3 170 元,由被告 J03C 号提单项下货物的所有人承担1 057元,原告承担2 113元。诉前财产保全申请费7 020元、执行费10 000元由被告J03C号提单项下货物的所有人承担。

(2000)广海法汕字第99号案件受理费730元,由被告J04号提单项下货物的所有人承担243元,原告承担487元。诉前财产保全申请费470元、执行费3 000元由被告J04号提单项下货物的所有人承担。

4 上诉人东方之光海运有限公司与上诉人莱州市安达船运代理有限公司海难救助纠纷案

案例来源:山东省高级人民法院(2004)鲁民四终字第8号
主题词:海难救助　构成要件　自救能力　危险

> **裁判要旨**
>
> **No. HS-6.2-3**　船舶是否已发生危险并构成被救助的对象,最终应由法院根据船舶的搁浅状况依据法律规定作出判断。基于船舶在航道搁浅,经过几次借助拖轮和船舶主机动力均不能脱浅的基本事实,法院判定船舶发生搁浅后,已丧失自救能力,必须借助外力才能够脱险,船舶依靠自身力量不能移动时,即发生现实危险,已成为海难救助的对象,救助人的行为系海难救助行为。
>
> **No. HS-6.2-4**　诉讼费和律师费是当事人因诉讼而支出的费用,不属于《中华人民共和国海商法》规定的确定救助报酬应考虑的范畴。律师费用不是必要的支出,法院不予支持。

一、基本案情

　　上诉人(原审被告):东方之光海运有限公司(EASTERN LIGHT SHIPPING LIMITED,以下简称东方海运公司)

　　上诉人(原审原告):莱州市安达船运代理有限公司(以下简称安达船运公司)

　　青岛海事法院查明:2003年2月23日00:42时,东方海运公司所属的利比里亚籍"汤姆"轮(M. V. TORM PACIFIC)装载4 909根(24 380.559立方米)圆木从利比里亚Buchanan港抵达蓬莱港外锚地,驶向泊位时于15:34时在航道上搁浅,该轮在三艘拖轮的帮助下使用主机尝试脱浅失败。

　　2003年2月23日约17:40时,安达船运公司所属的"鲁日海03"轮在长岛港接到蓬莱海事处的通知,要求其到蓬莱港参与对"汤姆"轮的过驳抢险作业。"鲁日海03"轮随后抵达现场,从2月23日22:35时至25日02:10时,该船与另两艘驳船为"汤姆"轮减载货物,总共卸货大约2 700公吨。根据中国外轮理货总公司蓬莱分公司的记录,"鲁日海03"轮共减载圆木538根(1 496.362立方米)。"汤姆"轮卸下部分货物后,在利用船上动力和三艘拖轮的帮助下脱浅。

山东海事司法鉴定中心接受青岛海事法院委托,其鉴定人员于 2003 年 2 月 28 日在蓬莱港登上"汤姆"轮,就该轮搁浅是否属海难事故、该轮是否属于海难救助的对象以及该轮所面临的风险和可能遭受的损失等委托内容进行了现场检验和鉴定,并于 2003 年 4 月 7 日出具了鲁海司鉴字(2003)第 08 号《关于"汤姆"轮在蓬莱港搁浅所面临的风险和可能遭受的损失程度的鉴定报告》(以下简称《鉴定报告》)。该《鉴定报告》结论为:① 根据该轮本航次的装载和积载情况,在蓬莱港航道所发生的搁浅事故,在经过几次借助拖轮和船舶主机动力均不能脱浅的情况下,应当认为该轮属于被救助的对象;② 该轮在满载货物的情况下,如不及时救助,将面临下列风险和损失:A. 由于船舶处在不对称搁浅情况下,船舶已产生严重横倾,如遭遇大风,将会产生船货倾覆的危险,造成船货的重大损失。按该船的船舶状况和货物情况估算,其船舶现值 1 000 万美元,货物现值约 385 万美元。B. 船体结构和船壳板将在不对称受力的情况下,可能产生局部破坏和开裂,使船舶进水,浮力减小,更加难以起浮。一旦船体损坏,将是船体结构的大面积变形和开裂。C. 如果船体结构的损坏发生在双层底油舱范围内,将会导致燃油外泄,产生严重的海洋污染。

"鲁日海 03"轮在减载货物过程中共产生燃油费用 15 926 元人民币,船员工资 1 956.66 元人民币,安达船运公司为该作业而解除了分别与天津市舸海科贸有限公司、河北省水运工业公司塘沽站签订的两份运输合同,安达船运公司为此遭受的损失包括运费损失、违约金 146 240 元人民币。安达船运公司支出财产保全费、证据保全费、鉴定费等共计 62 000 元人民币,支出律师费 4 万美元。安达船运公司所主张的修船费 9 万美元,无证据支持。

"汤姆"轮的国籍为利比里亚,船东为东方海运公司,经营人 PACIFIC BASIN HONGKONG,船舶总长 175 米,两柱间长 165 米,型宽 25.993 米,型深 13.895 米,夏季吃水 9.953 米,总吨位 18 108 吨,净吨位 9 931 吨,1997 年 8 月由上海沪东造船厂制造。"鲁日海 03"轮为一艘钢质干货船,船舶总长 67.48 米,型宽 13 米,型深 5.2 米,总吨位 1 236 吨,净吨位 692 吨,船舶所有人为安达船运公司,船舶租赁人为日照市水产海运公司。安达船运公司作为出租人与租赁人日照市水产海运公司于 2002 年 12 月 17 日签订了为期 5 年的光船租赁合同,该合同约定,船舶参与抢险、救助、打捞等活动的收益,由安达船运公司主张并享有。

二、一审裁判

青岛海事法院认为,本案事故发生地在中国,且安达船运公司和东方海运公司在起诉、答辩、庭审时均选择适用中国法律,依照《中华人民共和国民事诉讼法》第 32 条、第 237 条的规定,青岛海事法院对本案有管辖权,应适用中国法律为本案的准据法。

东方海运公司所属的"汤姆"轮发生搁浅事故,安达船运公司所属的"鲁日海 03"轮在接到蓬莱海事处的通知后参加对"汤姆"轮减载货物,使"汤姆"轮成功脱浅而避免了船货的损失及其他危险。"鲁日海 03"轮的行为符合《中华人民共和国海商法》第

171 条的规定,构成了海难救助。该救助行为有效果,安达船运公司有权获得救助报酬。但该救助的危险程度较小,安达船运公司所支出的费用及遭受的损失也较少,安达船运公司请求的救助报酬 20 万美元过高。为体现对救助作业的鼓励,并考虑到东方海运公司船舶的获救价值、安达船运公司作为救助方的救助成效、安达船运公司对第三方负违约责任等因素,法院认定东方海运公司应支付安达船运公司 15 万美元作为救助报酬。

东方海运公司辩称"汤姆"轮不存在险情、无需救助,根据《鉴定报告》所作结论以及"汤姆"轮船长所作的事实陈述等,东方海运公司的该辩称,法院不予支持;东方海运公司辩称"鲁日海 03"轮减载作业是受雇于蓬莱货运公司而非蓬莱海事处的指派,东方海运公司所举的支持其辩称的证据是蓬莱海事处和蓬莱货运公司所出具的证明材料,而这两个单位出具给安达船运公司的证明材料证明了相反的内容,即"鲁日海 03"轮参与减载作业是出于蓬莱海事处的指派。安达船运公司除了该证明材料外,还有烟台长岛海事处的值班记录以及"鲁日海 03"轮的船舶签证簿等证据对此加以佐证。东方海运公司除了该自相矛盾的证明材料外,无其他证据佐证其辩称,故法院能够认定"鲁日海 03"轮的抢险行为受控于蓬莱海事处,东方海运公司的该辩称证据不充分,法院不予支持。

依照《中华人民共和国海商法》第 179 条、第 180 条、第 192 条的规定,判决东方海运公司支付安达船运公司救助报酬 150 000 美元,于判决生效之日起 10 日内付清。案件受理费 18 310 元人民币,由安达船运公司承担 4 577.5 元人民币,东方海运公司承担 13 732.5 元人民币。

三、上诉与答辩

上诉人东方海运公司不服上述判决,上诉称:

(1)山东海事司法鉴定中心《鉴定报告》中船舶搁浅后横倾角度的计算错误,该项错误直接导致了最终错误的鉴定结论,青岛双诚船舶技术咨询有限公司的船舶状况勘验报告已从根本上否定了上述鉴定结论。故"汤姆"轮搁浅事故发生后,未有实际险情发生,不存在倾覆危险,不属于被救助对象。

(2)安达船运公司的行为不是受控于蓬莱海事处的救助行为,而是受雇于蓬莱货运公司的正常减载作业行为。

(3)即使安达船运公司的行为属于抢险救助,15 万美元的救助报酬数额也明显过高,有悖法律规定。

确定救助报酬,应按国际惯例及《中华人民共和国海商法》第 180 条的规定,综合考虑以下因素:

(1)实际费用支付。青岛海事法院认定因"鲁日海 03"轮参加减载作业,安达船运公司共产生实际费用及遭受的损失约计 55.6 万元人民币,但经合理计算,最多只有如下 5.5 万元人民币数额可予考虑。① 燃油费用 15 926 元人民币。② 船员工资

1 956.66元人民币。③青岛海事法院认定安达船运公司与天津市舸海科贸有限公司运输合同下的运费损失44 100元人民币、违约金损失8万元人民币不当。首先,因减载作业耽误的船期,应计算船期损失,而不应计算运费损失。一审中,安达船运公司已证实其遭受的船期损失为24 000元人民币;其次,安达船运公司提出的8万元人民币违约金损失没有实际支付,即使根据运输合同第6条的规定,违约金损失最多为运费总额(44 100元)的30%,即约13 200元人民币。④安达船运公司与河北省水运工业公司塘沽站运输合同下的运费损失22 140元人民币,因该合同已实际履行,安达船运公司应已收到该项运费,该运费损失不应支持。⑤财产、证据保全费及鉴定费62 000元人民币,不应作为确定救助报酬数额的依据。⑥律师费4万美元,更不应作为确定救助报酬数额的依据。以上实际费用的支出合计约5.5万元人民币。

(2)在具体减载过驳的过程中,安达船运公司仅将"汤姆"轮上卸下的木材运往码头,而具体的装卸、指挥、调度均由蓬莱货运公司完成,安达船运公司无特殊努力、技能付出。

(3)"汤姆"轮的最终起浮是由蓬莱货运公司装卸工人、3条拖轮、雇佣的3条驳船等七方面共同努力完成的,不是由"鲁日海03"轮单独完成的,故考虑救助报酬尚应考虑其他方的努力效果。

(4)按照《中华人民共和国海商法》第183条的规定,救助报酬的金额,应由船、货双方按获救价值比例分摊,一审判决没有考虑货方的分摊问题。

(5)"汤姆"轮搁浅后仅横倾不到3度,对于长175米、宽26米的船舶而言不构成实际危险,同样"鲁日海03"轮在具体减载过程中更谈不上承担任何风险。

(6)鉴于"汤姆"轮搁浅后,船货没有面临实际危险,考虑船货价值时,应和船货面临紧迫局面时区别对待;鉴于上述因素没有被充分考虑,青岛海事法院判决的救助报酬数额明显过高,有违法律规定。

综上,安达船运公司的行为不构成海难救助,东方海运公司不应承担支付救助报酬的责任,即使减载作业构成海难救助,青岛海事法院判决的救助数额也明显过高,因此,请求二审法院依法撤销一审判决,一、二审案件受理费及相关费用由安达船运公司承担。

上诉人安达船运公司上诉并答辩称:

(1)一审判决认定海难救助行为成立,事实清楚,定性准确。东方海运公司所属"汤姆"轮搁浅于蓬莱港进港航道,经自救无法摆脱搁浅状态,船舶倾斜,随时面临倾覆,局部结构损坏,油舱破裂变形等客观风险的威胁。"鲁日海03"轮接到海事部门的抢险通知,赶往蓬莱港参加救助,经多方协作,搁浅船舶"汤姆"轮安全起浮脱险,保证了船货平安。

(2)青岛海事法院判决东方海运公司支付15万美元的救助报酬,金额过低,安达船运公司请求支付救助报酬20万美元金额合理,应当全部支持。根据《中华人民共和国海商法》第180条的规定,确定本案救助报酬,应考虑以下因素:①救助价值,本次救助船舶的直接获救价值为1 000万美元;② 危险程度,根据山东海事司法鉴定中心鉴定报告所证明的情况,"汤姆"轮在蓬莱港航道上不对称搁浅后,同时面临船货倾覆重大损失、船体结构大面积损害、燃油泄漏造成严重海洋污染等严重的并且是现实的风险,上述风险任何一项如果未能避免而实际发生,都会造成巨大的经济损失,所以安达船运公司参与救助的风险巨大。③ 救助费用的支出,安达船运公司参加救助活动,实际支出燃油、工资费用2万余元人民币,并导致"鲁日海03"轮受损,估计维修费用近9万美元。④ 责任风险,安达船运公司参加救助引起原定航次租船合同项下的运费损失和违约金损失14万元人民币。⑤ 安达船运公司提供了及时的救助服务,付出了恰当而有效的技能和努力,取得了完美的救助成效,避免了现实存在的漏油污染等风险的实际发生。因此,安达船运公司请求20万美元的救助报酬仅占船舶获救价值1 000万美元的2%,所占比例极小,不存在报酬过高的情况。

(3) 青岛海事法院判令安达船运公司承担案件受理费之外的全部诉讼费用不当。按照《人民法院诉讼收费办法》第19条的规定,案件受理费由败诉的当事人负担。双方都有责任的由双方分担。本案是因东方海运公司拒不支付救助报酬而发生的,因此,应当由东方海运公司承担全部诉讼费用。

(4) 本案律师费4万美元是安达船运公司与律师事务所协商确定的,该笔费用的发生与东方海运公司的行为有直接因果关系,东方海运公司应按过错补偿原则赔偿给安达船运公司上述费用。

综上,请求二审法院依法判令东方海运公司支付救助报酬20万美元,并由东方海运公司承担本案一、二审诉讼费用人民币80 310元和安达船运公司为案件支出的律师代理费4万美元。

上诉人东方海运公司针对安达船运公司的上诉,答辩称:

(1) 海难救助不成立。

(2) 即使海难救助成立,青岛海事法院判定15万美元救助报酬不是过低,而是过高。

(3) 关于案件受理费外的其他诉讼费用,一审判决已认定了上述费用且该费用包含在最终认定的15万美元救助报酬中,东方海运公司认为诉讼费用不应全部由东方海运公司承担,而应按胜败诉比例,由双方分担。

(4) 关于4万美元的律师费用,一审判决同样已认定了律师费用,且该费用已包含在最终认定的15万美元的救助报酬中。该项律师费用过高,不符合《山东省律师服务收费临时标准》第10条关于律师收费最高不得超过规定的5倍的规定,且该费用尚未实际支付,故安达船运公司不能将律师费作为一审损失向东方海运公司追偿。

四、二审裁判

经审理查明,东方海运公司和安达船运公司对青岛海事法院认定的"汤姆"轮航道搁浅后,在三艘拖轮的帮助下使用主机尝试脱浅失败、"汤姆"轮卸下部分货物后利用船上动力和拖轮的帮助成功脱浅、"汤姆"轮和"鲁日海03"轮的船舶状况、安达船运公司与日照市水产海运公司签订的光船租赁合同没有异议,对上述双方没有异议的事实,山东省高级人民法院予以确定。

另查明,关于安达船运公司的行为是否构成海难救助,东方海运公司认为船舶搁浅后,未发生实际险情,"鲁日海03"轮在蓬莱港是履行与蓬莱货运公司达成的减载作业合同,"鲁日海03"轮受雇于蓬莱货运公司,而非受控于蓬莱海事处,安达船运公司的行为是正常的减载作业而非自愿救助行为,其行为不构成海难救助,东方海运公司提交了以下证据予以证明其上述主张。

(1) 青岛双诚船舶技术咨询有限公司(以下简称双诚公司)出具的 NO. DH03111 船舶状况勘验报告,该报告是香港华光船务管理有限公司代表船东及其保险人委托青岛双诚船舶技术咨询有限公司作出的。该检验报告的结论为,经过严格的稳性计算,"汤姆"轮在蓬莱新港航道搁浅后,横倾角约为2.86度,船底搁浅部位未见任何变形,船体结构完整坚固,未有实际险情存在,不存在倾覆危险。

(2) 针对2003年2月24日蓬莱海事处、蓬莱货运公司向安达船运公司出具的关于"鲁日海03"轮在长岛港接海事部门通知参与"汤姆"轮过驳抢险作业的证明,东方海运公司又到蓬莱海事处和蓬莱货运公司处调查情况,蓬莱海事处和蓬莱货运公司分别于2003年4月2日和5月23日对上述证明出具了说明,内容为:上述证明是应"鲁日海03"轮的要求出具的,目的是为了向天津货主解释该轮未能如期受载的原因,与实际情况不符。船舶搁浅后,船体未发生明显倾斜,也未发现实际险情,"鲁日海03"轮在我港实属正常的减载过驳作业。

(3) 2003年4月3日,蓬莱货运公司出具的关于"汤姆"轮在蓬莱港进行过驳作业情况的说明,内容为:"汤姆"轮在航道上搁浅后,为保证船舶及时卸载和航道畅通,我公司决定组织减载作业,公司联系"鲁龙驳6"号、"鲁长驳8"号、"鲁日海3"号等船舶到港,过驳作业结束后,我司已与"鲁龙驳6"号、"鲁长驳8"号按正常减载作业费率结算了相关费用,但"鲁日海3"号船东经我多次通知,至今未到我司结算过驳作业费用。在联系该轮时,与该轮经理聂剑商定的是减载过驳,而非抢险救灾,"鲁日海3"号在我港实属正常作业。

(4) 2003年5月23日,蓬莱海事处出具的关于"汤姆"轮在蓬莱新港航道搁浅等有关情况说明,证明蓬莱海事处要求长岛海事处协助联系"鲁日海03"轮的原因经过;"汤姆"轮搁浅后,蓬莱海事处未启动应急救助预案,没有调任任何船舶参加救助。

安达船运公司对上述证据均提出异议:

(1) 双诚公司的勘验报告是东方海运公司自行委托作出的,不具有合法的证据形式,东方海运公司对法院委托山东司法鉴定中心所作的鉴定结论有异议,可以申请重新鉴定。而一审时东方海运公司并未申请重新鉴定,双诚公司的勘验报告不足以推翻山东司法鉴定中心作出的鉴定结论。

(2) 蓬莱海事处和蓬莱货运公司向东方海运公司出具的相关说明均是在向安达

船运公司出具证明后作出的,二者相互矛盾,应以蓬莱海事处和蓬莱货运公司向安达船运公司出具的证明为准。

(3) 蓬莱货运公司关于其联系并雇佣"鲁日海03"号轮进行正常过驳减载作业的说明不符合事实,安达船运公司是接受蓬莱海事处的指派参与抢险救灾的,而非受雇于蓬莱货运公司。

合议庭认为,根据《中华人民共和国海商法》第171条的规定,海难救助的对象是遇险的船舶和其他财产。遇险从广义上说是指船舶及其他财产在海上或者与海相通的可航水域内遭受到的一切真实危险,包括现实的和不可避免的即将出现的危险。本案中,无论是山东司法鉴定中心和双诚公司结论不同的鉴定报告,还是蓬莱海事处和蓬莱货运公司先后出具的相互矛盾的证明,均是对"汤姆"轮航道搁浅自然状态描述后作出的自我判断。而"汤姆"轮是否已发生危险并构成被救助的对象,最终应由法院根据"汤姆"轮的搁浅状况依据法律规定作出判断。基于涉案"汤姆"轮在蓬莱港航道搁浅,经过几次借助拖轮和船舶主机动力均不能脱浅的基本事实,足以判定"汤姆"轮发生搁浅后,已丧失自救能力,必须借助外力才能够脱险。因此,"汤姆"轮依靠自身力量不能移动时,即发生现实危险,已构成海难救助的对象。而对两份鉴定报告的不同及蓬莱海事处和蓬莱货运公司证明的矛盾,已无分析论述的必要。东方海运公司关于安达船运公司受控于蓬莱海事处的主张,因该事实不是认定海难救助的必要条件,对该问题亦不再赘述。东方海运公司关于安达船运公司受雇于蓬莱货运公司的主张,因安达船运公司对蓬莱货运公司出具的证明不予认可,东方海运公司亦无其他证据证明,对其上述主张不予支持。

关于本案救助报酬的确定,安达船运公司提交了以下证据证明为救助"汤姆"轮发生的费用和损失:① 支出的燃油费15 926元人民币;② 支付的船员工资5 870元人民币;③ 救助期间,按照船舶正常营运的滞期费标准计算的船期损失为24 000元人民币;④ 解除与天津市舸海科贸有限公司的沿海运输合同发生的运费损失44 100元人民币和违约索赔8万元人民币;⑤ 解除与河北省水运工业公司航次租船合同所发生的运费损失22 140元人民币;⑥ "鲁日海03"轮船舶本身受损的修复费用约9万美元。

东方海运公司发表质证意见如下:

(1) 根据安达船运公司与日照市水产海运公司签订的光船租赁合同的约定,燃油费和船员工资应由承租人日照市水产海运公司负担;

(2) 对第③项船期损失24 000元人民币予以认可,同时认为计算船期损失就不应再计算运费和违约金损失,即安达船运公司分别与天津市舸海科贸有限公司、河北省水运工业公司的运费损失不应重复计算,违约金损失8万元人民币并不存在,即使依据合同约定,违约金数额仅为运费的30%即13 200元人民币。

(3) 船舶自身损失9万美元,没有证据证明,不予认可。

合议庭认为:安达船运公司所支出的救助费用及遭受的损失是认定救助报酬的参考因素之一。

（1）安达船运公司与日照市水产海运公司签订的光船租赁合同约定安达船运公司参加抢险活动的收益，由安达船运公司主张并享有。因此，日照市水产海运公司也不应负担安达船运公司参加抢险的燃油费和船员工资。安达船运公司在本案中将为救助支出的燃油费和船员工资作为请求救助报酬的因素并无不当。

（2）船期损失及运费损失同时计算不当，两个航次采纳运费计算方式计 66 240 元人民币，违约金损失按运输合同计算为 13 200 元人民币。

（3）船舶修复费用 9 万美元证据不足，不予支持。

综上，安达船运公司支出的费用和遭受的损失为 101 236 元人民币。

山东省高级人民法院认为，本案系海难救助纠纷，东方海运公司系利比里亚法人，本案是涉外案件，东方海运公司和安达船运公司在一审诉讼中选择适用中国法律，根据《中华人民共和国民法通则》第 145 条第 1 款的规定，应确定适用《中华人民共和国海商法》为本案的准据法。

本案争议的焦点问题是：安达船运公司的行为是否构成海难救助及救助报酬如何确定的问题；本案发生的诉讼费用和律师费用如何承担的问题。

关于安达船运公司的行为是否构成海难救助及救助报酬如何确定的问题。如前所述，涉案"汤姆"轮在蓬莱港航道搁浅，经过几次借助拖轮和船舶主机动力均不能脱浅，情况下，已丧失自救能力。"汤姆"轮发生的危险是现实的，已构成海难救助的对象，故安达船运公司的行为系海难救助行为。关于本案救助报酬的确定，根据《中华人民共和国海商法》第 180 条的规定，应综合考虑以下各项主要因素：① 即使"汤姆"轮航道搁浅，但并未受恶劣天气及其他状况的影响，致使船货处于紧急危险状态之中，故本次海难的危险程度及安达船运公司所冒的风险较小；② 具体减载过程中，安达船运公司仅提供"鲁日海 03"号船舶，将"汤姆"轮上卸下的木材运往码头，无特殊努力和技能的付出；③ 安达船运公司共支出的费用和遭受的损失为 101 236 元人民币；④"汤姆"轮自身的船舶价值约 1 000 万美元；⑤"汤姆"轮卸下部分货物后，利用船上动力和三艘拖轮的帮助成功脱浅，取得了救助成效。诉讼费和律师费是当事人因诉讼而支出的费用，不属于《中华人民共和国海商法》规定的确定救助报酬应考虑的范畴，青岛海事法院将上述费用与其他因素一起作为确定救助报酬的基础不当。综上，为体现对救助作业的鼓励，山东省高级人民法院裁量东方海运公司应支付安达船运公司救助报酬 10 万美元。

关于本案发生的诉讼费用包括财产、证据保全费和鉴定费 62 000 元人民币和律师费用 4 万美元如何承担的问题。根据《人民法院诉讼收费办法》第 19 条的规定，案件受理费及其他诉讼费用应由败诉的当事人负担或双方根据责任分担。因此，本案的案件受理费、证据、财产保全费及鉴定费由双方按比例分担。律师费用不是本案必要的支出，安达船运公司要求由东方海运公司承担律师费的主张，山东省高级人民法院不予支持。

综上，东方海运公司上诉部分有理，山东省高级人民法院予以支持；青岛海事法院认定事实部分不清，适用法律部分不当，山东省高级人民法院予以纠正。根据《中华人民共和国民事诉讼法》第 153 条第 1 款第（三）项的规定，判决如下：

(1) 撤销青岛海事法院(2003)青海法海商初字第72号民事判决;
(2) 东方海运公司于判决生效后10日内支付安达船运公司救助报酬10万美元。

6.2.2 公共主管机关从事或者控制的海难救助问题

5 中华人民共和国汕头海事局诉中国石油化工股份有限公司广东粤东石油分公司救助合同纠纷案

案例来源:广州海事法院(2005) 广海法初字第182号
主题词:防止船舶污染海域　强制抽油　国家主管机关从事或者控制的救助作业　获救货物价值　救助报酬

裁判要旨

No. HS-6.2-5　海事局作为防止船舶污染海域的海事行政主管机关,在船舶发生碰撞事故致使其装载的货油发生泄漏以及未泄漏的货油可能造成海洋环境重大污染损害时,有权强制采取避免或者减少污染损害的措施,包括与打捞局签订合同,以抽取货油,避免或减少污染损害。其委托打捞局所实施的强制抽油措施属于救助行为,取得救助效果后,海事局有权获得不超过获救货物价值的救助报酬。

一、基本案情

原告:中华人民共和国汕头海事局
被告:中国石油化工股份有限公司广东粤东石油分公司

原告中华人民共和国汕头海事局诉称:2005年1月26日,"明辉8"轮与"闽海102"轮在南澳岛附近海域发生碰撞,"明辉8"轮1号货油舱左舷破损进水并沉没。事故发生后,被告发函委托原告对"明辉8"轮上货油进行救助,并承诺货物获救后,根据《中华人民共和国海商法》以及相关法律、法规的规定,支付有关费用。原告接受委托后,组织交通部上海打捞局(以下简称上海救捞局)对"明辉8"轮上的货油进行救助。上海打捞局立即派遣"沪救捞3"轮抽取该轮所载货油。至2005年2月6日完成抽油工作。共抽取货油426立方米,先存放于"鹭岛油306"轮,后寄存于汕头市南澳金盟渔业材料有限公司(以下简称金盟公司)所属南澳外青山油库,产生救助费用人民币4 324 090元。2005年3月4日,原告发函要求被告在5天内支付上述费用,或者提供与获救货油价值相当的担保1 400 000元。但被告拒绝支付上述费用,也不提供担保。由于获救货油为油水混合物,存放时间过长易变质,且保管费用不断增加,为了减少损失,原告依法请求广州海事法院拍卖获救货油。广州海事法院准许原告的请求,依法组成拍卖委员会,于2005年4月19日对426立方米货油进行公开拍卖,成交价为每立方米3 150元。原告认为,本案救助合同关系成立,原告根据被告的委托对"明辉8"轮所载货油进行救助,取得了救助效果,有权获得救助报酬,被告应支付不超过获救货物价值的救助报酬。根据《中华人民共和国海商法》第179条、第180条、第183条和第192条的规定,原告请求判令被告赔偿原告救助费用人民币1 341 900元及其自2005年2月10日起至实际偿付之日止按中国人民银行同期贷款利率计算的利息,并判令被告承担本案诉讼费用。

原告在举证期限内提交了以下证据材料:① "明辉8"轮与"闽海102"轮的《水上交通事故报告书》;② 厦门华航石油有限公司出具的发票及其致被告的《委托书》、被告致东山石油分公司的《委托书》以及编号为0010083的《中国石油化工集团公司国内油品水运证明》;③ 被告于2005年1月31日致原告《有关"明辉8"海上事故处理事宜的函》;④ 原告致交通部上海打捞局《关于委托对"明辉8"轮所载货油救助的函》以及双方签订的《合同书》;⑤ "沪救捞3"轮船舶证书、救助人员资质证书、航海日志15页;⑥ 上海打捞局引进有关抽油设备的转贷款协议、发票以及救助应急物资器材出、入库单;⑦ 上海打捞局与厦门申鹭船务有限公司(以下简称申鹭公司)签订的《租船协议》;⑧ "鹭岛油306"轮船舶证书、航海日志13页、船舱计量记录;⑨ 金盟公司与上海打捞局签订的《溢油应急抢险成品油储存协议》及货物验收单;⑩ 粤汕海事〔2005〕31号《关于支付"明辉8"轮货油救助费用的函》以及被告的复函;⑪ 上海打捞局出具的"明辉8"轮货油费用清单、《关于"明辉8"轮沉船剩油抽出工程计收费的函》(以下简称《抽油计费函》)、《救助费计算办法及相关情况的说明》;⑫ 申鹭公司致上海打捞局的催款函、上海打捞局的汇款凭证;⑬ 原告与上海打捞局签订的《救助费用结算确定书》;⑭ 拍卖"明辉8"轮船载货油的法律文书。

被告中国石油化工股份有限公司广东粤东石油分公司辩称:

(1)汕头海事局不是救助方,与本案没有直接利害关系,不是本案适格原告。

(2)肇事船方没有履行清污义务,原告依法实施清污、抽取货油、消除污染隐患,是其作为行政主管部门履行法定职责的行为。依据《中华人民共和国防止船舶污染海域管理条例》第3条、第7条以及原告出具的海事行政强制措施决定书、海事行政执行告诫书和海事行政强制执行书,费用应由肇事船方承担。

(3)被告没有委托救助,不应承担救助费用。原告清污在前,被告发函在后,发函的目的是最大限度减少损失并提供救助油品储存地,并非委托原告进行救助。

(4)原告基于行政强制与上海海事局签订的《合同书》与被告无关。原告与上海打捞局签订合同在先,被告发函在后;上海打捞局与申鹭公司签订《租船协议》及救助设备出库在先,被告发函在后,被告没有委托原告与上海打捞局签订《合同书》。救助费用作为合同基本条款,未经被告认可,不能成为被告承担费用的依据。

(5)根据《中华人民共和国海商法》第180条的规定,本案救助报酬的本金及利息应为获救价值本金及孳息,且本金及利息中应包括诉讼费。原告请求自2005年2月10日起至实际偿付之日按中国人民银行同期贷款利率计算利息不符合法律规定。

被告在举证期间内提交了以下证据材料:① 汕海事强字〔2005〕第040001号海事行政强制措施决定书;② 汕海事强字〔2005〕第040001号海事行政强制告诫书;③ 汕

海事强字〔2005〕第040001号海事行政强制执行书;④ 汕头海事局简介;⑤ 汕航通字2005004号航行通告;⑥ 被告致原告有关"明辉8"轮海上事故处理事宜的函;⑦ 被告致原告关于粤汕海事〔2005〕31号文件的复函及签收单;⑧ 广州海事法院(2005)广海法初字第91-2号公告。

二、法院查明事实

2005年1月,被告向厦门华航石油有限公司(以下简称华航公司)购买0号柴油1000吨,由其自行提取货油并安排运输。1月24日,深圳市海通洋船务有限公司接受被告的委托,委派武汉黄石市鄂东海运有限责任公司(以下简称鄂东公司)所属的"明辉8"轮装载被告所有的0号柴油980吨,从福建东山港驶往汕头港。1月26日,"明辉8"轮与福建省协通船务企业有限公司所属的"闽海102"轮在南澳岛附近海域发生碰撞,"明辉8"轮1号货油舱破损进水并沉没。

1月27日,原告向"明辉8"轮船舶所有人鄂东公司发出《海事行政强制措施决定书》,要求鄂东公司实施清除污染、抽取货油、消除污染隐患的行政强制措施。原告同时将该决定书抄送给福建省协通船务企业有限公司和被告等单位。1月29日,原告向鄂东公司发出《海事行政强制执行告诫书》,告诫鄂东公司如果其逾期履行抽油清污的义务,原告将采取清除污染、抽取货油、消除污染隐患的强制执行方式,费用由鄂东公司承担。同日,原告发出汕航通字2005004号航行通告,通告载明:"明辉8"沉船的水下探摸及货油舱抽油作业由上海打捞局工程队负责施工,作业水域为南澳岛以东海域,作业日期自2005年1月29日至2005年2月28日,作业船舶为"沪救捞3"号等。2月1日,原告向鄂东公司发出《海事行政强制执行书》称,鄂东公司仍未履行《海事行政强制措施决定书》和《海事行政强制执行告诫书》的义务,原告依据法律规定,采取清除污染、抽取货油、消除污染隐患的强制执行方式。

1月29日,上海打捞局与申鹭公司签订《租船协议》。该协议约定:上海打捞局租用申鹭公司所属"鹭岛油306"轮,用于"明辉8"轮水下抽油工程接收和储存所抽取的0号柴油。第一租期为10天,即2005年1月29日至2月7日,此后上海打捞局可以续租;只要有上海打捞局抽取的油存放在"鹭岛油306"轮舱内,则视为在租期内。费用的结算方式为:第一期10天内包干价为250 000元(包括"鹭岛油306"轮往返调遣费),上海打捞局应在协议签订后3天内预付150 000元,其余租金应在抽油工程结束后3个银行工作日内支付;第一期后,如上海打捞局仍需租用,则租金为每天10 000元,每5天向申鹭公司支付一次租金。

1月31日,被告向原告发出《有关"明辉8"海上事故处理事宜的函》称,"明辉8"轮在南澳靠东山方向7海里处与"闽海102"轮碰撞,"明辉8"轮沉没,现有关搜救工作正在原告的领导下进行。"明辉8"轮本航次所载其所有的0号柴油共980吨,货物实际价值共3 822 000元。"明辉8"轮的沉没将造成其巨大损失,故请原告在组织打捞时最大限度减少货主的损失。本次事故造成的相关救助费用,本应由船舶责任方承担,但其作为货主,若货物得以获救,其将根据《中华人民共和国海商法》以及相关法律、法规的规定,处理有关费用问题。为尽量避免油品因存放不当造成变质、损害,减少有关储油寄舱的其他费用,被告请求同意其安排油船接驳油品并运往其油库储存。该函盖有原告2005年2月1日签收的收文章。

2005年1月31日,原告致函上海打捞局称,"明辉8"轮所载货油的货主委托原告对该货油进行救助,并承诺货物获救后根据《中华人民共和国海商法》以及相关法律、法规支付有关费用。原告根据货主的委托,委托上海打捞局对该货物进行救助,抽取沉船上剩余的货油,由此产生的费用按照《中华人民共和国海商法》的规定处理。

2月1日,原告与上海打捞局签订《合同书》。该《合同书》载明,鉴于"明辉8"轮沉没后,部分货油及燃油泄漏,造成重大污染损害,污染责任方未采取防污措施,货主致函原告请求对船舶内货油进行救助等事实,双方就抽取"明辉8"轮剩油事宜达成一致。合同约定,由上海打捞局派遣"沪救捞3"轮、机具和人员将"明辉8"轮剩余货油抽出并安全运往指定地点保存。上海打捞局可对施工的船舶、机具和人员进行替换和调整。救助费用由被救助方和/或被代履行责任方支付,工程预算费总价为3 300 000元;救助费用先从获救货物中支付,不足部分,再由原告向被代履行责任方索赔;由原告作为统一对被救助方和/或被代履行方的索赔主体,上海打捞局保证不直接向被救助方和/或被代履行责任方提出任何索赔或诉讼;施工作业完毕后10日内,上海打捞局向原告出具费用清单、费用的计算依据及相关证据,经核定后双方确定实际费用。但在该合同签订之前,上海打捞局早已与原告就抽取"明辉8"轮剩油达成初步意向。上海救捞局派遣的"沪救捞3"轮于2005年1月26日16:30时离开码头起航,准备到汕头抽取"明辉8"轮剩油。

"沪救捞3"轮自2005年1月28日开始对"明辉8"轮沉船进行抽油作业,至2月6日完成抽油工作,共抽取货油439立方米,先存放于"鹭岛油306"轮,后寄存于金盟公司所属的南澳外青山油库。上海打捞局与金盟公司约定自成品油入仓之日起至出仓之日止,按每天每吨1元计算寄舱费。

3月4日,原告向被告发出粤汕海事〔2005〕31号《关于支付"明辉"轮货油救助费用的函》称:原告接受被告的委托后,委托上海打捞局对"明辉8"轮进行救助,共抽出约439立方米货油,现寄存于南澳外青山油库。上海打捞局提出的救助费用为4 324 090元。现要求被告在5天内支付上述款项,或者提供与获救货物价值相当的担保1 400 000元。

3月11日,被告复函原告称其并未委托原告对"明辉8"轮所载货油进行救助,且并未承诺支付有关费用,而是阐明若货物获救,将根据相关法律作出相应的处理。

3月28日,原告向本院申请拍卖从"明辉8"轮抽取的货油,所得价款用于支付抽油救助作业所需费用。本院依法裁定准许原告的申请,于4月19日对储存于南澳外青山油库的"明辉8"轮船载货油进行公开拍卖,成交价为每立方米3 150元。经移交确认,该批货油实际数量为426立方米,价款为1 341 900元。该次拍卖产生财产保全申请费7 520元,拍卖公告费,货油价格评估鉴定费,拍卖师、检验师劳务费,拍卖费等费用共计119 552元,上述费用合计127 072元。扣除上述费用,"明辉8"轮船载货油的获救价值为1 214 828元。

原告为证明救助"明辉8"轮船载货油发生的费用,提交了上海打捞局出具的救助"明辉8"轮船载货油费用清单、上海打捞局致原告的《抽油计费函》及救助费计算办法说明、原告与上海打捞局签署的救助费用结算确认书,以及上海打捞局为引进抽油设备而签订的转贷款协议,购买救助设备的发票,租用救助应急物资出、入库单,救助船舶的船舶证书及救助人员的资质证书,申鹭公司致上海打捞局的催款函及上海打捞局的付款凭证等。

《抽油计费函》列明了以下四种收费办法:① 按照目前国内市场价计算是4 482 920元;② 按照即将出台的交通部救捞船舶费率标准计算是4 929 200元;③ 按照国际通用的SCOPIC计算是7 742 360元;④ 按照交通部、国家物价总局1993年下发的费率标准计算是3 797 590元。上海打捞局认为按目前市场价格计算的救助费用4 482 920元较为合理,并附有救助费计算办法说明。

按照目前市场价格,上海打捞局出具的费用清单载明的收费项目具体包括:① 施工船舶1 554 000元;② 设备材料939 000元;③ 人员费用390 000元;④ 管理费230 640元;⑤ 税金103 990元;⑥ 风险费985 290元;⑦ 租船费300 000元。合计4 482 920元。

上海打捞局与原告于4月30日签订《救助费用结算确认书》,确认本次救助作业实际发生救助费用为4 482 920元,其中1 341 900元救助费向被告索赔,余额3 141 020元作为防止污染费用,向造成污染损害的责任人索赔。上海打捞局已向申鹭公司支付了150 000元。

三、法院裁判

本案为一宗海上救助作业纠纷,原、被告双方的争议焦点可归纳为:

(1) 原告作为海事行政主管机关,是否有权提起民事诉讼。根据《中华人民共和国海洋环境保护法》第71条的规定,原告作为防止船舶污染海域的海事行政主管机关,当"明辉8"轮发生碰撞事故致使其装载的货油发生泄漏以及未泄漏的货油可能造成海洋环境重大污染损害时,有权强制采取避免或者减少污染损害的措施,其中包括与上海打捞局签订合同,以抽取货油,避免或减少污染损害。根据原告与上海打捞局签订的《合同书》的约定,原告有权代表救助方统一向被救助方和/或被代履行方进行索赔,上海打捞局保证不直接向被救助方和/或被代履行责任方提出任何索赔。被告是"明辉8"轮船载货油的所有人,即为货油的被救助方。原告根据《合同书》的上述约定和《中华人民共和国海商法》第192条的规定向被告索赔救助费用并提起民事诉讼,符合法律规定,应予准许。被告认为原告作为海事行政主管机关,无权提起民事诉讼,没有法律依据,不予支持。

(2) 原告对"明辉8"船载货油的救助是基于行政职权还是基于被告的委托。原告依据被告发出的《有关"明辉8"海上事故处理事宜的函》,主张原、被告之间存在委托救助合同关系。原告认为,被告在该函中确认了解有关的搜救工作正在原告的领导下紧张地进行,并承诺其作为货主,若货物获救,将依照《中华人民共和国海商法》及相关法律的规定处理有关费用问题。故救助的提供和接受是原告和被告双方自愿的,并达成一致意见,救助合同成立。被告认为,原告依法实施清污抽油,是其作为行政主管部门履行法定职责的行为。原告清污在前,被告发函在后,发函的目的是最大限度减少损失并提供救助油品储存地,并非委托原告进行救助,不应承担救助费用。广州海事法院认为,根据上述查明的事实,自1月26日"明辉8"轮与"闽海102"轮发生碰撞沉没后,原告为履行防止船舶污染海域的职责而实施了一系列行政行为。从1月29日发布的汕航通字2005004号航行通告的内容以及上海打捞局自1月28日派遣"沪救捞3"轮对"明辉8"轮沉船进行抽油等事实表明,原告于1月28日已组织上海打捞局对"明辉8"轮沉船进行抽油作业。换言之,即使被告没有发函,原告也会组织有关单位对"明辉8"轮实施救助。可见,被告于1月31日致原告的《有关"明辉8"海上事故处理事宜的函》并没有委托原告进行救助的意思表示,也没有就有关救助合同的主要条款达成一致。因此,原告据此认为其救助行为是基于被告委托而发生,没有事实和法律依据,不能成立。

(3)原告是否有权向被告请求救助费用。虽然不能认定原告的救助行为是基于被告委托而发生的,但是,原告对"明辉8"轮船载货油的救助行为是基于履行防止船舶污染海域职责的行为,该救助作业属于国家主管机关从事或者控制的救助作业。根据《中华人民共和国海商法》第192条的规定,国家有关主管机关从事或者控制的救助作业,救助方有权享受本章规定的关于救助作业的权利和补偿。此外,根据《中华人民共和国海商法》第186条第(二)项的规定,如果不顾遇险的船舶的船长、船舶所有人或者其他财产所有人明确的和合理的拒绝,仍然进行救助的,该救助行为无权获得救助款项。在本案中,根据《海事行政强制措施决定书》,原告依行政职权要求"明辉8"轮所有权人实施清除污染、抽取货油,并将该决定书抄送给福建省协通船务企业有限公司和被告等单位。被告明知原告可能采取抽取货油的救助措施而不提出异议,视为其已同意由原告依职权实施救助行为。因此,原告作为控制救助作业的救助方,有权根据《中华人民共和国海商法》第九章的规定获得救助报酬。至于原告与上海打捞局之间的费用结算,属于双方的内部法律关系,不影响被告对救助费用的支付。

(4)原告请求的救助费用是否合理。被告认为,原告所主张救助费用依据的市场价格没有得到被告的确认,而是由原告单方面决定,该市场价格没有任何依据,故该救助费用不合理。广州海事法院认为,上海打捞局列举了目前国内四种救助费用的计算办法,原告确认按照国内市场价格标准计算,得出救助费用4 482 920元。被告虽然对原告主张的市场价格不予认可,但没有提供任何反驳证据证明该价格明显过高,且原告提供关于费用的证据可以互相印证。因此,除了风险费外,基本上可对原告提出的按照国内市场价格标准计算救助费用的主张予以确认。上海打捞局收费项目中包含风险费并不合理。原告请求这一费用主要是依据交通部《国内航线海上救助打捞收费办法》第 4 条第(一)项关于"港航监督部门责令强制打捞,并要求委托救助机构迅速施工的打捞工程"和第(三)项关于"打捞油轮和其他危险品的船舶"的规定。但是,上述规定救助方可以收取风险费的情形仅限于在强制打捞和打捞船舶,而本案并没有出现强制打捞和打捞船舶情形,强制抽取货油的措施属于强制救助货物,故原告请求该费用的法律依据不足。此外,根据原告发出的汕航通字 2005004 号航行通告,上海打捞局对"明辉 8"轮的水下探摸及货油舱抽油的作业日期自 2005 年 1 月 29 日至 2005 年 2 月 28 日,即原定作业时间为 1 个月,但实际上,"沪救捞 3"轮自 1 月 28 日开始对"明辉 8"轮沉船进行抽油作业,至 2 月 6 日完成抽油工作,仅花费了不到 10 天时间,证明本次抽油作业的难度不高,风险不大,故原告收取风险费不尽合理。综上,扣除风险费 985 290元,原告请求的合理救助费用应认定为 3 497 630 元。

根据《中华人民共和国海商法》第 179 条、第 180 条第 2 款的规定,原告在采取强制抽油措施中,取得了救助效果,有权获得救助报酬,但被告应支付不超过获救货物价值的救助报酬。尽管原告可以向被告请求的救助费用为 3 497 630 元,但因本案货油的获救价值仅为 1 214 828 元,被告只需向原告支付 1 214 828 元救助报酬即可。原告请求被告赔偿原告救助费用的利息,但因被告只需支付以获救价值为限的救助报酬,原告的请求没有合法依据,不予支持。

综上,依据《中华人民共和国海商法》第 192 条、第 182 条第 2 款的规定,判决如下:
(1) 被告中国石油化工股份有限公司广东粤东石油分公司应向原告中华人民共和国汕头海事局支付救助报酬 1 214 828 元;
(2) 驳回原告的其他诉讼请求。

6 原告中华人民共和国汕头海事局与被告信盈海运有限公司、信成(香港)海运有限公司海难救助报酬纠纷案
案例来源:广州海事法院(2007)广海法初字第 352 号
主题词:国家主管机关从事或者控制的救助作业　救助行为　自愿原则

> **裁判要旨**
>
> **No. HS-6.2-6**　海事局作为海事行政主管机关,对于其从事或者控制的救助作业,有权享受《中华人民共和国海商法》规定的关于救助作业的权利和补偿。
>
> **No. HS-6.2-7**　海事局的公务船舶虽然没有直接从事拖带作业,但是其在事故中成功救助遇险船员,并在整个救助过程中从事了搜救、值守、监管、护航和指挥工作,对成功救助遇险船舶起到了不可或缺的作用,其行为属于救助行为。
>
> **No. HS-6.2-8**　在救助过程中,遇险船舶对海事局的救助行为没有作出明确而合理的拒绝救助的意思表示,则该救助行为符合自愿原则。
>
> **No. HS-6.2-9**　救助报酬应由获救船舶或其他财产的所有人承担,海事局请求船舶经营人承担连带责任,没有法律依据。

一、基本案情

原告:中华人民共和国汕头海事局(以下简称汕头海事局)

被告:信盈海运有限公司(HSIN YING SHIPPING CO.,LTD.,以下简称信盈公司)

被告:信成(香港)海运有限公司[EVER SUCCESS (HK) SHIPPING COMPANY LIMITED,以下简称信成公司]

原告汕头海事局诉称:2007年2月26日,信盈公司所属、信成公司经营的"信盈(HSIN YING)"轮在台湾海峡遇险,船上主机失控且遭遇大风浪。为保证船舶安全,"信盈"轮船长和信盈公司分别请求汕头海事局尽快派船前往救助。汕头海事局收到救助请求后,当即派出"海巡31"轮前往救助。3月2日,经过汕头海事局历时4天的救助,"信盈"轮和船上船员及货物均安全抵达汕头南澳锚地。4月17日,"信盈"轮的保险人中国人民财产保险股份有限公司福州分公司(以下简称福州人保)就上述海难救助,为信盈公司和信成公司向汕头海事局出具了300万元(以下如无特指,均为人民币元)的信用担保。4月26日,信盈公司向汕头海事局出具《确认书》,确认上述救助事实,并授权信成公司处理因此产生的救助报酬事宜。信盈公司保证对信成公司签订的和解协议项下的救助报酬承担连带支付责任。汕头海事局与信成公司于同日就首期救助报酬及担保事项达成协议。信成公司按约定向汕头海事局支付了首期救助报酬50万元。"信盈"轮为2000年建造的载货量为9 220吨的钢质船舶,保险金额为400万美元。遇险时,该轮主机故障,失去动力,手操舵失灵,且遭遇大风浪,船舶随时可能因漂流造成触礁、沉没、发生人员伤亡,进而可能发生污染事故,严重破坏周边环境。汕头海事局派往救助的"海巡31"轮为我国交通部海事局吨位最大、装备最先进的船舶,功率为11 600千瓦,续航、抗风能力强,造价约为1.5亿元。在天气、海况十分恶劣的情况下,汕头海事局根据其丰富的海难救助经验,及时有效地调度救助船舶和人员,充分发挥其专业技能,经过4天的救助工作,"信盈"轮和船上船员及货物均安全抵达锚地,避免了"信盈"轮在无动力情况下漂流触礁、污染海域的危险,救助效果良好。综合考虑上述因素,此次海难救助的报酬应为200万美元。扣除信成公司已支付的50万元首期救助款(折合66 082.50美元),信盈公司和信成公司还应向汕头海事局支付1 933 917.50美元。据此,根据《1989年国际救助公约》和《中华人民共和国海商法》的规定,请求判令信盈公司和信成公司向汕头海事局连带支付救助报酬1 933 917.50美元(折合人民币14 632 600元)及自2007年3月3日起至实际支付之日止按中国人民银行同期贷款利率计算的利息,并由信盈公司和信成公司负担本案诉讼费用。

被告信盈公司和信成公司共同辩称:

(1)对"信盈"轮实施救助的行政主管机关是交通部东海救助局,汕头海事局在本次救助作业中起到的作用只是对海事事故的调查和处理,是其作为海事行政机关的职责范围,即使产生费用,也是正常的行政开支。

(2)信盈公司和信成公司从未委托汕头海事局救助"信盈"轮,汕头海事局无权根据"无效果、无报酬"原则请求救助报酬。

（3）假如汕头海事局认为其实施的是救助作业，本案则存在两个救助作业，一个是在弃船之前的救助作业，一个是在弃船之后的救助作业。"海巡31"轮仅参与了第一个救助作业，但没有效果，因此其根据"无效果、无报酬"原则请求救助报酬不应获得支持。

（4）本次救助为雇用救助，而非"无效果、无报酬"的合同救助。汕头海事局没有实际实施"东海救131"轮从事的上述第二次救助作业，无权请求救助报酬。

（5）"海巡31"轮并未起到护航作用，即使"海巡31"轮真的起到护航作用，其行为也属于行政行为，无权收取费用，且汕头海事局未举证证明其是"海巡31"轮的船舶所有人或经营人，无权请求救助报酬。

（6）本次救助不属于强制救助，汕头海事局无权根据《中华人民共和国海商法》第192条的规定请求救助报酬。

（7）汕头海事局履行的是其职责范围内的公务，产生的仅是日常行政监管性开支，即使根据《中华人民共和国海商法》第192条的规定，其也不能按照"无效果、无报酬"原则获得救助报酬。此外，按照"无效果、无报酬"原则请求救助报酬的一个前提条件是被救助船舶处于危险之中，而"东海救131"轮实施第二次救助作业时，"信盈"轮是比较安全的，没有处于危险之中。

（8）汕头海事局对本次救助作业所起的作用有限，最多为控制救助作业，其获得的救助报酬理当少于实际实施救助的"东海救131"轮获得的报酬。

（9）即使汕头海事局按照"无效果、无报酬"原则请求救助报酬，根据《中华人民共和国海商法》第180条的规定和中华人民共和国交通部《国际航线海上救助打捞收费办法》的规定，其也不能获得救助报酬或获得的救助报酬应非常低，不应超过456 576元。

二、法院查明事实

"信盈"轮系钢质干货船，船长100.04米，船宽25.00米，型深7.50米，总吨位5 264吨，净吨位1 579吨。该轮的所有人为信盈公司，经营人为信成公司。

"海巡31"轮系钢质公务船，船长112.80米，型宽13.80米，型深6.50米，总吨位3 403吨，净吨位1 021吨，主机功率11 600千瓦，船舶所有人和经营人均为广东海事局。2006年10月，信盈公司和信成公司为"信盈"轮向福州人保投保一切险附加战争险，保险金额为400万美元，保险期限为2006年11月1日至2007年10月31日。2007年2月26日，"信盈"轮装载河沙9 220吨航行至台湾海峡南口，距澎湖花屿岛约50海里处，因主机出现故障导致该轮失控。事故现场持续东北风7—8级，阵风9级，浪高4—5米，长涌浪，能见度3—5海里。事故经过如下：06：15时，右主机出现故障。06：20时，右主机突然自动停车，船舶左右摇摆大约25度，船舶处于非常危险的状态，右主机无法使用，且无备件可用，单靠船员无力修复。07：00时，船长命令二副发出求救信号。

14:02时,"海巡31"轮抵达现场,汕头海事局指定"海巡31"轮为现场指挥船,指挥事故现场的救助船舶进行救助。14:50时,右主机再次失控,无法使用,单靠左车无法把握船身,操纵更加困难,纵倾异常剧烈,横摇25度左右,随时有倾覆的危险。15:02时,"东海救131"轮抵达现场。15:50时,考虑到自事故发生以来持续东北风7—8级,阵风9级,涌浪4—5米,且气象没有好转迹象,该轮干弦(1.5米)较低,稳性消失角为31度,且货舱为一个开敞式舱口,现场风浪较大,船舶抛锚后偏荡严重,横摇达20几度,海水不停地冲刷舱口围,货舱右侧河沙部分已被淘刷下海,船舶出现横倾,现场情况异常紧急,船舶随时面临倾覆危险,船长马上和公司联络,公司同意船员离船,并向"海巡31"轮提出救助请求,要求将所有人员转移到"海巡31"轮。17:00时左右,"信盈"轮船员所乘救生艇成功靠上"海巡31"轮,船员全部登上"海巡31"轮,全体船员成功获救。"信盈"轮船上存0号柴油170吨左右。自"信盈"轮船员撤离到"海巡31"轮后,船长及轮机长、大副每天都在与救助单位"海巡31"轮及"东海救131"轮保持联系,极力动员船员配合有关单位进行施救,同时心系"信盈"轮,和"海巡31"轮一道在附近看守"信盈"轮以防意外。

2月27日,信盈公司致广东海事局巡查执法支队的函件记载:由于信盈公司"信盈"轮在台湾海峡中间出现主机失控,考虑到大风浪因素影响信盈公司船舶的安全,所以请求广东海事局"海巡31"轮前往协助救助,并护航和监护。3月2日,上海东海救助技术服务中心发给信成公司的收费通知单记载,交通部东海救助局"东海救131"轮已完成对"信盈"轮的拖救、守护作业,现将本次作业时间和应付费用结算如下:累计作业时间101.5小时,其中守护作业时间67.5小时(折合2.8天),拖救承包价36万元,守护费15万元/天×2.8天=42万元,合计费用78万元。4月17日,"信盈"轮的保险人福州人保就本案赔偿款项,为信盈公司和信成公司向汕头海事局出具了300万元的信用担保。4月18日,交通部东海救助局出具的《关于"信盈"轮拖救、守护费用的情况说明》记载,受信成公司福州代表处委托,交通部东海救助局所属"东海救131"轮(9 140马力)于2月26日至3月2日在东山外海域,对主机故障的"信盈"轮实施了拖救、守护,并按双方协议收取78万元作业费用。交通部东海救助局费率标准为:拖救航行费率1.5元/小时·马力,本次拖救作业1.5元/小时·马力×9 140马力×34小时,守护费率1元/小时·马力,本次拖救作业1元/小时·马力×9 140马力×67.5小时,合计费用1 083 090元。4月30日,信成公司向汕头海事局支付了64 946.87美元(折合人民币50万元)。5月9日,信成公司向上海东海救助技术服务中心支付了"信盈"轮拖救守护服务费78万元。

对原、被告争议的事实,法院认定如下:

1. 信盈公司是否有发函请求汕头海事局对"信盈"轮实施救助

汕头海事局提供了信盈公司致汕头海事局的函件和《确认书》,以证明信盈公司发函请求汕头海事局对"信盈"轮实施救助。信盈公司致汕头海事局的函件记载:由于信盈公司"信盈"轮在台湾海峡中间出现主机失控,考虑到大风浪因素影响信盈公司船舶的安全,所以请求汕头海事局"海巡31"轮前往协助救助,时间为2007年2月27日。《确认书》记载:2007年2月26日,信盈公司所属的"信盈"轮在台湾海峡遇险,船上主机失控且遭遇大风浪,信盈公司请求汕头海事局派船舶前往救助。在汕头海事局的救助下,"信盈"轮及船上人员、货物均安全抵达南澳锚地,救助效果良好,由此产生的救助报酬,信盈公司授权"信盈"轮经营人信成公司以其名义代表信盈公司与汕头海事局协商、诉讼和签署有关协议。信成公司与汕头海事局签署的有关"信盈"轮救助报酬的协议,对信盈公司和信成公司均有法律约束力。对有关和解协议项下信成公司应支付的救助报酬,信盈公司保证承担连带支付责任。有杨正忠的签名,加盖了信盈公司的印章,时间为2007年4月26日。

信盈公司和信成公司提出异议认为,上述函件为复印件,对其真实性不予确认,对《确认书》的真实性也不予确认,并且该《确认书》未办理公证认证手续。信盈公司和信成公司提供了信盈公司致广东海事局巡查执法支队的函件,以证明信盈公司没有请求汕头海事局对"信盈"轮实施救助。法院一致认为,汕头海事局提供了《确认书》的原件,该《确认书》虽然没有办理公证认证手续,但其与上述函件可以相互印证,并且信盈公司请求广东海事局巡查执法支队进行救助的事实与上述证据并不矛盾,因此,上述证据可以证明信盈公司发函请求汕头海事局派船前往救助"信盈"轮。

2. "海巡31"轮"实施救助作业的经过

汕头海事局提供了"海巡31"轮2007年2月26日至3月2日的航海日志,以证明"海巡31"轮救助"信盈"轮的经过。信盈公司和信成公司提供了"海巡31"轮2007年2月26日、27日的航海日志以证明汕头海事局没有采取有效措施实施救助,并且救助作业失败。上述航海日志记载:2007年2月26日08:59时,接到汕头海事局总值班室通知,在东经118°25′、北纬23°13′"信盈"轮遇险;09:00时,通知有关人员做起锚准备;09:28时锚离底,全速开往事故现场;12:00时,开往台湾海峡搜救,天气情况:东北风7—8级,海浪5—6级;14:06时抵达遇险船舶现场;15:02时,"东海救131"轮抵达事故现场;15:25时,"信盈"轮告知其手操舵失灵,只能在机舱用应急舵,右主机失灵,船舶摇摆剧烈;16:00时天气情况:东北风7—8级,海浪5—6级;17:00时,"信盈"轮所有17名船员被救上"海巡31"轮;20:00时天气情况:东北风7级,海浪5级;20:00时后,继续在"信盈"轮附近值守监管;24:00时天气情况:东北风7—8级,海浪5级。2月27日,在"信盈"轮附近水域待命、锚泊值守,对"信盈"轮监视正常,风力由7—8级转为5—6级,海浪为4—5级。2月28日,"海巡31"轮处于锚泊状态,继续监护"信盈"轮,东北风6—7级,海浪4—5级。3月1日,"海巡31"轮继续在"信盈"轮附近锚泊、监管,风力由6级转为3级,海浪由4—5级转为3级;09:00时,开始起锚;13:26时,"东海救131"轮拖缆带上"信盈"轮;13:45时,"东海救131"轮起拖"信盈"轮,拖带长度650米;14:00时开始,为拖航船护航;21:30时,指挥"云海"轮避让拖带船队;21:42时,指挥"向力"轮避让拖带船队。3月2日00:33时,指挥"YUNYIN"轮避让拖带船队;00:48时,指挥"通州89"轮避让拖带船队;02:32时,指挥"YUECHAO5"轮避让拖带船队;03:10时,指挥"圣串达6"轮避让拖带船队;03:30时,指挥"金银达1"轮避让拖带船队;07:30时,"信盈"轮抵深澳锚地,"信盈"轮解拖抛锚;11:25时,靠妥汕头港客运码头。16:50时,与"信盈"轮船东交接清楚,将17名船员交给"信盈"轮船东代表。信盈公司和信成公司提出异议认为,上述航海日志是汕头海事局单方证据,对其真实性不予确认。法院一致认为,汕头海事局提供了上述航海日志的原件,并且与已查明的事实可以印证,信盈公司和信成公司虽然提出异议,但没有提供相反的证据,因此,对航海日志记载的上述事实予以采信。根据本案已查明的事实和上述航海日志的记载,汕头海事局采取了有效的救助措施,救助作业获得成功,信盈公司和信成公司提出的异议没有事实依据,不予采信。

3. "海巡31"轮的船舶价值及性能

汕头海事局提供了广东海事局出具的购建固定资产验收单及网页资料两份,以证明"海巡31"轮的船舶价值及性能。购建固定资产验收单记载:资产名称"海巡31",南海海区千吨级巡视船,使用部门广东海事局,单价149 800 000元。两份网页资料记载:"海巡31"轮船长介绍,"海巡31"轮是目前内地交通部海事局最新、吨位最大、装备最先进、属无限制航区的国际航行船舶,续航能力长达6 000海里,有能力远航至美国,该轮造价约1.5亿元。该轮是目前中国最大海事巡逻船,是中国海事系统第一艘拥有直升机起降平台、直升机库、飞行指挥塔等全套船载系统的海巡船。该轮最大航速22节,在18节航速时,抗击11级风浪。该船安装有电动反渗透造水装置,每天可造水15吨,续航能力达6 000海里,可续航40天,具有到达世界任何一个海域和港口的技术能力,适航无限航区。

信盈公司和信成公司对该购建固定资产验收单的真实性提出异议,并认为网页资料不能证明"海巡31"轮的性能。法院一致认为,汕头海事局提供了购建固定资产验收单的原件,信盈公司和信成公司虽然对其真实性提出异议,但没有提供相反的证据,对购建固定资产验收单记载的内容予以采信,但仅凭网页资料不能证明"海巡31"轮的性能。汕头海事局提供的上述证据只能证明"海巡31"轮造价为149 800 000元。

4. 信盈公司是否授权信成公司与汕头海事局签订了《协议书》

汕头海事局提供了授权委托书和《协议书》,以证明信盈公司授权信成公司与汕头海事局签订了《协议书》。授权委托书记载:信成公司委托杨正忠在其与汕头海事局就"信盈"轮海事事故办理救助费用事宜中,作为信成公司的代理人。代理权限为:"信盈"轮2007年2月26日于台湾海峡意外事故之相关交涉、谈判、签署文件等事宜。《协议书》记载:2007年2月26日,"信盈"轮在台湾海峡遇险,船上主机失控且遭遇大风浪,"信盈"轮船长请求汕头海事局尽快派船前往救助。2007年2月27日,信盈公司向汕头海事局发函请求派遣"海巡31"轮前往救助。2007年2月26日,汕头海事局安排"海巡31"轮前往"信盈"轮遇险地点进行救助。经过4天的救助作业,"信盈"轮及船上全部17名船员安全抵达南澳锚地,汕头海事局成功地完成了对船舶、人员及货物的救助,救助效果良好。信成公司同意在签订本协议之日起5日内,将50万元或根据本协议签署之日的汇率基准价计算的等值美元汇至汕头海事局指定账户,作为汕头海事局救助"信盈"轮的首期救助报酬,双方确认前述50万元首期救助款将在双方最终达成和解协议或法院生效判决确定的应由信成公司支付汕头海事局的救助报酬总额中相应扣减。汕头海事局收到上述50万元首期救助款和担保函之日起,"信盈"轮即可办理出港手续,以便"信盈"轮随时起航。有汕头海事局的委托代理人和杨正忠的签名,加盖了信成公司的印章。

信盈公司和信成公司提出异议认为,上述《协议书》是因汕头海事局扣押了"信盈"轮,船东为放船才同意签订的,并且上述证据没有办理公证认证手续,不予确认。法院一致认为,信盈公司和信成公司为放船才同意签订上述《协议书》的事实没有其他证据证明,上述证据与《确认书》以及信成公司向汕头海事局支付64 946.87美元和福州人保出具担保函的事实可以相互印证,因此,对上述证据予以采信。各方当事人提供的其他证据对本案判决结果不生影响,不予赘述。

三、法院裁判

广州海事法院认为,本案是一宗海难救助报酬纠纷。本案中被救助船舶最先到达地为广东省海域,依照《中华人民共和国民事诉讼法》第32条关于"因海难救助费用提起的诉讼,由救助地或者被救助船舶最先到达地人民法院管辖"的规定,法院对本案具有管辖权。因本案被告信盈公司住所地在英属维尔京群岛,具有涉外因素,原、被告虽然未就解决争议所适用的法律作出约定,但在诉讼中信盈公司和信成公司主张本案纠纷适用《中华人民共和国海商法》处理;汕头海事局还主张优先适用《1989年国际救助公约》,但不排除《中华人民共和国海商法》的适用。汕头海事局主张适用的《1989年国际救助公约》的有关规定与《中华人民共和国海商法》的规定一致,且不排除《中华人民共和国海商法》的适用,因此,应当认定原、被告双方均同意适用《中华人民共和国海商法》。依照《中华人民共和国海商法》第269条的规定,本案应当适用中华人民共和国法律。

1. 信盈公司与汕头海事局是否存在救助合同关系

据本案查明的事实,信盈公司因"信盈"轮遇险向汕头海事局请求救助,汕头海事局派"海巡31"轮前往进行救助,因此,双方当事人意思表示真实一致。依照《中华人民共和国海商法》第175条第1款关于"救助方与被救助方就海难救助达成协议,救助合同成立"的规定,双方之间救助合同关系成立,该合同没有违反我国现行法律、行政法规的强制性规定,应合法有效,双方当事人均应依约履行。汕头海事局是海事行政主管机关,本次救助作业属于"国家有关主管机关从事或者控制的救助作业"。依照《中华人民共和国海商法》第192条关于"国家有关主管机关从事或者控制的救助作业,救助方有权享受本章规定的关于救助作业的权利和补偿"的规定,汕头海事局作为本次救助作业的救助方,对其从事或者控制的救助作业,有权享受《中华人民共和国海商法》第九章规定的关于救助作业的权利和补偿。信盈公司和信成公司认为本次救助不属于强制救助，汕头海事局无权依照《中华人民共和国海商法》第192条的规定请求救助报酬，该主张没有事实和法律依据，不予支持。

2. 汕头海事局是否有权获得救助报酬

（1）本次救助标的是法律所承认的。本次救助标的是"信盈"轮，该轮是《中华人民共和国海商法》第3条所称的船舶，是《中华人民共和国海商法》所承认的救助标的。

（2）"信盈"轮处于海上危险之中。

根据上述查明的事实，信盈公司所属的"信盈"轮在台湾海峡中间出现主机失控，并遭遇到大风浪，船舶抛锚后偏荡严重，横摇达二十几度，随时面临倾覆危险。并且船公司同意全体船员离船，全体船员转移至"海巡31"轮。虽然在"东海救131"轮实施拖带作业时，天气、海况有所好转，但此时"信盈"轮船员已经全部离船，加上"信盈"轮主机失控，"信盈"轮仍然处于危险之中。直至"信盈"轮被拖带至南澳锚地时，"信盈"轮才完全脱离危险。因此，从"信盈"轮开始面临危险至到达南澳锚地之前的整个过程来看，"信盈"轮面临的危险是客观存在的。信盈公司和信成公司认为船员离船后"信盈"轮没有危险，没有事实依据。

3. 汕头海事局实施了救助行为且救助行为是自愿的

根据上述查明的事实，汕头海事局在本次事故中，成功救助了"信盈"轮的17名船员，并在整个救助过程中从事了搜救、值守、监管、护航和指挥的工作。"海巡31"轮虽然没有直接从事拖带作业，但其在救助过程中值守、监管、护航和指挥对成功救助"信盈"轮起到了不可或缺的作用。因此，"海巡31"轮实施的上述行为属于救助行为。信盈公司和信成公司认为汕头海事局没有从事救助行为的主张没有事实依据，不予支持。在救助过程中，信盈公司没有对汕头海事局的救助行为作出明确而合理的拒绝救助的意思表示。汕头海事局对"信盈"轮也没有法律规定或合同约定的救助义务，其从事的救助行为是自愿的。

4. 救助行为有效果

从整个救助过程来看，"信盈"轮和船上全部船员及货物最终成功抵达深澳锚地，成功获救，因此，本次救助效果良好。本次的救助作业是由汕头海事局和交通部东海救助局共同实施的，并不存在信盈公司和信成公司主张的两次救助作业，信盈公司和信成公司认为汕头海事局的救助行为没有救助效果没有事实依据，不予支持。综上，汕头海事局实施的救助符合海难救助的构成要件，取得了救助效果，其有权依照《中华人民共和国海商法》第179条关于"救助方对遇险的船舶和其他财产的救助，取得效果的，有权获得救助报酬；救助未取得效果的，除本法第一百八十二条或者其他法律另有规定或者合同另有约定外，无权获得救助款项"的规定，获得本次救助作业的救助报酬。

5. 汕头海事局请求的救助报酬的数额及利息

信盈公司和汕头海事局没有约定救助报酬的数额，也未约定计算救助报酬的方式，因此，汕头海事局请求的救助报酬应依照《中华人民共和国海商法》第180条的规定确定。

（1）"信盈"轮面临的危险和"海巡31"轮所冒的风险。"信盈"轮在台湾海峡中间出现主机失控，并遭遇到大风浪，事故现场持续东北风7—8级，阵风9级，浪高4—5米，长涌浪，船舶抛锚后偏荡严重，横摇达二十几度，随时面临倾覆危险。并且船公司同意全体船员离船，全体船员转移至"海巡31"轮后，无人操纵船舶。根据事故当时天气情况和船舶情况来看，"信盈"轮面临很大危险。即使后来天气、海况有所好转，但此时"信盈"轮船员已经全部离船，加上"信盈"轮主机失控，"信盈"轮仍然面临较大危险。"海巡31"轮在此种情况下对"信盈"轮进行救助，冒了一定风险。

（2）汕头海事局耗费的救助成本和提供服务的及时性。汕头海事局使用了"海巡31"轮从事救助，该轮是南海海区千吨级公务船，造价149 800 000元，价值巨大。本次救助过程历时约4天，其中"海巡31"轮停泊时间约44小时，航行时间约54.5小时，该轮在整个救助过程中没有发生任何故障。该轮主机功率11 600千瓦，由此产生的油料、物料、人力等费用较大。"海巡31"轮的所有人和经营人虽然均为广东海事局，但广东海事局与汕头海事局存在隶属关系，汕头海事局实际使用了"海巡31"轮。广东海事局与汕头海事局就"海巡31"轮的占有、使用和收益的关系属于另一法律关系，不属于本案的审理范围。汕头海事局实际使用了"海巡31"轮从事救助作业，应当享有因此而产生的权利。信盈公司和信成公司认为汕头海事局未举证证明其是"海巡31"轮的船舶所有人或经营人，无权请求救助报酬，该主张没有事实和法律依据，不予支持。"信盈"轮于2007年2月26日07:00时发出求救信号，"海巡31"轮于2007年2月26日09:00时做起锚准备，14:06时抵达事故现场，因此，汕头海事局的救助行动是及时的。

（3）汕头海事局在救助船舶、其他财产和人命方面的技能和努力。汕头海事局在整个救助过程中从事了搜救、值守、监管、护航和指挥的工作，整个救助作业连续进行了约4天时间。汕头海事局成功救助"信盈"轮全部17名船员，由于"信盈"轮船员熟悉该轮的情况，将全体船员转移至"海巡31"轮对成功救助"信盈"轮也是有帮助的。并且，汕头海事局在"东海救131"轮拖带过程中指挥多艘船舶成功避让，使"信盈"轮和船上货物成功脱险，整个救助过程没有造成其他损失。上述救助行为是在天气、海况十分恶劣、"信盈"轮主机失控的情况下实施的。因此，汕头海事局在救助过程中，体现出了一定的技能和努力。

（4）救助的效果。"信盈"轮保险金额为400万美元，依照《中华人民共和国海商法》第220条关于"保险金额由保险人与被保险人约定。保险金额不得超过保险价值；超过保险价值的，超过部分无效"的规定，"信盈"轮船舶价值不少于400万美元。从本次救助作业的结果来看，"信盈"轮和船上船员及货物均安全抵达汕头南澳锚地，安全脱险，因此，救助效果良好。

综合以上因素，考虑该救助报酬不得超过获救船舶的价值，并体现对救助作业的鼓励，确定汕头海事局请求的救助报酬为200万元。信盈公司和信成公司认为汕头海事局获得的救助报酬不应超过"东海救131"轮获得的报酬，但"东海救131"轮获得的报酬不是确定本案救助报酬的考虑因素,信盈公司和信成公司的主张没有事实和法律依据,不予支持。汕头海事局主张的 200 万美元的救助报酬过高,对于高于 200 万元的部分也不予支持。信盈公司已向汕头海事局支付了 50 万元救助报酬,汕头海事局还应获得 150 万元救助报酬。

信盈公司和信成公司主张即使汕头海事局按照"无效果、无报酬"原则请求救助报酬,根据《中华人民共和国海商法》第 180 条的规定和《国际航线海上救助打捞收费办法》的规定,其也不能获得救助报酬或获得的救助报酬应非常低,不应超过 456 576 元。法院一致认为,信盈公司和信成公司的上述主张没有事实和法律依据,理由如下:第一,《国际航线海上救助打捞收费办法》属于部门规章,并非法律或行政法规,应当依照《中华人民共和国海商法》第 180 条的规定确定本案救助报酬。第二,《救助收费办法》已于 2007 年 11 月 4 日废止。第三,《救助收费办法》于 1991 年制定,根据目前的物价水平来看,其规定的收费标准过低,已明显不适合于目前的实际情况。

关于汕头海事局请求的救助报酬的利息。汕头海事局与信盈公司没有约定救助报酬的支付期限,事后也未达成补充协议,也无参照的合同有关条款和交易习惯,依照《中华人民共和国合同法》第 62 条关于"履行期限不明确的,债务人可以随时履行,债权人也可以随时要求履行,但应当给对方必要的准备时间"的规定,汕头海事局应当给信盈公司支付救助报酬的必要的准备时间。法院一致认为,完成救助作业后两个月的准备时间较为合理,救助报酬的利息应从 2007 年 5 月 3 日起算。汕头海事局请求从 2007 年 3 月 3 日起计算救助报酬的利息,不予支持。150 万元救助报酬的利息应自 2007 年 5 月 3 日起至应当支付之日止按中国人民银行同期流动资金贷款利率计算。

6. 信成公司是否应承担连带责任

信盈公司虽然保证对信成公司与汕头海事局签订的和解协议项下的救助报酬承担连带支付责任,但信成公司并未与汕头海事局就救助报酬达成最终的和解协议,并且依照《中华人民共和国海商法》第 183 条关于"救助报酬的金额,应当由获救的船舶和其他财产的各所有人,按照船舶和其他各项财产各自的获救价值占全部获救价值的比例承担"的规定,救助报酬应由获救船舶或其他财产的所有人承担。"信盈"轮的所有人为信盈公司,本案救助报酬及利息应由信盈公司承担,汕头海事局请求信成公司连带支付救助报酬没有事实和法律依据,不予支持。

综上,依照《中华人民共和国海商法》第 175 条第 1 款、第 179 条、第 180 条、第 183 条、第 192 条的规定,判决如下:

(1) 被告信盈公司向原告汕头海事局支付救助报酬 150 万元及自 2007 年 5 月 3 日起至本判决确定的应当支付之日止按中国人民银行同期流动资金贷款利率计算的利息;

(2) 驳回原告汕头海事局的其他诉讼请求。

6.2.3 海难救助报酬的举证责任

7 原告广州海上救助打捞局与被告大连顺诚船务有限责任公司海难救助报酬纠纷案

案例来源：广州海事法院(2001)广海法深字第 30 号

主题词：海难救助　救助合同　合同主体识别

> **裁判要旨**
>
> **No. HS-6.2-10**　救助人主张海难救助报酬，有责任提供相应的证据证明被救助人有义务支付救助报酬。在未提供证据证明双方签订了海难救助合同，也不能证明双方达成协议，被救助人同意支付救助报酬的情况下，其主张不应支持。

一、基本案情

原告：广州海上救助打捞局

被告：大连顺诚船务有限责任公司

原告广州海上救助打捞局诉称：2000 年 5 月 9 日，被告大连顺诚船务有限责任公司委托原告救助其租用的"中益壹号"轮。原告同日派轮前往救助，于 5 月 11 日将该船安全拖带到深圳赤湾港交付被告。6 月 21 日，原、被告签订结算协议书，双方确认原告本次救助报酬共计为 507 600 元，原告考虑到被告实际困难和双方友好合作关系，同意将救助费调整为 380 000 元。事后被告仅支付了 180 000 元，其余 200 000 元一直未予支付。由于被告未能按结算协议书的约定付款，原告有权按原定的救助费计算标准向被告收取救助报酬。请求法院判令被告支付原告救助报酬 327 500 元及其从 2000 年 5 月 19 日到 2001 年 1 月 31 日按年利率 5.85% 计算的利息 13 947.5 元。

被告大连顺诚船务有限责任公司未答辩，也没有提交证据。

二、法院查明事实

广州海事法院认定以下事实：发出救助委托书和在救助费率确认函上盖章的均为顺诚船代，而不是本案被告，因此，原告提供的这两份证据不能证明原、被告之间存在救助合同关系。原告为证明原、被告就救助款项及付款期限达成了协议，提供了证据3，即结算协议书。该协议书写明当事方为顺诚船代和原告，在协议书下方盖章的也是这两个单位。合议庭认为，被告不是结算协议的当事方，原告提交的这份证据不能证明原、被告就"中益壹号"轮救助事宜达成过结算协议。

三、法院裁判

广州海事法院认为，本案为海难救助报酬纠纷。原告在主张权利时，有责任提供相应的证据证明被告有义务支付救助报酬。原告在本案中提供的证据，既不能证明被告与其签订了海难救助合同,也不能证明被告在事后与其达成协议,同意支付救助报酬。因此,原告向被告主张救助报酬和利息,没有事实和法律依据,不予支持。依照《中华人民共和国民事诉讼法》第 64 条第 1 款的规定,判决如下:

驳回原告广州海上救助打捞局对被告大连顺诚船务有限责任公司的诉讼请求。

7. 海事赔偿责任限制纠纷

7.1 海事赔偿责任限制的性质、适用程序、时效

1 烟台集洋集装箱货运有限责任公司申请海事赔偿责任限制案

案例来源:青岛海事法院(2001)青海法海事初字第49号

主题词:多式联运经营人　海事赔偿责任限制　一次事故一个限额　责任限制诉讼时效

> **裁判要旨**
>
> **No. HS-7.1-1**　"海事赔偿责任限制"是一种与民法损害赔偿制度相悖的特殊赔偿制度,并不属于普通民法上的抗辩权,其本质上是为了限制损害赔偿,而不是拒绝损害赔偿,并不以请求权的提出为前提,可以作为在赔偿责任确定之后的救济手段来行使。责任人申请海事赔偿责任限制,应该通过提起独立之诉的形式进行,即责任人申请海事赔偿责任限制可以独立起诉,也可以在债权人向其提出的海事索赔诉讼中提出申请海事赔偿责任限制的反诉。责任人即使未在其被债权人提起的索赔诉讼一审判决作出前提出海事赔偿责任限制的申请,也不能视为其放弃主张限制海事赔偿责任。
>
> **No. HS-7.1-2**　海事法院审理海事赔偿责任限制申请案件,应适用民事诉讼法第一审普通程序的有关规定,并以民事判决的形式作出裁决结果。
>
> **No. HS-7.1-3**　《中华人民共和国海商法》第四章仅调整国际海上货物运输,审理沿海运输的承运人是否对托运人的货损承担责任时不能适用《中华人民共和国海商法》第四章的有关规定。但作为规定海事赔偿责任限制制度的《中华人民共和国海商法》第十一章,适用于所有海上运输引起的责任限制纠纷,国内多式联运经营人有权依法限制其在海运区段产生的责任。航次租船人、船舶期租人能享受海商法上的责任限制,多式联运经营人也应该能享受该责任限制。
>
> **No. HS-7.1-4**　船舶经营人分为技术上的船舶经营人和商业上的船舶经营人,船舶经营人应该包括直接从事船舶营运的船舶所有人、船舶承租人以及与船舶营运有关且承担船舶营运引起的有关责任的其他任何自然人或法人。多式联运合同项下的承运人接受委托后,将沿海运输区段的运输交由船舶所有人运输,从事了与沉没船舶营运有关的行为,因船舶沉没,其对托运人承担了货物灭失的责任,故其可作为船舶经营人依法享受海事赔偿责任限制。

> **No. HS-7.1-5** 依照《中华人民共和国海商法》第212条规定的"一次事故一个限额"的原则,虽然船舶经营人没有实际在任何法院设立海事赔偿责任限制基金,但因船舶所有人已经设立海事赔偿责任限制基金,故从法律上应视为船舶经营人也已设立该责任限制基金。
>
> **No. HS-7.1-6** 向法院请求限制海事赔偿责任应该受到诉讼时效制度的约束,申请海事赔偿责任限制的诉讼时效应为两年,从申请人被依法裁决(包括仲裁裁决)承担有关海事赔偿责任时起算。

一、基本案情

申请人:烟台集洋集装箱货运有限责任公司(以下简称集洋公司)

被申请人:招远市玲珑电池有限公司(以下简称玲珑公司)

申请人集洋公司诉称:1998年11月18日,山东省青岛海运总公司(以下简称海运公司)所属的"静水泉"轮,第9828航次由大连驶往黄埔港,途经厦门附近海域时,因机舱进水,抢救无效,连同货物沉没于概位24°09′6″N、118°02′8″E处。由此,海运公司于1999年3月12日在青岛海事法院设立了海事赔偿责任限制基金,并申请海事赔偿责任限制。青岛海事法院于1999年12月7日作出裁定,准许海运公司因"静水泉"轮沉没产生的海事赔偿请求而提出的海事赔偿责任限制,并先后驳回了债权人(包括被申请人)提出的异议。1999年4月,被申请人玲珑公司在青岛海事法院提起诉讼,要求海运公司和申请人共同承担连带赔偿责任。海事法院经开庭审理,于2000年12月15日作出一审判决,判令申请人赔偿被申请人货损1 438 400元人民币及相关利息,海运公司承担连带赔偿责任。申请人不服该判决上诉至山东省高级人民法院,二审法院于2001年6月8日作出终审判决,改判申请人赔偿1 401 160元人民币及相关利息,海运公司在赔偿责任限制范围内承担连带责任。根据《中华人民共和国海商法》第204条、第212条的规定,并参照《1976年海事赔偿责任限制公约》等国际公约的规定,鉴于山东省高级人民法院判决申请人和海运公司作为本航次的共同承运人承担连带赔偿责任,申请人就应与海运公司具有同样的权利及法律地位。既然认定申请人是承运人,那么申请人就可以上述法律规定,对其因"静水泉"轮沉没产生的海事赔偿请求,限制赔偿责任,并按照"一次事故只能有一个限额"的原则,海运公司设立的海事赔偿责任限制基金应被认为是申请人与海运公司共同设立。对于被申请人的债权请求,应参加共同设立的海事赔偿责任限制基金的分配,且被申请人也已在青岛海事法院公告的登记债权期限内,申报了债权。为此,申请人依法向青岛海事法院提出如下申请:就被申请人的货损索赔请求,申请海事赔偿责任限制;申请享受海运公司设立的责任限制基金。开庭后,申请人将其申请事项变更为:① 请求法院依法裁定申请人有权享受海事赔偿责任限制;② 请求法院依法裁定海运公司设立的责任限制基金视为申请人设立的责任限制基金;③ 请求法院依法裁定玲珑公司的索赔应参加上述责任限制基金的分配;④ 请求法院依法裁定中止玲珑公司执行申请人财产,并裁定玲珑公司退付已执行申请人存款 103 678.70 元人民币;⑤ 请求法院依法裁定由被申请人玲珑公司承担一切申请费用。另处,申请人补充了如下几点理由。

(1) 集洋公司作为船舶经营人,具有申请责任限制主体资格。对玲珑公司与集洋公司的货损纠纷一案的审理,终审判决已认定集洋公司是门到门运输合同关系的承运人,实际上也就是确立了集洋公司"多式联运经营人"的地位。根据《中华人民共和国合同法》第 317 条的规定,多式联运(包括海运区段的)应视为船舶经营的一种方式;另外有关海商法的诸多著作都将多式联运经营人认为是船舶经营人。《中华人民共和国合同法》第 321 条规定,"货物的毁损、灭失发生于多式联运的某一运输区段的,多式联运经营人的赔偿责任和责任限额,适用调整该区段运输方式的有关法律规定"。由此可以看出,即使《中华人民共和国海商法》没有明确规定多式联运经营人可以作为海事赔偿责任限制的主体,但根据《中华人民共和国合同法》的有关规定,多式联运经营人的赔偿责任和赔偿限额理应适用调整海运区段的《中华人民共和国海商法》的有关规定,即也适用《中华人民共和国海商法》中有关海事赔偿责任限制的规定。即使模糊一下集洋公司多式联运经营人的身份,集洋公司作为有关航次运输的承运人,而海运公司作为实际承运人与集洋公司连带承担赔偿责任,对实际承运人——海运公司适用的赔偿责任和责任限制制度,同样也应适用于承运人——集洋公司。因为根据《中华人民共和国海商法》第 207 条的规定,其强调的是将海事赔偿责任限制的权利赋予全体责任人,而并非仅仅是船东。通过《中华人民共和国海商法》第 64 条的规定也可以看出,玲珑公司向集洋公司和海运公司索赔,即是向承运人和实际承运人索赔,而该二者享受的限额是同一且唯一的,并不是一个可以享受,另一个不能享受。

(2) 根据《中华人民共和国海事诉讼特别程序法》第 101 条的规定可知,关于设立责任限制基金的规定是任意性规范,而非强制性规范。所以,集洋公司虽然未设立责任限制基金,但并不影响申请责任限制的权利。虽然《中华人民共和国海事诉讼特别程序法》规定设立责任限制基金的申请最迟应在一审判决作出前提出,但是由于一审判决作出前集洋公司的地位尚未确立,况且本案发生于《中华人民共和国海事诉讼特别程序法》实施之前,设立责任限制基金的事情根本无从谈起。根据《中华人民共和国海商法》第 209 条的规定,只有引起赔偿请求的损失是由于责任人的故意或者明知可能造成损失而轻率地作为或者不作为造成的,责任人才丧失责任限制的权利;法律并没有规定不设立责任限制基金或者在法院判决后申请就视为放弃责任限制的权利。

(3)《中华人民共和国海商法》第 212 条规定,海事赔偿责任限额适用于特定场合发生的事故引起的,向责任人提出的请求的总额,此即"一次事故一个限额"原则的具体体现。按照这一原则,一个基金的限额涵盖了一次事故所产生的所有债权,而不需要每个责任限制主体都分别设有自己的限制基金。法院既然已经认定集洋公司是承运人,海运公司是实际承运人,而玲珑公司所提的海事请求又是因同一个原因所致,就不应该再要求集洋公司设立新的责任限制基金。《中华人民共和国海商法》中关于责任限制的条款来自《1976年海事赔偿责任限制公约》，该公约第11条第3款规定："由第9条第1款第（a）、（b）或（c）项或第2款所述的当事人之一或其保险人所设立的基金应视为由第1款第（a）、（b）或（c）项或第2款所述的当事人各自设立。"这里的"第1款第（a）、（b）或（c）项或第2款所述的当事人"指船舶所有人（包括船舶的所有人、承租人、经理人和经营人）、救助人、责任保险人、船东雇用人员等，既然集洋公司是船舶经营人，因此海运公司已设立的责任限制基金理应被认为是集洋公司所设立。

（4）海运公司设立的责任限制基金既然应视为是集洋公司设立，那么依据《中华人民共和国海商法》第214条的规定，玲珑公司对集洋公司的强制执行措施是错误的，理应予以中止并退还已执行的财产。至于玲珑公司关于货损的请求，应从海运公司所设立的责任限制基金中予以执行，待执行后再由集洋公司与海运公司以承运人和实际承运人的身份，按照内部的责任比例进行结算。

被申请人玲珑公司辩称：申请人不享有责任限制的权利，并且申请的时间违反了程序法的规定，应当予以驳回。理由有以下几点：

（1）集洋公司不是海商法调整的民事主体，其与运输相关的权利义务不适用海商法，无权享受海商法所规定的海事赔偿责任限制权利。根据《中华人民共和国海商法》第2条的规定，海商法适用于一切海上运输，包括海江之间和江海之间的直达运输，但《中华人民共和国海商法》第四章海上货物运输合同的规定，不适用于我国港口之间的海上货物运输；具体到适用于何种承运人上，除第四章外，《中华人民共和国海商法》将同时适用于且仅仅适用于国际海上运输承运人和国内沿海运输承运人；而对多式联运来说，由于有关规定是放在《中华人民共和国海商法》第四章，所以《中华人民共和国海商法》仅适用于国际多式联运和国际多式联运承运人（或称多式联运经营人）。而关于申请人与被申请人之间货损纠纷的终审判决已认定集洋公司是国内多式联运经营人，因此集洋公司不是《中华人民共和国海商法》所调整的民事主体，其与运输相关的权利义务不适用《中华人民共和国海商法》的规定，更不用说适用《中华人民共和国海商法》所规定的海事赔偿责任限制制度。

（2）即使假设集洋公司可以作为《中华人民共和国海商法》所调整的主体，但集洋公司不符合责任限制的主体条件，同样无权享受海事赔偿责任限制权利。申请人认为，多式联运是船舶经营的一种方式，由此可以推断出多式联运经营人就是船舶经营人。但显然，申请人没有搞清楚船舶经营人的真正法律内涵。对船舶经营人的概念，法律虽无明确规定，但实践中多认为船舶经营人是指依据合同约定，代船舶所有人行使船舶经营权的法人。因此判断船舶经营人的主要标准应该是看他和船舶所有人之间是否存在委托经营关系；并且依据《中华人民共和国船舶登记条例》第14条的规定，船舶经营人应记载于船舶所有权证书以公示。根据法院对集洋公司与玲珑公司之间货损纠纷案件的事实认定，集洋公司的法律地位具有双重性，在和玲珑公司的关系中，其地位是国内多式联运经营人；在和海运实际承运人（海运公司，"静水泉"轮所有人）

的关系中,其地位是托运人,而没有委托经营关系。所以,集洋公司既不是"静水泉"轮实际所有人,也不是"静水泉"轮出事航次运输的该轮船舶承租人或者船舶经营人。

(3) 本案中集洋公司采用的是门到门的运输方式,根据《国内水路集装箱货物运输规则》的规定,承运人应该对在其责任期间内的集装箱货物的灭失、损害负全部赔偿责任。适用于沿海运输的《国内水路货物运输规则》对承运人的赔偿责任也作了相同的规定,二者同《中华人民共和国合同法》一样采用的都是严格责任制,而不允许对责任人的赔偿责任进行限制。由于有关集洋公司的赔偿责任问题已经二审法院判决生效并已处于执行阶段,而该案审理时合同法并未生效,所以合同法不适用于本案。申请人企图将合同法适用于已经发生法律效力的判决,无异于对已经生效的判决进行改判。

(4) 集洋公司的责任限制申请,在程序上违法。《中华人民共和国海事诉讼特别程序法》第101条第3款规定,设立责任限制基金的申请可以在起诉前或者诉讼中提出,但最迟应当在一审判决前提出。而从《中华人民共和国海商法》第213条以及《中华人民共和国海事诉讼特别程序法》第101条第1款的规定可以看出,海事赔偿责任限制是设立责任限制基金的基础与前提,从时间上看,申请责任限制在先,设立责任限制基金在后,只有在法院准许责任限制的申请后,责任人才有可能设立基金。所以,从逻辑上讲,责任限制申请更应不迟于一审判决作出前提出。如果在一审判决作出前不提起责任限制申请,便应视为责任人对自己权利的放弃,法院应当驳回责任人在一审判决后提出的责任限制申请。

(5) 集洋公司作为独立的债务人无权参加海运公司设立的基金。《中华人民共和国海商法》第212条规定的"一次事故一个限额"是指在一次事故中每一个责任限制主体在面对众多的索赔时,可以设立一个责任限额。但这并不意味着在一次事故中所有的责任限制主体可以只设立一个限额。不同的责任限制主体之间是相互独立的,其要承担的责任和面对的索赔也可能是互不相同的,每一个责任限制主体都应针对自己的索赔设立相应的限额,而无权参加其他责任限制主体设立的责任限额。所以,如果集洋公司可以限制责任的话,也应该单独设立自己的责任限额和责任基金。

(6) 玲珑公司与集洋公司的货损纠纷一案经青岛海事法院一审、山东省高级人民法院二审终审,判决集洋公司应承担全部赔偿责任,并且已处于执行阶段。现集洋公司向海事法院提出责任限制申请,如果法院支持这种请求,那么在客观上将会造成一审法院有权改判上级法院的生效判决的后果。

二、法院查明事实

青岛海事法院经审理查明:海运公司所属"静水泉"轮装载集装箱货物(包括玲珑公司的价值1 401 600元人民币的货物),在由大连驶往黄埔港(中途挂靠烟台港)途经厦门附近海域时,机舱大量进水,于1998年11月18日07:20时沉没,随船货物亦全部灭失。2000年10月23日,中华人民共和国厦门海事局在其出具的《关于"静水泉"轮沉没事故调查结论的函》中称:"静水泉"轮沉没是由于船底大量进水,最终丧失浮力而造成;该轮该航次装载状态符合船舶技术要求;"静水泉"轮船底破损,可能原因仍不能排除,即"静水泉"轮在航行中发生过触底或碰撞过不明漂流物导致船底破损;由于载货和大风浪或综合多个原因造成船底开裂。玲珑公司因其货物随同"静水泉"轮沉没,向青岛海事法院起诉了集洋公司与海运公司[(1999)青海法海商初字第126号案],请求法院判决该两公司赔偿其人民币143.88万元(包括货物损失人民币140.16万元,运杂费损失人民币3.72万元)及利息。青岛海事法院于2000年12月15日作出一审判决,在该判决中青岛海事法院认为,玲珑公司与集洋公司之间构成水路联运合同,集洋公司作为水路联运合同的承运人应赔偿玲珑公司货物灭失损失;海运公司作为货物的实际承运人应承担连带赔偿责任。因此判决如下:

(1)集洋公司偿付玲珑公司货物损失人民币1 438 400元及该款项自1998年11月19日至本判决生效之日止的银行同期存款利息;

(2)海运公司承担连带赔偿责任。

一审判决后,集洋公司提起上诉,山东省高级人民法院于2001年6月8日作出(2001)鲁经终字第205号终审民事判决书。山东省高级人民法院在该判决书中认为,"集洋公司与玲珑公司建立了'门到门'的运输合同关系,集洋公司为该合同关系的承运人,在接到玲珑公司的提货通知后,集洋公司就不同的运输区间委托相应的陆路和水路承运人(海运公司)承担相应的运输任务","一审判决认定玲珑公司与集洋公司之间为运输关系,事实认定清楚,适用法律正确,但认定玲珑公司已交付本次运输的海运费不当,应当予以纠正",并因此作出如下判决:"一、撤销青岛海事法院(1999)青海法海商初字第126号民事判决。二、集洋公司偿付玲珑公司货物损失人民币1 401 600元及该款项自1998年11月19日起至本判决生效之日止的银行同期存款利息。海运公司对上述债务承担连带赔偿责任。"

集洋公司于2001年6月27日向青岛海事法院提出本案之申请,青岛海事法院亦于同日对该申请予以立案;玲珑公司于同年7月2日向青岛海事法院申请执行山东省高级人民法院的(2001)鲁经终字第205号民事判决书,青岛海事法院亦予以立案执行。集洋公司在本案审理过程中提出,其曾在玲珑公司诉其货损纠纷案的一审审理过程中提出过责任限制的申请,但其未提交证据证明,青岛海事法院的该货损纠纷案案卷中也没有任何证明或记载其曾提出过责任限制申请的材料。在本案第一次开庭审理后,集洋公司向青岛海事法院提交了两份书证:一份是《船舶代理协议》,该协议的一方为海运公司,一方为集洋公司,协议订立时间为1998年4月16日,并盖有该两公司的印章。在该协议中,双方约定,海运公司委托集洋公司作为其在烟台港的船舶代理,在其授权范围内协助其总代理大连三峰船务公司做好大连—烟台—广州沿海集装箱班轮运输船舶的代理工作。海运公司委托集洋公司在烟台港负责联系船舶的拖轮、引航、靠泊、揽货、接受订舱、收取运杂费、制作各类货运单证、签发运单和放货,并负责提供船舶物料、给养等,而集洋公司向海运公司收取船舶代理费与揽货佣金。另一份是

多式联运经营人・海事赔偿责任限制・一次事故一个限额・责任限制诉讼时效

海运公司与集洋公司于1998年6月12日签订的《舱位使用协议》，双方在上述《船舶代理协议》的基础上，就合作经营烟台至广州的集装箱内贸海运业务约定，集洋公司负责海运公司船舶在烟台港的船舶代理和货运代理业务，负责提供海运公司船舶足够的航次出港箱量，每航次出港箱量不低于60TEU。玲珑公司认为其有理由怀疑上述两份书证是集洋公司与海运公司恶意串通后在本案审理期间补签的，其申请对该两书证原件上印鉴的时间进行鉴定；但青岛海事法院认为，该两书证并不能改变山东省高级人民法院在玲珑公司诉集洋公司货损赔偿纠纷案中对集洋公司在该纠纷中的法律地位的认定，因此在本案中没有必要以该两书证的内容判断集洋公司的有关法律地位，故青岛海事法院没有准许玲珑公司的该鉴定申请。青岛海事法院还查明，因"静水泉"轮沉没事故，根据海运公司的申请，青岛海事法院于1999年3月12日裁定［(1999)青海法海事初字第14-1号民事裁定书］准许海运公司设立责任限制基金人民币4 331 551.58元。青岛海事法院又根据海运公司的申请，于1999年12月7日裁定［(1999)青海法海事初字第41号民事裁定书］准许海运公司对"静水泉"轮沉没引起的海事赔偿请求有权享受海事赔偿责任限制。

三、法院裁判

青岛海事法院认为，本案首先要解决的问题是申请海事赔偿责任限制程序适用方面的问题，《中华人民共和国海商法》第十一章规定了海事赔偿责任限制制度，作为实体法，其没有规定有关责任人申请海事赔偿责任限制的程序；在《中华人民共和国海事诉讼特别程序法》实施以前，我国的海事法院在审理申请海事赔偿责任限制案件时，大多是以民事裁定的形式裁决申请人是否能限制其赔偿责任并不得上诉。《中华人民共和国海事诉讼特别程序法》实施后，关于海事赔偿责任限制申请案件的程序问题仍然没有得到全部解决，因为《中华人民共和国海事诉讼特别程序法》只是在其第九章规定了"设立海事赔偿责任限制基金程序"。立法者之所以仅制定了"设立海事赔偿责任限制基金程序"，系基于以下考虑：责任人申请海事赔偿责任限制有两个目的，一是使其实体责任得到限制；二是通过申请设立基金使其船舶或其他财产在实体责任明确之前不受扣押。两者具有相对独立性，是可以分开的。能否设立海事赔偿责任限制基金，主要是从程序方面进行审查；而对于责任人的实体责任能否予以限制，必须要在有关债权人的参与下，经过审判程序审理才能得出结论。那么对于申请海事赔偿责任限制应适用什么样的审判程序呢？

青岛海事法院以为，"海事赔偿责任限制"是一种与民法损害赔偿制度相悖的特殊赔偿制度，所以申请海事赔偿责任限制，虽然也是一种权利，但却不能简单地认为其属于普通民法上的抗辩权。行使这一权利，虽然表面上也是对抗他人行使权利，但本质上是为了限制损害赔偿，而不是拒绝损害赔偿；行使这一权利，虽然也以请求权的可能存在为前提，但并不以请求权的提出为前提，也并不必然构成对已经提出的或者可能提出的请求权产生的责任的认可；行使这一权利，虽然可以与请求权的行使同时进行，但《中华人民共和国海商法》也并未规定在海事赔偿请求提出时不行使这一权利即视为放弃。况且，一般来讲责任人在明知其赔偿责任超过或者可能超过责任限额时提出责任限制申请才具有实际意义。因此，作为一种特殊的赔偿责任限制制度，该权利也可以作为在赔偿责任确定之后的救济手段来行使。所以，海事责任人可以针对一个或者几个特定抑或不特定的海事债权人的请求（已裁决的或者未裁决的），依照《中华人民共和国海商法》的规定向法院申请限制其赔偿责任，这种情形下，诉的要素已完全齐备，完全可以构成一个独立之诉，诉讼标的就是责任人限制其对海事请求权人的赔偿责任的民事法律关系是否存在，所以该诉为确认之诉。因此，责任人申请海事赔偿责任限制，应该通过提起独立之诉的形式进行。

具体到不同情形，责任人申请责任限制又可以采取不同的方式。一种方式是，可以在特定海事请求人向责任人提起的索赔诉讼中，责任人以反诉的形式提出限制其赔偿责任的请求。尽管该本诉是给付之诉，但提出属于确认之诉的反诉也并不违反法律的规定，而且完全符合设立反诉制度的目的。有人提出在特定海事请求人向责任人提起的索赔诉讼中，责任人应以抗辩权的形式提出限制其赔偿责任的请求，青岛海事法院认为该主张不当，原因有二：首先，前已述请求责任限制与行使抗辩权不同；其次，该主张并不能很好地实现当事人诉讼权利平等的原则，法院很可能以责任限制与损害赔偿是两个不同的法律关系为由对未以独立之诉的形式提出的责任限制请求在损害赔偿之诉中不予审理。申请责任限制的第二种方式是，责任人另行提起诉讼，针对同一海事事故产生的特定的一个债权人或者特定的多个债权人抑或不特定的多个债权人提出限制其所有赔偿责任的请求，该诉讼的提出可以在债权人尚未起诉前，也可以在债权人起诉后。

上述申请海事赔偿责任限制的方式，前一种比较适合于一次海事事故只产生了一项海事请求的情形；后一种适合于一次海事事故不只产生一项海事请求，甚或存在责任人不能确定的债权人的情形。因为在该情形下，如果责任人分别在不同索赔诉讼中分别提出责任限制的反诉，将有可能使基于同一海事事故提出的责任限制申请，置于不同法院、不同法官、不同案件中进行审理，这将很难保证法院对众多的案件不作出不相抵触的判决，而且这样也达不到诉讼经济与效益的目的。

既然责任人提出的海事赔偿责任限制申请，作为独立的确认之诉，那么青岛海事法院在审理海事赔偿责任限制申请案件时，根据《中华人民共和国海事诉讼特别程序法》第2条的规定，在其没有规定的情况下，青岛海事法院在诉讼程序上就应该适用《中华人民共和国民事诉讼法》第一审普通程序的有关规定；裁决结果也以民事判决的形式作出。当责任人不在债权人向其提出的海事索赔诉讼中提出申请海事赔偿责任限制的反诉，而是另行提起海事赔偿责任限制之诉，则该两案的审理是各自独立的。很有可能是一个案件判决责任人承担全部赔偿责任，另一个案件判决责任人有权限制其赔偿责任。如果两个判决都是生效的判决，亦不存在一个判决改变另一个判决的问题。因为从根本上说，该两案是两个不同的诉，判决结果也是经过审理不同诉讼标的后作出的两个各自独立的判决结果,只是在最终执行结果上,责任限制案的判决将影响索赔案的判决。所以对本案而言,申请人集洋公司在一审以及二审法院对玲珑公司诉集洋公司的货损纠纷一案审理完毕并已作出其对玲珑公司的货损承担全部赔偿责任的判决之后,向法院提出申请限制其该赔偿责任,如果经青岛海事法院审理,认为集洋公司可以对玲珑公司的赔偿责任进行限制,则青岛海事法院的该判决并非如玲珑公司所言,是一审法院对二审法院另一案判决的改判;正如玲珑公司诉集洋公司的货损纠纷一案的二审法院判决海运公司与集洋公司的连带承担对玲珑公司的全部赔偿责任,而青岛海事法院早已在该二审判决前裁决(已生效裁决)准许海运公司有权限制其因"静水泉"轮沉没而引起的全部赔偿责任,这难道也是青岛海事法院在对上级法院的判决进行改判,抑或是青岛海事法院的上级法院对青岛海事法院已生效裁决未经审判监督程序而作出的改判?

  本案第二个要解决的问题是,申请人集洋公司是否有权限制其对玲珑公司的赔偿责任。本案申请人集洋公司是在一审以及二审法院对玲珑公司诉集洋公司的货损纠纷一案审理完毕并已作出其对玲珑公司的货损承担全部赔偿责任的判决之后,向法院提出申请限制其该赔偿责任的。根据生效之二审判决,集洋公司作为"门到门"运输(包括陆路与水路两个不同的运输区段)合同而对玲珑公司的货损承担赔偿责任,该所谓"门到门"运输合同,实际上属于多式联运合同,所以集洋公司是作为(国内)多式联运经营人(以下所称的"国内"多式联运经营人没有特别说明,即指以两种以上不同的运输方式从事运输的自然人或者法人,其中一种运输方式是海上运输)对玲珑公司承担赔偿责任的。根据《中华人民共和国合同法》[本案可以适用《中华人民共和国合同法》,因为根据最高人民法院《关于适用〈中华人民共和国合同法若干问题的解释(一)〉》第1条的规定,虽然本案中的国内多式联运合同在《中华人民共和国合同法》实施以前成立,但由于合同成立当时并没有关于国内多式联运合同的法律规定,所以审理因该国内多式联运合同发生的纠纷可以适用《中华人民共和国合同法》的有关规定]第321条的规定,货物的毁损、灭失发生于多式联运的某一运输区段的,多式联运经营人的赔偿责任和责任限额,适用调整该区段运输方式的有关法律规定。本案中货物灭失发生在海上运输区段,而《中华人民共和国海商法》第1条、第2条开宗明义地提出了海商法调整的法律关系为海上运输关系和船舶关系,海商法适用的范围为包括海江之间、江海之间直达的海上货物运输和海上旅客运输,只是《中华人民共和国海商法》第四章海上货物运输合同的规定不适用于我国港口之间的海上货物运输(也即在审理集洋公司是否对玲珑公司的货损承担责任时不能适用《中华人民共和国海商法》第四章的有关规定)。而作为规定海事赔偿责任限制制度的《中华人民共和国海商法》第十一章,理应适用于所有海上运输(包括国内沿海运输)引起的责任限制纠纷,《中华人民共和国海商法》第十一章第210条第2款的规定(国内沿海运输引起的责任限制,其赔偿限额不适用《中华人民共和国海商法》,而适用于我国交通主管部门制定的特别规定)也说明国内沿海运输引起的责任限制除责任限额的确定问题外均应适用《中华人民共和国海商法》。所以因本案中的国内多式联运合同引起的责任限制纠纷应该适用《中华人民共和国海商法》的有关规定,玲珑公司提出的集洋公司不是海商法所调整的民事主体,其与运输相关的权利义务不适用海商法的主张不能成立。

根据《中华人民共和国海商法》第十一章的规定,享受海事赔偿责任限制必须符合以下条件:第一,申请人符合《中华人民共和国海商法》规定的可以限制赔偿责任的主体条件;第二,申请人申请限制的债权属于限制性债权;第三,经证明,申请人没有不得享受责任限制的行为。关于责任主体问题,根据《中华人民共和国海商法》第204条、第205条、第206条的规定,船舶所有人(包括船舶承租人和船舶经营人)、救助人、船舶所有人和救助人对其行为、过失负有责任的其他人员、保险人可以享受赔偿责任限制。从这些关于责任主体的规定来看,它不是从责任主体在其与海事赔偿请求人的法律关系中的主体地位的角度来规定的,而主要是从其与船舶的关系角度来规定的。本案中,集洋公司对玲珑公司(赔偿请求人)而言,是(国内)多式联运经营人,其负责组织履行多式联运合同,其对全程运输享有承运人的权利,承担承运人的义务;而集洋公司对于参加多式联运的海运区段的承运人——海运公司所属的"静水泉"轮而言,又是一个什么法律地位呢?首先可以肯定的是,集洋公司不是"静水泉"轮实际所有人、救助人或者保险人,也不属于船舶所有人对其行为、过失负有责任的其他人员;而集洋公司主张自己是船舶("静水泉"轮)经营人。那么集洋公司在本案之海上运输中,是否是船舶经营人呢?

解决这个问题有两个思路:一是确定船舶经营人的概念(内涵与外延),然后判断集洋公司是否属于船舶经营人;二是从海事赔偿责任限制制度的基本理论出发,讨论(国内)多式联运经营人是否应该有权享受海商法规定的责任限制权利,如果其应该享受,则结合海商法已有的规定,来对其主体地位进行定性。在我国的法律体系中,有关"船舶经营人"的规定只出现在《中华人民共和国海商法》(第21条、第204条第2款)与《中华人民共和国船舶登记条例》[第14条第1款第(十)项规定:"船舶所有人不实际使用和控制船舶的,还应当载明光船承租人或者船舶经营人的名称、地址及其法定代表人的姓名。"]中,但该两法均未对"船舶经营人"下定义,从该两法中无法准确揭示"船舶经营人"这一概念的内涵。当然,青岛海事法院也注意到有关国际公约中对于"船舶经营人"的定义,《1986年联合国船舶登记条件公约》(我国未加入该公约)规定,船舶经营人是指所有人或光船承租人,或经正式转让承担所有人或光船承租人的责任的其他任何自然人或法人。但青岛海事法院同时认为,《中华人民共和国船舶登记条例》(在我国的法律体系中属于行政法),包括《1986年联合国船舶登记条件公约》,其立法目的主要是保证海事主管机关从行政、技术、经济等方面对船舶有效地行使管辖和控制,并确保使对船舶负责任的人的身份易于识别,所以从其对"船舶经营人"的规定推断出的船舶经营人的内涵与外延并不必然适用于海商法(在我国的法律体系中属于民法)上的"船舶经营人"。青岛海事法院以为,海商法上"船舶经营人"的外延应该大于《中华人民共和国船舶登记条例》上"船舶经营人"的外延,而且是真包含关系。对于海商法上的"船舶经营人",在没有有权解释的情况下,青岛海事法院认为,船舶经营人分为技术上的船舶经营人和商业上的船舶经营人,技术上的船舶经营人主要指负责船舶人员配备、物品供应、货物装载以及维持船舶机器设备正常运转的任何自然人或法人;商业上的船舶经营人更多地是指从事与船舶有关的订舱、商谈运费、指定挂靠港等行为的任何自然人或法人。所以,船舶经营人应该包括直接从事船舶营运的船舶所有人、船舶承租人以及与船舶营运有关且承担船舶营运引起的有关责任的其他任何自然人或法人。

根据这样的定义,集洋公司与玲珑公司成立多式联运合同后,其将海运区段的运输又委托给海运公司,装载在海运公司所属"静水泉"轮上从烟台港运往广州,结果因"静水泉"轮沉没,集洋公司对玲珑公司承担了货物灭失赔偿责任。集洋公司从事了与"静水泉"轮营运有关的行为,并承担了"静水泉"轮营运产生的有关责任,所以集洋公司可以作为"静水泉"轮的船舶经营人。而从海事赔偿责任限制制度的基本理论出发,青岛海事法院认为,国内多式联运经营人不论其是否同时还是船舶实际所有人、船舶承租人,都可以享受海事赔偿责任限制,理由有以下四点:

第一,国内多式联运经营人与航次租船人、船舶期租人在海上运输中的法律地位相近,对货方而言,他们的权利义务也基本一致。所以航次租船人、船舶期租人能享受海商法上的责任限制,多式联运经营人也应该能享受该责任限制,否则有违公平原则;而公平原则,正是确立海事赔偿责任限制制度的初衷之一。

第二,海事赔偿责任限制的主体范围大,能享受单位责任限制的主体都能享受海事赔偿责任限制,《中华人民共和国海商法》第四章的(国际)多式联运经营人作为承运人,可以享受单位责任限制,则也能享受海事赔偿责任限制;《中华人民共和国海商法》第四章的多式联运经营人与国内多式联运经营人不同的只是其所从事的海上运输的国际性而已,在适用海商法海事赔偿责任限制制度上不应该存在不同,所以国内多式联运经营人也能享受海事赔偿责任限制(《中华人民共和国海商法》第四章的多式联运经营人也只能属于"船舶经营人"才符合责任限制主体的要求,这从一个角度也说明国内多式联运经营人也应该属于船舶经营人)。

第三,国内多式联运经营人与参加多式联运的海运区段的承运人一般是托运人与承运人的关系(对托运人、货主来说,该二者之间是承运人与实际承运人的关系),不管是裁判国内多式联运经营人单独赔偿货方在海运区段发生的损失,还是由国内多式联运经营人与参加多式联运的海运区段的承运人连带赔偿货方在海运区段发生的损失,都不影响国内多式联运经营人与参加多式联运的海运区段的承运人之间的互相追偿;如果海运区段的实际承运人能享受海事赔偿责任限制,而因为同一海事,该海运区段的(契约)承运人(国内多式联运经营人在海运区段即是契约承运人)却不能享受责任限制,这将造成法律救济上的失衡,也必将影响海运业的长远发展;所以,国内多式联运经营人有权依法限制其在海运区段产生的责任。

第四,从海事赔偿责任限制制度的立法本意出发,由于现代集装箱运输的飞速发展，无船承运人、货运代理人对海运业的发展也是起着举足轻重的作用。当无船承运人、货运代理人作为承运人（指契约上的承运人，不实际从事运输，很多时候也成为多式联运经营人）出现时，其也应该有权享受责任限制，否则不利于海运业的发展。

综上，国内多式联运经营人在承担海运区段的有关责任时，应该可以享受海商法上的责任限制；而根据《中华人民共和国海商法》关于责任限制主体的规定，在其并非船舶实际所有人，也非船舶承租人的情况下，其完全可以"船舶经营人"的法律地位申请享受责任限制。本案中集洋公司申请限制的债权是玲珑公司委托其运输而在"静水泉"轮上灭失的货物产生的索赔请求，依法属于《中华人民共和国海商法》第207条第1款第（一）项规定的限制性债权；而根据《中华人民共和国海商法》第209条的规定，证明集洋公司有不得享受责任限制的行为的责任属于被申请人——玲珑公司，而其并未举证证明货损是由于集洋公司的故意或者明知可能造成损失而轻率地作为或者不作为造成的，所以集洋公司符合上述享受海事赔偿责任限制的三个条件，其有权限制其对玲珑公司的因"静水泉"轮沉没而产生的货损赔偿责任。

同时，根据《中华人民共和国海商法》第212条规定的"一次事故一个限额"的原则，并参照《1976年海事赔偿责任限制公约》（因为《中华人民共和国海商法》第四章在制定时就参照了《1976年海事赔偿责任限制公约》的规定，而且几乎所有条款都是从该公约中移植而来，所以在审理有关海事赔偿责任限制案件时，参照该公约的有关规定，有助于对《中华人民共和国海商法》有关规定进行沿革解释）的有关规定，海运公司按照法定的赔偿限额在青岛海事法院已设立的海事赔偿责任限制基金，已构成对因"静水泉"轮沉没引起的向所有可能因此承担责任的人提出的赔偿请求进行限制而需设立的基金的总额；即该基金应视为因"静水泉"轮沉没事故可以提出海事赔偿责任限制申请的所有当事人各自设立的基金，所以虽然集洋公司没有实际在任何法院设立海事赔偿责任限制基金，但从法律上应视为其已设立该责任限制基金。也就是说，玲珑公司对集洋公司的债权应在责任限制范围内从海运公司已在青岛海事法院设立的基金中按照法律规定的基金分配方法受偿。玲珑公司提出的集洋公司即使享受责任限制，也应该单独设立自己的责任限额和责任基金的主张没有任何法律依据，青岛海事法院不予支持。

被申请人玲珑公司还认为责任人海事赔偿责任限制的申请最迟应当在其被债权人提起的索赔诉讼一审判决作出前提出，如果责任人在该一审判决作出前未提起责任限制申请，便应视为其对自己权利的放弃。青岛海事法院以为玲珑公司的该主张不能成立。理由有以下几点：

第一，对《中华人民共和国海商法》第213条以及《中华人民共和国海事诉讼特别程序法》第101条第1款（该款规定也是源自《中华人民共和国海商法》第213条）规定进行文义解释，似乎可以推断出在时间上，申请责任限制在先、设立责任限制基金在后的结论，但追溯立法时参考的《1976年海事赔偿责任限制公约》，与《中华人民共和国海商法》第 213 条相关的该公约第 11 条第 1 款是这样规定的："被指称负有责任的任何人……可设立基金。(Any person alleged to be liable may constitute a fund...)"完全得不出只有在责任人向法院申请享受责任限制后，才能提出设立责任限制基金的申请这样的推断（最高人民法院第四民事审判庭对《中华人民共和国海事诉讼特别程序法》第 101 条的英文翻译是这样的："The ship-owner, chaterer, operator, salvor or insurer who wishes to apply for limitation of liability in accordance with the law may...file the application with a maritime court for constitution of a limitation fund for maritime claims." 也没有申请责任限制在先，设立基金在后的意思）。所以对上述两个条文，不应该得出申请责任限制是申请设立基金的前提与条件，二者在时间上一先一后的解释。

第二，前已述在《中华人民共和国海事诉讼特别程序法》中仅制定"设立海事赔偿责任限制基金程序"之立法者意思，即立法者认为限制实体责任与设立责任限制基金二者是相对独立、可以分开的，所以即使认为《中华人民共和国海事诉讼特别程序法》第 101 条规定的是申请责任限制在先，申请设立基金在后，也只能认为《中华人民共和国海事诉讼特别程序法》"设立海事赔偿责任限制基金程序"一章的第 101 条第 3 款仅适用于申请责任限制后又申请设立基金的情形，是对有关基金设立的期间进行的规定，而不涉及责任限制的申请，尤其是不需要设立基金的责任限制申请。

第三，青岛海事法院也认为，向法院请求责任限制应该受到诉讼时效制度的约束，而诉讼时效制度属于民事实体法的内容；玲珑公司称其上述主张的依据系《中华人民共和国海事诉讼特别程序法》第 101 条第 3 款之规定，而《中华人民共和国海事诉讼特别程序法》作为程序法可以对申请设立责任限制基金的期间进行规定，却不能对有关诉讼时效作出规定。青岛海事法院认为，根据《中华人民共和国民法通则》中有关诉讼时效的规定，并考虑海事赔偿责任限制制度的特殊性，申请海事赔偿责任限制的诉讼时效应为两年，从申请人被依法裁决（包括仲裁裁决）承担有关海事赔偿责任时起算；但由于申请责任限制并不当然构成对责任的承认，所以自引起海事赔偿请求的事故发生之日起，当事人即可以申请责任限制。

第四，《中华人民共和国海商法》中"海事赔偿责任限制"一章的规定系强制性条款，但由于责任限制在本质上是当事人的权利，所以只有在双方当事人明确约定排除责任限制的适用或者当事人明确表明放弃这一权利的情况下，才可以取消或不再适用当事人这一权利；除此之外，只要当事人符合享受责任限制的条件，其即有权向法院提出有关申请，而不能没有法律依据地认为当事人已放弃其这一权利。

至于集洋公司提出的裁定中止玲珑公司执行其财产并退付已执行的财产的请求，青岛海事法院认为，这是有关执行的问题，应由执行机构依法处理，集洋公司不应在本案诉讼中提出中止玲珑公司已提起的执行程序并归还已执行财产的请求。另外，由于责任限制是需要责任人主张才有可能实际享受的权利，所以因此产生的案件受理费用应由申请人自己承担。

依照《中华人民共和国海商法》第 204 条、第 207 条、第 209 条、第 212 条的规定，判

决如下:

(1) 申请人烟台集洋集装箱货运有限责任公司对因"静水泉"轮沉没而引起的对被申请人招远市玲珑电池有限公司承担的赔偿责任有权享受海事赔偿责任限制;

(2) 山东省青岛海运总公司因"静水泉"轮沉没而在青岛海事法院设立的责任限制基金也应视为申请人烟台集洋集装箱货运有限责任公司设立的基金,被申请人招远市玲珑电池有限公司对申请人烟台集洋集装箱货运有限责任公司的上述可限制债权应从山东省青岛海运总公司在青岛海事法院设立的基金中按照法律规定的基金分配方法受偿;

(3) 驳回申请人烟台集洋集装箱货运有限责任公司的其他请求。

2 再审申请人广州海运(集团)有限公司与被申请人安徽省皖江轮船运输公司、芜湖长江轮船公司船舶碰撞损害赔偿案

案例来源:最高人民法院(2001)民四提字第 3 号
主题词:海事赔偿责任限制　书面申请　视为放弃

裁判要旨

No. HS-7.1-7　在能见度正常的情况下,划江横越船舶负有让路义务,横越不当造成紧迫局面危险的责任大于疏忽瞭望、避碰措施不及时等过失的责任。横越不当构成碰撞根本诱因的,应承担船舶碰撞的主要责任。

No. HS-7.1-8　船舶碰撞互有过失的,对碰撞造成的财产损失,各自根据其过错责任比例承担民事责任,相互对他人不承担连带赔偿责任。

No. HS-7.1-9　船舶所有人对请求其承担责任的有关海事赔偿请求可以依据《中华人民共和国海商法》的规定主张限制赔偿责任,但应向法院提出书面申请。负有责任的当事人不提出海事赔偿责任限制申请的,法院应当视为责任人放弃该项权利。

一、基本案情

再审申请人(原审被上诉人、一审原告、反诉被告):广州海运(集团)有限公司(以下简称广海公司)。

再审被申请人(原审上诉人、一审被告、反诉原告):芜湖长江轮船公司(以下简称芜湖公司)。

再审被申请人(原审被上诉人、一审被告):安徽省皖江轮船运输公司(以下简称皖江公司)。

武汉海事法院一审查明以下事实:广海公司所属"大庆 243"轮额定功率 6 624 千瓦,核定载重量 22 300 吨,满载吃水 9.5 米。芜湖公司所属"长江 41003"拖轮额定功率

883 千瓦,本案碰撞事故当时顶推"甲 41075""甲 41082""节甲 41082""节甲 41027""节甲 41022""节甲 41021""节甲 41013"等 7 艘驳船。皖江公司所属"皖江 303"拖轮额定功率 220 千瓦,本案事故当时顶推"节驳 3005""节驳 3006""节驳 3007""节驳 3008"等 4 艘驳船。

1995 年 11 月 12 日,"大庆 243"轮载原油 17 814.84 吨,从宁波港起航开往南京港。"长江 41003"轮顶推 7 艘驳船(以下简称"长江 41003"轮),载黄砂 9 200 吨从芜湖港起航驶往上海港。"皖江 303"轮顶推 4 艘驳船(以下简称"皖江 303"轮),载黄砂 1 160 吨从芜湖港开往南通港。13 日 05:02 时,"大庆 243"轮在长江江阴水道 40 号浮起航,沿江阴南槽限于吃水海轮航道续航上驶。行至 41 号浮下游水域时从雷达上发现正航行于 43 号浮上游水域沿南槽下驶的"长江 41003"轮,以及正处 42 号浮下游水域沿北槽上驶的一船队。05:36 时左右,"大庆 243"轮航行至 42 号浮下游利港水域附近,即通过高频无线电话与"长江 41003"轮联系,互通船队名称并统一绿灯右舷会船的会让意图。随后,"大庆 243"轮将航向从 288°转至 284°;"长江 41003"轮转左微舵,双方拉大横距。"皖江 303"轮日前因能见度不良锚泊于连成洲过河标以上 1 000 米水域。05:30 时左右起锚掉头沿北岸续航下驶,并在连成洲过河标处与上驶的长江 82018 船队红灯左舷会船。05:39 时,"长江 41003"轮驶平连成洲过河标,"大庆 243"轮以 284°航向,横距 200 米左右平 42 号浮时,航行于"长江 41003"轮和"大庆 243"轮之间的"皖江 303"轮,左舷闪亮红灯,从江北向江南划江行驶,"大庆 243"轮即将车速从前进四退至前进二,用右舵 20、右满舵进行避让,并通过无线电话告知"长江 41003"轮:有船队抢头,请往北边拉,仍然绿灯右舷会船。"长江 41003"轮随即转左微舵,仍以原航速下驶。05:43 时左右,"皖江 303"轮后置节驳 3008 驳船左舷尾部与"大庆 243"轮左舷前部擦碰而过,"皖江 303"轮的节甲 3008 驳船断缆散队下漂。"大庆 243"轮虽随即采取左满舵、前进四、停车、倒车四等措施,但仍以 305°航向向前运动。此时,"长江 41003"轮发现"大庆 243"轮向其迎面而至,即采取停车、倒车措施,由于惯性和水流作用,船队仍向前运动。05:46 时左右,"大庆 243"轮船艏左舷与"长江 41003"轮左前置的节甲 41021 驳船在 42 号浮上游纵距 1 000 米左右江心水域发生碰撞。"长江 41003"轮断缆散队,节甲 41021 驳船沿"大庆 243"轮左舷倾覆下漂。碰撞造成"大庆 243"轮左舷多处凹陷、洞穿、部分舱壁皱折,肋骨构架弯曲变形及管件弯曲。"长江 41003"轮的节甲 41021 驳船倾覆并严重变形,节甲 41014、节甲 41022、节甲 41027 和节甲 41075 4 艘驳船不同程度受损。

事故发生后,"大庆 243"轮为检验船舶支付检验费 4 150 元,洗舱费 157 845 元,测爆费 1 840 元,支付船舶修理费 265 875 元,修船停航 20 天的营运损失 1 278 735.20 元,为事故三方在港监部门调查处理海事碰撞及施救检验等事项垫资 341 929 元,以上"大庆 243"轮共计损失 2 050 374.20 元。"长江 41003"轮的节甲 41021 驳船经由估价单位修理,支付修理费 660 000 元;节甲 41027 驳船锚机工程经江阴船检局检验,估价待定部分由江芜船厂修理,审核修理费为 95 600 元;节甲 41013、节甲 41022、节甲 41027 和甲

41075 4 艘驳船船体部分经事故三方确认的估价单位估价,需修理费 1 888 383 元,5 艘驳船修理期间的营运损失经评估为 417 351.43 元。同时,还造成货物损失 36 000 元。"长江 41003"轮在事故发生后投入施救 5 小时,参照中国长江轮船总公司船舶出租及拖带计费办法,按拖轮每千瓦小时 0.68 元费率,计算施救损失为 2 992 元。芜湖公司共计损失 3 100 326.43 元。

另查明,连成洲过河标与 42 号浮之间水域为 105°直航道。13 日 05:30 时左右该水域处于落潮态势,视距 2 500 米左右。皖江公司称,"皖江 303"轮在发现"大庆 243"轮并与之联系时,"大庆 243"轮要求交会左舷红灯;广海公司称其与"长江 41003"轮联系时即与"皖江 303"轮联系。双方上述所称均无证据支持。还查明,原芜湖公司诉广海公司船舶碰撞损害赔偿纠纷案[(1996)鄂经终字第 188 号上诉案],广海公司已预交上诉费 33 774 元。

二、一审裁判

武汉海事法院一审认为,本案属船舶连环碰撞损害赔偿纠纷。"皖江 303"轮在起锚续航的过程中未能在通用频道的无线电话上监听"长江 41003"轮与"大庆 243"轮联系会船的通话,在未与"大庆 243"轮作明确统一会让意图,上、下行船舶均已临近的情况下,开启左舷红灯盲目采取划江横驶抢头等措施,造成了与"大庆 243"轮对驶相遇的紧迫局面,迫使"大庆 243"轮大角度右舵紧急避让,进而造成"大庆 243"轮与"长江 41003"轮相遇临危,并最终发生碰撞。"皖江 303"轮在三船(队)临近时采取划江横越抢头措施,是本次连环碰撞事故的重要成因,皖江公司应对本次事故承担主要责任。

"大庆 243"轮在 41 号浮下游时就从雷达上发现"长江 41003"轮和在 42 浮下游的上行船队。但在后续的航行中,未对前方航区进行连续瞭望,又将闪亮红灯的"皖江 303"轮判断为原先发现的上行船队正与其他船舶会船,而未引起应有的注意并进行联系,直至"皖江 303"轮近距离划江横越抢头时,才发现"皖江 303"轮,并将该船队仍视为原上行船队在进行掉头操作,属疏忽瞭望和判断错误。在其本船与"皖江 303"轮和"长江 41003"轮临近的情况下,采取右满舵,要求与"长江 41003"轮继续绿灯右舷会船,又在与"皖江 303"轮会过之后,采取左满舵前进四的措施。其前进四加快车造成了加快与"长江 41003"轮的接触,而减弱了左满舵拉大横距的效果,以致最终与"长江 41003"轮碰撞,属临危措施不当,应承担本次事故的部分责任。

"长江 41003"轮在"大庆 243"轮与其联系会船意图前,在南槽下行航道航行,航路正确,但在会让意图统一后至与"大庆 243"轮发生碰撞前,只进行过两次左微舵操作,在"皖江 303"轮相向临危时,未注意充分警觉和采取相应措施,在两船发生擦碰之后,"大庆 243"轮直接向其驶来时,才将车速从前进三退至停车、倒车,从而错过了避碰机会,未及早采取协助避碰措施,最终与"大庆 243"轮在江心水域发生碰撞,应承担其与"大庆 243"轮碰撞的相应责任。皖江公司在碰撞事故发生后的海事调查及庭审过程中,以"长江 41003"轮和"皖江 303"轮的船员对所见到的"大庆 243"轮显示的灯号、指认"大庆243"轮没有显示限于吃水海轮的信号,属证据不足,该理由不能成立。广海公司在事故发生后,在南京港自行申请的船舶检验,不符合海事处理及调查的程序,该次检验不能成为定损依据,所产生的检验费用自行承担;"大庆243"轮在事故三方协议确定的估损单位进行了估价,该报告已客观详尽描述了受损部位和需要修理的项目,估价清单亦是逐项进行的估价。"大庆243"轮在后期修理过程中,扩大了用材范围,该扩大的范围为恢复船舶损坏部位所不必要,其超出估损范围的支出,不受法律保护。"大庆243"轮进行换板焊补,洗舱测爆是必要的程序,为洗舱所提供的蒸汽加热而消耗的油料损失应纳入海损范围,但其以自己的耗油计划证实实际消耗燃料的依据缺乏证据效力,洗舱费应以洗舱单位的地方均价计算,超出部分不受保护,"大庆243"轮的整个修理期间应包括洗舱、测爆时间,其合理修船期间内所造成的营运损失应得到赔偿。广海公司为调查处理船舶碰撞而向港航监督部门垫付的费用,亦应由责任各方按责任比例分摊,该笔费用应纳入其受损范围。

芜湖公司所属船舶在碰撞发生后,经事故发生地船检部门进行的检验和经事故三方协议确定的估损单位按检验报告所进行的估损,具有法律效力,法院予以支持,其超出估损部分,不予保护。皖江公司在答辩中虽然提出了由广海公司承担其船舶损失的要求,但未缴纳诉讼费用,对此不予审理。本次所涉船舶连环碰撞事故共发生了两次。第一次在"大庆243"轮与"皖江303"轮之间发生,与"长江41003"轮无任何关系;第二次在"大庆243"轮与"长江41003"轮之间发生。"皖江303"轮虽未直接参与碰撞,但该次碰撞的诱因源于"皖江303"轮,所产生的碰撞责任由广海公司、芜湖公司、皖江公司三方按过错责任比例承担责任。依照《中华人民共和国内河避碰规则》第6条、第7条第1款、第9条、第12条第1款第(一)项、第17条,《中华人民共和国海商法》第169条第1款和第2款,《中华人民共和国民事诉讼法》第119条、第128条规定和最高人民法院(研)复(1995)21号文精神,判决:

(1)皖江公司于本判决生效之日起10日内赔偿广海公司船舶碰撞损失247 629元,并以1996年1月1日起至本判决确定给付之日,按年利率10.8%承担利息。

(2)皖江公司于本判决生效之日起10日内赔偿芜湖公司船舶碰撞损失2 585 440元,并从1996年2月1日起至本判决确定给付之日止,按年利率10.8%承担利息。

(3)广海公司自行承担其船舶碰撞损失1 802 745.20元。

(4)芜湖公司自行承担其船舶碰撞损失514 886.43元。

三、二审裁判

芜湖公司和皖江公司不服上述一审判决,向湖北省高级人民院提出上诉。湖北省高级人民院终审查明,一审认定的事实属实。湖北省高级人民法院认为,本案属船舶连环碰撞损害赔偿纠纷,广海公司所属"大庆243"轮系万吨海轮,其在此次航行中,虽与"长江41003"轮通过无线电话联系表明是进江海轮,但其没有按章显示限于吃水的进江海轮信号,违反了《中华人民共和国内河避碰规则》的规定,在航行中未对前方航区进行连续瞭望,又将发现闪亮红灯的"皖江303"轮误认为上行船队,以致"皖江303"轮近距离划江横越抢头时,未引起应有的注意并进行联系,属疏忽瞭望和判断错误,在三轮(船)临近的情况下,采取右满舵与"皖江303"轮擦碰后,又采取左满舵前进四,虽增加舵效,然而造成了加快与"长江41003"轮接触,而减弱拉大横距的效果,以致最终与"长江41003"轮碰撞,属临危措施不当。"大庆243"轮未按章显示限于吃水的进江海轮信号是本次事故的重要原因,应承担本次事故的主要责任。

皖江公司所属"皖江303"轮在起锚续航的过程中未与"大庆243"轮作明确统一会让意图,在上下行船舶均已临近的情况下,盲目开启左舷红灯采取划江横驶抢头,造成了与"大庆243"轮对驶相遇的紧迫局面,迫使"大庆243"轮大角度右舵紧急避让,进而造成"大庆243"轮与"长江41003"轮相遇临危,最终发生碰撞,应承担本案船舶碰撞事故的次要责任。皖江公司提出"大庆243"轮未能显示限于吃水海轮的信号的上诉理由成立。皖江公司提出本案不应认定为船舶连环碰撞案及"皖江303"轮与"大庆243"轮碰撞未给对方造成任何损失不负赔偿责任的上诉理由不能成立。

芜湖公司所属"长江41003"轮在此次航行中航路正确,但在双方会让意图统一后至与"大庆243"轮发生碰撞前,只进行过两次左微舵操作。在两船队发生擦碰之后,"大庆243"轮向其迎面驶来时,才将车速从前进三退至停车,未及早采取协助避碰措施,从而错过了避碰机会,最终与"大庆243"轮在江心水域发生碰撞,应承担一定责任。芜湖公司上诉认为原判赔付主体错误,使其难以得到赔偿,应由广海公司承担赔偿的理由予以采纳。本案所涉船舶连环碰撞事故属二次碰撞事故,所产生的碰撞责任由广海公司、皖江公司和芜湖公司三方按过错比例承担。三方所属船舶在碰撞发生后,经事故发生地船检部门进行的检验并对船舶受损部位和需修理的项目进行了估价,经三方协议确定,对三方具有约束力,法院予以支持。其超出估损范围的支出,属自行扩大的修理范围,所产生的费用由其自己承担,法院不予支持。

湖北省高级人民院判决如下:

(1) 撤销武汉海事法院(1996)武海法事字第1号和(1996)武海法重审字第9号民事判决;

(2) 广海公司赔偿芜湖公司船舶碰撞损失2 585 256.38元及利息(自1996年1月1日起至本判决确定给付之日止,按同期银行流动资金贷款利率计息);自行承担船舶碰撞损失505 164.03元;

(3) 皖江公司赔偿广海公司船舶碰撞损失1 545 210.18元及利息(自1996年2月1日起至本判决确定给付之日止,按同期银行流动资金贷款利率计息);

(4) 芜湖公司自行承担515 070.04元。

四、再审申请与答辩

广海公司申请再审称:

(1) 湖北省高级人民法院在本案审理全过程中只由一名代理审判员及书记员出

面进行过一次询问,违反法定程序。

(2) 二审判决前后矛盾。二审判决认定一审判决认定的事实属实,却在没有任何证据的情况下,仅凭皖江公司的指认就认定"大庆243"轮没有显示限于吃水信号。

(3) 二审法院判决申诉人承担主要责任于法无据。根据二审判决认定的事实,是"皖江303"轮的过错造成"大庆243"轮与"长江41003"轮相遇临危并发生碰撞的事实。根据谁造成紧迫局面谁负主要责任的划分碰撞责任原则,"皖江303"轮应承担主要责任。

(4) 一、二审法院指责"大庆243"轮疏忽瞭望和判断错误是毫无根据的。

(5) 二审判决的赔付主体错误。二审判决广海公司赔偿芜湖公司2 585 256.38元(相当于90%的责任),再由皖江公司赔偿广海公司1 545 210.38元。这一判决违反法律规定和海事赔偿混合过错理赔原则,实质上是把芜湖公司难以从皖江公司处获得赔偿的风险转嫁给了广海公司。请求裁定中止鄂经终字第122号判决的执行,再审改判皖江公司承担70%以上的责任。

皖江公司于2001年7月24日作出答辩,主要有:

(1) 广海公司主张的事实严重失实。"皖江303"轮不是处于上水态势,不是"划江横越";"大庆243"轮没有按章显示限于吃水信号灯。

(2) 广海公司对事故责任的主张不能成立。"大庆243"轮严重疏忽瞭望是本案事故发生的重要原因;该轮未显示进江海轮限于吃水信号是本案事故发生的主要原因。

(3) 原终审判决未适用海事赔偿限额的法律规定。"皖江303"轮总吨位是62.01吨的拖船,按照《中华人民共和国海商法》第204条、第210条第2款,交通部1993第5号《关于不满300总吨船舶及沿海运输、沿海作业船舶海事赔偿限额的规定》以及交通部关于拖驳船队发生事故最高赔偿问题的有关规定,该船最高赔偿限额也只能为28万元。

(4) 本案应予执行回转。

芜湖公司未作答辩。

五、再审裁判

最高人民法院审理查明,本案一、二审判决查明认定的事实属实,但是湖北省高级人民法院二审判决未经庭审质证,在没有任何证据支持的情况下认定"大庆243"轮没有显示限于吃水海轮的信号,改变了一审的部分事实认定,证据不足。皖江公司答辩再次提出"大庆243"轮没有显示限于吃水海轮的信号,但仍然没有提交有关证据支持其主张,最高人民法院对此不予认定。

另查证,1995年12月28日交通部江阴长江港航监督局作出的《江阴"11·13"事故调查报告》基本确认了上述事实,并确认本案三船均违背《中华人民共和国内河避碰规则》第6条、第7条第(一)项、第45条第1款第(三)项的规定,都存在未能保持正规瞭望,未能以安全航速航行,未能按规定鸣放会船声号。该报告还认定:"皖江303"轮违背《中华人民共和国内河避碰规则》第 12 条第 1 款、第 17 条第 1 款的有关规定,与"大庆 243"轮相遇并确知对方是进江海轮后,没能尽可能让出深水航道,而是盲目用右舵,试图强行抢越过去,终未能避免碰撞而导致整个事故的发生。"大庆 243"轮违背了《中华人民共和国内河避碰规则》第 17 条的有关规定,未能及早发出会船声号尽早引起"皖江 303"轮注意。"长江 41003"轮尽管已预见到以上两船会发生碰撞,但仍以常速下驶,以致在"皖江 303"轮、"大庆 243"轮发生碰撞后,"大庆 243"轮横冲过来,与自己碰撞已难以避免时才停车、倒车,为时已晚,丧失了避让的时间和距离。在江阴"11·13"事故中,"皖江 303"轮应负主要责任,"大庆 243"轮应负次要责任,"长江 41003"轮应负次要责任。

最高人民法院经审理认为,根据本案当事船舶的航行记录、海事报告和港航监督部门的调查报告,根据武汉海事法院一审开庭审理质证后认定的事实,"皖江 303"轮和"大庆 243"轮分别为下行船和上行船,"皖江 303"轮位于江北航行,"皖江 303"轮在沿江北岸下行与一上行船队左舷红灯会船后,处于上行"大庆 243"轮和下行船队"长江 41003"轮中间位置划江横驶,为横越船。皖江公司答辩称"皖江 303"轮不是横越,但没有相关航行记录予以佐证,仅提供本船几个船员的陈述,均属观察者主观定位,不能证明其主张,最高人民法院不予采信。再审期间,各方当事人对原审认定的损失均没有提出异议,故损失具体数额维持原一审判决的认定。本案原一、二审判决认定的事实清楚一致,最高人民法院予以确认。根据"皖江 303"轮为划江横越船这一基本事实,结合"大庆 243"轮和"长江 41003"轮航行状况分析,事故当时三条船所在航道水域存在相向会船、横越交叉等复杂的航行会船局面。"大庆 243"轮在发现"长江 41003"轮时,双方已经约定会让信号,并拉大横距。但是由于"皖江 303"轮在"大庆 243"轮船艏前突然抢头划江横越,导致其与"大庆 243"轮存在交叉碰撞危险的紧迫局面,"大庆 243"轮不得不采取紧急避让措施。而这一避让措施又在"大庆 243"轮与"长江 41003"轮之间形成碰撞紧迫局面,最终发生本案三船连续碰撞事故。根据《中华人民共和国内河避碰规则》第 12 条的规定,机动船在横越前和交叉相遇时,应当注意航道情况和周围环境,在无碍他船行驶时,按规定鸣放声号后,方可以横越;并且横越船应当避让顺航道行驶的船舶,不得在顺航道行驶船舶的前方突然和强行横越。本案"皖江 303"轮作为横越船舶,其横越前未谨慎注意航道情况,在没有与"大庆 243"轮明确统一的会让意图,并且上行和下行均有船舶临近的情况下,划江横驶抢头,严重违反上述避让规则的规定,属横越不当。在能见度正常的情况下,划江横越船舶负有让路义务,横越不当造成紧迫局面危险的责任大于疏忽瞭望、避碰措施不及时等过失的责任。因此"皖江 303"轮横越不当是造成本案碰撞事故紧迫局面的根本诱因,应当由其承担本案船舶连续碰撞的主要责任。"皖江 303"轮还存在疏忽瞭望、未采取避碰措施等过失,一审法院判定其承担主要责任并无不当。由于"大庆 243"轮和"长江 41003"轮在航行中均存在疏忽瞭望、避碰措施不及时的过失,应当承担相应的次要责任。原二审判决认定"皖江 303"轮负次要责任属适用《中华人民共和国内河避碰规则》判定责任不当,且依据不足,应予纠正。

根据《中华人民共和国海商法》第169条第1、2款的规定,船舶碰撞互有过失的,对碰撞造成的财产损失,各自根据其过错责任比例承担民事责任,相互对他人不承担连带赔偿责任。本案碰撞事故中,碰撞船舶各方均有过失,故对于碰撞造成的损失应当按各自过失程度的比例承担民事赔偿责任。原二审判决支持芜湖公司上诉请求的主张,判令广海公司赔偿芜湖公司的损失、皖江公司赔偿广海公司船舶碰撞损失,实际由广海公司承担了皖江公司对芜湖公司赔偿责任的连带责任。该判决不符合本案事实,属适用法律错误,应予纠正。

船舶所有人对请求其承担责任的有关海事赔偿请求可以依据《中华人民共和国海商法》主张限制赔偿责任,但应向法院提出书面申请。负有责任的当事人不提出海事赔偿责任限制申请的,法院应当视为责任人放弃该项权利。皖江公司在本案原一、二审过程中均未提出过海事赔偿责任限制的请求,其在再审答辩时提出原审法院未适用海事赔偿限额的法律规定限制其赔偿责任的主张,不符合法律规定,最高人民法院不予支持。

综上所述,本案原一审判决对碰撞事实的认定、碰撞责任的划分和法律适用并无不当之处。原二审判决在查明的事实与原一审判决一致的情况下改变责任认定,属于判定碰撞过失责任错误,适用法律错误,应予纠正。依照《中华人民共和国民事诉讼法》第153条第(二)、(三)项的规定,判决如下:

(1) 撤销湖北省高级人民法院(1998)鄂经终字第122号民事判决;
(2) 驳回芜湖长江轮船公司、安徽省皖江轮船运输公司的上诉;
(3) 维持武汉海事法院(1996)武海法事字第1号和(1996)武海法重审字第9号民事判决。

7.2 海事赔偿责任限制所适用的船舶

3 南通市江海疏浚打捞有限责任公司申请设立海事赔偿责任限制基金案
案例来源:上海市高级人民法院(2011)沪高民四(海)限字第1号
主题词:内河船舶　海事赔偿责任限制

裁判要旨

No. HS-7.2-1　《中华人民共和国海商法》第十一章"海事赔偿责任限制"中的"船舶"概念与第三条中的"船舶"概念一致,即适用"海事赔偿责任限制"章节的"船舶"应以属于第3条中的"船舶"范围为前提。内河船舶不属于《中华人民共和国海商法》第3条中的"海船"范畴,不可以享受海事赔偿责任限制。

一、基本案情

上诉人（原审申请人）：南通市江海疏浚打捞有限责任公司
被上诉人（原审异议人）：中海发展股份有限公司
被上诉人（原审异议人）：中国太平洋财产保险股份有限公司舟山中心支公司
被上诉人（原审异议人）：嵊泗中昌海运有限公司
被上诉人（原审异议人）：中华联合财产保险股份有限公司舟山中心支公司

上诉人南通市江海疏浚打捞有限责任公司与被上诉人中海发展股份有限公司、中国太平洋财产保险股份有限公司舟山中心支公司、嵊泗中昌海运有限公司以及中华联合财产保险股份有限公司舟山中心支公司申请设立海事赔偿责任限制基金一案，不服上海海事法院（2010）沪海法限字第5号民事裁定，向上海市高级人民法院提起上诉。南通市江海疏浚打捞有限责任公司上诉认为，原审裁定认定事实不清，适用法律错误。《中华人民共和国海商法》第3条中的"海船"并没有将所有登记为内河船舶的船舶排除在外，"稳强2"轮系可以航行于海上的登记为起重船的船舶，属于第3条中的"海船"范畴，可以享受海事赔偿责任限制，有权申请设立海事赔偿责任限制基金。并且，《中华人民共和国海商法》第十一章规定的"海事赔偿责任限制"下的船舶不以海船为前提，该章优先于第3条适用。据此，请求二审法院依法撤销原审裁定，准许南通市江海疏浚打捞有限责任公司设立海事赔偿责任限制基金的申请。

二、法院裁判

上海市高级人民法院经审查认为，根据《中华人民共和国海商法》第3条的规定，《中华人民共和国海商法》适用的"船舶"包括海船和其他海上移动式装置（用于军事的、政府公务的船舶和20总吨以下的小型船艇除外），而"稳强2"轮持有的《内河船舶适航证书》《内河船舶吨位证书》以及《内河船舶检验证书簿》等表明，该船系内河船舶，不属于《中华人民共和国海商法》第3条中的"海船"范畴，不受《中华人民共和国海商法》调整。从法律规定看，《中华人民共和国海商法》第十一章"海事赔偿责任限制"中的"船舶"概念与第3条中的"船舶"概念一致，即适用"海事赔偿责任限制"章节的"船舶"应以属于第3条中的"船舶"范围为前提，南通市江海疏浚打捞有限责任公司关于《中华人民共和国海商法》第十一章规定的"海事赔偿责任限制"下的船舶不以海船为前提，该章优先于第3条适用的上诉理由，缺乏法律依据。据此，原审法院关于"稳强2"轮的船舶所有人不能依照《中华人民共和国海商法》以及交通部《关于不满300总吨船舶及沿海运输、沿海作业船舶海事赔偿限额的规定》的相关规定申请设立海事赔偿责任限制基金的认定，于法有据。

综上，南通市江海疏浚打捞有限责任公司关于"稳强2"轮的船舶所有人可以依法申请设立海事赔偿责任限制基金的上诉理由不成立，上海市高级人民法院对其上诉请求不予支持。依照《中华人民共和国民事诉讼法》第152条第1款、第153条第1款第

(一)项、第 154 条、第 158 条之规定,裁定如下:
驳回上诉,维持原裁定。

7.3 海事赔偿责任限制适用的主体

7.3.1 承运人是否可以享受海事赔偿责任限制

4 中国人民财产保险股份有限公司东莞市分公司与营口经济技术开发区广海物流有限公司、福州明发船务有限公司海上保险合同代位求偿纠纷案
案例来源:厦门海事法院(2010)厦海法商初字第 36 号
主题词:承运人　船舶所有人　海事赔偿责任限制

> **裁判要旨**
>
> **No. HS-7.3-1** 承运人如不具备海商法意义上的船舶所有人身份的,其无权享受海事赔偿责任限制。

一、基本案情

原告:中国人民财产保险股份有限公司东莞市分公司(以下简称财保东莞公司)
被告:王振旭、福州明发船务有限公司(以下简称明发公司)

原告财保东莞公司诉称,被保险人顾同光委托被告王振旭将 56 吨大米自营口运至黄埔港。该票货物由被告明发公司所属的"新明发 17"轮实际承运。2008 年 11 月 1 日,承运船舶沉没造成该批货物全损。原告作为该票货物的保险人,依约向顾同光支付保险款 158 256 元(人民币,下同),并取得代位求偿权。营口经济技术开发区广海物流有限公司(以下简称广海公司)、明发公司作为涉案货物的契约承运人以及实际承运人应对货物在运输过程中发生的货损承担赔偿责任。为此,原告诉请判令:

(1)被告赔偿原告 158 256 元及该款自起诉之日起至实际还款之日止按中国人民银行同期贷款利率计算的利息;

(2)被告承担全部诉讼费用。

被告明发公司辩称,其已适当履行承运人义务,船舶因不可抗力沉没,依法可以免责。从案涉船舶证书等文件看,"新明发 17"轮是适航船舶,持有合法的营运许可,在开航前及开航时均已做到谨慎处理,船舶处于适航状态。根据营口海事局的事故调查报告,船舶沉没是因航行途中海况恶劣所致,是遭遇不可抗力的结果,属于意外事故,承运人依法可以免责;即使不能免责,其依法也有权享有海事赔偿责任限制。另外,原告主体资格及货损本身均存在瑕疵。为此,被告请求驳回原告的诉讼请求。

二、法院查明事实

厦门海事法院查明,根据营口海事局作出的《"新明发17"轮沉没事故调查报告》(以下简称《调查报告》),"新明发17"轮本航次共载运20英尺集装箱134个和40英尺集装箱12个。箱内载货绝大部分为非矿和粮食,只有3个40英尺箱子装载塑料颗粒,2个40英尺箱子装载木板,没有危险品,总重量4 303.6吨。其中有120个20英尺集装箱装在货舱中,舱内满载,其余26个集装箱装在甲板上(包括12个40英尺的集装箱)。本航次船舶所载集装箱重量比较平均,装完货后由船方进行系固并在与港方的完货手续上签字。该轮离港时船方申报前后吃水5.2/5.8米,压载水存量409.2吨。该轮于2008年11月1日03:10时在营口海事局鲅鱼圈海事处办理船舶进出港签证,申报船员13名(实际在船船员14名),满足《船舶最低安全配员证书》要求,船舶证书和船员证书齐全有效,船舶吃水未超过满载吃水,海事处准予办理船舶进出港签证。《调查报告》认定本次船舶沉没事故的原因有:① 事发之日,事故水域海面风向南西,风力达7—8级。强劲大风而伴生的海浪高达3米以上,风大浪高,海况恶劣。② "新明发17"轮在与他船相遇时,处于大风浪中顺向和船速前进三的情况下航行,该轮没有掌握好风浪状况、船速作用和转向时机,盲目地使用了左舵至左满舵快速转向,且又在船舶发生倾斜后,再次采取右满舵等不当的操纵措施,无法有效避免横风、横浪对该轮船体的冲击,致使船舶产生较大的横倾角,船体左倾迅速加剧,丧失恢复力矩而倾覆。③ "新明发17"轮没有充分考虑集装箱船舶的积载特点,未能使该轮在大风浪恶劣海况下储备更多的恢复力矩。"新明发17"轮,船籍港中国福州,钢质集装箱/杂货船,总吨位2 815吨,准予航行近海航线;船舶所有人、经营人为明发公司,事故航次船舶证书均在有效期内。根据该轮《船舶最低安全配员证书》,本航次船舶配员符合安全配员要求。还查明,广海公司未经营口市工商行政管理局注册登记。

三、法院裁判

厦门海事法院认为:

1. 货主顾同光与二被告之间法律关系问题

王振旭系以未经注册登记的广海公司名义、以承运人的身份接受货主顾同光的委托,负责案涉货物的陆路和水路运输,其理由如下:

(1) 被告王振旭于2008年10月27日以未经注册登记的广海公司名义签署发货单,接受货主顾同光的父亲顾广明关于运输案涉货物至营口港的委托,并承诺对货物的可能损失按每袋95元承担赔偿责任;

(2) 被告明发公司就案涉货物自营口港至黄埔港的运输签发案涉运单,在其所接受的相应托运单中的托运人系广海公司,而联系人正是王振旭;

(3) 事故发生后,广海公司又于2009年9月9日出具一份《关于货物运输的说明》,明确承认:其曾于2008年10月27日接受顾同光委托运输56吨大米自营口至黄

浦港,其又安排由被告明发公司实际运输该票货物;

(4) 被告王振旭在事故发生后曾要求明发公司将案涉运单的托运人由广海公司改为其个人,被告明发公司表示同意并作出相应更改;

(5) 被告王振旭在获得该改过的运单后,便以托运人的身份起诉明发公司,要求赔偿案涉货损。依据最高人民法院《关于适用〈中华人民共和国民事诉讼法〉若干问题的意见》第49条的规定,王振旭作为直接责任人理应对其以未经注册登记的广海公司名义从事的民事活动承担民事责任。由于王振旭系以承运人的身份接受货主顾同光有关国内陆路与水路货物运输的委托,故其与货主顾同光之间存在多式联运合同关系,依据《中华人民共和国合同法》第311条、第317条的有关规定,王振旭理应对案涉货损承担损害赔偿责任。

2. 关于被告能否享受海事赔偿责任限制问题

原告的主张系基于"新明发17"轮营运中因船舶沉没所致的货损,《中华人民共和国海商法》作为调整海上运输关系和船舶关系的特别法律,对海事赔偿责任限制作了明确规定,根据该法第207条的规定,被告明发公司作为船舶所有人、经营人,有权对提起代位求偿的原告以海事赔偿责任限制进行抗辩。根据《中华人民共和国海商法》第209条的规定,责任人丧失海事赔偿责任限制的条件为:经证明,损失是由于责任人故意或者明知可能造成损失而轻率地作为或者不作为造成的。根据查明事实,"新明发17"轮本航次船舶证书均在有效期内,船舶配员符合最低安全配员要求,船舶吃水未超过满载吃水,且本航次出港已办理船舶进出港签证,为适航船舶。据营口海事局调查认定,"新明发17"轮本次海损事故是因恶劣海况、船舶操纵不当以及该轮未充分考虑集装箱船舶装载特点等所致,该事故原因不足以认定"新明发17"轮对本起海损事故存在"故意或者明知"的主观过错,即现有证据不能证明本起海损事故具有《中华人民共和国海商法》第209条所规定的事实要件。且原告也未就被告明发公司具有丧失限制责任的作为或不作为举证,故被告明发公司依法享有限制赔偿责任的权利,原告的上述债权应在明发公司所能享受的海事赔偿责任限额内受偿。对于被告王振旭,由于其并非海商法意义上的船舶所有人,故依据《中华人民共和国海商法》第204条、最高人民法院《关于审理海事赔偿责任限制相关纠纷案件的若干规定》第12条的有关规定,被告王振旭无权享受海事赔偿责任限制,其应对案涉货损进行全额赔偿。

综上,依照《中华人民共和国合同法》第311条、第317条、第403条,《中华人民共和国海商法》第204条、第207条、第252条第1款,最高人民法院《关于审理海事赔偿责任限制相关纠纷案件的若干规定》第12条及《中华人民共和国民事诉讼法》第64条第1款的规定,判决如下:

(1) 被告王振旭应于本判决生效之日起10日内向原告中国人民财产保险股份有限公司东莞市分公司赔偿158 256元及其自2009年10月30日起至判决确定支付之日止按中国人民银行公布的同期同类存款利率计算的利息;

(2) 被告福州明发船务有限公司有权享受海事赔偿责任限制;

（3）被告福州明发船务有限公司在海事赔偿责任限额范围内对本判决第一项确定的还款义务承担连带清偿责任；

（4）驳回原告中国人民财产保险股份有限公司东莞市分公司的其他诉讼请求。

7.3.2 航次承租人可否享受海事赔偿责任限制

5 **华泰财产保险股份有限公司北京分公司与浙江中远国际货运有限公司温州分公司、浙江中远国际货运有限公司海上货物运输合同纠纷案**

案例来源：上海海事法院（2010）沪海法商初字第 349 号

主题词：航次承租人　承担整船运输承运人义务　海事赔偿责任限制

裁判要旨

No. HS-7.3-2　依据《中华人民共和国海商法》的立法精神，光船租赁、定期租船和航次租船或以其他合法方式进行租赁的承租人均属于"船舶承租人"范畴。航次承租人，且承担整船运输的承运人义务，可以享受海事赔偿责任限制。

No. HS-7.3-3　原告请求判令按贷款利率计付赔偿款项利息的诉请合理，且鉴于中国人民银行自 2000 年 9 月 21 日开始改革我国外币利率管理体制，放开外币贷款利率，根据商业银行的普遍做法，贷款利率以判决生效之日伦敦银行同业拆借利率收盘价为基础再上浮 3% 计算。利息起算时间应从原告首次向被告主张之日即起诉之日起计算为宜。

一、基本案情

原告：华泰财产保险股份有限公司北京分公司

被告：浙江中远国际货运有限公司温州分公司（以下简称浙江中货温州公司）

被告：浙江中远国际货运有限公司

原告华泰财产保险股份有限公司北京分公司为与被告浙江中货温州公司、浙江中远国际货运有限公司海上货物运输合同纠纷一案，原告诉称：中国二十冶集团有限公司下属的巴新瑞木冶炼项目部于 2009 年 1 月 15 日和被告浙江中货温州公司签署合同，约定由浙江中货温州公司为二十冶集团有限公司在巴布亚新几内亚瑞木建设的镍钴矿开采冶炼项目运输所需物资。浙江中货温州公司是被告浙江中远国际货运有限公司的分公司。2009 年 3 月 7 日，浙江中货温州公司指派"AsianMars"（"亚洲火星"）轮承运二十冶集团有限公司托运的约 4 000 吨项目设备。装货港是上海，卸货港是巴布亚新几内亚的 Basamuk 港，收货人是瑞木镍钴管理（中冶）有限公司[Ramu Nico Management(MCC) Limited]。2009 年 3 月 11 日，"亚洲火星"轮航行至台湾东南约东经 129°、北纬 19°的太平洋海域时发生船体右倾事故。虽经船员实施抢救并安排了专业救助公司进行救助，但船舶最终在 3 月 15 日中午左右沉没。所载的 4 000 多吨货物随之沉入海底全部灭失。涉案货物价值及相关费用共计 5 191 131.44 美元。此后,原告及其他共同保险人按照各自承保比例予以全额赔付并取得了代位求偿权。两被告是涉案货物的承运人,对船舶的运营管理和涉案货物的安全运输承担责任。上述货物沉没全损事故是由于涉案船舶不适航以及被告违反关于妥善、谨慎地装载、搬移、积载、运输、保管、照料和卸载所运货物的法律和合同义务造成的。扣除从林威航运有限公司和深圳市达希海运有限公司已经取得的赔偿款项后,原告诉请判令两被告连带赔偿 898 403.66 美元及其自 2009 年 9 月 1 日起至判决生效之日止按中国人民银行同期贷款利率计算的利息损失,并承担本案诉讼费用。

两被告辩称:

(1) 原告主体资格不适格。原告所代位的是瑞木镍钴管理(中冶)有限公司,而其并非与被告浙江中货温州公司签订涉案运输合同的相对方,原告不具有相应的起诉资格。

(2) 从救助过程的描述看,涉案船舶沉没的原因是船员的管船过失,因此被告免责。

(3) 原告未充分举证证明诉请金额的合理性和关联性。

(4) 被告浙江中货温州公司系涉案船舶承租人,可以享受海事赔偿责任限制,并且原告及其他共同保险人已经取得的赔偿数额应当在赔偿限额中予以扣除。

二、法院查明事实

根据庭审调查及确认的证据,上海海事法院查明本案事实如下:

1. 关于涉案保险合同关系

2007 年 6—7 月间,原告及其他 7 家保险公司陆续签署瑞木镍钴项目保险合同,并于 2007 年 11 月 7 日由利宝互助保险欧洲有限公司(Liberty Mutual Insurance Europe Limited)作为共同保险人代表签发编号为 SIMCG07350162N 的保险单。原告在涉案保险中的承保份额为 18%。保险合同约定,保险项目为"与设计、工程、发展、制造、供应、建造、安装、装配、测试和运行巴布亚新几内亚马当省瑞木镍钴项目相关的合同",保险标的为"与本项目有关的部分或全部已经使用或即将使用的财产。包括但不限于为本项目建设所需的机械、设施、设备和材料。所有上述财产应是被保险人自有财产或者在任何事故发生之前已经承担或继受责任的、可能构成索赔的财产,或者被保险人同意加保的财产,或者被保险人具有保险利益的财产"。列名被保险人为"瑞木镍钴管理(中冶)有限公司、中冶金吉矿业开发有限公司、中国冶金科工集团有限公司、中冶瑞木镍钴有限公司、瑞木镍矿有限公司、拉巴管理服务有限公司、矿产资源瑞木有限公司、矿产资源马当有限公司,和/或它/它们的母公司、子公司或分公司及所控制的公司"。且保险合同对"被保险人"所作定义为:"i. 列名被保险人;ii. 列名被保险人的任何母公司或子公司(包括子公司的子公司),和列名被保险人控制和行使管理职权的任何组织,无论现存或即将成立;iii. 在第 i 和 ii 项下的被保险人,根据合同或责任承担约定,应当为其购买保险的以下个人或者单位,但仅在该合同或责任承担约定所要求的限度内,且仅适用与本保单规定的承保范围和责任限额:a. 任何委托人或所有人或委托人/所有人的代理,或者合资公司合伙人;b. 任何施工经理或项目经理;c. 任何层级承包商或分包商;……h. 在本项目中享有保险利益的其他第三方。……"保险期间为:"开口保单,从 2007 年 6 月 30 日(当地时间)各批次货物启运时,至预计的建设工期和保修期届满时:建设工期 2010 年 3 月 31 日,保修期 24 个月或所必需的且已通知保险人的其他日期。"对"损失受偿者"的约定为"本保单项下的任何损失应当支付给损失受偿者或其指定的人"。

2. 关于涉案船舶情况和涉案运输合同关系

涉案船舶为"AsianMars"("亚洲火星")轮,系登记总吨为 4 235 吨的巴拿马旗的杂货船。船舶所有人为林威航运有限公司,船舶经营人和管理人为深圳市达希海运有限公司。根据浙江中货温州公司与通平公司签署的航次租船合同,在履行涉案航次时,浙江中货温州公司是"亚洲火星"轮的航次承租人。2009 年 1 月 15 日,中国二十冶巴新瑞木冶炼项目部(以下简称巴新项目部)与浙江中货温州公司签订编号为 RN20-ZC-005 的合同,约定"甲方(注:巴新项目部)在巴布亚新几内亚马当省(MADANG)瑞木建设镍钴矿开采冶炼项目(以下简称巴新瑞木镍钴项目)需要出口发运项目所需货物,而乙方(注:浙江中货温州公司)愿意承担此种货物的海运及其他工作……""第二载:装运期为 2009 年 2 月 28 日—3 月 10 日(或双方商定),船名:ASIANMARSOREASTSEA,或替代船。""装货采用全班轮条件,乙方负责装运港装船。"就涉案货物,浙江中货温州公司收取了海运费人民币 4 534 116.63 元以及港建港杂、海关服务费、海关查验费、港监服务费、货物超重超长附加费等人民币 392 100.74 元。涉案货物系巴新瑞木镍钴项目建设所需物品,该项目由中国冶金科工集团有限公司(以下简称中冶集团)下属公司投资建设:中冶集团子公司中冶金吉矿业开发有限公司全资持有的中冶瑞木镍钴有限公司持有该项目 85% 股份,与三个外方股东组成瑞木项目联营体,以非法人联营模式开发该项目。中冶集团另一子公司瑞木镍钴管理(中冶)有限公司受联营体股东的共同委托,作为联营体的管理者全面负责项目的建设、开发和运营。2008 年 2 月,瑞木镍钴管理(中冶)有限公司与中冶集团的另一子公司中国二十冶建设有限公司签订《瑞木镍钴项目施工主合同》,约定由中国二十冶建设有限公司作为该项目的施工方之一。上述签订运输合同的巴新项目部系中国二十冶建设有限公司的内设机构,负责该工程的施工组织及管理工作。2010 年 2 月 4 日,上海市工商行政管理局核准"中国二十冶建设有限公司"的企业名称变更为"中国二十冶集团有限公司"(以下简称二十冶公司)。

3. 关于涉案保险事故情况

2009 年 3 月 7 日,浙江中货温州公司指派"亚洲火星"轮承运二十冶公司托运的一批项目设备,收货人是瑞木镍钴管理(中冶)有限公司。3 月 8 日,该轮从装货港中国上海开航,卸货港是巴布亚新几内亚的 Basamuk 港。2009 年 3 月 11 日,"亚洲火星"轮航行至台湾东南约东经129°、北纬19°的太平洋海域,发生了船体右倾事故。3月12日,"亚洲火星"轮与亚洲船务代理有限公司(Asian Marine Co Ltd.)签订劳氏标准救助合同,全体船员由日本海岸警卫队救起。3月15日,处于右倾漂浮状态的"亚洲火星"轮最终沉没,货物全损。劳合社事故报告将事故原因表述为"机械损害、失灵(例如失去舵,推进器故障)",对事故经过的描述为"3月11日08:30时在北纬19°30′、东经131°1′由于货物坍塌而产生倾斜。船员获救。船舶沉没"。最终救助报告附件C中救助人员在3月13日的每日情况报告中记载了其了解到的事发状况:"当货物移动时,由于严重海况,船舶向右舷倾斜35°—40°。海水灌进右舷的压载舱,轮机员试图排干压载舱的水,让开关开着,弃船时没有关闭电源。"国家海洋局东海预报中心提供的海况证明,发生船舶右倾事故的3月11日风力为"5—6级阵风7级,下午增大到6级阵风7级",有效波高为"1.5—2.5米,夜里2.0—3.0米",同时最终救助报告也显示事发时属正常海况。两被告确认涉案船舶发生右倾事故的原因系船舶在航行中遇涌浪,船舶沉没前始终没有失去动力。随船灭失货物的CIF价值为4 741 937.67美元。除浙江中货温州公司收取的运费及相关费用外,该批货物在起运港还产生杂项费用共计人民币445 569.05元,包括税金人民币23 402.05元、买箱费人民币262 000元、拖车费人民币24 800元、商检费人民币7 517元、包干费人民币127 850元。出口报关单记载的上述货物发货单位分别为二十冶公司和中冶金吉矿业开发有限公司。涉案货物的收货人是瑞木镍钴管理(中冶)有限公司。

4. 关于保险赔款支付情况

保险事故发生后,共同保险人根据涉案货物CIF价值4 741 937.67美元加乘110%并扣减免赔额25 000美元,最终核定保险赔款为5 191 131.44美元。2009年8月27日,瑞木镍钴管理(中冶)有限公司向保险经纪人怡安保险经纪公司出具《授权委托书》,明确"中冶集团二十冶是瑞木项目海运及延误险保单的指定受益人。瑞木镍钴管理(中冶)有限公司作为海运及延误险的投保者,兹委托怡安保险经纪公司在办理'亚星'沉船索赔款的过程中,直接将索赔款汇入二十冶以下账户……"2009年11月26日,瑞木镍钴管理(中冶)有限公司出具《授权委托变更书》,表示:"鉴于中冶集团二十冶在接受'亚星'沉船索赔款的过程中,遇到外汇核销问题难以处理。兹经协调,我司拟变更索赔款接受账户信息,请贵司将后续索赔款打入瑞木镍钴管理(中冶)有限公司账户上,已打入二十冶账户的索赔款为既成事实维持不动……"根据原告承保份额以及上述指示,原告于2009年12月通过怡安保险经纪公司向瑞木镍钴管理(中冶)有限公司支付778 669.72美元,2010年3月再次直接支付155 733.94美元,共计支付保险赔款934 403.66美元。另外,原、被告共同确认根据涉案船舶总吨计算的海事赔偿责任限额为790 745特别提款权,根据事故次日即2009年3月16日国际货币基金组织公布的特别提款权和美元汇率折合为1 171 124.97美元。

另查明,8家共同保险人已经就涉案事故从林威航运有限公司和深圳市达希海运有限公司处获得200 000美元的赔偿,其中原告已获赔。

三、法院裁判

上海海事法院认为，本案系海上货物运输合同保险代位求偿纠纷，相关法律事实发生在我国境外，具有涉外因素。鉴于原、被告在庭审中确认选择适用中国法律，据此处理本案争议的准据法为中华人民共和国法律。本案原、被告之间存在以下争议焦点：① 原告主体是否适格？② 涉案事故是否因船员管船过失引起？③ 货物损失如何计算？④ 两被告是否可以享受海事赔偿责任限制？如可享受，责任限额应当如何。

1. 关于原告主体是否适格

两被告辩称：与浙江中货温州公司签订运输合同的是二十冶巴新项目部，因此原告只有取得二十冶公司转让的求偿权后才能向两被告追偿，现代表被保险人签订权益转让书的是瑞木镍钴管理（中冶）有限公司，因此原告不能依据运输合同向两被告主张权利；涉案报关单显示货物成交方式为CIF，涉案货物在装船之后风险和所有权已经转移，二十冶公司对涉案货物已不具有保险利益。上海海事法院认为，巴新项目部与浙江中货温州公司签订的运输合同是双方的真实意思表示，合法有效成立。因巴新项目部系二十冶公司的内设机构，不具有独立法人资格且有别于依法设立并领取营业执照的分支机构，巴新项目部在合同项下的权利、义务应由二十冶公司享有或承担。因此涉案运输关系中，二十冶公司系托运人，浙江中货温州公司系承运人。涉案货物系巴新瑞木镍钴项目所需建设用品，并非一般的国际货物买卖合同项下货物，二十冶公司作为该项目的建设方，对涉案货物当然具有保险利益，且收货人瑞木镍钴管理（中冶）有限公司也明确"中冶集团二十冶是瑞木项目海运及延误险保单的指定受益人"，保险赔款应当支付给二十冶公司。二十冶公司作为涉案保险合同列名被保险人之一中冶集团的子公司，根据涉案保险合同对"被保险人"所作的特别约定，属被保险人。现有证据表明原告已经将涉案保险赔款支付给二十冶公司指定账户，原告取得在支付的保险赔款范围内代二十冶公司向责任人追偿的权利。瑞木镍钴管理（中冶）有限公司在向包括原告在内的共同保险人签署的《权益转让书》中已明确其系代表涉案保险合同项下列名被保险人签署且已保证其已获得所有转让人的授权，该《权益转让书》应当视为有效。而且依据《中华人民共和国海商法》第252条第1款"保险标的发生保险责任范围内的损失是由第三人造成的，被保险人向第三人要求赔偿的权利，自保险人支付赔偿之日起，相应转移给保险人"以及《中华人民共和国海事诉讼特别程序法》第96条、最高人民法院《关于适用〈中华人民共和国海事诉讼特别程序法〉若干问题的解释》第68条的规定，保险人取得代位求偿权的实质性要件是支付保险赔偿金，保险人提交已经向被保险人实际赔付的凭证的，可以不再提交被保险人签署的权益转让书，即使《权益转让书》有瑕疵，对原告的代位求偿权亦无影响。因此，原告已合法取得保险代位求偿权，具有适格的诉讼主体资格。

2. 关于涉案事故是否因船员管船过失引起

两被告辩称，从弃船、救助的过程看，船长在弃船时存在重大管船过失，即没有将船位摆在顶风顶流的位置,船身侧面受风浪拍击,导致船货全损,因此两被告可据此免责。上海海事法院认为,本案并不存在权威的事故原因或责任的认定报告,所谓劳合社事故报告仅是对涉案事故的简要概述(overview),而最终救助报告是对救助经过的详细描述,对涉案事故原因的分析只能从两份报告对当时客观情况的描述进行推断。两份报告同时提到由于"货物坍塌""货物移动",船舶产生倾斜,因此可以认定涉案货物未有效固定和妥善绑扎。事发当时的风力和浪高情况显示涉案船舶航行中面临的是正常海况,若货物被妥善绑扎的,即使遭遇涌浪,当不致对船舶造成致命威胁。劳合社事故报告将事故原因表述为"机械损害、失灵(例如失去舵,推进器故障)",但该结论缺乏分析和相应事实支持,两被告亦明确否认该结论,上海海事法院对此不予采信。针对两被告的抗辩,上海海事法院认为,救助报告显示,事故发生时船舶向右舷倾斜35°—40°,以致海水已灌进右舷的压载舱。根据航海经验可知,船舶倾斜角度超过35°时已处于十分危险的状态,特别是船舶倾斜至海水进入船舶进水角时,船舶稳性和恢复力矩随之消失,船舶已难以凭自身力量扶正或者调整角度,此时船长弃船并无过错。综上,因货物未妥善积载、绑扎导致涉案事故的可能性极大,而上述原因并非承运人免责事由。涉案运输合同约定由被告方负责装运港装船,且涉案船舶系杂货船,缺乏特殊的集装箱系固设施,因此两被告如需推翻上述关于货物积载、绑扎状况的初步认定,则应提供充足的相反证据加以证明。现两被告虽提出了免责抗辩意见,但未提供充分证据加以证明,其所作免责抗辩上海海事法院不予采纳。

3. 关于货物损失如何计算

两被告辩称涉案货物中有部分货物属中冶金吉矿业开发有限公司所有,而根据运输合同,被告只对二十冶公司的货物承担责任。上海海事法院认为,涉案运输合同约定的运输对象系巴新瑞木镍钴项目所需货物,并未特别约定货物必须为二十冶公司所有。事实上,涉案货物全部以二十冶公司名义托运,且被告方收取了全部货物的运费及其他相关费用,应当对全部货物灭失承担赔偿责任。根据《中华人民共和国海商法》第55条之规定:"货物灭失的赔偿额,按照货物的实际价值计算……货物的实际价值,按照货物装船时的价值加保险费加运费计算……"因此当货物在海上货物运输过程中灭失时,在承运人无法证明其具有法律规定的免责事由时,应当按照货物CIF价值进行赔偿。

4. 关于两被告是否可以享受海事赔偿责任限制及其限额计算问题

两被告辩称,浙江中货温州公司是涉案船舶的承租人,承担整船的运输义务,因此应当享受海事赔偿责任限制,且包括原告在内的共同保险人已经从船舶所有人方获得的200 000美元赔偿款项应当在责任限额中扣除。原告认为,与被告方签订租船合同的通平公司并非船舶所有人,因此浙江中货温州公司仅是无船承运人,不属于《中华人民共和国海商法》规定的可以享受海事赔偿责任限制的范围;且涉案事故发生在海况、天气状况良好的情况下,被告方具有重大过失,无权享受责任限制;即使被告方可以享受责任限制,因涉案事故未设立基金,其享受的责任限额中也不应当扣除船舶所有人方自愿支付的部分。关于两被告是否可以享受海事赔偿责任限制的问题。上海海事法院认为，在履行涉案航次时，浙江中货温州公司是"亚洲火星"轮的航次承租人，且承担整船运输的承运人义务，依据《中华人民共和国海商法》第 204 条的规定，船舶承租人有权享受海事赔偿责任限制，且根据立法精神，光船租赁、定期租船和航次租船或以其他合法方式进行租赁的承租人均属于上述法条规定的"船舶承租人"范畴；此外，原告虽提出被告方具有重大过失无权享受责任限制，但并未证明涉案事故是由于被告方自身的故意或者明知可能造成损失而轻率地作为或者不作为造成的，而依据《中华人民共和国海商法》第 209 条的规定，"责任人无权依照本章规定限制赔偿责任"的前提是"经证明，引起赔偿请求的损失是由于责任人的故意或者明知可能造成损失而轻率地作为或者不作为造成的"。因此，两被告有权在本案中依照《中华人民共和国海商法》的相关规定限制赔偿责任。依据《中华人民共和国海商法》第 210 条之规定及涉案船舶总吨计算得出的海事赔偿责任限额为 790 745 特别提款权，且原、被告一致确认应折合为 1 171 124.97 美元，该数额低于涉案货物 CIF 价值 4 741 937.67 美元。

5. 关于共同保险人已经从船舶所有人方获得的 200 000 美元赔偿是否应当在两被告的责任限额中予以扣除的问题

上海海事法院认为，海事赔偿责任限额是船舶所有人、救助人面对一次事故引起的所有海事赔偿请求可以享受的赔偿责任限额，在船舶承租人单独面临索赔时，根据法律规定，其地位相当于船舶所有人，因此船舶所有人方已经对外赔付的部分应当视为船舶承租人已经赔付部分，且船舶承租人对外赔付以后还将面临追偿诉讼中船舶所有人的责任限额抗辩，因此船舶所有人方已经赔付部分应当在本案责任限额中扣除。据此，两被告对涉案事故的赔偿责任限额为 971 124.97 美元，根据原告对涉案保险事故 18% 的承保比例，原告可以获得的赔偿为 174 802.49 美元。

此外，原告请求判令按贷款利率计付赔偿款项利息的诉请合理，上海海事法院予以支持。鉴于中国人民银行自 2000 年 9 月 21 日开始改革我国外币利率管理体制，放开外币贷款利率，各种外币贷款利率及其计息方式由金融机构根据国际金融市场利率变动以及资金成本、风险差异等因素自行确定，中国人民银行不再公布统一的外币贷款利率。根据商业银行的普遍做法，上海海事法院确定本案利率以本判决生效之日伦敦银行同业拆借利率，即 Libor (London Interbank Offered Rate) 的收盘价为基础再上浮 3% 计算。利息起算时间应从原告首次向两被告主张之日即本案起诉之日起计算为宜。因浙江中货温州公司系浙江中远国际货运有限公司的分公司，无独立法人资格，因此浙江中远国际货运有限公司应对浙江中货温州公司对外承担的赔偿责任承担补充赔偿责任。

综上，依照《中华人民共和国民事诉讼法》第 64 条第 1 款，《中华人民共和国海商法》第 204 条、第 210 条第 1 款第（二）项、第 252 条第 1 款以及最高人民法院《关于民事诉讼证据的若干规定》第 2 条、第 76 条之规定，判决如下：

（1）被告浙江中远国际货运有限公司温州分公司在本判决生效之日起 10 日内向

原告华泰财产保险股份有限公司北京分公司赔偿174 802.49 美元及该款项的利息（按本判决生效之日伦敦银行同业拆借利率的收盘价为基准再上浮3%,自2010年5月5日计算至本判决生效之日止）；

(2) 被告浙江中远国际货运有限公司对第一项判决承担补充赔偿责任；

(3) 对原告华泰财产保险股份有限公司北京分公司的其他诉讼请求不予支持。

7.3.3 一个事故一个基金原则

6 原告长葛市康业废旧物资有限公司与被告泰州市生松船务有限公司、洋浦中良海运有限公司船舶碰撞损害赔偿纠纷案

案例来源：上海海事法院(2007)沪海法商初字第549号
主题词：海事赔偿责任限制　一次事故一个限额

裁判要旨

No. HS-7.3-4　承运人须对全程运输负责,对货物在运输过程中发生的损失承担损害赔偿责任。当承运人和实际承运人均负有赔偿责任的,应在该项责任范围内承担连带责任。

No. HS-7.3-5　当一个事故发生后,只要当事船舶责任方中的一个责任人设立了基金,无论该基金是为多个责任人共同设立还是为一个责任人单独设立,其他与该船舶有关的责任人均可以共同享受该基金设立后的利益。

一、基本案情

原告：长葛市康业废旧物资有限公司
被告：泰州市生松船务有限公司(以下简称泰州生松)、洋浦中良海运有限公司(以下简称洋浦中良)

原告长葛市康业废旧物资有限公司诉称：2007年1月,原告通过案外人大连通洋货运代理有限公司(以下简称大连通洋)和扬州天洋货运代理有限公司(以下简称扬州天洋)将一批废不锈钢交由洋浦中良从广州黄埔码头运至张家港。货物总计650.610吨,单价每吨人民币25 620元。洋浦中良为此签发了四套集装箱货物运单,承运船舶为"生松1号",航次为第0702N。2007年1月18日,泰州生松所属"生松1号"轮与广州振兴所属"粤顺"轮在上海港长江南水道53浮与54浮之间水域发生碰撞,"生松1号"轮在事故中沉没。嗣后,原告的13个集装箱被打捞出水,经检测打捞起的货物数量为269.02吨。原告损失货物381.59吨,价值人民币9 776 335.80元。被告洋浦中良系涉案运输的承运人,被告泰州生松系实际承运人,两被告应按照"生松1号"轮碰撞责任比例对原告货物损失的80%承担连带赔偿责任。为此,请求判令：

(1) 两被告连带赔偿原告货物损失人民币7 821 068.64元以及利息损失；

(2) 本案诉讼费由两被告承担。

被告泰州生松辩称：对于事故发生的事实没有异议，但泰州生松已经在上海海事法院设立了海事赔偿责任限制基金，因事故造成原告的损失，泰州生松可依法享受海事赔偿责任限制。

被告洋浦中良辩称：① 根据原告提交的运单，原告既非运输合同的收货人也不是托运人，因此原告无权依据运输合同向洋浦中良索赔；② 洋浦中良对于本次船舶碰撞事故没有任何过错，无需对原告承担法律责任；③ 洋浦中良在事故发生时系"生松1号"轮的定期租船人，依法有权与泰州生松同样享受海事赔偿责任限制。

二、法院查明事实

上海海事法院经审理查明并确认如下事实：2007年1月，原告与浦项公司签订编号为ZPRM07-废不锈钢01-01号买卖合同，合同约定订货价格以镍8%、铬17%、铁75%含量为基准，1月交货价格为人民币25 620元/吨（到厂含10%税价），实际结算价格将根据收到货物的成分分析结果进行结算。原告为履行上述买卖合同，将一批废不锈钢委托大连通洋订舱出运，该批货物被分别装入28个集装箱。根据集装箱称重单的记载，28个集装箱货物合计净重为700.655吨。嗣后，大连通洋又委托扬州天洋安排订舱出运，而扬州天洋将其中26个集装箱交由洋浦中良承运。洋浦中良于2007年1月13日签发了4份集装箱货物运单。运单载明承运船名航次为"生松1号"第0702N，装货港黄埔，卸货港张家港，托运人和收货人均为扬州天洋，货物为不锈钢，共计26个20英尺集装箱。2007年1月18日23:03时，"生松1号"轮与广州振兴所属的"粤顺"轮在上海港54号灯浮下游出口航道水域发生碰撞，导致"生松1号"轮及所载集装箱全部沉没、"粤顺"轮船艏破损，构成水上交通重大事故。经上海吴淞海事处调查，"生松1号"轮在出口航道上进口航行，影响了"粤顺"轮的正常出口，且"生松1号"轮在能见度不良的天气情况下未使用安全航速，从而造成碰撞格局是导致事故发生的主要原因；"粤顺"轮在出口航行过程中疏忽瞭望，对潜在危险估计不足，未能及时就双方避让行动进行协调沟通是导致事故发生的次要原因。上海吴淞海事处认定："生松1号"轮对此次事故承担主要责任；"粤顺"轮对此次事故承担次要责任。经打捞，装有原告货物的23个集装箱被打捞出水，其中13个集装箱为满箱或有部分货物，其余10个为空箱。2007年5月14日，浙江出入境检验检疫鉴定所和上海悦之保险公估有限公司会同洋浦中良等对打捞起的货物进行了称重，13个集装箱的货物净重为269.02吨。原告另有3个集装箱下落不明。2007年6月11日，浙江出入境检验检疫鉴定所受洋浦中良委托作出损失鉴定报告，鉴定结论为：涉案26个集装箱的不锈钢净重为650.61吨，扣除打捞上来的货物重量269.02吨，损失的不锈钢净重为381.59吨，根据销售合同约定的交货价格人民币25 620元/吨，此次海事事故对涉案货物造成的损失为人民币9 776 335.80元。事故发生时，"生松1号"轮登记的船舶所有人为泰州生松。洋浦中良自 2005 年 10 月起即与泰州生松就"生松 1 号"轮订立定期租船合同,此后洋浦中良一直租用该轮直至 2007 年 1 月涉案事故发生。庭审中,泰州生松对上述租赁事实予以确认。

另查明,2007 年 7 月 27 日,中国海事仲裁委员会上海分会作出(2007)海仲沪字第 017 号裁决书,裁决:本案船舶碰撞事故申请人(广州振兴)承担 20% 的赔偿责任,被申请人(泰州生松)承担 80% 的责任。广州振兴和泰州生松已就"粤顺"轮和"生松 1 号"轮的碰撞事故在上海海事法院分别设立了海事赔偿责任限制基金。"生松 1 号"轮的基金数额为 3 353 697.91 元及相应利息。原告于 2007 年 8 月就涉案货物损失人民币 9 776 335.80 元及利息损失在上述两个基金项下分别进行了债权登记,并提起确权诉讼。洋浦中良于 2007 年 12 月 18 日向上海海事法院提出书面申请,请求作为"生松 1 号"轮的承租人,与泰州生松共同享有后者所设立的海事赔偿责任限制基金。

三、法院裁判

上海海事法院认为,关于承运人责任的法律,依照《国内水路货物运输规则》第 45 条的规定,契约承运人需对全程运输负责,对货物在运输过程中发生的损失承担损害赔偿责任。《国内水路货物运输规则》第 46 条规定:"承运人和实际承运人均负有赔偿责任的,应当在该项责任范围内承担连带责任。"《中华人民共和国海商法》第 169 条第 1、2 款规定:"船舶发生碰撞,碰撞的船舶互有过失的,各船按照过失程度的比例负赔偿责任;过失程度相当或者过失程度的比例无法判定的,平均负赔偿责任。互有过失的船舶,对碰撞造成的船舶以及船上货物和其他财产的损失,依照前款规定的比例负赔偿责任。碰撞造成第三人财产损失的,各船的赔偿责任均不超过其应当承担的比例。"

关于原告与两被告之间的法律关系和两被告的责任,造成本次货损的主要原因系泰州生松驾驶船舶不当导致与他船发生碰撞,泰州生松作为实际承运人应对原告承担赔偿责任。洋浦中良作为契约承运人虽将货物交由泰州生松实际运输,参照《国内水路货物运输规则》第 45 条的规定,鉴于涉案货物受损原因并非洋浦中良可以免责的事由,因此洋浦中良也应赔偿原告在涉案事故中所遭受的货物损失。参照《国内水路货物运输规则》第 46 条的规定,两被告应对原告的货物损失承担连带赔偿责任。

根据浙江出入境检验检疫鉴定所的鉴定结论,原告因本次事故遭受的损失计人民币 9 776 335.80 元。依据《中华人民共和国海商法》第 169 条第 1 款、第 2 款的规定,该损失应由碰撞船舶按照各自过失程度的比例承担赔偿责任。在本次碰撞责任事故中,"生松 1 号"轮应承担的责任比例为 80%。因此原告要求两被告连带承担货物总损失的 80% 即 7 821 068.64 元,依法有据,可予支持。此外,原告主张上述款项的利息损失系属原告遭受货损后所产生的合理损失,两被告对原告主张的利率标准和利息损失计算的起讫时间均未提出异议,故亦予支持。

上海海事法院认为，关于海事赔偿责任限制的法律适用，依照《中华人民共和国海商法》第204条的规定："船舶所有人、救助人，对本法第二百零七条所列海事赔偿请求，可以依照本章规定限制赔偿责任。"第207条规定："下列海事赔偿请求，除本法第二百零八条和第二百零九条另有规定外，无论赔偿责任的基础有何不同，责任人均可以依照本章规定限制赔偿责任：（一）在船上发生的或者与船舶营运、救助作业直接相关的人身伤亡或者财产的灭失、损坏，包括对港口工程、港池、航道和助航设施造成的损坏，以及由此引起的相应损失的赔偿请求；（二）海上货物运输因迟延交付或者旅客及其行李运输因延迟到达造成损失的赔偿请求；（三）与船舶营运或者救助作业直接相关的，侵犯非合同权利的行为造成其他损失的赔偿请求；（四）责任人以外的其他人，为避免或者减少责任人依照本章规定可以限制赔偿责任的损失而采取措施的赔偿请求，以及因此项措施造成进一步损失的赔偿请求。前款所列赔偿请求，无论提出的方式有何不同，均可以限制赔偿责任……"第212条规定："本法第二百一十条和第二百一十一条规定的赔偿限额，适用于特定场合发生的事故引起的，向船舶所有人、救助人本人和他们对其行为、过失负有责任的人员提出的请求的总额。"

关于两被告的责任承担方式，依据《中华人民共和国海商法》第204条的规定，泰州生松作为船舶所有人，洋浦中良作为船舶承租人，上海海事法院在（2007）沪海法商初字第549号民事判决书中已经作出认定，均有权依据《中华人民共和国海商法》第十一章享受海事赔偿责任限制。泰州生松已为"生松1号"轮在本次船舶碰撞事故中须承担的赔偿责任依法在上海海事法院设立了基金。洋浦中良虽未另行设立基金。依据《中华人民共和国海商法》第212条的规定，就一个特定的事故所产生的、属于《中华人民共和国海商法》第207条规定的所有海事请求，即使对这些海事请求应当负责的人有两个或多个，所有债权人实际受偿金额之和不能超过一个责任限额。据此，当一个事故发生后，只要当事船舶责任方中的一个责任人设立了基金，无论该基金是为多个责任人共同设立还是为一个责任人单独设立，其他与该船舶有关的责任人均可以共同享受该基金设立后的利益。因此，在本案中，洋浦中良对于泰州生松所设的基金同样可以享受该基金设立后的利益，而不需再另行设立，即泰州生松和洋浦中良均可以泰州生松为"生松1号"轮本次海事事故所设基金为限对外承担赔偿责任。

综上所述，依照《中华人民共和国海事诉讼特别程序法》第116条，《中华人民共和国海商法》第169条第1款、第2款，《中华人民共和国合同法》第311条和第403条的规定，判决如下：

被告洋浦中良海运有限公司和被告泰州市生松船务有限公司赔偿原告长葛市康业废旧物资有限公司货物损失人民币7 821 068.64元及该款项利息损失（按照中国人民银行同期活期存款利率自2006年10月23日起算至判决生效之日止），被告洋浦中良海运有限公司和被告泰州市生松船务有限公司承担连带赔偿责任。

7.3.4 从事中华人民共和国港口之间运输的船舶责任限制问题

7 福建省轮船总公司申请设立海事赔偿限制基金案

案例来源：厦门海事法院(2007)厦海法限字第3号
主题词：空放预备航次 海事赔偿责任限制 非漏油船舶 责任限额

> **裁判要旨**
>
> **No. HS-7.3-6** 船舶执行中国港口之间空放预备航次途中发生事故，空放虽然也可归于运输活动的范畴，但该预备航次是为了从事中国与外国港口之间的货物运输进行准备，其直接目的和任务均不在于"从事中华人民共和国港口之间的运输"。因此不适用交通部《关于不满300总吨船舶及沿海运输、沿海作业船舶海事赔偿限额的规定》，船舶所有人对事故的责任限额应按《中华人民共和国海商法》规定的标准计算。
>
> **No. HS-7.3-7** 因发生燃油泄露而引发的赔偿责任限制不适用《1992年国际油污损害民事责任公约议定书》之规定，责任人可以依《中华人民共和国海商法》第十一章的规定，对碰撞事故包括油污所致的赔偿请求提出责任限制。

一、基本案情

申请人：福建省轮船总公司

异议人：开来丰泽公司[KAILAI TOYOSAWA CO.(HK)]、上海冠宇船舶管理有限公司、中华人民共和国浙江海事局、合肥水泥研究设计院、新余钢铁有限责任公司

申请人福建省轮船总公司称：申请人是"金海鲲"轮的所有人和经营人。2007年4月8日，"金海鲲"轮与"丰收"(HARVEST)轮碰撞，造成后者沉没，且据悉"丰收"轮上部分燃油泄漏，可能造成了污染。"金海鲲"轮系中国籍船舶，总吨17 061吨，事故航次为福州港开往江苏张家港，属于从事沿海货物运输的范畴。同时"丰收"轮虽为从事国际运输的外轮，但其未实际设立海事赔偿责任限制基金，故申请人根据《中华人民共和国海商法》和中华人民共和国交通部《关于不满300总吨船舶及沿海运输、沿海作业船舶海事赔偿限额的规定》，就该次事故引起的包括清污费用、油污损害等在内的非人身伤亡等的赔偿请求向厦门海事法院提出申请，请求准许其设立1 466 343.5计算单位及自2007年4月8日起至基金设立之日止利息的非人身伤亡海事赔偿责任限制基金。

异议人开来丰泽公司、上海冠宇船舶管理有限公司称：异议人系"丰收"轮的所有人和经营管理人。申请人主张按交通部规定的低限额标准计算基金，但《关于不满300总吨船舶及沿海运输、沿海作业船舶海事赔偿限额的规定》第5条规定："同一事故中的当事船舶的海事赔偿限额，有适用《中华人民共和国海商法》第二百一十条或者本规定第三条规定的，其他当事船舶的海事赔偿限额应当同样适用。"因"丰收"轮为伯利兹

籍船舶,其责任限额适用《中华人民共和国海商法》的规定,且异议人就"丰收"轮本次事故的赔偿请求也要求实施海事赔偿责任限制,因此申请人应按《中华人民共和国海商法》规定的标准设立海事赔偿责任限制基金,即其限额应为《关于不满300总吨船舶及沿海运输、沿海作业船舶海事赔偿限额的规定》的两倍。

异议人中华人民共和国浙江海事局称:本次事故中"丰收"轮沉没,油舱破裂,舱内燃油持续溢出,异议人作为国家海事行政主管部门,依法采取强制清污措施,产生了大量的清污等相关费用。异议人认为:① 申请人对油污损害应当设立油污损害的赔偿责任限制基金,海事赔偿责任限制基金不适用于油污损害。② 强制清污是根据国家行政法规采取的措施,因强制清污所生的清污费及相关费用,属于行政费用,不是《中华人民共和国海商法》第207条规定的限制性债权,不应纳入海事赔偿责任限制基金范围。③ "金海鲲"轮虽然也可以兼营国内沿海运输,但其同时具有从事国际航线运输的资质,为国际航行船舶。事故航次是从福州空放开往张家港,作为预备航次,与随后在张家港装货驶往新加坡的整个航程属同一航次,从事的是国际货物运输。因此其海事赔偿责任限额应适用《中华人民共和国海商法》而不能适用《关于不满300总吨船舶及沿海运输、沿海作业船舶海事赔偿限额的规定》。④ 即使事故航次是沿海运输,《关于不满300总吨船舶及沿海运输、沿海作业船舶海事赔偿限额的规定》第5条规定,"同一事故中的当事船舶的海事赔偿限额,有适用《中华人民共和国海商法》第二百一十条或本规定第三条规定的,其他当事船舶的海事赔偿限额应当同样适用",所谓"有适用"指具有或存在适用较高限额标准的船舶,故"金海鲲"轮限额亦应适用《中华人民共和国海商法》规定的标准。尽管交通部体改法规司曾对上述规定出过一份函复,但该函复不符合《国家行政机关公文处理办法》的规定,不具对外法律效力,不能作为案件审理的依据。此外,即使按该函复,本案中也不存在其所述的因"享有较高限额赔偿限制的一方,通过主动声明或者不去申请责任限制或设立赔偿责任限制基金而放弃在这一事故中享有责任限制的权利",而导致《关于不满300总吨船舶及沿海运输、沿海作业船舶海事赔偿限额的规定》第5条"由于没有被同样适用的一方而失去实施的条件"的情况——更何况"丰收"轮至今未放弃海事赔偿责任限制的权利,故其仍应按第5条规定依《中华人民共和国海商法》计算限额。异议人提供了"金海鲲"轮船舶国籍证书、最低安全配员证书、船舶基本信息等证据材料。

异议人合肥水泥研究设计院称:异议人的货物由"丰收"轮承运,随船沉没遭受损失。① "金海鲲"轮事故航次是从福州空载开往张家港,没有实际从事货物运输。且其在碰撞事故后经短暂修理即装货前往新加坡,这说明涉案航次是远洋航次的预备航次,预备航次应当归于远洋航次,"金海鲲"轮事故发生时正在从事远洋运输。《关于不满300总吨船舶及沿海运输、沿海作业船舶海事赔偿限额的规定》意在保护沿海运输,而非保护沿海航行。外籍船舶同样有在国内港口之间航行的情况,但其显然不能适用《关于不满300总吨船舶及沿海运输、沿海作业船舶海事赔偿限额的规定》,"金海鲲"轮空载航行于国内港口间,同前述外轮性质相同,并非《中华人民共和国海商法》第210

空放预备航次·海事赔偿责任限制·非漏油船舶·责任限额

条规定的"从事中华人民共和国港口之间货物运输的船舶",故不能适用《关于不满300总吨船舶及沿海运输、沿海作业船舶海事赔偿限额的规定》。② 退一步说,根据《关于不满300总吨船舶及沿海运输、沿海作业船舶海事赔偿限额的规定》第5条的规定,本案事故碰撞对方"丰收"轮是外籍船舶,"金海鲲"轮也应按《中华人民共和国海商法》规定的标准设立基金。交通部体改法规司的函复对第5条称"有适用"应该理解为"有申请适用",但"有申请适用"不限于申请设立海事赔偿责任限制基金,包括责任限制主体将责任限制作为抗辩等情况。"丰收"轮所有人曾在宁波海事法院申请设立责任限制基金,未成功设立的原因是没有资金支持,但没钱不能否定其享受海事赔偿责任限制的权利。本案中其明确不放弃享受责任限制,保留再次申请设立基金的权利,这些都表明其确实"有申请设立"。③ 浙江海事局的强制清污费用属于对构成环境损害危险船舶进行的救助,根据《中华人民共和国海商法》第208条的规定,应不属于限制性债权。

异议人新余钢铁有限责任公司称:异议人货物由"丰收"轮承运,随船沉没遭受损失。本案争议的焦点在于基金的数额。《关于不满300总吨船舶及沿海运输、沿海作业船舶海事赔偿限额的规定》适用的前提是船舶从事沿海货物运输而非"沿海航行",本案的事实是"金海鲲"轮本航次没有从事沿海运输,因此《关于不满300总吨船舶及沿海运输、沿海作业船舶海事赔偿限额的规定》不适用。而且需要指出,在该轮兼具远洋、沿海运输资格,可能存在两种限额标准的情况下,由于海事赔偿责任限制已经减轻了责任人的责任,从公平角度而言,也应按"就高不就低"的原则采用较高的标准。此外,如果适用《关于不满300总吨船舶及沿海运输、沿海作业船舶海事赔偿限额的规定》,该规定第5条"有适用"也应当理解为客观上存在应适用较高限额标准的船舶,并且一方当事人没有明确放弃申请海事赔偿责任限制基金的权利。因此在"丰收"轮曾申请设立基金,有过这样的意思表示的情况下,申请人也应按《中华人民共和国海商法》规定的标准设立基金。否则,如果坚持要求国际船舶方当事人提出设立基金的申请或经法院实体审理作出裁判认定后,沿海运输船舶才能适用《中华人民共和国海商法》规定的限额,那么,将使《关于不满300总吨船舶及沿海运输、沿海作业船舶海事赔偿限额的规定》第5条的规定不具有可操作性,以及发生前后不一致的情形而造成混乱。其他意见与前述异议人相同。异议人并提供了提单、租船合同等证据材料。

二、法院查明事实

厦门海事法院经审理查明:2007年4月8日,"金海鲲"轮与"丰收"(HARVEST)轮在浙江台州大陈岛附近碰撞,造成"丰收"轮沉没。"金海鲲"轮为中国籍散货船(bulk carrier),所有人为福建省轮船总公司,总吨17 061吨。该轮为国际航行船舶,但同时具有从事国内沿海货物运输的营运范围,事故时正处于福州到张家港的空放航次中。事故发生后,该轮先到浙江大陈岛接受海事调查,而后到江阴港修船,再到张家港装货驶往新加坡。"丰收"轮系伯利兹籍干/杂货船,所有人为开来丰泽公司,事故时从上海装载5 600

吨钢板等货物驶往越南海防途中。"丰收"轮被碰沉没后，船上部分燃油泄漏，造成了油污。开来丰泽公司就本次事故引起的非人身伤亡的赔偿请求曾向宁波海事法院申请设立海事赔偿责任限制基金，但后又以暂时无法为设立基金提供担保为由暂时撤回申请，宁波海事法院裁定准许。本案在听证时，开来丰泽公司当庭明确，其并未放弃主张海事赔偿责任限制（包括申请设立基金）的权利，并要求就本次事故实施海事赔偿责任限制。

三、法院裁判

厦门海事法院经审查认为，本案为申请设立海事赔偿责任限制基金案件。案涉事故系船舶碰撞事故，因碰撞的对方船舶为外国籍，具有涉外因素。根据《中华人民共和国海商法》第275条的规定，海事赔偿责任限制，适用受理案件的法院所在地法律，故本案应以中国法为准据法。申请人福建省轮船总公司是"金海鲲"轮的所有人，其申请就该轮因碰撞事故引起的非人身伤亡的赔偿请求设立海事赔偿责任限制基金，符合《中华人民共和国海商法》第204条规定的主体资格的要求。本次事故发生时，"金海鲲"轮系从福州空放张家港途中，空放虽然也可归于运输活动的范畴，但是，该轮事故航次为预备航次，是为了到张家港装货运往新加坡进行准备，其直接目的和任务均不在于"从事中华人民共和国港口之间的运输"。因此《关于不满300总吨船舶及沿海运输、沿海作业船舶海事赔偿限额的规定》不适用，申请人对本次事故的责任限额应按《中华人民共和国海商法》规定的标准计算。"金海鲲"轮总吨17 061吨，根据《中华人民共和国海商法》第210条第1款第（二）项的规定，其关于非人身伤亡的赔偿请求的赔偿限额为2 932 687特别提款权。申请人申请设立的海事赔偿责任限制基金金额为上述限额加上自责任产生之日2007年4月8日起至基金设立之日止的利息。

最高人民法院《关于适用〈中华人民共和国海事诉讼特别程序法〉若干问题的解释》第83条规定，利害关系人对申请人设立海事赔偿责任限制基金提出异议的，海事法院应当对设立基金申请人的主体资格、事故所涉及的债权性质和申请设立基金的数额进行审查。其中对事故所涉及的债权性质进行审查，是指对申请人声明的基金针对的特定事故所涉及的赔偿请求的性质或类别进行审查，确定其是否由同一事故引起，以及与申请人申请设立的基金种类是否相符。本案申请人申请设立海事赔偿责任限制基金，同时声明基金针对的索赔对象包括本次事故中油污引起的赔偿请求。利害关系人浙江海事局认为油污损害应设立油污损害赔偿责任限制基金，由于本次事故发生的损害明显包括货物等普通财产的损害，该项异议的内容实为本次事故的油污损害能否纳入申请人申请设立的海事赔偿责任限制基金的范围。根据我国加入的《1992年国际油污损害民事责任公约议定书》第2条第1款的规定，该公约仅适用于"运输散装油类货物而建造或改建的任何类型的海船和海上航行器"，"但是，能够运输油类和其他货物的船舶，仅在其实际运输散装油类货物时，以及在此种运输之后的任何航行（已证明船上没有此种散装油类运输的残余物者除外）期间"，才应视做公约所指的船舶。在本案中，发生燃油泄漏的不是"金海鲲"轮而是"丰收"轮，且"金海鲲"轮并非油轮也未运输散装油类货物,《1992年国际油污损害民事责任公约议定书》及其所规定的油污损害赔偿责任限制基金制度不适用于本案。因此,申请人有权依《中华人民共和国海商法》第十一章的规定,对本次事故包括油污所致的赔偿请求提出责任限制的主张和申请设立非人身伤亡类的海事赔偿责任限制基金。浙江海事局的上述异议不能成立。上列异议人其他有关浙江海事局强制清污费用为行政费用或民事债权、属限制性债权或非限制性债权的异议,不属案件的审理范围,不予审查。

依照《中华人民共和国海事诉讼特别程序法》第101条第1款、第106条第2款、第108条,最高人民法院《关于适用〈中华人民共和国海事诉讼特别程序法〉若干问题的解释》第83条、第84条,《中华人民共和国海商法》第275条、第210条第1款第(二)项、第277条的规定,裁定如下:

(1)准许申请人福建省轮船总公司提出的就"金海鲲"轮2007年4月8日的碰撞事故设立非人身伤亡赔偿请求海事赔偿责任限制基金的申请;

(2)申请人福建省轮船总公司应在本裁定生效之日起3日内以人民币设立相当于其责任限制总额的2 932 687特别提款权及自2007年4月8日起至基金设立之日止的利息的海事赔偿责任限制基金;

(3)上述第(2)项的利息按中国人民银行同期1年期流动资金贷款基准利率计算;

(4)上述第(2)项包括利息在内的基金的特别提款权数额应按本裁定生效之日国际货币基金组织公布的特别提款权对美元的折算率并按中国人民银行公布的美元对人民币汇率中间价,折算为人民币;

(5)驳回开来丰泽公司、上海冠宇船舶管理有限公司、中华人民共和国浙江海事局、合肥水泥研究设计院、新余钢铁有限责任公司的其他异议。

8 中海发展股份有限公司申请设立海事赔偿责任限制基金案

案例来源:上海市高级人民法院(2008)沪高民四(海)限字第1号
主题词:从事中华人民共和国港口之间的运输的船舶　正在从事的航次　适航证书　责任限额

> **裁判要旨**
>
> **No. HS-7.3-8**　判断船舶是否系"从事中华人民共和国港口之间的运输的船舶",应根据船舶发生海事事故时所正在从事的航次性质来确定,而不应以船舶适航证书上所记载的可航区域确定。船舶具备在近海航行的能力,但如事故发生时,该轮所从事的航次为中华人民共和国港口之间的运输,则其责任限额应该依照交通部《关于不满300总吨船舶及沿海运输、沿海作业船舶海事赔偿限额的规定》来计算。

一、基本案情

上诉人(原审异议人):宝山钢铁股份有限公司(以下简称宝钢公司)

被上诉人(原审申请人):中海发展股份有限公司(以下简称中海公司)

上诉人宝钢公司因被上诉人中海公司申请海事赔偿责任限制基金一案,不服上海海事法院(2008)沪海法限字第1号民事裁定,向上海市高级人民法院提出上诉。原审法院经审理查明:船舶所有人中海公司所属的"福州"轮与"中昌118"轮于2007年12月在上海吴淞口附近水域发生碰撞事故、"福州"轮可航区域为近海、碰撞发生时"福州"轮所经营的航次是从上海港至丹东港。

二、法院查明事实

原审法院认为:中海公司有权设立海事赔偿责任限制基金。《中华人民共和国海商法》第210条第2款所规定的"从事中华人民共和国港口之间的运输的船舶"指的是船舶正在从事运输的航行区域,而不是船舶有能力航行的区域。因此,判断船舶是否系"从事中华人民共和国港口之间的运输的船舶",应根据船舶发生海事事故时所正在从事的航次性质来确定,而不应以船舶适航证书上所记载的可航区域确定。"福州"轮虽具备在近海航行的能力,但事故发生时,该轮所从事的航次为上海港至丹东港,可以认定"福州"轮系从事中华人民共和国港口之间运输的船舶。中海公司申请依照交通部《关于不满300总吨船舶及沿海运输、沿海作业船舶海事赔偿限额的规定》第4条的规定计算海事赔偿责任限制基金的数额,并无不当。遂裁定如下:

(1)驳回宝钢公司的异议;

(2)准许中海公司设立海事赔偿责任限制基金的申请;

(3)中海公司应在裁定生效之日起3日内,在上海海事法院设立相当于其责任限制总额的海事赔偿责任限制基金,基金数额为人民币16 318 321.80元和该款自2007年12月20日起至基金设立之日止、按中国人民银行同期活期存款利率计算产生的银行利息。

三、法院裁判

宝钢公司上诉提出,从事中国港口之间运输的船舶应该是长期参与沿海运输的,不是单航次的,"福州"轮航行区域为近海航区,且"福州"轮此航次系空载船舶,不是运输船舶,其申请设立赔偿基金应适用《中华人民共和国海商法》的有关规定,不能适用《关于不满300总吨船舶及沿海运输、沿海作业船舶海事赔偿限额的规定》,要求撤销原审裁定,重新处理。中海公司答辩认为:"福州"轮事故航次系从上海开往丹东港,该轮在本次海事中属于从事我国港口之间货物运输的船舶。中海公司根据《中华人民共和国海商法》和《关于不满300总吨船舶及沿海运输、沿海作业船舶海事赔偿限额的规定》的有关规定,申请设立海事赔偿责任限制基金正确。原审裁定正确,请求二审法院

从事中华人民共和国港口之间的运输的船舶・正在从事的航次・适航证书・责任限额

驳回上诉,维持原裁定。

上海市高级人民法院认为:根据《中华人民共和国海商法》第210条第2款的规定,中海公司所属的"福州"轮是从事中华人民共和国港口之间运输的船舶,该轮的海事赔偿限额应当依照《关于不满300总吨船舶及沿海运输、沿海作业船舶海事赔偿限额的规定》的有关规定计算。宝钢公司的上诉理由不能成立,上海市高级人民法院不予支持。依照《中华人民共和国民事诉讼法》第152条、第153条第1款第(一)项、第154条、第158条之规定,裁定如下:

驳回上诉,维持原裁定。

❾ 中海发展股份有限公司货轮公司申请设立海事赔偿责任限制基金案
案例来源:上海市高级人民法院(2009)沪高民四(海)限字第1号
主题词:从事中华人民共和国港口之间的运输的船舶　正在从事的航次　适航证书　责任限额

> **裁判要旨**
>
> **No. HS-7.3-9**　判断船舶是否系"从事中华人民共和国港口之间的运输的船舶",不应以船舶适航证书上所记载的可航区域以及船舶有能力航行的区域来确定。涉案事故发生时船舶从事的是中华人民共和国港口之间的运输,且船舶经主管机关核定的经营范围为"国内沿海及长江中下游各港间普通货物运输"的,其海事赔偿限额应依据交通部《关于不满300总吨船舶及沿海运输、沿海作业船舶海事赔偿限额的规定》来计算。

一、基本案情

上诉人(原审异议人):中国人民财产保险股份有限公司上海市分公司(以下简称上海人保)。

被上诉人(原审申请人):中海发展股份有限公司货轮公司(以下简称中海货轮)。

原审异议人:上海外高桥发电有限责任公司、上海外高桥第二发电有限责任公司、中国大地财产保险股份有限公司上海分公司、中国平安财产保险股份有限公司上海分公司、安诚财产保险股份有限公司上海分公司、中国太平洋财产保险股份有限公司上海分公司、中国大地财产保险股份有限公司营业部、永诚财产保险股份有限公司上海分公司。

上诉人上海人保因申请设立海事赔偿责任限制基金一案,不服上海海事法院(2009)沪海法限字第1号民事裁定,向上海市高级人民法院提出上诉。原审经审查认为:申请人中海货轮系"宁安11"轮登记的船舶所有人,对此异议人并无异议。依据《中华人民共和国海商法》第204条和《中华人民共和国海事诉讼特别程序法》第101

条第1款的规定,申请人有权向法院申请设立海事赔偿责任限制基金。涉案船舶触碰事故所造成的码头和机器损坏,属于与船舶营运直接相关的财产损失,依据《中华人民共和国海商法》第207条的规定,属于限制性债权。对此,异议人并无异议。根据有关法律规定,申请设立海事赔偿责任限制基金,应当对中海货轮的主体资格、事故所涉及的债权性质和申请设立基金的数额进行审查。异议人提出的中海货轮无权享受责任限制的异议,涉及中海货轮是否可以限制赔偿责任的实体权利等问题,应在案件实体审理中加以认定。非限制性债权等问题,与本案申请设立的基金属于不同范畴的问题。中海货轮就事故中发生的限制性债权申请设立基金,并不影响其他非限制性债权的相应赔偿,故对该问题不予审理。异议人提出"宁安11"轮所准予航行的区域为近海,是一艘可以从事国际远洋运输的船舶;但是,判断船舶是否系"从事中华人民共和国港口之间的运输的船舶",不应以船舶适航证书上所记载的可航区域以及船舶有能力航行的区域来确定。鉴于涉案事故发生时"宁安11"轮所从事的航次是从秦皇岛港至上海港;并且,该轮营业运输证载明其经主管机关核定的经营范围为"国内沿海及长江中下游各港间普通货物运输";因此,该轮属于《中华人民共和国海商法》第210条第2款所规定的"从事中华人民共和国港口之间的运输的船舶"。中海货轮申请适用《中华人民共和国海商法》第210条第2款和交通部《关于不满300总吨船舶及沿海运输、沿海作业船舶海事赔偿限额的规定》第4条的规定计算涉案基金的数额,并无不当。异议人的相关异议理由以及适用《中华人民共和国海商法》第210条第1款第(二)项的规定计算涉案基金数额的主张,依据不足,不予采纳。

二、法院查明事实

原审法院认为,涉案船舶的总吨位为26 358吨。事故发生之日国际货币基金组织未公布特别提款权与人民币之间的换算比率,中海货轮根据次日公布的比率1∶11.345计算,异议人并无异议。中海货轮按中国人民银行活期存款利率计算利息,异议人也无异议。涉案海事赔偿责任限额为[(26 358 − 500) × 167 + 167 000] × 50% = 2 242 643特别提款权,折合人民币25 442 784.84元,基金数额为人民币25 442 784.84元和该款自事故发生之日起至基金设立之日止按中国人民银行同期活期存款利率计算的利息。遂裁定:

(1) 驳回异议人的异议;

(2) 准许申请人中海发展股份有限公司货轮公司设立海事赔偿责任限制基金的申请;

(3) 申请人中海货轮应在裁定书生效之日起3日内,在上海海事法院设立相当于其责任限制总额的海事赔偿责任限制基金,基金数额为人民币25 442 784.84元和该款自2008年5月26日起至基金设立之日止按中国人民银行同期活期存款利率计算产生的银行利息。

三、法院裁判

上海人保上诉提出,法律法规对从事中国港口之间运输的船舶没有作出界定,原判没有根据涉案船舶的船舶证书载明的可航区域和船舶航行能力为判断标准有误。请求撤销原审裁定,要求适用《中华人民共和国海商法》第 210 条第 1 款第(二)项的规定重新处理。被上诉人中海货轮和原审异议人均未提交答辩状。经审查,上海市高级人民法院认为:根据《中华人民共和国海商法》第 210 条第 2 款的规定,中海货轮所属的"宁安 11"轮是从事中华人民共和国港口之间运输的船舶,该轮的海事赔偿责任限制基金数额应当依照《关于不满 300 总吨船舶及沿海运输、沿海作业船舶海事赔偿限额的规定》的有关规定计算。上海人保的上诉理由不能成立,上海市高级人民法院不予支持。依照《中华人民共和国民事诉讼法》第 152 条、第 153 条第 1 款第(一)项、第 154 条、第 158 条之规定,判决:

驳回上诉,维持原裁定。

⑩ 上海中化思多而特船务有限公司申请设立海事赔偿责任限制基金案

案例来源:上海海事法院(2011)沪海法限字第 2 号
主题词:从事中华人民共和国港口之间的运输的船舶　正在从事的航次　适航证书　责任限额

> **裁判要旨**
>
> **No. HS-7.3-10**　船舶营业运输证载明的核定经营范围为"国内沿海及长江中下游成品油船、化学品船运输",且事故时从事的系中华人民共和国港口之间的运输,则其海事赔偿责任限制数额应该依照交通部《关于不满 300 总吨船舶及沿海运输、沿海作业船舶海事赔偿限额的规定》来计算。

一、基本案情

申请人:上海中化思多而特船务有限公司
异议人:华泰财产保险股份有限公司上海分公司

申请人上海中化思多而特船务有限公司于 2011 年 4 月 11 日向上海海事法院申请设立海事赔偿责任限制基金,称:2009 年 10 月 15 日,其所属的"常春藤"轮与安徽省怀远县永裕航运有限责任公司所属的"集海 116"轮在长江江阴段水域发生碰撞事故,导致"集海 116"轮沉没,该轮及船载货物遭受损失。"常春藤"轮为中国籍船舶,总吨位为 2 254 吨,从事国内沿海和长江中、下游及珠江三角洲化学品运输,涉案航次系自惠州出发经镇海至江阴。安徽省怀远县永裕航运有限责任公司已就该碰撞事故造成的损失以申请人为被告向上海海事法院提起诉讼,上海海事法院已立案受理。故请求依据《中华人民共和国海事诉讼特别程序法》《中华人民共和国海商法》第 210 条第 2 款和交通部《关于不满 300 总吨船舶及沿海运输、沿海作业船舶海事赔偿限额的规定》第 4 条的规定,申请设立非人身伤亡海事赔偿责任限制基金,基金数额为 229 959 特别提款权和自事故发生之日起至基金设立之日止的利息,特别提款权与人民币的换算以及利息的利率依最高人民法院《关于审理海事赔偿责任限制相关纠纷案件的若干规定》的规定确定。异议人称,"常春藤"轮系海船,基金设立的数额不应根据《关于不满 300 总吨船舶及沿海运输、沿海作业船舶海事赔偿限额的规定》中的规定计算,而应根据《中华人民共和国海商法》的规定计算。

二、法院裁判

上海海事法院经审查认为:

(1) 申请人系"常春藤"轮登记的船舶所有人,对此异议人表示确认,故依据《中华人民共和国海商法》第 204 条和《中华人民共和国海事诉讼特别程序法》第 101 条第 1 款的规定,申请人有权向上海海事法院申请设立海事赔偿责任;

(2) 涉案事故造成了"集海 116"轮船货损失,该项损失属于与船舶营运直接相关的财产损失,属于《中华人民共和国海商法》第 207 条规定的限制性债权;

(3) 关于"常春藤"轮应当适用何种责任限额的问题。异议人认为"常春藤"轮系海船,有关责任限额应当依照《中华人民共和国海商法》的规定计算。上海海事法院认为,事故航次"常春藤"轮系从惠州出发经镇海至江阴,该轮营业运输证载明的核定经营范围为"国内沿海及长江中下游成品油船、化学品船运输",符合《中华人民共和国海商法》第 210 条第 2 款有关"从事中华人民共和国港口之间的运输的船舶"的规定。《关于不满 300 总吨船舶及沿海运输、沿海作业船舶海事赔偿限额的规定》系根据《中华人民共和国海商法》第 210 条制定,申请人申请适用《中华人民共和国海商法》第 210 条第 2 款和《关于不满 300 总吨船舶及沿海运输、沿海作业船舶海事赔偿限额的规定》第 4 条的规定计算涉案基金的限额,符合法律规定。异议人的异议,依据不足,上海海事法院不予采纳。涉案船舶总吨为 2 254 吨,根据《关于不满 300 总吨船舶及沿海运输、沿海作业船舶海事赔偿限额的规定》第 4 条的规定,从事中华人民共和国港口之间货物运输或者沿海作业的船舶,不满 300 总吨的,其海事赔偿限额依照该规定第 3 条规定的赔偿限额的 50% 计算;300 总吨以上的,其海事赔偿限额依照《中华人民共和国海商法》第 210 条第 1 款规定的赔偿限额的 50% 计算,涉案非人身伤亡海事赔偿责任限额为 $[167\,000 + (2\,254 - 500) \times 167] \times 50\% = 229\,959$ 特别提款权。根据最高人民法院《关于审理海事赔偿责任限制相关纠纷案件的若干规定》的规定,上述赔偿责任限额的人民币金额按本裁定生效之日的特别提款权对人民币的换算办法计算,基金数额为上述海事赔偿责任限额和该款自海事事故发生之日起至基金设立之日止的利息,利息按中国人民银行确定的金融机构同期 1 年期贷款基准利率计算。综上,依照《中华人民共和国海事诉讼特别程序法》第 106 条第 2 款之规定,裁定如下:

（1）驳回异议人华泰财产保险股份有限公司上海分公司的异议；

（2）准许申请人上海中化思多而特船务有限公司设立海事赔偿责任限制基金的申请；

（3）申请人上海中化思多而特船务有限公司应在本裁定生效之日起3日内，在上海海事法院设立相当于其责任限制总额的海事赔偿责任限制基金，基金数额为229 959特别提款权（其人民币数额按本裁定生效之日的特别提款权对人民币的换算办法计算）和该款自2009年10月15日至基金设立之日止的银行利息（按中国人民银行确定的金融机构同期1年期贷款基准利率计算）。

7.3.5 侵犯非合同权利行为造成其他损失的赔偿请求

⑪ 原告福州吉丰船务有限公司与被告大护商船株式会社船舶碰撞损害赔偿纠纷案

案例来源：青岛海事法院（2009）青海法海事初字第46号

主题词：海事赔偿责任限制　船员工资及遣散费用　侵犯非合同权利行为造成其他损失

> **裁判要旨**
>
> **No. HS-7.3-11**　沉船所有人因未及时按照约定支付打捞、清除费用而产生的违约金等费用，属于其自行扩大的损失，与碰撞事故并无直接的因果关系，不应获得赔偿。沉船方作为责任人对于残骸的打捞、清除费用的海事请求，不能享受海事赔偿责任限制。但其承担责任后，向对方船舶的责任人进行追偿，对方船舶的责任人可享受海事赔偿责任限制。
>
> **No. HS-7.3-12**　船载货物损失、船员工资及遣散费用均属于《中华人民共和国海商法》第207条第1款第（三）项规定的侵犯非合同权利行为造成其他损失的赔偿请求，属于限制性债权。

一、基本案情

原告：福州吉丰船务有限公司

被告：大护商船株式会社（DAE HO SHIPPING CO., LTD）

原告福州吉丰船务有限公司诉称：2008年9月4日22时许，原告所属的中国籍货轮"吉丰689"轮在青岛港临时锚地区域锚泊期间，遭遇大护商船株式会社所属的韩国籍"杰尼斯光芒"（ZENITH SHINE）轮碰撞，并最终导致"吉丰689"轮沉没。本次事故造成原告船舶价值损失人民币10 000 000元，船上燃料及物料等损失人民币400 000元，船期损失人民币600 000元，船上货物损失人民币537 600元，以及应青岛海事局要求委托专业公司对沉没的"吉丰689"轮进行水下抽油和清障打捞作业产生的费用人民币8 000 000元。此外，在打捞实施前，为处理沉没的"吉丰689"轮相关事宜，原告向青岛海事局交付了人民币 500 000 元现金的应急支出。原告为及时支付前述打捞费用和应急支出，进行民间融资，为此支付截至起诉之日的相关利息约人民币 441 000 元。原告认为，碰撞事故是由于被告所属的韩国籍"杰尼斯光芒"轮的航行过错所致，被告作为该轮的船舶所有人应对本次事故承担全部赔偿责任，应当向原告赔偿前述经济损失总计人民币 20 478 600 元。在本案审理过程中，原告将诉讼请求的标的额变更为人民币 19 269 200 元，其中：① 船舶价值人民币 10 000 000 元；② 船期损失人民币 600 000 元；③ 打捞费用人民币 8 000 000 元；④ 船上货物损失人民币 400 000 元；⑤ 船员工资及遣散费用人民币 169 200 元。

被告大护商船株式会社辩称：

（1）原告仅提供了船舶所有权登记证书的复印件，且无法证明与原件一致，原告未能证明其为"吉丰 689"轮的船舶所有人。

（2）"吉丰 689"轮对于碰撞事故应当承担主要责任。理由如下：① 根据"杰尼斯光芒"轮的船长的陈述，碰撞事故发生之前，"吉丰 689"轮未显示任何号灯，违反了《1972 年国际海上避碰规则》第 30 条的规定。② 碰撞事故发生之前，"吉丰 689"轮未采取任何避免碰撞的措施，也未发出任何警示信号，这表明"吉丰 689"轮锚泊之时未保持正规瞭望，违反了《1972 年国际海上避碰规则》第 5 条的规定。③ 在"杰尼斯光芒"轮驶近的过程中，"吉丰 689"轮未鸣放号笛，违反了《1972 年国际海上避碰规则》第 34 条第 4 款的规定。④ "吉丰 689"轮锚泊时主机停机，直到碰撞发生 5 分钟之后即 22:15 时才发动主机。"吉丰 689"轮对于可能发生的碰撞缺乏必要的戒备，致使碰撞危险来临时，无法采取避免碰撞的措施。⑤ 海事局的调查报告认为，在碰撞事故发生之前，"吉丰 689"轮展示锚灯、用 VHF16 频道呼叫来船、使用探照灯照射来船。海事局仅依据"吉丰 689"轮船员的陈述、在没有其他证据佐证的情况下作出上述认定缺乏事实依据。

（3）原告未能有效举证证明其各项损失。关于"吉丰 689"轮的船舶价值，原告索赔船舶全损价值人民币 10 000 000 元，其主要依据是咏翰（福建）保险公估有限公司出具的保险公估报告。该报告认为，发生事故之时，"吉丰 689"轮的船舶价值为人民币 10 100 000 元。被告认为，该公估报告存在缺陷，没有按法定方式对"吉丰 689"轮船舶价值损失进行评估，导致评估得出的损失数额与"吉丰 689"轮的实际损失不符。关于水下抽油和清障打捞费用、船期损失、船员工资及遣散费用、船上货物损失等，从原告提供的证据看，原告支付的水下抽油和清障打捞费用为人民币 6 000 000 元而不是 8 000 000 元。原告仅提供一份航次租船合同、一份运输合同及运单，没有举证证明船舶的运营成本，被告无法知晓"吉丰 689"轮的实际利润水平，无法认可"吉丰 689"轮的船期损失。原告未举证证明事故发生之时，"吉丰 689"轮船上的燃油物料以及承运的货物的价值。

（4）根据《中华人民共和国海商法》第 207 条、最高人民法院《关于审理海事赔偿责任限制相关纠纷案件的若干规定》第 17 条的规定，被告对原告提出的海事请求享有限制海事赔偿责任的权利。

二、法院查明事实

青岛海事法院查明以下事实：

(一) 关于碰撞事故

"吉丰689"轮，曾用名"永兴689"，系散装船，总吨1984吨，净吨1111吨，船长87.00米，船宽12.60米，型深6.50米，船舶吃水：艏吃水4.80米，艉吃水5.40米；水密横舱壁数6；主机功率735千瓦；船体材料钢质；船舶登记港福州；船舶登记号2002S3101621；无IMO编号和船舶呼号；船级社中国船级社；船舶建造地点及日期：中国，2002年；事故航次满载陶土2800吨；准许航行的航区为近海。青岛海事局经调查认定，该轮登记的船舶所有人(经营人)系原告福州吉丰船务有限公司。事故航次，该轮配员符合其《船员最低安全配员证书》要求，持证船员证书均有效，该轮的船舶国籍证书、海上船舶检验证书簿、船舶防止油污证书、海上船舶载重线证书、海上船舶吨位证书、船舶最低安全配员证书、海上货船适航证书、船舶安全管理证书、安全管理体系符合证明等法定船舶证书齐全有效。"杰尼斯光芒"(M/V ZENITH SHINE)轮为杂货船，总吨1354吨，净吨720吨，船长68.69米，船宽11.50米，型深6.90米；船舶吃水：艏吃水1.85米，艉吃水3.75米；主机功率1050千瓦；船体材料钢质；船舶登记港釜山；船舶呼号DSFG9；船舶登记号BSR-000386；IMO编号8514473；准许航行的航区为远洋；船级社韩国船级社；由日本SANJUNG SHIPBULIDER于1985年8月29日建造；事故航次该轮处于压载状态；该轮登记的船舶所有人和经营人系被告大护商船株式会社(DAE HO SHIPPING CO., LTD)。

青岛海事局经调查认定，事故航次，该轮配员符合其《船员最低安全配员证书》要求，持证船员证书均有效，该轮的船舶国籍证书、国际吨位证书、国际载重线证书、货船无线电安全证书、船舶最低安全配员证书、货船设备安全证书、国际防止油污证书、国际防止空气污染证书、安全管理证书、安全管理体系符合证明等法定船舶证书齐全有效。

青岛海事局经调查，认定事故的经过如下：2008年8月28日18:50时，"吉丰689"轮由广东斗门港载陶土2800吨，艏吃水4.80米，艉吃水5.40米，驶往青岛港卸货。9月4日01:40时"吉丰689"轮抵青岛港潮连岛临时锚地抛锚候泊，左锚锚链5节入水，锚位：35°54′.5N、120°43′.5E，开锚灯，前后锚灯工作正常。事故发生前，潮连岛临时锚地(3.80×3.25)平方海里内有5艘船舶锚泊。在"吉丰689"轮以南约0.5海里是"光华8"轮，以北约0.6海里是"蓝鹤"轮(M/V BLUE CRANE)，以东约1.0海里是M/V KATO WARIS轮，其西北约1.8海里是"同乐泉"轮，未被占用可供选择的锚泊水域较宽。该临时锚地没有任何碍航物，潮流是回旋流，最大流速小于2节。事故发生前，该轮船长与一名值班水手在驾驶台值锚更。该轮的主机及1、2号辅机处于停机状态，停泊辅机在工作。两部雷达仅一部在工作，3和6海里档切换使用，另一部处于停机状态。两部 VHF 分别工作在 8、16 频道,一部 GPS 在工作,一部 AIS 处于停机状态。9 月 4 日约 21:40 时,该轮船艏向约 30°,船长发现一艘来船右舷角 80°—90°距离约 3—4 海里。约 21:51 时,该轮船长发现来船距离约 1.5 海里,舷角不变,用 VHF16 频道呼叫来船,但无应答。当来船距离 5—6 链时,船长叫值班水手准备探照灯(手持莫尔斯信号灯)。当来船距离 200—300 米时,值班水手用探照灯(手持莫尔斯信号灯)照射来船,但来船仍朝着该轮驶来。22 时 03 分 30 秒,来船"杰尼斯光芒"(ZENITH SHINE)轮船头球鼻艏稍偏右部位与该轮第一货舱右舷前部以 80°—90°碰撞角度发生了碰撞。碰撞位置:35°54′.5N、120°43′.5E。碰撞发生后,该轮艉部迅速下沉,船长立即组织自救。约 22:07 时,该轮启动 1、2 号发电机组,开舱检查、堵漏。由于进水量大,整个船体迅速下沉。22:20 时许,"吉丰 689"轮船长宣布弃船,船员放艇、登艇。约 22:40 时许,该轮全部 13 名船员获救并登上"杰尼斯光芒"轮,23:10 时许"吉丰 689"轮沉没。

2008 年 9 月 4 日 10:00 时,"杰尼斯光芒"轮由连云港压载状态驶往青岛港。21:30 时,船长和一名值班舵工在驾驶台值班。21:45 时,"杰尼斯光芒"轮抵青岛港潮连岛临时锚地附近,航向 302°,航速 8.7 节。这时,二副来到驾驶台,负责用雷达瞭望和定位,轮机长来到驾驶台(该轮主机在驾驶台控制,每当机动时轮机长在驾驶台操车),站在主机车钟旁。该轮航迹如下(AIS 记录轨迹回放):21:55 时船位:35°53′.8N、120°44′.8E,航向 300°.6′,航速 8.7 节;22:00 时船位:35°54′.2N、120°44′.1E,航向 302°,航速 8.7 节。22:00 时,船长命令全体船员各就各位,驾驶台固定舵工来到驾驶台替换了原来操舵的舵工。船长坐在置于主机操纵台前面的引航员椅上指挥。22:02 时船位:35°54′.3N、120°43′.8E,航向 303°,航速 8.7 节;22:03 时船位:35°54′.4N、120°43′.6E,航向 303°,航速 8.8 节。"杰尼斯光芒"(ZENITH SHINE)轮船长突然发现锚泊的"吉丰 689"轮,他立即停车并全速倒车。约 30 秒钟后,即约 22 时 03 分 30 秒,"杰尼斯光芒"轮船头球鼻艏稍偏右的部位以 80°—90°碰撞角度与"吉丰 689"轮第一货舱前部水下部位发生碰撞。碰撞时船位:35°54′.5N、120°43′.5E。碰撞发生后,"杰尼斯光芒"轮仍全速倒车,很快与"吉丰 689"轮脱离,致使"吉丰 689"轮大量进水,其船艉迅速下沉。与"吉丰 689"轮脱离后,"杰尼斯光芒"轮在"吉丰 689"轮附近抛锚锚泊。其船员立即准备救生设备对"吉丰 689"轮进行救助。最终"吉丰 689"轮全部 13 名船员获救并登上"杰尼斯光芒"轮。"吉丰 689"轮于 23:10 时许沉没。事故发生时,"杰尼斯光芒"轮主机、辅机工作正常,电罗经导航工作正常,误差为 +1°。两部雷达仅 1 部 ARPA 雷达工作在 0.75 海里档,另一部导航雷达没有工作。两部 VHF 分别工作在 8、16 频道,工作正常。AIS 和 GPS 各 1 部,均工作正常。左右舷灯、前后桅灯及尾灯等号灯工作正常。事故发生时,事故海域天气晴朗,南风 1—2 级,能见度 7—8 海里,微波。

事故发生后,青岛海事局对碰撞事故进行了调查,并作出《青岛"9·4""ZENITH SHINE"轮与"吉丰 689"轮碰撞事故的调查报告》,认为,当时临时锚地里已有 5 艘锚泊船,"ZENITH SHINE"轮驶入锚地水域正在选择锚位抛锚,在碰撞发生前航速保持在 8.5 节以上,以此航速航行以致发生碰撞,不能认为使用安全航速行驶,且违反了《1972

年国际海上避碰规则》第 2 条规定的对按船员通常做法或对当时特殊情况所要求的任何戒备上的疏忽的责任。该轮雷达置于 0.75 海里距离档,不能满足当时周围环境的要求,船长未用雷达瞭望,二副直到碰撞未用雷达瞭望,以致未能及时发现锚泊船和获得碰撞危险的早期警报,也未及早借助 VHF 等有效手段保持正规瞭望,直到碰撞前约 20 米,船长才发现"吉丰 689"轮,并直接驶向"吉丰 689"轮,以致未及时采取避让措施,属于瞭望疏忽。碰撞发生前该轮航速、航向一直没有明显变化,直到距离锚泊船 60—70 米才采取避免碰撞的行动,直接以 80°—90° 碰撞角度与"吉丰 689"轮碰撞,避让措施严重不当,甚至可以认定没来得及采取避让措施。这些疏忽和过失违反《1972 年国际海上避碰规则》第 2、5—8 条的规定,是导致碰撞的直接原因。根据航海经验和理轮,碰撞事故发生后,进入他船船体的船舶,在未查明破洞和进水情况时,未与对方协商一致,不应盲目采取倒车分离行动,而"ZENITH SHINE"轮于碰撞发生后全速倒车与"吉丰 689"轮脱离,系采取措施不当,是导致"吉丰 689"轮沉没的主要原因之一。据此认定,其作为在航船,应当对此次事故承担主要责任。"吉丰 689"轮从发现来船距离 1.5 海里直至碰撞发生,未按规定用号笛鸣放声号警告来船,且事故发生前 1、2 号辅机全部处于停机状态,缺乏应有的戒备,导致无法自发现来船至碰撞发生前及时启动主机、锚机和采取相应有效措施,避免碰撞或改变碰撞角度以减少损失,违反《1972 年国际海上避碰规则》第 34 条第 4 款、第 2 条的规定,是导致碰撞发生的间接原因。据此认定,其作为锚泊船,存在一定疏忽,应对该事故负次要责任。前述事实有青岛海事法院依法调取的青岛海事局分别于 2009 年 8 月 5 日作出的《青岛"9·4""ZENITH SHINE"轮与"吉丰 689"轮碰撞事故的调查报告》(青海通航〔2009〕61 号)、2008 年 9 月 7 日作出的《关于限期打捞清除"吉丰 689"轮并立即清除溢油污染、污染源相关事宜的通知》(青海通航〔2008〕113 号)、2009 年 12 月 11 日作出的《海上交通事故责任判定书》(200903 号)、被告提交的经公证认证的"杰尼斯光芒"(ZENITH SHINE)轮的船舶国籍证书、国际吨位证书等予以证实。

原告对于青岛海事局调查报告认定的碰撞事故的事实和责任等提出如下异议:

(1) 对"杰尼斯光芒"轮适航性的认定有异议。原告认为,被告提交的"杰尼斯光芒"轮的船级证书、国际载重线证书、货船安全构造证书、货船安全设备证书、安全配员证书、安全管理证书、符合证明、船员名单、"杰尼斯光芒"轮船长、轮机长、二副及值班水手等的船员证书以及航海日志、轮机日志、工作海图等均为复印件,证据不齐备完整,且均形成于境外,未经公证认证,海事局未经调查全部证据即作出结论有失偏颇。

(2) 对于认定部分事实有异议。原告认为,"吉丰 689"轮采取了高频呼叫、鸣汽笛、探照灯警告等一切可采取的措施,海事局认定"吉丰 689"轮没有采取有效避碰措施,是不恰当的。原告认为,被告应当对碰撞事故承担 90% 的责任。原告提交了船长林香恢的证词,海事事故调查表,并于声明举证完毕后,提交了其代理人蔡航对船长林香恢、船员聂永文的调查笔录。

被告不予认可。被告认为,"吉丰 689"轮在碰撞事故发生前,未显示任何号灯,也未发出任何警示信号,未鸣放号笛,未采取任何避免碰撞的措施,事故认定书认定"吉丰689"轮显示锚灯、用 VHF16 频道呼叫来船、使用探照灯照射来船,仅仅是依据"吉丰689"轮船员的陈述,没有其他证据予以佐证,与"杰尼斯光芒"轮船长与船员的陈述也不一致,该事实认定错误。且"吉丰689"轮锚泊时主机、辅机均停机,直到碰撞发生5分钟之后即22:15时才发动主机。"吉丰689"轮对于可能发生的碰撞缺乏必要的戒备,致使碰撞危险来临时,无法采取避免碰撞的措施,因此原告对于碰撞事故应承担一定责任。被告对于原告主张的由其承担90%的责任予以认可。被告提交了 KIM SAN-GYU 作出的船长声明,海事事故调查表。原告不予认可。

(二)关于损失

原告主张的损失包括船舶价值、船期损失、打捞费用、船上货物损失及船员工资与遣散费用,共计人民币19 269 200元。

1. "吉丰689"轮的船舶价值

原告主张"吉丰689"轮的船舶价值为1 010万元。原告提交的中华联合财产保险股份有限公司 2007 年 12 月 6 日签发的沿海内河船舶保险单载明,原告为"吉丰689"轮投保沿海船舶一切险,保险价值为人民币 10 000 000 元,保险金额为人民币 10 000 000 元,并投保了附加险。保险期限为自 2008 年 1 月 3 日至 2009 年 1 月 2 日止。原告提交的咏翰(福建)保险公估有限公司于 2008 年 11 月 13 日出具的保险公估报告载明,其接受中华联合财产保险股份有限公司广东分公司的委托,对"吉丰689"轮于 2008 年 9 月 4 日碰撞事故发生时的船舶价值损失进行了评估,其根据市场询价,依据原告提交的海上船舶检验证书簿,参照国内同类型船舶建造的一般配置情况,采用重置价值法,对"吉丰689"轮事故发生时的重置成本确定为人民币 14 422 034 元,包含船体部分、设备部分、轮机部分、电气部分、无线电部分及其他部分。该轮建造于 2002年7月16日,至事故发生时船龄为6年,按年折旧率5%计算,认定该轮于事故发生时的实际价值为人民币 10 095 424 元,取整为人民币 1 010 万元。因事故发生后,原告委托连云港市大力水下工程有限公司进行水下抽油和清障打捞作业,约定该轮残骸被打捞后归打捞方所有,因此,认定该轮全损,即"吉丰689"轮因此次碰撞事故导致沉没,造成其船舶价值损失为人民币 1 010 万元。

被告对于沿海内河船舶保险单和保险公估报告的真实性没有异议,对船舶买卖合同复印件的真实性不予认可,且认为原告主张的船舶价值不合理。理由如下:沿海内河船舶保险单不能证明船舶价值。船舶保险价值本身不等同于船舶价值,并且船舶保险价值通常于投保时确定,不能反映事故当时的船舶价值;原告提交的保险公估报告也不能证明船舶在事故当时的实际价值。根据最高人民法院《关于审理船舶碰撞和触碰案件财产损害赔偿的规定》第8条的规定,船舶价值的评估方法存在先后顺序:首先是参照碰撞地的市场价格;其次是参照船籍港地的市场价格;最后是造价或者购置价扣除折旧。本案中,公估报告采用的是重置价值扣除折旧,折旧率按照每年5%计算。该报告存在的缺陷有:① 没有按照法律规定在前的碰撞地或者船籍港地的市场价格来确定"吉丰689"轮的价值,也没有对此作出解释说明。② 重置价值与造价或者购置价不同。重置价值主要反映的是事故发生之时或者之后一段时间的船舶价值,而造价或者购置价是船舶建造或者购买之时的价格。"吉丰689"轮建造于2002年,原告2005年购买该轮,当时的船舶价格明显低于发生事故之时2008年的船舶重置价值。③ 报告采用5%的年折旧率没有依据。法律只规定船舶年折旧率的范围为4%～10%,具体比率应当根据实际船舶状况确定。"吉丰689"轮为内河运输船舶,维修保养水平通常比不上远洋运输船舶。因此,在原告无法举证证明的情况下,"吉丰689"轮的年折旧率至少应当高于法律规定的中间值7%。而且,被告认为应当扣除残值。

原告提交的《"吉丰689"轮水下爆破清障打捞完工报告》载明,连云港市大力水下工程有限公司对"吉丰689"轮进行了水下爆破清障打捞,共计打捞清除残骸约700吨。原告主张按照2 000元/吨计算,"吉丰689"轮的残骸的残值应为140万元。被告对此予以认可。

2. "吉丰689"轮的船期损失

原告主张其船期损失为60万元。原告提交的2008年7月20日其与洋浦金腾船务有限公司订立的航次租船合同载明,该轮装载钢材3 200吨,自广州至青岛,运价为118元/吨,受载期为2008年7月25日,总运费377 100元。被告对于该航次租船合同的真实性不予认可,且认为合同履行情况不清楚,实际收到运费数额、成本支出数额这些费用的数据都没有提供,单凭该合同无法证明船期损失。被告认为船期损失为40万元较为合理。原告对此没有异议。

3. "吉丰689"轮的打捞、清除费用

原告主张打捞、清除费用为800万元。事故发生后,青岛海事局作出了《关于限期打捞清除"吉丰689"轮并立即清除溢油污染、污染源相关事宜的通知》,以"吉丰689"轮沉没地点距离2008年残奥帆船赛比赛海域最近处约16海里,船上所存油类泄漏,污染海洋环境,影响奥帆赛正常进行,并影响其他船舶航行、锚泊、作业及港口生产为由,通知"吉丰689"轮所有人、经营人及有关各方,立即委托具备打捞能力的打捞单位,对"吉丰689"轮实施打捞清除,立即支付现金人民币400万元作为应急反应行动的启动资金,并于2008年9月9日12:00时之前提供中国境内的银行或保险机构出具的人民币2 000万元担保。后因原告未及时履行相应的义务,青岛海事局申请海事请求保全,扣押原告所属的"吉丰389"轮。2008年9月27日,原告与青岛海事局就"吉丰689"轮打捞清除事宜签署《备忘录》,由原告向海事局支付50万元准备金,海事局解除对原告所属"吉丰389"轮的扣押。2008年10月18日,原告与连云港市大力水下工程有限公司签订《"吉丰689"轮水下抽油和清障打捞作业协议》,委托连云港市大力水下工程有限公司对"吉丰689"轮进行水下抽油和清障打捞作业。约定全部费用为人民币800万元,打捞出水的沉船残骸归连云港市大力水下工程有限公司所有,并约定双方的其他权利与义务。2008年11月7日原告与该公司达成《〈"吉丰689"轮水下抽油和清障打捞作业协议〉补充协议》,对于打捞费用的支付方式和银行账户等内容进行了补充。协议签订后,连云港市大力水下工程有限公司对沉没的"吉丰689"轮进行了水下爆破清障打捞。原告分别于2008年10月24日、11月25日各支付了200万元打捞费,于12月10日、12月15日各支付了100万元打捞费,共计支付600万元。因原告未按照约定向连云港市大力水下工程有限公司支付剩余的200万元打捞费用,该公司向青岛海事法院起诉,主张欠付的200万元打捞清除费用及违约金160万元。在案件审理过程中,原告与该司经调解,达成调解协议,由原告向该司支付包括欠付款、违约金等在内的248万元,并由原告负担相应的案件受理费。原告称该款项已经支付。被告对此没有异议,但认为违约金系原告自行扩大的损失,不应由被告承担。以上事实有原告提交的《关于限期打捞清除"吉丰689"轮并立即清除溢油污染、污染源相关事宜的通知》《"吉丰689"轮水下抽油和清障打捞作业协议》及其补充协议、4份银行汇款凭证、《"吉丰689"轮水下爆破清障打捞完工报告》、民事起诉状、增加诉讼请求书、青岛海事法院(2009)青海法海商初字第348号民事调解书以及庭审笔录等在卷为证。

4. "吉丰689"船载货物损失

原告主张"吉丰689"船载货物损失为40万元。"吉丰689"轮于事故航次承运陶土2 800吨,自斗门至青岛。运价为67元/吨,运费共计187 600元,已预付5万元。事故发生后,托运人青岛中信陶瓷原料有限公司于2008年10月16日向原告发出索赔函,索赔货物损失537 600元。此后,该司就此向青岛海事法院起诉。原告无正当理由未出庭应诉,青岛海事法院经审理后,于2009年12月15日作出(2009)青海法海商初字第127号民事判决,认定了前述货物运输合同的事实,并在扣除原告未收取的137 600元运费后,判令原告向青岛中信陶瓷原料有限公司赔偿货物损失人民币40万元,加自2008年9月8日至2009年3月23日按照人民银行同期贷款利率计算的利息。因原告未按照判决确定的时间履行义务,青岛海事法院发出(2010)青海法执字第136号执行通知书,责令原告于2010年9月20日前自动履行义务,支付履行金额418 092元以及执行费6 372元,共计424 464元。原告于2010年11月12日支付该款项。被告对上诉事实没有异议,但认为在货方对原告的诉讼中,原告未出庭积极应诉,也因此错失上诉的机会,未能尽到合理减少损失的义务。对于扩大部分的损失,被告不应承担责任。

以上事实,有原告提交的2008年8月28日珠海市和辉货运代理有限公司与青岛中信陶瓷原料有限公司签订的运输合同以及原告于该日签发的第9000708号水路货物运单、青岛海事法院(2009)青海法海商初字第127号民事判决书、(2010)青海法执字第136号执行通知书等予以证实。

5. 船员工资及遣散费用

原告主张船员工资及遣散费用为人民币169 200元。原告提交的2008年9月船员工资及遣散费明细表,载明:2008年9月,原告共支付给包括船长在内的13名船员的船员工资、路费补贴(700元/人)、其他补贴(1 800元/人)等共计人民币169 200元。原告称系于事故发生后即 2009 年 9 月 4 日支付。被告对此予以认可。

(三) 关于海事赔偿责任限制

被告主张,其对原告主张的全部海事请求享有限制海事赔偿责任的权利,其赔偿数额不应当超过其在青岛海事法院设立的海事赔偿责任限制基金。理由如下:

(1) 原告作为"吉丰 689"轮的船舶所有人,向作为被告的"杰尼斯光芒"轮船舶所有人追偿因船舶碰撞事故造成的打捞费用,属于因沉没、遇难、搁浅或者被弃船舶的起浮、清除、拆毁或者使之无害提起的索赔,在原告支付沉船打捞清除费用后向被告追偿时,属于《中华人民共和国海商法》第 207 条、最高人民法院《关于审理海事赔偿责任限制相关纠纷案件的若干规定》第 17 条规定的限制性债权范围。

(2) 原告主张的"吉丰 689"轮的船体损失、船期损失、船载货物损失和船员工资及遣散费用,均属于《中华人民共和国海商法》第 207 条第 1 款第(一)、(三)项规定的限制性债权范围,被告有权享受海事赔偿责任限制权利。

(3) 被告已经就所涉碰撞事故所引起的海事请求依法设立了海事赔偿责任限制基金,且不存在《中华人民共和国海商法》第 209 条规定的丧失海事赔偿责任限制权利的行为。被告为此提交了大连海事大学司玉琢教授出具的法律意见书。原告认为,被告设立海事赔偿责任限制基金并不等于可以享受责任限制。原告主张的打捞清除费属于非限制性债权,而且,被告未举证证明所属的"杰尼斯光芒"轮适航,被告不能享受责任限制。原告提交了湖北省高级人民法院 2009 年 5 月 12 日作出的(2009)鄂民四终字第 43 号民事裁定书、广州海事法院 2009 年 6 月 11 日作出的(2007)广海法初字第 184 号民事判决书、2005 年 12 月 12 日作出的(2005)广海法终字第 63 号民事判决书。

2008 年 9 月 8 日,应原告提出的诉前海事请求保全申请,青岛海事法院依法作出(2008)青海法保字第 52 号民事裁定,扣押停泊于青岛港的"杰尼斯光芒"轮。2008 年 9 月 22 日,被告向原告提供了中国再保险(集团)公司出具的金额为人民币 2 400 万元的信誉担保,担保函号码为 1346。青岛海事法院于 2008 年 9 月 24 日作出(2008)青海法保字第 52 号解除扣押船舶命令,解除了对"杰尼斯光芒"轮的扣押。原告向青岛海事法院缴纳了海事请求保全申请费人民币 5 000 元。2008 年 9 月 24 日,被告向青岛海事法院申请设立海事赔偿责任限制基金,青岛海事法院受理后向有关的利害关系人发出通知,并于 2009 年 4 月 10 日至 4 月 12 日在《法制日报》上发布公告,原告及青岛海事局对被告的申请提出了异议。青岛海事法院于 2009 年 6 月 17 日作出(2008)青海法限字第 1 号民事裁定,驳回原告与青岛海事局提出的异议,准予被告在青岛海事法院设立相当于其限制总额 309 618 特别提款权以及包括自事故发生之日 2008 年 9 月 4 日至基金设立之日止的利息在内的海事赔偿责任限制基金。异议人青岛海事局不服该裁定,向山东省高级人民法院提起上诉。2009 年 10 月 23 日,山东省高级人民法院作出(2009)鲁民四终字第 138 号裁定,裁定驳回上诉人青岛海事局的上诉,维持一审裁定。

2009 年 11 月 18 日,被告以出具担保函的方式设立海事赔偿责任限制基金。被告向青岛海事法院提供了中国再保险(集团)公司出具的上述海事赔偿责任限制基金及基金设立期间的利息的担保函。原告和青岛海事局在规定的时间内进行了海事债权登记。另,在本案审理过程中,中华联合财产保险股份有限公司广东分公司以其作为"吉丰689"轮船壳保险人,可能承担涉案的部分损失,案件处理结果与该公司有法律上的利害关系为由,申请作为本案的第三人参加诉讼。经审查,其与本案原、被告双方争议的诉讼标的无直接牵连,并且不具备应作为第三人参加诉讼的法定情形,其申请作为第三人参加诉讼的理由不成立,依照最高人民法院《关于在经济审判工作中严格执行〈中华人民共和国民事诉讼法〉的若干规定》第 9 条的规定,对于该公司申请作为第三人参加本案诉讼的申请,青岛海事法院未予准许。

三、法院裁判

青岛海事法院认为,本案属船舶碰撞损害赔偿纠纷。由于碰撞事故发生地青岛潮连岛海域位于青岛海事法院管辖范围,且原告在提起诉讼前,青岛海事法院应原告申请依法于青岛港扣押了被告所属的"杰尼斯光芒"轮,依照《中华人民共和国海事诉讼特别程序法》第 6 条第(一)项、第 19 条以及《中华人民共和国民事诉讼法》第 31 条的规定,青岛海事法院对本案拥有管辖权。由于碰撞事故发生地位于中华人民共和国领海,依照《中华人民共和国海商法》第 273 条第 1 款的规定,青岛海事法院适用中华人民共和国法律审理本案。经过庭审,青岛海事法院认为,本案争议的焦点如下:青岛海事局调查认定的事实是否应予采信;原告是否有权就"吉丰689"轮的损失主张权利;原告主张的损失是否应当予以支持;被告是否有权享受海事赔偿责任限制。

(一) 关于碰撞事故的事实以及责任

由于本案所涉的碰撞事故的事实以及责任已经由主管机关青岛海事局调查并作出海事调查报告和责任认定书予以认定,依照最高人民法院《关于审理船舶碰撞纠纷案件若干问题的规定》第 11 条的规定:"船舶碰撞事故发生后,主管机关依法进行调查取得并经过事故当事人和有关人员确认的碰撞事实调查材料,可以作为人民法院认定案件事实的证据,但有相反证据足以推翻的除外。"本案中,虽然原、被告对其中认定的部分事实有异议,其提交的证据不足以推翻青岛海事局作出的海事调查报告和责任认定书认定的事实。原告提交的船长林香恢的证词,被告提交的 KIM SANGYU 作出的船长声明,均系与原告或被告单方有利害关系的证人的证言,依照最高人民法院《关于民事诉讼证据的若干规定》第 69 条第(二)项的规定,不能单独作为认定事实的依据。原、被告各自填写的海事事故调查表也系其各自的单方陈述,均无其他证据予以佐证,对方均不予认可,青岛海事法院对这些证据均不予采信。原告提交的船长林香恢、船员聂永文的调查笔录系于声明举证完毕后并在查阅有关船舶碰撞的事实证据材料后提交,被告不予质证,且作为证人未出庭作证,没有其他证据予以佐证,青岛海事法院不予采信。综上,青岛海事法院对于青岛海事局作出的海事调查报告以及责任认定书认定的事实以及责任比例予以认定。对于原、被告提出的部分碰撞事实的异议不予采纳。

依照《1972年国际海上避碰规则》第 2 条、第 5 条、第 7 条、第 8 条的规定,每一船舶应经常用视觉、听觉以及适合当时环境和情况下一切有效的手段保持正规的瞭望,以便对局面和碰撞危险作出充分的估计。并应用适合当时环境和情况的一切有效手段断定是否存在碰撞危险。并应在当时环境许可的情况下,积极地、及早地进行和注意运用良好的船艺采取行动以避免碰撞。结合青岛海事局作出海事调查报告认定的事实,青岛海事法院认为,"杰尼斯光芒"轮作为在航船,疏忽瞭望、未使用安全航速、采取的避让措施不当,这些疏忽和过失违反了《1972年国际海上避碰规则》第 2、5、6、7、8 条的规定,是导致碰撞的直接和主要原因。在碰撞事故发生后,在已进入对方船体情况下,未查明破洞和进水情况,亦未与对方协商一致,"杰尼斯光芒"轮即全速倒车与"吉丰689"轮脱离,系采取措施不当,是导致"吉丰689"轮沉没的主要原因之一。据此,青岛海事法院认定,"杰尼斯光芒"轮应当对此次事故承担主要责任。"吉丰689"轮作为锚泊船,疏忽瞭望,未按规定用号笛鸣放声号警告来船,存在一定疏忽,违反《1972年国际海上避碰规则》第 2 条、第 36 条的规定,是导致碰撞发生的间接原因,应对该事故负次要责任。原、被告均确认由"吉丰689"轮承担 10% 的碰撞责任,"杰尼斯光芒"轮承担 90% 的碰撞责任。该责任比例与其双方在碰撞事故中的过错相当,符合当时的实际情况,青岛海事法院予以认定。

(二) 关于原告的诉讼主体资格

本案中,尽管原告未提交"吉丰689"轮的船舶所有权证书原件,但是青岛海事局作出的海事调查报告认定了原告福州吉丰船务有限公司是"吉丰689"轮的登记船舶所有人。青岛海事局作为碰撞事故的调查机关调查认定的事实,被告并未提交证据予以推翻,因此,对于被告提出的原告的主体资格的异议,青岛海事法院不予采纳。青岛海事法院依照青岛海事局的海事调查报告认定原告系"吉丰689"轮的登记船舶所有人,有权就"吉丰689"轮在本案所涉的碰撞事故中遭受的损失主张权利。

(三) 关于原告的损失

根据最高人民法院《关于审理船舶碰撞纠纷案件若干问题的规定》第 4 条的规定,船舶碰撞产生的赔偿责任由船舶所有人承担,碰撞船舶在光船租赁期间并经依法登记的,由光船承租人承担。被告大护商船株式会社在碰撞事故发生时系"杰尼斯光芒"(ZENITH SHINE) 轮登记的船舶所有人,应当对本案碰撞事故承担相应的赔偿责任。依照最高人民法院《关于审理船舶碰撞和触碰案件财产损害赔偿的规定》第 1 条、第 2 条、第 3 条、第 4 条、第 7 条的规定,请求人可以请求赔偿对船舶碰撞或者触碰所造成的财产损失,船舶碰撞或者触碰后相继发生的有关费用和损失,为避免或者减少损害而产生的合理费用和损失,以及预期可得利益的损失。因原告所属的"吉丰689"轮因碰撞沉没,应认定为船舶全损。因此,被告应当赔偿船舶价值损失、合理的沉船打捞和清除费用、合理的船期损失、船载货物损失、船员工资、遣返费及其他合理费用及其利息等损失。但因请求人的过错造成的损失或者使损失扩大的部分,不予赔偿。依照《中华人民共和国海商法》第169条的规定,船舶发生碰撞,碰撞的船舶互有过失的,各船按照过失程度的比例负赔偿责任,互有过失的船舶,对碰撞造成的船舶以及船上货物和其他财产的损失,依照过失程度的比例负赔偿责任。鉴于本案中"吉丰689"轮与"杰尼斯光芒"对对于船舶碰撞事故均具有过失,原告应承担10%的责任,被告应承担90%的责任,因此,被告对于原告遭受的损失,应当承担90%的赔偿责任。

1. 船舶价值损失

依照最高人民法院《关于审理船舶碰撞和触碰案件财产损害赔偿的规定》第8条的规定:"船舶价值损失的计算,以船舶碰撞发生地当时类似船舶的市价确定;碰撞发生地无类似船舶市价的,以船舶船籍港类似船舶的市价确定,或者以其他地区类似船舶市价的平均价确定;没有市价的,以原船舶的造价或者购置价,扣除折旧(折旧率按年4%～10%)计算;折旧后没有价值的按残值计算。船舶被打捞后尚有残值的,船舶价值应扣除残值。"本案中,尽管原告提交的船舶保险单不能单独证明船舶价值,但是原告提交了《公估报告》以证明船舶的价值。该公估报告的鉴定机构和鉴定人员均具备相应的评估资质,其根据市场询价,依据原告提交的海上船舶检验证书簿等船舶资料,参照国内同类型船舶建造的一般配置情况,采用重置法对"吉丰689"轮事故发生时的重置成本进行评估,并依照该轮自建成至事故发生时的船龄,按年折旧率5%计算其船舶价值。在没有证据证明存在船舶碰撞发生地当时类似船舶的市价或者船舶船籍港类似船舶的市价或其平均价的情况下,其估算方法以及估算结果并无不当,被告并未提交证据予以推翻。青岛海事法院对其认定的"吉丰689"轮于事故发生时的价值为人民币10 095 424元的评估意见予以采信,但其未扣除该轮残骸的残值,应予纠正。因该轮打捞的残骸为700吨,原、被告对其残值均确认为人民币140万元,青岛海事法院予以确认。扣除残值后,青岛海事法院认定"吉丰689"轮事故发生时的船舶价值损失为人民币8 695 424.00元。被告承担90%的责任即为7 825 881.60元。综上,被告应当向原告赔偿船舶价值损失人民币7 825 881.60元及从船期损失停止计算之日即2008年11月4日起至本判决确定支付之日止,按照同期银行贷款利率计算的利息。

2. 船期损失

最高人民法院《关于审理船舶碰撞和触碰案件财产损害赔偿的规定》第10条的规定,因船舶全损造成的船期损失的计算期限以找到替代船所需的合理期间为限,但最长不得超过两个月。而且一般应以船舶碰撞前后各两个航次的平均净盈利计算;无前后各两个航次可参照的,以其他相应航次的平均净盈利计算。本案中,原告提交的证据虽然证明事发前的其中一个航次的运费收入为人民币377 100元,事故航次的运费收入为人民币187 600元,但仅系航次经营收入,其并未提交证据证明该两航次的净盈利,青岛海事法院不予采信。鉴于被告认可"吉丰689"轮的船期损失为40万元,视为被告自认,原告未提出异议,亦未提交证据予以推翻。依照最高人民法院《关于民事诉讼证据的若干规定》第8条第1款的规定,青岛海事法院予以确认。被告承担90%的责任即为人民币36万元。据此,青岛海事法院认定,被告应当向原告赔偿"吉丰689"

轮的船期损失人民币36万元及自损失发生之日即2008年9月4日起至本判决确定支付之日止,按照同期银行贷款利率计算的利息。

3. "吉丰689"轮残骸的打捞、清除费用

原告应主管机关要求,委托有资质的打捞公司对"吉丰689"轮的残骸进行打捞、清除,约定的打捞费用人民币800万元,属于合理的残骸的打捞、清除费用,被告并未提交证据予以推翻,青岛海事法院予以认定。虽然依照青岛海事法院(2009)青海法海商初字第348号民事调解书,原告实际应多支付人民币48万元给打捞公司,但该费用系因原告未及时按照约定支付打捞、清除费用而产生的违约金等费用,属于原告自行扩大的损失,与碰撞事故并无直接的因果关系,因此,对该部分费用,青岛海事法院不予支持。据此,青岛海事法院认定,合理的残骸的打捞、清除费用为人民币800万元。被告按照90%的责任比例应当向原告支付"吉丰689"轮残骸的打捞、清除费用人民币720万元及自该费用产生之日即2008年10月18日起至本判决确定支付之日止,按照同期银行贷款利率计算的利息。

4. 船载货物的损失

本案中,事故航次原告运载的货物随船沉没,该船载货物损失,原告应予赔偿。青岛海事法院在依法审理后作出(2009)青海法海商初字第127号民事判决认定了该船载货物损失,被告并未提交证据证明原告未出庭应诉导致了损失的扩大,因此,青岛海事法院对判决书认定的损失人民币40万元及自2008年9月8日至2009年3月23日按照人民银行同期贷款利率计算的利息予以确认。原告仅主张40万元,视为放弃部分诉讼请求,并不损害他人合法权益,青岛海事法院予以确认。据此,被告按照90%的责任比例应当向原告赔偿船载货物损失人民币36万元以及自损失发生之日即2008年9月4日至本判决确定支付之日止,按照同期银行贷款利率计算的利息。

5. 船员工资及遣散费用

关于原告主张的船员工资及遣散费用人民币169 200元,鉴于被告予以认可,青岛海事法院予以确认。据此,被告按照90%的责任比例应当向原告赔偿船员工资及遣散费用人民币152 280元以及自费用产生之日即2008年9月4日起至本判决确定支付之日止,按照同期银行贷款利率计算的利息。

(四)关于被告是否享受海事赔偿责任限制

依照《中华人民共和国海商法》第204条、第207条的规定,船舶所有人、经营人,对于包括在船上发生的或者与船舶营运、救助作业直接相关的人身伤亡或者财产的灭失、损坏,包括对港口工程、港池、航道和助航设施造成的损坏,以及由此引起的相应损失的赔偿请求以及与船舶营运或者救助作业直接相关的,侵犯非合同权利的行为造成其他损失的赔偿请求等在内的海事请求,可以依法限制赔偿责任。依照该法第209条的规定,只有在证明引起赔偿请求的损失是由于船舶所有人或者经营人等责任人本人的故意或者明知可能造成损失而轻率地作为或者不作为造成的情况下,责任人才无权限制赔偿责任。本案中,原告向被告主张的船舶价值损失、船期损失属于《中华人民共

和国海商法》第 207 条第 1 款第(一)项规定的在船上发生的或者与船舶营运直接相关的财产的灭失以及由此引起的相应损失的赔偿请求;其主张的船载货物的损失、船员工资及遣散费用均属于该法第 207 条第 1 款第(三)项规定的侵犯非合同权利的行为造成其他损失的赔偿请求,均属于限制性债权。虽然最高人民法院《关于审理船舶碰撞纠纷案件若干问题的规定》第 9 条规定与最高人民法院《关于审理海事赔偿责任限制相关纠纷案件的若干规定》第 17 条第 1 款的规定,因起浮、清除、拆毁由船舶碰撞造成的沉没、遇难、搁浅或被弃船舶及船上货物或者使其无害的费用提出的赔偿请求,责任人不能依照《中华人民共和国海商法》第十一章的规定享受海事赔偿责任限制。但依照最高人民法院《关于审理海事赔偿责任限制相关纠纷案件的若干规定》第 17 条第 2 款的规定:"由于船舶碰撞致使责任人遭受前述的索赔,责任人就因此产生的损失向对方船舶追偿时,被请求人主张依据海商法第二百零七条的规定限制赔偿责任的,人民法院应予支持。"本案中,原告关于"吉丰 689"轮残骸的打捞、清除费用的请求,系其作为责任人承担相应责任后向对方船舶的船舶所有人进行追偿,属于碰撞船舶对方船舶的船舶所有人依法可以享受海事赔偿责任限制的请求的范围。

综上,原告主张的船舶价值损失、船期损失、船载货物的损失、船员工资及遣散费用以及"吉丰 689"轮残骸的打捞、清除费用等均属于作为对方船舶的船舶所有人被告依法可以享受海事赔偿责任限制的范围。

鉴于青岛海事局作为主管的调查机关经调查认定,"杰尼斯光芒"轮事故航次的配员符合其《船员最低安全配员证书》要求,持证船员证书均有效,该轮的船舶国籍证书、国际吨位证书、国际载重线证书、货船无线电安全证书、船舶最低安全配员证书、货船设备安全证书、国际防止油污证书、国际防止空气污染证书、安全管理证书、安全管理体系符合证明等法定船舶证书齐全有效,原告并未提交证据予以推翻,因此,足以认定"杰尼斯光芒"轮在事故航次适航。原告亦未举证证明"杰尼斯光芒"轮当值船员的驾驶过失导致的船舶碰撞事故系由于作为船舶所有人本人的被告的故意或者明知可能造成损失而轻率地作为或者不作为造成的。被告依法就涉案的船舶碰撞事故可能引起的非人身伤亡的赔偿请求设立了海事赔偿责任限制基金。因此,被告对于原告的请求依法有权享受海事赔偿责任限制。原告关于被告无权享受责任限制的主张没有事实和法律依据,青岛海事法院不予支持。

综上,原告主张的船舶价值损失、船期损失、船载货物的损失、船员工资及遣散费用以及"吉丰 689"轮残骸的打捞、清除费用等均属限制性债权,被告是碰撞当事船舶的所有人,已申请享受海事责任限制,并依法设立了海事赔偿责任限制基金,没有证据证明被告存在丧失海事赔偿责任限制的情况,被告对前述海事赔偿依法享有责任限制的权利。上述赔偿应从被告设立的海事赔偿责任限制基金中支付。原告的其他诉讼请求及主张,证据不足,理由不充分,不予支持。依照《中华人民共和国海商法》第 169 条第 1 款、第 2 款,第 204 条,第 207 条第 1 款第(一)、(三)项,最高人民法院《关于审理海事赔偿责任限制相关纠纷案件的若干规定》第 17 条第 2 款、第 18 条、第 19 条的规定

以及最高人民法院《关于审理船舶碰撞纠纷案件若干问题的规定》的有关规定,判决如下:

(1)被告大护商船株式会社向原告福州吉丰船务有限公司赔偿船舶价值损失人民币 7 825 881.60 元及自 2008 年 11 月 4 日起至本判决确定支付之日止,按照同期银行贷款利率计算的利息。

(2)被告大护商船株式会社向原告福州吉丰船务有限公司赔偿船期损失、船载货物损失、船员工资及遣散费用共计人民币 872 280 元及自 2008 年 9 月 4 日起至本判决确定支付之日止,按照同期银行贷款利率计算的利息。

(3)被告大护商船株式会社向原告福州吉丰船务有限公司赔偿"吉丰689"轮残骸的打捞、清除费用人民币 720 万元及自 2008 年 10 月 18 日起至本判决确定支付之日止,按照同期银行贷款利率计算的利息。

(4)上述赔偿款及利息以被告大护商船株式会社享受的海事赔偿责任限制所确定的原告应获得的数额为限。

(5)驳回原告福州吉丰船务有限公司的其他诉讼请求。

7.3.6 "先抵销,后限制"规则的适用

12 原告东部火灾海上保险株式会社与被告瑞克麦斯热那亚航运公司、瑞克麦斯轮船公司船舶碰撞损害赔偿纠纷案

案例来源:上海海事法院(2007)沪海法海初字第 22 号
主题词:海事赔偿责任限制　先抵销再限制

裁判要旨

No. HS-7.3-13　享受责任限制的人就同一事故向请求人提出反请求的,双方的请求金额应当相互抵销,赔偿限额仅适用于两个请求金额之间的差额。

一、基本案情

原告:东部火灾海上保险株式会社
被告:瑞克麦斯热那亚航运公司(Rickmers Genoa SchiffahrtsgesellschaftmbH&Cie.KG)
被告:瑞克麦斯轮船公司(RICKMERS-LINIE GmbH&Cie,KG)

原告诉称:2005 年 3 月 8 日,韩国籍"重阳(SunCross)"轮(以下简称"重阳"轮)与马绍尔群岛籍"瑞克麦斯热那亚(Rickmers Genoa)"轮(以下简称"热那亚"轮)在黄海海域发生碰撞,导致"重阳"轮沉没全损。本次事故发生时,原告系"重阳"轮的船舶保险人,事故发生后原告依据船舶保险单向被保险人赔付 1 656 000 美元,并取得了代位求偿权。根据碰撞事故发生后"重阳"轮生还船员的陈述以及中华人民共和国海事局

对事故的调查等材料,原告认为本次事故两被告应承担 75% 的责任。因此,请求判令两被告赔偿因事故所造成原告的经济损失 1 242 000 美元及其利息损失并承担诉讼费用。

两被告辩称:对 2005 年 3 月 8 日原告承保的"重阳"轮和被告所有或光租的"热那亚"轮发生碰撞并造成"重阳"轮沉没的事实以及原告索赔的主体资格没有异议。但原告提出索赔是代位"重阳"轮的船东或光船承租人行使权利,所以原告应承担"重阳"轮船东或光船承租人对碰撞事故的相应责任。若碰撞方主张对非人身伤亡海事请求享受责任限制,其相应债权应先予抵消。被告不能同意原告提出的碰撞责任比例。此外,对于船舶本身损失的价值,原告是以保险人和被保险人之间的船舶保险合同作为计算船舶损失的依据,但是该船舶保险价值不能代表发生事故当时船舶的实际价值。如果原告无法对此提供相应的证据,被告认为该请求不能予以支持。

二、法院查明事实

上海海事法院经审理查明确认事实如下:2005 年 3 月 7 日 10:36 时,"热那亚"轮离开上海港,驶往青岛港。该轮共装载集装箱 133 只,重量 2 728 吨;杂货 7 696 件,重量 10 201 吨;船上搭乘 4 名旅客,其中德国籍和荷兰籍各一名,美国籍两名。14:25 时左右,"热那亚"轮出长江口,引航员离船。23:45 时左右,该轮二副和值班水手先后上驾驶台接班。次日 02:00 时,"热那亚"轮位于北纬 34°27′.1、东经 122°22′.0,电罗经航向 317°,航速约 20 节,能见距离约为 3 海里,驾驶台两台 ARPA 雷达处于开启状态,甚高频在 16 频道守听,助航仪器处于正常工作状态,操自动舵。02:50 时左右,受薄雾影响,能见距离缩减为 1.5 海里,值班二副没有按照夜航要求叫船长上驾驶台,也没有采取减速、施放雾号等相应措施。据"热那亚"轮二副陈述,首次在雷达上发现"重阳"轮是在两轮相距 9 海里时,"重阳"轮位于本船的船首左侧。相距 8 海里时,二副认为有碰撞危险,遂用甚高频 16 频道呼叫对方,但一直没有得到对方应答。当两船距离缩至 1.5 海里时,看到了对方的绿灯,并通过甚高频与"重阳"轮取得了联系,"重阳"轮值班人员在通话中要求"热那亚"轮保向保速,"热那亚"轮遂保向保速。碰撞前两分钟、两船距离为 1 海里时,"热那亚"轮采取左转直至左满舵。03:03 时,"热那亚"轮的船艏位撞击"重阳"轮的左舷驾驶台附近,碰撞海域位置约为北纬 34°40′.4、东经 122°05′.4。

2005 年 3 月 7 日 14:00 时,"重阳"轮从中国江苏岚山港起航,拟驶往日本 YAWATA 港。本航次共装载生铁 5 100 吨,开航时尾吃水约 6.5 米。据"重阳"轮值班水手 BAYI 陈述,事发前航向 100°,航速 11.5 节,自动舵,天气有雾,能见距离约为 1 海里;事发时,"重阳"轮在驾驶台值班人员为二副 KIM-OHOL-GON 和 BAYI 本人,二副负责瞭望和驾驶船舶,BAYI 负责操舵。"重阳"轮二副采取的避让措施是先右舵 10、随即右满舵。右满舵约两分钟后发生碰撞,碰撞时间在 3 月 8 日 03:00 时左右,"热那亚"轮的船艏部位撞击"重阳"轮左舷驾驶台的救生艇甲板,碰撞角度不清楚。碰撞前,"重阳"轮值班二副与"热那亚"轮值班二副通过甚高频取得过联系。碰撞发生后,"重阳"轮随即沉没。事发时该轮满载,13名船员中有11名船员遇难。两船碰撞的事发海域宽阔,事发时西南风5—6级,阵风7级,有雾,流向西北偏西,流速较缓(小于1节)。

2004年4月7日,CS海运株式会社、嘉星海运株式会社作为被保险人与保险人东部火灾海上保险株式会社签订了两份船舶保险合同,合同号分别为730030000492和730030000493。两份合同显示,被保险船舶为"重阳"轮,保险期间自2004年3月24日12时(韩国标准时间)至2005年3月24日12时(韩国标准时间),保险标的物为船壳和船机,保险金额分别为400 000美元和2 000 000美元。上述两份保险合同的共同保险条款特别约定,东部火灾海上保险株式会社承保的比例为69%,保险金额1 656 000美元;东洋火灾海上保险株式会社参与承保的比例为21%,保险金额504 000美元;三星火灾海上保险株式会社参与承保的比例为10%,保险金额240 000美元。保险合同还约定了保险条款、免赔额和保险费率等内容。2005年4月1日,根据CS海运株式会社、嘉星海运株式会社的理赔要求,东部火灾海上保险株式会社及麦瑞兹火灾海上保险株式会社(原名为东洋火灾海上保险株式会社)、三星火灾海上保险株式会社支付了总额2 400 000美元的保险理赔款。同年4月7日,CS海运株式会社、嘉星海运株式会社向东部火灾海上保险株式会社及麦瑞兹火灾海上保险株式会社、三星火灾海上保险株式会社签发了权益转让书。

2009年3月12日,经上海海事法院委托,上海双希海事发展有限公司出具鉴定报告,认为"重阳"轮在2005年3月8日中国市场价格为3 090 000美元。根据"重阳"轮的总吨位3 785吨,该轮非人身伤亡的海事赔偿责任限额为715 595特别提款权,折合1 050 000美元。"热那亚"轮的所有人为瑞克麦斯热那亚航运公司,光船承租人为瑞克麦斯轮船公司。"热那亚"轮建造于2004年2月,马绍尔群岛籍多用途船,总吨位23 119吨,净吨位9 752吨,载重吨30 151吨,主机功率15 785千瓦。2005年10月27日更名为"瑞克麦斯大连"(RICKMERSDAILIAN)。"重阳"轮所有人为嘉星海运株式会社,光船承租人和管理人为CS海运株式会社。2005年4月7日嘉星海运株式会社出具权利转让书,确认将其对"重阳"轮与本次事故有关的一切权利转让给CS海运株式会社。"重阳"轮建造于1984年6月,韩国籍杂货船,总吨位3 785吨,净吨位2 163吨,载重吨5 761吨,服务航速13.5节。

三、法院裁判

上海海事法院认为,原告作为"重阳"轮的保险人之一与被保险人CS海运株式会社、嘉星海运株式会社签订的保险合同合法有效。原告根据保险合同的约定,向被保险人支付了保险赔偿款,被保险人亦出具了相应的权益转让书,所以原告依法取得代位求偿的权利,有权向本次碰撞事故的另一方即热那亚公司主张其应承担的碰撞责任。对此,热那亚公司对原告在赔偿范围内代位求偿亦无异议。

（一）关于碰撞责任比例的认定

原告认为，根据"重阳"轮生还船员的陈述以及中华人民共和国海事部门对事故的调查等材料，热那亚公司应承担本次事故75%的责任。热那亚公司认为，两船在碰撞前都全速前进，均未采取合理避碰措施，至少应各半承担责任。上海海事法院认为，本次碰撞事故发生在宽阔的海域，从两船碰撞危险格局形成到碰撞发生时的航行水域属于能见度不良水域，对双方过失的分析应适用《1972年国际海上避碰规则》第二章第一节和第三节的有关规定，双方在避碰行动中负有同等的责任和义务。根据两轮值班船员的陈述，碰撞时间约为2005年3月8日03:03时。"热那亚"轮在碰撞前航速20节，航向317°；"重阳"轮在碰撞前航速11.5节，航向100°。在两轮相距9海里时"热那亚"轮已经发现"重阳"轮，由此可以推算出此时距离碰撞发生还有20分钟时间。当两轮的距离为8海里时，"热那亚"轮的二副认为有碰撞危险，仅通过甚高频呼叫对方，在当时有雾、能见度仅为1.5海里且对方船没有应答的情况下，没有采取减速、改向避让、施放雾号等措施。"热那亚"轮的行为违反了《1972年国际海上避碰规则》的相关条文有：第6条关于"安全航速"的规定；第8条关于"为避免碰撞所采取的任何行动，如当时环境许可，应是积极地、及早地进行和注意运用良好的船艺"的规定；第19条第2、3、4款有关"每一船舶应考虑到当时能见度不良的环境和情况，用适合当时环境和情况的安全航速行驶"的规定和第35条有关"能见度不良时使用声号"的规定。此外，"热那亚"轮值班船员也没有按照夜航命令在遇雾情况下通知船长上驾驶台，以及该轮至碰撞前两分钟、两船距离为1海里时，才将自动舵改为手操舵，并向左转直至左满舵，违反了《1972年国际海上避碰规则》第19条第4、5款有关"一船仅凭雷达测到他船时，应判定是否正在形成紧迫局面和存在碰撞的危险，如有危险，应及早地采取避让行动，并尽可能避免对正横前的船舶采取向左转向"的规定。虽然《1972年国际海上避碰规则》有"为避免紧迫危险可背离本规则的各条规定"，即"背离规则"存在，但"热那亚"轮采取的左转措施不仅没有达到避碰的目的，相反导致了本次碰撞事故的发生。因此，上海海事法院认为该轮应对本次事故承担60%的责任。

根据"重阳"轮获救值班水手和"热那亚"轮船员的陈述，"重阳"轮事发前航向100°，航速11.5节，自动舵，天气有雾，能见距离约为1海里，未鸣放相应的雾号。在两船相距1.5海里时，"重阳"轮与"热那亚"轮取得了联系，随后采取了右舵10，右满舵，两分钟后发生碰撞。由此可见，"重阳"轮在雾航中始终全速航行，不符合《1972年国际海上避碰规则》要求的"每一船舶在任何时候均应用安全航速行驶"的规定，违反了《1972年国际海上避碰规则》第6条、第35条的规定。此外，该轮直至碰撞前3分钟左右两船相距1.5海里时才采取避让措施，且没有证据显示"重阳"轮采取了减速的行动，不符合《1972年国际海上避碰规则》要求的"应尽早采取行动"和"必要时把船停住"的规定，违反了《1972年国际海上避碰规则》第8条和第19条第5款的规定。综上，"重阳"轮未能及时发现来船，在雾航中始终全速航行，未能尽早采取避让措施，应对本次事故承担 40% 的责任。

(二) 原告的请求金额是否应当抵消

原告认为其系根据保险合同向被保险人履行了赔付义务后依法行使代位求偿的权利,因此原告对热那亚公司只应享有权利不应承担任何义务。热那亚公司则认为,原告的权利是由被保险人 CS 海运株式会社、嘉星海运株式会社作为"重阳"轮的光船承租人和船舶所有人转让的,由于 CS 海运株式会社在(2007)沪海法海初字第 19 号案件中主张海事赔偿责任限制,根据法律规定,原告索赔的金额应当与光船承租人和船舶所有人应承担的赔偿金额进行抵消。

上海海事法院认为,(2007)沪海法海初字第 19 号系两原告瑞克麦斯热那亚航运公司、瑞克麦斯轮船公司诉被告 CS 海运株式会社船舶碰撞损害赔偿纠纷,诉请为要求 CS 海运株式会社赔偿两原告各类修船损失和营运损失 1 000 万美元。CS 海运株式会社在该案中主张其依法可享受非人身伤亡海事赔偿责任限制,金额约为 105 万美元。根据《中华人民共和国海商法》的规定,享受责任限制的人就同一事故向请求人提出反请求的,双方的请求金额应当相互抵消,赔偿限额仅适用于两个请求金额之间的差额。本节争议中原告的请求金额是否应当抵消,取决于原告同享受责任限制的人即 CS 海运株式会社的关系,即原告的请求是否应视为"就同一事故向请求人提出反请求"的情况。根据上海海事法院查明的事实,原告在本案中行使的是保险代位求偿权,是依法代位被保险人 CS 海运株式会社、嘉星海运株式会社向热那亚公司主张涉案船舶碰撞事故对"重阳"轮造成的损失,原告向热那亚公司主张的诉权正是由 CS 海运株式会社、嘉星海运株式会社授予并转让的,因此原告所享有的权利不能超越 CS 海运株式会社、嘉星海运株式会社,原告在本案中对热那亚公司的诉请应当视为就同一碰撞事故向请求人提出的反请求。综上,上海海事法院认为,CS 海运株式会社作为"重阳"轮的光租承租人,在(2007)沪海法海初字第 19 号案件中主张依据《中华人民共和国海商法》有权享受海事赔偿责任限制,符合《中华人民共和国海商法》第 204 条有关船舶所有人包括船舶承租人和船舶经营人可依法享受海事赔偿责任限制的规定,CS 海运株式会社依法有权享受海事赔偿责任限制。原告诉请的金额已经抵消,上海海事法院对原告的诉请不再予以支持。

依照《中华人民共和国海商法》第 165 条,第 169 条第 1 款,第 204 条,第 207 条第 1 款第(一)、(三)项和第 215 条,第 216 条,第 252 条第 1 款,《中华人民共和国海事诉讼特别程序法》第 93 条的规定,判决如下:

驳回原告东部火灾海上保险株式会社的诉讼请求。

7.3.7 海事赔偿责任限制的举证责任规则

13 原告上海波蜜食品有限公司与被告上海海华轮船有限公司水路货物运输合同纠纷案

案例来源:厦门海事法院(2004)厦海法商初字第 408 号
主题词:明知　轻率地作为或者不作为　丧失海事赔偿责任限制

> **裁判要旨**
>
> **No. HS-7.3-14**　关于海事赔偿责任限制的举证责任的一般原则,赔偿请求人应负责举证证明其损失是由于"故意或者明知可能造成损失而轻率地作为或者不作为造成的"。在原告初步完成其举证的情况下,即应由被告提出相反证据,证明自己不存在"故意或者明知可能造成损失而轻率地作为或者不作为造成"的行为,或证明自己虽有故意或明知行为,但与损害后果之间无因果关系。不能证明的,责任人便不能限制赔偿责任。

一、基本案情

原告:上海波蜜食品有限公司(以下简称波蜜公司)

被告:上海海华轮船有限公司(以下简称海华公司)

原告波蜜公司诉称:根据原告的委托,厦门弘信创业股份有限公司(以下简称厦门弘信)与被告海华公司以运单形式订立货物运输合同,约定由被告将原告的 6 个集装箱的饮料由上海运至广东黄浦和蛇口,被告安排"华顶山"轮实际承运。该轮因违规装载危险品引发火灾和爆炸而于 2003 年 5 月 28 日在厦门沉没,原告托运的 6 个集装箱随之落水,损失 806 375.50 元。其中,货物损失 714 560 元,吊箱费 3 709.50 元,押金 68 000 元,鉴定费分别为 6 000 元、5 000 元、4 500 元,差旅费损失 4 606 元。被告虽然向法院申请设立了海事赔偿责任限制基金,但经查"华顶山"轮的起火和爆炸,其中爆炸源于装载在甲板下的危险品过硫酸钠,根据该轮的危险品适装证书,过硫酸钠是不能被装在甲板下的,被告却为了多装货物不惜违规将其配载于舱内;另一方面,"华顶山"轮的起火系由于保险粉自燃引起,保险粉之所以发生自燃,与被告提供的装载保险粉的集装箱破损有关。另外虽然保险粉的托运人上海天原国际货运有限公司(以下简称天原公司)在托运时将货物瞒报为氧化铁,但按《水路危险货物运输规则》的规定,承运人装载危险货物应按规定向海事局申报。因此如果是天原公司向海事局申报,天原公司即为海华公司的代理人,海华公司应承受相应的法律后果。另一方面,被告海华公司作为承运人对货物有核对的义务,应对此承担责任,对所有货主负责;并且从案件的背景看,在上海港,上海海事局针对上海发生的数起因危险品运输而导致的海难事故,已专门发出过《关于加强内贸集装箱危险货物安全监督工作的通知》,这些表明航运经营中危险品瞒报现象的大量存在。同时海华公司经营的"益友188"轮就曾经因为违规运载危险品而受到过广州海事部门的处罚,这些情况应当足以引起被告的注意,但其对此却漫不经心,未采取任何因应的措施。因此原告认为,海华公司作为承运人明知可能造成损失而轻率地作为造成损失,其无权享受海事赔偿责任限制,故诉请法院判令海华公司全额赔偿其上述损失。

被告海华公司辩称:

(1) 被告从事国内沿海货物运输,因水路货物运单不同于提单,而只是货物收据,所以厦门弘信仅凭运单不能证明其与被告存在直接的合同关系。因此,即使其将所谓运单权利转移给原告波蜜公司,原告也不能据此向被告主张运输合同项下的索赔权利。此外,原告诉称的货物损失的数量、金额和计价方式缺乏充分的证据,不能认可。事故发生后,被告已委托中国进出口商品检验总公司厦门分公司(以下简称商检厦门公司)对船载货物进行检验并支付了费用,原告再行授权厦门弘信委托其他机构检验货物,所生费用应自行承担。

(2) 责任限制问题,有关保险粉,由于托运人在托运时瞒报为氧化铁,从单据上找不出破绽,而货物又是托运人自行装箱和签封的,承运人无权开箱检查货物,因此海华公司根本无从知道其为保险粉,对此没有过错。至于装保险粉集装箱的破洞,在仲裁案件中,海华公司曾提交了集装箱设备交接单、理货报告和理货公司的证明,这些文件表明,集装箱在装船前是完好的,应当是保险粉自燃后将箱体烧坏。另一方面,有关过硫酸钠,首先根据被告之间的租船合同,配载由船长负责,不是海华公司的义务。其次,过硫酸钠的爆炸并没有对船舶及其他装运货物造成损坏,船舶的沉没是由于进入了过多的水所致,与过硫酸钠爆炸没有必然因果关系,中国海事仲裁委员会对海华公司与椒江公司、丁根友间租船合同纠纷案的仲裁裁决中也已明确认定了这一点。因此,即使海华公司对本案需要承担赔偿责任,也应享有责任限制。

二、法院查明事实

厦门海事法院查明如下:

(一) 当事人之间的法律关系

2003年5月21日至5月24日,厦门弘信与原告签订了6份货运预约单,约定由厦门弘信以门到门方式为原告运输一批饮料由上海至广东黄浦、蛇口等地,单上记载的收货人共7个,分别是:东莞市粮酒集团申裕贸易有限公司(以下简称东莞申裕公司);江门生生商订;佛山市鸿运企业有限公司鸿运饮料批发分公司(以下简称佛山鸿运公司);广东华新(集团)有限公司(以下简称广东华新公司);广州市盛涛贸易有限公司(以下简称广州盛涛公司);深圳市巨万投资发展有限公司(以下简称深圳巨万公司);安佳乳品(广州)有限公司(以下简称安佳乳品公司)等。该批货物分为4个40F和两个20F的集装箱于2003年5月25日装上"华顶山"轮,箱号分别为TFXU5233977装载舱面BAY05处、TEXU4428296装载NO.2舱BAY17处、TGHU8034766装载舱面BAY1

处、TGHU2480550 装载 NO.1 舱 BAY03 处、TCHU2511310 装载 NO.2 舱 BAY13 处、TGHU8025574 装载舱面 BAY1 处。被告于当日出具了 6 份"水路集装箱货物运单",运单记载的托运人和收货人均为厦门弘信,承运人栏中盖有"上海海华轮船有限公司内贸部"的印章;在托运人和承运人填写处,分别用中英文作了"发货人装箱封箱及计数"的批注。此外,6 份运单载明的"货名"均为"饮料","价值"栏空白,但每单均有重量记载。"华顶山"轮船籍港浙江台州,船舶所有人为丁根友,经营人为椒江公司。本航次运输期间,该轮由海华公司期租并签有《船舶期租合同》。在本案事故发生后,椒江公司与丁根友根据《船舶期租合同》中的仲裁条款,就事故发生的损失以海华公司作为被申请人向中国海事仲裁委员会申请仲裁,要求海华公司承担"华顶山"轮火灾沉没而发生的打捞、拖航、清污和船舶修理费、财产保全费、救助报酬以及船舶营运损失等。仲裁庭于 2004 年 6 月 18 日作出(2004)海仲沪裁字第 012 号中间裁决书。

(二) 事故经过

货物装船结束,2003 年 5 月 25 日,"华顶山"轮从上海港起航,挂靠厦门港装卸部分货物后,开往黄埔港。但 5 月 28 日 05:20 时,船舶在台湾海峡南碇岛附近发生火灾,随后返回厦门港要求救助,在救助中沉没。

(三) 事故原因

1. 厦门海事局的调查情况

厦门海事局作为海上交通安全主管机关,在事故发生后成立了事故调查组和专家组对事故进行了调查,并作出了《调查报告》。对《调查报告》,各方当事人没有异议。《调查报告》认定本次事故"是一起严重违反危险品运输规定的责任事故",并对事故的发生情况和原因作了如下的说明和分析论证:

(1) 船舶的装载情况。"华顶山"轮为集装箱船,有两个货舱,参考载货量 4 373 吨,满载吃水 5.65 米。船舶在上海港装载 142 个集装箱,其中 20F 集装箱 106 个,40F 普通集装箱 12 个,40F 加高集装箱 24 个,共计 2 944 吨。出港时船上除左右 NO.7 号边舱只加一半压载水外,其他压载水舱全部加满压载水,共计 900 多吨。2003 年 5 月 27 日 22:00 时,该轮抵达厦门港东渡 1 号泊位,在 NO.1 号货舱 5、7BAY 处卸载了 16 个集装箱,并在 5、7BAY 卸空处装载 14 个 20F 及 1 个 40F 集装箱,另有 2 个 40F 集装箱装在 NO.2 号货舱甲板上层。离厦门港时船上共有燃料油 40 吨、轻柴油 10 吨、润滑油 2 吨左右、液压油 340 公斤,船舶初稳性高度为 0.45 米。

"华顶山"轮本航次向海事主管机关申报在上海装运 3 个危险品集装箱,分别是过氧化氢(箱号 TEXU2072117)、甲基丙烯酸(箱号 TGHU2511563)和过硫酸钠(箱号 TGHU2513503)。但申报单上写明这 3 个集装箱装载在甲板上,而实际却装在 NO.1 号货舱内 1、3BAY 处。集装箱打捞上码头后,厦门海事局对所有集装箱进行了检查,发现 NO.2 号货舱 9BAY、11BAY 处集装箱烧坏情况相对严重、集中。结合船体烧坏情况及现场勘查情况,经重点对该处集装箱开箱检查,并对存有疑点的残余物取样送检分析及派员到上海港调查,发现下列危险品存在瞒报的情况:① 箱号为 TGHU2481129、

TEXU2573103、TEXU3992315、MLCU2730737、TGHU2511096 的 5 个集装箱,海华公司的《集装箱货物装箱单》《中文仓单》《水路集装箱货物运单》中,申报货物均为氧化铁,但实际为连二亚硫酸钠($Na_2S_2O_4$)。该物质俗称保险粉,是易自燃物,属《水路危险货物运输规则》中第 4.2 类危险品。该批货物系江苏吴江市青云九洲保险粉有限公司生产,但在海华公司的格式《中文仓单》《水路集装箱货物运单》中,装箱地点仅写"江苏吴江市青云九洲公司",隐去了"保险粉"三个字。其中 TGHU2511096 号、MLCU2730737 号集装箱分别装在 NO.2 号货舱 9BAY 和 11BAY,其他 3 个集装箱装在 NO.1 号货舱 1BAY;② 箱号为 TGHU2512214、TGHU2479184 的集装箱,海华公司的《集装箱货物装箱单》中写明货物是包装纸,《水路集装箱货物运单》中写为聚乙烯,但实际为多聚甲醛,属《水路危险货物运输规则》第 4.1 类危险品;箱号为 TGHU2511408 的集装箱,海华公司的《集装箱货物装箱单》《水路集装箱货物运单》中写明货物是润滑油,但实际为乙二胺,属《水路危险货物运输规则》中第 8 类危险品;经开箱检查,上述已申报和未申报的危险品中,过氧化氢、甲基丙烯酸、多聚甲醛、乙二胺都没有被火烧的痕迹,但 5 个集装箱的保险粉全部有发生燃烧的痕迹,另装过硫酸钠的集装箱箱体向外膨胀变形。

(2)火灾原因。根据事故的救助经过、调查询问船员、对打捞出水的沉船及集装箱货物的勘察,专家组认定本次火灾事故的起火点为该船 2 号货舱内装载瞒报保险粉的 TGHU2511096 号集装箱。起火原因是保险粉在装箱运输过程中遇相对湿度大、温度高、通风不良、箱体破损,吸入湿气,使保险粉受潮,分解聚热产生自燃而引起[注:保险粉与潮湿空气接触或遇水时分解产生热引起自燃,自燃时产生二氧化硫(白色,带有严重刺鼻味)和大量的热]。该船 NO.2 货舱着火后,受高温的影响,引起 NO.1 号货舱内的保险粉燃烧和过硫酸钠分解爆炸。

(3)沉船原因。《调查报告》认为,"该船着火后,受高温的影响,船舶舱盖板变形,水密性下降,使消防水进入货舱,进水量大于舱底水泵的抽水量,船舶稳定性降低。船舶右倾,使货柜移位,加大了船舶的横倾力矩,最终造成船舶失去稳性而沉没"。

2. 其他查证的情况

(1)保险粉的承运情况。5 个集装箱的保险粉,在有关单据上被申报为氧化铁,根据打印的《水路集装箱货物运单》记载,托运人均为上海天原国际货运有限公司,交接方式为场到场,货物由托运人装箱、计数和签封。相应的《集装箱货物装箱单》系由人工填写,单据中"上铅封签字"栏有"李菊芬"的签名,海华公司在庭审中说明,李菊芬系保险粉生产厂的仓库保管员。

(2)装载瞒报保险粉的 TGHU2511096 号集装箱的破损。上述集装箱的破洞,被告海华公司主张是保险粉自燃后将箱体烧坏所致,对此,厦门海事法院认为,在当事人对《调查报告》均无异议的情况下,《调查报告》已经明确是"箱体破损,吸入湿气"而使保险粉受潮发生自燃,因此可知破洞在保险粉自燃前已经存在。同时,根据仲裁裁决书所记载的被告海华公司在仲裁案件中的陈述和举证,该集装箱是在完好的情况下交到集装箱堆场的,故据此可以认定,集装箱的破损是运到堆场后发生的。

(3)过硫酸钠的配载与爆炸情况。过硫酸钠属《水路危险货物运输规则》中第5.1类危险品。"华顶山"轮《海上船舶危险品适装证书》(该证据源于椒江公司与丁根友在申请设立海事赔偿责任限制基金案中提交)明确规定,第4、5、6、8、9类危险品装货处所限于主甲板区域(集装箱内)。本案中,货物实际被装在甲板下(NO.1号货舱内),违反了上述规定。被告海华公司提出根据《船舶期租合同》配载是由船长负责,椒江公司与丁根友则提出实际是海华公司安排。

经查双方当事人提交的证据,"华顶山"轮船长陈官法的《"华顶山"轮失火沉船报告》(以下简称《船长报告》,来源于椒江公司与丁根友在申请设立海事赔偿责任限制基金案中提交)称,"5月24日本轮19:00时靠上海龙华吴泾关港码头6号泊位。靠泊后,上海海华轮船有限公司徐勇登轮,指示大副到配货中心在由租船人做好的配载图上签字。由于我船只能装三层标箱,加高箱无法装载于船舱内,为了多装载,租船人将三个危险柜配载于舱内。货物装载完毕后,租船人未经大副同意,私自将配载图上危险柜的配载位置改成舱口位置,去上海海事局办理离港签证手续"。但此份报告在落款处仅有打印的陈官法名字,没有手写签名,海华公司对此提出质疑,其他则未具体反驳;椒江公司与丁根友则对证据的真实性没有异议。但根据厦门海事法院调取的厦门海事局《水上交通事故调查询问笔录》,"华顶山"轮大副陈荷春在2003年5月29日接受海事局调查时亦称,该轮"在上海先由海华公司对需装的货物进行配载,然后交到龙吴港配载中心配载,由海华公司代理(徐勇)到船上叫我到配载中心签字,由我签字确认。当时有三个危险品货物配在1舱前部舱内的最上层(1、3贝),其他货物标明干货";并表示其没有看过危险货物申报单,"当时徐勇将货物积载单拿给我时,我有疑问。我说这个图是否有问题,徐勇说这是一般危险品没事,不要多管闲事"。另船长陈官法在《水上交通事故调查询问笔录》中的陈述也与上述内容基本一致。此外,在船舶配载图上,有手写的"交船方"三个大字;在用以标注各集装箱在船上所应就位位置的打印的《出口分倍图》上,有大副陈荷春"同意按分倍装"的签字及签名,并且配载图与《出口分倍图》均标明制作时间为2003年5月24日。审查比较以上证据,厦门海事法院认为,《船舶期租合同》虽然规定船长配载,但这只是合同的约定,实际操作过程中可能出现不同的情况。对照《船长报告》,船长、大副在《水上交通事故调查询问笔录》中的陈述,其内容一致,同时也与历史形成的船舶配载图和《出口分倍图》能互相印证。有鉴于此,并考虑到集装箱运输装卸流程快、船期要求高的实际以及海华公司作为专业海运公司、装货港上海港为其住所地的背景,应认为《船长报告》及陈官法、陈荷春陈述中的以上内容具有较强的可信度,其证明力可以确认。《调查报告》显示,本次事故中的爆炸系由过硫酸钠所引起。中国海事仲裁委员会仲裁裁决书在"仲裁庭意见"中称"仲裁庭没有看到该主张(注:即过硫酸钠配载错误)与本案中船舶发生火灾和沉没有任何直接的因果关系"。但根据厦门海事法院向厦门海事局的调查笔录,爆炸的后果包括①"20多吨的过硫酸钠爆炸,大量分解为气体,这样集装箱的重量减轻了,而这个集装箱本身装在船舱的一边,同时爆炸冲击可能导致其他箱子的位置发生移位(当时爆炸已经使舱内发生明显震动)",因此对船舶的稳性和平衡有影响,但是具体影响多大,"最好请专家计算";② 爆炸增加了集装箱抢卸作业的难度;③ 除高温可能造成舱盖板之间的密封条融化、舱盖板变形外,"爆炸的冲击也可能使舱盖板变形",消防水因而进入船舱。

(4) 消防水进入船舱的情况。"华顶山"轮抵达 NO.3 锚地,"沪救 12"轮等救助船抵达现场喷射消防水时,消防水开始进入船舱。但根据厦门海事法院对厦门海事局的调查笔录,对消防水主要是在什么时候进入船舱,是在过硫酸钠爆炸前还是在爆炸之后的询问,答复称在锚地用水降温时就应该有水进入了,但是"进水量肯定不大"。同时对船舶从锚地开始施救到靠泊卸货期间,船舱吃水情况有没有变化的问题,答复表示,没有异常,因为外面虽有消防水冷却,但水主要是在甲板和船壳,并且船舶本身也一直在向外抽水。

(四) 损失的情况

在本次事故中,原告的 6 个集装箱随船入水。后连同其他被打捞上岸的集装箱一起堆放在厦门港东渡码头 101 号集装箱堆场。事故发生后,被告曾就货物的检验事宜向所有托运人发函,要求托运人同意由被告统一委托商检厦门公司对货物进行检验,但包括本案原告在内的托运人均未同意被告的要求。于是,原告方面决定授权厦门弘信委托检验,并由该批货物的保险人中国平安财产保险股份有限公司厦门分公司委托厦门出入境检验检疫局惠普商品检验技术服务中心(以下简称惠普商检中心)对 6 个集装箱内的货物进行残损鉴定。原告在向厦门港务公司东渡港码头有限公司提交了 68 000 元的开箱验货书面担保之后,2003 年 8 月 6 日,惠普商检中心鉴定人员会同厦门弘信人员戴超、厦门平安保险公司代表黄敏、被告代表张健、蒋大成等对箱内货物进行了查勘。2003 年 10 月 10 日,该中心出具了检验鉴定报告。其结论为,该 6 个集装箱货物有两箱已经全损,其余 4 箱货物的"品质"须经有关部门进一步鉴定。为此,原告委托上海市产品质量监督检验所对该 4 个集装箱内的货物进行品质鉴定,据该所于 2004 年 1 月 17 日出具的检验报告,4 个集装箱的货物有 3 箱"外包装不合格率为 100%,判定该批产品为不合格"。其余一个 40F 的集装箱即箱号为 TGHU8025574 的货物判定为合格。经查,该箱产品生产日期为 2003 年 4 月,保质期为 12 个月。在 2004 年 2 月 16 日的确权案件开庭审理中,原、被告双方对该批产品是否还有销售价值,应由谁负责处理等有争议。但被告最终同意,由原告方委托有资质的机构对该批饮料进行价值评估,根据评估结果再决定是否提箱销售。2004 年 2 月 18 日,原告会同厦门弘信共同委托上海市价格认证中心黄浦分部对货物进行了价格鉴定,结果价值为 21 600 元。因厦门港东渡集装箱码头规定 40F 集装箱的提箱费为 12 000 元;20F 的集装箱为 10 000 元,而且一个货主的所有箱子必须一次性提离。考虑到货物的运输与销售还要产生相应的费用,且不能保证能够全部销售出去,故原告经权衡后决定不再提货,并要求将该批货物计为全损。2003 年 12 月 2 日,商检厦门公司也接受被告的委托对原告托运的上述 6 个集装箱货物进行检验。检验结论与惠普商检中心所作结论一致。为完成上述检验,原告支付给厦门港务集团有限公司东渡分公司吊箱费3 709.50元;支付给惠普商检中心检验费6 000元;支付给上海市产品质量监督检验所检测服务费4 500元;支付给上海市价格认证中心黄浦分部价格鉴定费500元;厦门弘信支付给厦门市产品质量检验所质量检验费5 000元。以上费用均有相应的发票为证。此外,原告为处理本次海损事故派其工作人员刘伦、段文峰、宁啸骏三人由上海来厦门,共产生差旅费4 606元,并提供了机票和住宿发票。

原告在庭审中,将其货物损失确认为714 560元。为证明该项请求的真实性,原告提交了三组证据:一是波蜜公司7家客户出具的7份订货单,总订货量是17 260箱;二是购货单价值分别是这些客户的1张"上海市外商投资企业统一发票"、5张"上海增值税专用发票"和一份安佳乳品有限公司出具的其委托波蜜公司加工、托运安怡高钙奶粉3 600箱、价值174 960元的证明。该组证据反映的货物数量是16 420箱,总价值为714 560元;三是被告公司的6份集装箱货物装箱单,装箱单的件数由原告填写,所记载的货物总量为16 541箱。针对上述三组证据中反映的货物数量不完全吻合的问题,原告的解释是,订货单只是客户的单方要求,而非合同,故成交数量应以实际发货为准;装箱单比发票多出的121箱是其附送的赠品,因未计价,所以不可能在发票中体现。因在本次货物的销售与运输关系中,原告波蜜公司是实际货主,厦门弘信是运单托运人,且在"华顶山"轮沉没事故发生后,他们均作为债权人在厦门海事法院受理被告上海海华公司等申请设立海事赔偿责任限制基金一案中一并进行了债权登记。因此,厦门弘信和原告波蜜公司起初都作为原告参加了诉讼。之后,厦门弘信根据本案的实际情况,决定将其运单上的合同权利和登记的债权转让给原告波蜜公司并通知了被告。

(五)其他

(1)本案事故发生后,被告海华公司,椒江公司和丁根友申请并经厦门海事法院及福建省高级人民法院一、二审裁定准许,设立了总额为268 452.5计算单位、折人民币3 145 725.65元的海事赔偿责任限制基金。

(2)根据《中国交通报》报道,上海海事局针对内贸集装箱运输隐瞒危险货物性质的现象比较普遍的情况,曾于2001年6月专门发出过《关于加强内贸集装箱危险货物安全监督工作的通知》,对有关集装箱危险货物的承运人、托运人提出相应的管理要求。

(3)经厦门海事法院向广州黄埔海事处调查,海华公司"益友188"轮虽曾被罚款,但没有瞒报危险货物即装船出港的情况,原告诉称的相关事实不存在。

三、法院裁判

厦门海事法院认为,本案纠纷因国内沿海货物运输损害赔偿而引起,因被告申请设立海事赔偿责任限制基金,主张享受海事赔偿责任限制,故处理本案应以我国合同法律规范和海商法的相关规定为依据。本案中,原告波蜜公司虽然和被告海华公司未建立运单合同关系,但却是货物的实际托运人,且已受让厦门弘信作为运单托运人对被告海华公司的运输合同关系,并通知了被告海华公司。因此,其有权要求被告海华公司向其承担货物运输损害赔偿责任。根据《中华人民共和国合同法》的规定,国内沿海货物运输实行严格责任。厦门海事局经调查已认定"华顶山"火灾沉船事故是一起严重违反危险品运输规定的责任事故,被告海华公司对此认定未持异议,且不能证明事故的发生系由于不可抗力,因此其应当向原告波蜜公司承担赔偿责任。在赔偿问题上,原、被告有两个争议焦点:一是原告托运货物的数量和价值是多少以及有关检验费用应由谁承担;二是被告海华公司依法能否享受海事赔偿责任限制。

《中华人民共和国海商法》第 209 条规定:"经证明,引起赔偿请求的损失是由于责任人的故意或者明知可能造成损失而轻率地作为或者不作为造成的,责任人无权依照本章规定限制赔偿责任。"据厦门海事局调查认定,"华顶山"轮本次火灾事故起火原因是违规运输保险粉所致,该批保险粉的生产厂家是江苏吴江市青云九洲保险粉有限公司,运单上载明的托运人是上海天原国际货运代理有限公司。由于装箱地点在工厂,交接方式为场到场,而在集装箱运输方式下,仅有货物装箱和拆箱卸货即货物的起点、终点的相关人员能够知道实际货物的性质,目前我国法律、法规及规章等也没有规定承运人对于已封集装箱负有开箱检查等核实义务。所以在本案证据下不能认定被告海华公司在承运前就知道上海天原国际货运有限公司托运的货物是保险粉。而原告关于托运人是作为承运人的代理人申报货物,托运人瞒报的行为应由承运人承担的观点则因于法无据,不能采纳。有关装保险粉集装箱的破洞,现有证据并不能证明造成破洞的具体原因,故无法认定海华公司对此存在明知和轻率的行为。至于上海出现多起瞒报危险品导致海难事故,上海海事局对此发出了《关于加强内贸集装箱危险货物安全监督工作的通知》等,与本次火灾沉船事故的发生与否也没有法律上的因果关系。总之,仅就保险粉而言,现有证据不能证明其运输和起火燃烧能够成就《中华人民共和国海商法》第 209 条所规定的事实要件。故被告海华公司不因保险粉起火的原因性事实而丧失海事赔偿责任限制的权利。

然而,本案中,"华顶山"轮从起火到沉船历时 14 个小时,形成了一个事故发生和发展的特定的过程。从厦门海事局的《调查报告》对事故发生和救助经过所作的详细而客观的记述看,该轮 NO.2 舱前部于 2003 年 5 月 28 日 05:20 时出现火情,其自救同时向厦门海事局报告,并根据海事局的通知开往 NO.3 锚地。08:33 时,"沪救 12"轮抵达现场,向其喷射消防水。至 09:09 时,该轮明火即被扑灭。"港拖 8"轮抵达后只是协助冷却。之后直至 11:30 时该轮靠泊厦门东渡 1 号码头决定卸货,救助船一直是向"华顶山"轮喷水降温而非"灭火"。根据厦门海事法院向厦门海事局的调查,该轮从起火到靠泊卸货吃水并无异常,船上抽水设施也在正常工作,故舱内应无多少积水。虽然在码头提卸左舷 2BAY 处 2 个 40F 集装箱后,船舶向右倾斜,但促使事故发生灾难性转折的应是该轮违规配载于 NO.1 舱的过硫酸钠受 NO.2 舱燃烧的高温影响发生的爆炸。正是由于 NO.1 舱连续出现的爆炸和火势的复燃,使船舶因保险粉起火所引起的事故的危机程度骤然加剧。在此紧迫情况下,市政府现场应急小组听取了有关专家的意见,确定并实施了用水灭火和降温的"最佳施救方案"。另根据前述查明的事实,该箱过硫酸钠装载于船舱左侧的上方,紧靠甲板,爆炸对船舶的稳性和平衡发生了影响,导致消防水大量进入船舱。在用水灭火和降温的施救方案实施不到 1 个小时,船舶即加剧右倾,以致有 5 个集装箱滑落水中。至 19：15 时,船舶即沉没座底,船体右倾 10 度。

关于海事赔偿责任限制的举证主体等,《中华人民共和国海商法》第 209 条等均无明确规定。鉴于《中华人民共和国海商法》与《1976 年海事赔偿责任限制公约》的渊源并根据《中华人民共和国民事诉讼法》和最高人民法院《关于民事诉讼证据的若干规定》所确立的举证责任的一般原则,厦门海事法院认为,在此类案件中,赔偿请求人应负责举证证明其损失是由于被告"故意或者明知可能造成损失而轻率地作为或者不作为造成的"。在原告初步完成其举证的情况下,即应由被告提出相反证据,证明自己不存在《中华人民共和国海商法》第 209 条所规定的"故意或者明知可能造成损失而轻率地作为或者不作为造成"的行为,或证明自己虽有故意或明知行为,但与损害后果之间无因果关系。不能证明的,责任人便不能限制赔偿责任。具体到本案,鉴于厦门海事局的《调查报告》及厦门海事法院对厦门海事局的调查笔录已经证明,被告违规将过硫酸钠装于舱内,且其发生爆炸后不久船舶即右倾沉没,导致货物落水受损的事实客观存在,并考虑到海运货物配载问题的专业性和在货物装载等方面信息的不对称性等因素,应当认为,原告提供上述证据后,已经完成了举证责任。在此情况下,关于过硫酸钠爆炸与船沉货损之间没有因果关系的证明责任就应当转移给被告承担。因在我国的司法实践中对于"明知"等过错的证明采用客观标准,凡行为人违反法律法规的即应认定其主观上存在过错,而国家关于危险品运输的规定,是建立在无数经验教训基础上的科学技术规范,一旦违反就意味着"可能造成损失",或者说一旦违规装载危险品则表明相应的运输就不可能必然不会造成损失。因此可以认定本次运输中实际负责船舶配载的一方对沉船事故的发生具有主观上的明知性。而根据以上查明的事实,过硫酸钠是由海华公司安排配载,因此也就可以认定海华公司对事故的发生具有主观上的明知性。

关于这种明知和本案火灾沉船事故之间有无因果关系,被告海华公司提供了两份证据:一是厦门海事局的《调查报告》中关于"沉船原因"的分析,即认为"华顶山"轮着火后,船舶舱盖板变形导致消防水进入货舱是沉船的原因;二是(2004)海仲沪裁字第 012 号裁决书中关于将危险品集装箱装在货舱内与船舶发生火灾和沉没没有任何直接的因果关系的认定意见。厦门海事法院认为,从厦门海事局的《调查报告》的全文内容看,该报告重在查明船舶起火的部位和原因并提出整改建议。限于职责,其并未对船舶开始起火至最终沉没的全部过程,特别是过硫酸钠爆炸对沉船的影响等进行科学量化的评估。而且其在"该起火灾事故是一起严重违反危险品运输规定的责任事故"的认定中所说的危险品,也没有将过硫酸钠排除在外。为慎重起见,厦门海事法院两次就此问题向厦门海事局进行调查,从专业的角度,厦门海事局认为爆炸对船舶的平衡与稳性产生了影响,增加了施救的难度和造成了消防水大量进入船舱。因为已知过硫酸钠集装箱装在 NO.1 舱左舷一侧的上方,而发生爆炸后船舶即加剧右倾,该两个事件之间形成的时空联结,可以印证他们的这种事理推断在很大程度上接近了客观真实。依据《关于民事诉讼证据的若干规定》第 9 条的规定,已为仲裁机构的生效裁决所确认的事实,当事人无需举证证明,诉讼当事人可以作为免证事实直接向法院提交并由法院径行认定。但本案所涉仲裁裁决书仅表明仲裁庭"没有看到"过硫酸钠装在舱内与本案中船舶发生火灾和沉没"有直接因果关系",其结论系主观推断,并无相应的理论依据或经验数据加以支持。并且厦门海事法院此后对厦门海事局的调查笔录中已经充分说明了爆炸对船沉的影响,所以该裁决意见不能免除被告海华公司就此事实的举证责任。故被告海华公司仍应举证证明过硫酸钠的爆炸与"华顶山"轮的沉没没有因果关系。因其不能举证,且原告的货物系因船沉落水而受损,故海华公司应对原告因此而遭受的货物等损失承担全部的赔偿责任,无权享受海事赔偿责任限制。

据此,依照《中华人民共和国合同法》第 113 条、第 311 条,《中华人民共和国海商法》第 209 条的规定,判决如下:

(1)被告上海海华轮船有限公司于本判决生效之日起 10 日内赔偿原告上海波蜜食品有限公司货物损失 714 560 元,检验费 15 500 元,吊箱费 3 709.50 元,差旅费 4 606 元;

(2)驳回原告上海波蜜食品有限公司的其他诉讼请求。

7.3.8 拖带运输方式的责任限制数额计算

14 上海信达机械有限公司与上海港复兴船务公司海上货物运输合同纠纷案

案例来源:上海海事法院(2010)沪海法商初字第 1221 号

主题词:海事赔偿责任　拖带运输　责任限制数额

> **裁判要旨**
>
> **No. HS-7.3-15**　货物被装载于舱面时,承运人免责仅指单纯因舱面货特殊风险引起损失免责,并不意味着免除其应当履行的保证船舶适航及管理货物等义务。拖带运输中,船长在收到风力大于适拖证书允许风力气象预报的情况下,轻率决定开航导致途中遭遇超过安全航行限制的风力而发生事故,承运人不能援引舱面货免责。
>
> **No. HS-7.3-16**　拖带运输方式的沿海运输,特点是拖轮加驳船,两船是一个整体,缺少任何一个都不能构成有效的运输。因此,海事赔偿责任限制应当将两轮加起来一起计算更为合理。

一、基本案情

原告:上海信达机械有限公司

被告：上海港复兴船务公司

原告上海信达机械有限公司因与被告上海港复兴船务公司海上货物运输合同纠纷一案，原告诉称：2008年2月，原告与案外人东莞深赤湾港务有限公司（以下简称深赤湾港务）签订建造合同一份，约定由原告（作为卖方）建造并向深赤湾港务销售MQ2535/4025型门座式起重机6台，而深赤湾港务需向原告支付合同价款人民币（以下币种均为人民币）4 500万元。为履行建造合同项下的交货义务，原告于2009年11月开始将货物装船以海运方式运往广东省东莞深赤湾港务所属的码头。由于门座式起重机为超大型的设备，为运输安全考虑，装船时需将每台整机分拆成"转台以上"和"行走门架"两个部分以分别固定在船舶甲板之上，另有辅助设备（每台起重机包含1个吊钩和2个抓斗）亦与起重机本体分离而分别固定在船舶甲板之上。2009年11月7日，原告将合同项下的部分货物（共分成两批，此为第一批），4个"转台以上部分"和5个"行走门架部分"及辅助设备吊钩4个、抓斗9个装船发运。该第一批货物被装上"海港特5001"驳船，由"海港37"拖带，由上海龙吴港务公司码头驶往东莞深赤湾港务所属码头。2009年11月14日，"海港37"拖带"海港特5001"驳船行驶至福建沿海北纬25°47.8′、东经119°56.6′附近海域时，因遭遇海上突发暴风，而导致驳船上的货物受损。庭审中，原告确认诉讼请求金额为货物损失22 786 176.96元，施救费用811 108.80元，公估检验费损失25 200元，公估检验产生的差旅费损失5 329元，以及上述合计金额按银行同期贷款利率计算的利息损失，起算时间为2009年12月14日。被告答辩认为，涉案运输的货物是笨重长大货物，且装载于舱面甲板上，其固有风险较高。依据我国《国内水路货物运输规则》第23条、第51条、第54条相关规定，原、被告所签《运输合同》第6条、第10条约定，以及大件货运输的国际国内航运惯例等，被告作为承运人对运输此种货物的固有风险不应承担赔偿责任。货损原因不能排除是原告的绑扎不当造成。即使退一步说承运人应当承担责任，也应该依据海事赔偿责任限制的规定，享受船舶赔偿责任限制。涉案运输系拖轮拖带驳船运输，驳船为无动力装置，因此，应将拖轮与驳船视为一个整体，按船舶总吨位合并计算来确定赔偿责任限额。

二、法院查明事实

上海海事法院对事实认定如下：2008年2月21日，原告通过投标方式与案外人深赤湾港务签订建造合同一份（合同号：港合技 MC2008001），约定原告向深赤湾港务提供6台MQ2535/4025门座式起重机及辅助设备的设计、配套件的采购、制造、调试及培训工作。设备建造完毕后，为履行建造合同项下的交货义务，原告与被告于2009年10月20日签订运输合同一份，约定托运人为原告，承运人为被告，拖轮"海港37"，驳船"海港特5001"，载重吨5 000吨，货物门机9台，每台重量为400吨，每航次装4.5台，装货港为上海港龙吴公司码头，卸货港为东莞深赤湾码头，装货日期为预计2009年10月30日左右，共计两航次，托运费用90万每航次，两航次总价180万元，船到卸货港后原告支付单航次合同价格的全额款项，付款前被告向原告提供运输专用发票。2009年

11月7日09:40时,"海港特5001"驳船于上海装货完毕,驳船上装载了MQ2535门机上车(指安装焊接于转台上司机室、机房、起升机构、回转机构、立柱等)4台、下车(指安装焊接于主梁圆筒上主梁圆筒、端梁、运行机构等)5台,散件包括抓斗9个、吊钩总成4台等,货物的绑扎和固定由原告参照GD008-97《海上拖航指南》中附录的标准计算并经被告确认后,由原告派人进行了固定和绑扎。中国船级社签发了"适拖证书"和"检验报告"。2009年11月7日09:40时,"海港37"拖轮拖带"海港特5001"驳船由上海港龙吴公司码头开航,驶往东莞。2009年11月15日,"海港37"拖轮船长向福州海事局发出海事声明,事故起因是11月7日13:40时,"海港特5001"装载大件,转台以上部分4个大件,圆筒以下5个大件(详见运货清单)经相关部门绑扎,检验确定适合拖带后由我轮从上海港拖带出发,目的港广州东莞。10日由于冷空气风大到三都澳避风,14日09:20时根据气象台所报中午风力渐弱,不大于6级,决定开航。17:30时在白犬列岛附近海面,突然风速逐渐增强,本船决定到海坛避风,17:50时风速高达14.5米/秒,瞬时风力18米/秒,18:05时船位在北纬25°47.8′、东经119°56.6′,船速突然下降,我船慢车。查看情况发现有几个门机上车坠落海中,并造成"海港特5001"驳甲板及部分设备损坏,并向来往船舶发出警告。损伤情况:经抛锚后检查,门机上车4台,下车1台落入水中,两只抓斗损坏,几个行走损坏,驳船1台水泵、1个救生筏,甲板四处破损,坠落到海中位置是北纬25°47.8′、东经119°56.6′(注:福州海事局于2010年1月27日签证准予备查)。

三、法院裁判

上海海事法院认为,本案货物运输由上海港运往东莞深赤湾码头,属于我国港口之间的海上货物运输,根据《中华人民共和国海商法》第2条的规定,不适用《中华人民共和国海商法》第四章海上货物运输合同的规定,应适用《中华人民共和国合同法》以及参照《国内水路货物运输规则》来认定双方当事人在涉案货物运输中的权利义务。原告与被告对于双方之间签订运输合同且运输合同关系合法有效并实际履行并无争议,上海海事法院予以确认。从运输合同的内容分析,实质是约定了两个航次的航次租船合同,而涉案运输是其中的第一个航次的运输。故就涉案运输而言,双方之间建立航次租船合同关系,被告系出租人,原告系承租人。本案的争议焦点在于:一是被告作为承运人是否存在冒险开航并应承担货损赔偿责任;二是如被告应承担赔偿责任,则责任范围和具体金额,是否能享受责任限制。

(一)被告作为承运人是否存在冒险开航并应承担赔偿责任

上海海事法院认为,涉案运输的货物为笨重、长大货物,合同双方在运输合同中已经明确约定双方充分认识海上拖运大型设备的风险,根据公平原则,参照《国内水路货物运输规则》中有关重大件运输相关精神分担相应的运输风险和责任。《国内水路货物运输规则》第54条第1款规定:"承运人依照本规则第五十三条规定将货物装载在舱面上,对由于此种装载的特殊风险造成的货物损坏、灭失,不承担赔偿责任。"当货物被装载于舱面时,与舱内货物相比,更容易因船舶摇摆、甲板上浪而被扫到水中,或因甲板上浪或雨淋而遭受损失等。这种风险是舱面货物所必须面临的,也是将其作为特殊货物处理的根本理由。但这里的免责仅指单纯因舱面货特殊风险引起的,而且承运人的免责,并不意味着免除其应当履行的保证船舶适航及管理货物等义务,承运人仍然应当妥善地装载、搬移、积载、运输、保管、照料和卸载舱面货物。《国内水路货物运输规则》第32条规定:"承运人应当妥善地装载、搬移、积载、运输、保管、照料和卸载所运货物。"《中华人民共和国合同法》第311条规定:"承运人对运输过程中货物的毁损、灭失承担损害赔偿责任,但承运人证明货物的毁损、灭失是因不可抗力、货物本身的自然性质或者合理损耗以及托运人、收货人的过错造成的,不承担损害赔偿责任。"这是承运人可以免责的法定理由。承运人要享受该等免责权利的前提是负有举证的义务,而且承运人不能在上述法定免责事项之外享受免责。《国内水路货物运输规则》第47条第2款规定:"承运人承担本规则未规定的义务或者放弃本规则赋予的权利的任何特别协议,经实际承运人书面明确同意的,对实际承运人发生效力;实际承运人是否同意,不影响此项特别协议对承运人的效力。"从该条规定含义以及司法实践来看,《国内水路货物运输规则》关于承运人权利、义务的规定,是法定的最基本的权利、义务,承运人不得随意放弃自己的义务,增加自己的权利。相反,如果承运人自愿增加其义务,放弃《国内水路货物运输规则》所赋予的权利则是允许的。因此,双方在合同中约定"由于船长和船员在驾驶操作船舶方面的疏忽和过失行为而造成船货损坏或灭失应由船货双方各自承担自己的损失部分"的约定违反了《中华人民共和国合同法》和《国内水路货物运输规则》的相关规定,因此,不发生法律效力。涉案运输系以拖航方式完成的沿海运输,拖航方式决定了对于安全航行有着特殊的要求,这在适拖证书上已经明确记载,即"拖轮应在接收到当地区域48小时内良好天气且蒲氏风力不会超过6级的天气预报时,可于白天自航程中的任何港口出发,如果蒲氏风力超过6级,拖航船舶应当寻求避风。拖航期间,拖轮船长应始终注意拖航航线及被拖船的状态。拖轮船长应根据海洋的季节特征、气象预警和海洋的状态,履行相关程序,采取适当的航海技术,并根据情况调整速度和航道"。

被告抗辩称,本次运输系近海运输,而气象预报的海域范围较广,且天气预报主观性强、准确率低,船长判断天气应当根据本轮观测到的实时气象数据结合可以收集到的岸台气象预报判断,本轮观测到的气象数据最准确可靠,盲目相信气象预报不利于船舶的航行安全,航海实践中都按照天气预报则无法实际航行。上海海事法院认为,虽然被告的意见本身具有一定合理性,船长作为船上的最高指挥官有权力决定是否开航,但本案中被告并未提供证据证明船长决定开航当时的实测数据和作出开航决定的风力依据,被告称船长是收到当地气象台关于午后风力减弱的预报后决定开船的,但没有提供该气象预报的资料,航海日志上也无相应记载。即使确实收到过该气象预报知道午后风力减弱,也不符合适拖证书要求的48小时天气良好的开航条件。适拖证书的要求已经十分明确,事实是船长并没有在收到蒲氏风力大于6级的气象预报时,作出继续避风的决定。船长忽视气象预报,在明知气象条件可能不符合航行的情况下,缺乏对风险的预见和评估,轻率决定开航导致途中遭遇超过安全航行限制的风力,是造成本案货损的直接原因。根据拖轮船长提供的"中国沿海24、48小时气象预报"可以看出,驳船在2009年11月14日所要经过的海域风力在蒲氏6—7级、阵风达8级。在如此天气状况下,驳船是不适合进行拖带的。根据适拖证书要求:当风力大于6级时,必须寻找避风锚地或港口进行避风;而且,在整个航行过程中,拖轮船长必须应用良好的船艺、气象警报、海况等,以保护驳船的安全。显然,货物落海与拖轮船长未按照适拖证书要求履行保证船舶适航及管理货物等义务有着直接关联,因此,承运人对此负有相应的赔偿责任。至于华大公估将事故原因认定为海上暴风及暴风带来的大浪,主要是针对另案保险纠纷,按照蒲氏风力等级表,暴风是指11级风,在海上航行中7—8级风是很常见的,也达不到暴风的等级。

被告还提出原告的绑扎存在问题,但未提供证据证明,起运前,船级社已经对包括绑扎在内的情况进行检查,签发适拖证书,这是证明绑扎符合拖航要求的初步证据。承运人认为有问题应提出异议,并委托有资质的机构对绑扎进行检测。在事故发生后,被告作为承运人如认为绑扎是造成货损的原因,也可委托检测,但被告并未要求对绑扎问题进行联合检验或自行委托检验。故而,被告该项抗辩不能成立。被告作为承运人在其负责运输期间发生货物损坏,而其又无法证明依法可以免责,况且其行为违反了适航义务和管货义务,因此,应承担相应的赔偿责任。涉案货物损坏的原因,系船长在收到天气预报不适于拖航运输的情况下,违反海上拖航指南和适拖证书的要求,擅自开航,致途中遇到超过拖航安全航行限制的6级以上风力,船舶摇晃,驳船上笨重长大货物坠海。

(二) 承运人应承担赔偿责任的范围及金额,是否能享受责任限制

上海海事法院认为,《中华人民共和国合同法》第312条规定:"货物的毁损、灭失的赔偿额,当事人有约定的,按照其约定;没有约定或者约定不明确,依照本法第六十一条的规定仍不能确定的,按照交付或者应当交付时货物到达地的市场价格计算。法律、行政法规对赔偿额的计算方法和赔偿限额另有规定的,依照其规定。"鉴于涉案运输合同对货物赔偿额未作约定,也无法按照《中华人民共和国合同法》第61条的规定予以确定。因此,应按应当交付时货物到达地的市场价格计算。《中华人民共和国合同法》第119条规定:"当事人一方违约后,对方应当采取适当措施防止损失的扩大;没有采取适当措施致使损失扩大的,不得就扩大的损失要求赔偿。当事人因防止损失扩大而支出的合理费用,由违约方承担。"原告主张的75万元中的第一笔25万元,系为了扫测、探摸坠海受损货物实际情况发生的扫测、探摸费用,也是按照国家海事部门的强制性要求而发生的,属于因防止损失扩大而支出的合理费用,应由被告承运人承担违反运输合同义务而造成的该项费用。原告主张的42 000元捆扎、扶正、加固费用,亦属于因防止损失扩大而支出的合理费用,也应由违约方承担。至于原告主张的19 108.80元所谓事故船查勘及加固指导发生的差旅费,经查系多次往返上海与福建平

潭地区的机票、高速收费、油费、住宿费等费用,原告认为属于施救费,缺乏法律依据。原告主张的 50 万元的切割、探摸费用,原告的检验师在调查报告中写明不属于打捞施救费用,而是为了切割障碍物的费用,现要求承运人承担缺乏法律依据。公估检验费 25 200 元,是为了确定保险事故而支出的保险公估费用,向承运人主张缺乏法律依据,在公估检验费之外另支付公估检验的差旅费 5 329 元,并进而向承运人主张该费用损失更缺乏法律依据。对于该等损失主张,上海海事法院均不予支持。虽然,运输合同第 7 条约定,"原告承担货物的延误、损坏、灭失、清除打捞、污染水域等一切的风险的赔偿",但这条适用的前提是,被告在履行了适航和管货义务的情况下,因舱面重大件货物固有风险引起的货物的上述风险的赔偿,本案不适用该条约定。

关于被告能否享受海事赔偿责任限制,上海海事法院认为,虽在运输过程中,由于船长冒险开航造成船舶不适航,船载货物受损,承运人对此不能免责,但并无证据证明涉案货物损失是由于承运人的故意或者明知可能造成损失而轻率地作为或不作为造成的。本案所涉的"海港 37"及"海港特 5001"属海商法规定的船舶,被告系上述船舶的登记船东,根据《中华人民共和国海商法》第 204 条的规定,被告依法可以享受海事赔偿责任限制。货物损坏以及重新捆扎、扶正、加固费,属于《中华人民共和国海商法》第 207 条规定的限制性债权,责任人可以享受责任限制。而原告主张的扫测、探摸费等,属于沉物清除打捞费用,责任人对此费用依法不能享受责任限制。涉案货物运输属沿海货物运输,应根据交通部制定的《关于不满 300 总吨船舶及沿海运输、沿海作业船舶海事赔偿限额的规定》计算海事赔偿限额。本案是以拖带运输为方式的沿海运输,特点是拖轮加驳船,两船是一个整体,缺少任何一个都不能构成有效的运输。因此,海事赔偿责任限制应当将两轮加起来一起计算更为合理,因此,海事赔偿限额应为 $[167\,000 + (361 + 3\,203 - 500) \times 167] \times 50\% = 339\,344$ 特别提款权。根据《中华人民共和国海商法》第 277 条的规定:"本法所称计算单位,是指国际货币基金组织规定的特别提款权;其人民币数额为法院判决之日、仲裁机构裁决之日或者当事人协议之日,按照国家外汇主管机关规定的国际货币基金组织的特别提款权对人民币的换算办法计算得出的人民币数额。"因此,按法院判决之日即 2012 年 2 月 8 日国际货币基金组织公布 1 特别提款权兑 9.80296 人民币计算,折合人民币 3 326 575.66 元。此外,原告主张利息损失可予支持,唯主张以贷款利率计算因未提供充足证据,不予支持,应以中国人民银行同期活期存款利率计算相应利息损失为妥。原告主张从 2009 年 12 月 14 日起算利息,但并无证据证明原告在 2009 年 12 月 14 日向被告提出赔偿请求,因此,利息损失应从起诉之日起计算。

综上,被告作为承运人在运输过程中造成货物损失,且不能证明其对此可以免责,因此,应承担原告由此遭受的相应损失,但被告作为涉案船舶的船东依法可享受海事赔偿责任限制。判决如下:

(1) 被告上海港复兴船务公司应于本判决生效之日起 10 日内向原告上海信达机械有限公司赔偿货物损失人民币 3 326 575.66 元及相应利息损失(自 2010 年 12 月 20

日起按照中国人民银行同期活期存款利率计算至本判决生效之日止)。

(2)被告上海港复兴船务公司应于本判决生效之日起 10 日内向原告上海信达机械有限公司赔偿施救费、打捞费损失计人民币 250 000 元及相应利息损失(自 2010 年 12 月 20 日起按照中国人民银行同期活期存款利率计算至本判决生效之日止)。

(3)对原告上海港复兴船务公司的其他诉讼请求不予支持。

7.3.9 海事赔偿责任限制权利的丧失

15 原告琼海龙大橡胶贸易有限公司与被告湛江市沧海船务有限公司、广州市港信航务实业有限公司船舶碰撞货损赔偿纠纷案

案例来源:广州海事法院(2003)广海法初字第 247 号
主题词:船舶配员不足　因果关系　丧失责任限制

裁判要旨

No. HS-7.3-17　船舶虽然配员不当,但事故发生时配员不当和碰撞事故没有因果关系的,不能认为损失是责任人故意或明知可能造成损失而轻率地作为或不作为造成的,不影响其享受海事赔偿责任限制权利。

No. HS-7.3-18　虽然已经设立了海事赔偿责任限制基金,不能再扣押责任人的船舶,但是否具有船舶优先权与是否能实现船舶优先权是两个不同的法律问题,不能因无法实现船舶优先权而否定原告依法享有的权利。

No. HS-7.3-19　船舶优先权应当通过法院扣押产生优先权的船舶行使,满 1 年不行使的,其船舶优先权消灭。

一、基本案情

原告:琼海龙大橡胶贸易有限公司(以下简称龙大公司)
原告:中国太平洋财产保险股份有限公司海南分公司(以下简称太保海南公司)
被告:湛江市沧海船务有限公司(以下简称沧海公司)
被告:广州市港信航务实业有限公司(以下简称港信公司)

原告龙大公司诉称:2003 年 3 月 10 日,原告将自己所有的 3 个集装箱货物烟胶交由沧海公司的"银虹"轮承运。3 月 13 日,"银虹"轮与港信公司的"穗港信 202"轮在广州港沙角对开水域发生碰撞,导致"银虹"轮及其所载货物沉没。沧海公司是"银虹"轮的船舶所有人和经营人,港信公司是"穗港信 202"轮的船舶所有人和经营人。船舶碰撞造成原告货物受损的损失 450 850 元,海口至上海的运费 9 150 元,鱼珠港港口处理费用 3 727.50 元,打捞保管费 14 797.83 元,检验费 3 135 元,申请扣押"穗港信 202"轮的申请费 5 000 元,执行费 5 000 元,申请冻结"银虹"轮保险理赔款的申请费 2 270 元,执行费 5 000 元,调查取证费 2 000 元,以及案件受理费及交通、电信、律师费等其他各

种费用共 600 000 元。请求法院判令两被告按其在船舶碰撞事故中应当承担的责任比例赔偿原告的损失 600 000 元及其利息,利息从 2003 年 3 月 14 日起算,到被告付清所有赔款时止,按年利率 5.49% 计算;确认原告的损失或费用具有船舶优先权;被告沧海公司承担财产保全所支付的申请费和执行费,被告港信公司承担诉前扣押"穗港信202"轮的申请费、执行费及诉讼中财产保全的申请费和执行费。

原告太保海南公司诉称:太保海南公司作为本次碰撞事故中龙大公司货物的海上保险人,已对上述货物因本次保险事故造成的损失作出了理赔,支付了保险赔偿金 500 063.52 元,取得对事故责任方的代位求偿权。请求法院判令两被告按其在"银虹"轮与"穗港信202"轮碰撞事故中应承担的责任比例赔偿太保海南公司 500 063.52 元及其利息,利息从 2003 年 6 月 30 日起算,按年利率 5.49% 计算至付清之日止;确认太保海南公司的海事请求具有船舶优先权;两被告按其责任比例承担龙大公司申请财产保全、申请证据调查支付的申请费、执行费,及太保海南公司为处理本次事故所支付的交通、电信、差旅费和律师费等费用,并由二被告承担本案诉讼费用。太保海南公司申请作为共同原告参加诉讼后,龙大公司对太保海南公司的诉讼请求及其所主张的事实和理由均予确认,并同意将其诉讼请求变更为太保海南公司已支付的赔偿金以外的部分。

被告沧海公司辩称:从广州 VTS 中心记录的"穗港信202"轮与"银虹"轮碰撞过程可见本次事故完全是"穗港信202"轮的单方过错造成的。珠江口进出港航道是狭水道,"穗港信202"轮靠近其左舷的外边缘航行,在航道中逆行,违反《1972 年国际海上避碰规则》的规定。"穗港信202"轮严重疏忽瞭望。事故发生地为广州港沙角 S9 锚地附近水域,属于广东省海事局划定的 2 号横越区。"穗港信202"轮在碰撞前后的航速均在 10 节以上,没有保持安全航速,违反《珠江口水域船舶安全航行规定》第 27 条的规定。该轮于 01:51 时航向变为 164°后,呈横越航道的态势,是让路船,但没有发现正常航行的"银虹"轮,也没有按规定鸣放声号,没有减速或向左转向,而是多次小角度朝着右前方的"银虹"轮转向,违反《珠江口水域船舶安全航行规定》第 26 条的规定,最终导致碰撞的发生。"穗港信202"轮满载吃水 3 米。但从海事局对船长高景智的调查笔录中可知该轮船艏吃水 3.5 米,船艉吃水 3.8 米。该轮严重超载,影响船舶操纵性能。港信公司提交的"穗港信202"轮船舶证书和船员证书是复印件,不能证明该轮具有合格的船舶证书和配备了合格的船员。该轮是不适航船舶。"银虹"轮在碰撞事故发生过程中没有过错。"银虹"轮事故航次没有超载。碰撞事故与该轮船员配备没有因果关系。该轮的《水上交通事故报告书》记录了初见"穗港信202"轮的情况,其观察数据和 VTS 中心的记录基本一致,表明"银虹"轮保持了正规瞭望,及早发现了来船。"银虹"轮初见"穗港信202"轮的时间为 01:35 时,距离为 2 海里,他船方位右舷前方 15°,航向 135°,航速 10 节。在该观测点上,两船没有碰撞危险。碰撞危险是由于"穗港信202"轮从 135°开始不断向右小角度转向并横越航道造成。"银虹"轮的航速在 7 节左右,没有违反《珠江口水域船舶安全航行规定》第 27 条关于安全航速的规定。"银虹"轮顺航道行驶,是直航船,应保持航向和航速。两船当时互为右前方,构成对驶格局,可以互为右舷通过。但"穗港信202"轮在"银虹"轮向其发出右舷会船的信号并减速后没有回应,反而在相距100米时突然右转向。此时碰撞已经不可避免,"银虹"轮为减少碰撞损失,只得向左转向,其行为符合《1972年国际海上避碰规则》第17条第2款的规定。原告龙大公司是货物的托运人而非收货人,为避免重复索赔,托运人即使是货物所有权人也无权向承运人索赔,故龙大公司不是适格的诉讼主体。龙大公司的损失没有足够的客观事实依据。龙大公司提供的货物残损商检报告的申请人不是龙大公司,商检方法不科学,只拆开两包检验,没有注明检验标准。龙大公司转卖受损货物没有同被告商量,也没有采取拍卖和竞买的方法以最大限度收回货物残值,减少损失,而是私自以低价变卖,不能证明原告货物损失数额是合理的。由于龙大公司无权索赔,太保海南公司的代位求偿权相应的也不能得到支持。太保海南公司向龙大公司支付保险赔偿金没有事实基础。龙大公司关于货物损失没有事实依据,太保海南公司相应的也没有事实依据。本次碰撞事故完全是港信公司的过错造成,责任应由港信公司全部承担。沧海公司应依法享受海事赔偿责任限制。

被告港信公司辩称:原告龙大公司没有同港信公司协商就低价将受损货物残值卖出,没有采取拍卖的方式,不能证明货物的合理损失。港信公司已向法院递交了设立海事赔偿责任限制基金的申请,港信公司应当享受海事赔偿责任限制。港信公司已适当配备船员,使船舶处于适航状态,在本次碰撞事故中没有过错。"银虹"轮本航次不适航。"银虹"轮所持有的船舶证书不符合国家检验规则的有关规定,其海上船舶吨位证书中缺乏对船舶有关容积的内容,其所持有的船舶检验证书簿2001年版比1998年版的内容作了毫无依据的变更,导致证书失效。1998年版船舶检验证书簿和2001年版船舶检验证书簿均没有V1、V2数据,湛江船检局明确指出沧海公司没有提供有效完整的图纸资料申请复核,没有V1、V2数据不能计算总吨位和净吨位。该船尺度、结构和空载排水量无任何改变的情况下满载排水量由1 271.09吨变更为1 787.29吨,载货量由500吨变更为1 000吨。故"银虹"轮的两个船舶检验证书簿均失效。该轮没有配备足额船员,按该轮《沿海船舶最低安全配员证书》规定最低配员为11人,按《船舶最低安全配员规则》规定最低配员为12人,而"银虹"轮本航次船上人员仅有9人或8人,至少缺少技工1名和GMDSS通用操作员。由于其配员不足,导致其驾驶台的操作指令未能及时得到机舱的响应,影响船舶避让而导致碰撞。"银虹"轮严重超载。该轮经核定的载重量只能装载集装箱39个,按每个13吨计算,不能超过507吨,但实际上其只装载了37个集装箱重量就已经达831.156吨。该轮超载达60%以上,严重影响了船舶的操作性能和稳性,以致无法采取有效避碰措施和碰撞后迅速沉没。"银虹"轮超越航区航行。该轮《沿海船舶最低安全配员证书》上记载的航区为"湛江至海南或珠江三角洲",即只能是"湛江至海南"或"湛江至珠江三角洲",而本航次"银虹"轮的航区为海南至黄埔,已超航区。该轮是沿着主航道右侧行驶,没有尽量靠近航道外缘行驶,严重违反了《1972年国际海上避碰规则》和《珠江口水域船舶安全航行规定》的规定。"银虹"轮没有使用安全航速,在碰撞前一瞬间仍以前进四的高速度行驶,航速7.3

节,加上流速则高达 10 多节。事故发生地点是川鼻水道,该区域没有实行强制航路和航线,根据《珠江口水域船舶安全航行规定》第 9 条的规定,两船相遇时,两船应各自向右转向。但雷达航迹图表明,该轮先是保向保速,最后则向左转向,违反了航行规章而导致碰撞。该轮在避让时采用左满舵,该轮被打捞出水后也显示是左满舵位置,其采取避碰措施不当。太保海南公司的代位求偿权基于龙大公司的索赔,龙大公司索赔的依据不足,故太保海南公司索赔也依据不足。即使太保海南公司有权索赔,也应当由被告沧海公司承担全部责任。若港信公司被判定向太保海南公司承担赔偿责任,也应享受海事赔偿责任限制。

二、法院查明事实

广州海事法院查明,2003 年 3 月 13 日,沧海公司的"银虹"轮与港信公司的"穗港信 202"轮在广州港沙角对开水域发生碰撞事故,导致"银虹"轮及其所载货物沉没。"银虹"轮所载货物的所有人之一林洪川另案对被告沧海公司和港信公司提起了诉讼。广州海事法院查明对该案作出了(2003)广海法初字第 246 号民事判决,该判决已发生法律效力。该判决查明:"银虹"轮是被告沧海公司所有并经营的集装箱船。该轮 2001 年版船舶检验证书簿的"船舶主要项目"中记载空载吃水 1.9 米,满载吃水 4.25 米,满载排水量 1 787.29 吨,参考载货量为 1 000 吨;其《海上船舶吨位证书》记载总吨位 480 吨,净吨位 272 吨。《沿海船舶最低安全配员证书》记载该船的最低安全配员为 11 人,分别为船长 1 人,轮机长 1 人,GMDSS 通用操作员 1 人,水手 2 人,机工 2 人,值班轮机员 2 人,值班驾驶员 2 人。发生事故的航次,"银虹"轮从海口新港码头起航前往广州黄埔外运码头,船上装载 37 个 20 英尺集装箱货物,共 831.156 吨。"银虹"轮在装载集装箱时依法核定的参考载货量为 1 000 吨,而该轮本航次实际装载 831.156 吨,并未超载。船上船员共 9 人,分别为船长李良同、大副吴柯清、二副吴珠远、轮机长陈作京、大管轮陈景活、二管轮陈尼曾、水手陈汝清、陈志毅和陈善交,没有达到规定的船舶最低配员标准。3 月 13 日凌晨,"银虹"轮船长李良同在驾驶台指挥航行进港,大副吴柯清操舵,水手陈善交协助瞭望,机舱值班员陈尼曾。"穗港信 202"轮是被告港信公司所有并经营的集装箱船,总吨 798 吨,净吨 446 吨,满载吃水 3 米,空载吃水 1.26 米,参考载货量 980 吨。该船《海上货船适航证书》记载被批准的航区为内河 A 级。该船的《内河船舶最低安全配员证书》核定的最低安全配员为 7 人,分别为船长 1 人,大副 1 人,二副 1 人,轮机长 1 人,水手 3 人。

发生事故航次,"穗港信 202"轮从广州黄埔开往香港,共载货 27 个 20 英尺集装箱和 14 个 40 英尺集装箱,货重 471.702 吨,没有超载。船上船员共 8 人,分别为船长高景智、大副李炽成、三副杨建秋、轮机长陈海朋、轮机员吴镜坤、水手陈灶华、唐增志、余玉根。该轮的《最低安全配员证书》核定的最低安全配员为 7 人,其中应配备二副 1 人,对三副没有规定必须配备。该轮本航次实际配备 8 人,其中三副 1 人,未配备二副。三副不能代替二副,应认为该轮所配船员缺少二副,配员不当。事故当时是船长高景智操舵,水手陈灶华协助瞭望。约01:53时两船发生碰撞。碰撞后约10分钟"银虹"轮沉没,所载货物全部落水。根据广州海事法院(2003)广海法初字第246号民事判决,在碰撞事故中,两船互有过失。"穗港信202"轮应承担60%的责任,而"银虹"轮应承担40%的责任。

另查明:2003年2月20日,原告龙大公司与远卓公司签订了《天然橡胶购销合同》,约定由龙大公司向远卓公司购买烟胶60吨,单价13 000元,总金额780 000元。龙大公司于3月7日支付了货款780 000元,将全部货款付清。远卓公司开具《收据》,确认收到全部货款780 000元。3月7日,龙大公司与上海沪巨联公司签订《购销合同》,由龙大公司将该批烟胶卖给沪巨联公司,总金额777 000元,由龙大公司负责安排运输及负担运费。3月10日,由海口金轮公司和沧海公司负责将龙大公司的烟胶装入集装箱,中国外轮理货总公司海口分公司对箱内所装烟胶的件数和重量进行了核对,结果为SYMU2006656箱内装394件,19.7吨;SYMU2004273箱内装406件,20.3吨;TEXU3620730箱内装400件,20吨。同日,上述货物装上"银虹"轮。"银虹"轮签发了0010616号运单,记载托运人龙大公司,收货人王强(后改为上海沪巨联公司),货物为烟胶。龙大公司支付了运费9150元。3月10日,龙大公司将0010616号运单项下3个集装箱的货物向太保海南公司投保,双方签署了第0021755号国内水路、陆路货物运输保险凭证,约定保险金额78万元,综合险。

碰撞事故发生后,由容奇公司和麻涌角尾起重打捞队(以下简称麻涌打捞队)对沉没的集装箱进行打捞。3月21日,龙大公司、太保海南公司、沧海公司及"银虹"轮上的其他货主在广州海事局沙角海事处签署《备忘录》,确认:当时共打捞起23个集装箱,每个集装箱打捞费9 300元(包括将已打捞上的货物装上接运船舶的费用),东莞打私办对23个集装箱的保管费用共计13 000元(包括继续看管5天的费用),每个集装箱平均打捞费和保管费为9 865.21元,由货主将该费用付至沙角海事处指定的银行账户;支付了打捞费和保管费后货主将受损货物存放在广州鱼珠码头,经广东省商检单位确定货物残值后再自行处理。3月22日,龙大公司向麻涌打捞队支付了3个集装箱货物打捞保管费14 797.83元,麻涌打捞队向龙大公司开具了《收款收据》。同日,龙大公司及其他货主与广州市三益船务货运有限公司(以下简称三益货运公司)签订《水路货物运输合同》,约定由三益货运公司将龙大公司等货主的19个集装箱从东莞打私办沙角水上扣押场运至广州黄埔鱼珠码头,运费7 980元,其中龙大公司应负担1 260元。该合同由沙角海事处作见证人。龙大公司于当日将其应当负担的运费1 260元支付给三益货运公司,三益货运公司开具了《收据》。

龙大公司向太保海南公司出具《委托书》,委托其向商检公司提出商检申请并支付商检费用。3月25日及28日,商检公司经太保海南公司申请,到鱼珠码头对龙大公司的3个集装箱中货物进行了残损鉴定,并于4月10日作出了《残损鉴定报告》,其上载明:商检公司检验人员逐一核对集装箱号及封条号,封条完好,集装箱号相符;开柜后发现柜内的烟胶已发白、发胀、发霉及发臭,经切割后检查包件之内部,发现河水已浸入其内部；经随机抽取代表性样品进行检测，发现其胶质已变硬、弹性及黏性均已减弱，呈现老化，其物理性能发生了较大的改变；水分等挥发物含量实测值（湿态全样）为5.92%，而标准要求为0.8%；鉴定结论为龙大公司的烟胶货物贬值约70%。3月28日和5月13日，太保海南公司代9位货主分别向商检公司支付了商检费5 000元和14 668元，合计商检费19 668元，其中代龙大公司支付的商检费为3 135元。4月21日，经龙大公司与沧海公司协商同意，由沧海公司将龙大公司的受损货物从广州黄埔港运回海口。4月23日，货物在海口交给龙大公司。同日，龙大公司与双龙公司签订《天然橡胶购销合同》，约定由龙大公司将受损的烟胶卖给双龙公司，总金额326 150元。4月29日，双龙公司向龙大公司银行账户支付了全部货款326 150元。3月21日，太保海南公司向广州海事局沙角海事处汇款64 123.83元，注明汇款用途为"施救"，其中代龙大公司支付的货物施救费及保管费为14 797.83元。3月23日，龙大公司与太保海南公司经协商签署了《付款委托及权益转让书》，双方确认因船舶碰撞产生了货物打捞费每个集装箱9 300元，货物保管费每个集装箱565.21元，由龙大公司向太保海南公司预借赔款14 797.83元支付该施救费用。6月29日，龙大公司与太保海南公司就烟胶达成《保险赔偿协议》，约定由太保海南公司向龙大公司支付保险赔款500 063.52元作为该保险凭证项下货物的全部保险赔偿；因太保海南公司已经代龙大公司支付了货物施救费及检验费等47 472.81元，扣除该施救及检验费后太保海南公司还应向龙大公司支付保险赔款452 590.71元。6月30日，太保海南公司通过交通银行转账支票向龙大公司支付了保险赔款452 590.71元。7月4日，龙大公司向太保海南公司出具了两张赔款收据，编号分别为2201316、2201528，其上载明收到的赔款数额分别为47 472.81元、452 590.71元。

龙大公司于3月18日向广州海事法院提出诉前海事请求保全申请，请求扣押港信公司的"穗港信202"轮，并责令港信公司提供80万元的担保。广州海事法院作出(2003)广海法保字第17-2民事裁定，准许龙大公司的申请，将"穗港信202"轮予以扣押。其后，港信公司申请将担保金额降低为58万元，龙大公司予以同意。广州海事法院作出(2003)广海法初字第247-14号民事裁定，将港信公司应提供担保的金额降低为58万元。9月3日，广州市商业银行天河支行为港信公司提供了58万元的信用担保，广州海事法院对"穗港信202"轮解除扣押。龙大公司于4月9日向广州海事法院申请财产保全，请求对沧海公司可能在太保海南公司取得的保险赔款进行保全。广州海事法院作出(2003)广海法初字第246号民事裁定书，责令被告沧海公司不得向太保海南公司支取"银虹"轮到期应得的保险理赔款，以350 000元为限，责令沧海公司向广州海事法院提供350 000元的担保。港信公司于3月20日向广州海事法院申请设立海事赔偿责任限制基金，广州海事法院依法发出通知及公告，龙大公司和沧海公司在收到通知之日起7日内对港信公司的申请提出了异议。广州海事法院作出(2003)广海法初字第180号民事裁定，准许港信公司在广州海事法院设立海事赔偿责任限制基金，基金数额为216 766计算单位。龙大公司和沧海公司不服该裁定，向广东省高级人民法院提起上诉。广东省高级人民法院作出(2003)粤高法立民终字第187号民事裁定,驳回上诉,维持原裁定。港信公司在广州海事法院设立了海事赔偿责任限制基金共1 980 000元人民币和73 203.52美元。

沧海公司于6月5日向广州海事法院申请设立海事赔偿责任限制基金,广州海事法院依法发出通知及公告,龙大公司和港信公司在收到通知之日起7日内对沧海公司的申请提出了异议。广州海事法院作出(2003)广海法初字第293号民事裁定,准许沧海公司设立海事赔偿责任限制基金,基金数额为83 500计算单位。龙大公司和港信公司不服该裁定,向广东省高级人民法院提起上诉。广东省高级人民法院作出(2003)粤高法立民终字第296号民事裁定,驳回上诉,维持原裁定。但沧海公司没有在广州海事法院设立海事赔偿责任限制基金。

三、法院裁判

广州海事法院认为,本案属船舶碰撞货损赔偿纠纷。碰撞事故造成龙大公司的损失,应由港信公司和沧海公司按照各自的船舶在碰撞事故中的过错责任比例分担。本案货物损失是与"穗港信202"轮和"银虹"轮营运直接相关的因船舶碰撞造成的财产损失,根据《中华人民共和国海商法》第207条的规定,港信公司和沧海公司可以享受海事赔偿责任限制。"银虹"轮虽然配员不足,但事故发生时有船长李良同在驾驶台指挥船舶进港,大副吴柯清操舵,陈善交协助瞭望,机舱值班员为陈尼曾,"银虹"轮配员不足和本次碰撞事故没有因果关系。"穗港信202"轮以三副代替二副属配员不当,但碰撞事故发生时船长高景智操舵,水手陈灶华瞭望,其配员不当和碰撞造成的损失没有因果关系。故损失不是港信公司或沧海公司的故意或明知可能造成损失而轻率地作为或不作为造成的,龙大公司和太保海南公司认为港信公司和沧海公司无权享受海事赔偿责任限制的主张没有事实和法律依据,不予支持。港信公司、沧海公司可依照广州海事法院(2003)广海法初字第246号民事判决确定的海事赔偿责任限额限制其赔偿责任。

船舶优先权应当通过法院扣押产生优先权的船舶行使。《中华人民共和国海商法》第29条第(一)项规定,具有船舶优先权的海事请求,优先权自产生之日起,满1年不行使的,其船舶优先权消灭。龙大公司或太保海南公司的海事请求权自"穗港信202"轮和"银虹"轮碰撞事故发生之日,即2003年3月13日产生,至今已超过1年。龙大公司、太保海南公司在1年内没有申请扣押"银虹"轮,以行使其对沧海公司的海事请求的船舶优先权,其船舶优先权已消灭,故太保海南公司对沧海公司的海事请求已经不能行使船舶优先权。

就龙大公司或太保海南公司的海事请求对"穗港信202"轮是否有船舶优先权,合议庭有不同意见。法院认为,龙大公司虽然曾申请扣押"穗港信202"轮,但港信公司已为本次船舶碰撞事故在广州海事法院设立了海事赔偿责任限制基金。根据《中华人民共和国海商法》第214条的规定,责任人设立责任限制基金后,向责任人提出请求的任何人都不得对责任人的任何财产行使任何权利。龙大公司或太保海南公司与本次事故有关的债权只能在该基金中受偿,不能再通过扣押船舶行使船舶优先权。对龙大公司和太保海南公司请求确认其海事请求具有船舶优先权的诉讼请求,应不予支持。广州海事法院认为,龙大公司或太保海南公司要求港信公司赔偿的损失,是沧海公司和港信公司所属的船舶发生碰撞造成的,属于船舶在营运中因侵权行为产生的财产赔偿请求。根据法律规定,龙大公司或太保海南公司的该项请求对港信公司具有船舶优先权。虽然港信公司已经设立了海事赔偿责任限制基金,原告不能再扣押港信公司的船舶,但是否具有船舶优先权与是否能实现船舶优先权是两个不同的法律问题,不能因原告无法实现船舶优先权而否定原告依法享有的权利。

依照《中华人民共和国海商法》第 169 条第 2 款、第 207 条、第 210 条第(二)项、第 214 条,《中华人民共和国海事诉讼特别程序法》第 93 条的规定,判决如下:

(1) 被告沧海公司赔偿原告太保海南公司损失 188 017.13 元及其利息,利息按中国人民银行规定的同期贷款利率计算,从 2003 年 7 月 1 日起计算到本判决指定的应付之日止;

(2) 被告沧海公司有权依照广州海事法院(2003)广海法初字第 246 号民事判决确定的海事赔偿责任限额限制其赔偿责任;

(3) 被告港信公司赔偿原告太保海南公司损失 282 025.70 元及其利息,利息按中国人民银行规定的同期贷款利率计算,从 2003 年 7 月 1 日起计算到本判决指定的应付之日止;

(4) 被告港信公司有权依照广州海事法院(2003)广海法初字第 246 号民事判决确定的海事赔偿责任限额限制其赔偿责任;

(5) 驳回原告太保海南公司的其他诉讼请求;

(6) 驳回原告龙大公司的诉讼请求。

16 原告中交第二航务工程勘察设计院与被告华通海运有限公司等船舶触碰损害赔偿纠纷案

案例来源:武汉海事法院(2005)武海法事字第 30 号
主题词:海事赔偿责任限制　重大过失　丧失责任限制

> **裁判要旨**
>
> **No. HS-7.3-20** 光船承租人承担相应的侵权责任,是基于其对船舶的经营、管理、控制行为与其在营运过程中造成的财产损失具有法律上的因果关系。因此,船舶触碰码头的侵权责任应由光船承租人负担。
>
> **No. HS-7.3-21** 海事赔偿责任限制主体在事故中有重大过失的,丧失责任限制权利。

一、基本案情

原告：中交第二航务工程勘察设计院（以下简称二航设计院）
被告：华通海运有限公司（以下简称华通公司）
被告：安徽省安庆振风海运有限公司（以下简称振风公司）
被告：安徽省安庆轮船有限公司（以下简称安庆公司）

原告二航设计院诉称，2005年5月3日，被告华通公司、振风公司所属和经营的巴拿马籍船舶"振风8"轮在行驶过程中，因驾驶台突然失电，造成船舶失控，撞上二航设计院正在施工的张家港保税区苏润国际贸易有限公司码头，造成二航设计院经济损失约750万元。根据《中华人民共和国海事诉讼特别程序法》和《中华人民共和国民事诉讼法》等有关规定，依法提起诉讼，请求法院依法判令支持二航设计院上述请求，以维护原告的合法权益。同时，二航设计院保留根据损失情况进一步索赔的权利。在码头损失评估报告出具后，原告二航设计院根据河海大学的检测评估报告主张损失为5 618 740元。其中，修复费用为4 718 740元，延期竣工损失为900 000元，即原告每天对发包方承担1万元的损失，以3个月计算为900 000元。

被告华通公司未提交书面答辩状，其口头辩称，二航设计院不是适格的主体；码头受损是意外事故，而非人为所致，不应承担赔偿责任；华通公司不是船舶所有人，而是光船承租人，不应承担赔偿责任；二航设计院主张750万元损失，没有事实和法律依据。华通公司同时主张其有权享受海事赔偿责任限制，限制赔偿数额。

被告振风公司未提交书面答辩状，其口头辩称，其已经被安庆市工商行政机关吊销营业执照，不能成为案件当事人；二航设计院主张振风公司是船舶经营人，没有证据证明，故不应承担法律责任。

被告安庆公司未提交书面答辩状，其口头辩称，其与案件没有利害关系，不是适格的主体，不应承担法律责任。

二、法院查明事实

武汉海事法院认定以下案件事实：2004年4月26日，原告二航设计院与张家港保税区苏润国际贸易有限公司签订《施工总承包合同》，约定由二航设计院负责涉案码头的总承包施工。合同约定工程总价款、付款方式、违约责任等。合同特别约定"施工中的工程损失由乙方负责""本工程竣工验收之前，乙方具有照看和维护的责任，其产品价值归乙方所有""合同约定竣工通过验收时间推迟一天，对承包商罚款10 000元"。同年7月8日，原告二航设计院委托中港第一航务工程局第一工程公司负责其中施工部分，并订有《合同协议书》。

2005年5月3日17:00时，空载航行的"振风8"轮在航行经过张家港福姜沙南水道长江51号浮附近水域时，驾驶台突然失电，造成船舶失控，船艏左侧触碰南岸原告方正在施工中的码头，造成码头受损。同年5月底，原告二航设计院和被告华通公司共同委托河海大学对码头受损情况予以评估。河海大学于同年 7 月出具《张家港保税区苏润国际贸易有限公司码头船舶撞击损伤与评估报告》，涉案码头损伤修复费用为 4718740 元，其中不包括修复过程中横梁凿除可能引起的基桩损伤；码头修复施工期约 3 个月，不包括施工准备时间和后期码头面现浇砼施工期间。2005 年 5 月 12 日，张家港海事局签发《水上交通事故调查处理通知书》。通知书中列明苏润码头业主张家港保税区苏润国际贸易有限公司，"振风 8"轮船舶所有人华通公司（振风公司），船舶经营人青岛华通海运有限公司。张家港海事局分析事故原因："振风 8"轮线路短路，跳闸后导致驾驶台操纵设备失电，船舶失控是事故发生的主要原因；紧急情况下，"振风 8"轮船员在机舱用车时操作不当是导致事故发生的直接原因；"振风 8"轮在开航前，未能对汽笛等航行设备进行全面、细致地检查，及时发现事故隐患，是导致事故发生的间接原因；"振风 8"轮为双车双舵型船舶，在紧急情况下，引航员、船长发出的指令不明确也是导致事故发生的原因之一。张家港海事局认定"振风 8"轮负事故的全部责任。另外，各方当事人当庭认为船舶经营人并非青岛华通海运有限公司，而是华通公司。另查明，"振风 8"轮于 1993 年 6 月 8 日在船舶登记机关办理船舶所有权登记，所有权人安庆公司。2000 年 12 月 15 日，安庆公司将"振风 8"轮登记为伯利兹国籍，登记所有人为宛平船运公司（WAN PING SHIPPING CO.，LTD），光船租赁给 SEMYUNG SHIPPING CO.，LTD，证书有效期至 2006 年 10 月 4 日。2003 年 12 月 13 日，安庆公司又将涉案船舶"振风 8"轮以光船租赁给香港惠通船运有限公司。后安庆公司欲改制，双方提前终止光船租赁协议并于 2004 年 11 月 12 日交接船舶。

2004 年 10 月 13 日，安庆公司与大连泛达船务代理有限公司（以下简称泛达公司，其与华通公司的法定代表人均为王中华）签订了船舶买卖合同，约定安庆公司将"振风 8"轮卖给泛达公司，泛达公司向振风公司支付了购船款。同年 11 月 10 日，振风公司与泛达公司签订《补充协议》，约定振风公司（卖方）在接到泛达公司（买方）书面的正式通知后，按通知内容，尽快办理"振风 8"轮原所有权的注销工作，协助买方重新登记，并提供买方重新注册所需的单据及相关文件。在双方完成船舶所有权转移之前，卖方将"振风 8"轮原船舶所有权证书交给买方，卖方保证在此期间，非经买方同意，不对该轮的所有权办理转移，不进行债务抵押及租赁。协议还约定：该轮现有"船舶保险一切险附加战争险"及买方办理的 PNI（保赔险），在船舶所有权转移之前，仍以卖方名义投保，保费由买方支付。"振风 8"轮在中国太平洋财产保险股份有限公司安庆中心支公司投保船舶保险一切险附加战争险。保险期限为 2004 年 5 月 20 日零时起至 2005 年 5 月 19 日 24 时止。被保险人为安庆公司。同年 11 月 14 日，安庆公司与泛达公司在浙江乍浦港完成船舶交接。2005 年 1 月 6 日，泛达公司按照振风公司的要求支付了 2004 年 12 月至 2005 年 5 月期间的保险费 20205 元。

同年 2 月 16 日，泛达公司与华通公司将光船租赁合同改签为光船租购合同，约定由泛达公司将伯利兹籍"振风 8"轮以租购形式出租给华通公司，租期两年，租期届满，船舶所有权转移给被告华通公司。合同还约定，双方同意将"振风 8"轮改为"巴拿马"

籍,船舶原国籍的注销由船东负责。同年2月25日,安庆公司与泛达公司在江苏海事局办理了"振风8"轮所有权注销登记,同时办理安庆公司与香港惠通船运有限公司的光船租赁注销登记。双方约定注销登记证书由买方泛达公司直接领取。同年3月18日,根据华通公司与泛达公司的光船租购合同,"振风8"轮在巴拿马登记机关进行国籍登记,登记船东为华通公司,有效期至2009年3月17日。还查明,2001年8月8日,安庆公司与自然人李张勤共同出资成立振风公司,约定安庆公司以"振风1""振风2"和"振风8"三艘船舶折合资金为811.50万元出资;自然人李张勤以现金30万元出资。但是,安庆公司并未将"振风8"轮所有权转移给振风公司。2002年7月4日,安庆市工商行政管理局对振风公司进行行政处罚并责令振风公司限期办理"振风8"轮所有权转移手续;但是,安庆公司仍未办理该轮所有权转移手续。2004年12月27日,安庆市工商行政管理局又吊销振风公司《法人营业执照》。但是,振风公司的出资人未对振风公司予以清算。

三、法院裁判

武汉海事法院认为,本案系船舶触碰码头损害赔偿纠纷。根据《中华人民共和国民事诉讼法》第243条的规定,武汉海事法院依据扣押财产、侵权行为地在张家港港取得管辖权。根据《中华人民共和国民法通则》第146条的规定,本起事故发生在中华人民共和国张家港水域内,应适用侵权行为地法即中国法律。最高人民法院《关于印发〈第二次全国涉外商事海事审判工作会议纪要〉的通知》第129条规定,船舶触碰造成损害引起的侵权纠纷案件,适用《中华人民共和国民法通则》确定各方当事人的权利义务,适用最高人民法院《关于审理船舶碰撞和触碰案件财产损害赔偿的规定》确定损害赔偿责任范围。根据我国民事法律规定,构成侵权行为的民事责任需具备四个条件:一是行为的违法性;二是损害事实发生;三是因果关系;四是主观过错。原告二航设计院提供的海事局事故调查认定书、河海大学的评估报告等可以证明侵权行为成立。本案关键是侵权责任主体的认定问题。

关于侵权责任主体的认定,主要应当考查行为人的侵权行为与损害结果之间的因果关系。《关于印发〈第二次全国涉外商事海事审判工作会议纪要〉的通知》第130条规定,船舶所有人对船舶碰撞负有责任,船舶被光船租赁且依法登记的除外。该条规定同样应当适用于船舶触碰情形。依据"振风8"轮巴拿马国籍登记证书上登记,华通公司为船舶所有人。华通公司主张其实际是光船承租人,依据巴拿马国法律将光船承租人登记为船舶所有人,并提供"振风8"轮的买卖合同及租购合同等证据为证。但是,华通公司没有提供巴拿马国船舶登记有关法律以及可以将光船承租人登记为船舶所有人的相关规定;同时,没有提供"振风8"轮的其他所有权登记证明,"振风8"轮的权属不确定。而根据我国船舶登记制度有关"船舶所有权、光船租赁权的设定、转移和消灭应当登记"的规定,华通公司提供的证据并不能推翻船舶登记证书的效力。

同时,根据我国关于光船租赁制度的有关法律规定,光船承租人对船舶享有占有、使用、营运的权利,也负有安全监督管理的义务。《关于印发〈第二次全国涉外商事海事审判工作会议纪要〉的通知》第 130 条规定,在有光船租赁的情况下,船舶所有人责任除外。故我国法律规定光船承租人承担相应的侵权责任,是基于其对船舶的经营、管理、控制行为与其在营运过程中造成的财产损失具有法律上的因果关系。本案中各方当事人对华通公司为实际光船承租人的身份及实际经营、管理该轮的事实并无异议,在各方当事人没有提供"振风 8"轮其他合法有效的光船租赁权、所有权登记证据予以反驳的情况下,华通公司作为登记船舶所有人及实际占有、使用、营运的权利人,应对船舶在营运过程中所造成的损失承担民事责任。同时,华通公司承担民事责任后,并不影响其向其他对事故负有责任的主体的追偿。安庆公司依法转让"振风 8"轮,并办理该轮船舶所有权注销登记后,应当产生相应的法律效力。张家港海事局在调查事故认定书中认定振风公司是船舶所有人,缺乏事实依据,不足采信。安庆公司、振风公司不是"振风 8"轮的所有人、经营人或者管理人,与船舶触碰码头的侵权行为没有因果关系,且对船舶触碰码头没有过失,不应对码头触碰损失承担民事责任。

原告二航设计院的海事请求,依据《中华人民共和国海商法》的规定,具有船舶优先权。原告二航设计院主张被告华通公司承担码头损失的诉讼请求,具有事实依据,符合法律规定,武汉海事法院予以保护。码头损失评估报告系二航设计院和华通公司共同委托河海大学所作,在没有其他证据予以反驳的情况下,该报告具有证明效力。损失包括直接损失和间接损失,原告二航设计院以河海大学评估的修复费用 4 718 740 元作为直接损失,符合法律规定,武汉海事法院予以保护;其主张延期竣工损失为 900 000 元,系对发包方承担的违约损失,应当作为合理的间接损失,武汉海事法院予以保护。二航设计院引用张家港海事局在调查事故认定书中的结论,认定振风公司是船舶所有人,缺乏事实依据,不足采信;二航设计院主张振风公司、安庆公司作为船舶经营人和实际控制人,应当对船舶营运过程中造成的财产损失承担赔偿责任,但是没有提供相应的证据证明,武汉海事法院不予支持。被告华通公司主张原告二航设计院不是适格的主体,与事实不符,武汉海事法院不予支持。被告华通公司认为码头受损是意外事故,不应承担赔偿责任,没有事实和法律依据,武汉海事法院不予支持。依据《中华人民共和国海商法》第 209 条的规定,责任限制主体在事故中有重大过失的,丧失责任限制权利。本案华通公司尽管具备责任限制主体资格,但在事故中具有重大过失,不能享受海事赔偿责任限制权利。华通公司主张享受海事赔偿责任限制权利,缺乏事实和法律依据,武汉海事法院不予支持。

综上,华通公司对事故损害应当承担损害赔偿责任,安庆公司、振风公司对事故损害不承担损害赔偿责任。依据《中华人民共和国民事诉讼法》第 128 条、《中华人民共和国民法通则》第 117 条第 2 款、《中华人民共和国海商法》第 209 条之规定,判决如下:

(1)被告华通海运有限公司赔偿原告中交第二航务工程勘察设计院船舶触碰码头修复费用损失 4 718 740 元;

海事赔偿责任限制·重大过失·丧失责任限制

（2）被告华通海运有限公司赔偿原告中交第二航务工程勘察设计院船舶触碰码头停工损失900 000元；

（3）驳回原告中交第二航务工程勘察设计院对安徽省安庆振风海运有限公司的诉讼请求；

（4）驳回原告中交第二航务工程勘察设计院对安徽省安庆轮船有限公司的诉讼请求。

17 上诉人福建省泉州市丰泽船务有限公司与被上诉人南京兴安航运有限公司船舶碰撞损害赔偿纠纷案

案例来源：福建省高级人民法院(2009)闽民终字第655号
主题词：船舶配员不足　因果关系　丧失责任限制

裁判要旨

No. HS-7.3-22　船舶所有人是最低安全配员的责任人，其不仅有为船舶配备合格船员、履行安全配员的法定义务，而且对船员的配备情况也应当是知情的。船舶没有履行最低安全配员的法定义务，而碰撞事故的发生又与船舶船员不适任、配员严重不足有因果关系，则该事故属于责任人的故意或者明知可能造成损失而轻率地作为或者不作为造成，责任人无权依照规定限制赔偿责任。

一、基本案情

上诉人（原审原告）：福建省泉州市丰泽船务有限公司（以下简称丰泽公司）

被上诉人（原审被告）：南京兴安航运有限公司（以下简称兴安公司）

厦门海事法院原审查明：2007年5月19日，"兴安"轮承载1 350吨磁土由广东新会港驶往厦门莲河。5月27日约06：50时，"泉丰369"轮承载1 680吨石板材由福建泉州港石井港区驶往江苏镇江港。5月27日08：38时左右，两轮在福建泉州围头湾内水域发生碰撞，事故造成"泉丰369"轮沉没，5名船员死亡，"兴安"轮船艏受损。2008年1月23日，泉州海事局作出《"兴安"轮与"泉丰369"轮碰撞事故调查结论》（以下简称《调查结论》），该调查报告对事故原因进行分析，认为"兴安"轮：① 船员配员不足；② 当班驾驶员不适任，导致未能在两船构成碰撞危险局面的情况下采取有效的避碰措施，与造成该起事故有直接的因果关系，也是导致本起事故发生的重要原因；③ 瞭望疏忽；④ 未使用安全航速；⑤ 未鸣放雾号；⑥ 未进行航线设计及航行记录。"泉丰369"轮：① 瞭望疏忽；② 未使用安全航速；③ 未鸣放雾号；④ 避让措施不当，在能见度不良的情况下未极其谨慎地驾驶，盲目地对正横前来船采取向左转向。综合事故原因，认定本事故是一起在能见度不良的情况下发生的海上交通责任事故，碰撞紧迫局面是由于两船的人为过失共同造成的，"兴安"轮过失较大，应负本起事故的主要责任，"泉丰

369"轮负次要责任。同时,泉州海事局在对船公司安全管理基本情况调查中发现,事故发生前10多天,"兴安"轮船员进行更换,但未将更换后的船舶配员和船员持证情况报告公司,导致兴安公司未能掌握"兴安"轮的配员和船员持证情况。

2007年6月29日,经泉州海事局见证,丰泽公司与兴安公司签订一份《关于共同处理海事事故及赔偿的协议》,双方就船舶碰撞的赔偿及处理费用,达成协议:① 双方同意一次性共同赔偿每位遇难船员家属35万元,5位遇难船员共计175万元,该款项包括丧葬费、抚养费、死亡赔偿金、家属处理事故发生的费用等一切法定赔偿款项;② 双方确认福建海洋联合工程有限公司对"泉丰369"轮抽油工程款25万元;③ 尸体打捞费、油口封堵、沉船测量等费用为12万元;④ 安置死者家属的差旅费、食宿费及尸体搬运费为13万元。2007年9月29日,丰泽公司、兴安公司与福建联合海洋工程有限公司签订《"泉丰369"轮清障打捞合同》及关于该合同工程款的补充协议,三方约定在船体残骸归福建联合海洋工程有限公司所有的基础上,工程费用为50万元;前述工程费在事故责任认定后,按该事故的责任比例由丰泽公司、兴安公司进行实际分摊。之后,丰泽公司分两期支付了打捞工程费共计175 000元,最后一期付款时间是2007年11月5日。此外,本案中还支出沉船抽油费250 000元,双方均各付一半。

2008年5月16日,在原审法院主持下,双方就部分费用进行确认,兴安公司对丰泽公司已支付的费用或损失无异议的有:① 船员安置费21 000元;② 抽油费125 000元;③ 机油、柴油损失81 900元;④ 尸体打捞、油口封堵、沉船测量费用120 000元;⑤ 船员个人物资损失32 497元;⑥ 淡水费500元;⑦ 沉船打捞费175 000元;⑧ 安置死者家属差旅费、食宿费及尸体搬运费130 000元。根据原审已生效的(2008)厦海法事初字第74号民事调解书,本案船舶碰撞双方当事人在泉州海事局事故调查结论的基础上,确认丰泽公司承担案涉事故损失费用的35%,兴安公司承担案涉事故损失费用的65%。还查明,"泉丰369"轮为钢质干货船,总吨960吨,适航水域为近海,船舶所有权人、经营人为丰泽公司。"兴安"轮为普通钢质货船,总吨885吨,适航水域为近海(内河A、B),船舶所有权人、经营人为兴安公司。应丰泽公司申请,原审于2007年5月20日作出(2007)厦海法保字第17号诉前财产保全的民事裁定,对兴安公司价值800万元的财产采取保全措施。

二、一审裁判

原审认为,本案是一起船舶碰撞财产损害赔偿纠纷。当事船舶总吨位均在20总吨以上,碰撞事故发生在福建泉州围头湾内水域,属于《中华人民共和国海商法》第165条规定的船舶范畴,本案应当适用《中华人民共和国海商法》进行审理。本案争议的焦点在于:关于兴安公司能否享受海事赔偿责任限制。

原审认为,丰泽公司的主张系"兴安"轮船舶营运直接相关的因船舶碰撞造成的财产赔偿请求,《中华人民共和国海商法》作为调整海上运输关系和船舶关系的特别法律,对海事赔偿责任限制作了明确的规定,根据该法第207条、第208条的规定,本案的赔偿请求应属于限制性债权,兴安公司作为船舶所有人、经营人有权对提起索赔的丰泽公司以海事赔偿责任限制进行抗辩。案涉船舶碰撞事故系因碰撞双方的共同过错所致,根据《中华人民共和国海商法》第209条的规定,责任人丧失海事赔偿责任限制的条件为:经证明,损失是由于责任人的故意或者明知可能造成损失而轻率地作为或者不作为造成的。根据查明的事实可知碰撞事故发生的重要原因是"兴安"轮当班驾驶员不适任所致,可认定为船员轻率地作为或不作为造成的。根据泉州海事局的事故调查报告记载,事故发生前10多天,"兴安"轮船员进行更换,但未将更换后的船舶配员和船员持证情况报告兴安公司,导致该司未能掌握"兴安"轮的配员和船员持证情况。上述事实表明兴安公司虽为船员的雇主,但其本人并没有此种作为或不作为,即作为被告的兴安公司并未具有相同的主观过错,故其仍可依据《中华人民共和国海商法》第209条的规定限制赔偿责任。

综上,根据《中华人民共和国海商法》第169条第1款的规定,"船舶发生碰撞,碰撞的船舶互有过失的,各船按照过失程度的比例负赔偿责任"。兴安公司作为"兴安"轮的船舶所有人、经营人,依法应对其被管理人和雇员的过错给丰泽公司造成的损失承担赔偿责任。本案中,"兴安"轮承担65%的碰撞责任,据此,兴安公司应赔偿丰泽公司各项损失共计177 833.05元。同时,现有证据不能成就《中华人民共和国海商法》第209条所规定的事实要件,丰泽公司也未就兴安公司具有丧失限制责任的作为或不作为作进一步的举证,故兴安公司依法享有限制赔偿责任的权利,丰泽公司的上述债权应在其所能享受的海事赔偿责任限额内受偿。

三、上诉与答辩

丰泽公司不服一审判决,向福建省高级人民法院提起上诉称:被上诉人所属"兴安"轮完全不适航,一审认定被上诉人享受海事赔偿责任限制,于法、于理、于情相悖。① 根据《国内水路货物运输规则》的规定,妥善配备船员是承运人的绝对的法定义务,是船舶适航的构成要件。"兴安"轮9名船员只有3名持有适任证书,其他均没有适任证书,不适航,对此被上诉人明知可能造成损失而轻率地不作为,被上诉人无权限制海事赔偿责任。② 被上诉人对"兴安"轮配备不合格船员不可能不知道,至少船长是谁是明知的,而这个船长就是造成船舶碰撞的不适任驾驶员。被上诉人作为船舶所有人和经营人有过错。③ 被上诉人未掌握"兴安"轮配员和船员持证情况也是其疏于船舶管理的严重失职行为。《调查结论》记载的事故发生前10多天,"兴安"轮未将更换后的配员和船员持证情况报告兴安公司,导致该公司未能掌握相应情况,不是海事局认定的最终结论,该记载不能得出被上诉人不具有主观过错的结论。而《调查结论》"公司未能掌握'兴安'轮的配员和船员持证情况"是被上诉人对船舶疏于管理的具体体现,足以证明被上诉人"对未能掌握兴安轮的配员和船员持证情况"是有过错的。另外,《水上交通安全管理建议书》第2条记载,被上诉人对于船舶安全管理的严重失职可能造成的损失是明知的,原审认定被上诉人不具有主观过错,可限制赔偿责任是没有法律依据的。④ 如果以被上诉人未能掌握船舶的配员和船员持证情况为由限制其海事赔偿责任,那么船舶所有人和经营人必将人人效仿,船东将无视船舶的安全管理,海上事故只会有增无减,此判决对航运界将产生严重的负面影响。⑤《中华人民共和国海商法》第 207 条未将沉船沉物清除打捞费用之赔偿请求列入可以限制赔偿责任的范围,因此,即使被上诉人能享受责任限制,打捞费、抽油费、封堵油口、测定船位等费用也不属于可以限制责任之列。

兴安公司庭审中答辩称:

(1) 上诉人认为"兴安"轮不适航、不应享有海事赔偿责任限制的观点是错误的。一审判决其有权享有海事赔偿责任限制,完全符合《中华人民共和国海商法》的规定。

(2) 一审认定的损失符合法律规定。被上诉人认为上诉人一审提供的证据 18、19、20 并非物料和备件损失;上诉人主张的 5 月份工资不在赔偿范围;船舶损失的赔偿不包含船舶备用金;船期损失,上诉人无法证明其真实性。

(3) 一审认定两船碰撞责任并无不当。请求二审维持原判。

二审庭审中,丰泽公司提交一份大连海事大学咨询项目负责人初北平出具的"关于'兴安'轮船东在'兴安'轮与'泉丰 369'轮碰撞索赔中能否援引海事赔偿责任限制的法律咨询意见书",兴安公司提交一份"船舶委托经营管理合同"。

四、二审裁判

福建省高级人民法院认为,丰泽公司提交的法律咨询意见书,实际上是出具意见书人对委托咨询问题发表的个人看法和观点,不是证据,不能作为本案证据采信。对补充证据,部分是复印件,因与银行分户明细账相吻合,真实性可予以确认。兴安公司提交的"船舶委托经营管理合同"不是原件,真实性无法确认;即便真实性可以确认,兴安公司也是"兴安"轮的经营人和管理人。根据丰泽公司的书面申请,福建省高级人民法院向泉州海事局调取了"兴安"轮的船舶最低安全配员证书、2007 年 5 月 19 日"兴安"轮的船舶进/出港签证报告单、船员的证书、水上交通事故调查询问笔录等。对此,丰泽公司质证称:对调取资料的真实性没有异议。① 从时间上,船员上船的时间均在碰撞前的 1 个多月,王企文、王财瑞、王企仁在事发前 2 个月就在船上,恰此 3 人当时在驾驶台上,正是他们造成事故的发生,船员更换之说不成立。② 关于人员数量,从报告看是 9 名,而实际出港登记是 12 名,基本上不存在更换的情形。③ 王企仁说是南京公司派其上船,其在驾驶台,船实际上是王企仁指挥,证明兴安公司让不合格的人担任船长。④ 笔录中未看到"船员更换"的字眼与陈述,相反,明确了兴安公司没有前船员的档案,再次说明兴安公司未履行安全管理责任,委派适任船员。⑤ 海事报告查明船上没有备日志等,恰是公司无安全管理及相应的日志,是事故发生的重要原因,兴安公司不应当享受责任限制。

兴安公司对调取资料的真实性、关联性均无异议,并质证称:船舶买卖有个交船过程,所有人在广州开船前交船了,即便有几个船员在船上,也不影响船的买卖,不构成船舶适航与否的证明。关于航海日志，正常是有，但日志与发生碰撞无必然关联性，海事局的报告完全可以采信，尤其是船员更换情况，公司确是不知情。船舶是魏同俊挂靠在兴安公司名下，后转让给王企仁，之后再配备或更换，公司不知这些事实，而这些不影响公司对限制责任的享受。福建省高级人民法院认为，福建省高级人民法院向泉州海事局调取的证据材料，可以作为证据采信。据此，经审理查明，原审查明的事实基本属实，福建省高级人民法院予以确认。

关于兴安公司是否有权享受海事赔偿责任限制，福建省高级人民法院认为，泉州海事局是"泉丰369"轮与"兴安"轮碰撞事故的职能调查机关，在没有相反证据足以推翻的情况下，该局出具的《调查结论》应作为认定碰撞事故经过、原因及碰撞事故责任的依据。

第一，《调查结论》认定：兴安公司是"兴安"轮事故发生时的所有人、经营人和管理公司，对此福建省高级人民法院予以确认。

第二，《调查结论》认定，在本事故航次中，"兴安"轮仅有轮机长、大管轮持有合格的适任证书，1名驾驶人员持有500总吨以下的船长适任证书，其他船员均未持有船员适任证书，船员配备严重不符合配员规则要求；本航次出港签证报告单上的12名船员只有3人在船；当班驾驶员不适任，导致未能在两船构成碰撞危险局面的情况下采取有效的避碰措施，与造成该起事故有直接的因果关系，也是导致本起事故发生的重要原因。由此可见，"兴安"轮的船员不适任、配员严重不足，与碰撞事故的发生有因果关系。

第三，《中华人民共和国船舶最低安全配员规则》第5条规定：船舶所有人（或者其船舶经营人、船舶管理人，下同）应当按照本规则的要求，为所属船舶配备合格的船员，但是并不免除船舶所有人为保证船舶安全航行和作业增加必要船员的责任。据此，兴安公司是"兴安"轮最低安全配员的责任人，其不仅有为该轮配备合格船员、履行安全配员的法定义务，而且对船员的配备情况也应当是知情的。

第四，本案中，兴安公司没有履行最低安全配员的法定义务，而碰撞事故的发生又与"兴安"轮船员不适任、配员严重不足有因果关系，根据《中华人民共和国海商法》第209条"经证明，引起赔偿请求的损失是由于责任人的故意或者明知可能造成损失而轻率地作为或者不作为造成的，责任人无权依照本章规定限制赔偿责任"的规定，兴安公司作为责任人在本次船舶碰撞事故中无权享受海事赔偿责任限制。

第五，兴安公司称"兴安"轮在事故发生前10多天，该轮进行转让，公司对船员的更换情况不知情，该公司有权享受责任限制。

福建省高级人民法院认为，该理由不能成立。首先，兴安公司没有证据证明该轮进行转让；其次，即便该轮在事故发生10多天前进行转让，但在事故发生航次，尚未依法变更登记，在法律上兴安公司仍是"兴安"轮的责任人，有义务和责任掌控该轮的船员配备以及更换情况。如果兴安公司未能掌握"兴安"轮的配员和船员持证情况，则是兴安公司疏于船舶的安全监督管理和未能有效监控该轮的安全配员，也说明兴安公司漠视船舶的安全问题,是对碰撞事故发生的放任,仍属于《中华人民共和国海商法》第209条规定的情形,不能享受海事赔偿责任限制。一审法院以"兴安"轮船员进行更换,导致兴安公司未能掌握该轮的配员和船员持证情况,兴安公司未具有主观过错,认定该公司可依据《中华人民共和国海商法》第209条的规定限制赔偿责任错误,应予纠正。丰泽公司关于兴安公司无权享受海事赔偿责任限制的上诉请求应予支持。

综上,丰泽公司关于兴安公司在本次事故中不能享受海事赔偿责任限制的上诉请求,予以支持。依照《中华人民共和国海商法》第169条、第209条,《中华人民共和国民事诉讼法》第64条、第153条第1款第(三)项之规定,判决如下:

被上诉人南京兴安航运有限公司无权享受海事赔偿责任限制。

18 原告祝峰与被告福州明发船务有限公司海上货物运输合同纠纷案

案例来源:厦门海事法院(2010)厦海法商初字第6号
主题词:海事赔偿责任限制　船舶操纵不当　故意或者明知　丧失责任限制

> **裁判要旨**
>
> **No. HS-7.3-23**　责任人丧失海事赔偿责任限制的条件为:经证明,损失是由于责任人的故意或者明知可能造成损失而轻率地作为或者不作为造成的。船舶海损事故是恶劣海况和船舶操纵不当,以及该轮未充分考虑集装箱船舶装载特点所致。但这些原因不足以认定责任人对本起海损事故存在"故意或者明知"的主观过错的,不影响责任人享受海事赔偿责任限制。

一、基本案情

原告:祝峰

被告:福州明发船务有限公司(以下简称明发公司)

原告祝峰诉称,2008年11月1日,明发公司所有的"新明发17"轮发生事故沉没,导致原告托运的货物全部随船沉没,由此造成经济损失共计318 080元(人民币,下同)。原告认为,"新明发17"轮离港前海上有大风、浪,但仍然出港,导致船舶还未驶出航道就沉没的事实。因此被告明发公司无权享受海事赔偿责任限制。为此,请求法院:判令被告向原告赔偿货物损失318 080元;判令被告承担诉讼费用及申请债权登记费用。

二、法院查明事实

厦门海事法院查明:2008年11月1日,营口天运捷物流有限公司沈阳办事处将其代理运输的4个20GP的集装箱货物装上被告所有的"新明发17"轮。被告明发公司于当日签发了编号分别为MF17YKHP080342-3、MF17YKHP080342-4的两份《国内水路集装箱货物运单》(以下简称运单)。两份运单上均记载发货人为李江,收货人为佛山市顺德区一通物流有限公司;服务要求为 CY-CY(即场到场);货名为大米;船名航次为新明发 17/0811S,始发港营口,目的港黄埔;承运人栏中盖有"福州明发船务有限公司营口办业务专用章"的印章。其中 MF17YKHP080342-3 运单记载承运两个集装箱,集装箱编号分别为 TGHU 3248153、GESU3445967,重量 28 000 KG/箱。MF17YKHP080342-4 运单记载承运两个集装箱,集装箱编号分别为 GESU 3582656、TGHU1060510,重量 28 000 KG/箱。

2008 年 11 月 1 日 09:30 时左右,"新明发 17"轮装载包括祝峰托运的货物等 146 个集装箱离开营口鲅鱼圈驶往广州黄埔港,"新明发 17"轮航行到营口鲅鱼圈港区航道 11 号灯浮转向驶离航道,转向后航向 251 度,航速 9.5 节,当时西南风 7 级,浪高 3 米左右。此后风力不断增大,风力达到 8 级,该轮逐渐改变航向、降低航速。11:47 时,改驶航向 215 度,航速 6.5 节,船舶摇摆剧烈,航行困难,船长决定返航到营口鲅鱼圈港区锚地抛锚,并通过 VHF69 频道报告营口海事局 VTS 中心。12:04 时,航向 211 度,航速约 7 节,同时开始转向,12:08 时,航向转至 040 度,航速约 7 节,继续航行。约 20 分钟后,"新明发 17"轮与出港船"兴宁 1"轮相遇,双方用 VHF 甚高频联系同意绿灯会船。约 12:30 时,"新明发 17"轮航向 038 度,航速 8.3 节;"兴宁 1"轮航向 232 度,航速 8 节,位于"新明发 17"轮右舷 15 度,距离约 2 海里处,两船处于交叉相遇状态。"新明发 17"轮开始时用左舵 10 度向左转向避让,由于转向慢,随后用左满舵加快转向,随即在大风浪的作用下,突然左倾,并且左倾不断加大,当时前进三航行,航速 9 节,航向约 026 度,当船舶左倾近 10 度时,立即用右满舵向右转向企图减轻船的左倾,但并没有减轻船舶的左倾趋势。当船舶左倾到 30 度时,发出弃船警报。12:39 时,"新明发 17"轮向营口海事局 VTS 中心报告并请求救助。12:40 时,营口海事局 VTS 中心呼叫未得到回答。13:00 时,"兴宁 1"轮向营口海事局 VTS 中心报告"新明发 17"轮已沉没。

根据营口海事局作出的《"新明发 17"轮沉没事故调查报告》(以下简称《调查报告》),"新明发 17"轮本航次共载运 20 英尺集装箱 134 个和 40 英尺集装箱 12 个。箱内载货绝大部分为非矿和粮食,只有 3 个 40 英尺箱子装载塑料颗粒,2 个 40 英尺箱子装载木板,没有危险品,总重量 4 303.6 吨。其中有 120 个 20 英尺集装箱装在货舱中,舱内满载,其余 26 个集装箱装在甲板上,包括 12 个 40 英尺的集装箱。本航次船舶所载集装箱重量比较平均,装完货后由船方进行系固并在与港方的完货手续上签字。该轮离港时船方申报前后吃水 5.2/5.8 米,压载水存量 409.2 吨。该轮于 2008 年 11 月 1 日 03:10 时在营口海事局鲅鱼圈海事处办理船舶进出港签证,申报船员 13 名(实际在船船员 14 名),满足《船舶最低安全配员证书》要求,船舶证书和船员证书齐全有效,船舶吃水未超过满载吃水,海事处准予办理船舶进出港签证。《调查报告》认定本次船舶沉没事故的原因有:"1. 事发之日,事故水域海面风向南南西,风力达 7—8 级。强劲大风而伴生的海浪高达 3 米以上,风大浪高,海况恶劣;2. '新明发 17'轮在与他船相遇时,处于大风浪中顺向和船速前进三的情况下航行,该轮没有掌握好风浪状况、船速作用和转向时机,盲目地使用了左舵至左满舵快速转向,且又在船舶发生倾斜后,再次采取右满舵等不当的操纵措施,无法有效避免横风、横浪对该轮船体的冲击,致使船舶产生较大的横倾角,船体左倾迅速加剧,丧失恢复力矩而倾覆;3.'新明发17'轮没有充分考虑集装箱船舶的积载特点,未能使该轮在大风浪恶劣海况下储备更多的恢复力矩。"

还查明,"新明发17"轮,船籍港中国福州,钢质集装箱/杂货船,总吨位2815吨,准予航行近海航线;船舶所有人、经营人为明发公司,事故航次船舶证书均在有效期内。根据该轮《船舶最低安全配员证书》,本航次船舶配员符合安全配员要求。

三、法院裁判

厦门海事法院认为,本案纠纷系因国内沿海货物运输损害赔偿而引起,因被告主张享受海事赔偿责任限制,故处理本案应以我国合同法律规范和《中华人民共和国海商法》的相关规定为依据。原告的主张系"新明发17"轮船舶营运中因船舶沉没所致货损的赔偿请求,《中华人民共和国海商法》作为调整海上运输关系和船舶关系的特别法律,对海事赔偿责任限制作了明确的规定,根据该法第207条、第208条的规定,本案的赔偿请求应属限制性债权,明发公司作为船舶所有人、经营人有权对提起索赔的口岸公司以海事赔偿责任限制进行抗辩。根据《中华人民共和国海商法》第209条的规定,责任人丧失海事赔偿责任限制的条件为:经证明,损失是由于责任人的故意或者明知可能造成损失而轻率地作为或者不作为造成的。根据查明事实,"新明发17"轮本航次船舶证书均在有效期内,船舶配员符合最低安全配员要求,船舶吃水未超过满载吃水,且本航次出港已办理船舶进出港签证,为适航船舶。据营口海事局调查认定,"新明发17"轮本次海损事故是恶劣海况和船舶操纵不当,以及该轮未充分考虑集装箱船舶装载特点所致,该事故原因不足以认定"新明发17"轮对本起海损事故存在"故意或者明知"的主观过错,即现有证据不能证明本起海损事故能够成就《中华人民共和国海商法》第209条所规定的事实要件。原告祝峰未就被告明发公司具有丧失限制责任的作为或不作为进一步举证,故明发公司依法享有限制赔偿责任的权利,原告的上述债权应在明发公司所能享受的海事赔偿责任限额内受偿。

依据《中华人民共和国合同法》第311条、《中华人民共和国海商法》第207条第1款第(一)项、第2款,《中华人民共和国民事诉讼法》第64条第1款的规定,判决如下:

(1)被告福州明发船务有限公司应于本判决生效之日起10日内赔偿原告祝峰货款等损失318 080元、债权登记申请费1 000元;

(2)被告福州明发船务有限公司有权享受海事赔偿责任限制。

7.3.10 "有适用"的问题

⑲ 上诉人中国人民财产保险股份有限公司厦门市分公司与被上诉人泉州安盛船务有限公司等申请设立海事赔偿责任限制基金纠纷案

案例来源:福建省高级人民法院(2010)闽民终字第111号
主题词:海事赔偿责任限制　有适用　有申请适用

> **裁判要旨**
>
> **No. HS-7.3-24**　《关于不满300总吨船舶及沿海运输、沿海作业船舶海事赔偿责任限额的规定》第5条规定中的"有适用",应理解为"有申请适用"。

一、基本案情

上诉人(原审异议人):中国人民财产保险股份有限公司厦门市分公司(以下简称人保厦门分公司)

被上诉人(原审申请人):泉州安盛船务有限公司(以下简称安盛船务)

被上诉人(原审申请人):泉州安通物流有限公司(以下简称安通物流)

二、一审裁判

厦门海事法院原审认为:

(1) 安通物流提供了期租合同、转账凭证、说明及索赔函等证据,可以证明其为"安盛集6"轮承租人,没有必要再对期租合同上印章及签字的形成时间进行鉴定。安通物流以承租人身份与安盛船务签订期租合同,不违反法律、行政法规的强制性规定,期租合同有效。根据《中华人民共和国海事诉讼特别程序法》第101条的规定,安通物流作为当事船舶承租人,可以申请设立海事赔偿责任限制基金。

(2) "安盛集6"轮系从事我国国内港口之间货物运输的船舶,同一事故中的当事船舶"CHON JI 2"轮如申请设立海事赔偿责任限制基金,海事赔偿限额应适用《中华人民共和国海商法》第210条的规定。但该轮船东并没有提出设立海事赔偿责任限制基金的申请,《关于不满300总吨船舶及沿海运输、沿海作业船舶海事赔偿责任限额的规定》第5条没有被同样适用的一方。因此,仍应适用《关于不满300总吨船舶及沿海运输、沿海作业船舶海事赔偿责任限额的规定》第4条计算申请人海事赔偿责任限制基金限额。

综上,安盛船务作为"安盛集6"轮所有人,安通物流作为"安盛集6"轮承租人,在该轮发生海事事故后,向原审法院提出申请,要求就本起事故可能产生的责任,设立非人身伤亡海事赔偿责任限制基金,其申请符合《中华人民共和国海事诉讼特别程序法》第101条第1款的规定,应予准许。"安盛集6"轮总吨为4296吨,依照《中华人民共和国国海商法》第 210 条第 1 款第(二)项、第 2 款及我国交通部《关于不满 300 总吨船舶及沿海运输、沿海作业船舶海事赔偿责任限额的规定》第 4 条的规定,申请人应当设立的海事赔偿责任限制基金总额为 400 466 特别提款权。据此,原审法院依照《中华人民共和国海商法》第 210 条第 1 款第(二)项、第 2 款,《中华人民共和国海事诉讼特别程序法》第 106 条第 2 款之规定,裁定:

(1) 驳回异议人中国人民财产保险股份有限公司厦门市分公司的异议;

(2) 准许申请人泉州安盛船务有限公司、泉州安通物流有限公司提出的设立海事赔偿责任限制基金的申请;

(3) 申请人泉州安盛船务有限公司、泉州安通物流有限公司应在裁定生效之日起 3 日内在原审法院设立海事赔偿责任限制基金,数额为 400 466 特别提款权(其人民币数额为裁定生效之日,按照国际货币基金组织公布的特别提款权对美元的折算率并按中国人民银行公布的美元对人民币的中间价换算的数额)及该款自 2009 年 2 月 27 日起至基金设立之日止按中国人民银行公布的同期 1 年期贷款基准利率计算产生的银行利息。

三、上诉与答辩

该裁定作出后,人保厦门分公司不服,向福建省高级人民法院提起上诉称:

(1) 安通公司无法提供"安盛集 6"轮期租合同实际履行的证据,该期租合同真实性和承租人资格难以认定,安通公司应承担举证不能的法律后果,其申请应当驳回。

(2) 即使安盛公司享有设立海事赔偿责任限制基金的权利,其基金限额也应按《中华人民共和国海商法》第 210 条的规定执行。故原审裁定认定事实与适用法律错误,请求撤销原审裁定,驳回安通公司关于设立海事赔偿责任限制基金的申请,并责令安盛公司按《中华人民共和国海商法》第 210 条的规定设立基金限额。

被上诉人安盛公司、安通公司答辩称:

(1) 安通公司是"安盛集 6"轮的期租人,依法可以成为申请设立海事赔偿责任限制基金的主体。首先,"安盛集 6"轮已实际由安通公司承租营运,且安通公司也已向安盛公司支付部分租金,期租合同已实际履行。上诉人对期租合同的真实性提出质疑,但未能提供相应证据,纯属臆测,不能成立。其次,安通公司系一家以沿海货物运输为主的物流公司,安通公司租用船舶用于运输货物并未违反任何强制性规定,期租合同有效。据此,根据《中华人民共和国海事诉讼特别程序法》第 101 条的规定,船舶承租人可依法作为申请设立海事赔偿责任限制基金的主体。

(2) 本案中,基金的数额应适用交通部《关于不满 300 总吨船舶及沿海运输、沿海作业船舶海事赔偿责任限额的规定》第 4 条的规定。

综上,答辩人申请设立海事赔偿责任限制基金的主体适格、申请设立的基金数额及事故所涉及的债权性质符合法律规定,上诉人的上诉理由不能成立,请求驳回上诉,维持原审裁定。

四、二审裁判

福建省高级人民法院认为,虽然上诉人人保厦门分公司对安通物流与安盛船务之间存在期租合同关系持有异议,但未能提供相应的证据予以反驳;相反,安通物流向原审法院提供了"安盛集6"轮期租合同、租金转账凭证、索赔函等证据,用以证明其为"安盛集6"轮的承租人,并已实际履行。同时,作为期租合同的相对方安盛船务亦对与安通物流之间存在期租合同关系不持异议。因此,对于安通物流的船舶承租人身份福建省高级人民法院亦予以确认。根据《中华人民共和国海事诉讼特别程序法》第101条的规定,其可以依法申请设立海事赔偿责任限制基金。案涉当事船舶"安盛集6"轮系从事我国国内港口之间货物运输的船舶,同一事故中的当事船舶"CHON JI 2"轮如申请设立海事赔偿责任限制基金,海事赔偿限额应适用《中华人民共和国海商法》第210条的规定,但该船船东并没有提出设立海事赔偿责任限制基金的申请或申请实施其责任限制权利,因此《关于不满300总吨船舶及沿海运输、沿海作业船舶海事赔偿责任限额的规定》第5条不符合本案适用的情形。该条规定中的"有适用",应理解为"有申请适用",故本案仍应适用该规定第4条计算申请人海事赔偿责任限制基金限额。

综上,原审法院准予安盛船务及安通物流按照我国交通部《关于不满300总吨船舶及沿海运输、沿海作业船舶海事赔偿责任限额的规定》第4条的规定,申请设立非人身伤亡海事赔偿责任限制基金,符合《中华人民共和国海事诉讼特别程序法》第101条第1款的规定,福建省高级人民法院予以支持。上诉人的上诉理由不能成立,应予驳回。根据《中华人民共和国民事诉讼法》第154条的规定,裁定如下:

驳回上诉,维持原裁定。

7.3.11 沉船打捞费用追偿下的责任限制问题

[20] 原告(反诉被告)广西钦州市桂钦船务有限责任公司与被告(反诉原告)厦门鸿祥轮船有限公司船舶碰撞损害赔偿纠纷案
案例来源:宁波海事法院(2007)甬海法事初字第17号
主题词:海事赔偿责任限制　船舶优先权　船舶灭失

> **裁判要旨**
>
> **No. HS-7.3-25**　碰撞一方追偿的打捞清障费,对于碰撞对方而言属于限制性债权;海事赔偿责任限制应当先冲抵后限制。在冲抵之时,对非限制性债权应予剔除。
>
> **No. HS-7.3-26**　在设立海事赔偿责任限制基金的情况下,船舶优先权不再适用。船舶灭失的,船舶优先权消灭。

一、基本案情

原告(反诉被告):广西钦州市桂钦船务有限责任公司(以下简称桂钦船务公司)

被告(反诉原告):厦门鸿祥轮船有限公司(以下简称鸿祥轮船公司)

原告桂钦船务公司起诉称:2007年3月31日,原告所属的"盛安达2"轮在宁波象山海域与被告所属的"鸿祥5"轮发生碰撞,造成"盛安达2"轮及船载3000吨左右钢材沉没,产生船舶和货物打捞费、船期损失、船舶油料物料损失、船舶修理费、货物损失等共计1000多万元。原告认为,"鸿祥5"轮在本次碰撞事故中存在航速过快、瞭望疏忽、避让不当等过失,应对本次事故承担70%以上的责任,故诉请判令被告赔偿原告经济损失850万元,该债权对"鸿祥5"轮具有船舶优先权,并由被告承担诉前扣船费用及本案的诉讼费用。被告鸿祥轮船公司未作书面答辩。庭审中,被告对两轮发生碰撞的事实没有异议,但答辩称:本次碰撞事故的主要责任在于原告所属的"盛安达2"轮;原告的损失金额需要进一步的举证和确定;被告在本次事故中依法享有海事赔偿责任限制的权利,并已设立了责任限制基金。

被告鸿祥轮船公司反诉称:"鸿祥5"轮亦因碰撞事故遭受了货物装卸费、转运费、船舶修理费、租金等损失共计697 100元,故诉请法院判令原告赔偿被告70%的经济损失计487 970元及利息,并由原告承担本案的诉讼费用。同年8月14日,被告增加了其债权对"盛安达2"轮具有船舶优先权,原告应赔偿被告海事债权登记费用损失1000元的诉讼请求。原告桂钦船务公司答辩称:被告主张的部分损失未能充分举证;被告应承担事故的主要责任;原告在本次事故中也享有海事赔偿责任限制,并已设立了责任限制基金。

二、法院查明事实

宁波海事法院认定如下事实:原告所有的"盛安达2"轮系钢质干货船,船籍港钦州,总长82.75米,型宽11.70米,型深7.20米,主机功率735千瓦,总吨位1790吨,参考载货量3146吨,于1993年9月29日建成。被告所有的"鸿祥5"轮也系钢质干货船,船籍港厦门,总长85.00米,型宽12.50米,型深6.50米,主机功率735千瓦,总吨位1997吨,参考载货量3526吨,于1988年10月28日建成。该轮自2007年2月17日起期租给上海首泰货物运输代理有限公司,租期为3+3个月,租金每月48万元,每月按30天计算租金。租船合同中约定:因船舶遇到海损事故(包括碰撞和搁浅造成的延误,承租方原因引起的除外),以致妨碍和阻止本船的使用,租金可以停付和少付。

2007年3月30日14:00时左右,"盛安达2"轮装载2944.617吨卷钢从上海黄浦江松城码头开航,拟驶往深圳。31日清晨,该轮航行至舟山沿海水域时遇雾,能见度不良。11:30时左右,二副纪联合、水手林清辉上驾驶台与船长张建庭及上班水手交接班。交班时,船位约29°27′.0N、122°22′.0E,航向212度,主机驾驶台操纵、全速进(前进四,主机转速255转/分),航速6节左右,驾驶台VHF16频道守听,两台雷达开启(一台5海里档、一台0.75海里档,均为艏向上、中心显示),手操舵,航行灯未开启,当时海面能见度约100米。接班后,二副在雷达上发现本船左前方约1海里处有1艘同向南下船(以下简称"南下A"轮),右前方还有两艘南下船,距离本船2—3海里(以下简称"南下B"轮、"南下C"轮)。11:48时左右,二副观测到本船船艏线附近有1艘北上船回波(以下简称"北上甲"轮),距离4海里左右,同时在"北上甲"轮回波右后方还出现另1艘北上船回波,距离本船5海里左右(后证实为"鸿祥5"轮)。11:50时左右,二副在VHF16呼叫"鸿祥5"轮,但未有应答。不久,该轮减速(车钟拉至前进二)。11:54时左右,船长用餐完毕返回驾驶台,二副将周围船舶态势告知船长并将指挥权交与船长,驾驶台由船长张建庭、二副纪联合及操舵水手林清辉3人值班。此时雷达显示"鸿祥5"轮在"盛安达2"轮船艏线偏左方位,距离约3海里。当两船距离减至约2海里时,船长通过VHF16呼叫"鸿祥5"轮,但未获应答。船长令水手"往右一点",水手打小舵角右转,航向增加10度。当两船相距1海里左右时,船长命令水手将航向再向右调整约10度。当两船间距0.3—0.4海里时,船长再次要求水手向右转些,水手继续打小舵角右转,当"盛安达2"轮航向转至240度左右,船长命令"右舵到底",右满舵刚到,两船发生碰撞。碰撞发生后,"盛安达2"轮货舱进水,船头迅速下沉。1分钟左右,该轮全部沉没,13名船员全部落水,其中7人随后被"鸿祥5"轮救起,另外6人下落不明。

2007年3月29日18:00时左右,"鸿祥5"轮装载2 000吨PTA从厦门同益码头开航,拟驶往青岛。30日上午,当该轮航行至福建浙江交界水域时,海上开始有雾。雾区航行时,驾驶台两台雷达开启,VHF16频道值守,AIS开启,航行灯常开。31日10:00时,该轮航行至29°02′.6N、122°09′.3E,航向025度,航速11.3节。11:40时左右,水手张琪林和机工张松上驾驶台接班。接班后,张琪林在驾驶台两翼协助瞭望,张松操舵。此时,海面浓雾,能见度约200米。11:45时左右,大副洪英源上驾驶台,并与上一班驾驶员洪英款交接班。此时,该轮位于29°20′.3N、122°18′.0E,航向025度,主机驾驶台操纵、全速进(前进五,转速保持在255转/分钟),航速10—11节,自动舵,两台雷达均设3海里档、首向上(一台中心显示,一台偏心显示)。当时在该轮左前方相对方位约345度、距离2海里及右后方相对方位约150度、距离1海里处还有两艘与其同向的北上船(分别称"北上甲"轮和"北上乙"轮),"北上甲"轮与"鸿祥5"轮航速相近,"北上乙"轮航速略慢于"鸿祥5"轮。交接班后,上一班驾驶员洪英款下驾驶台,此后驾驶台由大副洪英源、水手张琪林和机工张松当班。11:54时左右,大副通过雷达发现在本船船艏偏左距离3海里有1艘南下船回波出现(即"南下A"轮)。几乎同时,大副又在本船船艏线附近距离约3海里处发现另1艘南下船回波(后证实为"盛安达2"轮)。随后,大副与"南下A"轮通过VHF沟通,在达成两船各自左让绿灯通过的协议后,大副命令操舵人员张松"向左点",张松即使用自动舵将航向向左调整约5度。在向左避让"南下A"轮过程中,该轮多次尝试通过VHF16呼叫在"南下A"轮右后方的"盛安达2"轮,以期达成两轮各自左让绿灯通过的协议,但均未得到应答。当该轮与"盛安达2"轮相距 2 海里左右时，大副命令操舵人员张松使用自动舵小幅度将航向向左调整 10 度。随后，大副继续通过 VHF16 呼叫"盛安达 2"轮，以期使两轮各自左让。当两轮距离减至 0.8—0.9 海里时，大副命令操舵人员张松使用自动舵再次左让 15 度，同时减速（将车钟由前进五减至前进三）。12:05 时左右，该轮与"南下 A"轮以约 0.5 海里会遇距离绿灯通过。12:06 时左右，大副亲自将自动舵改为手操舵，操左满舵，同时，将车钟拉至停车并倒车，不久该轮船舯与"盛安达 2"轮左舷货舱部发生碰撞。碰撞后，船长洪定宣赶到驾驶台，操纵"鸿祥 5"轮在事发水域搜寻"盛安达 2"轮落水人员，并救起 7 名落水人员。

从获取的 AIS 资料分析，两船发生碰撞的时间在 12:06 时左右，碰撞地点为经探摸的沉船船位 29°24′.0N、122°19′.7E。该事故给原告造成船舶损失 8 500 000 元，航标设置费损失 100 000 元，清污费损失 49 913 元，沉船打捞清障损失 1 550 000 元，船舶物料、备品损失 100 000 元，本航次运费损失 353 354 元，船期损失 1 300 000 元，船员生活用品损失 65 000 元，船员遣返费损失 14 000 元，合计 12 032 267 元。该事故也给被告造成船舶修理费损失 49 600 元，货物装卸损失 327 500 元，船舶租金损失 208 000 元，合计 585 100 元。

根据宁波海事局的事故调查报告，事发水域附近当时有 7 艘相关航行船舶，船舶密度较大，局面较为复杂，"盛安达 2"轮与"鸿祥 5"轮两舷近距离均有同向航行船舶，由于能见度严重不良，各船之间不能互见，VHF 通信困难，两船在碰撞过程中均有如下过失：

1. 瞭望疏忽，未及早判断碰撞危险。

尽管"盛安达 2"轮在雾航中开启了雷达，VHF16 频道保持守听，但在当时能见度严重不良、多船交会的局面下，既未正确使用雷达对探测到的船舶进行细致系统观察，以致未能对来船（"鸿祥 5"轮）相对方位没有明显变化的局面引起高度警觉，及早判断碰撞危险并采取避让行动，也未积极有效利用视觉、听觉、高频等一切手段保持正规瞭望，以致未能从高频通讯中获取附近船舶交会避让信息，包括"鸿祥 5"轮航行动态。

"鸿祥 5"轮虽开启了雷达，高频保持守听，但该轮大副在两船相距约 3 海里时发现"盛安达 2"轮及"南下 A"轮后，未使用雷达对包括"盛安达 2"轮等在内的所有可能存在碰撞危险的船舶进行连续有效的系统观察，在未全面分析碰撞危险的情况下与"南下 A"轮较随意地达成了绿灯通过的避让协议；同时，在与"盛安达 2"轮相互接近过程中，未能及早察觉该轮小幅度右转的避让行动，也未对两船相对方位没有明显变化的局面引起高度警觉，以致未能及早判断碰撞危险，丧失了系统避让附近所有存在碰撞危险的会遇船舶的最佳时机。

2. 未及时采取有效避让措施。

调查发现，在"盛安达 2"轮与"鸿祥 5"轮接近过程中，"盛安达 2"轮右舷有同向"南下 B"轮、"南下 C"轮，但均在本船正横前，而船长在本船与"鸿祥 5"轮距离约 2 海里、1 海里、0.4 海里时数次命令水手使用小舵角向右小幅度增加航向（每次调整航向不超过 10 度），以致船舶最近会遇距离（DCPA）不足，同时使来船难以准确判断本船所采取的避让行动并采取相应的避碰行动，不符合规则要求的"应及早地采取避让行动" "如当时环境许可，应大得足以使他船用视觉或雷达观察时容易察觉到" "应避免对航向和(或航速)作一连串的小变动"。"鸿祥5"轮在无法与"盛安达2"轮取得高频联系的情况下,采取的避让行动是在两船距离约2海里、0.8海里时使用自动舵先后将航向向左减少10—15度,直至碰撞前一刻大副才采取手动舵左满舵避让,期间车速一直是全速进。该轮的避让措施不能保证足够的船舶最近会遇距离(DCPA),同时使来船难以准确判断本船所采取的避让行动并采取相应的避碰行动,既不符合规则"应及早地采取避让行动""如当时环境许可,应大得足以使他船用视觉或雷达观察时容易察觉到"的规定,也不符合规则"除对被追越船外,应尽可能避免对正横前的船舶采取向左转向"的规定。

3. 未采用安全航速。

"盛安达2"轮在两船相距约3海里时由前进四减至前进二,但仍有航速约5节,此后未再减速直至碰撞,在当时的能见度和通航密度情况下,"盛安达2"轮船长在决定安全航速时未充分考虑瞭望、判断局面和碰撞危险以及行动的要求,以致最终未能在碰撞前一刻将船停住,不符合规则要求的"除已断定不存在碰撞危险外⋯⋯与正横以前的他船不能避免紧迫局面时,应将航速减到能维持其航向的最小速度。必要时,应将船完全停住"。"鸿祥5"轮在决定安全航速时既没有对当时的能见度情况加以充分考虑,也没有对当时周围水域会遇船舶多、通航环境复杂的局面予以特别重视,在两船相互接近过程中,一直保持全速航行(航速10—11节),直至碰撞前一刻才采取停车、倒车,以致该轮用来充分估计和正确判断当时局面及碰撞危险的时间大为减少,并可能使碰撞造成的后果更为严重,不符合规则要求的"除已断定不存在碰撞危险外⋯⋯与正横以前的他船不能避免紧迫局面时,应将航速减到能维持其航向的最小速度。必要时,应将船完全停住"。

4. 雾航措施不符合海员通常做法。

调查发现,"盛安达2"轮雾航中未尽到合理的谨慎注意义务,未采取鸣放雾号、开启航行灯等雾航措施,不符合规则中有关能见度不良时使用声号的要求。"鸿祥5"轮雾航中虽然开启雷达、高频、航行灯,但船舶在碰撞前一直没有采取减速措施,也没有鸣放雾号或使用手操舵。尽管船长在接受调查中表示自己知道当日上午遇雾能见度不良,但未采取诸如加强雾航值班等进一步措施,当班大副接班后也未通知船长,不符合规则有关航速、声号使用的要求,也不符合《中华人民共和国海船船员值班规则》有关能见度不良时航行值班的规定。

本起碰撞事故发生在能见度不良水域,两船应负同等避让责任和义务。由于两船驾驶人员未遵守《1972年国际海上避碰规则》《中华人民共和国海船船员值班规则》的有关规定,在保持正规瞭望、判断碰撞危险、及时采取有效避让措施、采用安全航速以及采取合理谨慎雾航措施等方面均存在明显过失,且双方过失程度基本相当,故两船应对本起事故负对等责任。2007年4月5日,原告向宁波海事法院提出诉前海事请求保全申请,要求扣押"鸿祥5"轮,宁波海事法院予以准许,原告为此支付申请费5 000元。同年4月12日,被告向宁波海事法院申请设立海事赔偿责任限制基金,宁波海事法院于同年 5 月 21 日裁定予以准许。原告已就本案债权向宁波海事法院申请债权登记。同年 6 月 8 日,原告也向宁波海事法院申请设立海事赔偿责任限制基金,宁波海事法院于同年 7 月 25 日裁定予以准许。被告就本案债权向宁波海事法院申请债权登记,为此支付了申请费 1 000 元。

三、法院裁判

宁波海事法院认为,本案"盛安达 2"轮与"鸿祥 5"轮发生碰撞事故,两船互有过失且过失程度基本相当,对事故负对等责任。故原、被告双方应各按 50% 的责任比例赔偿对方的财产损失,对其超出比例部分的诉讼请求,宁波海事法院不予支持。由于原、被告同时或相近时间形成的损失可以相抵,且被告的损失小于原告的损失,故被告主张利息损失没有实际意义。

原、被告双方因船舶在营运中发生碰撞造成对方船舶及货物灭失、损坏,以及由此引起的相应损失的赔偿请求,除因起浮、清除沉没船舶及船上货物的费用提出的赔偿请求,责任人不能享受海事赔偿责任限制外,均可享受海事赔偿责任限制。原告诉请追偿的打捞清障费,对作为责任人的被告来讲,也属于非限制性债权。故对双方的海事赔偿责任限制主张,宁波海事法院均予以支持。本案的赔偿限额,仅适用于原、被告请求金额之间的差额。对非限制性债权,依法予以剔除。对原告主张的船舶优先权,由于被告已经设立了海事赔偿责任限制基金,而《中华人民共和国海商法》对海事赔偿责任限制基金的分配顺序进行了专门规定,故对船舶优先权不再适用。对被告主张的船舶优先权,因为原告所属的"盛安达 2"轮已经灭失,所以船舶优先权消灭。故对双方的船舶优先权主张,宁波海事法院均不予支持。

综上,根据《中华人民共和国海商法》第 169 条第 1 款、第 2 款,第 204 条,第 207 条第 1 款第(一)项,第 22 条第 1 款第(五)项,第 29 条第 1 款第(三)项,第 210 条第 1 款第(三)项、第(四)项,最高人民法院《关于审理船舶碰撞纠纷案件若干问题的规定》第 9 条之规定,判决如下:

(1) 被告厦门鸿祥轮船有限公司应赔偿原告广西钦州市桂钦船务有限责任公司船舶、物料、备件、船员生活用品和船期损失及航标设置费、清污费、本航次运费、船员遣返费损失共计 5 241 133.5 元,该项赔偿属限制性债权;

(2) 被告厦门鸿祥轮船有限公司应赔偿原告广西钦州市桂钦船务有限责任公司沉船打捞清障损失、诉前保全申请费共计 780 000 元,该项赔偿属非限制性债权;

(3) 原告广西钦州市桂钦船务有限责任公司应赔偿被告厦门鸿祥轮船有限公司船舶修理费、货物装卸费及船舶租金损失 292 550 元,该项赔偿属限制性债权;

(4) 原告广西钦州市桂钦船务有限责任公司应赔偿被告厦门鸿祥轮船有限公司债权登记申请费 1 000 元,该项赔偿属非限制性债权;

(5) 上述(1)、(3)两项相抵,被告厦门鸿祥轮船有限公司应赔偿原告广西钦州市桂钦船务有限责任公司经济损失 4 948 583.5 元,该款参与被告海事赔偿责任限制基金的分配；

（6）上述（2）、（4）两项相抵，被告厦门鸿祥轮船有限公司应赔偿原告广西钦州市桂钦船务有限责任公司经济损失 779 000 元，该项赔偿属非限制性债权，于本判决生效后 10 日内付清。

21 上诉人大连东方国润海运有限责任公司与被上诉人南京康瑞水陆联运有限公司船舶碰撞损害赔偿纠纷案

案例来源：浙江省高级人民法院（2011）浙海终字第 23 号
主题词：船舶碰撞　沉船打捞费　另一方船舶　限制性债权

裁判要旨

No. HS-7.3-27　船舶碰撞案中沉船所有人与第三人约定的沉船打捞费用，对没有沉没的另一方船舶所有人而言，依然属于限制性债权。在非沉船船舶所有人已经设立海事赔偿责任限制基金的情况下，其支付与沉船船东的预付打捞费，依法可以请求返还。

一、基本案情

上诉人（原审被告）：大连东方国润海运有限责任公司（以下简称国润公司）

被上诉人（原审原告）：南京康瑞水陆联运有限公司（以下简称康瑞公司）

宁波海事法院审理查明：2008 年 9 月 9 日 18：36 时，康瑞公司所属的"康瑞 68"轮装载 5 118 吨煤由鲅鱼圈驶往上海。同日 24：00 时，国润公司所有的"锦宏 69 号"轮装载 3 290 吨钢材由大连驶往南通。同年 9 月 11 日约 20：04 时，"康瑞 68"轮在追越"锦宏 69 号"轮时，两船发生碰撞，导致"锦宏 69 号"轮进水后沉没，沉船位置为 33°01′28.6″N、122°35′41.9″E。2008 年 11 月 17 日，国润公司向该院提起诉讼。同年 12 月 3 日，康瑞公司、国润公司等协商确定了"锦宏 69 号"轮的打捞及费用分担等事项。次日，国润公司与连云港大力水下工程有限公司签订了"锦宏 69 号"轮的打捞合同，约定打捞费用为 900 万元。2009 年 6 月 12 日，康瑞公司、国润公司协议约定，康瑞公司补偿国润公司 10 万元并支付国润公司打捞费预付款 120 万元，国润公司同意将"康瑞 68 号"轮的扣押变更为限制处分。同年 6 月 24 日，国润公司依约汇付了上述款项。该院于 2009 年 11 月 13 日作出（2008）甬海法事初字第 47 号民事判决，认定本次事故中的碰撞过失比例为康瑞公司负 75%、国润公司负 25%。因康瑞公司、国润公司均认为"锦宏 69 号"轮打捞尚未结束，费用难以确定，故该院对康瑞公司诉请的打捞费用及打捞后的船舶残值在（2008）甬海法事初字第 47 号案中暂不审理。2010 年 9 月 6 日，国润公司诉至该院，请求康瑞公司按碰撞责任比例承担打捞费。同年 10 月 14 日，该院作出（2010）甬海法事初字第 35 号民事判决书，认定康瑞公司赔偿国润公司打捞费 567.45 万元，该款项在康瑞公司设立的海事赔偿责任限制基金中参与分配。该院另认定,2008 年 9 月 27 日,康瑞公司向该院申请设立海事赔偿责任限制基金。同年 11 月 17 日,该院以 (2008)甬海法限字第 3 号民事裁定书裁定准许康瑞公司设立总额为 2 954 493 元人民币(包括290914 特别提款权及自 2008 年 9 月 11 日起至 2008 年 11 月 17 日止的利息)的海事赔偿责任限制基金。

二、一审裁判

宁波海事法院审理认为,本案是一起因船舶碰撞引起的纠纷,康瑞公司、国润公司双方的碰撞事实、碰撞责任比例,该院已以(2008)甬海法事初字第 47 号民事判决作出认定。康瑞公司、国润公司签订的协议书、确认函,系当事人的真实意思表示。康瑞公司支付国润公司的 120 万元仅为打捞费预付款,系康瑞公司在打捞费是否属限制性债权尚不明确的前提下所作的临时性支付,从协议书和确认函中无法得出康瑞公司有放弃海事赔偿责任限制权利的意思表示,康瑞公司亦在案件审理过程中坚持主张其对打捞费用享有责任限制的权利。鉴于涉案碰撞事故的全部打捞费已在该院(2010)甬海法事初字第 35 号案件中进行了处理,该院作出相应的民事判决书认定康瑞公司对打捞费用享有海事赔偿责任限制的权利,国润公司主张的本次事故的所有打捞费均可在康瑞公司已设立的海事赔偿责任限制基金中参与分配。现康瑞公司主张国润公司返还 120 万元打捞费预付款,符合法律规定和康瑞公司、国润公司的约定,该院予以支持。国润公司抗辩理由不足,不予采信。综上,依据《中华人民共和国海商法》第 169 条第 1 款、第 204 条,最高人民法院《关于审理海事赔偿责任限制相关纠纷案件的若干规定》第 17 条,《中华人民共和国民事诉讼法》第 64 条第 1 款的规定,宁波海事法院于 2010 年 11 月 22 日判决:

国润公司于判决生效后 10 日内返还康瑞公司打捞费预付款 120 万元。

三、上诉与答辩

国润公司不服原审判决,向浙江省高级人民法院提起上诉称:

(1)宁波海事法院审理程序不合法。国润公司 2010 年 10 月 8 日收到起诉状并签收送达回证,同时在 10 月 19 日就提出了管辖权异议申请。但宁波海事法院却错误认为国润公司在 9 月 23 日就收到了起诉状,超过了 15 天的期限。明显违反了民事诉讼法关于送达回证应当作为送达日的规定,剥夺了国润公司管辖权异议的上诉权。

(2)宁波海事法院对于康瑞公司通过其行为已放弃海事赔偿责任限制权利的事实不予认定,认定康瑞公司有权享有海事赔偿责任限制是错误的。本案碰撞事故发生后,康瑞公司是在已经设立海事赔偿责任限制基金的前提下,又与国润公司达成合意,同意承担打捞费并支付了打捞启动资金给国润公司,并且在会议纪要和协议过程中也未要求或声明纪要和协议的签署不影响其行使海事赔偿责任限制的权利。康瑞公司在此后却又提起诉讼要求对打捞费以及其支付给国润公司的 120 万元享有责任限制的权利,并要求国润公司向其返还 120 万元打捞费,系违反合同和诚实信用的行为,宁波海事法院却没有考虑签署协议的背景、目的,属于认定事实错误。

(3)宁波海事法院片面理解《中华人民共和国海商法》第 207 条以及最高人民法院《关于审理海事赔偿责任限制相关纠纷案件的若干规定》第 17 条关于海事赔偿责任限制相关法律的规定,适用法律错误。《中华人民共和国海商法》第 207 条规定:"下列海事赔偿请求,除本法第二百零八条和第二百零九条另有规定外,无论赔偿责任的基础有何不同,责任人均可以依照本章规定限制赔偿责任:……(四)责任人以外的其他人,为避免或者减少责任人依照本章规定可以限制赔偿责任的损失而采取措施的赔偿请求,以及因此项措施造成进一步损失的赔偿请求。前款所列赔偿请求,无论提出的方式有何不同,均可以限制赔偿责任。但是,第(四)项涉及责任人以合同约定支付的报酬,责任人的支付责任不得援用本条赔偿责任限制的规定。"此处"责任人以外的其他人",责任人应当指在诉讼中对海事赔偿请求负有赔偿责任的人,"责任人以外的其他人"应当指责任人以外的任何人,包括沉船方。就本案而言,责任人即为康瑞公司,而国润公司则属于"责任人以外的其他人",本案中,国润公司如不积极协调同意支付 900 万元打捞费来推动打捞工作,海事局会强制打捞,打捞费将成倍增加,国润公司支付打捞费减少了康瑞公司可以限制赔偿责任的损失,国润公司支付打捞费后向康瑞公司提出的赔偿请求属于"为避免或者减少责任人依照本章规定可以限制赔偿责任的损失而采取措施的赔偿请求",故康瑞公司根据合同约定的支付责任不得援用海事赔偿责任限制的规定。综上,请求撤销宁波海事法院判决并改判驳回康瑞公司的诉讼请求。

康瑞公司书面答辩称:

(1)法院以专递方式邮寄送达民事诉讼文书,受送达人未在送达回证上签收但在邮件回执上签收的,视为送达,签收日期为送达日期。宁波海事法院据此认定国润公司在 9 月 23 日就收到了起诉状符合法律的规定。

(2)宁波海事法院认定在本案中康瑞公司有权享有海事赔偿责任限制,符合客观事实和法律规定。双方在《协议书》中所约定的内容,并未有任何放弃海事赔偿责任限制的文字内容。康瑞公司预付 120 万元打捞费,并额外补偿 10 万元,只是为了启动打捞事宜以及尽早变更船舶扣押,而不可能有预先放弃海事赔偿责任限制权利的意思表示。

(3)宁波海事法院理解海事赔偿责任限制相关法律的规定并无不当,适用法律正确。国润公司对《中华人民共和国海商法》第 207 条第 1 款第(四)项及第 2 款中责任人的理解是错误的,国润公司是沉船打捞的责任人,并非是责任人以外的其他人。国润公司作为其所属船舶"锦宏 69 号"轮的所有人,对"锦宏 69 号"轮上所载货物的损失负有赔偿责任。对于沉船的打捞责任,根据《中华人民共和国海上交通安全法》第 40 条的规定,"对影响安全航行、航道整治以及有潜在爆炸危险的沉没物、漂浮物,其所有人、经营人应当在主管机关限定的时间内打捞清除。否则,主管机关有权采取措施强制打捞清除,其全部费用由沉没物、漂浮物的所有人、经营人承担",因此沉船打捞的责任人应为国润公司。国润公司依据《中华人民共和国海商法》第 207 条所得出的康瑞公司不得对打捞费享受海事赔偿责任限制的结论是错误的。国润公司所主张的所有打捞费用已在(2010)甬海法事初字第 35 号案中得到解决,预付的 120 万元打捞费应返还康瑞公司。

综上,宁波海事法院审判程序合法,认定事实清楚,适用法律正确,请求二审法院维持一审判决,驳回国润公司的上诉请求。

四、二审裁判

在本案二审期间,浙江省高级人民法院作出(2010)浙海终字第 193 号民事判决,依法撤销了宁波海事法院(2010)甬海法事初字第 35 号民事判决,认定国润公司主张的打捞费用损失不能成立,康瑞公司无须对此承担赔偿责任,故对该案打捞费是否属于海事赔偿责任限制范围不予论述。根据双方当事人的上诉请求和理由以及书面答辩意见,本案二审审理的焦点是:一是宁波海事法院审理程序是否违法;二是康瑞公司支付 120 万元打捞费预付款的行为是否是放弃赔偿责任限制的意思表示;三是宁波海事法院适用法律是否错误。

针对争议焦点,浙江省高级人民法院分析认定如下:

1. 宁波海事法院审理程序是否违法

国润公司上诉认为其寄给宁波海事法院的送达回证上签署的时间为 2010 年 10 月 8 日,其于 10 月 19 日提出管辖权异议申请符合法律的规定,宁波海事法院否定其管辖权异议是程序违法。经审理查明:宁波海事法院于 2010 年 9 月 21 日将康瑞公司的起诉状副本邮寄给国润公司,邮政回执表明国润公司已于 9 月 23 日签收了法院的邮件,国润公司于 10 月 8 日签收送达回证并于 10 月 19 日提出了管辖权异议申请。浙江省高级人民法院认为,虽然通常情况下受送达人在送达回证上的签收日期为送达日期,但本案国润公司于 9 月 23 日收到起诉状副本后并未如实签收,其于 10 月 8 日方签收送达回证不具合理性,宁波海事法院以邮政回执上的日期作为送达日期并无不当。故国润公司的该上诉理由不能成立。

2. 康瑞公司支付 120 万元打捞费预付款的行为是否是放弃赔偿责任限制的意思表示

国润公司上诉认为该 120 万元打捞费预付款系康瑞公司自愿支付给国润公司的打捞启动资金,康瑞公司以其行为表示不再享受海事赔偿责任限制权利。浙江省高级人民法院认为,放弃权利需要有明确的意思表示,康瑞公司始终否认有此意思表示,从协议书和确认函中也推断不出康瑞公司有放弃海事赔偿责任限制权利的内容。故国润公司的该上诉理由不能成立。

3. 宁波海事法院适用法律是否错误

国润公司上诉认为其是《中华人民共和国海商法》第 207 条中"责任人以外的其他

人",国润公司支付打捞费后向康瑞公司提出的赔偿请求属于"为避免或者减少责任人依照本章规定可以限制赔偿责任的损失而采取措施的赔偿请求",宁波海事法院认定该款可适用海事赔偿责任限制属于适用法律错误。浙江省高级人民法院认为,康瑞公司所属的"康瑞68"轮在追越国润公司所属的"锦宏69号"轮时,两船发生碰撞,导致"锦宏69号"轮进水后沉没,双方在本次事故中的碰撞过失比例为康瑞公司75%、国润公司25%。虽然在此次碰撞事故中国润公司负次要责任,其仍为责任人而非责任人以外的其他人;国润公司同时又系沉没船舶打捞清除的责任人,故国润公司不是"责任人以外的其他人"。国润公司就其主张的打捞费损失要求对方船东康瑞公司赔偿,根据最高人民法院《关于审理海事赔偿责任限制相关纠纷案件的若干规定》第17条第2款之规定,康瑞公司可以限制赔偿责任。故国润公司关于原审适用法律错误的上诉理由不能成立。

综上,浙江省高级人民法院认为,国润公司关于宁波海事法院程序违法、康瑞公司已放弃海事赔偿责任限制、宁波海事法院适用法律错误的上诉理由均不能成立,浙江省高级人民法院不予支持。浙江省高级人民法院已作出(2010)浙海终字第193号民事判决,认定国润公司主张的打捞费用损失不能成立,康瑞公司无须对此承担赔偿责任,对该案打捞费是否属于海事赔偿责任限制范围不予论述,但对本案国润公司应当返还康瑞公司120万元打捞预付款的结论没有影响,原审判决认定事实清楚,适用法律正确,实体处理得当。依照《中华人民共和国民事诉讼法》第153条第1款第(一)项之规定,判决如下:

驳回上诉,维持原判。

22 原告黄某某、惠州市某某船务有限公司与被告洞头县某某海运有限公司船舶碰撞损害责任纠纷案

案例来源:广州海事法院(2012)广海法初字37号
主题词:船舶碰撞 沉船打捞费 追偿 责任限制

> **裁判要旨**
>
> **No. HS-7.3-28** 《中华人民共和国海商法》第207条规定的可以限制赔偿责任的海事赔偿请求不包括因沉没、遇难、搁浅或者被弃船舶的起浮、清除、拆毁或者使之无害提起的索赔,或者因船上货物的清除、拆毁或者使之无害提起的索赔。由于船舶碰撞致使责任人遭受前款规定的索赔,责任人就因此产生的损失向对方船舶追偿时,被请求人主张依据《中华人民共和国海商法》第207条的规定限制赔偿责任的,人民法院应予支持。

一、基本案情

原告:黄某某、惠州市某某船务有限公司(以下简称某某船务公司)

被告:洞头县某某海运有限公司

原告黄某某、某某船务公司共同诉称:2011年9月30日,黄某某所属的挂靠在某某船务公司的"粤惠州货0326"轮在中山市横门水道华骏钢管厂码头上游大约300米、距河岸30米处水域躲避台风期间,被告所属的"繁安69"轮违章航行,疏忽瞭望,偏离其航道直接碰撞"粤惠州货0326"轮,造成"粤惠州货0326"轮船体破损并沉没。本案事故造成原告的损失包括:打捞费9万元、防污处理费5500元、码头费3500元、工程款15815元、运费9000元、船期损失5万元、船上生活用品损失4900元、船舶全损损失25万元,以上各项共计428715元。两原告请求法院判令被告向两原告赔偿上述损失428715元及利息损失(利息损失自2011年9月30日起计至法院确定的付款之日止,依据中国人民银行公布的人民币同期贷款利率6.65%计算),本案诉讼费由被告承担。庭审中,两原告明确不分比例共同向被告提出索赔,被告对此不持异议。

被告洞头县某某海运有限公司辩称:

(1)本次碰撞事故是原告精心设计的骗局,为了达到其恶意索赔的目的,原告虚构货运菜籽粕,水路货物运单复印件未记载装船日期、到运期限,件数重量也未确定,原告出具举证完毕说明书后提供的船舶签证簿出现篡改情况,将原先记载的装载货物500吨玉米改写为500吨菜籽粕。原告提供的航次船舶签证申请单显示"粤惠州货0326"轮于2011年9月22日出港,与原告陈述的9月26日离港矛盾。

(2)碰撞发生时,"粤惠州货0326"轮锚泊地点不是海事部门公布的锚地,且船体接近横向位于河道上。碰撞发生后,"粤惠州货0326"轮没有原地等候救援,也没有向更近的岸边靠近,而是向上游开航20分钟,距离达900米。原告未采取合理、谨慎的措施以避免或减少损失的扩大,对扩大的损失不得要求赔偿。

(3)"粤惠州货0326"轮经过修理后即可正常使用,原告主张船舶全损,缺乏事实和法律依据。

(4)中山海事局所作出的调查报告结论不足采信。报告对"粤惠州货0326"轮所在锚泊地点的合法性,碰撞后采取措施不当及船员配备不足等事实没有作出认定。原告应对事故承担全部责任,请求法院判决驳回原告的诉讼请求。

二、法院查明事实

广州海事法院经审理查明并确认如下事实:2011年9月29日17:30时,"繁安69"轮装载950吨河沙由广东顺德起航开往福建莆田,9月30日约01:26时,"繁安69"轮通过中山市横门水道中山港大桥靠右侧通航孔,当班驾驶员王某某,船长林某某在驾驶台指挥,采用全速航行,航速6.9—7.1节,航向118度。"繁安69"轮船长和驾驶员陈述:当"繁安69"轮航行至华骏钢管厂码头上游数百米处,发现本船前方约350米处有船舶船艏向左岸横跨航道,船长和驾驶员都以为对方船舶为横越船,就试图从对方船尾通过,船舶开始实行减速但没有用舵改变航向,曾用高频机呼叫联系对方船,但没有得到回应。当与对方船相距约200米时,才发现对方船没有移动,意识到碰撞紧迫局面发生,驾驶员赶紧操右满舵,同时采取操纵主机全速倒车的措施。约01:31时,"繁安69"轮鼻艏与"粤惠州货0326"轮左舷中部发生碰撞,碰撞角度接近90度。据目击者陈述,碰撞后,"粤惠州货0326"轮被推向下游几十米,然后两船分开,"粤惠州货0326"轮船艏向上游,"繁安69"轮向左掉头,并将船头右舷靠近"粤惠州货0326"轮后左舷驾驶甲板处,将一名船员张玉玲救上船。

根据"粤惠州货0326"轮船长和轮机长以及岸上目击者中山市吕力印染有限公司的机修工和保安等目击者陈述:事故发生当晚,该船一直开启船头辅助发电机供电,船顶亮着一盏白色锚灯,船尾及主甲板机舱门处两侧有白色环照灯开启。事发时,未开启甚高频无线电话和AIS设备,船长黄某某在驾驶台,大约于9月30日凌晨01:30时之前,黄某某发现距本船大约80米处,有一船舶正对着自己的船快速驶来,看到来船的桅灯和绿色舷灯,船长立即用电筒照射来船驾驶台并大声呼叫,但不到1分钟,来船船舷就与"粤惠州货0326"轮中部发生了碰撞。碰撞后,"粤惠州货0326"轮开始向左舷倾斜,有破舱进水的迹象,船长黄某某和轮机长张玉玲跑到驾驶甲板尾部,想放下本船工作小艇逃生,但因机电故障无法实现,即呼叫对方船靠过来救助,对方船掉头将船头右舷靠过来,黄某某送张玉玲到对方船上。随后,船长回到驾驶台启动主机,主机开到最大负荷,驾驶船舶往上游左岸浅水区冲滩,船舶拖带着锚具以向左舷倾斜状态航行了约10分钟后,在距碰撞地点上游约300米左岸边水域冲滩,此时船甲板已没入水中,船长操纵船舶将船尾对着岸边倒车,感觉触底后就停止主机,然后跳上岸逃生。

2011年10月10日,在中山海事局的见证下,两原告与被告达成的"繁安69"轮与"粤惠州货0326"轮碰撞赔偿协议约定:为便于对各自船舶的修复和管理,双方同意在"繁安69"轮支付"粤惠州货0326"轮8万元后,各自负责所属船舶的修复与修复有关的费用,不再向对方就船舶本身的损失提出赔偿要求,至于与沉船打捞相关的费用、"粤惠州货0326"轮所载货物损失及与事故有关的鉴定评估费用,双方同意按照事故责任进行分摊;协议签订之日起由"繁安69"轮支付2万元给"粤惠州货0326"轮,3日后再支付1万元,余款5万元自本协议签订之日1个月内付清。原、被告各方确认,被告已按协议向两原告支付3万元,余款5万元未支付。2011年9月30日,"粤惠州货0326"轮、"繁安69"轮作为发包方,与作为承包方的广州市鼎成起重服务有限公司签订《沉船打捞合同》,委托广州市鼎成起重服务有限公司清除"粤惠州货0326"轮货物,堵漏该船使其自浮,打捞费用18万元。10月11日,广州市鼎成起重服务有限公司出具"粤惠州货0326"轮打捞报告,确认于10月4日已将"粤惠州货0326"轮打捞出水后护送到中山市金辉船舶修造厂有限公司(以下简称金辉公司)入坞。原告于2011年10月1日和8日,分别向广州市鼎成起重服务有限公司支付打捞费27 000元和63 000元,合计9万元。庭审中,两原告和被告共同确认,本案沉船打捞费18万元,暂时由两原告和被告各自承担一半,最终按照事故责任进行承担。2011年11月7日,被告向广州海事法院申请设立海事赔偿责任限制基金,广州海事法院受理后,于2012年1月20日作出(2011)广海法初字第723号民事裁定,准许被告设立海事赔偿责任限制基金。

该裁定于2012年2月24日生效,被告依据该裁定向广州海事法院交纳基金838 673元。本案船舶碰撞事故发生后,"粤惠州货0326"轮的船载货物权利人中山市泰山饲料有限公司在广州海事法院提起诉讼,要求本案两原告和被告赔偿货物损失,案号为(2011)广海法初字第733号。

三、法院裁判

广州海事法院认为,本案是一宗发生于内河的船舶碰撞损害责任纠纷,应适用《中华人民共和国内河避碰规则》和《中华人民共和国内河交通安全管理条例》的规定确定船舶碰撞的过错责任。原告黄某某和原告某某船务公司是"粤惠州货0326"轮的共有人,被告是"繁安69"轮的所有人,根据最高人民法院《关于审理船舶碰撞纠纷案件若干问题的规定》第4条关于"船舶碰撞产生的赔偿责任由船舶所有人承担,碰撞船舶在光船租赁期间并经依法登记的,由光船承租人承担"的规定,原、被告是本案船舶碰撞责任主体,应承担船舶碰撞产生的赔偿责任。本次事故发生后,中山海事局作为海事主管机关对事故进行了调查,制作了船员询问笔录、证人证言等证据,据此作出《碰撞事故调查报告》。《碰撞事故调查报告》及询问笔录、证人证言等证据经过原、被告质证,原、被告虽对《碰撞事故调查报告》的部分内容提出异议,但没有提供相反的证据予以推翻。因此,中山海事局《碰撞事故调查报告》中对本案碰撞事故的事实经过、原因分析和责任划分的认定,应予采信。根据事故的原因和两船行为的过失程度,合议庭认定"繁安69"轮承担本案船舶碰撞事故80%的过失责任,"粤惠州货0326"轮承担本案船舶碰撞事故20%的过失责任。

根据合议庭的认定,原告黄某某和原告某某船务公司在本案船舶碰撞事故中支付打捞费9万元、清污费5 500元,被告欠付两原告船舶修理费5万元,遭受船上生活用品损失2 000元。其中船舶修理费5万元是被告根据碰撞赔偿协议应赔付给原告的,应由被告全额支付给两原告。本案清污费共计10 500元,被告抗辩已全部由其支付没有依据,其中两原告支付了5 500元,被告支付了5 000元,按照船舶碰撞责任比例被告应承担清污费8 400元,减去被告已支付的5 000元,被告还应承担3 400元。本案船舶打捞费共计18万元,按照船舶碰撞责任比例,被告应承担144 000元,扣除被告已支付的9万元,被告还应赔偿两原告54 000元。两原告请求的船上生活用品损失,被告应按船舶碰撞责任比例赔偿两原告1 600元。两原告的其余损失请求缺乏事实和法律依据,不予支持。

根据最高人民法院《关于审理海事赔偿责任限制相关纠纷案件的若干规定》关于"海商法第二百零七条规定的可以限制赔偿责任的海事赔偿请求不包括因沉没、遇难、搁浅或者被弃船舶的起浮、清除、拆毁或者使之无害提起的索赔,或者因船上货物的清除、拆毁或者使之无害提起的索赔。由于船舶碰撞致使责任人遭受前款规定的索赔,责任人就因此产生的损失向对方船舶追偿时,被请求人主张依据海商法第二百零七条的规定限制赔偿责任的,人民法院应予支持"的规定,被告赔偿两原告打捞费54 000元和清污费 3 400 元,属于被告可以享受海事赔偿责任限制的限制性债权,被告有权在广州海事法院设立的海事赔偿责任限制基金限额内予以赔偿。被告应向原告支付船舶修理费 5 万元,应向原告赔偿的船上生活用品损失 1 600 元,均属于《中华人民共和国海商法》第 207 条第 1 款规定的限制性债权,被告有权在广州海事法院设立的海事赔偿责任限制基金限额内予以赔偿。根据最高人民法院《关于审理船舶碰撞和触碰案件财产损害赔偿的规定》第 13 条的规定,侵权人除赔偿本金外,利息损失也应赔偿,有关损失利息的计算从损失发生之日或者费用产生之日起算。据此,打捞费从两原告最后支付该费用的 2011 年 10 月 8 日起算,清污费从两原告支付该费用的 2011 年 10 月 2 日起算,船上生活用品损失从事故发生的 2011 年 9 月 30 日起算,船舶修理费从碰撞赔偿协议约定的 2011 年 11 月 10 日起算。被告在答辩中提及"粤惠州货 0326"轮装载的货物是玉米并非菜籽粕,鉴于货物的权利人已在广州海事法院向本案的两原告和被告提出索赔,案号为(2011)广海法初字第 733 号,广州海事法院将在该案中作出认定,本案不予审查。

综上,依照《中华人民共和国海商法》第 169 条第 1 款、第 2 款,最高人民法院《关于审理海事赔偿责任限制相关纠纷案件的若干规定》第 17 条,《中华人民共和国民事诉讼法》第 64 条第 1 款的规定,判决如下:

(1) 被告洞头县某某海运有限公司赔偿原告黄某某、惠州市某某船务有限公司打捞费 54 000 元及利息(自 2011 年 10 月 8 日起至本判决确定支付之日止,按中国人民银行企业同期流动资金贷款利率计算);

(2) 被告洞头县某某海运有限公司赔偿原告黄某某、惠州市某某船务有限公司清污费 3 400 元及利息(自 2011 年 10 月 2 日起至本判决确定支付之日止,按中国人民银行企业同期流动资金贷款利率计算);

(3) 被告洞头县某某海运有限公司赔偿原告黄某某、原告惠州市某某船务有限公司船舶修理费 5 万元及利息(自 2011 年 11 月 10 日起至本判决确定支付之日止,按中国人民银行企业同期流动资金贷款利率计算);

(4) 被告洞头县某某海运有限公司赔偿原告黄某某、原告惠州市某某船务有限公司船上生活用品损失 1 600 元及利息(自 2011 年 9 月 30 日起至本判决确定支付之日止,按中国人民银行企业同期流动资金贷款利率计算);

(5) 驳回原告黄某某、惠州市某某船务有限公司的其他诉讼请求。

案例索引

F

福建省轮船总公司申请设立海事赔偿限制基金案 403

H

华泰财产保险股份有限公司北京分公司与浙江中远国际货运有限公司温州分公司、浙江中远国际货运有限公司海上货物运输合同纠纷案 392

N

南通市江海疏浚打捞有限责任公司申请设立海事赔偿责任限制基金案 387

S

上海信达机械有限公司与上海港复兴船务公司海上货物运输合同纠纷案 441

上海中化思多而特船务有限公司申请设立海事赔偿责任限制基金案 411

上诉人长岛长通旅运有限公司与被上诉人唐家安海上养殖损害赔偿纠纷案 311

上诉人陈婉凤等与被上诉人蔡文林等海上人身损害赔偿纠纷案 198

上诉人陈永金等与被上诉人陈喜兵等人身伤亡损害追偿纠纷案 204

上诉人大连东方国润海运有限责任公司与被上诉人南京康瑞水陆联运有限公司船舶碰撞损害赔偿纠纷案 475

上诉人东方海外货柜航运有限公司与被上诉人福清朝辉水产食品贸易有限公司海上货物运输合同纠纷案 219

上诉人东方之光海运有限公司与上诉人莱州市安达船运代理有限公司海难救助纠纷案 341

上诉人福建省泉州市丰泽船务有限公司与被上诉人南京兴安航运有限公司船舶碰撞损害赔偿纠纷案 459

上诉人黄祖强与被上诉人青岛华金苑针织股份有限公司养殖损害赔偿纠纷案 278

上诉人可汗船务私人有限公司与被上诉人王桂花船舶碰撞纠纷案 087

上诉人连承辉与被上诉人王建本船舶碰撞损害赔偿纠纷案 074

上诉人南通市江海疏浚打捞有限责任公司与被上诉人嵊泗中昌海运有限公司等船舶碰撞损害赔偿纠纷案 007

上诉人宁波市鄞州区通顺海运有限公司与被上诉人吴祥仕船舶碰撞损害赔偿纠纷案 044

上诉人蓬莱市乾源海水养殖有限公司、赵竹海与被上诉人烟台经济技术开发区大季家街道办事处山后初家居民委员会等海上养殖损害赔偿纠纷案 314

上诉人孙占杰等与被上诉人孙焕成等海上人身损害赔偿纠纷案 165

上诉人天津开行海运有限公司与被上诉人于新珍等海上人身损害赔偿纠纷案 194

上诉人万中华与被上诉人龙口港集团有限公司海产养殖侵权纠纷案 320

上诉人王福瑞、许耀新与被上诉人谢庆海船舶碰撞损害赔偿纠纷案 001

上诉人徐莉、王莲英、吴一玠与被上诉人黄海造船有限公司海上人身损害赔偿纠纷案 168

上诉人烟台华洲企业有限公司与被上诉人烟台港集装箱公司人身伤亡赔偿纠纷案 124

上诉人杨振兴、陈光明、林光辉与被上诉人福州开发区顺利建材有限公司码头设施损害赔偿纠纷案 228

上诉人赵温鼎与被上诉人烟台海顺旅游服务有限公司、高军海上人身伤害赔偿纠纷案 046

上诉人中国人民财产保险股份有限公司厦门市分公司与被上诉人泉州安盛船务有限公司等申请设立海事赔偿责任限制基金纠纷案 467

上诉人周传芳、顾天英与被上诉人胡国余人身损害赔偿纠纷案 162

Y

烟台集洋集装箱货运有限责任公司申请海事赔偿责任限制案 367

原告阿尔瑟尔·波斯特玛等与被告广州番禺某某客运有限公司等海上人身损害责任纠纷案 093

原告卞雪金等与被告越南造船工业公司海上人身损害赔偿纠纷案 062

原告长葛市康业废旧物资有限公司与被告泰州市生松船务有限公司、洋浦中良海运有限公司船舶碰撞损害赔偿纠纷案 399

原告陈国为与被告林松全船舶碰撞损害赔偿纠纷案 080

原告陈娇盈与被告钦州市钦州港远顺达船务有限公司船舶碰撞损害赔偿纠纷案 099

原告陈学君与被告庄文强海上人身损害赔偿纠纷案 201

原告东京火灾海上保险株式会社与被告瑞克麦斯热那亚航运公司、瑞克麦斯轮船公司船舶碰撞损害赔偿纠纷案 427

原告(反诉被告)广西钦州市桂钦船务有限责任公司与被告(反诉原告)厦门鸿祥轮船有限公司船舶碰撞损害赔偿纠纷案 469

原告(反诉被告)宁波保税区吉宁国际贸易有限公司与被告(反诉原告)JACKY RICK-MERS Schiffahrtsgesellschaft mbH & Cie. KG 船舶碰撞损害赔偿纠纷案 053

原告方爱军等与被告陈业山等人身伤亡赔偿纠纷案 131

原告冯某某与被告博罗县某某总公司港澳运输公司船舶碰撞损害责任纠纷案 115

原告佛山市电化总厂诉被告南海国际货柜码头有限公司港口作业损害赔偿纠纷案 246

原告福州吉丰船务有限公司与被告大护商船株式会社船舶碰撞损害赔偿纠纷案 413

原告福州松下码头有限公司与被告上海港机重工有限公司船舶触碰损害赔偿纠纷案 110

原告广东省海洋与渔业局与被告南通天顺船务有限公司、扬州育洋海运有限公司、天神国际海运有限公司、中国船东互保协会油污损害赔偿纠纷案 254

原告广州海上救助打捞局与被告J03B号提单项下货物的所有人等救助报酬纠纷案 337

原告广州海上救助打捞局与被告大连顺诚船务有限责任公司海难救助报酬纠纷案 365

原告广州市番禺区人民检察院与被告卢平章水域污染损害赔偿纠纷案 266

原告海南华联轮船公司与被告广西国际合作经贸公司、中国人民保险公司广西壮族自治区分公司共同海损分摊纠纷案 333

原告杭州湾大桥工程指挥部与被告 SOLEADO PTE., LTD. 和 AEROMIC SHIPPING(S)PTE., LTD. 船舶触碰桥梁损害赔偿纠纷案 040

原告洪基宽等与广西合浦西场永鑫糖业有限公司海域渔业污染损害赔偿纠纷案 305

原告黄某某、惠州市某某船务有限公司与被告洞头县某某海运有限公司船舶碰撞损害责任纠纷案 479

原告江津市津洲轮船有限公司与被告涪陵港务管理局港埠公司等港口作业船舶损害赔偿纠纷案 249

原告雷双飞等与被告胡志清等船舶碰撞及人身伤亡损害赔偿纠纷案 024

原告李海英等与被告林武才等船舶爆炸人身伤亡损害赔偿纠纷案 119

原告连云港东硕国际贸易有限公司与被告尤

利乌斯海运有限公司海上人身损害责任纠纷案　175

原告林位吉与被告卢仁友、阎锡明、谢国伦养殖水产污染损害赔偿纠纷案　273

原告刘成易等与被告吴东三海上人身伤亡损害赔偿纠纷案　155

原告刘葱绸等与被告温州海光航标技术工程有限公司、上海海事局温州航标处海上人身伤亡损害赔偿纠纷案　179

原告刘建清等与被告周木平水上人身伤害赔偿纠纷案　147

原告刘林与被告李应轩、黄建彬水上人身损害赔偿纠纷一案　159

原告麦佳妹等与被告大连利丰海运集团有限公司海上人身损害责任纠纷案　157

原告南京凯华航运有限公司与被告南通通宁海运有限公司清算组船舶碰撞损害赔偿纠纷案　018

原告乔天国等与被告陈兴武等水上旅客运输合同人身伤害赔偿纠纷案　152

原告青岛利天游艇俱乐部有限责任公司与被告山东省陆海联运总公司、山东远东海运集团有限公司船舶触碰损害赔偿纠纷案　103

原告琼海龙大橡胶贸易有限公司与被告湛江市沧海船务有限公司、广州市港信航务实业有限公司船舶碰撞货损赔偿纠纷案　447

原告日照市盛华水产集团公司与被告天津航道局、日照港务局水域污染损害赔偿纠纷案　295

原告山东潍坊国际海运公司、幸运海航运有限公司与被告云浮硫铁矿企业集团公司船舶损害赔偿纠纷案　208

原告汕头市和发纸业有限公司、中国人民财产保险股份有限公司宁波市海曙支公司与被告上海宝通运输实业有限公司、沈福荣、洞头县东海船务有限公司船舶碰撞损害赔偿纠纷案　084

原告上海波蜜食品有限公司与被告上海海华轮船有限公司水路货物运输合同纠纷案　432

原告上海海事局与被告海南国际海运股份有限公司船舶触碰航标损害赔偿纠纷案　033

原告深圳迅隆船务有限公司与被告防城港市金湾贸易有限公司、广西海洋运输公司船舶碰撞损害赔偿纠纷案　028

原告宋秀英等与被告伊母莱特航运公司、绿洲航运管理公司海上人身伤亡损害赔偿纠纷案　186

原告王才贵等与被告湛江市交通局地方公路管理总站等水上旅客运输人身损害赔偿纠纷案　139

原告王发等与被告谭河、莫光玉海上人身伤亡损害赔偿纠纷案　066

原告王明琼等与被告王泽生、王冬柯海上人身损害赔偿纠纷案　142

原告卫振仁等与北海恒通海轮集团有限公司船舶触碰养殖物损害赔偿纠纷案　302

原告翁才泉与被告柯俊金海上财产损害赔偿纠纷案　214

原告徐有坚等与被告林敬恒水上事故人身伤亡损害赔偿纠纷案　150

原告杨柱华等与被告广州市花都区炭步水上运输公司等水上工伤事故损害赔偿纠纷案　128

原告尤兆奇与被告尤庆标、尤庆巨船舶碰撞损害赔偿纠纷案　050

原告俞小洪与被告巴拿马古德吉尔航运股份有限公司海上人身损害赔偿纠纷案　190

原告湛江华洋石油有限公司与被告广西曜慧船务有限公司、邱锦彪船舶触碰港口设施损害赔偿纠纷案　243

原告湛江市天凯贸易有限公司与被告蒋文斌、浙江省三门县宏达船务有限公司船舶碰撞货物损害赔偿纠纷案　058

原告张慧与被告舟山市海峡汽车轮渡有限责任公司、舟山市汽车运输总公司普陀长运

公司海上人身伤亡损害赔偿纠纷案 135

原告浙江海洋工程有限公司与被告舟山东鸿水产有限公司船舶损害水下设施赔偿纠纷案 216

原告中国船舶燃料供应福建有限公司与被告台州东海海运有限公司船舶碰撞损害赔偿确权案 113

原告中国人民保险公司河北省分公司与被告塞浦路斯瓦塞斯航运有限公司海难救助费用分摊追偿纠纷案 329

原告中华人民共和国宁波海事局与被告杰斯航运有限公司沉船损害赔偿纠纷案 270

原告中华人民共和国汕头海事局与被告信盈海运有限公司、信成（香港）海运有限公司海难救助报酬纠纷案 355

原告中交第二航务工程勘察设计院与被告华通海运有限公司等船舶触碰损害赔偿纠纷案 454

原告舟山市华盛船务有限公司与被告福建省泉州市华耀玻璃有限公司、黄立新海上货物运输合同纠纷案 237

原告舟山通途工程有限公司与被告丹东吉祥船务有限公司、丹东海运有限公司船舶触碰桥梁设施损害赔偿纠纷案 035

原告朱珠莲、庄永奶、颜美香、庄乐丹、庄晓丹诉被告张孚喜海上人身伤亡损害赔偿纠纷案 184

原告祝峰与被告福州明发船务有限公司海上货物运输合同纠纷案 464

Z

再审申请人巴拿马易发航运公司、香港威林航业有限公司与被申请人钟孝源、珠海市政府打击走私办公室船舶碰撞损害赔偿纠纷案 068

再审申请人广州海运（集团）有限公司与被申请人安徽省皖江轮船运输公司、芜湖长江轮船公司船舶碰撞损害赔偿案 380

再审申请人烟台海上救助打捞局与被申请人山东荣成龙须岛渔业总公司船舶油污损害赔偿纠纷案 290

中国人民财产保险股份有限公司东莞市分公司与营口经济技术开发区广海物流有限公司、福州明发船务有限公司海上保险合同代位求偿纠纷案 389

中海发展股份有限公司货轮公司申请设立海事赔偿责任限制基金案 409

中海发展股份有限公司申请设立海事赔偿责任限制基金案 407

中华人民共和国汕头海事局诉中国石油化工股份有限公司广东粤东石油分公司救助合同纠纷案 349

主题词索引

A

安全保障义务　135,157,159
安全管理义务　124
安全航速　046

B

帮工关系　165
保险人　084
爆炸　119
捕捞许可证　099
不可抗力　024

C

操纵能力受限船　053
超过必要的限度　214
撤销　044
沉船打捞　113
沉船打捞费　475,479
沉船损害赔偿　270
诚实信用原则　150
承担整船运输承运人义务　392
承运人　152,389
承运人不可免责过失　333
船舶不适航　329,333
船舶操纵不当　464
船舶沉没　208
船舶触碰　099,103,110
船舶触碰港口设施　243
船舶挂靠　058,119,128
船舶管理人　040
船舶过户登记手续　198
船舶经营人　035,139
船舶灭失　469
船舶配员不足　447,459

船舶碰撞　001,007,018,028,033,035,040,
　　044,050,053,058,068,074,080,084,087,
　　113,115,254,475,479
船舶潜在缺陷　219
船舶实际经营人　157
船舶损害水下设施　216
船舶所有权　093
船舶所有权人　139
船舶所有人　208,389
船舶修理　119
船舶优先权　113,115,469
船期损失　087
船体断裂　249
船员工资及遣散费用　413
船员劳务合同纠纷　128
次要赔偿责任　152
次要责任　249
从事中华人民共和国港口之间的运输的船舶
　　407,409,411

D

代管船舶　028
登记对抗　093
多式联运经营人　367

F

防止船舶污染海域　349
非法养殖　295,302
非漏油船舶　403
非漏油船责任　254
分摊　333

G

港口经营人　249
港口经营许可　103

港口作业　249
港口作业损害赔偿　246
高度危险作业　175
公平责任原则　162
共同过失　131
共同海损　333
共同侵权　131,228
共同原告　084
构成要件　337,341
故意或者明知　464
雇佣关系　142,155,162,194
雇佣活动　201
雇员人身损害　204
雇主　204
雇主向第三人追偿　175
光船承租人　208
光船租赁　033
国家主管机关从事或者控制的救助作业　349,355
国外律师费　329
过错　062,066,165
过错责任　216,311

H

海产养殖侵权纠纷　320
海底输水管道　216
海难救助　337,341,365
海上货物运输　219,246
海上人身伤亡损害　024,046,062,066,093
海上养殖损害　311,314
海事局　270
海事赔偿责任　441
海事赔偿责任限制　367,380,387,389,392,
　　399,403,413,427,454,464,467,469
海域使用权　314
海域使用权证　305
航次承租人　392
航道　046
航路　295

航行安全　237
航行通告　216,311
好意施惠　147
合伙关系　142,155
合伙人　184
合伙事务　184
合同主体识别　365
后续手术费用　201
货物沉没　237
获救货物价值　349

J

集装箱装卸作业　124
加重损害赔偿责任　018
间接碰撞　001,007
间接损失　266
间接证据　068
检察机关　266
减轻赔偿　147
交叉相遇　007
紧急避险　214
紧迫局面　028
禁泳区　046
警戒船　216
境外必要律师费　087,093
救助报酬　337,349
救助费用分摊　329
救助合同　365
救助行为　355
举证时限　074
举证责任　068,273,278

K

空放预备航次　403

L

劳动安全保障义务　155
离泊船　053
连带赔偿责任　139,228

连带责任 028,035,040,119,131
另行起诉 201
另一方船舶 475
旅客跳河自杀 152

M

码头承租人 103
码头经营损失 103
苗种损失 305
明知 432

N

内河船舶 115,387

P

赔偿协议 044
赔偿责任 198

Q

潜水作业的渔船 066
强制抽油 349
强制打捞清除费用 270
强制打捞义务 237
侵犯非合同权利行为造成其他损失 413
侵权 124,135
侵权事实 273
侵权责任 157
侵权之诉 246
轻率地作为或者不作为 432
请求权 024

R

让路船义务 053,058
人身伤害 119,124,135,142,147,155,190,194,198,201,204
人身伤害赔偿 152
人身损害 157,159,162,165,168,175,179,184

S

"三无"船舶 024
丧失海事赔偿责任限制 432
丧失责任限制 447,454,459,464
涉外海上人身伤亡 186,190
涉外因素 290
时效中断 110
实际接触 001,007
驶过让清 058
视为放弃 380
适当补偿 184,214
适航证书 407,409,411
受诉法院所在地 194,198
书面申请 380
输气臂 243
水产污染损害赔偿 273
水路旅客运输 139
水域污染 266
水域污染损害赔偿 295,302
税款损失 084
司法鉴定 320
诉权 246
诉讼时效 110
诉讼主体资格 208,243,254,266,314
所有权登记 099
所有权转移 246
索赔权 103,270
索赔项目 080

T

台风 219
通知义务 150
同类船舶平均每月净收益 001
拖带运输 441
拖航 337

W

危险 341

违法所得　099
维护、管理瑕疵　179
无过错责任　168,201
物件致人损害侵权责任　168

X

习惯做法　066
系泊渔船　062
狭水道　050
先抵销再限制　427
限制性债权　475
相应的赔偿责任　150,159
向主管机关报告　018
小型渔船　050

Y

沿海航区　074
养殖区　311
养殖使用证　295,302
养殖损害赔偿纠纷　278
养殖增殖部分　314
养殖证　305,314
一次事故一个限额　367,399
因果关系　074,273,278,447,459
引航员　190
应急处置费用　270
优先权公示催告　087
油污损害　254,290
油污损害民事责任公约　290
有申请适用　467
有适用　467

渔业污染损害赔偿　305
渔业助航标志　179
渔业资源损失　254
预期可得利润损失　080
原告主体资格　099
原因力比例　228
运输合同终止　237

Z

责任分担　165
责任划分　028
责任限额　403,407,409,411
责任限制　479
责任限制数额　441
责任限制诉讼时效　367
责任主体　033
占有　243
肇事逃逸　087
正规瞭望　062
正在从事的航次　407,409,411
政府主管部门许可　320
直接财产损失　080
职务行为　162
仲裁前置　128
重大过失　454
重大误解　044
追偿　204,329,479
追越　058
自救能力　341
自愿原则　355
最高赔偿额　186,190

后记

司玉琢（大连海事大学原校长、教授、博士生导师）

带着全体编纂人员的期盼与诚意，《中国海事案例裁判要旨通纂》终于面世了。

自1984年以来，我国海事法院迄今已设立32年，审判的案件数以万计，其中不乏许多典型的、疑难复杂的并在国际上产生重大影响力的案件。然而，传统上认为，我国为大陆法系国家，判例并非为法律渊源，对其后案件的审理不具备法律效力，只有我国最高人民法院对具体案件作出的司法解释方与英美法系国家的判例有类似的司法效力。因此，大量的海商海事判决沉睡在浩如烟海的故纸堆中，并没有发挥其应有的司法指引作用。尤其是一些类似案件，在不同的法院判决结果可能截然不同。这既浪费了法院的审判资源，又有损司法的公正性。鉴于此，2010年11月26日，最高人民法院颁发了《关于案例指导工作的规定》，该规定第7条规定："最高人民法院发布的指导性案例，各级人民法院审判类似案例时应当参照。"2015年6月2日，最高人民法院又印发了《〈关于案例指导工作的规定〉实施细则》。该细则进一步明确了"类似案件"的判定标准，要求具体参照指导性案例的裁判要点，并在裁判文书说理部分予以援引。究其实，在我国司法裁判中吸收借鉴英美法中的判例制度，对法院正确适用法律进行有益补充，与我国的大陆法传统并不相悖。

本书以海事、海商法调整的具体对象为标准，共分为五卷：海事卷、船舶船员卷、海上保险卷、海上货物运输卷和综合卷。有的案例可能涉及多卷内容，本书编纂时取其重者予以归类，以免重复。各分卷执行主编（侯伟负责海事卷，李晓枫负责船舶船员卷，张虎负责海上保险卷，陈敬根负责海上货物运输卷，张波负责综合卷）首先通过各种途径收集10个海事法院及其上诉法院、最高人民法院相关海事海商裁判文书，经过多遍筛选，选取了一些最具有代表性且能涵盖海商海事各个领域的案例进行编纂，对其争议焦点和裁判要旨予以归纳总结，最终经过各分卷执行主编对各自负责编撰的分卷反复校对以及总主编审定成书，定名为《中国海事案例裁判要旨通纂》，以求对海事海商法律工作者有所助益。

案例编纂是一项繁琐而复杂的工作，或许呈现在大家面前的只是数百页的几卷书籍，但背后却凝结着编纂者的大量心血。首先，编纂前需要将数以万计的案例一一筛选，进行归类和取舍；其次，要将案件争议焦点总结并描述出来；最后，还要将判决中的裁判要旨用凝练的语言准确地表述出来。这些工作耗费了编者大量的体力和脑力劳动，特别是我国的判决书中往往不详尽写明判决理由，因此，作者只能从法官引用的法条对其裁判要旨进行逻辑推理和提炼，这是一个二次创作过程，并非简单的"汇编"一词可以涵盖。在这里，我要对各卷的主编与编委们表示诚挚的谢意，对一直支持本项工作的最高人民法院，提供案例的各省高级人民法院和各海事法院表示感谢，对为本书的编写付出了辛勤劳动的大连海事大学法学院蒋跃川副教授，我的博士生彭先伟、刘博、曹兴国以及吴亚男女士、万仁善先生表示感谢。在此,还要特别感谢北京大学出版社蒋浩副总编,没有他的创意和坚持不懈的推动,也就没有本书的诞生!感谢北京大学出版社陆建华编辑的联络、统筹,感谢苏燕英、陈康、王建君、田鹤编辑的辛勤付出,他们为本书的最终出版付出了艰辛而富有成效的努力。

在英国,《劳氏法律报告》主要收录了自1919年以来英国各级法院审理的海事、海商判例,是为法律工作者提供的最具权威性的专业文献资料之一。希望本案例书的编纂工作像《劳氏法律报告》一样,也能一直持续下去,打造百年精品。一方面借此架起联结英美法和大陆法的桥梁,另一方面也给海商法学界提供翔实的法律实践资料,成为中国的权威海商法专业文献。若如是,编纂本书的目的也就达到了。

2016年12月26日于大连